JUS PUBLICUM

Beiträge zum Öffentlichen Recht

Band 291

Puffert JZ 14, 735 (Rez. Pernice)

Andreas Kulick

Horizontalwirkung im Vergleich

Ein Plädoyer für die Geltung der Grundrechte zwischen Privaten

Mohr Siebeck

Andreas Kulick, geboren 1982; Studium der Rechtswissenschaft in Freiburg i. Br., Genf, Berlin und New York (LL.M. NYU); 2011 Promotion (Tübingen); 2012–2014 Anwalt in Paris (Cleary Gottlieb Steen & Hamilton LLP); 2019 Habilitation (Tübingen); Lehrstuhlvertretungen in Köln, Göttingen und Heidelberg.

Gefördert durch die Deutsche Forschungsgemeinschaft (DFG) - 445787365.

ISBN 978-3-16-159403-8 / eISBN 978-3-16-159404-5
DOI 10.1628/978-3-16-159404-5

ISSN 0941-0503 / eISSN 2568-8480 (Jus Publicum)

Die Deutsche Nationalbibliothek verzeichnet diese Publikation in der Deutschen Nationalbibliographie; detaillierte bibliographische Daten sind im Internet über *http://dnb.dnb.de* abrufbar.

Das Buch wurde von Martin Fischer in Tübingen gesetzt, von Gulde Druck in Tübingen auf alterungsbeständiges Werkdruckpapier gedruckt und von der Buchbinderei Spinner in Ottersweier gebunden.

Printed in Germany.

Vorwort

Die Genese eines monographischen Werkes ist auch immer in gewisser Weise eine partielle Biographie des Autors. Mit der Frage, wie und ob Grundrechte zwischen Privaten wirken, wurde ich – wie die meisten deutschen Jurastudierenden – in meinen ersten Studiensemestern, damals in Freiburg, konfrontiert. Sie hat mich nicht losgelassen. Mit diesem Buch ist die Beschäftigung mit ihr nun in eine Monographie gemündet, die im Jahr 2019 als Habilitationsschrift an der Juristischen Fakultät der Eberhard-Karls-Universität Tübingen unter der Betreuung von Prof. Dr. *Martin Nettesheim* angenommen wurde. Die Habilitation erfolgte im Juli desselben Jahres.

Nach meinem ersten Examen hatte ich Gelegenheit, an der NYU School of Law im Rahmen eines LL.M. über den deutschen dogmatischen und theoretischen Horizont hinauszublicken – ein prägendes Erlebnis, das sowohl mein theoretisches als auch mein rechtsvergleichendes Interesse weiter angefacht hat. Die Idee, der Horizontalwirkung der Grundrechte monographisch auf den Grund zu gehen, kam mir im Rahmen eines Seminars, das Prof. Dr. Dr. h.c. mult. *Dieter Grimm* im Wintersemester 2010/2011 an der Humboldt-Universität veranstaltete und das mir durch die historische Perspektive, die es anlegte, einen profunderen Blick auf die Materie verschaffte und neue, zuvor unbekannte Einsichten ermöglichte. Dafür bin ich ihm und den anderen Teilnehmerinnen und Teilnehmern des Seminars zu tiefem Dank verpflichtet. Mein Blick auf die Praxis wurde maßgeblich durch meine Zeit als Anwalt in Paris in der völkerrechtlichen Praxisgruppe von Cleary Gottlieb Steen & Hamilton LLP von 2012 bis 2014 und dabei insbesondere durch die analytische Schärfe und intellektuelle Kreativität von Univ.-Doz. Dr. *Claudia Annacker* geprägt.

In Tübingen habe ich am Lehrstuhl meines Habilitationsvaters, Prof. Dr. *Martin Nettesheim*, einen Ort gefunden, an dem ich diese Schrift sowie eine Vielzahl anderer Projekte in einer konzentrierten Atmosphäre realisieren konnte. Dafür, ebenso wie für die anregenden thematischen Impulse sowie für die zügige Erstellung des Erstgutachtens der Habilitationsschrift, gilt ihm mein herzlicher Dank. Dankbar bin ich ferner Prof. Dr. *Jochen von Bernstorff* für das umgehend erstellte Zweitgutachten und für seine Unterstützung und für viele interessante Diskussionen während meiner Habilitationszeit sowie Prof. Dr. Dr. h.c. *Wolfgang Graf Vitzthum* für seine stets wohlwollende Anteilnahme an meinen wissenschaftlichen Vorhaben. Überdies habe ich aus den

Stellungnahmen der Tübinger Fakultätsmitglieder zu meiner Habilitationsschrift wertvolle Hinweise erhalten. Frau *Isolde Zeiler* danke ich für ihre tatkräftige Unterstützung während meiner Tübinger Zeit.

Während Forschungsaufenthalten als Global Fellow an der NYU School of Law – meiner Rückkehr nach New York acht Jahre später, im fall term 2016 – sowie als Gast am WZB Berlin im Januar und Februar 2017 habe ich viele vergleichende, theoretische und interdisziplinäre Impulse erhalten. Besonders sei dabei Professor *Gráinne de Burca*, Professor *Joseph Weiler* und Professor *Mattias Kumm* gedankt. Ein Stipendium der Fritz-Thyssen-Stiftung ermöglichte den New Yorker Aufenthalt.

Für das Lektorat und die Betreuung der Veröffentlichung beim Verlag Mohr Siebeck danke ich Frau Julia Caroline Scherpe-Blessing, Frau Ilse König und Herrn Matthias Spitzner. Der Deutschen Forschungsgemeinschaft (DFG) gilt mein Dank für die großzügige Förderung der Arbeit durch eine Publikationsbeihilfe.

Eine Arbeit profitiert wohl am meisten von Anregungen und Diskussionen mit Kolleginnen und Kollegen, sei es in einem formellen Forum, sei es informell auf dem Flur oder anlässlich einer Konferenz. Aus der Vielzahl von Personen, denen ich insoweit zu großem Dank verpflichtet bin, sei zunächst mein Tübinger Kollege Prof. Dr. *Johannes Flume* besonders hervorgehoben. Vom nahezu täglichen Austausch, von seinem fachlichen Enthusiasmus, dem wertvollen kritischen Blick des Privatrechtlers auf das Wildern des öffentlich-rechtlichen Kollegen in privatrechtlichen Gefilden, vor allem aber von seiner Freundschaft habe ich unermesslich profitiert. Mit Prof. Dr. *Chris Thomale* konnte ich einige wichtige Aspekte des Verhältnisses von Grundrechten und Privatrecht diskutieren. Überdies danke ich den Mitgliedern unseres Habilitationskreises, in dessen Rahmen ich einige zentrale Ideen der Arbeit in intellektuell anregender Atmosphäre diskutieren konnte, wobei meine geschätzten Mitstreiter, Kollegen und Freunde PD Dr. *Johannes Eichenhofer* und PD Dr. *Michael Goldhammer* besonders zu nennen sind. Dr. *Jakob Zollmann* war mir in Berlin ein wertvoller Gesprächspartner auch über den juristischen Horizont hinaus.

Dr. *Naiade el-Khoury* danke ich für ihren Zuspruch auch in herausfordernden Zeiten. Gewidmet ist dieses Werk meiner Mutter, Dr. *Barbara Kulick*. Ihre Liebe und Unterstützung, einschließlich der tatkräftigen Korrekturlektüre des Gesamtmanuskripts der Arbeit, waren ständige und stärkende Begleiter durch Höhen und Tiefen der Habilitationsphase.

Heidelberg, im Juli 2020 Andreas Kulick

Inhaltsübersicht

Inhaltsverzeichnis

Abkürzungsverzeichnis

Abs.	Absatz
a. F.	alte Fassung
AGG	Allgemeines Gleichbehandlungsgesetz
Art.	Artikel
BAG	Bundesarbeitsgericht
BAGE	Amtliche Sammlung der Entscheidungen des Bundesarbeitsgerichts
Bd.	Band
BDSG	Bundesdatenschutzgesetz
Beschl.	Beschluss
BGB	Bürgerliches Gesetzbuch
BGH	Bundesgerichtshof
BGHZ	Amtliche Sammlung der Entscheidungen des Bundesgerichtshofs in Zivilsachen
BVerfG	Bundesverfassungsgericht
BVerfGE	Amtliche Sammlung der Entscheidungen des Bundesverfassungsgerichts
BVerfGG	Bundesverfassungsgerichtsgesetz
bzw.	beziehungsweise
DDR	Deutsche Demokratische Republik
Ders.	Derselbe
Dies.	Dieselbe
DKP	Deutsche Kommunistische Partei
DNA	Deoxyribonucleic acid
EGMR	Europäischer Gerichtshof für Menschenrechte
EMRK	Europäische Menschenrechtskonvention
EU	Europäische Union
EuGH	Europäischer Gerichtshof
GG	Grundgesetz
GRC	Europäische Grundrechtecharta
GVG	Gerichtsverfassungsgesetz
HGB	Handelsgesetzbuch
HRA	Human Rights Act
i. V. m.	in Verbindung mit
Kap.	Kapitel
KPD	Kommunistische Partei Deutschlands
KSchG	Kündigungsschutzgesetz
KUG	Kunsturhebergesetz
NetzDG	Netzwerkdurchsetzungsgesetz
NPD	Nationaldemokratische Partei Deutschlands
QPC	Question prioritaire de constitutionnalité

Rn.	Randnummer
Rs.	Rechtssache
S.	Seite
StGB	Strafgesetzbuch
stRspr	ständige Rechtsprechung
TMG	Telemediengesetz
UK	Vereinigtes Königreich
UrhG	Urhebergesetz
Urt.	Urteil
US/USA	Vereinigte Staaten von Amerika
u. a.	unter anderen/unter anderem
u.v. a.m.	und viele andere mehr
UWG	Gesetz gegen den unlauteren Wettbewerb
vgl.	vergleiche
vs.	versus
VVDStRL	Veröffentlichungen der Vereinigung der Deutschen Staatsrechtslehrer
VwVfG	Verwaltungsverfahrensgesetz des Bundes
WRV	Weimarer Reichsverfassung
z. B.	zum Beispiel
ZPO	Zivilprozessordnung

1. Kapitel

Horizontalwirkung im Vergleich – Einführung

A. Ewigkeitsthema Horizontalwirkung

Zur Wirkung der Grundrechte im Privatrecht sind ganze Bibliotheken geschrieben worden.[1] Deshalb stellt sich bei einer Arbeit wie der vorliegenden umgehend die Frage: Warum? Warum ein weiteres Buch zur Thematik der „Drittwirkung"/„Privat(rechts)wirkung"/„Horizontalwirkung" etc.? Tatsächlich gibt es wenige andere Themen des deutschen Verfassungs- oder Privatrechts, zu denen sich der Gedanke derart aufdrängt, es sei bereits Alles in der einen oder anderen Form gesagt.

In der deutschen wissenschaftlichen Diskussion wird denn auch die Frage nach der Wirkung der Grundrechte zwischen privaten Akteuren in der jüngeren Vergangenheit[2] häufig nur noch als ein „Formulierungsproblem"[3] betrachtet.

[1] Im Folgenden sei stellvertretend nur eine Auswahl der meistdiskutierten Werke genannt. Aus der deutschen Literatur: *H. C. Nipperdey*, Gleicher Lohn der Frau für gleiche Leistung – Ein Beitrag zur Auslegung der Grundrechte, Recht der Arbeit 1950, 121; *G. Dürig*, Grundrechte und Zivilrechtsprechung, in: Festschrift zum 75. Geburtstag von Hans Nawiasky, München, 1956, 157; *W. Leisner*, Grundrechte und Privatrecht, 1960; *J. Schwabe*, Die sogenannte Drittwirkung der Grundrechte, 1971; *C.-W. Canaris*, Grundrechte und Privatrecht, Archiv für die civilistische Praxis 1984, Bd. 184, 201; *ders.*, Grundrechte und Privatrecht, 1999; *G. Lübbe-Wolff*, Die Grundrechte als Eingriffsabwehrrechte, 1988; *M. Ruffert*, Vorrang der Verfassung und Eigenständigkeit des Privatrechts, 2001; *R. Poscher*, Grundrechte als Abwehrrechte – Reflexive Regelung rechtlich geordneter Freiheit, 2003; *R. Christensen/A. Fischer-Lescano*, Das Ganze des Rechts, 2007; *C. Unseld*, Zur Bedeutung der Horizontalwirkung von EU-Grundrechten, 2018. Rechtsvergleichend aus jüngerer Zeit: *A. Sajó/R. Uitz* (Hrsg.), The Constitution in Private Relations – Expanding Constitutionalism, 2005; *D. Oliver/J. Fedtke* (Hrsg.), Human Rights and the Private Sphere – A Comparative Study, 2006; *G. Brüggemeier/A. Colombi Ciacchi/G. Comandé* (Hrsg.), Fundamental Rights and Private Law in the European Union, zwei Bände, 2010; *J. van der Walt*, The Horizontal Effect Revolution and the Question of Sovereignty, 2014.

[2] D.h. nach den großen Diskussionen in den 1960er und 1970er Jahren im Nachgang des Lüth-Urteils (BVerfGE 7, 198 [1958]) und *Jürgen Schwabes* Angriff auf die Drittwirkungslehre (*J. Schwabe*, Die sogenannte Drittwirkung der Grundrechte, 1971) sowie in 1980er und 1990er Jahren im Anschluss an die Lehren von *Claus-Wilhelm Canaris* und die Bürgschafts- und Handelsvertreterentscheidungen des BVerfG (stellvertretend: *C.-W. Canaris*, Grundrechte und Privatrecht, Archiv für die civilistische Praxis 1984, Bd. 184, 201; *ders.*, Grundrechte und Privatrecht, 1999; *J. Hager*, Grundrechte und Privatrecht, JuristenZeitung 1994, 373; BVerfGE 81, 242 [1990] – Handelsvertreter; E 89, 214 [1993] – Bürgschaftsverträge).

[3] *F. J. Säcker*, in: Münchener Kommentar zum Bürgerlichen Gesetzbuch, Bd. 1, 8. Aufl. 2018, Einl., Rn. 67.

Es herrsche nahezu Einigkeit hinsichtlich des „Ob“ einer solchen Horizontalwirkung und auch die Frage des „Wie“ sei im Wesentlichen ebenfalls entschieden:[4] Im Anschluss an die Arbeiten von *Claus-Wilhelm Canaris*[5] vertreten viele Autoren heute, die Lösung der Horizontalwirkungsproblematik sei darin zu suchen, Grundrechte in ihrer „normalen Funktion [...] als Eingriffsverbote und Schutzpflichten“[6] zu verstehen und entsprechend danach zu fragen, ob der Staat, insbesondere die Gerichte, in die Grundrechte der einen Seite eingegriffen und/oder es unterlassen haben, die Grundrechte der anderen Seite zu schützen.[7] Das BVerfG konstruiert die Horizontalwirkung der Grundrechte bis heute im Wege der „Ausstrahlungswirkung“ der als Ausdruck einer „Wertordnung“ oder eines „Wertsystems“ verstandenen Grundrechte auf das einfache Recht. Diese „mittelbare Drittwirkung“ sei von den Gerichten durch Auslegung zu realisieren.[8]

Gemeinsam ist den in deutscher Rechtsprechung und Literatur vorherrschenden Auffassungen die ausschließliche Staatsrichtung der Grundrechte: Grundrechte bestehen nur gegenüber dem Staat, nicht aber zwischen Privaten. Eine unmittelbare Geltung der Grundrechte zwischen Privaten kann jedenfalls im deutschen Recht nicht bestehen: Eine solche kann man nicht dogmatisch vertretbar konstruieren, sie ist mit dem Grundgesetz nicht vereinbar, sie bedeutet Verpflichtung und nicht Freiheit Privater, sie konterkariert damit die Privatautonomie und sie führt zu ungezügeltem Richterrecht.

Das scheint eindeutig und argumentativ schlagkräftig. Doch bei genauerem Hinsehen kommen Zweifel auf. Zweifel, die sich auf all den soeben genannten ar-

---

[4] Ebenda; *J. F. Lindner*, Einheit der Rechtswissenschaft als Aufgabe, JuristenZeitung 2016, 697, 704: „[W]esentliche Fragen [können] heute als geklärt angesehen werden.“; vgl. auch *R. Schmidt*, Der verfassungsrechtliche Hintergrund der Privatrechtsproblematik, in: Festschrift für Claus-Wilhelm Canaris zum 80. Geburtstag, 2017, 131. Differenziert und ironisch jüngst *C. Bumke*, Die Entwicklung der Grundrechtsdogmatik in der deutschen Staatsrechtslehre unter dem Grundgesetz, Archiv des öffentlichen Rechts 2019, Bd. 144, 1, 61 („Wie in einer unendlichen Geschichte wurden und werden die beiden Alternativen einander gegenübergestellt, die Unzulänglichkeit der unmittelbaren Drittwirkung herausgestellt und dann für eine behutsame mittelbare Drittwirkung plädiert“).

[5] Stellvertretend *C.-W. Canaris*, Grundrechte und Privatrecht, Archiv für die civilistische Praxis 1984, Bd. 184, 201; *ders.*, Grundrechte und Privatrecht, 1999.

[6] *R. Schmidt*, Der verfassungsrechtliche Hintergrund der Privatrechtsproblematik, in: Festschrift für Claus-Wilhelm Canaris zum 80. Geburtstag, 2017, 131, 134.

[7] Dies sei inzwischen „herrschende Meinung“, vgl. z. B. *F. Rödl*, Gerechtigkeit unter freien Gleichen – Eine normative Rekonstruktion von Delikt, Eigentum und Vertrag, 2015, S. 371; *J. F. Lindner*, Theorie der Grundrechtsdogmatik, 2005, S. 445; *ders.*, Einheit der Rechtswissenschaft als Aufgabe, JuristenZeitung 2016, 697, 704; *M. Ruffert*, Die Rechtsprechung des Bundesverfassungsgerichts zum Privatrecht, JuristenZeitung 2009, 389; *R. Schmidt*, Der verfassungsrechtliche Hintergrund der Privatrechtsproblematik, in: Festschrift für Claus-Wilhelm Canaris zum 80. Geburtstag, 2017, 131, 135 ff.

[8] StRspr. seit BVerfGE 7, 198 (205 f.) [1958]. Siehe jüngst BVerfGE 148, 267 (280) [2018] – Stadionverbot. Zu den Nuancen der Rechtsprechung des BVerfG zur Horizontalwirkung der Grundrechte siehe im Einzelnen unten Kap. 3, B.I.2. und Kap. 4.

gumentativen Ebenen zeigen: analytisch, dogmatisch, staatsorganisationsrechtlich, ethisch, demokratietheoretisch, anwendungspraktisch.

Analytisch sind bereits die verwendeten Begrifflichkeiten schief. Eine Dritt-/Privat(rechts)-/Horizontal*wirkung* kann nicht mittelbar (oder unmittelbar) sein. Wirkung wirkt – sie zielt auf ein Resultat: dass Grundrechte bei der Entscheidung des Privatrechtsverhältnisses A-B *irgendwie* eine Rolle spielen. *Wie* dies geschieht, interessiert die Wirkung nicht.[9] Deshalb eignet sich der Wirkungsbegriff nur als generischer Terminus. In dieser Arbeit verwende ich „Horizontalwirkung" daher als Oberbegriff für alle dogmatischen Ansätze, welche dazu führen, dass die Grundrechte zwischen Privaten im Privatrechtsverhältnis[10] auf irgendeine Weise Bedeutung erlangen – unabhängig davon, ob beispielsweise durch Grundrechtsentfaltung im Privatrechtsgesetz, Auslegung des einfachen Rechts anhand der Grundrechte oder aufgrund eines unmittelbaren Grundrechtsverhältnisses zwischen Privaten. Analytische Verwirrung besteht ferner hinsichtlich der (Un-)Mittelbarkeit: Geht es darum, ob Gerichte auf die Grundrechte unmittelbar zurückgreifen oder sie nur mittelbar im Wege der Auslegung des einfachen Rechts zur Wirkung bringen?[11] Oder geht es nicht vielmehr darum, ob ein unmittelbares Grundrechtsverhältnis zwischen Privaten besteht, anstelle lediglich eines unmittelbaren Grundrechtsverhältnisses zwischen den Privaten und dem Staat, was mittelbar zu einer Auswirkung der Grundrechte auf das einfachrechtliche Rechtsverhältnis der Privaten führen kann? Ist letzterer der zutreffende Ausgangspunkt, müssen indes die verschiedenen dogmatischen Konstruktionen der Horizontalwirkung analytisch konsequent daraufhin durchleuchtet und infolgedessen kategorisiert werden, zwischen wem ein grundrechtliches Rechtsverhältnis im Sinne einer Anspruch-Pflichten-Relation besteht und auf wessen Handlung *h* abzustellen ist, um zu bestimmen, ob eine Grundrechtsbeeinträchtigung vorliegt.[12] Die Arbeit beschränkt sich mithin auf diese Position der Grundrechte als Anspruch-Pflichten-Verhältnis.[13] Entsprechend wird hierfür der Begriff der „Geltung" gewählt: Wenn Grund-

---

[9] Vgl. dazu unten Kap. 2, A.I.

[10] Die Arbeit beschränkt sich folglich auf die Frage nach der Wirkung der Grundrechte in Privatrechtsverhältnissen und klammert somit Aspekte der Grundrechtswirkung zwischen Privaten in öffentlich-rechtlichen Beziehungen (z. B. Fragen des öffentlich-rechtlichen Nachbarschutzes im Baurecht) weitgehend aus.

[11] So offenbar *A. Hellgardt*, Wer hat Angst vor der unmittelbaren Drittwirkung? Die Konsequenzen der Stadionverbot-Entscheidung des BVerfG für die deutsche Grundrechtsdogmatik, JuristenZeitung 2018, 901, 902.

[12] Vgl. dazu für die deutsche Grundrechtsdogmatik wirkmächtig *R. Alexy*, Theorie der Grundrechte, 1986, S. 187 ff., der sich auf die Lehren *Wesley Newcomb Hohfelds* stützt, vgl. *W. N. Hohfeld*, Some Fundamental Legal Conceptions as Applied in Judicial Reasoning, Yale Law Journal 1913–1914, Bd. 23, 16, insbesondere 28–44.

[13] Vgl. für die verschiedenen von *Robert Alexy* so bezeichneten „Grundrechtspositionen" im Anschluss an *Hohfeld*: *R. Alexy*, Theorie der Grundrechte, 1986, S. 171 ff. sowie unten Kap. 2, B.I.

rechte zwischen zwei Seiten „gelten", besteht zwischen ihnen eine direkte Anspruch-Pflichten-Relation, also z.B. ein unmittelbares Grundrechtsverhältnis zwischen Staat und Bürger oder zwischen Privaten untereinander. Diese analytische Differenzierung,[14] zwischen wem unmittelbare Grundrechtsverhältnisse bestehen, ist der Startpunkt für Typisierung, Vergleich und Bewertung der diversen Horizontalwirkungskonstruktionen, welche diese Arbeit für das deutsche Recht unternehmen will. Zu häufig fehlt es in Literatur und Praxis insoweit an einer präzisen Unterscheidung.

Dogmatisch erscheint zunächst die „Ausstrahlungswirkung" des BVerfG wenig sattelfest: Grundrechte gelten nicht im Rechtsverhältnis zwischen Privaten, „strahlen" aber auf ebendieses Rechtsverhältnis „aus" und wirken damit letztlich doch ähnlich, als ob sie unmittelbar zwischen ihnen gälten, allerdings nur „mittelbar", realisiert durch „Auslegung". Das ist, gelinde gesagt, etwas holprig. Doch auch hinsichtlich der nach eigenem Selbstverständnis dogmatisch konsistenteren und kohärenteren Alternativpositionen im Anschluss an *Canaris*, die insoweit auf Abwehr- und/oder Schutzfunktion der Grundrechte rekurrieren,[15] kommen Fragen auf. Muss hier, wenn eine Grundrechtsverletzung durch Eingriff und/oder Beeinträchtigung einer Schutzpflicht festgestellt ist, nicht ebenfalls das einfache Recht anhand des so ermittelten grundrechtlichen Anspruchs (gegen den Staat) ausgelegt werden? Stellt man auf Eingriff/Schutzpflichtbeeinträchtigung durch die Gerichte ab, auf welcher Basis entscheidet dann die erste Instanz? Denn hier fehlt es z.B. an einem Grundrechtseingriff durch das Urteil der Vorinstanz. Variiert das Schutzniveau in der Verhältnismäßigkeitsprüfung – Übermaßverbot in der Eingriffs-, Untermaßverbot in der Schutzpflichtenkonstellation – obwohl es vom Zufall bzw. von der gesetzgeberischen Vorentscheidung abhängt, welche der beiden Parteien eine Klage einreicht und entsprechend ob das Gericht in der nächsten Instanz in einer Eingriffs- oder einer Schutzpflichtenkonstellation entscheidet?[16] Ferner und alle staatsgerichteten Horizontalwirkungskonstruktionen betreffend, bedeutet ein unmittelbares grundrechtliches Anspruch-Pflichten-Verhältnis zwischen Privaten wirklich, dass Grund*rechte* dadurch unweigerlich stets zu *Pflichten* mutieren? Geht es nicht auch hier – wie im unmittelbaren Grundrechtsverhältnis Bürger-Staat – zunächst um *prima facie*-Positionen, die letztlich zu einem grundrechtlichen Anspruch führen können, aber nicht müssen? Ist ein etwaiges unmittelbares Grundrechtsverhältnis zwischen Privaten nicht bereits deshalb grundlegend anders zu behandeln als ein unmittelbares Grundrechtsverhältnis Bürger-Staat, weil Private – anders als der Staat – nicht nur grundrechtsverpflichtet, sondern zugleich auch grundrechtsberechtigt sind?[17] Dogmatikkritik

[14] Vgl. dazu unten Kap. 2, B.

[15] Vgl. stellvertretend nur *C.-W. Canaris*, Grundrechte und Privatrecht, 1999, S. 30ff. Siehe dazu auch ausführlich unten Kap. 3, B.II.

[16] Vgl. dazu unten Kap. 3, E.I.4.

[17] Vgl. dazu unten Kap. 3, E.I.2. sowie auch Kap. 7, B.II. und C.

und Diskursanalyse der Horizontalwirkungskonstruktionen sind daher zentrale Anliegen dieser Arbeit.[18]

Dogmatik ist für Fragen der Horizontalwirkung zweifelsohne bedeutsam, verbleibt indessen vergleichsweise an der Oberfläche der Problematik. Will man der Horizontalwirkung auf den Grund gehen, muss man tiefer liegende Schichten freilegen. Diese im Weiteren so bezeichnete Tiefenstruktur der Horizontalwirkung[19] hat wesentlich drei zentrale Elemente: Staatsorganisationsrecht, Ethik und Demokratietheorie. Horizontalwirkungsfragen sind erstens Machtfragen. Wer entscheidet über die Wirkung der Grundrechte im Privatrecht, wer darf darüber entscheiden, kurzum: was ist staatsorganisationsrechtlich zulässig, was schließt das Staatsorganisationsrecht zwingend aus? Damit hängt zusammen: welche Auswirkungen haben einzelne Horizontalwirkungskonstruktionen auf die inter- und intra-institutionellen Dynamiken zwischen Parlament (präziser: Gesetzgeber) und Gerichten, zwischen Fach- und Verfassungsgerichtsbarkeit? Ferner haben über die harten normativen Kriterien des Staatsorganisationsrechts hinaus insbesondere zwei weitere Tiefenstrukturelemente Bedeutung für Horizontalwirkungsfragen und für die Wahl einzelner dogmatischer Konstruktionen: Es geht um Selbstbestimmung, um individuell-personale und um kollektiv-politische. Verbleibt der Einzelnen somit zweitens im Verhältnis zu anderen Privaten – gegebenenfalls solchen mit erheblicher sozialer, ökonomischer oder politischer Macht – Raum für autonome Willensbildung und autonomes Handeln? Auf der anderen Seite, wie verhält sich drittens diese individuell-personale zu kollektiv-politischer Autonomie, die sich in einer liberalen parlamentarischen Demokratie vor allem im politisch-demokratischen Prozess und in seinem wichtigsten Produkt, dem Gesetz, kristallisiert?

Hinsichtlich der staatsorganisationsrechtlichen Tiefenstruktur der Horizontalwirkung liest man vielerorts, ein unmittelbares Grundrechtsverhältnis zwischen Privaten widerspräche den Vorschriften und Prinzipien des deutschen *Staatsorganisationsrechts*. Aber lässt sich tatsächlich sagen, dass das Grundgesetz die unmittelbare Geltung zwingend ausschließt? Art. 1 Abs. 3 GG erwähnt zwar nur die Staatsgewalten. Aber dass A an X gebunden ist, schließt zunächst einmal nicht aus, dass auch B an X gebunden sein kann.[20] Außerdem, vermögen die staatsgerichteten Horizontalwirkungskonstruktionen den Anforderungen von Gewaltenteilungsgrundsatz, Demokratie- und Rechtsstaatsprinzip, vgl. insbesondere Art. 20 Abs. 3 und Art. 100 Abs. 1 Satz 1 GG, tatsächlich besser Stand

[18] Vgl. dazu insbesondere unten Kap. 3, und 7.

[19] Begriff angelehnt an *N. Chomsky*, Remarks on Nominalization, in: *Ders.*, Studies on Semantics in Generative Grammar, 1975, 11, 12 ff. und *ders.*, Deep Structure, Surface Structure and Semantic Interpretation, in: *Ders.*, Studies on Semantics in Generative Grammar, 1975, 62 ff. Siehe ausführlicher, auch zu den einzelnen Elementen der Tiefenstruktur der Horizontalwirkung, unten Kap. 3, E.II.

[20] Vgl. dazu unten Kap. 5, B.IV.

zu halten als solche dogmatische Figuren, die von einem unmittelbaren Grundrechtsverhältnis zwischen Privaten ausgehen? Auch dies ist nicht zu behaupten, sondern zu untersuchen.[21]

Die vorherrschende Meinung kritisiert an einer unmittelbaren Geltung der Grundrechte zwischen Privaten regelmäßig, diese führe in Unfreiheit und konterkariere die Privatautonomie.[22] Die Frage, ob und wie Grundrechte zwischen Privaten wirken, betrifft somit die grundlegende praktisch-philosophische Frage, wie ich mein Leben im Verhältnis zu Anderen leben und gestalten kann. Es geht also um selbstbestimmte Lebensführung mit anderen Einzelnen, aber auch im Kollektiv der *polis*. Genauer: Es geht um die Abgrenzung widerstreitender *individueller Autonomie*sphären und um die Realisierung der individuellen Autonomie gegenüber den im Wege eines demokratischen Verfahrens zustande gekommen Beschlüssen in der politischen Gemeinschaft. Die Privatautonomierhetorik ist omnipräsent im herrschenden Horizontalwirkungsdiskurs.[23] Selten wird jedoch unternommen, erstens das jeweils zugrunde gelegte Autonomieverständnis zu explizieren und philosophisch zu fundieren, zweitens die einzelnen Horizontalwirkungskonstruktionen – einschließlich der staatsgerichteten – an den herausgearbeiteten Autonomiebedingungen zu messen und drittens aus diesen Bedingungen Kriterien für den Ausgleich der widerstreitenden Grundrechtspositionen im Einzelfall zu entwickeln. Mit Blick auf die staatsgerichteten Konstruktionen, welche „die Privatautonomie“ nach der vorherrschenden Auffassung angeblich erfordere, lässt sich indes mit Blick auf das zweite Tiefenstrukturelement der Horizontalwirkung fragen: Wie kann Selbstbestimmung dadurch erzielt werden, dass der Staat – also fremdbestimmt – die Grundrechtswirkung überhaupt erst vermittelt? Warum bedeutet diese Mediatisierung größere Autonomie als die eigene Grundrechtsinhaberschaft Privater?[24]

Derartige individuell-personale steht wie erwähnt in enger Beziehung zu kollektiv-politischer Autonomie, dem dritten zentralen Tiefenstrukturelement der Horizontalwirkung. Ist aus *demokratietheoretischer* Sicht die unmittelbare

---

[21] Vgl. dazu im Einzelnen unten Kap. 5, zusammenfassend D.

[22] Prägend vor allem *G. Dürig*, Grundrechte und Zivilrechtsprechung, in: Festschrift zum 75. Geburtstag von Hans Nawiasky, 1956, 157, 164ff. und *W. Flume*, Allgemeiner Teil des Bürgerlichen Rechts, Bd. 2 – Das Rechtsgeschäft, 4. Aufl. 1992, S. 20ff. Aus neuerer Zeit siehe nur *T. Barczak*, Konstitutionalisierung der Privatrechtsordnung, in: F. Scheffczyk/K. Wolter (Hrsg.), Linien der Rechtsprechung des Bundesverfassungsgerichts – erörtert von den wissenschaftlichen Mitarbeiterinnen und Mitarbeitern, Bd. 4, 91, 97ff. m. w. N.

[23] Neben der in der vorangegangenen Fußnote genannten Literatur siehe stellvertretend für die Kommentarliteratur nur *F. J. Säcker*, in: Münchener Kommentar zum Bürgerlichen Gesetzbuch, Bd. 1, 8. Aufl. 2018, Einl., Rn. 63; *W. Kahl*, in: Bonner Kommentar zum Grundgesetz, Stand: Juli 2017, Art. 1 Abs. 3/Rn. 311; *W. Höfling*, in: Sachs, Grundgesetz – Kommentar, 8. Aufl. 2018, Art. 1/Rn. 116; *H. Dreier*, in: Ders. (Hrsg.), Grundgesetz – Kommentar, Bd. 3, 3. Aufl. 2013, vor Art. 1/Rn. 98; *H.-J. Papier*, Drittwirkung der Grundrechte, in: D. Merten/H.-J. Papier (Hrsg.), Handbuch der Grundrechte, Bd. II, 2006, § 55, S. 1331, 1139f., jeweils m. w. N.

[24] Vgl. dazu zusammenfassend unten Kap. 6, E.II.

Geltung weniger legitimiert als staatsgerichtete Konstruktionen, weil erstere zu kaum kontrollierbarer richterlicher Rechtsfortbildung durch die Fachgerichte führt, selbst wenn die verfassungsrechtlich zulässige Grenze nicht zwingend überschritten ist? Oder führt im Gegenteil nicht gerade ein nach Erfüllung verlangender grundrechtlicher Anspruch gegen den Staat zu einer weitreichenden faktisch gesetzesähnlich wirkenden richterlichen Normkreation, wenn es in die Verantwortung der Gerichte gelegt ist, die Grundrechtswirkung zwischen Privaten zu realisieren?[25] Außerdem, inwiefern fördert es demokratische Partizipation besser, wenn die für eine liberale Demokratie „schlechthin konstituierend[e]"[26] Teilhabe am öffentlichen Diskurs nur dann grundrechtlich bewehrt ist, wenn sie staatlich vermittelt wird?[27] Personale und politische Autonomie fungieren hier also zum einen als ebenfalls wesentliche Bewertungsfaktoren von verfassungsrechtlich möglichen Horizontalwirkungskonstruktionen, zum anderen aber auch als Kriterien, um den konkreten Ausgleich widerstreitender Grundrechtspositionen zu gestalten.[28]

Aus Perspektive der *tatsächlichen Anwendungspraxis* zeigt schließlich zunächst ein genauerer Blick auf die *Rechtsprechung*, dass beispielsweise BGH und BAG die exklusive Staatsrichtung der Grundrechte keineswegs konsequent applizieren.[29] Vor allem demonstrieren aber die „Egenberger"-Rechtsprechung des EuGH[30] und der Stadionverbotsbeschluss des BVerfG,[31] beide aus dem Jahr 2018, dass europäische und – so lässt sich jedenfalls argumentieren[32] – implizit auch deutsche Verfassungsgerichtsbarkeit in jüngster Zeit die unmittelbare Geltung der Grundrechte zwischen Privaten keineswegs für ausgeschlossen zu halten scheint.[33] Das liegt nicht zuletzt darin begründet, dass die Geltung der Grundrechte zwischen Privaten in der Regel äquivalente Ergebnisse zu staatsgerichteten Konstruktionen zu produzieren vermag, wie sich im Einzelnen noch zeigen wird.[34] In solchen Konstellationen liegt der Unterschied zwischen unmittelbarer Geltung und den herrschenden staatsgerichteten Konstruktionen in ihrer Bedeutung für die Tiefenstrukturelemente der Horizontalwirkung:

---

[25] Vgl. dazu unten Kap. 6, B.I.3.c) und zusammenfassend E.III.

[26] BVerfGE 7, 198 (208, 212) [1958] – Lüth (stRspr des Gerichts, vgl. nur *U. Di Fabio*, in: Maunz/Dürig, Grundgesetz – Kommentar, 84. Ergänzungslieferung, August 2018, Art. 2 Abs. 1/Rn. 244; *C. Grabenwarter*, in: Maunz/Dürig, Grundgesetz – Kommentar, 84. Ergänzungslieferung, August 2018, Art. 5 Abs. 1/Rn. 162).

[27] Vgl. dazu zusammenfassend unten Kap. 6, E.III.

[28] Vgl. zusammenfassend unten Kap. 6, E.II. und III. sowie als Ergebnis IV.

[29] Vgl. dazu z. B. unten Kap. 6, C.I.1. und III. sowie zusammenfassend E.I.

[30] Vgl. EuGH, Urt. v. 17.4.2018, Rs. C-414/16 – „Egenberger"; EuGH, Urt. v. 11.9.2018 – „IR", Rs. 68/17; EuGH, Urt. v. 6.11.2018, verb. Rs. C-569/16 und C-570/16 – „Bauer und Broßonn".

[31] BVerfGE 148, 267 [2018] – Stadionverbot.

[32] Vgl. dazu unten Kap. 4, C.II.

[33] Vgl. dazu unten Kap. 3, A.VI.3. und VIII.2. sowie Kap. 4, C.II.

[34] Vgl. dazu zusammenfassend unten Kap. 6, E.I.

welche Konstruktion fördert besser die personale Autonomie? Welche führt zur geringeren Gefahr abstrakt-generell wirkender faktischer richterlicher Normkreation? Welche Auswirkungen hat die jeweilige dogmatische Figur auf das Verhältnis zwischen Fachgerichten und BVerfG?

Eine nur staatlich mediatisierte Horizontalwirkung bereitet *anwendungspraktisch* allerdings immer dann Kopfzerbrechen, wenn es an staatlicher Involvierung fehlt, die eine Grundrechtswirkung vermitteln könnte. Denn die vorherrschende Auffassung begründet Grundrechtswirkung überwiegend damit, dass ein staatliches Gericht über einen Privatrechtsstreit zu entscheiden hat und dabei die Grundrechte der Streitparteien nicht unverhältnismäßig beeinträchtigen darf.[35] Unter dieser Prämisse muss Grundrechtswirkung jedoch dann ausscheiden, wenn bzw. solange es nicht zu einem Rechtsstreit vor staatlichen Gerichten kommt. Kann man also Grundrechte vertraglich abbedingen, indem man eine Schiedsklausel vereinbart, die einen Rechtsstreit privaten Schieds- anstelle von staatlichen Gerichten überantwortet? Wie ist es, wenn ein ausländisches Gericht einen Privatrechtsstreit nach deutschem Recht zu entscheiden hat, also kein deutscher Hoheitsträger die Grundrechtswirkung zu vermitteln vermag? Insbesondere aber: wie verhält es sich in Konstellationen, die in der Praxis selten bis nie vor Gericht gelangen? Ein wichtiges und immer mehr an Bedeutung gewinnendes Beispiel ist die private Regulierung digitaler Kommunikationsräume sozialer Medien durch private Internet-Intermediäre.[36] Kein Gerichtsverfahren bedeutet hier nach den herrschenden staatsgerichteten Horizontalwirkungskonstruktionen keine Grundrechtswirkung und entsprechend keinen Grundrechtsschutz.[37] Diese und weitere praktische Fragen werden ebenso erörtert[38] wie die erwähnte neueste Rechtsprechung von EuGH und BVerfG und ihre Konsequenzen und möglichen dogmatischen Impulse für die deutsche Horizontalwirkungsdogmatik.[39]

Diese Arbeit tritt der vorherrschenden staatsgerichteten Auffassung entgegen. Sie tritt für die unmittelbare Geltung der Grundrechte zwischen Privaten im deutschen Recht ein. Allerdings ergeben sich Unterschiede hinsichtlich spezifischer Grundrechtsbestimmungen, spezifischer Themenbereiche und spezifischer Sachverhaltskonstellationen.[40] Im weiteren Verlauf dieser Arbeit werde ich die zentralen Vorwürfe der Mehrheitsmeinung zum Maßstab nehmen, um die diversen zur Lösung der Horizontalwirkungsproblematik angebotenen

---

[35] Vgl. zu diesen von mir im Weiteren so genannten Verantwortungskonstruktionen unten Kap. 2, B.III.2. und Kap. 3, B.

[36] Vgl. dazu unten Kap. 6, C.I.2.b).

[37] Zu der Alternative umfassender staatlicher Regulierung solcher privater Kommunikationsräume und ihren Konsequenzen für die personale Autonomie vgl. unten Kap. 6, C.I.2.b) und E.II.

[38] Vgl. dazu unten Kap. 6, B.–D., zusammenfassend E.

[39] Vgl. dazu unten Kap. 3, A.VI.3., VIII.2. und Kap. 7.

[40] Vgl. dazu im Einzelnen unten Kap. 6, B.–D., zusammenfassend E.I. sowie Kap. 7, B.I.

dogmatischen Ansätze zu vergleichen und zu bewerten. Dogmatische Kohärenz und Konsistenz, Vereinbarkeit mit dem deutschen Staatsorganisationsrecht, personale (Privat-)Autonomie sowie demokratische Legitimation richterlicher Entscheidungen anhand der verschiedenen Horizontalwirkungskonstruktionen werden somit die wesentlichen Maßstäbe von Vergleich und Bewertung der Konstruktionen sein. Als Resultat offenbart sich meines Erachtens eine grundsätzliche Präferenz für eine spezifische Konstruktion unmittelbarer Geltung. Diese eliminiert weder die Privatautonomie, noch verwandelt sie Grundrechte in Grundpflichten, noch ignoriert sie die Entscheidungen des einfachen Gesetzgebers, noch bedeutet sie ungezügeltes Richterrecht. Vielmehr wird sich zeigen, dass sie personale Autonomie besser als staatsgerichtete Konstruktionen realisiert, dass sie keine staatsgleiche Grundrechtsbindung Privater bedeutet und die gesetzgeberische Grundentscheidung berücksichtigt und dass sie gerade in geringerem Maße Gefahr läuft, faktisch gesetzesähnlich wirkende richterliche Rechtsfortbildung zu betreiben als staatlich und damit gerichtlich vermittelte Grundrechtswirkung zwischen Privaten.[41]

B. Gang der Darstellung

Die Arbeit unternimmt eine trennscharfe Typisierung und vergleichende Bewertung der diversen Typen und Konstruktionen grundrechtlicher Horizontalwirkung für das deutsche Recht: Wie sind die Konstruktionen zu unterscheiden? Wie verläuft der Diskurs zwischen und innerhalb der jeweiligen Typen und Konstruktionen? Wie dogmatisch kohärent und konsistent sind diese und wie sehr unterscheiden sie sich letztlich im Ergebnis voneinander? Untersagt das Grundgesetz bestimmte Typen oder Konstruktionen? Und schließlich: Welche der verfassungsrechtlich zulässigen Konstruktionen ist ethisch und/oder demokratietheoretisch, gegebenenfalls hinsichtlich welcher spezifischen Horizontalwirkungsthematik, zu präferieren? Welche Kriterien lassen sich aus den Bedingungen personaler und politischer Autonomie für den Ausgleich der widerstreitenden Grundrechtspositionen Privater gewinnen? Am Ende von Vergleich und Bewertung komme ich zu dem Resultat, dass die von der neuesten Rechtsprechung des EuGH[42] inspirierte dogmatische Figur der von mir so bezeichneten zweistufigen Anwendung[43] am vorzugswürdigsten ist.[44]

---

[41] Vgl. dazu unten Kap. 6, zusammenfassend E.II. und III. sowie Kap. 7, B. und C.

[42] Vgl. EuGH, Urt. v. 17.4.2018, Rs. C-414/16 – „Egenberger"; EuGH, Urt. v. 11.9.2018 – „IR", Rs. 68/17; EuGH, Urt. v. 6.11.2018, verb. Rs. C-569/16 und C-570/16 – „Bauer und Broßonn".

[43] Vgl. dazu unten Kap. 2, B.III.1.

[44] Vgl. unten Kap. 6, E.IV. sowie Kap. 7.

Die Arbeit hat dabei folgende Struktur. Zunächst sind terminologische Klarstellungen und Präzisierungen erforderlich.[45] Dies betrifft zunächst den Begriff der „Horizontalwirkung“. Horizontalwirkung dient insoweit als generischer Begriff, der sämtliche Spielarten der Wirkung der Grundrechte im Privatrechtsverhältnis erfasst. Er verdeutlicht, indem er sich als Wirkungsbegriff auf ein Resultat bezieht, dass etablierte Terminologien wie diejenigen der mittelbaren/unmittelbaren Drittwirkung etc. analytisch und dogmatisch inadäquat sind. Eine Unterscheidung der diversen dogmatischen Lösungsansätze der Horizontalwirkung der Grundrechte ergibt sich aus einer präzisen analytischen Typisierung anhand der jeweils konstruierten grundrechtlichen Anspruch-Pflichten-Relation. Auf diese zentrale, wenn auch nicht exklusive,[46] Iteration der Grundrechte beschränkt sich diese Arbeit. Aufgrund dieser Differenzierungskriterien gelangt sie zu vier Typen (Anwendung, Verantwortung, Zurechnung und Ablehnung) und insgesamt acht Gruppen dogmatischer Figuren der Horizontalwirkung.[47]

Im Weiteren nähert sich die Arbeit der Horizontalwirkungsproblematik und ihren diversen angebotenen Lösungen im Wege von vier verschiedenen Arten des Vergleichs. Zunächst erfolgt auf der ersten Vergleichsebene eine Diskursanalyse der verschiedenen Horizontalwirkungskonstruktionen (Kapitel 3), geordnet nach den im zweiten Kapitel identifizierten Typen und Gruppen dogmatischer Figuren. Ihrer Natur nach deskriptiv-analytisch, bedient sich diese Vergleichsebene des Rechtsvergleichs deutscher Lösungsansätze mit Ansätzen in der ausländischen Literatur und Praxis sowie in der Rechtsprechung von EuGH und EGMR. Die rechtsvergleichende Diskursanalyse verzahnt[48] in ihrer Darstellung deutsche, ausländische und supranationale Ansätze sowohl mit Blick auf Ähnlichkeiten in der Ausgestaltung der dogmatischen Konstruktion der grundrechtlichen Anspruch-Pflichten-Verhältnisse zwischen den Privaten A und B und dem Staat als auch mit Blick auf die institutionellen Konstellationen, die Einfluss auf die dogmatische Konstruktion ausüben. Das Erkenntnisziel bleibt trotz der komparativen Einsichten hier allerdings, wie auch in der restlichen Arbeit, ein solches für das deutsche Recht. Aus der Diskursanalyse emergiert dabei ebenfalls die Tiefenstruktur der Horizontalwirkung: Institutionell-staatsorganisationsrechtliche, ethische und demokratietheoretische Erwägungen entpuppen sich als einflussreich für die Wahl bestimmter Horizontalwirkungs-

[45] Siehe unten Kap. 2, A.

[46] Vgl. für die verschiedenen von *Robert Alexy* so bezeichneten „Grundrechtspositionen“: *R. Alexy*, Theorie der Grundrechte, 1986, S. 171 ff. im Anschluss an *W. N. Hohfeld*, Some Fundamental Legal Conceptions as Applied in Judicial Reasoning, Yale Law Journal 1913–1914, Bd. 23, 16. Vgl. dazu auch unten Kap. 2, B.I.

[47] Siehe unten Kap. 2, B.

[48] Zur Verzahnung als Methode der Rechtsvergleichung siehe *U. Kischel*, Rechtsvergleichung, 2015, S. 207 f.

konstruktionen sowie als der Horizontalwirkungsproblematik insgesamt zugrunde liegende Strukturelemente.[49]

Auf der zweiten Vergleichsebene sollen im Anschluss an die Diskursanalyse die verschiedenen Gruppen dogmatischer Figuren – und manche ihrer spezifischen Iterationen – dogmatisch auf ihre Kohärenz und Konsistenz[50] untersucht und bewertet werden.[51] Kann die jeweilige Horizontalwirkungskonstruktion vor dem Hintergrund ihrer Prämissen sowie vor den dogmatischen Vorgaben des deutschen Privat- und Verfassungsrechts bestehen und inwieweit existiert angesichts bestimmter dogmatischer Vorgaben des Grundgesetzes im Ergebnis tatsächlich ein Unterschied zwischen den einzelnen Typen und Konstruktionen? Kapitel 4 unternimmt in einem Zwischenschritt den Versuch, die Rechtsprechung des BVerfG zur Horizontalwirkung der Grundrechte vor dem Hintergrund der Dogmatikkritik aus dem dritten Kapitel zu rekonstruieren. Der sich aus dieser kritischen Rekonstruktion ergebende Ansatz identifiziert Horizontalwirkung als eine aus drei Schritten bestehende Konstruktion verfassungskonformer Auslegung (verfassungskonforme Auslegung plus[52]), die sowohl die im Wesentlichen abstrakte Bewertung der einfachrechtlichen Vorschriften als auch die konkrete Anwendung und Auslegung im Einzelfall in die Prüfung zu integrieren versucht. Am Ende verbleibt aber Skepsis – zum einen, ob die jüngere bis jüngste Rechtsprechung sich konsequent in dem obigen Sinne rekonstruieren lässt; zum anderen, weil die zuvor genannten staatsorganisationsrechtlichen, ethischen und demokratietheoretischen Strukturelemente in dieser dogmatischen Rekonstruktion noch nicht angemessen berücksichtigt sind. Dies unternehmen sodann Kapitel 5 und 6.

Die dritte und vierte Vergleichsebene sind entsprechend normativer Natur, wenn auch jeweils unterschiedlicher Art. Das fünfte Kapitel dient als dritte Vergleichsebene der Bewertung der Typen und Konstruktionen, einschließlich nunmehr auch der verfassungskonformen Auslegung plus, anhand des harten normativen Kriteriums der Vereinbarkeit mit den staatsorganisationsrechtlichen Vorgaben des Grundgesetzes, d.h. mit der Grundrechtsbindung gemäß Art. 1 Abs. 3 GG[53] sowie dem verfassungsrechtlichen Gewaltenteilungs-, Demokratie- und Rechtstaatsprinzip[54]. Hier stellt sich die Frage, ob das Grundgesetz bestimmten Konstruktionen tatsächlich zwingende staatsorganisationsrechtliche

[49] Vgl. unten Kap. 3, E.I.

[50] Konsistenz erfordert logische Widerspruchsfreiheit (vgl. *A. Steinbach*, Rationale Gesetzgebung, 2017, S. 21) Kohärenz bedeutet einen „Zusammenhang [einer] Erklärung mit einer anderen Erklärung eines Phänomens derselben Art dadurch […], daß […] beide Einzelphänomene als Fälle einer allgemeinen Regel" gelten (vgl. *D. Buchwald*, Der Begriff der rationalen juristischen Begründung – Zur Theorie der juridischen Vernunft, 1990, S. 115).

[51] Siehe unten Kapitel 3, E.II.

[52] Siehe unten Kap. 4, B.

[53] Siehe unten Kap. 5, B.

[54] Siehe unten Kap. 5, C.I.–III.

Grenzen zieht, wie dies hinsichtlich mancher behauptet wird – namentlich vor allem hinsichtlich solcher, die von einem unmittelbaren grundrechtlichen Anspruch-Pflichten-Verhältnis zwischen den Privaten A und B ausgehen. Untersagt das Grundgesetz die jeweilige Konstruktion nicht, ist es verfassungsrechtlich zulässig, dass deutsche Gerichte diese auch anwenden, um Horizontalwirkungskonstellationen zu entscheiden.

Schließlich widmet sich die vierte und letzte Vergleichsebene der Bewertung der Horizontalwirkungskonstruktionen anhand weicherer normativer Zweckmäßigkeitskriterien (Kapitel 6). Es wird zu fragen sein, welche derjenigen Konstruktionen, die aufgrund der Bewertung im fünften Kapitel nicht staatsorganisationsrechtlich unzulässig sind, aus der Sicht personaler und politischer Autonomie präferabel sind. Anhand dreier Großthemen der Horizontalwirkung (Privatautonomie, öffentlicher Diskurs, Identität)[55], die insbesondere in der Rechtsprechung von BVerfG, BGH und BAG eine prominente Rolle spielen, will ich erstens eruieren, welche der diversen dogmatischen Figuren insoweit vorzugswürdig ist. Dabei ist auch zu ermitteln, inwieweit sich zwischen den einzelnen Themenbereichen und in bestimmten Sachverhalts- und/oder Grundrechtskonstellationen etwaige Differenzierungen ergeben. Ist eine bestimmte Figur stets die zweckmäßigste? Oder sind unterschiedliche Konstruktionen bezüglich unterschiedlicher Horizontalwirkungsthemen und mit Blick auf die unterschiedlichen Bewertungsmaßstäbe personaler und politischer Autonomie vorzuziehen? Zweitens dient die Betrachtung der drei Großthemen Privatautonomie, öffentlicher Diskurs und Identität auf einer niedrigeren Abstraktionsebene anwendungspraktischen Erkenntnissen. Es ist zu erörtern, inwiefern sich aus den Autonomiebedingungen Kriterien für die Entscheidung über den konkreten Ausgleich widerstreitender Grundrechtspositionen im Einzelfall ergeben können. Zugleich soll sich aber auch zeigen, inwiefern sich bestimmte Horizontalwirkungskonstruktionen in spezifischen typischen Sachverhalts- und Grundrechtskonstellationen als mehr oder weniger praktikabel erweisen.

Am Ende des Vergleichs der Horizontalwirkungskonstruktionen steht wie bereits erwähnt als Resultat mein Plädoyer für die Geltung der Grundrechte unmittelbar zwischen Privaten, genauer: für ihre Iteration als zweistufige Anwendung. Das siebte Kapitel erörtert, wie diese Konstruktion im deutschen Recht dogmatisch realisiert werden kann. Dies betrifft sowohl deren dogmatischen Geltungsgrund, die Gestaltung des Ausgleichs widerstreitender Grundrechtspositionen, die Konsequenzen für die Kompetenzverteilung zwischen BVerfG und Fachgerichten, als auch die Frage, welche einzelnen Grundrechtsbestimmungen, einschließlich der Gleichheitsrechte, tatsächlich unmittelbar zwischen Privaten gelten können.[56] Diese vier offenen Fragen der zweistufigen Anwen-

---

[55] Für eine Umschreibung und Erläuterung siehe unten Kap. 6, A.II.

[56] Siehe unten Kap. 7, A.–D.

dung werden vor allem anhand des Beispiels des Stadionverbotsbeschlusses des BVerfG vom 11. April 2018[57] erörtert, welcher in der Literatur zum Teil[58] als implizite Anerkennung einer Konstruktion unmittelbarer Geltung der Grundrechte zwischen Privaten durch das Gericht interpretiert wurde.[59]

Kapitel 8 hebt im Wege einer Schlussbetrachtung die wesentlichen Ergebnisse dieser Arbeit nochmals zusammenfassend hervor.

---

[57] BVerfGE 148, 267 [2018] – Stadionverbot.

[58] Vgl. z. B. *A. Hellgardt*, Wer hat Angst vor der unmittelbaren Drittwirkung? Die Konsequenzen der Stadionverbot-Entscheidung des BVerfG für die deutsche Grundrechtsdogmatik, JuristenZeitung 2018, 901 ff.; *F. Michl*, Situativ staatsgleiche Grundrechtsbindung privater Akteure – Zugleich Besprechung von BVerfG, Beschluss vom 11.4.2018 – 1 BvR 3080/09, JuristenZeitung 2018, 910 ff.

[59] Siehe unten Kap. 4, C.II.

2. Kapitel

Horizontalwirkung – Terminologie und Typologie

Vergleich und Bewertung der diversen Horizontalwirkungskonstruktionen erfordern zunächst deren trennscharfe Unterscheidung. Dies setzt sowohl terminologische (A.) als auch analytische Präzision voraus (B.).

A. Horizontalwirkungsterminologie

In einem wissenschaftlich derart reich bestellten Feld wie dem Themenkomplex Grundrechte und Privatrecht bilden sich unweigerlich bestimmte Begrifflichkeiten heraus. Da der wissenschaftliche Diskurs, auch weil er ab und an von der Rechtsprechung inspiriert wird, nicht linear verläuft, etablieren sich zum Teil bestimmte Termini, die sich bei genauerer Betrachtung analytisch und/oder dogmatisch als unpräzise und irreführend herausstellen. In jedem Fall hat Dogmatik mit Terminologie zu beginnen. Somit stehen hier am Anfang mehrere terminologische Erläuterungen und Abgrenzungen.

I. Wirkung, Geltung, (Un-)Mittelbarkeit

Ob „Dritt-", „Privat(rechts)-" oder „Horizontalwirkung", in der Regel sprechen Literatur und Praxis von der „Wirkung" der Grundrechte im Privatrecht. Indessen, „Wirkung" bezeichnet einen Effekt und damit ein Resultat. Der Weg hin zu diesem Resultat – in juristischer Terminologie: die dogmatische Konstruktion – ist insoweit zunächst nicht von Interesse. Damit unterscheidet sich „Wirkung" von „Geltung". Wenn Grundrechte zwischen Privaten „gelten", dann – so soll dieser Begriff im Folgenden verwendet werden – besteht ein direktes Grundrechtsverhältnis zwischen ihnen.[1] Der Begriff der „Wirkung" ist dagegen weiter. *Wirkung* zielt letztlich auf ein Faktum: nämlich, dass Grundrechte im Verhältnis

---

[1] Siehe zur Unterscheidung der Horizontalwirkungskonstruktionen im Wege der analytischen Rechtstheorie anhand des Kriteriums, zwischen wem unmittelbare Grundrechtsverhältnisse bestehen, unten B.I.–III. Wenn in den einleitenden Bemerkungen und im weiteren Verlauf der Arbeit von „unmittelbarer Geltung" gesprochen wird, hat dies lediglich affirmativen Charakter und soll keineswegs suggerieren, es gäbe im Umkehrschluss auch eine *mittelbare* Geltung.

zwischen Privaten (irgend)eine Rolle spielen. Dies lässt sich allerdings nicht nur für diejenigen Lösungsansätze sagen, die regelmäßig als „unmittelbare/mittelbare (Dritt-)Wirkung"[2] bzw. „direct/indirect horizontal effect"[3] etc. bezeichnet werden, sondern beispielsweise ebenso für Zurechnungskonstruktionen wie die US-amerikanische „state action"-Doktrin.[4] In allen diesen und vielen weiteren Fällen kann sich am Ende die fragliche Partei auf die Grundrechte auch im Privatrechtsverhältnis berufen – die Konstruktion unterscheidet sich, aber das Ergebnis, der Effekt, die „Wirkung" ist ähnlich.[5] Aus diesem Grunde ist es bereits semantisch verunglückt, von un/mittelbarer Dritt-/Privatrechts-/Horizontal*wirkung* etc. zu sprechen, wenn man spezifische dogmatische Konstruktionen bezeichnen und erörtern will.[6] Eine Wirkung als etwas Faktisches hat nichts Vermitteltes – oder präziser: bei einem Faktum, einem Resultat sind Unmittelbarkeit bzw. Mittelbarkeit keine sinnvollen Unterscheidungskategorien: Ein physischer Schmerz erlangt grundsätzlich keine andere Qualität dadurch, ob er mir durch eine andere Person unmittelbar, z. B. durch Schlag auf den Kopf mit einem Gegenstand, oder mittelbar, z. B. durch Umstoßen eines Regals, von dem aus mir dieser Gegenstand auf den Kopf fällt, zugefügt wird.

Der Begriff der „(Un-)Mittelbarkeit" soll sich hingegen hier und in den folgenden Kapiteln auf das Grundrechtsverhältnis beziehen: Besteht ein grundrechtliches Anspruch-Pflichten-Verhältnis zwischen zwei Privaten, so handelt es sich um Unmittelbarkeit. Werden die Grundrechte im Wege staatlicher Mediatisierung zur Wirkung zwischen Privaten gebracht, so bedeutet dies Mittelbarkeit, also zum Beispiel weil das staatliche Gericht anlässlich seiner Entscheidung über das einfachrechtliche Rechtsverhältnis der Privaten A-B deren Grundrechte zu achten hat.[7]

---

[2] Vgl. stellvertretend nur *M. Herdegen*, in: Maunz/Dürig, Grundgesetz – Kommentar, 84. Ergänzungslieferung, August 2018, Art. 1 Abs. 3/Rn. 59–65.

[3] Vgl. wiederum stellvertretend nur *S. Gardbaum*, The "Horizontal Effect" of Constitutional Rights, Michigan Law Review 2003, Bd. 102, 387, 394 ff.

[4] Siehe unten B.III.

[5] Zu den Unterschieden im Einzelnen siehe aber unten B. und Kap. 3.

[6] Dies gerät häufig aus dem Blick und führt zu missverständlichen und zum Teil auch fehlgeleiteten Aussagen zu Mittelbarkeit und Unmittelbarkeit der Grundrechtsbindung im Privatrecht, vgl. z. B. *T. Koch*, Der Grundrechtsschutz des Drittbetroffenen – Zur Rekonstruktion der Grundrechte als Abwehrrechte, 2000, S. 442 ff.

[7] Anders offenbar *A. Hellgardt*, Wer hat Angst vor der unmittelbaren Drittwirkung? Die Konsequenzen der Stadionverbot-Entscheidung des BVerfG für die deutsche Grundrechtsdogmatik, JuristenZeitung 2018, 901, 902, der die Begriffe „mittelbar"/„unmittelbar" in Bezug auf das einfache Recht verwendet, nämlich dahingehend ob die Gerichte unmittelbar auf die Grundrechte zurückgreifen oder ob sie die Grundrechte nur mittelbar im Wege der Auslegung des einfachen Rechts zur Wirkung bringen. Ich halte diese letztere Unterscheidung für weniger brauchbar als die hiesige Differenzierung, ob ein direktes grundrechtliches Anspruch-Pflichten-Verhältnis zwischen Privaten besteht. Denn ein Gericht kann auch im Staat-Bürger-Verhältnis einen Rechtsstreit „unmittelbar" aus den Grundrechten entscheiden. Dass ihm dies in der Regel untersagt ist, ist Folge von grundgesetzlichem Gesetzesvorrang und -vorbehalt, hat

„Wirkung" als Resultat in demjenigen Sinne zu verstehen, dass Grundrechte im Rechtsverhältnis zwischen Privaten auf irgendeine Weise Bedeutung erlangen und insoweit auf dieses Verhältnis ein*wirken*, bedeutet selbstverständlich nicht, dass diese Arbeit keinen dogmatischen Anspruch verfolgte. Im Gegenteil, die verschiedenen Konstruktionen zur dogmatischen Realisierung der Horizontalwirkung stehen im Mittelpunkt der Untersuchungen.[8] Indes geht in Literatur und Praxis häufig unter, dass Grundrechte im Privatrechtsverhältnis auf viele verschiedene Wege „Wirkung" entfalten können. Insbesondere wenn der Blick zu schnell auf die dogmatische Konstruktion gerichtet wird, beschränkt sich der Fokus auf die Gerichtspraxis, mit anderen Worten die Realisierung der Grundrechtswirkung durch Gerichte. Denkt man indessen aus der Perspektive der „Wirkung", d.h. dem Resultat, macht es für den betroffenen Privaten jedenfalls im Ergebnis keinen wesentlichen Unterschied, ob seine Grundrechte Berücksichtigung dadurch finden, dass ein Gericht ihm eine bestimmte Rechtsposition zuspricht oder ob ihm diese Rechtsposition bereits durch den einfachen Privatrechtsgesetzgeber verliehen wird.[9] Beispiele für eine solche „Grundrechtsentfaltung im Gesetz"[10] sind das Allgemeine Gleichbehandlungsgesetz, rechtsvergleichend der Civil Rights Act 1964 oder aber auch bereits weite Teile des Wohnraummietrechts[11] u.v.a.m.

Bei genauer Betrachtung diverser dogmatischer Figuren zum Umgang der Gerichte mit den Grundrechten im Privatrechtsverhältnis zeigt sich ferner, dass einige Ansätze, die vordergründig verneinen, dass Grundrechte zwischen Privaten eine Rolle spielen, im Ergebnis, nämlich mit Blick auf die „Wirkung", letztlich doch dazu führen, dass die Grundrechte der am Privatrechtsverhältnis beteiligten Personen in Einklang gebracht werden.[12] Auf allen diesen und

---

aber zunächst nichts mit der Horizontalwirkung der Grundrechte zwischen Privaten zu tun. Bei letzterer geht es vielmehr um das Rechtsverhältnis Privater: Ist es ein grundrechtliches oder ist es ein einfachrechtliches, bei dem Grundrechte erst staatlich mediatisiert – zum Beispiel weil die staatlichen Gerichte Grundrechte Privater achten müssen – Wirkung entfalten?

[8] Vgl. dazu insbesondere unten Kap. 3 bis 5 sowie 7.

[9] Vgl. auch *G. Sommeregger*, The Horizontalization of Equality: The German Attempt to Promote Non-Discrimination in the Private Sphere *via* Legislation, in: A. Sajó/R. Uitz (Hrsg.), The Constitution in Private Relations – Explaining Constitutionalism, 2005, 33, 34; vgl. auch bereits *S. Oeter*, „Drittwirkung" der Grundrechte und die Autonomie des Privatrechts – Ein Beitrag zu den funktionell-rechtlichen Dimensionen der Drittwirkungsdebatte, Archiv des öffentlichen Rechts 1994, Bd. 119, 529, 537. *W. Heun*, Funktionell-rechtliche Schranken der Verfassungsgerichtsbarkeit, 1992, S. 10f., 12–16, 53ff.

[10] Vgl. *M. Jestaedt*, Grundrechtsentfaltung im Gesetz, 1999; siehe zu diesem Themenkomplex auch *M. Gellermann*, Grundrechte im einfachgesetzlichen Gewand – Untersuchung zur normativen Ausgestaltung der Freiheitsrechte, 2000, S. 81ff.; *M. Cornils*, Die Ausgestaltung der Grundrechte – Untersuchungen zur Grundrechtsbindung des Ausgestaltungsgesetzgebers, 2005, S. 494ff.

[11] Jedenfalls wenn man BVerfGE 89, 1 [1993] – Besitzrecht des Mieters (zum Schutz des Mieters nach Art. 14 Abs. 1 GG) folgt.

[12] Dies gilt insbesondere für die Zurechnungskonstruktionen, vgl. unten Kap. 3, C.

noch vielen weiteren Wegen erlangen Grundrechte auch im Verhältnis zwischen Privaten Bedeutung. Um diese zu erfassen, wähle ich den Begriff der *Horizontalwirkung*. Horizontal-„wirkung" wird mithin funktional verstanden, nämlich alle Ansätze betreffend, durch welche die Grundrechte das Privatrechtsverhältnis zwischen zwei oder mehreren Privatpersonen mit potentiell konfligierenden Grundrechtspositionen im Ergebnis beeinflussen. Dabei spielt es wie gesagt keine Rolle, ob ihre Grundrechtspositionen bereits in einer Privatrechtsvorschrift oder durch gerichtliche Entscheidung in Abwägung gebracht wurden. Der „Wirkungs"-Begriff ermöglicht schließlich ein graduelles Konzept, sodass auch solche Ansätze erfasst werden können, die eine Wirkung der Grundrechte in der Regel oder gar gänzlich ablehnen.[13] „Horizontalwirkung" behandle ich danach als einen generischen Begriff, der sämtliche Lösungsansätze umfasst, die dazu führen, dass Grundrechte für das Privatrechtsverhältnis A-B auf irgendeine Weise Bedeutung erlangen.

II. Drittwirkung und Horizontalwirkung

In der deutschen Rechtswissenschaft und Rechtspraxis ist dagegen vor allem der Terminus „Drittwirkung" etabliert.[14] Dieser ist jedoch unpräzise[15] und missverständlich. Denn er präjudiziert bereits, welche dogmatische Konstruktion für vorzugswürdig zu halten ist, und eignet sich deshalb jedenfalls nicht für die Bezeichnung der grundsätzlichen Fragestellung, wie und ob Grundrechte im Privatrechtsverhältnis wirken (sollen), und somit jedenfalls nicht als Oberbegriff für die große Bandbreite diverser Lösungsansätze. Denn „Dritt"-Wirkung suggeriert, dass ein „Dritter" im Spiel ist. Hinsichtlich der Frage der Privatrechtswirkung der Grundrechte kann dieser „Dritte" kein weiterer Privater, sondern sinnvollerweise neben der Privaten A und dem Privaten B nur der Staat sein. Indes, ein solches triadisches Verhältnis – A-Staat-B – kennzeichnet gerade

[13] Letztere Position ist, wie das dritte Kapitel erläutern wird, angesichts des generischen „Wirkungs"-Begriffs in einem demokratischen Rechtsstaat, der Individualgrundrechte normiert, indes kaum denkbar, sodass derartige Ansichten letztlich darauf hinauslaufen, Horizontalwirkung nur durch den Gesetzgeber zu realisieren, vgl. unten Kap. 3, D.IV.

[14] Vgl. nur einige Beispiele aus der einschlägigen Kommentar- und Lehrbuchliteratur: *M. Herdegen*, in: Maunz/Dürig, Grundgesetz – Kommentar, Maunz/Dürig, Grundgesetz – Kommentar, 84. Ergänzungslieferung, August 2018, Art. 1 Abs. 3/Rn. 59ff.; *W. Kahl*, in: Bonner Kommentar zum Grundgesetz, Stand: Juli 2017, Art. 1 Abs. 3/Rn. 310ff.; *L. Kähler*, in: BeckOGK BGB, Stand 1.10.2018, § 242 BGB/Rn. 132ff.; *F.J. Säcker*, in: Münchener Kommentar zum Bürgerlichen Gesetzbuch, Bd. 1, 8. Aufl. 2018, Einl., Rn. 66ff.; *B. Pieroth/B. Schlink/T. Kingreen/R. Poscher*, Grundrechte. Staatsrecht II, 34. Aufl. 2018, S. 52ff.; *J. Ipsen*, Staatsrecht II – Grundrechte, 19. Aufl. 2016, S. 22f.

[15] Vgl. bereits die Kritik bei *Nipperdey* in *L. Enneccerus/H. C. Nipperdey*, Allgemeiner Teil des Bürgerlichen Rechts, 1. Halbband: Allgemeine Lehren, Personen, Rechtsobjekte, 15. Aufl. 1959, S. 93f. („ungenau"); ebenso *H. C. Nipperdey*, Grundrechte und Privatrecht, 1961, S. 14f.

nicht alle Horizontalwirkungskonstruktionen. Lehnt man die Wirkung der Grundrechte in der Rechtsbeziehung zwischen Privaten gänzlich oder jedenfalls grundsätzlich ab, so fehlt es an einem Dreieck bereits dehalb, weil jedenfalls vor Gericht entweder nur A gegen B auf der Grundlage des einfachen Privatrechts oder A (oder B) gegen den Staat auf der Grundlage des öffentlichen Rechts einschließlich der Grundrechte vorgehen können. Hinsichtlich grundrechtlicher Ansprüche und Pflichten besteht hier nur die Gerade A/B-Staat. Geht man von einem unmittelbaren grundrechtlichen Rechtsverhältnis zwischen Privaten aus, das wechselseitige grundrechtliche Ansprüche und Pflichten begründet, ist der Staat (zunächst) aus dem Spiel und es besteht ebenfalls kein Dreieck, sondern nur die Gerade A-B. Entsprechend spricht beispielsweise *Hans-Carl Nipperdey* vor allem in seinen frühen Werken zu „Grundrechten und Privatrecht"[16] präziser Weise von der „absoluten Wirkung"[17] und nicht von der „absoluten *Drittwirkung*" der Grundrechte im Privatrecht. Spricht man von „Drittwirkung", setzt man demnach bereits voraus, dass (a) das „ob" der Horizontalwirkung zu bejahen ist und dass (b) sich diese allerdings nur vermittelt über den Staat entfaltet, ein direktes grundrechtliches Rechtsverhältnis zwischen Privaten dagegen abzulehnen ist.

Allerdings bedarf wiederum die Verwendung des Begriffs der „Horizontalwirkung der Grundrechte", einer auch im internationalen Vergleich gebräuchlichen Terminologie,[18] aus mehreren Gründen der weiteren Erläuterung und Abgrenzung. Zum ersten wird der Terminus „Horizontalwirkung" nicht nur für die Wirkung der Grundrechte im Horizontalverhältnis, sondern beispielsweise im Unionsrecht zur Bezeichnung der etwaigen Anwendbarkeit des Unionsrechts insgesamt, insbesondere der EU-Richtlinien in der Rechtsbeziehung zwischen Privaten, verwendet[19] und dabei ab und an nicht eindeutig von der Frage der Horizontalwirkung der Unionsgrundfreiheiten oder -grundrechte im Privatrechtsverhältnis unterschieden.[20] Die Anwendbarkeit des Unionsrechts in privaten Rechtsbeziehungen im Allgemeinen ist nicht Gegenstand der hiesigen Untersuchung. Zum zweiten geht es in diesem Buch zwar

---

[16] Vgl. *H. C. Nipperdey*, Grundrechte und Privatrecht, 1961.

[17] Z.B. *L. Enneccerus/H. C. Nipperdey*, Allgemeiner Teil des Bürgerlichen Rechts, 1. Halbband: Allgemeine Lehren, Personen, Rechtsobjekte, 15. Aufl. 1959, S. 94; vgl. auch bereits *H. C. Nipperdey*, Gleicher Lohn der Frau für gleiche Leistung – Ein Beitrag zur Auslegung der Grundrechte, Recht der Arbeit 1950, 121 ff.

[18] Vgl. z.B. *S. Gardbaum*, The "Horizontal Effect" of Constitutional Rights, Michigan Law Review 2003, Bd. 102, 387, 394 ff.; *J. van der Walt*, The Horizontal Effect Revolution and the Question of Sovereignty, 2014; *I. Leigh*, Horizontal Rights, the Human Rights Act and Privacy: Lessons From the Commonwealth, International and Comparative Law Quarterly 1999, Bd. 48, 57, 74–85; *A. L. Young*, Mapping horizontal effect, in: D. Hoffman (Hrsg.), The Impact of the UK Human Rights Act on Private Law, 2011, 16; *S. Walkila*, Horizontal Effect of Fundamental Rights in EU, 2016.

[19] Vgl. nur *M. F. Starke*, EU-Grundrechte und Vertragsrecht, 2016, S. 174 ff. m. w. N.

[20] Siehe dazu unten Kap. 2, A.VI.

um die Horizontalwirkung der deutschen Grundrechte unter dem Grundgesetz. Für die Zwecke insbesondere der rechtsvergleichenden Erörterungen im dritten Kapitel lege ich aber einen weiten Grundrechtsbegriff zugrunde und betrachte auch die Horizontalwirkung anderer Individualrechte mit – jedenfalls faktisch – höherem Rang als das einfache nationale Recht, so zum Beispiel den Unionsgrundfreiheiten und Grundrechten der EU-Grundrechtecharta sowie den Rechten der EMRK.[21] Zum dritten können Grundrechte im Verhältnis zwischen nichtstaatlichen Akteuren auch über das Privatrecht hinaus Wirkung entfalten, man denke nur an den Nachbarschutz im öffentlichen Baurecht.[22] Diese Arbeit konzentriert sich hier dagegen ausschließlich auf die Wirkung der Grundrechte im Privatrechtsverhältnis.

B. Horizontalwirkungstypologie

„Horizontalwirkung" ist deshalb der hier gewählte Oberbegriff für sämtliche Lösungsansätze, die im Ergebnis dazu führen, dass Grundrechte Privatrechtsverhältnisse beeinflussen. Jedoch, wenn der Wirkungsbegriff sich insoweit als ungeeignet herausgestellt hat, wie unterscheidet man analytisch präzise diverse Horizontalwirkungskonstruktionen voneinander, um eine solide Grundlage für ihren Vergleich und ihre Bewertung zu schaffen? Dieses Unterkapitel will daher eine Typologie der dogmatischen Figuren der Horizontalwirkung entwickeln.

I. Kriterien der Typisierung

Die Anzahl der dogmatischen Konstruktionen der Horizontalwirkung der Grundrechte sind ebenso vielfältig wie deren Typisierungen.[23] Die Typisierung dieser Konstruktionen erfolgt hier auf der Grundlage basaler Erkenntnisse der

[21] Vgl. insoweit unten Kap. 3, B.II.2.

[22] Deshalb erörtern manche Autoren diese Fragen gemeinsam mit der Horizontalwirkung der Grundrechte im Privatrechtsverhältnis, so z.B. *G. Lübbe-Wolff*, Die Grundrechte als Eingriffsabwehrrechte, 1988, S. 20ff.; *R. Poscher*, Grundrechte als Abwehrrechte – Reflexive Regelung rechtlich geordneter Freiheit, 2003, S. 1ff. Dies ist mit Blick auf das von ihnen zugrunde gelegte so genannte abwehrrechtliche Verständnis konsequent, da sie Grundrechtsgeltung nur im Staat-Bürger-Verhältnis für möglich erachten.

[23] Prominente Beispiele der Typisierung aus rechtsvergleichender Sicht finden sich bei *I. Leigh*, Horizontal Rights, the Human Rights Act and Privacy: Lessons From the Commonwealth, International and Comparative Law Quarterly 1999, Bd. 48, 57, 74–85; *S. Gardbaum*, The "Horizontal Effect" of Constitutional Rights, Michigan Law Review 2003, Bd. 102, 387, 434–437; *A. Barak*, Constitutional Rights and Private Law, in: G. Sapir/D. Barak-Erez/A. Barak (Hrsg.), Israeli Constitutional Law in the Making, 2013, 379, 381–387. Siehe auch kürzlich *M. Grünberger*, Personale Gleichheit – Der Grundsatz der Gleichbehandlung im Zivilrecht, 2013, S. 1012ff.

analytischen Rechtstheorie. Gegenstand der Differenzierung sind diejenigen Rechtsbeziehungen zwischen Privaten untereinander und/oder dem Staat, welche die jeweiligen dogmatischen Konstruktionen voraussetzen bzw. zur Folge haben, kurz: Wer hat einen grundrechtlichen Anspruch? Wer ist aus diesem Anspruch grundrechtlich verpflichtet?

Nach den von *Wesley Newcomb Hohfeld* entwickelten und vor allem durch die Arbeiten *Robert Alexys*[24] ebenfalls für die deutsche Rechtstheorie und Grundrechtsdogmatik wirkmächtigen analytischen Kategorisierungen bestehen Rechtsbeziehungen stets aus einem Bündel einzelner interpersonaler Relationen. *Hohfeld* extrapoliert acht verschiedene solcher Relationen, die er jeweils in Zweiergruppen ordnet, die in der Beziehung von Korrelaten („correlatives") und Gegensätzen („opposites") stehen: Anspruch („right" oder „claim"), Pflicht („duty"), Freiheit („privilege" oder „liberty"), Unterlassungspflichten oder Nicht-Recht („no-right"), Verfügungsbefügnis („power"), Haftbarkeit („liability"), Immunität („immunity"), Unvermögen („disability"). Hier interessieren uns nur die Beziehungen zwischen den vier erstgenannten, die sich wie folgt darstellen lassen: (1) Korrelate: Anspruch-Pflicht; Freiheit-Unterlassungspflicht/Nicht-Recht; (2) Gegensätze: Anspruch-Unterlassungspflicht/Nicht-Recht; Freiheit-Pflicht. Wenn jemand einen Anspruch gegenüber einem anderen auf etwas hat, zum Beispiel auf die Herausgabe einer Sache (§ 985 BGB), korrespondiert dazu die Pflicht des Anspruchsgegners auf Herausgabe – sie ist also das Korrelat des Anspruchs. Sie besteht immer, wenn der Anspruch besteht, ist also nicht denkbar ohne ihn und umgekehrt, weil das eine Korrelat aus dem anderen logisch zwingend folgt. Das Gleiche gilt für die Freiheit, etwas zu tun oder nicht zu tun, und die Pflicht, etwas zu unterlassen: meine Freiheit, ein Grundstück betreten zu dürfen, ist nicht denkbar ohne die Pflicht aller anderen, mich nicht am Betreten des Grundstücks zu hindern. Entsprechend sind Anspruch und Unterlassungspflicht und Freiheit und Pflicht nicht Korrelate, sondern Gegensätze: der/die eine folgt nicht logisch aus dem/der anderen, sondern sie schließen sich gegenseitig aus. Entweder habe ich einen Anspruch auf Herausgabe einer Sache oder ich habe eine Pflicht, es zu unterlassen, die Herausgabe der Sache zu fordern. Entweder habe ich die Freiheit, ein Grundstück zu betreten, oder ich habe die Pflicht, es nicht zu betreten.[25]

Ein Rechtsverhältnis im Sinne einer Anspruch-Pflichten-Relation beschreibt somit eine Rechtsbeziehung zwischen zwei Personen oder Entitäten, die durch

---

[24] Vgl. *R. Alexy*, Theorie der Grundrechte, 1986, S. 187 ff. (unter ausdrücklicher Bezugnahme auf *Hohfeld* auf S. 187 und dort in Fn. 96).

[25] Siehe dazu *W. N. Hohfeld*, Some Fundamental Legal Conceptions as Applied in Judicial Reasoning, Yale Law Journal 1913–1914, Bd. 23, 16, 28–44; siehe auch *J. W. Singer*, The Legal Rights Debate in Analytical Jurisprudence from Bentham to Hohfeld, Wisconsin Law Review 1982, 975, 986–989; *S. Arnold*, Vertrag und Verteilung, 2014, S. 112 f.; *M. Auer*, Der privatrechtliche Diskurs der Moderne, 2014, S. 56 f.

wechselseitige Ansprüche und Pflichten, also durch ein Korrelationsverhältnis, gekennzeichnet ist: Im Rechtsverhältnis A-B hat A einen Anspruch auf die Handlung *h* gegenüber B. Dem korreliert die Pflicht des B, die Handlung *h* zu Gunsten von A vorzunehmen. Mit Blick auf die Typisierung der Horizontalwirkungskonstruktionen ist mithin zu fragen, wer nach den jeweiligen Lösungsansätzen der Horizontalwirkungsproblematik mit wem in einem grundrechtlichen Anspruch-Pflichten-Verhältnis steht und wie sich dies auf das privatrechtliche Rechtsverhältnis (im Sinne eines Anspruch-Pflichten-Verhältnisses und darüber hinaus) auswirkt. Besteht ein grundrechtliches Rechtsverhältnis zwischen den Privaten A und B oder nur zwischen A/B und dem Staat? In letzterem Fall, wie wirkt sich nichtsdestoweniger das grundrechtliche Rechtsverhältnis A/B-Staat auf das privatrechtliche Rechtsverhältnis A-B aus, insbesondere welche dogmatische Figur wird insoweit gewählt? Oder wird jegliche Horizontalwirkung, in welcher Form auch immer, abgelehnt? Ferner, wessen Verhalten wird als für das Entstehen der jeweiligen Rechtsverhältnisse (d.h. der korrelierende Ansprüche und Pflichten) begründend angesehen, das Verhalten der Privaten oder das Verhalten der staatlichen Hoheitsträger (und dabei: welcher Hoheitsträger?)?

II. Vier Typen der Horizontalwirkung

Betrachtet man unter diesen Voraussetzungen die Frage der Horizontalwirkung der Grundrechte (in dem *sub* A. bezeichneten Sinne), so bieten sich verschiedene Möglichkeiten der Typisierung an. Zunächst lassen sich auf einer sehr hohen Abstraktionsebene zwei Typen dogmatischer Konstruktionen unterscheiden. Erstens, solche Ansichten, die eine Horizontalwirkung der Grundrechte in jeglicher Form ablehnen. Hier ließe sich bereits daran zweifeln, ob man insoweit wissenschaftstheoretisch noch von einer „dogmatischen Konstruktion" der Horizontalwirkung sprechen kann, wenn lediglich von ihrer bloßen Negation die Rede ist. Nimmt man dies im Interesse einer ersten logischen Kategorisierung möglicher Formen des Umgangs mit der Horizontalwirkungsproblematik indes an, so stehen dieser strikten Ablehnung solche dogmatische Konstruktionen gegenüber, die Horizontalwirkung auf irgendeine Weise bejahen. Die Unterscheidung beschränkt sich somit auf die binäre Kategorisierung Horizontalwirkung ja/nein. Für den ersten gedanklichen Schritt einer Typisierung ist dies zwar instruktiv, aufgrund des hohen Abstraktionsniveaus allerdings im Weiteren wenig hilfreich, da jedenfalls nach deutschem Recht nahezu alle dogmatischen Konstruktionen von „irgendeiner" Form von Horizontalwirkung im generischen Sinne ausgehen.[26]

[26] Siehe unten III. und Kap. 3, A.–D.

Betrachtet man diese zweite Kategorie einer „Irgendwie-Horizontalwirkung" genauer, so lassen sich auf der einen Seite solche Konstruktionen identifizieren, die von einem direkten und gerichtlich durchsetzbaren grundrechtlichen Rechtsverhältnis zwischen den Privaten A und B ausgehen,[27] und andererseits solche, nach denen ein direktes grundrechtliches Rechtsverhältnis nur jeweils zwischen A/B und dem Staat besteht.[28] Im ersteren Fall greift B beispielsweise in das Persönlichkeitsrecht der A ein, wenn er sich abfällig über sie äußert und A hat somit gegebenenfalls einen grundrechtlichen Anspruch, dass B diese Äußerung unterlässt, weil aufgrund einer Abwägung dem Persönlichkeitsrecht der A gegenüber der Meinungsfreiheit des B der Vorzug zu geben ist. Im zweiten Fall hat B einen Anspruch auf Achtung seiner Meinungsfreiheit und A hat einen Anspruch auf Achtung ihres Persönlichkeitsrechts. Diese Ansprüche bestehen aber jeweils nur gegenüber staatlichen Hoheitsträgern, sodass nur der Staat und nicht A oder B grundrechtlich verpflichtet sein kann. Den staatlichen Hoheitsträgern ist es sodann – wiederum auf irgendeine Weise – aufgegeben, die Grundrechte von A und B in Bezug auf ihr privatrechtliches Rechtsverhältnis – also ein einfach- und eben nicht grundrechtliches Anspruch-Pflichten-Verhältnis unmittelbar zwischen A und B – in Ausgleich zu bringen.

Nach diesen beiden Kategorisierungsstufen lassen sich folglich zunächst drei Kategorien unterscheiden: Ablehnung, Anwendung und Mediatisierung. Ablehnungskonstruktionen verneinen die Horizontalwirkung. Nach den Anwendungkonstruktionen begründen die Grundrechte unmittelbar zwischen den Privaten ein Anspruch-Pflichten-Verhältnis. Die dritte Kategorie beschreibt schließlich Konstruktionen, wonach die Grundrechte zwar zwischen Privaten wirken, aber nicht im Wege eines grundrechtlichen Rechtsverhältnisses A-B, sondern staatlich vermittelt: Auf den Staat wird aufgrund des grundrechtlichen Anspruch-Pflichten-Verhältnisses A/B-Staat die Aufgabe übertragen, auch hinsichtlich des privatrechtlichen Rechtsverhältnisses A-B dafür zu sorgen, dass der Gewährleistungsgehalt der Grundrechte von A/B nicht unverhältnismäßig beschränkt wird.

Legt man eine analytisch-formalisierte Betrachtung zugrunde, ist schließlich innerhalb der Konstruktionen, nach denen die Grundrechte nur vermittelt über den Staat auf die Rechtsbeziehung zwischen Privaten einwirken, wiederum eine Differenzierung vorzunehmen. Denn zum einen existieren solche dogmatischen Figuren, wonach der Staat durch die staatlichen Gerichte die Pflicht hat, die Grundrechte der Streitparteien nicht in unverhältnismäßiger Weise zu beschränken. Klagt also im obigen Beispiel A gegen B vor den Zivilgerichten auf Unterlassung einer ehrverletzenden Äußerung, so trifft danach den Staat, na-

[27] Vgl. unten Kap. 3, A.

[28] Vgl. unten Kap. 3, B. und C.

mentlich die staatlichen Gerichte, die Verantwortung[29], weder die Grundrechte der A noch die Grundrechte des B unverhältnismäßig zu beschränken, sondern in einen angemessenen Ausgleich zu bringen. Von solchen Verantwortungs- lassen sich Zurechnungskonstruktionen unterscheiden. Danach wird die Grundrechtswirkung im Horizontalverhältnis staatlich vermittelt, indem privates Verhalten dem Staat zugerechnet und folglich als staatliches Verhalten gewertet wird. Durch diesen Zurechnungsakt wird das Verhalten des B, welches das Rechtsverhältnis zu der privaten Anspruchsinhaberin A begründet, zu staatlichem Verhalten. Der Staat tritt somit in das Rechtsverhältnis zu A anstelle von B ein.[30] Wiederum anhand des genannten Beispiels: Setzt B gerichtlich durch, dass er seine ehrverletzende Äußerung weiterhin tätigen darf, so wird nach dem Zurechnungtyp dieses private als staatliches Verhalten gewertet, weil ihm dieser Anspruch gegenüber A durch Gerichtsbeschluss vermittelt wird. Damit tritt nach diesem Horizontalwirkungstyp konsequenterweise der Staat als nunmehr Träger des ehrverletzenden Verhaltens in die Rechtsbeziehung zu A anstelle des B ein. Erst durch diesen staatlichen Eintritt stellt dieses ehrverletzende Verhalten auch einen Grundrechtseingriff in das Persönlichkeitsrecht der A dar, sodass nunmehr ein grundrechtliches Rechtsverhältnis zwischen A und dem Staat entsteht, aus dem A Ansprüche ableiten kann.[31]

Aufgrund dieser Kategorisierungen können vier Typen möglicher Lösungsansätze der Horizontalwirkungsproblematik differenziert werden – in absteigender Folge von Ansichten, die von einem direkten grundrechtlichen Rechtsverhältnis ausgehen, zu Ansichten, welche Horizontalwirkung ablehnen:
- Anwendung,
- Verantwortung,
- Zurechnung,
- und Ablehnung.

*Anwendung*skonstruktionen ist gemeinsam, dass die Private A mit dem Privaten B in einem unmittelbaren grundrechtlichen Anspruch-Pflichten-Verhältnis steht. Es bedarf dabei keines (fingierten) staatlichen Verhaltens als Medium der Horizontalwirkung.[32] *Verantwortung*skonstruktionen sehen die staatlichen Gerichte in der Pflicht, im Rahmen eines gerichtlichen Privatrechtsstreits den grundrechtlichen Gewährleistungsgehalt der privaten Streitparteien A und B

---

[29] Zum durchaus schillernden Verantwortungs- als Rechtsbegriff in seinen verschiedenen dogmatischen und theoretischen Iterationen siehe ausführlich *J. H. Klement*, Verantwortung – Funktion und Legitimation eines Begriffs im Öffentlichen Recht, 2006, S. 34–55 und im Einzelnen S. 55ff., 193ff., 532ff.

[30] Siehe dazu sogleich unten III.4. und Kap. 3, C.

[31] Vgl. zur Unterscheidung von Verantwortung und Zurechnung im Ansatz auch *M. Ruffert*, Vorrang der Verfassung und Eigenständigkeit des Privatrechts, 2001, S. 125, 129.

[32] Vgl. nur *H. C. Nipperdey*, Boykott und freie Meinungsäußerung, Deutsches Verwaltungsblatt 1958, 445, 447 (es bedürfe „keines ‚Mediums'").

nicht unverhältnismäßig einzuschränken, wenn sie über das einfachrechtliche Anspruch-Pflichten-Verhältnis A-B entscheiden. Im Falle der *Zurechnungs*konstruktionen tritt der Staat durch Zurechnung des privaten Verhaltens zum Staat in das private Anspruch-Pflichten-Verhältnis ein und ermöglicht dadurch, etwaige Grundrechtsverletzungen gegenüber dem Staat zu rügen. *Ablehnungs*konstruktionen verwehren den Privaten jedenfalls, sich in einem Privatrechtsstreit vor staatlichen Gerichten auf ihre Grundrechte zu berufen.

III. Vier Typen und acht zentrale Gruppen dogmatischer Konstruktionen: analytische Darstellung und Abgrenzung

Die soeben identifizierten Typen fassen Gruppen von Horizontalwirkungskonstruktionen zusammen, die sich jeweils analytisch betrachtet im Sinne eines Anspruch-Pflichten-Verhältnisses zwischen A, B und/oder dem Staat auf ähnliche Weise beschreiben lassen. Wie im Folgenden herausgearbeitet werden soll, lassen sich anhand dieser vier Typen insgesamt acht Gruppen dogmatischer Konstruktionen identifizieren, die im deutschen und europarechtlichen, aber auch im rechtsvergleichenden Horizontalwirkungsdiskurs von besonderer Wirkmacht waren bzw. sind und welche die große Mehrheit der in Literatur und Rechtsprechung vertretenen Positionen abdecken. Zu jedem Horizontalwirkungstyp lassen sich jeweils zwei verschiedene Gruppen herausschälen, die rechtsanalytisch betrachtet ihrem Grundansatz nach die Horizontalwirkung auf ähnliche Weise konstruieren, sich jedoch im Einzelnen voneinander unterscheiden. Die Darstellung erfolgt im Weiteren mithin anhand der vier Typen der Horizontalwirkung (siehe oben II.), also Anwendung (1.), Verantwortung (2.), Zurechnung (3.) und Ablehnung (4.), die zu jedem Typ jeweils zwei Gruppen dogmatischer Konstruktionen identifiziert und analytisch formalisiert beschreibt.

Ein Anspruch auf Vollständigkeit aller möglichen Horizontalwirkungskonstruktionen kann angesichts der enormen Fülle an in den vergangenen siebzig Jahren seit Inkrafttreten des Grundgesetzes bzw. den mehr als sechzig Jahren seit dem Lüth-Urteil[33] vorgeschlagenen Einzelkonstruktionen nicht erhoben werden und ist überdies auch nicht Zielsetzung dieser Arbeit. Stattdessen konzentriert sie sich auf die zentralen zur Horizontalwirkungsproblematik vertretenen Ansichten, um diese dogmatisch-analytisch,[34] staatsorganisationsrechtlich[35] und schließlich ethisch und demokratietheoretisch[36] zu bewerten. Die Auswahl der jeweils repräsentativen Stimmen aus Literatur und Praxis erfolgt dabei nach den Kriterien der Wirkungsmacht und der Innovation. Es werden also solche Po-

[33] BVerfGE 7, 198, Urteil vom 15.1.1958.
[34] Vgl. Kap. 3 und 4.
[35] Vgl. Kap. 5.
[36] Vgl. Kap. 6.

sitionen vorwiegend behandelt, die von anderen Autoren oder in der Rechtsprechung intensiv rezipiert wurden oder die einen – anhand der analytisch-formalisierten Betrachtung – neuen Lösungsansatz angeboten haben.

Die in diesem Abschnitt dargelegten acht Gruppen dogmatischer Konstruktionen stellen für die Zwecke der hiesigen Einteilung und Erörterung selbstverständlich Vereinfachungen dar. Es bleibt Kapitel 3 vorbehalten, im Rahmen der dortigen Diskursanalyse die einzelnen Varianten der Gruppen vorzustellen und dogmatisch-analytisch zu evaluieren, wie sie in der deutschen Literatur und Rechtsprechung, aber auch rechtsvergleichend in der Rechtsprechung ausgewählter ausländischer und europäischer Gerichte vertreten werden.

An dieser Stelle wird die jeweilige Gruppe anhand jeweils einer oder weniger ausgewählter, für sie paradigmatischer, in knapper Form dargestellter Positionen aus Literatur und/oder Rechtsprechung entfaltet, analytisch als Anspruch-Pflichten-Verhältnis beschrieben und anhand eines Beispieles kurz erläutert, ohne aber die vertieften Erörterungen im Rahmen der Diskursanalyse des dritten Kapitels vorwegzunehmen. Als dieses illustrierende Beispiel soll für alle Gruppen dogmatischer Konstruktionen der Sachverhalt des Bürgschaftsbeschlusses des BVerfG vom 19. Oktober 1993[37] dienen: In dem ersten der Entscheidung zugrunde liegenden Verfahren 1 BvR 567/89 war die mittellose 21-jährige Beschwerdefüherin A auf Verlangen von B, des Kreditgebers ihres Vaters, eine Bürgschaft von 100.000 DM zur Sicherung des Kredits ihres Vaters eingegangen. Nach Fälligkeit der Bürgschaft weigerte sie sich, die Bürgschaftssumme an das Kreditinstitut zu zahlen. Der Bürgschaftsvertrag sei wegen Verletzung ihrer allgemeinen Handlungsfreiheit (Privatautonomie), vgl. Art. 2 Abs. 1 GG, nichtig.[38] Im Gegenzug konnte sich der Kreditgeber und Bürgschaftsgläubiger B auf den Bürgschaftsvertrag, die maßgeblichen zivilrechtlichen Vorschriften der §§ 765 ff. BGB sowie seinerseits auf die durch Art. 14 Abs. 1 GG geschützte erworbene Rechtsposition als Bürgschaftsgläubiger bzw. die durch Art. 2 Abs. 1 GG geschützte Privatautonomie berufen.

1. Anwendungskonstruktionen

Anwendungskonstruktionen zeichnen sich durch das direkte Gegenüberstehen grundrechtlicher Ansprüche und Pflichten im Verhältnis zwischen Privaten aus. In der wirkungsmächtigen Konzeption *Hans-Carl Nipperdeys* sind sie dabei „Ordnungssätze oder Grundsatznormen für die gesamte Rechtsordnung [und] binden daher auch den Privatrechtsverkehr unmittelbar“[39]. Zwar soll diese un-

---

[37] BVerfGE 89, 214 [1993] – Angehörigenbürgschaft.

[38] Vgl. ebenda, 218–221.

[39] *L. Enneccerus/H. C. Nipperdey*, Allgemeiner Teil des Bürgerlichen Rechts, 1. Halbband: Allgemeine Lehren, Personen, Rechtsobjekte, 15. Aufl. 1959, S. 93; vgl. auch *H. C. Nipperdey*, Grundrechte und Privatrecht, 1961, S. 14.

mittelbare Geltung zwischen Privaten nicht uneingeschränkt für alle Grundrechte gelten und müsse für jedes Grundrecht „unter Berücksichtigung ihres konkreten Inhalts, ihres Wesens und ihrer Funktion“ einzeln geprüft werden.[40] Sei dies hingegen zu bejahen – *Nipperdey* nimmt dies für die meisten Freiheitsrechte sowie Art. 3 GG an – so stellten die Grundrechte subjektive Rechte auch zwischen Privaten dar.[41] Ihre Rechtswirkung sei „eine unmittelbare normative, die bestehende Privatrechtsnormen [...] modifiziert oder neue schafft [...].“[42] In ähnlicher Weise[43] geht der EuGH in seiner Rechtsprechung zu den meisten Grundfreiheiten – anders allerdings bis vor kurzem in seiner Rechtsprechung zu den Grundrechten der Grundrechtecharta[44] – nunmehr davon aus, dass beispielsweise Art. 56 Abs. 1 AEUV aus sich selbst heraus einen Anspruch der Privaten A im Verhältnis zum Privaten B auf Achtung der Dienstleistungsfreiheit begründet.[45] Im Verhältnis A-B korreliert daher nach den Anwendungskonstruktionen der grundrechtliche Anspruch der A der grundrechtlichen Pflicht des B. Das grundrechtliche Anspruch-Pflichten-Korrelat ist somit Gegenstand der Rechtsbeziehung zwischen A und B. Es begründet ein grundrechtliches Rechtsverhältnis unmittelbar zwischen ihnen und beeinflusst auf diese Weise auch das einfachrechtlich-privatrechtliche Verhältnis A-B – nämlich, in den Worten *Nipperdeys*: durch Modifikation, Kreation oder Destruktion einfachrechtlicher Normen.[46]

Da die Grundrechte nach den Anwendungskonstruktionen einer Vermittlung über den Staat nicht bedürfen, sondern stattdessen ein direktes grundrechtliches Rechtsverhältnis A-B herbeiführen, sind sie auch nicht prozessakzessorisch. Sie kommen nicht nur dann ins Spiel, wenn ein gerichtliches Verfahren eingeleitet wird. Vielmehr ist ein grundrechtsverletzender Vertrag *ipso iure* nichtig, eine fehlende privatrechtliche Norm wird *ipso iure* durch den grundrechtlichen Anspruch ersetzt, unabhängig davon, ob es zu einem Gerichtsverfahren zwischen A und B kommt, oder nicht. Dies ist die notwendige Konsequenz der Unmittelbarkeit der Anwendung der Grundrechte. Der grundrechtliche Anspruch von A gegen B – und entsprechend als Korrelat die grundrechtliche Pflicht des B

---

[40] *L. Enneccerus/H. C. Nipperdey*, Allgemeiner Teil des Bürgerlichen Rechts, 1. Halbband: Allgemeine Lehren, Personen, Rechtsobjekte, 15. Aufl. 1959, S. 98.

[41] *H. C. Nipperdey*, Grundrechte und Privatrecht, 1961, S. 15.

[42] *L. Enneccerus/H. C. Nipperdey*, Allgemeiner Teil des Bürgerlichen Rechts, 1. Halbband: Allgemeine Lehren, Personen, Rechtsobjekte, 15. Aufl. 1959, S. 97.

[43] Allerdings ohne die bei *Nipperdey* prominente Werteargumentation, sondern vielmehr aufgrund funktionell-teleologischer Argumentation, vgl. unten Kap. 3, A.VI.

[44] Z.B. EuGH, Urt. v. 13.5.2014, Rs. C-131/12, Rn. 68ff. – „Google Spain“; EuGH, Urt. v. 12.2.2015, Rs. C-396/13, Rn. 26 – „Sähköalojen ammattiliitto ry“; EuGH, Urt. v. 14.3. 2017, Rs. C-188/15, Rn. 29ff. – „Bougnaoui“, vgl. unten Kap. 3, A.VI. Siehe aber nunmehr EuGH, Urt. v. 17.4.2018, Rs. C-414/16 – „Egenberger“, dazu sogleich in diesem Unterabschnitt.

[45] Grundlegend EuGH, Urt. v. 12.12.1974, Rs. 36/74, Rn. 14ff. – „Walrave“.

[46] Vgl. *L. Enneccerus/H. C. Nipperdey*, Allgemeiner Teil des Bürgerlichen Rechts, 1. Halbband: Allgemeine Lehren, Personen, Rechtsobjekte, 15. Aufl. 1959, S. 94f., 97.

gegenüber A – besteht stets. Kommt es zu einem Prozess vor staatlichen Gerichten, stellt der Richter die korrelierenden grundrechtlichen Ansprüche und Pflichten im Verhältnis A-B lediglich fest. Dabei ist zwar der grundrechtliche Anspruch aus dem Abwägungsergebnis der Grundrechte von A und B soweit wie möglich in die diesem nicht entgegenstehenden privatrechtlichen Normen bzw. das privatrechtliche Normensystem zu integrieren, so z. B. als „sonstiges Recht" i. S. v. § 823 I BGB oder als Nichtigkeitsgrund i. S. v. § 134 BGB.[47] Der grundrechtliche Anspruch bestimmt aber stets und sofort das Rechtsverhältnis A-B und schiebt etwaig einschlägige einfachrechtliche Vorschriften beiseite, die deshalb nicht zur Anwendung kommen.

Dieser einstufigen Anwendung – das unmittelbare grundrechtliche Anspruch-Pflichten-Verhältnis zwischen den Privaten A und B bestimmt stets und sofort deren Privatrechtsverhältnis – lässt sich indes im Anschluss an das Urteil des EuGH in der Sache „Egenberger"[48] eine zweistufige Anwendung als zweite, alternative Anwendungskonstruktion an die Seite stellen.[49] Danach besteht zwar ebenso stets ein unmittelbares grundrechtliches Anspruch-Pflichten-Verhältnis A-B.[50] Das Ergebnis der Abwägung der Grundrechte von A und B ist aber nicht sofort – wie bei der einstufigen Anwendung – sondern zunächst im Wege einer Auslegung des einfachen Rechts anhand dieses Abwägungsergebnisses zur Geltung zu bringen. Erst wenn diese grundrechtskonforme Auslegung scheitert,[51] bestimmt sozusagen als Reserve das Abwägungsergebnis der Grundrechte von A und B ohne gesetzliche Mediatisierung das Privatrechtsverhältnis A-B. Sodann ergibt sich, wie auch im Falle der einstufigen Anwendung, dieses Rechtsverhältnis aus einer richterlichen Rechtsfortbildung im Range des Verfassungsrechts jenseits oder entgegen der relevanten einfachrechtlichen Vorschriften.

Die einstufige Anwendung lässt sich analytisch formalisiert folgendermaßen beschreiben:

---

[47] Vgl. ebenda, S. 95; BAGE 4, 274 (285) [1957]) (*Nipperdey* saß dieser Entscheidung als Präsident und Mitglied des Ersten Senats des BAG vor).

[48] EuGH, Urt. v. 17.4.2018, Rs. C-414/16 – „Egenberger", Rn. 70 ff.

[49] Diese Unterscheidung („einstufig vs. zweistufig") ist gegenüber anderer Terminologie, z. B. „bedingt vs. unbedingt", vorzuziehen. Denn der EuGH betont in „Egenberger", dass unmittelbare Anwendung stets, auch bei zweistufiger Anwendung, besteht (EuGH, Urt. v. 17.04. 2018, C-414/16 – Egenberger, Rn. 76, 78). Der grundrechtliche Anspruch von A gegen B (oder B gegen A) als Resultat der Abwägung ihrer Grundrechtspositionen bestimmt das Rechtsverhältnis A-B direkt indes nur dann, wenn die vorgeschaltete grundrechtskonforme Auslegung nicht möglich ist. Deshalb weist auch die zweistufige Anwendung keine Staatsrichtung auf. Sie ist somit nicht zunächst als Verantwortungsansatz (Auslegung) zu konstruieren (siehe dazu sogleich 2.), das die Erfüllung der grundrechtlichen Ansprüche nur gegen den Staat (Gerichte) richtet. Vielmehr bestehen stets nur grundrechtliche Ansprüche und Pflichten zwischen Privaten, die aber zunächst gesetzlich – aber eben nicht staatlich – mediatisiert sind, solange die Auslegung anhand des grundrechtlichen Anspruchs A-B möglich ist. Die zweistufige Anwendung ist demnach auch nicht prozessakzessorisch.

[50] Ebenda, Rn. 76 („verleiht für sich allein dem Einzelnen ein Recht").

[51] Ebenda, Rn. 75 (Auslegung „nicht möglich").

A hat gegen B einen Anspruch, dass es B im Privatrechtsverhältnis A-B unterlässt, in die Grundrechte der A in unverhältnismäßiger Weise einzugreifen.[52]

Im Beispiel des Bürgschaftsfalles bedeutet dies, dass A (Bürgin) gegenüber B (Bürgschaftsgläubiger und Kreditgeber des gesicherten Darlehens) einen Anspruch darauf hat, dass B nicht in unverhältnismäßiger Weise deren Privatautonomie nach Art. 2 Abs. 1 GG im Sinne ihrer wirtschaftlichen Selbstbestimmung beschränkt. Umgekehrt besteht ein korrespondierender grundrechtlicher Anspruch des B, dass A in dessen Grundrechte aus Art. 14 Abs. 1 und Art. 2 Abs. 1 GG, im Sinne der vertraglich eingegangen Vereinbarungen und daraus einfachrechtlich resultierenden Anspruch-Pflichten-Verhältnisse nicht in unverhältnismäßiger Weise eingreift. Das Abwägungsergebnis der korrespondierenden grundrechtlichen Positionen A-B und B-A lässt sich dabei wiederum im obigen Sinne als grundrechtliches Anspruch-Pflichten-Verhältnis formulieren, so beispielsweise nach dem vom BVerfG im Bürgschaftsbeschluss favorisierten Resultat:[53] A hat einen Anspruch gegen B, dass dieser ihre wirtschaftliche Selbstbestimmung achtet, indem er die Erfüllung des Bürgschaftsvertrages nicht fordert. Oder umgekehrt: B hat die Pflicht, die wirtschaftliche Selbstbestimmung der A zu achten, indem er die Erfüllung des Bürgschaftsvertrages nicht fordern kann. Die Konsequenz des Abwägungsergebnisses, lässt man im Anschluss an das BVerfG die Grundrechtsposition der Bürgin A überwiegen, ist nach der einstufigen Anwendung, dass der grundrechtliche Anspruch der A das Privatrechtsverhältnis A-B stets und sofort bestimmt und etwaige gegenläufige einfachrechtliche Ansprüche des B beiseite treten. Ergeben sie sich lediglich aus rechtsgeschäftlicher Vereinbarung, sind sie nichtig, vgl. § 134 BGB. Ergeben sie sich unmittelbar aus dem Gesetz, hat der grundrechtliche Anspruch der A Vorrang vor dem einfachen Recht. Die Nichtwirksamkeit des einfachrechtlichen Bürgschaftsanspruches ließe sich im Beispiel bereits einfachrechtlich durch das Verdikt der Sittenwidrigkeit nach § 138 Abs. 1 BGB herbeiführen. Zu beachten ist indessen, dass hier aufgrund der einstufigen Anwendung dieses Ergebnis bereits grundrechtlich vorgegeben ist. Mithin kommt es weder darauf an, ob eine einfachrechtliche Vorschrift besteht, über deren Auslegung sich die Nichtigkeit des Bürgschaftsvertrages herstellen lässt, oder ob ein Gerichtsverfahren eingeleitet wurde – ein solches ist lediglich für die Durchsetzung des grundrechtlichen Anspruchs der A gegen B erforderlich, nicht jedoch für dessen Existenz. Die Horizontalwirkung A-B besteht also bereits aus dem unmittelbaren grundrechtlichen Anspruch-Pflichten-Verhältnis zwischen A und B selbst, nicht erst dadurch, dass der Staat (ein staatliches Gericht) aufgerufen ist, über den Rechtsstreit zu entscheiden. Im Fall ist die Bürgschaftsvereinbarung aufgrund dieses

[52] Zum Gewährleistungsgehalt der Grundrechte im Rahmen der Anwendungskonstruktionen siehe unten Kap. 3, A.VIII.2.

[53] Vgl. BVerfGE 89, 214 (234 f.) [1993].

unmittelbar zwischen A und B geltenden grundrechtlichen Anspruch-Pflichten-Verhältnisses gemäß § 134 BGB nichtig.

Die zweistufige Anwendung hat analytisch-formalisiert betrachtet folgende Charakteristika:

A hat gegen B einen Anspruch, dass es B im Privatrechtsverhältnis A-B unterlässt, in die Grundrechte der A in unverhältnismäßiger Weise einzugreifen. Dieser Anspruch ist jedoch zunächst im Wege der Auslegung der relevanten einfachrechtlichen Vorschriften anhand desselben zu realisieren. Wenn diese grundrechtskonforme Auslegung des einfachen Rechts nicht möglich ist, bestimmt dieser Anspruch das Privatrechtsverhältnis von A und B, ohne dass es im Weiteren auf die etwaig diesem grundrechtlichen Anspruch entgegenstehenden einfachrechtlichen Vorschriften ankäme.

Angewendet auf den Bürgschaftsfall stehen sich die grundrechtlichen Positionen der A gegen B aus Art. 2 Abs. 1 GG und des B gegen A aus Art. 14 Abs. 1 und Art. 2 Abs. 1 GG ebenso unmittelbar gegenüber. Sie münden letztlich, folgt man dem obigen Abwägungsergebnis, in einen unmittelbaren grundrechtlichen Anspruch der A gegen B, dass dieser die Bürgschaftszahlung nicht fordern kann bzw. die Pflicht des B gegenüber der A, die Erfüllung der Bürgschaftssumme nicht von A zu fordern. Allerdings ist hier, bevor zur Erzielung dieses Ergebnisses quasi als Reserve das grundrechtliche Anspruch-Pflichten-Verhältnis A-B direkt herangezogen wird, zunächst zu versuchen, ob dieses Resultat nicht durch eine Auslegung des einfachen Rechts anhand des grundrechtlichen Anspruchs (hier der A gegen B) zu erlangen ist. Dies ist hier möglich, indem der Begriff der „guten Sitten" in § 138 Abs. 1 BGB in dem Sinne zu interpretieren ist, dass ein Rechtsgeschäft, das dem grundrechtlichen Anspruch der A gegen B entgegensteht, sittenwidrig und daher als Rechtsfolge dieser einfachrechtlichen Vorschrift nichtig ist.

2. *Verantwortungskonstruktionen*

Grundsätzlich anders ist dies dagegen im Falle der Verantwortungskonstruktionen. Die Grundrechte bleiben – jedenfalls formal betrachtet – ausschließlich staatsgerichtet.[54] Horizontalwirkung entfalten sie nicht dadurch, dass sie unmittelbare grundrechtliche Ansprüche und Pflichten zwischen A und B begründen, welche Teil ihres Privatrechtsverhältnisses werden und dieses aufgrund ihres Vorrangs dominieren, d.h. die einfachrechtlichen Normen unmittelbar modifizieren, destruieren oder bei Absenz einschlägiger einfachrechtlicher Vorschriften solche verfassungsrechtlich kreieren. Stattdessen sind die Grundrechte nur – mittelbar – von Bedeutung für das Privatrechtsverhältnis A-B, indem

[54] Vgl. auch *K.-H. Ladeur*, Kritik der Abwägung in der Grundrechtsdogmatik, 2004, S. 58ff.

die Gerichte verpflichtet werden, die Grundrechte der Streitparteien nicht in unverhältnismäßiger Weise zu beschränken, wenn sie eine Entscheidung über das einfach-privatrechtliche Anspruch-Pflichten-Verhältnis zwischen A und B treffen. Die Grundrechte wirken im Dreieck A-Staat(Gericht)-B, weil das Gericht über das Privatrechtsverhältnis A-B zu entscheiden hat und das Gericht als staatliches Organ jeweils grundrechtliche Pflichten im Verhältnis zu A und im Verhältnis zu B hat – und umgekehrt grundrechtliche Ansprüche im Verhältnis A-Staat und B-Staat bestehen.[55] Die Horizontalwirkung im Wege der Verantwortungskonstruktionen ist folglich prozessakzessorisch, setzt also konstruktiv die Einschaltung des Staates als Richter über den Privatrechtsstreit A-B, kurz: die Einleitung eines Gerichtsverfahrens, voraus. Die gemäß Art. 1 Abs. 3 GG unmittelbar an die Grundrechte gebundene Zivilrichterin als Trägerin staatlicher Hoheitsgewalt trifft die Verantwortung, im Rahmen des gerichtlichen Rechtsstreit zwischen A und B über deren Privatrechtsverhältnis und somit über deren Ansprüche und Pflichten zu entscheiden. Diese Verantwortung umfasst daher auch, die Grundrechte von A und B in einem gerichtlichen Rechtsstreit zwischen A und B zu berücksichtigen. Da sich diese Verantwortungspflichten des Staates gegenüber A und gegenüber B überschneiden können, wenn er über das Privatrechtsverhältnis A-B zu entscheiden hat, muss er die Grundrechtspositionen von A und B im Wege einer Verhältnismäßigkeitsprüfung in Ausgleich bringen. Das Abwägungsergebnis ist der Maßstab der Auslegung der einfachrechtlichen Vorschriften, die das Privatrechtsverhältnis A-B regeln.

Verantwortungskonstruktionen lassen sich analytisch-formalisiert auf folgende Art und Weise charakterisieren:

Der Staat hat durch die staatlichen Gerichte als staatliche Hoheitsträger im gerichtlichen Verfahren die Pflicht, den Gewährleistungsgehalt der Grundrechte der Parteien eines gerichtlichen Rechtsstreits nicht in unverhältnismäßiger Weise zu beschränken.

Zwei zentrale Iterationen der Verantwortungskonstruktionen lassen sich indessen unterscheiden. Ich bezeichne sie im Weiteren einerseits als Auslegungskonstruktionen und andererseits als Figur der normalen Grundrechtsfunktionen.

Die Rechtsprechung des BVerfG, die ihren Ausgangspunkt im Lüth-Urteil vom 15. Januar 1958 genommen hat und von Überlegungen *Günter Dürigs* maßgeblich beeinflusst ist,[56] steht paradigmatisch für die Auslegungskonstruktionen.

---

[55] *Herbert Bethge* beschreibt dies bereits in seiner Habilitationsschrift anschaulich als Ausgleich der Kollision widerstreitender staatlicher Grundrechtspflichten gegenüber Privaten, wenn auch unter dem etwas verwirrenden Rubrum „Die Absage an die Drittwirkungsdoktrin", dazu vgl. *H. Bethge*, Zur Problematik von Grundrechtskollisionen, 1977, S. 396.

[56] Vgl. grundlegend *G. Dürig*, Grundrechte und Zivilrechtsprechung, in: Festschrift zum 75. Geburtstag von Hans Nawiasky, München, 1956, 157. Das Lüth-Urteil zitiert und rezipiert diesen Aufsatz, vgl. BVerfGE 7, 198 (204) [1958].

Die Grundrechte errichten danach direkte Ansprüche nur gegenüber dem Staat. Ein direktes grundrechtliches Anspruch-Pflichten-Verhältnis A-B existiert nicht. Im Rahmen der Entscheidung über den Privatrechtsstreit A-B hat das staatliche Gericht die maßgeblichen Rechtsnormen heranzuziehen und auszulegen. Dazu zählen neben den einfachrechtlich-privatrechtlichen Vorschriften auch die Grundrechte. Diese entfalten nach Ansicht des BVerfG Wirkung auf das Privatrechtsverhältnis A-B, indem der Richter seiner Grundrechtsbindung aus Art. 1 Abs. 3 GG dadurch zu entsprechen hat, dass er „bei der Auslegung und Anwendung [der einfachrechtlichen] Vorschriften die sich [aus den Grundrechten] ergebende Modifikation des Privatrechts zu beachten hat."[57] Kommt er dieser Verantwortungspflicht nicht nach, so „verletzt er [...] als Träger öffentlicher Gewalt durch sein Urteil das Grundrecht, auf dessen Beachtung auch durch die rechtsprechende Gewalt der Bürger einen verfassungsrechtlichen Anspruch hat."[58] Die theoretische Fundierung der Auslegung des einfachen Rechts im Lichte der Grundrechte sieht das Gericht dabei in einem Verständnis der Grundrechte als Werte, die durch die Positivierung der Grundrechte im Grundgesetz „aufgerichtet"[59] worden seien und auf das einfache Recht „ausstrahl[t]en".[60] Ähnliche Ansätze einer Auslegung des einfachen Rechts anhand der Grundrechte aufgrund ihrer Eigenschaft als Werte finden sich beispielsweise unter anderem auch in der Rechtsprechung der Höchst- bzw. Verfassungsgerichte Kanadas,[61] Südafrikas[62] und Israels.[63]

Somit können die Auslegungskonstruktionen analytisch-formalisiert folgendermaßen gekennzeichnet werden:

---

[57] BVerfGE 7, 198 (206) [1958] – „Lüth".

[58] Ebenda, 207 – stRspr.

[59] Ebenda, 205.

[60] Vgl. ebenda, 207; vgl. auch BVerfGE 148, 267 (279f., 284) [2018] – Stadionverbot. Wie beispielsweise *Werner Flume* (Allgemeiner Teil des Bürgerlichen Rechts, Bd. 2 – Das Rechtsgeschäft, 4. Aufl. 1992, S. 366, Fn. 13) hervorhebt, findet sich der Ansatz einer „Ausstrahlungswirkung" der Grundrechte in das Privatrecht über die Generalklausel der guten Sitten bereits in der Rechtsprechung des Reichsgerichts, vgl. RGZ 128, 92 (95) [1930]: „Würde die [vertragliche] Bestimmung [...] in eines der in der Verfassung gewährleisteten Grundrechte des Klägers eingreifen, so wäre wohl damit, wie das Berufungsgericht angenommen hat, gegen die guten Sitten verstoßen. Denn die maßgebliche sittliche Anschauung aller Recht und Sitte achtenden Volksgenossen verlangt, daß diese Grundrechte im menschlichen Verkehr geachtet werden." Auf dieses Urteil verweist zustimmend auch bereits *C. Schmitt*, Inhalt und Bedeutung des zweiten Hauptteils der Reichsverfassung, in: G. Anschütz/R. Thoma (Hrsg.), Handbuch des Deutschen Staatsrechts, Bd. 2, 1932, 572, 605.

[61] Vgl. grundlegend Kanadischer Supreme Court, *RWDSU v. Dolphin Delivery Ltd.*, [1986] 2 R.C.S. 573, 603. Siehe auch unten Kap. 3, B.I.4.

[62] Vgl. Südafrikanisches Verfassungsgericht, *D. Du Plessis v. G.F.J. De Klerk*, 1996 (3) SA 850 (CC), Rz. 60 (zur Interim Constitution) und südafrikanisches Verfassungsgericht, *Fred Khumalo v. Bantubonke Harrington Holomisa*, 2002 (8), BCLR 771 (CC), Rz. 35ff. (zur Final Constitution). Siehe auch unten Kap. 3, B.I.5.

[63] Vgl. Israelischer Supreme Court, CA 294/91, *Jerusalem Community Burial Society v. Kestenbaum*, 46(2) PD 464 (530) [1992]. Siehe auch unten Kap. 3, B.I.3.

Das staatliche Gericht hat die Pflicht, im gerichtlichen Verfahren, dessen Gegenstand die Entscheidung über das Privatrechtsverhältnis von A und B ist, die streitentscheidenden einfachrechtlichen Vorschriften so auszulegen, dass der Gewährleistungsgehalt der Grundrechte von A und B nicht in unverhältnismäßiger Weise beschränkt wird.

Überträgt man dies auf das Beispiel des Bürgschaftsfalles, so bestehen grundrechtliche Anspruch-Pflichten-Verhältnisse zwischen der Bürgin A und dem Staat und dem Bürgschaftsgläubiger B und dem Staat, nicht aber zwischen A und B. Nach den Auslegungskonstruktionen entfalten die Grundrechte nicht *ipso iure*, sondern erst dann Wirkung auf das Privatrechtsverhältnis A-B, wenn ein gerichtliches Verfahren eingeleitet, mithin der Staat als ausschließlicher Direktadressat der Grundrechte zur Entscheidung über die privatrechtliche Rechtsbeziehung A-B eingeschaltet wird. Die Gerade A-B wird zu einem Dreieck A-Staat-B ergänzt, ohne dass der ausschließlich einfach-privatrechtliche Charakter des Rechtsverhältnisses A-B angetastet würde. Das Gericht muss die staatlichen Grundrechtspflichten gegenüber A und B zum Ausgleich bringen. Das Abwägungsergebnis lässt sich wiederum analytisch-formalisiert darstellen. Folgt man der Bewertung des BVerfG im Bürgschaftsbeschluss, geht diese Abwägung zugunsten der Bürgin A aus, sodass das Anspruch-Pflichten-Verhältnis lautet: A hat einen grundrechtlichen Anspruch (aus Art. 2 Abs. 1 GG) gegen den Staat (also hier das Zivilgericht als staatlichen Hoheitsträger), dass dieser es dem B untersagt, die Erfüllung des Bürgschaftsvertrages von A zu fordern. Diese Pflicht realisiert der Staat durch Auslegung der maßgeblichen Vorschriften des Privatrechts, im Beispiel also indem er den knebelartigen Bürgschaftsvertrag als ein „Rechtsgeschäft" betrachtet, „das gegen die guten Sitten" im Sinne des § 138 Abs. 1 BGB „verstößt" und das deshalb nichtig ist.

Die hier und im Weiteren so bezeichneten Figuren der normalen Grundrechtsfunktionen weisen erhebliche Ähnlichkeiten mit den Auslegungskonstruktionen auf. Horizontalwirkungskonstruktionen, die sich dieser Gruppe zuordnen lassen, gehen im Wesentlichen auf die Arbeiten *Claus-Wilhelm Canaris'* zurück.[64] Nach *Canaris* sind die Grundrechte ebenfalls ausschließlich staatsgerichtet. Ein grundrechtliches Anspruch-Pflichten-Verhältnis besteht nur zwischen dem jeweiligen privaten Grundrechtsträger und dem Staat. Horizontalwirkung erlangen die Grundrechte allerdings „mittelbar"[65] dadurch, dass die Gerichte, wie alle staatlichen Hoheitsträger, gemäß Art. 1 Abs. 3 GG an die Grundrechte gebunden sind. *Canaris* folgert daraus, dass ein Gericht, das die Grundrechte der

[64] Insbesondere: *C.-W. Canaris*, Grundrechte und Privatrecht, Archiv für die civilistische Praxis 1984, Bd. 184, 201; *ders.*, Grundrechtswirkungen und Verhältnismäßigkeitsprinzip in der richterlichen Anwendung und Fortbildung des Privatrechts, Juristische Schulung 1989, 161; *ders.*, Grundrechte und Privatrecht, 1999.

[65] *C.-W. Canaris*, Grundrechte und Privatrecht, 1999, S. 36.

Streitparteien des privaten Rechtsstreits nicht angemessen berücksichtige, deren Grundrechte verletze. Entscheide es zugunsten des Klägers und lasse dabei die Grundrechte der Beklagten außer Acht, handele es sich um einen Grundrechtseingriff. Weise es die Klage zugunsten der Beklagten ab, obwohl der Kläger grundrechtlichen Schutzes bedurft hätte, stelle dies eine Schutzpflichtverletzung dar. Auch derartige Konstruktionen gehen folglich von der staatlichen Verantwortungspflicht aus, die Grundrechte von A und B im Rahmen des vor ein staatliches Gericht gelangten Privatrechtsstreits A-B zu berücksichtigen.

Allerdings soll nach *Canaris* eine derartige staatliche Verantwortungskonstruktion nicht wie beispielsweise nach Ansicht des BVerfG im Wege der Auslegung des einfachen Rechts aufgrund der „Ausstrahlung“[66] der Grundrechte als Werte auf das Privatrecht, sondern bereits aufgrund der Anwendung der etablierten Eingriffs- und Schutzpflichtendogmatik realisierbar sein. Nach dieser und daran anschließenden Konstruktionen genügt es also bereits, die Grundrechte in ihren „normale[n] Funktion[en] als Eingriffsverbote und Schutzgebote“[67] zu verstehen und anzuwenden, um Horizontalwirkung der Grundrechte zu erzielen. Daher sei diese Gruppe dogmatischer Konstruktionen im Weiteren als „Figuren der normalen Grundrechtsfunktionen“ bezeichnet.

Manche Vertreter dieser Gruppe wollen indes die etwaige gerichtliche Grundrechtsverletzung ausschließlich als Schutzpflichtverletzung,[68] manche ausschließlich als Eingriff[69] konstruieren, während *Canaris* wie erläutert zwischen Eingriff- und Schutzpflichtenkonstellation differenziert und entsprechend mit Blick auf die Verhältnismäßigkeitsprüfung zwischen Über- und Untermaßverbot unterscheiden möchte.[70] Ebenso wie im Falle der Auslegungskonstruktionen kommt es zur Horizontalwirkung der Grundrechte nur durch staatliche Vermittlung. Nur der Staat durch die Gerichte ist grundrechtsverpflichtet und daher kann auch nur dieser und nur wenn er ins Spiel kommt – sprich: wenn es zu einem Rechtsstreit vor staatlichen Gerichten kommt – die Grundrechte von A und B beeinträchtigen, nicht dagegen A und B selbst in ihrem privatrechtlichen Anspruch-Pflichten-Verhältnis, das somit – jedenfalls formal betrachtet – grundrechtlich unangetastet bleibt.

Allerdings kommt es hier, anders als im Falle der Auslegungskonstruktionen, zur Einwirkung der Grundrechte auf das Privatrechtsverhältnis dadurch, dass

---

[66] Vgl. kürzlich z. B. BVerfGE 148, 267 (279f., 284) [2018] – Stadionverbot und BVerfG(K), Beschl. v. 30.1.2020, 2 BvR 1005/18 – Blindenführhund, Rn. 34, 41.

[67] *R. Schmidt*, Der verfassungsrechtliche Hintergrund der Privatrechtsproblematik, in: Festschrift für Claus-Wilhelm Canaris zum 80. Geburtstag, 2017, 131, 134; vgl. auch *C.-W. Canaris*, Grundrechte und Privatrecht, 1999, S. 36.

[68] Z. B. *M. Ruffert*, Die Rechtsprechung des Bundesverfassungsgerichts zum Privatrecht, JuristenZeitung 2009, 389 m. w. N.; vgl. bereits grundlegend *ders.*, Vorrang der Verfassung und Eigenständigkeit des Privatrechts, 2001.

[69] Z. B. *F. Michl*, Die Bedeutung der Grundrechte im Privatrecht, Jura 2017, 1062, 1066f.

[70] Vgl. *C.-W. Canaris*, Grundrechte und Privatrecht, 1999, S. 43–45.

die Entscheidung der Vorinstanz – bzw. im Falle einer Urteilsverfassungsbeschwerde vor dem BVerfG: der fachgerichtlichen Letztentscheidung – als grundrechtliche(r) Eingriff und/oder Schutzpflichtverletzung konstruiert wird. Es handelt sich folglich um eine retrospektive Betrachtung, indem das gegenwärtig entscheidende Gericht die Entscheidung der Vorinstanz dahingehend bewertet, ob diese den Gewährleistungsgehalt (Abwehr- und/oder Schutzfunktion) der Grundrechte einer der Parteien des Privatrechtsstreits unverhältnismäßig beeinträchtigt hat.[71] Dabei sind im Rahmen der Verhältnismäßigkeitsprüfung die gegenläufigen Grundrechte der anderen Partei zu berücksichtigen und mit den Grundrechten der ersten Partei abzuwägen.

Zusammenfassend sind die Figuren der normalen Grundrechtsfunktionen analytisch-formalisiert somit derart beschreibbar:

Das staatliche Gericht hat die Pflicht, den Gewährleistungsgehalt der Grundrechte von A und B im gerichtlichen Verfahren zum Privatrechtsverhältnis A-B nicht in unverhältnismäßiger Weise zu beschränken. Eine derartige Pflichtverletzung kann in der nächsten Instanz/vor dem BVerfG als unverhältnismäßiger Grundrechtseingriff und/oder als grundrechtliche Schutzpflichtverletzung von A bzw. B gerügt werden.

Im Bürgschaftsfall konnte demnach die Bürgin A vor dem BVerfG rügen, dass der BGH der letztinstanzlichen fachgerichtlichen Entscheidung[72] dem einfachrechtlichen Anspruch des Bürgschaftsgläubigers B stattgegeben und dadurch den Gewährleistungsgehalt ihres Rechtes aus Art. 2 Abs. 1 GG unverhältnismäßig beschränkt hatte.[73] Wie im Falle der Auslegungskonstruktionen konnte A also keinen grundrechtlichen Anspruch direkt gegen B geltend machen, sondern sich lediglich erst nach Einleitung eines gerichtlichen Verfahrens darauf berufen, dass der Staat in Form seiner Gerichte seiner grundrechtlichen Verantwortungspflicht nicht nachgekommen ist. Nach den Figuren der normalen Grundrechtsfunktionen entsteht der grundrechtliche Anspruch gegen den Staat, wenn das staatliche Gericht eine Entscheidung trifft, welche die Grundrechte der A nicht angemessen berücksichtigt. Die Konsequenz der staatlichen Grundrechtsverletzung lässt sich wiederum als Anspruch-Pflichten-Verhältnis beschreiben, welches lautet: A hat einen grundrechtlichen Anspruch (aus Art. 2 Abs. 1 GG) gegen den Staat, dass dieser es dem B untersagt, die Erfüllung des Bürgschaftsvertrages von A zu fordern.

---

[71] Vgl. ebenda, S. 37: „Worum es in Wahrheit [im Rahmen einer Verfassungsbeschwerde vor dem BVerfG] geht, ist ein Unterlassen des BGH; denn dieser hat sich geweigert, den Bürgen von seiner vertraglichen Verpflichtung zu entlasten […]."

[72] Vgl. BGHZ 106, 269 [1989].

[73] Wenn man wiederum wie das BVerfG in BVerfGE 89, 214 (234 f.) [1993] davon ausgeht, dass der Grundrechtsposition der A gegenüber der Grundrechtsposition der B der Vorzug einzuräumen ist.

3. Zurechnungskonstruktionen

Noch konsequenter als im Falle der beiden zuvor dargestellten Verantwortungskonstruktionen erscheint die vierte Gruppe von Horizontalwirkungsansätzen die ausschließliche Staatsgerichtetheit der Grundrechte zu konstruieren. Diese Gruppe werde ich im Weiteren Zurechnungskonstruktionen nennen. Denn im Falle dieser dogmatischen Figuren ist es nicht nur allein staatliche Aufgabe, für die Realisierung grundrechtlicher Positionen im Verhältnis zwischen Privaten wenigstens mittelbar zu sorgen. Vielmehr kann ein bestimmtes privates Verhalten nur dann grundrechtliche Relevanz erlangen, wenn es nicht als ein solches privates, sondern vielmehr als staatliches Verhalten zu werten ist. Eine Mediatisierung der Horizontalwirkung durch Ergänzung des Privatrechtsverhältnisses A-B durch den Staat als Dritten findet nicht statt. Der Unterschied zu den Verantwortungskonstruktionen offenbart sich hinsichtlich der in das Grundrecht der A eingreifenden Handlung. Nimmt man die Figur der Zurechnung ernst, liegt diese nicht in der Nichtwahrnehmung einer staatlichen (gerichtlichen) Verantwortungspflicht, die darin bestünde, anlässlich der staatlichen (gerichtlichen) Entscheidung über das ausschließlich privatrechtliche Anspruch-Pflichten-Verhältnis A-B, die Grundrechte der Parteien angemessen zu berücksichtigen. Vielmehr bedeutet Zurechnung, dass – in der Terminologie des US-amerikanischen Verfassungsrechts – „private action" zu „state action" wird: Die eingreifende Handlung ist das private Verhalten selbst, aber nur wenn es eigentlich Staatshandeln darstellt, d. h. wenn es unter bestimmten Voraussetzungen normativ als ein solches zu werten ist.

Die Zurechnungskonstruktionen lassen sich folglich analytisch-formalisiert zunächst folgendermaßen zusammenfassen:

Unter bestimmten Voraussetzungen ist privates Verhalten dem Staat zuzurechnen und wird damit normativ zu staatlichem Verhalten. Demzufolge hat A einen Anspruch gegen den Staat, dass dieses Verhalten nicht in unzulässiger Weise in seine Grundrechte eingreift.

Zwei zentrale Iterationen dieser Zurechnungskonstruktionen sind einerseits die so genannte „state action"-Doktrin des US Supreme Court,[74] andererseits eine auf *Jürgen Schwabe* zurückgehende Position[75]. Nach dem klassischen Verständnis der „state action"-Doktrin, die der US Supreme Court zwar inzwischen relativiert, jedoch nicht explizit aufgegeben hat,[76] ist das private Verhalten ausschließlich des Klägers des Ausgangsverfahrens in einem Verfahren vor dem US

---

[74] Grundlegend für die Horizontalwirkungsproblematik: *Shelley et ux. v. Kraemer et ux., McGhee et ux. v. Sipes et al.*, 334 U.S. 1 (1948).

[75] Vgl. maßgeblich *J. Schwabe*, Die sogenannte Drittwirkung der Grundrechte, 1971; siehe auch *ders.*, Probleme der Grundrechtsdogmatik, 1977, S. 286–303.

[76] Siehe dazu im Einzelnen unten Kap. 3, C.I.3.c).

Supreme Court dem Staat als „state action“ zuzurechnen, weil sich der Kläger der Gerichte zur Durchsetzung seines privatrechtlichen Anspruchs bedient hat. Somit verletzt der Staat, durch die unterinstanzlichen Gerichte, die Grundrechte des Beklagten, indem er als verlängerter Arm des Klägers eine Entscheidung zu dessen Gunsten trifft, welche in die Grundrechte des Beklagten in unzulässiger Weise eingreift. Dieser Horizontalwirkungstyp ist also prozessakzessorisch, retrospektiv und eindimensional. Er ist prozessakzessorisch, weil „state action“ notwendiger Weise ein Gerichtsverfahren voraussetzt. Er ist retrospektiv, weil bereits vorinstanzlich ein Urteil gefällt sein muss, um vor dem US Supreme Court rügen zu können, dass dieses als „state action“ in die Grundrechte des Beklagten eingreift. Schließlich ist die „state action“-Doktrin auf zweierlei Weise eindimensional. Sie ermöglicht eine Grundrechtsbeschwerde ausschließlich des Beklagten. Folglich verwehrt sie es dem Kläger, zu rügen, dass ihm die Gerichte grundrechtlichen Schutz hätten gewähren müssen. Überdies kennt sie grundsätzlich keinen Ausgleich zwischen den Grundrechten der Streitparteien, sondern betrachtet ausschließlich das grundrechtliche Anspruch-Pflichten-Verhältnis zwischen dem Beklagten des Ausgangsverfahrens und dem Staat.

Analytisch-formalisiert lautet die Zurechnungskonstruktion der „state action“-Doktrin bezüglich Horizontalwirkungsfragen[77] deshalb:

Kommt es zu einem privatrechtlichen gerichtlichen Rechtsstreit, in dem das unterinstanzliche Gericht dem Kläger A im Verhältnis zum Beklagten B auf der Grundlage eines privatrechtlichen Rechtsverhältnisses der Privaten A-B einen Anspruch zuspricht, hat B gegen den Staat einen Anspruch, dass es dieser unterlässt, in die Grundrechte des B in unzulässiger Weise einzugreifen. Dabei wird das Verhalten des A als „state action“ dem Staat zugerechnet. Verletzt das unterinstanzliche Gericht die mit dem grundrechtlichen Anspruch des B korrelierende Pflicht, so ist diese Pflichtverletzung als „state action“ Gegenstand der grundrechtlichen Klage des B vor dem Höchstgericht (US Supreme Court).

Die Zurechnungskonstruktion *Schwabes* wertet privates Verhalten dagegen nicht nur dann als staatliches Verhalten, wenn es zu einem gerichtlichen Verfahren über das privatrechtliche Rechtsverhältnis A-B kommt. Vielmehr soll, da der Staat die Rechtsordnung gestalte und A gegen B nur deshalb Ansprüche habe, weil diese durch die staatliche Gestaltung der Rechtsordnung – durch staatliches Handeln oder Nichthandeln – ermöglicht seien, privates Handeln für die Zwecke der Grundrechtsprüfung im Horizontalverhältnis stets als staatliches Handeln anzusehen sein.[78] Zugespitzt formuliert: Das Rechtsverhältnis A-B existiert so gesehen nicht, sondern ist stets letztlich nur ein solches A-Staat und B-Staat.

---

[77] Die „state action“-Doktrin ist nicht nur eine dogmatische Konstruktion zur Lösung von Horizontalwirkungsfällen, sondern wird auch beispielsweise im Rahmen von Staatshaftungsfällen bemüht. Siehe dazu unten Kap. 3, C.I.1.

[78] Vgl. *J. Schwabe*, Die sogenannte Drittwirkung der Grundrechte, 1971, S. 16f., 62ff.

Die Grundrechtspositionen von A und B jeweils gegen den Staat sind im Wege einer Verhältnismäßigkeitsprüfung in Ausgleich zu bringen. Das Abwägungsergebnis ist der Maßstab, an dem die einfachrechtlichen Vorschriften zu messen sind und an dem das Ergebnis des privatrechtlichen Anspruch-Pflichten-Verhältnisses zwischen A und B auszurichten ist. Im Gegensatz zur „state action"-Doktrin ist *Schwabes* Zurechnungskonstruktion daher weder notwendig prozessakzessorisch, noch retrospektiv oder eindimensional.

Schwabes Position lässt sich analytisch-formalisiert folglich folgendermaßen formulieren:

Das Rechtsverhältnis A-B ist auf staatliche Gestaltung zurückzuführen. Mithin ist das Verhalten von A und B für die Zwecke ihrer grundrechtlichen Rechte und Pflichten als ein solches des Staats zu werten. Deshalb haben A und B jeweils Ansprüche gegen den Staat, dass es dieser unterlässt, in ihre Grundrechte in unverhältnismäßiger Weise einzugreifen.

Wendet man die Zurechnungskonstruktionen auf das Beispiel des Bürgschaftsfalles an, so war die Bürgin A aufgrund der Sachverhaltskonstellation im Verfahren 1 BvR 567/89 nach der „state action"-Doktrin bereits nicht rügefähig, da sie selbst das gerichtliche Verfahren durch eine Klage auf Feststellung der Unwirksamkeit der Bürgschaft eingeleitet hatte,[79] sodass die Abweisung der Feststellungsklage bereits keine „state action" darstellen konnte. Anders hätte es sich verhalten, wenn der Bürgschaftsgläubiger B auf Durchsetzung seiner Bürgschaftsforderungen gegen A geklagt hätte. In diesem Fall wäre sein Verhalten bei gerichtlicher Stattgabe der Klage als „state action" zu werten. Diese unterinstanzliche Entscheidung stellte sodann einen unzulässigen Eingriff in die wirtschaftliche Selbstbestimmung (Privatautonomie) der A nach Art. 2 Abs. 1 GG dar. Nach *Schwabes* Konstruktion ist die Rechtslage, die es B erlaubt, von A die Zahlung der Bürgschaftssumme zu fordern, eine Konsequenz staatlicher Gestaltung, sodass die Wahrnehmung von Ansprüchen aufgrund dieser Rechtslage durch B, ob durch Einfordern nur im Verhältnis A-B oder durch Einleitung eines Verfahrens vor staatlichen Gerichten, dem Staat zuzurechnen ist. Der sich derart ergebende staatliche Eingriff in die Privatautonomie der A nach Art. 2 Abs. 1 GG ist mit den Rechten des B aus Art. 14 Abs. 1 und ebenfalls aus Art. 2 Abs. 1 GG im Rahmen der Verhältnismäßigkeitsprüfung in Ausgleich zu bringen. Schließt man sich wiederum der Abwägungsentscheidung des BVerfG im Bürgschaftsbeschluss an, so fällt das Abwägungsergebnis zu Gunsten von A aus. Analytisch-formalisiert lässt sich sodann ein Anspruch-Pflichten-Verhältnis beschreiben, welches lautet: A hat einen grundrechtlichen Anspruch (aus Art. 2 Abs. 1 GG) gegen den Staat, dass dieser es dem B untersagt, die Erfüllung des Bürgschaftsvertrages von A zu fordern.

---

[79] Vgl. BVerfGE 89, 214 (218f.) [1993].

4. Ablehnungskonstruktionen

Die Ablehnung der Horizontalwirkung scheint schnell erläutert: Keine Horizontalwirkung, also auch kein grundrechtliches Anspruch-Pflichten-Verhältnis mit Auswirkung auf das privatrechtliche Anspruch-Pflichten-Verhältnis A-B. Eine solche Nicht-Konstruktion, man kann sie strikte Ablehnung nennen, müsste man sinnvollerweise auch nicht analytisch-formalisert beschreiben. Allerdings setzte eine solche Konstruktion voraus, dass der Staat keinen grundrechtlichen Bindungen unterlegen ist. Denn sobald die Staatsgewalt, wie nach Art. 1 Abs. 3 GG, an die Grundrechte gebunden ist, ist es jedenfalls Aufgabe des Gesetzgebers, diese Grundrechte zu realisieren und dabei insbesondere auch kollidierende Grundrechtspositionen Privater auszugleichen.[80] Auch Staaten mit der Verfassungstradition der parlamentarischen Souveränität, wie Großbritannien/England und Frankreich, gehen von der grundsätzlichen Aufgabe des Gesetzgebers aus, die widerstreitenden Grundrechtspositionen[81] Privater in Einklang zu bringen.[82] Abgelehnt wird hier nicht die Horizontalwirkung als solche, sondern vielmehr deren Realisierung durch die Gerichte. Ähnliche Überlegungen zur Gewaltengliederung und zur Verhinderung eines „verfassungsgerichtlichen Jurisdiktionsstaat"[83] finden sich auch in der deutschen verfassungsrechtlichen Literatur, namentlich bei *Bernhard Schlink*.[84]

Dementsprechende dogmatische Figuren sollen im Weiteren als modifizierte oder abgeschwächte Ablehnungskonstruktionen bezeichnet werden. Sie stellen sich gegen die vorherrschende gerichtliche Realisierung der Horizontalwirkung und knüpfen teilweise an Verfassungstraditionen an, die weder den Vorrang der Verfassung noch die Justiziabilität der Grundrechte kennen bzw. diese erst in jüngerer Vergangenheit etabliert haben. Man kann sie analytisch-formalisert so beschreiben:

Der Staat hat die Pflicht, den Gewährleistungsgehalt der Grundrechte der privaten Grundrechtsträger bei der Gestaltung der Privatrechtsordnung nicht unverhältnismäßig zu beschränken. Diese Pflicht erfüllt ausschließlich der Gesetzgeber. Staatliche Gerichte dürfen dagegen im gerichtlichen Verfahren die Grundrechte bei der rechtlichen Beurteilung des privaten Rechtsverhältnisses A-B nicht heranziehen.

---

[80] Zum Verhältnis zum Prinzip vom Vorrang der Verfassung und seiner historischen Entwicklung siehe *C. Schönberger*, Der Vorrang der Verfassung, in: Festschrift für Rainer Wahl zum 70. Geburtstag, 2011, 385, 400f.

[81] Hier in einem weiten Sinne verstanden.

[82] Für die französische Tradition seit der Assemblée constituante von 1789 siehe *D. Grimm*, Verfassung und Privatrecht im 19. Jahrhundert, 2017, S. 39ff.

[83] *E.-W. Böckenförde*, Grundrechte als Grundsatznormen, in: *Ders.*, Staat, Verfassung, Demokratie – Studien zur Verfassungstheorie und zum Verfassungsrecht, 1991, S. 159, 190.

[84] Vgl. *B. Schlink*, Freiheit durch Eingriffsabwehr – Rekonstruktion der klassischen Grundrechtsfunktion, EuGRZ 1984, 457.

Im Bürgschaftsfall besteht danach ein grundrechtliches Rechtsverhältnis, wie im Falle der Verantwortungs- und Zurechnungskonstruktionen, nur im Verhältnis A-Staat und B-Staat. Der Gesetzgeber hat die Pflicht, Normen zu schaffen, die den Ausgleich der grundrechtlichen Anspruch-Pflichten-Verhältnisse A/B-Staat in angemessener Weise ermöglichen. Dies trifft auf § 138 Abs. 1 BGB zu. Kommen die Gerichte indes bei dessen Auslegung und Anwendung zu dem Ergebnis, der Bürgschaftsvertrag A-B sei nicht sittenwidrig, kann A gegen diese Gerichtsentscheidung grundrechtlich nicht vorgehen. Fehlte es an einer § 138 Abs. 1 BGB entsprechenden Norm, so wäre der Gesetzgeber gegebenenfalls aufgefordert, eine solche zu erlassen oder bestimmte Verbotskonstellationen explizit zu normieren. Ein entsprechendes Beispiel wäre in Anlehnung an die Konstellation des Bürgschaftsfalles Verfahren 1 BvR 567/89 eine Vorschrift, die ausdrücklich die Nichtigkeit einer Bürgschaftsvereinbarung mit einer mittellosen nahen Angehörigen des Forderungsschuldners untersagte, wenn die Bürgschaftspflicht zur wirtschaftlichen Strangulierung der Bürgin führte. Unabhängig davon besteht unter dem Grundgesetz nach Art. 100 Abs. 1 GG jedenfalls die Möglichkeit des privaten Grundrechtsträgers, gerichtlich zu rügen, dass eine bestimmte gesetzgeberische Vorschrift in seine Grundrechte eingreift. Wie im dritten Kapitel noch zu zeigen sein wird, rückt dies jedoch derartige Figuren unweigerlich in die Richtung der Verantwortungs-, insbesondere der Auslegungskonstruktionen.[85]

C. Fazit

Wirkung zielt auf ein Resultat. Entsprechend „wirken" Grundrechte zwischen den Privaten A und B, wenn sie in irgendeiner Weise Bedeutung im Privatrechtsverhältnis A-B erlangen. Analytische und dogmatische Präzision verspricht der Wirkungsbegriff mithin nicht. „Horizontalwirkung" fungiert somit in dieser Arbeit als Oberbegriff für sämtliche dogmatische Lösungsansätze, die dazu führen, dass Grundrechte das Privatrechtsverhältnis A-B beeinflussen, unabhängig davon, wie dies im Einzelnen geschieht. „Geltung" bezeichnet dagegen ein unmittelbares grundrechtliches Anspruch-Pflichten-Verhältnis.[86] Diese Grundrechtsposition als Ausgangspunkt nehmend,[87] auf die sich die Arbeit konzentriert, lassen sich folglich analytisch präzise vier für die deutsche Grundrechtsdogmatik relevante Horizontalwirkungstypen beschreiben: Anwendung, Verantwortung, Zurechnung und Ablehnung.[88] Die im Horizontalwirkungsdiskurs einflussreichsten Lösungsansätze können ausgehend von diesen vier Typen mithilfe der

[85] Vgl. unten Kap. 3, D.I. und IV.
[86] Vgl. zu alledem oben A.I.
[87] Vgl. oben B.I.
[88] Vgl. oben B.II.

analytischen Betrachtung zunächst in insgesamt acht Gruppen dogmatischer Konstruktionen unterteilt werden.[89] Damit ist die Basis für Vergleich und Bewertung in den weiteren Kapiteln gelegt. Kapitel 3 unternimmt im Folgenden auf erster und zweiter Vergleichsebene Diskursanalyse und Dogmatikkritik der in diesem Kapitel differenzierten Horizontalwirkungskonstruktionen.

[89] Vgl. oben B.III.

3. Kapitel

Horizontalwirkungskonstruktionen – Diskurs und Dogmatik

Kapitel 2 hat vier Horizontalwirkungstypen und acht Gruppen dogmatischer Horizontalwirkungskonstruktionen identifiziert und in ihrem Grundansatz analytisch beschrieben. Das hiesige Kapitel knüpft daran an und nähert sich diesen acht Gruppen aus zwei Perspektiven: Diskursanalyse und Dogmatik. Erstens betrachtet es den Diskursverlauf der einzelnen Gruppen und arbeitet Unterschiede und Nuancen der einzelnen Konstruktionsvarianten der jeweiligen Gruppe heraus. Wie haben sich die jeweiligen Konstruktionen entwickelt? Welche Gemeinsamkeiten lassen sich zwischen deutschen, ausländischen und supranationalen Ansätzen erkennen, die für die weitere Analyse und Bewertung der Horizontalwirkungskonstruktionen für das deutsche Recht instruktiv sind? Welche ideengeschichtlichen und verfassungs- bzw. rechtstheoretischen Verbindungslinien, Unterschiede oder Konsequenzen sind ersichtlich? Wie werden sie theoretisch begründet und dogmatisch konstruiert?

Diese erste, deskriptiv-analytische Ebene des Vergleichs der Horizontalwirkungskonstruktionen steht in engem Zusammenhang mit der zweiten Vergleichsebene, der dogmatischen Perspektive dieses Kapitels. Hier sollen im Anschluss an die im vorangegangenen Kapitel angestellten dogmatisch-analytischen Überlegungen die einzelnen Konstruktionen und ihre jeweiligen Varianten eingehend auf dogmatische Konsistenz und Kohärenz untersucht und bewertet werden. Dabei haben dogmatische Analyse und Evaluation sowohl eine intrinsische wie eine extrinsische Seite. Es wird sowohl untersucht und bewertet werden, ob die Gruppen dogmatischer Konstruktionen und ihre Varianten in sich selbst dogmatisch konsistent und kohärent sind,[1] als auch ob und inwiefern sich sol-

[1] Zu Kohärenz und Konsistenz und weiteren Bedingunen formaler Rationalität siehe *D. Buchwald*, Der Begriff der rationalen juristischen Begründung – Zur Theorie der juridischen Vernunft, 1990, S. 115ff.; *A. Steinbach*, Rationale Gesetzgebung, 2017, S. 21ff. Konsistenz erfordert logische Widerspruchsfreiheit (vgl. *A. Steinbach*, ebenda, S. 21) Kohärenz bedeutet einen „Zusammenhang [einer] Erklärung mit einer anderen Erklärung eines Phänomens derselben Art dadurch […], daß […] beide Einzelphänomene als Fälle einer allgemeinen Regel" gelten (vgl. *D. Buchwald*, ebenda, S. 115). Zu der Diskussion, ob insbesondere Konsistenz ein verfassungsrechtlich internes oder externes Kriterium ist, siehe stellvertretend *C. Bumke*, Die Pflicht zur konsistenten Gesetzgebung, Der Staat 2010, Bd. 49, 77, 87–95; *P. Dann*, Verfassungsgerichtliche Kontrolle gesetzgeberischer Rationalität, Der Staat 2010, 630, 632–638; *B. Grzeszick*, Rationalitätsanforderungen an die parlamentarische Rechtsetzung im demokratischen Staat, VVDStRL

che dogmatische Konsistenz und Kohärenz im Vergleich mit anderen Gruppen dogmatischer Konstruktionen beweist. Schließlich sind die Konstruktionen mit Blick auf ihre praktischen Konsequenzen hin durchzuspielen und auf ihre jeweiligen Unterschiede oder Gemeinsamkeiten im praktischen Ergebnis hin zu untersuchen. Die folgenden Unterkapitel analysieren Horizontalwirkungsdiskurs und -dogmatik anhand der im zweiten Kapitel identifizierten Typen und Konstruktionen in absteigender Reihenfolge von Anwendungs- (A.) und Verantwortungs- (B.) über Zurechnungs- (C.) bis hin zu Ablehnungskonstruktionen (D.). Unterkapitel E beschließt dieses Kapitel. Es vergleicht und bewertet die Gruppen dogmatischer Konstruktionen mit Blick auf ihre dogmatische Kohärenz und Konsistenz. Dabei emergieren vor allem erhebliche konstruktionelle Probleme der staatsgerichteten, einschließlich der von der vorherrschenden Auffassung bevorzugten Verantwortungsansätze (E.I.). Die Diskursanalyse ergibt überdies, dass der Horizontalwirkung jenseits Dogmatik und Dogmatikkritik tiefer auf den Grund gegangen werden muss. Diese erklären weder befriedigend die Präferenz für bestimmte Konstruktionen durch einen bestimmten Proponenten (Gericht, Literaturansicht etc.), noch erlauben sie, eine solche Präferenz normativ befriedigend zu begründen. Als Essenz der Diskursanalyse destilliere ich daher dasjenige heraus, was ich bereits im ersten Kapitel als Tiefenstruktur der Horizontalwirkung bezeichnet habe und was die weiteren Vergleichsmaßstäbe für die Horizontalwirkungsansätze instruiert: Staatsorganisationsrecht, Ethik und Demokratietheorie (E.II.).

Ferner sind ein paar Worte zur rechtsvergleichenden Methodologie zu verlieren. Ziel dieses Kapitels sind wie erwähnt unter anderem die weitere Kategorisierung, Analyse und Kritik diverser dogmatischer Horizontalwirkungsansätze. Ein wichtiges Erkenntnisziel der Arbeit insgesamt ist es, mehr über dogmatische Kohärenz und Konsistenz, verfassungsrechtliche Zulässigkeit und ethische und demokratietheoretische Zweckmäßigkeit der diversen Lösungsansätze unter dem Grundgesetz zu erfahren. Deshalb bedient sich die hiesige Diskursanalyse des Rechtsvergleichs als komparative Gegenüberstellung deutscher mit ausländischen oder supranationalen Ansätzen, um den deutschen Diskurs zu informieren. Die insoweit präferierte Methodik des Rechtsvergleichs bewegt

2012, Bd. 71, 49; *G. Lienbacher*, Rationalitätsanforderungen an die parlamentarische Rechtsetzung im demokratischen Staat, VVDStRL 2012, Bd. 71, 7; *O. Lepsius*, Anmerkung zu BVerfG, Urt. v. 9.12.2008, 2 BvL 1/07, JuristenZeitung 2009, 260, 262; *C. Möllers*, Legalität, Legitimität und Legitimation des BVerfG, in: *M. Jestaedt/O. Lepsius/C. Möllers/C. Schönberger*, Das entgrenzte Gericht – Eine kritische Bilanz nach sechzig Jahren BVerfG, 2011, 281, 398f. Zur Differenzierung von formaler, materialer und prozeduraler Rationalität siehe ausführlich *A. Steinbach*, Rationale Gesetzgebung, 2017, S. 73ff., 101ff., 163ff., zusammenfassend 320f.

sich zwischen den komparatistischen Grundansätzen[2] der Differenz[3] und funktionalen Äquivalenz,[4] als sie es als „Aufgabe der Vergleichung [ansieht,] Gemeinsamkeiten und Unterschiede *gleichzeitig und gleichermaßen* in den Blick zu nehmen."[5] Einerseits wurden funktional äquivalente ausländische zu entsprechenden deutschen dogmatischen Lösungsansätzen der Horizontalwirkung ausgesucht, um im Rahmen der Diskursanalyse mehr über die jeweiligen Typen und Konstruktionen zu erfahren.[6] Auf einer höheren Abstraktionsebene wird die funktionale Äquivalenz aller Konstruktionen jedenfalls insoweit vorausgesetzt, als das *tertium comparationis* die Frage der Wirkung der Grundrechte im Privatrechtsverhältnis darstellt.[7] Auf der anderen Seite geschieht dies im Bewusstsein teilweise signifikanter Unterschiede, welche die diversen deutschen und ausländischen Ansätze aufweisen. Dies betrifft insbesondere, aber nicht nur, das institutionell-staatsorganisatorische *set-up* der jeweiligen Verfassungsordnung – sowohl zwischen den Staatsgewalten als auch innerhalb der Judikative. Ausgangspunkt des Rechtsvergleichs ist dabei die „Erarbeitung von Modellen, Funktionstypen und Typologien"[8], die bereits im Grundansatz geleistet wurde[9] und nachfolgend weiter ausdifferenziert und abgesichert werden soll.

Die rechtsvergleichende Methode verspricht, die spezifischen dogmatischen und institutionellen Charakteristika und Voraussetzungen der im deutschen wissenschaftlichen Diskurs etablierten ebenso wie zumeist abgelehnten Auffassungen zur Horizontalwirkung trennscharf herauszuarbeiten und diese Auffassungen auf ihre dogmatische Konsistenz und Kohärenz hin zu überprüfen.

---

[2] Für einen Überblick über die diversen Theorienansätze vgl. *G. Samuel*, An Introduction to Comparative Law Theory and Method, 2014, S. 45–120. Für eine Kritik hergebrachter Methodenansätze und ein Plädoyer für einen prononciert empirischen Ansatz siehe *R. Hirschl*, Comparative Matters – The Renaissance of Comparative Constitutional Law, 2014.

[3] Vgl. stellvertretend *P. Legrand*, European Legal Systems are not Converging, International and Comparative Law Quarterly 1996, Bd. 55, 52 ff.

[4] Vgl. stellvertretend *K. Zweigert/H. Kötz*, Einführung in die Rechtsvergleichung, 3. Aufl. 1996, S. 33 ff.

[5] *C. Schönberger*, Verfassungsvergleichung heute: Der schwierige Abschied vom ptolemäischen Weltbild, Verfassung und Recht in Übersee 2010, Bd. 11, 6, 25 (Hervorhebung im Original).

[6] Dabei ist anzumerken, dass das analytische *set-up* auf einer Modellierung anhand der analytischen Rechtstheorie im Anschluss an *Hohfeld* (grundlegend *W. N. Hohfeld*, Some Fundamental Legal Conceptions as Applied in Judicial Reasoning, Yale Law Journal 1913–1914, Bd. 23, 16) beruht und sich somit im Rahmen einer durch die strukturelle Methode des Vergleichs (vgl. dazu *G. Samuel*, An Introduction to Comparative Law Theory and Method, 2014, S. 102–105) gewonnen Typisierung bewegt.

[7] Vgl. insoweit zur Methodik auch *E. Örücü*, Methodology of Comparative Law, in: J. M. Smits (Hrsg.), Elgar Encyclopedia of Comparative Law, 2006, 442 ff.; *R. Michaels*, The Functional Method of Comparative Law, in: M. Reimann/R. Zimmermann (Hrsg.), The Oxford Handbook of Comparative Law, 2006, 339, 342–345.

[8] *C. Schönberger*, Verfassungsvergleichung heute: Der schwierige Abschied vom ptolemäischen Weltbild, Verfassung und Recht in Übersee 2010, Bd. 11, 6, 26.

[9] Vgl. oben Kap. 2, B.

Referenzpunkt und zentraler Betrachtungsgegenstand bleiben dabei wie erwähnt überwiegend deutsche Lösungsansätze. Nichtsdestoweniger wird es manchmal erforderlich sein, bestimmte ausländische Ansätze umfangreich darzustellen, vor allem um die Problematik der vergleichbaren deutschen Ansätze genauer betrachten zu können oder die Gruppe dogmatischer Horizontalwirkungskonstruktionen, für die sie charakteristisch stehen, kritisch zu beleuchten. Die Darstellung im Rahmen der Diskursanalyse erfolgt thematisch verzahnt und stets mit einem analytisch-kritischen Ziel.[10]

A. Anwendung

Anwendungskonstruktionen erlauben es einem Privaten, sich im zivilgerichtlichen Streit mit einem anderen Privaten auf die Grundrechte zu berufen, indem diese direkt den Grundrechten der Gegenseite gegenüber gestellt werden. Sie lassen sich – zunächst[11] – im Wesentlichen auf folgende Art und Weise analytisch-formalisiert beschreiben:

A hat gegen B einen Anspruch, dass es B im Privatrechtsverhältnis A-B unterlässt, in die Grundrechte der A in unverhältnismäßiger Weise einzugreifen.

Wie sich im Folgenden zeigen wird, ist hinsichtlich der Anwendungskonstruktionen der institutionelle Kontext von erheblicher Bedeutung. Diese stehen insoweit insbesondere im Wechselspiel zu den Auslegungskonstruktionen, namentlich dem Ansatz des Bundesverfassungsgerichts (vgl. unten B.I.). Ferner gilt es zu betrachten, welche dogmatischen Konsequenzen die Anwendungskonstruktionen nach deutschem Recht in der Praxis zeitigen.

I. Dürigs Sorge und Laufkes Beobachtung

In seinem epochalen Beitrag in der Festschrift für *Hans Nawiasky* aus dem Jahre 1956, „Grundrechte und Zivilrechtsprechung“, der als Grundstein der Aus-

---

[10] Zur Verzahnung als Methode der Rechtsvergleichung siehe *U. Kischel*, Rechtsvergleichung, 2015, S. 207 f. Hinsichtlich der Kriterien für die Auswahl der zu vergleichenden Ansätze haben vor allem drei Faktoren eine Rolle gespielt. Erstens waren Einfluss und Repräsentativität des dogmatischen Lösungsansatzes von Bedeutung. Dabei kann sich der Einfluss eines Ansatzes sowohl aus seiner hohen Rezeption in Literatur und/oder Praxis als auch aus seiner intellektuellen Qualität und Innovation ergeben. Zweitens war die Form der Gerichtsorganisation von Bedeutung. Hier waren insbesondere ausländische Ansätze von Interesse, die einen bestimmten deutschen Ansichten ähnlichen Ansatz trotz eines anderen Gerichtssystems, oder einen unterschiedlichen Ansatz trotz ähnlichen Gerichtssystems verfolgten. Schließlich haben die Faktoren Sprache, geographische Verteilung und das Rechtssystem eine Filterfunktion gespielt.

[11] Zur Unterscheidung von ein- und zweistufiger Anwendung siehe oben Kap. 2, B.III.1.

legungskonstruktionen in Abschnitt B.I. noch eingehender erörtert werden soll,[12] unterstrich *Günter Dürig*, „worum es [hinsichtlich der Horizontalwirkungsproblematik seines Erachtens] letztlich geht“:

> „Es geht um die Erhaltung der privatrechtlichen Eigenständigkeit durch die Bewahrung des Privatrechts vor Übernahme von Verfassungsrechtssätzen mit zwingender, nicht erst vom Privatrecht nach eigenen Sachgesetzen mediatisierter Wirkung.“[13]

Diese „Eigenständigkeit“, „Eigengesetzlichkeit“[14] oder „Eigenverantwortlichkeit“[15] des Privatrechts sei in Gefahr, wenn das Verfassungsrecht nicht mediatisiert, sondern unvermittelt durch privatrechtliche Regelungen im Verhältnis zwischen Privaten zur Anwendung komme. Gemeint ist dabei mit dem *topos* der Eigenständigkeit des Privatrechts der Erhalt einerseits einer grundsätzlich staatsfreien Sphäre und andererseits der privatgesetzlichen und damit privatgesetzgeberischen Entscheidungen im Delikts- und Vertragsrecht. Der Aspekt der Staatsfreiheit stand für *Dürig* indes primär im Fokus. Er warnte eindringlich vor einer „Verstaatlichung (Sozialisierung) des Privatrechts“.[16]

Dürigs Sorge richtete sich mithin auf in den frühen Jahren des Grundgesetzes entwickelte (Grund-)Rechtslehren, welche über das geschriebene und richterrechtlich tradierte Privatrecht hinaus Grundrechte und Grundwerte direkt im Privatrechtsverhältnis zur Anwendung bringen wollten. Die Namen *Coings*, *Wieackers* und *Nipperdeys* stehen hier stellvertretend für derartige Positionen, die die folgenden Abschnitte diskutieren.[17] Paradoxerweise, so scheint es zumindest zunächst, verteidigt damit ein Staatsrechtler das Privatrecht gegen die Gefahr dessen „Verstaatlichung“, während mit *Coing*, *Wieacker* und *Nipperdey* prominente Zivilrechtler ganz offenbar weniger Besorgnis tragen, das Privatrecht verlöre seine „Eigenständigkeit“ durch Berücksichtigung der Grund-

---

[12] Siehe unten B.I.1.

[13] *G. Dürig*, Grundrechte und Zivilrechtsprechung, in: Festschrift zum 75. Geburtstag von Hans Nawiasky, 1956, 157, 183.

[14] Ebenda, 169.

[15] Ebenda, 181.

[16] Ebenda, 184. Auf der anderen Seite, so zeigt bereits ein Beitrag aus dem Jahre 1952, will er auch nicht einem ungezügelten Liberalismus das Wort reden, da „der Mensch des GG nicht jenem anderen Extrem entspricht, wonach im klassischen liberalistischen Sinne des 19. Jahrhs. der Mensch ein autonomes, in sich geschlossenes, jede Einwirkung von außen ablehnendes ‚Individuum‘ ist.“ Vielmehr „scheint uns das GG doch erkannt zu haben, daß die Individuen nicht mehr unvermittelt dem Staat gegenüberstehen und daß sie ihrerseits nicht beziehungslos nebeneinander her leben.“ *G. Dürig*, Die Menschenauffassung des Grundgesetzes, JR 1952, 259, 259f.

[17] Es sei hier der Vollständigkeit halber angemerkt, dass *Dürig Coings* Eintreten für das allgemeine Persönlichkeitsrecht zur Lösung der Horizontalwirkungsfrage weniger kritisch sieht (vgl. *G. Dürig*, Grundrechte und Zivilrechtsprechung, in: Festschrift zum 75. Geburtstag von Hans Nawiasky, 157, 180f.), obwohl sein Effekt demjenigen der *Nipperdey*'schen Lehre weitestgehend gleichkommt, bzw. teilweise sogar noch darüber hinausgeht. Siehe dazu auch unten II.2.

rechte im Horizontalverhältnis. In der Tat machte *Franz Laufke*, seinerseits Zivilrechtler, ebenfalls im Jahre 1956 die treffende Beobachtung:

„Während auf der einen Seite, vor allem unter den Zivilisten, eine Richtung festzustellen ist, welche die Grundrechtsbestimmungen nicht bloß als Schranke des Gesetzgebers und als Mittel der Auslegung ins Zivilrecht wirken läßt, sondern mehr oder weniger zahlreiche Grundrechtsbestimmungen zugleich als Normen des Zivilrechts – und zwar als Normen von besonderer Bedeutung und Geltungskraft – behandelt, ist die Mehrzahl der Publizisten geneigt, ihnen, von Ausnahmefällen, die sich aus dem Wortlaut des Gesetzes ergeben, abgesehen, unmittelbare zivilrechtliche Bedeutung abzusprechen."[18]

Wie lässt sich diese kontraintuitive Positionierung – Skepsis der Publizisten, Enthusiasmus der Zivilisten – bezüglich der direkten Geltung der Grundrechte zwischen Privaten erklären? Warum ist in den frühen Jahren des Grundgesetzes die Mehrzahl der Zivilrechtler offenbar deutlich weniger um die Eigenständigkeit ihres Forschungsfeldes besorgt als es die Staatsrechtler sind? Diese Frage soll als Schlüssel für die weitere Erörterung der Anwendungskonstruktionen in diesem sowie der Auslegungskonstruktionen im folgenden Unterkapitel dienen. Sie lässt jedenfalls Skepsis aufkommen, ob mit der *Dürig*'schen Sorge – und seiner Antwort, dass die Auslegung der privatrechtlichen Generalklauseln anhand der Grundrechte die „Eigenständigkeit des Privatrechts" am besten gewährleistet – der Kern der Unterscheidung zwischen Anwendungs- und Auslegungskonstruktionen getroffen ist.

II. Nachkriegszeit und Richterkunst

Nach dem Ende des Zweiten Weltkrieges setzte sich die deutsche Rechtswissenschaft und Rechtspraxis eine neue Programmatik zum Ziel. Die von Unwerten regierte Zeit sei vorbei, nun müssten wieder Werte in das Recht Einzug halten. Dem „Positivismus"[19] wurde – teilweise mit einem erheblichen Maß an Infamie[20] – die Hauptverantwortung an der nationalsozialistschen Unter-

[18] *F. Laufke*, Vertragsfreiheit und Grundgesetz, in: Festschrift für Heinrich Lehmann zum 80. Geburtstag, Bd. I, 1956, 145, 146f. mit jeweils einer Vielzahl von Verweisen auf zeitgenössische Literatur zu beiden Positionen in Fn. 10 und 11; vgl. auch bereits *Hildeg. Krüger*, Grenzen der Zumutbarkeit aus Gewissensgründen im Arbeitsrecht, Recht der Arbeit 1954, 365, 368. Auch *Dürig* trifft *en passant* eine ähnliche Beobachtung, vgl. *G. Dürig*, Grundrechte und Zivilrechtsprechung, in: Festschrift zum 75. Geburtstag von Hans Nawiasky, 1956, 157, 166.

[19] D. h. zumeist ohne Unterscheidung in seine vielfältigen Spielarten und ohne intensive Auseinandersetzung insbesondere mit der Reinen Rechtslehre *Kelsens*.

[20] Beispielhaft sei nur *Ulrich Scheuner* erwähnt, der 1933/34 in seinem zweiteiligen Aufsatz „Die nationale Revolution" eine an der materialen Wertethik orientierte Legitimierung der nationalsozialistischen Machtergreifung vorgelegt hatte, vgl. *U. Scheuner*, Die nationale Revolution – Eine staatsrechtliche Untersuchung, Archiv des öffentlichen Rechts 1934, Bd. 64, 166 und 261.

wanderung des Rechts zugeschrieben.[21] Stattdessen suchten viele Autoren im christlichen Naturrecht Antworten, wie Recht und Rechtsordnung nach dem Zusammenbruch des nationalsozialistischen Regimes neu zu denken und zu gestalten seien. Vor allem in Anknüpfung an eine auf die Lehren von *Thomas von Aquin* zurückreichende Denktradtion gingen sie davon aus, dass es ein „wahres Sein" der Dinge gebe, eine „Essenz", aus der Normen ableitbar seien. Diese Essenz ergebe sich aus dem Wesen des Menschen, das von Gott auf eine Weise gesetzt sei, dass der Mensch es durch Vernunft erkennen könne: „Aus seiner Natur kann der Mensch das göttliche Gesetz erkennen. Es ist in und mit seiner Natur promulgiert worden."[22] Weil diese Essenz aus der Natur des Menschen folge, seien die Werte evident, sodass es kaum für erforderlich gehalten wurde, diese im Einzelnen konkret zu entwickeln. Für diese neothomistische Naturrechtslehre existierte überdies eine strikte Normenhierarchie, in der das positive Recht als menschengemachtes Recht den niedrigsten Rang einnahm. Dieses sollte lediglich die konkrete Realisierung des präexistenten Naturrechts darstellen, zog also seine Legitimation aus letzterem und musste daher auch seine Grenzen in letzterem finden. Der Gesetzgeber war danach folglich an das Naturrecht gebunden.[23]

1. Von der Säkularisierung des Naturrechts zur Wertungsjurisprudenz: Coing, Wieacker, Esser und Larenz

Ein derartig stark in christlichen Lehren verwurzeltes Rechtsverständnis ist jedoch nur schwerlich mit der Konzeption eines modernen, liberalen, säkularen und pluristischen Staates vereinbar, die nach 1945 spätestens das Grundgesetz postulierte. Auch wenn die Nachkriegsgesellschaft religiöser, weniger pluralistisch und kulturell und ethnisch homogener war als das heutige Deutschland oder viele andere gegenwärtige westliche Gesellschaften, war sich jedoch auch die damalige Mehrheit der Rechtslehre und Rechtspraxis im Klaren, dass christliche Rechtslehren ein unzureichendes Fundament für das rechtsphilosophische Gedankengebäude der jungen Bundesrepublik darstellten. Stattdessen

---

[21] Für eine frühe Kritik an diesem Narrativ siehe *W. Flume*, Richter und Recht, in: *Ders.*, Gesammelte Schriften (hrsgg. von *H. H. Jakobs/B. Knobbe-Keuk/E. Picker/J. Wilhelm*), 1988, 3, 10. Ein prominenter Kritiker dieser Diffamierung des „Positivismus" ist in der Gegenwart auch *Bernd Rüthers*, vgl. nur jüngst *B. Rüthers*, Die heimliche Revolution vom Rechtsstaat zum Richterstaat – Verfassung und Methoden. Ein Essay, 1. Aufl. 2014, S. 58ff.

[22] *H. Kipp*, Naturrecht und moderner Staat, 1950, S. 70.

[23] Siehe zu alledem *L. Foljanty*, Recht oder Gesetz – Juristische Identität und Autorität in den Naturrechtsdebatten der Nachkriegszeit, 2013, S. 100f. Das Vorgesagte beschreibt schwerpunktmäßig die deutlich einflussreichere katholische Naturrechtslehre. Zur Darstellung und Diskussion der evangelischen Naturrechtslehre vor und nach 1945 siehe ebenda, S. 137–173.

versuchten insbesondere *Helmut Coing*[24] und *Franz Wieacker*,[25] später auch *Karl Larenz*,[26] das Naturrecht zu „säkularisieren"[27], also von seinem spezifisch christlichen Bezug zu befreien. In dieser „säkularisierten" Form erlebte das Naturrecht eine Renaissance in Rechtslehre und Rechtsprechung der 1950er Jahre, die von erheblichem Einfluss auf die Diskussion von Horizontalwirkungsfragen in der damaligen Zeit waren.

Sowohl *Coing* als auch *Wieacker* knüpften insoweit an die materiale Wertethik *Nicolai Hartmanns* und *Max Schelers* an.[28] Danach existierten objektive Werte *a priori*, die mithin weder beweisbar noch widerlegbar, sondern vielmehr irrational, emotional und intuitiv seien.[29] Wie *Scheler* und *Hartmann* ging insbesondere *Coing* davon aus, dass diese Werte in einem Rangverhältnis stünden und ein geschlossenes System bildeten.[30] Zugleich waren für *Coing* und *Wieacker* Werte jedoch historisch-philosophischen Wandlungen unterworfen und damit – anders als bei *Scheler* und *Hartmann* – nicht überzeitlich, sondern ergaben, entwickelten und veränderten sich durch Kultur und Tradition.[31] *Coing* wie *Wieacker* nannten als einen Ausdruck dieser Werte die verfassungsrechtlich positivierten Grundrechte.[32] Allerdings erlangen danach diese als Werte Geltung nicht erst durch ihre Positivierung, sondern existieren unabhängig von dieser. Ferner erschöpfen sich nach *Coing* und *Wieacker* die Werte als „oberste Grundsätze des Rechts"[33] nicht in den positivierten Grundrechtskatalogen, sondern können sich aufgrund

[24] *H. Coing*, Die obersten Grundsätze des Rechts – Ein Versuch zur Neubegründung des Naturrechts, 1947; *ders.*, Grundzüge der Rechtsphilosophie, 1950, S. 151 ff.

[25] *F. Wieacker*, Privatrechtsgeschichte der Neuzeit, 1. Aufl. 1952, S. 348 ff.; *ders.*, Gesetz und Richterkunst – Zum Problem der außergesetzlichen Rechtsordnung, 1958.

[26] *K. Larenz*, Methodenlehre der Rechtswissenschaft, 1. Aufl. 1960, S. 123 ff.

[27] *L. Foljanty*, Recht oder Gesetz – Juristische Identität und Autorität in den Naturrechtsdebatten der Nachkriegszeit, 2013, S. 175.

[28] *H. Coing*, Die obersten Grundsätze des Rechts – Ein Versuch zur Neubegründung des Naturrechts, 1947, S. 28; *F. Wieacker*, Privatrechtsgeschichte der Neuzeit, 1. Aufl. 1952, S. 355.

[29] Vgl. *M. Scheler*, Der Formalismus in der Ethik und die materiale Wertethik, 4. Aufl. 1954; *N. Hartmann*, Ethik, 3. Aufl. 1949; siehe auch *E.-W. Böckenförde*, Zur Kritik der Wertbegründung des Rechts, in: R. Dreier (Hrsg.), Rechtspositivismus und Wertbezug des Rechts, ARSP Beiheft 37, 1990, 33, 36 unter Verweis auf *M. Scheler*, Der Formalismus in der Ethik und die materiale Wertethik, 4. Aufl. 1954, S. 69 ff., 83–89.

[30] *H. Coing*, Die obersten Grundsätze des Rechts – Ein Versuch zur Neubegründung des Naturrechts, 1947, S. 64 ff.

[31] Ebenda, S. 61 f.; *ders.*, Grundzüge der Rechtsphilosophie, 1950, S. 169 f.; siehe auch *F. Wieacker*, Privatrechtsgeschichte der Neuzeit, 1. Aufl. 1952, S. 327 f.; *ders.*, Gesetz und Richterkunst – Zum Problem der außergesetzlichen Rechtsordnung, 1958, S. 12.

[32] *H. Coing*, Die obersten Grundsätze des Rechts – Ein Versuch zur Neubegründung des Naturrechts, 1947, S. 146 f.: „[D]ie Verfassung wird in der Regel, wenn ihr ein Grundrechtsteil eingegliedert ist, nicht nur die politische Grundentscheidung [sic] enthalten, die politische Legitimität bestimmen, sondern auch wesentliche Erkenntnisquelle für die Auffassung der Rechtsgrundwerte sein, die der positiven Rechtsordnung zugrunde liegt."; *F. Wieacker*, Gesetz und Richterkunst – Zum Problem der außergesetzlichen Rechtsordnung, 1958, S. 12.

[33] So der Titel von *Coings* 1947 erschienener Schrift.

ihrer soziologisch-historischen Begründung unter anderem auch ergeben aus „bewährte[n] durchschnittliche[n] rechtskulturelle[n] Anschauungen, anerkannte[n] Billigkeitsregeln, Sachnatur oder bewährte[r] Lehre und Judikatur“[34].

An diesem bunten Strauß an Werterkenntnis- und mithin nach dieser Auffassung auch Rechtsquellen zeigt sich bereits die in den 1950er Jahren deutlich hervortretende Akzentverschiebung. Rechtsphilosophische Wertfragen werden zu rechtstheoretischen Methodenfragen[35] – oder präziser: sie wurden als solche erkannt. Methodenfragen sind aber Kompetenz- und deshalb Machtfragen.[36] Je breiter das Spektrum an Werterkenntnis- und Rechtsquellen, desto mehr Spielraum bleibt dem Rechtsanwender, also vor allem dem Richter, Recht zu „erkennen“ und damit letztlich Recht zu schöpfen. Entsprechend wird demnach „[d]ie Grenze zwischen richterlicher Gesetzesinterpretation und Rechtsfortbildung […] flüssig“[37], „der Richter [wird] damit zum Rechtsschöpfer; er wird zur Rechtsquelle, zum Organ der Bildung ausdrücklichen Rechts“[38], dies ist seine „Aufgabe“[39]:

> „Einen Fall nach positivem Recht entscheiden heißt also, ihn aus den Wertungen und Zwecksetzungen entscheiden, nach denen die Rechtsordnung selbst gebildet ist. Recht anwenden bedeutet Rechtsgedanken zur Geltung bringen, nicht unter rechtliche Allgemeinbegriffe subsumieren.“[40]

Dies erforderte nach Ansicht u.a. *Coings* und *Wieackers* eine „Richterkunst“[41], die aus einer Vielfalt außerrechtlicher Prinzipien die zentralen Werte herausdestilliert und sodann in Rechtsnormen transformiert.[42] Dabei wurde es für legitim gehalten, dass, in den Worten *Josef Essers*, die „Übersetzungsarbeit des Ethischen oder Politischen ins Rechtliche“[43] auch und ganz wesentlich bei den

---

[34] *F. Wieacker*, Gesetz und Richterkunst – Zum Problem der außergesetzlichen Rechtsordnung, 1958, S. 15.

[35] Ähnlich auch *L. Foljanty*, Recht oder Gesetz – Juristische Identität und Autorität in den Naturrechtsdebatten der Nachkriegszeit, 2013, S. 204.

[36] Vgl. auch, mit gleicher Stoßrichtung, *B. Rüthers*, Methodenrealismus in Jurisprudenz und Justiz, JuristenZeitung 2006, 53, 60: „Methodenfragen sind Verfassungsfragen.“

[37] *F. Wieacker*, Gesetz und Richterkunst – Zum Problem der außergesetzlichen Rechtsordnung, 1958, S. 6.

[38] *H. Coing*, Grundzüge der Rechtsphilosophie, 1950, S. 254.

[39] Ebenda, S. 255.

[40] Ebenda, S. 251.

[41] Begriff geprägt von *F. Wieacker*, Gesetz und Richterkunst – Zum Problem der außergesetzlichen Rechtsordnung, 1958.

[42] Vgl. auch *J. Esser*, Grundsatz und Norm in der richterlichen Fortbildung des Privatrechts, 1. Aufl. 1956, S. 59: „Allenthalben wird sichtbar, daß es jeweils um Wertscheidungen geht, die auf vorjuristische, nämlich ethische und sozialpolitische Maßstäbe zurückgreifen und doch der Transformierung in Rechtswahrheiten bedürfen, damit sie in einen bestehenden Ableitungszusammenhang positiver Geltung passen.“; vgl. ferner *K. Larenz*, Methodenlehre der Rechtswissenschaft, 1. Aufl. 1960, S. 191f.

[43] *J. Esser*, Grundsatz und Norm in der richterlichen Fortbildung des Privatrechts, 1. Aufl. 1956, S. 59.

Gerichten liegen sollte.[44] Dem Gesetzgeber wurde misstraut, ihm wurde gar „Versagen“[45] attestiert. Ihn galt es zu kontrollieren und das Recht neben und, wenn nötig, gegen dessen Normsetzungen anhand von präexisten, aus überkommenen Traditionen des Rechtsdenkens emergierten Werten fortzuentwickeln.[46]

2. *Allgemeines Persönlichkeitsrecht als Schwert*

Angesichts dieser rechtstheoretisch-methodischen Prämissen verwundert es kaum, dass viele Vertreter dieser Denkschule zur Lösung der Horizontalwirkungsproblematik auf per „Richterkunst“ geschaffene Rechtsfiguren zurückgreifen wollten. Insbesondere für *Coing* lag die Antwort auf die Frage, ob und wie Grundrechte im Privatrecht wirken, in der Figur des allgemeinen Persönlichkeitsrechts. Diese Ansicht ist vor allem deshalb von besonderer Bedeutung, weil sie der Bundesgerichtshof wenig später in seiner „Schacht-Leserbrief“-Entscheidung[47] aufgriff. Während *Wieacker* die Frage kollidierender Werte, die grundrechtlichen Positionen (Gewissens- und Vertragsfreiheit) entsprechen, zwar erörterte und die Forderung aufstellte, „zu einer materialethischen Neubegründung der Privatrechtsordnung [zu] gelangen“, indessen nur abstrakt auf vorstaatliche „Werte“ und „Ethik“ rekurrierte und somit nicht die Wirkung der positiven Grundrechtsbestimmungen des Grundgesetzes als solche diskutierte,[48] entwickelte *Coing* seine Position explizit unter Bezugnahme auf die Grundrechte als rechtlich gesetzte Werte. Das ist deshalb beachtenswert, weil sein Beitrag „Das Grundrecht der Menschenwürde, der strafrechtliche Schutz der Menschlichkeit und das Persönlichkeitsrecht des bürgerlichen Rechts“[49] bereits im Dezember 1947, also eineinhalb Jahre vor Inkrafttreten des Grundgesetzes, erschien. Im Anschluss an Überlegungen *Otto von Gierkes*[50] argumentierte *Coing*, dass durch die Anerkennung der Menschenwürde als subjektives Grundrecht, damals bereits in einigen Länderverfassungen positiviert,[51] ein allgemeines Persönlichkeitsrecht

---

[44] Ebenda, S. 24.

[45] Ebenda, S. 25.

[46] Siehe dazu auch *L. Foljanty*, Recht oder Gesetz – Juristische Identität und Autorität in den Naturrechtsdebatten der Nachkriegszeit, 2013, S. 216–223.

[47] BGHZ 13, 334 [1954] – Schacht-Leserbrief.

[48] *F. Wieacker*, Vertragsbruch aus Gewissensnot, JuristenZeitung 1954, 466 ff.

[49] *H. Coing*, Das Grundrecht der Menschenwürde, der strafrechtliche Schutz der Menschlichkeit und das Persönlichkeitsrecht des bürgerlichen Rechts, Süddeutsche JuristenZeitung 1947, 641.

[50] *O. v. Gierke*, Deutsches Privatrecht, Bd. 1 – Allgemeiner Teil und Personenrecht, 1895, S. 703 f.; vgl. dazu auch *J. Simon*, Das allgemeine Persönlichkeitsrecht und seine gewerblichen Erscheinungsformen, 1981, S. 38 ff.; *T. Repgen*, Die soziale Aufgabe des Privatrechts – Eine Grundfrage in Wissenschaft und Kodifikation am Ende des 19. Jahrhunderts, 2001, S. 58 ff.

[51] *Coing* nennt hier stellvertretend Art. 3 der hessischen Verfassung vom 1. Dezember 1946 und Art. 1 der rheinland-pfälzischen Verfassung vom 18. Mai 1947, vgl. *H. Coing*, Das Grundrecht der Menschenwürde, der strafrechtliche Schutz der Menschlichkeit und das Persönlichkeitsrecht des bürgerlichen Rechts, Süddeutsche JuristenZeitung 1947, 641, 643.

geschaffen sei. Dieses entfalte Wirkung auch und gerade im Verhältnis zwischen Privaten, sodass Eingriffe zu Schadenersatz bzw. Unterlassensansprüchen führe.[52]

Während der BGH in einer Entscheidung aus dem Jahre 1952[53] – es ging um die Frage, ob die Ehefrau mit Blick auf Art. 6 GG den Auszug der in der gemeinsamen Ehewohnung lebenden Geliebten des Ehemannes fordern konnte – den dogmatischen Zugang zur Horizontalwirkungsproblematik noch weitgehend offen gelassen hatte,[54] folgte er 1954 *Coings* Vorschlag und folgerte aus Art. 1 und 2 GG die Existenz eines allgemeinen Persönlichkeitsrechts.[55] Der Sachverhalt drehte sich um die Person Hjalmar Schachts, Reichsbankpräsident von 1933 bis 1939, Reichswirtschaftsminister von 1934 bis 1937 und einer der Angeklagten in den Nürnberger Kriegsverbrecherprozessen (dort letztlich von allen Anklagepunkten freigesprochen). Eine Wochenzeitung veröffentlichte im Juni 1952 einen Beitrag, in dem unter anderem Einzelheiten zum politischen Wirken Schachts während der Zeit des Nationalsozialismus beschrieben wurden. Der Anwalt Schachts sandte im Auftrag letzteren ein Schreiben an den Zeitungsverlag mit der Aufforderung, in der kommenden Ausgabe der Wochenzeitung bestimmte, nach Auffassung Schachts unzutreffende, Tatsachenbehauptungen richtig zu stellen. Die Wochenzeitung veröffentlichte das anwaltliche Schreiben in der nächsten Ausgabe ohne weiteren Kommentar unter der Rubrik „Leserbriefe". Dagegen ging der Anwalt Schachts als Kläger des Ausgangsverfahrens gerichtlich vor. Der 1. Zivilsenat des BGH brach in seiner Entscheidung vom 25. Mai 1954 explizit mit der Rechtsprechung des Reichsgerichts, welches ein allgemeines Persönlichkeitsrecht, insbesondere bei Briefveröffentlichungen gegen oder ohne den erklärten oder erkennbaren Willen des Autors, noch abgelehnt hatte[56]:

> „Nachdem nunmehr das Grundgesetz das Recht des Menschen auf Achtung seiner Würde (Art 1 GrundG) und das Recht auf freie Entfaltung seiner Persönlichkeit auch als privates, von jedermann zu achtendes Recht anerkennt [...] (Art 2 GrundG), muß das allgemeine Persönlichkeitsrecht als ein verfassungsmäßig gewährleistetes Grundrecht angesehen werden [...]."[57]

In späteren Entscheidungen aus den 1950er Jahren machte der BGH deutlich, dass er das grundrechtlich begründete allgemeine Persönlichkeitsrecht unmittel-

---

[52] Ebenda, 643, 645.

[53] BGH, JuristenZeitung 1952, 688.

[54] In seiner Urteilsanmerkung bedauert *Coing*, dass der BGH nicht bereits hier das allgemeine Persönlichkeitsrecht anerkannte und dieses als Lösungsweg wählte, vgl. *H. Coing*, Anmerkung zu BGH, Urt. v. 26.6.1952, JuristenZeitung 1952, 689, 690: „Der BGH hätte hier eine Gelegenheit gehabt, das allgemeine Persönlichkeitsrecht, wie es sich aus Art. 2 GG für das Privatrecht ergibt, anzuerkennen und fruchtbar zu machen. Es ist schade, daß er sie in dieser an sich so wohl abgewogenen und begrüßenswerten Entscheidung nicht genutzt hat."

[55] BGHZ 13, 334 (338) [1954] – Schacht-Leserbrief (unter Zitat von *Coings* SJZ-Aufsatz von 1947).

[56] Vgl. dazu die Nachweise BGHZ 13, 334 (337) [1954] – Schacht-Leserbrief.

[57] Ebenda, 338.

bar im Verhältnis zwischen Privaten anwenden wollte, da dieses „ein Grundrecht gewährleistet, das sich nicht nur gegen den Staat und seine Organe richtet, sondern auch im Privatrechtsverkehr gegenüber jedermann gilt.“[58] Das Zivilrecht sei durch das höherrangige, direkt anwendbare Verfassungsrecht insoweit modifiziert und gelte mithin „nur mit den [aus den Grundrechten] sich ergebenden Wandlungen.“[59] Die rechtstheoretische Grundlage sah der BGH aber in „übergesetzlichen Grundwerte[n] der Rechtsordnung“, welche Art. 1 und 2 GG lediglich „[an]erkennen“[60].

Vier Beobachtungen lassen sich festhalten. Erstens verstand der BGH das allgemeine Persönlichkeitsrecht als ein unmittelbar zwischen Privaten geltendes Recht, das zweitens zwar durch Art. 1 und 2 GG verfassungsrechtlich anerkannt worden, jedoch Ausdruck präexistenter Werte sei. Drittens war das allgemeine Persönlichkeitsrecht für den BGH zentrales Vehikel für die Wirkung der Grundrechte (als positivierter Ausdruck übergesetzlicher Werte) zwischen Privaten. Es fungierte als „Muttergrundrecht“[61] quasi als Auffangbecken für spezifische Ausprägungen der präexistenten „Grundwerte der Rechtsordnung“ durch die einzelnen Grundrechtsbestimmungen des Grundgesetzes und konnte im Wege über § 823 Abs. 1 BGB oder analog § 1004 Abs. 1 BGB als „sonstiges Recht“ Schadenersatz- bzw. Unterlassensansprüche nach sich ziehen. Viertens wird damit deutlich, dass diese Horizontalwirkungslösung über das allgemeine Persönlichkeitsrecht primär ein Schwert darstellt. Denn es gestaltet sich als Angriffsmittel des Klägers gegen Eingriffe in seine Rechte von privater Seite. Zivilrechtsdogmatisches Instrument sind die deliktischen Ansprüche auf Schadenersatz und Unterlassung. Der Fokus liegt also auf dem außervertraglichen Bereich sowie auf der Klägerperspektive. Hinzu tritt, dass in einigen Urteilen die Beklagteninteressen in Vergessenheit zu geraten schienen oder ihnen jedenfalls weniger Bedeutung zugemessen wurde. Sowohl in der „Schacht-Leserbrief“- als auch in der „Herrenreiter“-Entscheidung diskutierte der BGH nicht, ob auf der Gegenseite ebenfalls grundrechtliche Positionen zu verorten waren, die mit dem allgemeinen Persönlichkeitsrecht des Klägers in Abwägung zu bringen waren. Insbesondere im Leserbrief-Urteil fällt auf, dass die Pressefreiheit des beklagten Zeitungsverlages keine Erwähnung fand. Stattdessen stellte der Senat apodiktisch fest: „[I]m Streitfall sind schutzwürdige Belange der Beklagten, aus denen sie eine Berechtigung zu ihrem von dem Kläger beanstandeten Vorgehen herleiten könn-

---

[58] BGHZ 24, 72 (76) [1957].

[59] Ebenda, 77.

[60] BGHZ 26, 349 (354) [1958] – Herrenreiter. Vgl. auch ähnlich bereits BGHZ 11, 34* (40*–41*) [1953] (es gebe Verfassungsnormen, „die ohne weiteres übergesetzlichen, ja überverfassungsrechtlichen Rang haben und die die Verfassung in diesem ihrem Rang nicht schafft, sondern nur anerkennt.“) und noch im Jahre 1960: BGHZ 33, 145 (150) [1960] (Die Glaubensfreiheit sei Teil des „Wertesystems […], das dem Grundrechtsabschnitt des Grundgesetzes zugrunde“ liege).

[61] BGHZ 24, 72 (78) [1957].

te, nicht ersichtlich."[62] Diese Vernachlässigung der grundrechtlichen Positionen der Beklagten ist zwar keine zwingende Folge dieses Horizontalwirkungsansatzes. Dessen Klägerfixiertheit lässt aber einen Zusammenhang jedenfalls nicht abwegig erscheinen.

III. Nipperdeys Traum: Grundrechte als Privatrecht

Hans Carl Nipperdeys Lehre der von ihm so genannten „absoluten Wirkung"[63] ist die zweifellos einflussreichste und am meisten diskutierte Position der Nachkriegszeit, die eine unmittelbare Geltung der Grundrechte im Privatrechtsverhältnis propagiert. Bedeutung erlangte *Nipperdeys* Lehre jedoch nicht nur als einflussreiche Literaturansicht, sondern auch aufgrund seiner Funktion als erster Präsident des Bundesarbeitsgerichts (BAG) (1954–1963), die es ihm ermöglichte, die „absolute Wirkung" auch in der Judikatur des BAG zu etablieren[64] und ihr somit auch erhebliche praktische Bedeutung zu verleihen.[65]

In seinem ersten wichtigen Beitrag zur Horizontalwirkungsproblematik nach Inkrafttreten des Grundgesetzes, „Gleicher Lohn der Frau für gleiche Leistung" von 1950,[66] nennt *Nipperdey* im Wesentlichen drei dogmatische Argumente für eine direkte Anwendung der Grundrechte zwischen Privaten. Erstens will er einen Erst-recht-Schluss aus Art. 1 Abs. 3 GG begründen, wonach, wenn bereits die Staatsgewalt an die Grundrechte gebunden sei, dies erst Recht für Private gelten müsse.[67] Diese schon im Ansatz nicht ganz nachvollziehbare Argumentation – das Staat-Bürger-Verhältnis ist hinsichtlich der Grundrechte eine einseitige Verpflichtungs-Berechtigungs-Relation, wohingegen das Verhältnis der

[62] BGHZ 13, 334, 338 [1954] – „Schacht-Leserbrief". Allerdings ist das Bild insoweit uneinheitlich. In BGHZ 24, 72, 81 [1957] spricht der Gerichtshof von dem Erfordernis einer „Güter- und Interessenabwägung".

[63] *L. Enneccerus/H. C. Nipperdey*, Allgemeiner Teil des Bürgerlichen Rechts, 1. Halbband: Allgemeine Lehren, Personen, Rechtsobjekte, 15. Aufl. 1959, S. 94.

[64] Beispiele der Rechtsprechung des BAG, in der eine „absolute" bzw. „unmittelbare Wirkung der Grundrechte im Anschluss an *Nipperdey* bejaht wurde, sind: BAGE 1, 185 (193) [1954] (zur Kündigung wegen Verteilung von Wahlwerbung für die KPD); BAGE 4, 274 (278 f.) [1957] (zu einer Zölibatsklausel in einem Arbeitsvertrag); BAGE 10, 65 (74) [1960] (zur Nichtweiterbeschäftigung wegen Schwangerschaft der Arbeitnehmerin); BAGE 24, 438 (441) [1972] (zur Kündigung wegen Parteizugehörigkeit zur DKP).

[65] Zum Präsidiat *Nipperdeys* siehe *T. Hollstein*, Die Verfassung als „Allgemeiner Teil" – Privatrechtsmethode und Privatrechtskonzeption bei Hans Carl Nipperdey (1895–1968), 2007, S. 106–11. Zur Entwicklung der Rechtsprechung des BAG zur Horizontalwirkung der Grundrechte siehe *D. Fabisch*, Die unmittelbare Drittwirkung der Grundrechte im Arbeitsrecht, 2010, S. 157–222. Ähnlich wie *Nipperdey* zeitgenössisch z.B. auch *F. Gamillscheg*, Grundrechte im Arbeitsrecht, Archiv für die cilivistische Praxis 1964, Bd. 164, 385, insbesondere 413 ff.

[66] *H. C. Nipperdey*, Gleicher Lohn der Frau für gleiche Leistung – Ein Beitrag zur Auslegung der Grundrechte, Recht der Arbeit 1950, 121.

[67] Ebenda, 125.

Bürger untereinander von wechselseitigen Berechtigungen und Verpflichtungen geprägt ist – hat *Nipperdey* angesichts berechtigter Kritik[68] später aufgegeben.[69] Ein zweites Argument erinnert an das Verständnis noch im Einzelnen zu erläuternder Verantwortungs- oder Zurechungskonstruktionen, indem, wiederum unter Rückgriff auf Art. 1 Abs. 3 GG, eine Verpflichtung der Rechtsprechung begründet werden soll, „keine Verträge, keine einseitigen Rechtsgeschäfte, keine Handlungen und Unterlassungen als rechtmäßig anzuerkennen, die den Grundrechtssätzen der Verfassung widerstreiten."[70] Drittens soll der Wortlaut des Art. 1 Abs. 2 GG, wonach sich das deutsche „Volk" und damit nicht nur der Staat, sondern alle Deutschen, zu den unverletzlichen und unveräußerlichen Menschenrechten bekennen, für die unmittelbare Geltung streiten. Auch diese beiden Argumente verfolgt *Nipperdey* in späteren Publikationen nicht weiter und sie finden sich auch nicht in der Rechtsprechung des BAG während *Nipperdeys* Präsidentschaft. Zentrales Argument ist für *Nipperdey* vielmehr vor allem ein teleologisch-funktionales, das er in der 15. Auflage seines Lehrbuchs zum Allgemeinen Teil des Bürgerlichen Rechts entwickelt: Die Grundrechte hätten spätestens mit Erlass des Grundgesetzes einen Bedeutungswandel erfahren. Bedrohungen der Grundrechte kämen nicht nur von staatlicher, sondern vor allem auch von privater Seite, indem ein soziales oder wirtschaftliches Machtungleichgewicht zu erheblichen grundrechtlichen Beeinträchtigungen der schwächeren Seite führen könnte.[71] Nur wenn die Grundrechte auch direkt im Verhältnis zwischen Privaten gälten, könne diesem potentiellen Machtungleichgewicht effektiv entgegengewirkt werden.[72]

Hinter diesem Effektivitätsargument steht folgende theoretische Konzeption zum Einfluss der Verfassung auf das Zivilrecht: „Das BGB ist die rechtliche Ausdrucksform der privaten Wirtschaftsordnung, die auf den Grund- und Freiheitsrechten des Einzelnen im freiheitlichen Rechtsstaat beruht."[73] Nach *Nipperdey* rekonstruiert somit die Verfassungsordnung des Grundgesetzes das gesamte bürgerliche Recht. Dabei spielen einerseits das Sozialstaatsprinzip und

---

[68] Insbesondere *G. Dürig*, Grundrechte und Zivilrechtsprechung, in: Festschrift zum 75. Geburtstag von Hans Nawiasky, 1956, 157, 176.

[69] So ausdrücklich *L. Enneccerus/H. C. Nipperdey*, Allgemeiner Teil des Bürgerlichen Rechts, 1. Halbband: Allgemeine Lehren, Personen, Rechtsobjekte, 15. Aufl. 1959, S. 97.

[70] *H. C. Nipperdey*, Gleicher Lohn der Frau für gleiche Leistung – Ein Beitrag zur Auslegung der Grundrechte, Recht der Arbeit 1950, 121, 125. Ähnlich sieht er auch im Anschluss an Art. 1 Abs. 1 Satz 2 GG einen staatlichen Schutzauftrag, sodass grundrechtswidrige Verträge keine staatliche Anerkennung finden könnten.

[71] *H. C. Nipperdey*, Grundrechte und Privatrecht, 1961, S. 16f.

[72] *L. Enneccerus/H. C. Nipperdey*, Allgemeiner Teil des Bürgerlichen Rechts, 1. Halbband: Allgemeine Lehren, Personen, Rechtsobjekte, 15. Aufl. 1959, S. 96f. Siehe auch *T. Hollstein*, Die Verfassung als „Allgemeiner Teil" – Privatrechtsmethode und Privatrechtskonzeption bei Hans Carl Nipperdey (1895–1968), 2007, S. 202ff.

[73] *L. Enneccerus/H. C. Nipperdey*, Allgemeiner Teil des Bürgerlichen Rechts, 1. Halbband: Allgemeine Lehren, Personen, Rechtsobjekte, 15. Aufl. 1959, S. 73.

andererseits die Grundrechte eine zentrale Rolle. Das Sozialstaatsprinzip gibt der Rechtsordnung auf, „Freiheit und Zwang in ein ausgeglichenes Wertverhältnis“[74] zu bringen, die Grundrechte fungieren als „Ordnungssätze[ ] oder Grundsatznormen für die gesamte Rechtsordnung“[75]. Als derartige Ordnungssätze – nach dem Lüth-Urteil bezeichnet *Nipperdey* sie zusätzlich auch als „Werte“, behandelt sie aber funktional in gleicher Weise wie zuvor[76] – präformieren bzw. modifizieren sie auch das bürgerliche Recht und kommen in diesem unmittelbar zur Anwendung. Sie werden dessen „Allgemeiner Teil“.[77]

Diese Rekonstruktion des bürgerlichen Rechts durch die Grundrechte als „Allgemeiner Teil“ bedeutete für *Nipperdey* indes auch deren Exklusivität als „Ordnungssätze“ bzw. „Wertsystem“[78]. Anders als beispielsweise für *Coing*, *Wieacker*, *Esser* oder *Larenz*[79] beschränkten sich für *Nipperdey* die für die richterliche Auslegung und Anwendung relevanten Werte auf die Grundrechte des Grundgesetzes. Sie waren für ihn daher nicht nur eine, sondern die ausschließliche Quelle der wertgeleiteten richterlichen Rechtsfortbildung *praeter* oder *contra legem*.[80] Haben *Coing et al.* das Naturrecht im obigen Sinne „sakularisiert“, wird es bei *Nipperdey* positiviert, damit domestiziert und mithin (weitgehend[81]) aufgegeben. Maßstab wertgeleiteter Argumentation sind die positiv in der Verfassung niedergelegten Grundrechte.[82]

Laut *Nipperdey* ist die „Rechtswirkung“ der Grundrechte zwischen Privaten „eine unmittelbare normative, die bestehende Privatrechtsnormen, gleichgültig ob zwingenden oder dispositiven Rechts, ob Generalklauseln oder bestimmte

---

[74] Ebenda, S. 83.

[75] Ebenda, S. 93; *H. C. Nipperdey*, Grundrechte und Privatrecht, 1961, S. 14; siehe auch BAG, Neue Juristische Wochenschrift 1957, 1688, 1689 („Ordnungsgrundsätze für das soziale Leben“).

[76] Vgl. *L. Enneccerus/H. C. Nipperdey*, Allgemeiner Teil des Bürgerlichen Rechts, 1. Halbband: Allgemeine Lehren, Personen, Rechtsobjekte, 15. Aufl. 1959, S. 96.

[77] Vgl. *T. Hollstein*, Die Verfassung als „Allgemeiner Teil“ – Privatrechtsmethode und Privatrechtskonzeption bei Hans Carl Nipperdey (1895–1968), 2007, S. 212 im Anschluss an *R. Wahl*, Die objektiv-rechtliche Dimension der Grundrechte im internationalen Vergleich, in: D. Merten/H.-J. Papier (Hrsg.), Handbuch der Grundrechte, Bd. I, 2004, § 19/Rn. 23.

[78] *H. C. Nipperdey*, Die Würde des Menschen, in: F. L. Neumann/H. C. Nipperdey/U. Scheuner (Hrsg.), Die Grundrechte – Handbuch der Theorie und Praxis der Grundrechte, Bd. 2: Freiheitsrechte in Deutschland, Berlin, 1954, 1, 9.

[79] Siehe oben II.1.

[80] Vgl. dazu *L. Enneccerus/H. C. Nipperdey*, Allgemeiner Teil des Bürgerlichen Rechts, 1. Halbband: Allgemeine Lehren, Personen, Rechtsobjekte, 15. Aufl. 1959, S. 319; siehe dazu auch *T. Hollstein*, Die Verfassung als „Allgemeiner Teil“ – Privatrechtsmethode und Privatrechtskonzeption bei Hans Carl Nipperdey (1895–1968), 2007, S. 216–219.

[81] Vgl. aber den Rekurs *Nipperdeys* auf die *Radbruch*'sche Formel in *L. Enneccerus/H. C. Nipperdey*, Allgemeiner Teil des Bürgerlichen Rechts, 1. Halbband: Allgemeine Lehren, Personen, Rechtsobjekte, 15. Aufl. 1959, S. 319 bei und in Fn. 17.

[82] In ähnlicher Beschränkung auf die positivierten Grundrechte des Grundgesetzes siehe aus der zeitgenössischen Literatur auch *H. Westermann*, Wesen und Grenzen der richterlichen Streitentscheidung im Zivilrecht, 1955, S. 27 f.

Rechtsnormen, modifiziert oder neue schafft, seien es Verbote, Gebote, subjektive Rechte, Schutzgesetze oder Rechtfertigungsgründe."[83] Das heißt, dass ein unmittelbares grundrechtliches Anspruch-Pflichten-Verhältnis A-B besteht, das dem einfachem Recht im Umfang seiner Normaussage vorgeht und es dabei, in den Worten *Nipperdeys*, „auf[hebt], modifiziert, ergänzt oder neu [schafft]"[84]. Dabei ist zwar der grundrechtliche Anspruch aus dem Abwägungsergebnis der Grundrechte von A und B soweit wie möglich in die diesem nicht entgegenstehenden privatrechtlichen Normen bzw. das privatrechtliche Normensystem zu integrieren, so z. B. als „sonstiges Recht" i. S. v. § 823 I BGB oder als Nichtigkeitsgrund i. S. v. § 134 BGB.[85] Der grundrechtliche Anspruch bestimmt aber stets und sofort das Rechtsverhältnis A-B. Gegebenenfalls einschlägige einfachrechtliche Vorschriften kommen nicht zur Anwendung, sondern treten als nachrangiges Recht hinter den höherrangigen, unmittelbar zwischen A und B anwendbaren Grundrechten zurück.

Angesichts all dieser grundsätzlichen und holistisch anmutenden Positionen sollte allerdings nicht in Vergessenheit geraten, dass *Nipperdeys* Ansatz zur Geltung der Grundrechte im Privatrecht tatsächlich ein partikularistischer war:

> „Die grundsätzliche Anerkennung der absoluten Wirkung der Grundrechte besagt nicht, daß jedes Grundrecht für den Privatrechtsverkehr gelten müsse. Diese Frage ist für jede Grundrechtsnorm unter Berücksichtigung ihres konkreten Inhalts, ihres Wesens und ihrer Funktion in unserem heutigen Gemeinwesen sorgfältig zu prüfen."[86]

Allerdings gelangte *Nipperdey* nach derartiger sorgfältiger Prüfung letztlich für die meisten Grundrechte zu einem positiven Ergebnis.[87] Konkret bedeutete dies, dass somit nach *Nipperdey* die Grundrechte vor allem auf vier dogmatischen Wegen auf das Privatrecht einwirkten: erstens als sonstige Rechte im Sinne des § 823 Abs. 1 BGB, zweitens als Schutzgesetze nach § 823 Abs. 2 BGB, drittens als Grundlage für Unterlassensansprüche gemäß § 1004 Abs. 1 BGB analog und viertens als Verbotsgesetze im Sinne des § 134 BGB.[88]

---

[83] *L. Enneccerus/H. C. Nipperdey*, Allgemeiner Teil des Bürgerlichen Rechts, 1. Halbband: Allgemeine Lehren, Personen, Rechtsobjekte, 15. Aufl. 1959, S. 97, vgl. auch S. 94 f.; *H.-C. Nipperdey*, Grundrechte und Privatrecht 1961, S. 17 f.

[84] *L. Enneccerus/H. C. Nipperdey*, Allgemeiner Teil des Bürgerlichen Rechts, 1. Halbband: Allgemeine Lehren, Personen, Rechtsobjekte, 15. Aufl. 1959, S. 94 f.

[85] Ebenda, S. 95; BAGE 4, 274 (285) [1957] (*Nipperdey* saß dieser Entscheidung als Präsident und Mitglied des Ersten Senats des BAG vor).

[86] *L. Enneccerus/H. C. Nipperdey*, Allgemeiner Teil des Bürgerlichen Rechts, 1. Halbband: Allgemeine Lehren, Personen, Rechtsobjekte, 15. Aufl. 1959, S. 98; siehe auch *H. C. Nipperdey*, Die Würde des Menschen, in: F. L. Neumann/H. C. Nipperdey/U. Scheuner (Hrsg.), Die Grundrechte – Handbuch der Theorie und Praxis der Grundrechte, Bd. 2: Freiheitsrechte in Deutschland, Berlin, 1954, 1, 18 f.

[87] Siehe *L. Enneccerus/H. C. Nipperdey*, Allgemeiner Teil des Bürgerlichen Rechts, 1. Halbband: Allgemeine Lehren, Personen, Rechtsobjekte, 15. Aufl. 1959, S. 98–109.

[88] Ebenda, S. 95; *H. C. Nipperdey*, Gleicher Lohn der Frau für gleiche Leistung – Ein Beitrag zur Auslegung der Grundrechte, Recht der Arbeit 1950, 121, 125.

IV. Leisners Erkenntnis: Grundrechte und Zivilgerichtsbarkeit

Einen wichtigen Beitrag zu den Anwendungskonstruktionen[89] stellt ferner *Walter Leisners* 1960 erschienene Habilitationsschrift „Grundrechte und Privatrecht“[90] dar. *Leisner* knüpfte an *Nipperdeys* Lehre an, entwickelte sie jedoch an entscheidenden Stellen fort. Denn für *Leisner* bedeutete die direkte Geltung der Grundrechte im Privatrecht, dass ihr Wesen eine Transformation erfährt. Sie dringen nicht als „öffentliches Recht“ in das „Privatrecht“ ein, sondern sie werden integraler Teil des letzteren: „[I]hre Anwendung [unterliegt] voll den Regeln des Privatrechts. Dies bedeutet u. a., daß die Rechtsfolgen sich nach bürgerlichem Recht bestimmen ((Teil-) Nichtigkeit, Schadensersatz usw.) und daß auch die übrigen für absolute Rechte geltenden Regeln Anwendung finden.“[91] *Leisner* verstand also ebenso wie *Nipperdey* Grundrechte als Privatrecht. Indessen veränderte er den Blickwinkel. Es ging ihm nicht nur um eine Rekonstruktion der Gesamtrechtsordnung einschließlich des Privatrechts durch die Verfassung, sodass diese und vor allem die Grundrechte zu dessen „Allgemeinem Teil“ werden.[92] Vielmehr hat für ihn umkehrt ein Verständnis von Grundrechten *als* Privatrecht zur Folge, dass erstere Teil des letzteren werden und sich daher im Wesentlichen dessen Spielregeln unterwerfen müssen, wenn sie es auch an bestimmten Stellen modifizieren mögen,[93] als „höchsten, letzten Schutz des Kernbereichs der Freiheit“[94]: „[D]er Grundrechtskatalog [...] ist also zugleich privatrechtliches Gesetz!“[95]

Diesen integrierenden Ansatz kontrastierte er mit *Dürigs* Position einer so genannten „mittelbaren Drittwirkung“ im Wege der Auslegung von zivilrechtlichen Generalklauseln anhand der Grundrechte.[96] Die Auslegung des einfachen Rechts anhand der Grundrechte lehnte *Leisner* somit ausdrücklich ab: Die Grundrechte sollten nicht „über den Kautschukbegriff der ‚Auslegung‘“ in das Privatrecht einfließen.“[97] Denn gerade eine solche Auslegung bedeute, dass die Grundrechte als monolithischer Fremdkörper in das Privatrecht hineinstießen,

---

[89] *Leisner* spricht stellenweise von unmittelbarer und mittelbarer „Anwendung“ der Grundrechte, vgl. z. B. *W. Leisner*, Grundrechte und Privatrecht, 1960, S. 356, 361. Der Begriff der „Anwendung“ bezeichnet nach der von mir vorgeschlagenen Terminologie indes nur Konstruktionen, die von der unmittelbaren Geltung der Grundrechte zwischen Privaten ausgehen.

[90] *W. Leisner*, Grundrechte und Privatrecht, 1960. Siehe dazu die ausführliche zeitgenössische Besprechung von *Franz Bydlinski*: *F. Bydlinski*, Bemerkungen über Grundrechte und Privatrecht, Österreichische Zeitschrift für öffentliches Recht 1962/1963, Bd. 12, 423 ff.

[91] Ebenda, S. 357.

[92] Siehe zuvor III.

[93] Entsprechend spricht *Leisner* von „Verfassungs-Privatrecht“, z. B. *W. Leisner*, Grundrechte und Privatrecht, 1960, S. 390.

[94] Ebenda, S. 408.

[95] Ebenda, S. 376.

[96] Siehe dazu noch im Einzelnen unten B.I.1.

[97] *W. Leisner*, Grundrechte und Privatrecht, 1960, S. 377.

ohne dass dessen normative Eigenheiten beachtet würden. Begriffe wie „gute Sitten" oder „Treu und Glauben" als Ausdruck der in den Grundrechten positivierten Werte zu „interpretieren" stelle überdies keine Auslegung dar, sondern sei vielmehr ein Auffüllen ihres Inhalts, ein Ersetzen durch Verfassungsrecht.[98] Mit anderen Worten, nicht die direkte, auf Integration in das Privatrecht abzielende Geltung der Grundrechte zwischen Privaten gefährde die Eigenständigkeit des Privatrechts, sondern stattdessen die *Dürig*'sche Auffassung, die letztlich in den Austausch des Privatrechts durch Grundrechte resultiere. Diese Gefährdung speise sich überdies auch aus dem Verständnis der Grundrechte als Werte:

> „Der eindrucksvolle Begriff des Wertes verdunkelt die Möglichkeit der kritischen Analyse eines Vorgangs, in dem tatsächlich nach freiem Belieben ‚Wertakzente' verteilt werden können und die subjektiven Berechtigungen auch in ihrem letzten Kern u.U. der angeblichen ‚Höherwertigkeit' anderer Interessen zu weichen haben. Die Werte stehen in Wahrheit nur hinter den Normen, ihre Verwirklichung ist bei den Grundrechten des einzelnen durch die Einräumung von präzisen Berechtigungen aufgegeben."[99]

Die eigenständigen Entscheidungen des Privatrechts würden also zugunsten einer „im Ergebnis [...] willkürlichen Wertakzentverteilung" aufgegeben, die „maßstabsloser Grundrechtsanwendung Tür und Tor [öffnet]."[100] Stattdessen sollte man

> „nun wirklich einmal! – das Privatrecht den Privatrechtlern überlassen, denn nicht öffentliches Recht soll über den Kautschukbegriff der ‚Auslegung' in das Privatrecht einfließen, sondern dieses soll durch das über dem öffentlichen – wie privaten – Recht stehende Verfassungsrecht forgebildet [wohl: fortgebildet] werden."[101]

Leisner teilte also mit *Dürig* die Sorge um die Eigenständigkeit des Privatrechts, erblickte jedoch gerade in der unmittelbaren Geltung das Instrument, diese zu wahren. Das Privatrecht sollte durch die Grundrechte „fortgebildet" werden, d.h. durch unmittelbar geltende Grundrechte (bzw. das Abwägungsergebnis derselben) entstehen neue privatrechtliche Normen, die wie auch nach *Nipperdey* als „Verfassungsrecht"[102] Vorrang vor dem einfachen Recht haben und damit dieses „fortbilden".[103] Die unmittelbaren grundrechtlichen Anspruchsnormen im Verhältnis A-B sind also nach *Leisner* integraler Teil des Privatrechts und sind somit in die bestehende privatrechtliche Regelungsstruktur zu

---

[98] *Leisner* nennt dieses „Verfassungs-Privatrecht", z.B. *W. Leisner*, Grundrechte und Privatrecht, 1960, S. 361.

[99] Ebenda, S. 372f. (Hervorhebung im Original; Zitat ohne Fußnoten).

[100] Ebenda, S. 373.

[101] Ebenda, S. 377.

[102] Ebenda.

[103] Anders scheint *J. van der Walt*, The Horizontal Effect Revolution and the Question of Sovereignty, 2014, S. 219 *Leisner* zu lesen, allerdings ohne diese andere Lesart mit Textstellen zu belegen.

integrieren, soweit die einschlägigen einfachrechtlichen Vorschriften den grundrechtlichen Anspruchsnormen nicht entgegenstehen.

Eine wertgeleitete Interpretation bzw. Rechtsfortbildung, wie sie das BVerfG propagiert, stellte für ihn darüber hinaus – entgegen dem damaligen Zeitgeist und auch anders als die meisten Vertreter einer direkten Anwendung[104] – eine erhebliche Gefahr für die Eigenständigkeit des Privatrechts dar. Allerdings deutet die zuletzt zitierte Passage bereits an, dass es *Leisner* weniger um die Eigenständigkeit der Privatrechtsgesetzgebung ging. Vielmehr reservierte er der Judikative eine starke Stellung auf dem Feld der Horizontalwirkung.[105] Ihr komme eine Funktion als „Gesetzgebungsersatz" zu.[106] Es war mithin die Eigenständigkeit der Zivilgerichtsbarkeit, um die es ihm vor allem gelegen war. Das „Privatrecht den Privatrechtlern [zu] überlassen" bedeutete für ihn, es – einschließlich der Grundrechte als dessen integraler Bestandteil – den Zivilgerichten zu überlassen. Denn die Grundrechtsbestimmungen in ihrer so verstandenden Eigenschaft als „privatrechtliches Gesetz" seien „unmittelbare Grundlage von Rechten und Pflichten der Rechtsgenossen untereinander. Dies alles aber gehört zur ausschließlichen Zuständigkeit der höchsten Zivilgerichte, nicht zu der des Verfassungsgerichts."[107] Mit anderen Worten, das Verfassungsgericht, dessen Kompetenzbereich sich auf die Klärung verfassungsrechtlicher Fragen beschränkt, ist danach nicht zuständig, weil die im Sinne *Leisners* in das Privatrecht integrierten Grundrechte Privatrecht und nicht Verfassungsrecht darstellen!

V. Zwischenbilanz

Wirft man nun nochmals einen durch die vorstehenden Erörterungen geschärften Blick auf *Dürigs* Sorge und *Laufkes* Beobachtung,[108] so ergibt sich als Zwischenbilanz meines Erachtens folgendes Bild. Allen diskutierten Ansichten, die eine direkte Geltung der Grundrechte im Privatrechtsverhältnis in der einen oder anderen Form befürworten, sind zwei Dinge gemein. Sie stärken zum einen die Gerichte gegenüber dem Gesetzgeber und sie stärken zum anderen die Zivilgerichte gegenüber dem Verfasssungsgericht. *Laufkes* Beobachtung –

[104] Siehe oben II. und III.

[105] Siehe z.B. *W. Leisner*, Grundrechte und Privatrecht, 1960, S. 318: „[U]nter allen Umständen muß dem grundgesetzlichen Gebot genügt werden. Läßt es sich nur durch Eingreifen der Richter allgemein vollziehen, so haben diese das Recht, es unmittelbar zu verwirklichen." *Leisner* schließt sein Werk mit der folgenden Bemerkung (S. 409): „Grundrechte [können] im Verhältnis zu den Rechtsgenossen nur von dem verwirklicht werden, für den Freiheit nicht nur beruflich, sondern auch menschlich das höchste Gut auf dieser Welt ist: die Richter vor allem [...]."

[106] Ebenda, S. 317.

[107] Ebenda, S. 376.

[108] Siehe oben I.

Enthusiasmus der Zivilisten, Skepsis der Publizisten gegenüber Anwendungskonstruktionen – erhält damit eine plausible Erklärung. Die Anwendungskonstruktionen verschieben Kompetenzen zugunsten der Zivilgerichtsbarkeit.

Es existieren aber durchaus Abstufungen. Die Stellung der Judikative gegenüber der Legislative ist am stärksten, wenn dieser unter Rekurs auf überpositive Werte im Sinne eines, wenn auch „säkularisierten", Naturrechts ermöglicht wird, ihre „Richterkunst" unter Rückgriff auf eine Vielzahl von Wert- und somit Rechtserkenntnisquellen durch richterliche Rechtsfortbildung oder Rechtsschöpfung *praeter* oder gar *contra legem* zu entfalten.[109] Die Grundrechte des Grundgesetzes waren für die Vertreter dieser Ansicht nur eine, teilweise nicht einmal eine zentrale Quelle. Auch in der Rechtsprechung des BGH zum allgemeinen Persönlichkeitsrecht zeigten sich in den 1950er Jahren naturrechtliche bzw. material-wertethische Anklänge.[110] *Nipperdey* und in seiner Gefolgschaft das BAG domestizierte die (arbeitsgerichtliche) Rechtsprechung durch Beschränkung auf die direkte Geltung der positiven Grundrechtsnormen im Privatrechtsverhältnis.[111] *Leisner* reinterpretierte die direkte Geltung als Integration der Grundrechte in das Privatrecht und als Privatrecht und lehnte zugleich ein wertgeleitetes Verständnis der Grundrechte als Basis richterlicher Rechtsschöpfung gänzlich ab.[112]

Hinsichtlich einer gezielten oder faktischen Präferenz für die zivilrichtliche Fach- gegenüber der Verfassungsgerichtsbarkeit besteht jedoch weitgehende Einigkeit zwischen den diversen Ansätzen. *Leisner* äußert diese explizit. Aber auch die anderen Positionen laufen darauf hinaus und folgen letztlich jedenfalls im Ergebnis ebenfalls im Wesentlichen *Leisners* Verständnis von den Grundrechten als integralem Bestandteil des Privatrechts. Denn ob im Wege des allgemeinen Persönlichkeitsrechts (insbesondere *Coing*, BGH) oder als „absolute Wirkung" (insbesondere *Nipperdey*, BAG), jeweils werden die Grundrechte zum zivilgerichtlichen Alltag. Sie kommen nicht nur regelmäßig – und direkt – zur Anwendung, sondern werden vor allem durch genuin zivilrechtliche dogmatische Konstrukte selbstverständlicher Teil des Privatrechts, zum Beispiel als sonstiges Recht im Sinne des § 823 Abs. 1 BGB oder als Verbotsgesetz des § 134 BGB. Die Grundrechte werden damit zur primären Dömane der einfachen Gerichte. Die Verfassungsgerichtsbarkeit wird bezüglich der Horizontalwirkung der Grundrechte faktisch obsolet, sie wird gar zum Störfaktor: „Es eröffnet sich so die gefährliche Möglichkeit einer doppelgleisigen Rechtsprechung, indem das Bundesverfassungsgericht durch seine Anwendung der Grundrechte als Auslegungsregeln zu anderen Ergebnissen gelangt, als die oberste Zivilgerichtsbarkeit [...]."[113]

---

[109] Siehe dazu oben II.1.

[110] Vgl. oben II.2.

[111] Siehe oben III.

[112] Vgl. oben IV.

[113] *W. Leisner*, Grundrechte und Privatrecht, 1960, S. 376.

Ferner ist die Beobachtung festzuhalten, dass die verschiendenen Ansätze hinsichtlich ihrer prozessualen und materiell-rechtlichen Perspektive variieren. Während beispielsweise die Ansätze *Leisners* und *Nipperdeys* gleichermaßen für das Vertragsrecht wie für außervertragliche Schuldverhältnisse von Bedeutung sind und keine wesentlichen Unterschiede zwischen Kläger- und Beklagtenperspektive erkennen lassen, zeigt der Ansatz der frühen BGH-Rechtsprechung (seit „Schacht-Leserbrief") eine Präponderenz zugunsten der Klägerperspektive im Wege des deliktischen Schutzes des allgemeinen Persönlichkeitsrechts.[114]

Schließlich handelt es sich hier allesamt um einstufige Konstruktionen der Anwendung. Das unmittelbare grundrechtliche Anspruch-Pflichten-Verhältnis zwischen A und B als Resultat der Abwägung ihrer Grundrechtspositionen bestimmt stets und sofort das Privatrechtsverhältnis A-B. Zwar ist dieses, jedenfalls nach den einflussreichen Positionen *Nipperdeys* und *Leisners*, so weit wie möglich in das Privatrecht zu integrieren – ist nach *Leisner* sogar „zugleich privatrechtliches Gesetz!"[115] Es ist aber von höherem Rang als das einfache Privatrecht und geht – sozusagen als Verfassungsprivatrecht – einfachrechtlichen Normen vor. Das einfache Recht tritt somit in den Hintergrund, sobald das Abwägungsergebnis der Grundrechtspositionen von A und B zu einem – sodann unmittelbar zwischen ihnen geltenden – grundrechtlichen Anspruch der A gegen B (oder des B gegen A) führt.

VI. Horizontalwirkung im EU-Mehrebenensystem

Nach dieser Zwischenbilanz zu diversen deutschen Ansätzen stellt sich die Frage, ob sich ausländische und supranationale Lösungsansätze der Horizontalwirkung, die von einem unmittelbaren Grundrechtsverhältnis zwischen Privaten ausgehen, als instruktiv für den deutschen Diskurs zu erweisen vermögen. Dieser Abschnitt wird daher zunächst Horizontalwirkungsfragen im Unionsrecht in den Blick nehmen, Abschnitt VII wendet sich den „constitutional torts" im irischen Recht zu. Abschnitt VIII unternimmt sodann unter anderem den Versuch, eine sich in der Rechtsprechung des EuGH herauskristallisierende dogmatische Konstruktion für das deutsche Recht zu adaptieren.

1. Anwendung, Anwendbarkeit und Grundrechte

Insoweit sind hier zu Beginn einige weitere terminologische Klarstellungen erforderlich.[116] Das EU-Recht kennt vor allem zwei den nationalen Grund-

[114] Siehe zu letzterem oben II.2.
[115] *W. Leisner*, Grundrechte und Privatrecht, 1960, S. 376.
[116] Vgl. insoweit auch bereits oben Kap. 2, A.II.

rechten funktional vergleichbare individualrechtliche Formen. Zum einen sind dies die Grundrechte der EU-Grundrechtecharta (GRC),[117] zum anderen die im AEUV niedergelegten Grundfreiheiten. Auch wenn funktionale Unterschiede existieren, auf die sogleich einzugehen ist, teilen sie die Gemeinsamkeit, dass sie jeweils Privatpersonen subjektive Rechte verleihen und dass sie jeweils als EU-Primärrecht Vorrang vor EU-Gesetzgebung (Sekundärrecht) ebenso genießen wie vor nationalem Recht (letzteres jedenfalls grundsätzlich und faktisch).[118]

Zum anderen mag der Begriff der „direkten Anwendung der Grundrechte" im Unionsrecht Verwirrung stiften. Die Frage, ob das Unionsrecht direkt vor nationalen Gerichten anwendbar ist, ist von der hier interessierenden Frage der Horizontalwirkung der Grundrechte (und Grundfreiheiten) zu differenzieren.[119] Einmal geht es darum, ob sich eine Privatperson vor nationalen Gerichten unmittelbar auf das Unionsrecht, gleich welcher Couleur, d.h. auch Sekundärrecht, insbesondere Richtlinien, berufen kann.[120] Zur klaren terminologischen Unterscheidung soll dies als die Frage der unmittelbaren *Anwendbarkeit* des Unionsrechts bezeichnet werden. Auf der anderen Seite, und dies ist für die hiesige Untersuchung von Bedeutung, geht es darum, ob die GRC und die Grundfreiheiten direkte Anspruch-Pflichten-Verhältnisse zwischen Privaten bilden (*Anwendung*). Allerdings überschneiden sich diese im Grundsatz unterschiedlichen Fragestellungen an mehreren Stellen.

Dies ist zunächst der Fall für die Problematik der unmittelbaren Anwendbarkeit von EU-Richtlinien im Verhältnis zwischen Privaten – diese Frage wird häufig in der Literatur ebenfalls als „Horizontalwirkung" bezeichnet.[121] Diese „Horizontalwirkung" lehnt der EuGH in ständiger, allerdings sehr komplexer und in seiner Einzelfallkasuistik kaum noch überschaubarer Rechtsprechung weiterhin ab.[122] Jedoch gestalten viele Richtlinien Grundfreiheiten und ins-

---

[117] Ich beschränke mich hier auf die in der GRC positivierten Grundrechte. Die in der Rechtsprechung des EuGH entwickelten und offenbar von der GRC nicht vollends erfassten Grundsätze des Unionsrechts, einschließlich des Antidiskriminierungsgrundsatzes, lasse ich hier außen vor, vgl. dazu z.B. die Entscheidung zu einem Sachverhalt, der noch aus der Zeit vor Inkrafttreten der GRC datiert, in EuGH, Urt. v. 19.1.2010, Rs. C-555/07 – „Kücükdeveci".

[118] Zur Entwicklung der EuGH-Rechtsprechung und Literaturmeinungen zum Anwendungsvorrang des Unionsrechts und dem Dialog des Gerichtshofs mit den nationalen Gerichten (Stichwort „Solange" etc.), siehe im Einzelnen *T. Oppermann/C. D. Classen/M. Nettesheim*, Europarecht, 8. Auflage, 2018, S. 153–161.

[119] Beachte aber *S. K. Stein* Drittwirkung im Unionsrecht – Die Begründung einer Horizontalwirkung allein durch Vorrang und unmittelbare Anwendbarkeit, 2016, welche, wie der Untertitel ihrer Arbeit bereits verrät, Horizontalwirkung allein aus unmittelbarer Anwendbarkeit und Anwendungsvorrang des Unionserchts ableiten will.

[120] Siehe dazu *M.F. Starke*, EU-Grundrechte und Vertragsrecht, 2016, S. 174ff.

[121] Vgl. *U. Rust*, in: von der Groeben/Schwarze/Hatje, Europäisches Unionsrecht, 7. Auflage, 2015, Art. 157/Rn. 223ff.

[122] Siehe dazu im Einzelnen *T. Oppermann/C.D. Classen/M. Nettesheim*, Europarecht, 8. Auflage, 2018, S. 130–133; *M. Nettesheim*, in: Grabitz/Hilf/Nettesheim, Das Recht der Europäischen Union – Kommentar, 65. Ergänzungslieferung August 2018, Art. 288/Rn. 157–159.

besondere auch EU-Grundrechte aus, sodass sich die Frage stellt, ob Unionsrecht im Privatrechtsverhältnis durch Rückgriff auf das Primärrecht, vor allem die GRC, anwendbar ist. Ferner lehnt der EuGH in ständiger Rechtsprechung die unmittelbare Anwendbarkeit derjenigen Grundrechte der GRC ab, die als Voraussetzung für ihre Anwendung im konkreten Fall einer Konkretisierung bedürfen, wie beispielsweise Art. 27 GRC.[123] Das ist indes als solches keine Frage der direkten Geltung der EU-Grundrechte zwischen Privaten, sondern das fragliche Grundrecht erfüllt in diesem Fall die für das gesamte Unionsrecht geltenden Anforderungen der unmittelbaren Anwendbarkeit nicht.[124]

2. *Unmittelbare Anwendung der EU-Grundfreiheiten*

Die Rechtsprechung des EuGH zur Horizontalwirkung von Grundfreiheiten ist in der Tat – jedenfalls bezüglich der meisten Grundfreiheiten – durch eine Anwendungskonstruktion gekennzeichnet.[125] Der Gerichtshof geht vor allem bezüglich der Arbeitnehmerfreizügigkeit, der Dienstleistungsfreiheit und der Niederlassungsfreiheit von der direkten Anwendung zwischen Privaten aus.[126] Mit Blick auf die Arbeitnehmerfreizügigkeit sind hier vor allem die Urteile „Bosman“[127] und „Angonese“[128], hinsichtlich der Dienstleistungsfreiheit bereits die Urteile „Walrave“[129] und „Donà“[130] und bezüglich der Niederlassungsfreiheit das Urteil „Viking“[131] zu nennen. Überdies wird die Entscheidung des Gerichtshofs in der Sache „Fra.bo“[132] vielfach als die Anerkennung unmittel-

Für eine kritische Würdigung der Rechtsprechung des EuGH siehe *P. Craig*, The legal effect of Directives: policy, rules and exceptions, European Law Review 2009, Bd. 34, 349.

[123] Siehe dazu EuGH, Urt. v. 15.1.2014, Rs. C-176/12, Rn. 45 – „Association de médiation sociale“; siehe auch *S. Walkila*, Horizontal Effect of Fundamental Rights in EU, 2016, S. 180; vgl. auch *C. Latzel*, Die Anwendungsbereiche des Unionsrechts, Europäische Zeitschrift für Wirtschaftsrecht 2015, 658, 662.

[124] Ähnlich auch *M. F. Starke*, EU-Grundrechte und Vertragsrecht, 2016, S. 200 ff.

[125] Siehe auch *S. Perner*, Grundfreiheiten, Grundrechte-Charta und Privatrecht, 2013, S. 146 ff.

[126] Vgl. auch *T. Oppermann/C. D. Classen/M. Nettesheim*, Europarecht, 8. Auflage, 2018, S. 394; *C. Birkemeyer*, Die unmittelbare Drittwirkung der Grundfreiheiten – Zugleich Anmerkung zum Urteil des EuGH v. 17.7.2008, Rs. C-94/07 (Raccanelli), Europarecht 2010, Bd. 45, 662, 672 ff.; *P.-C. Müller-Graff*, Die horizontale Direktwirkung der Grundfreiheiten, Europarecht 2014, Bd. 49, 3, 15 f.; *S. Löwisch*, Die horizontale Direktwirkung der Europäischen Grundfreiheiten – Zur Frage der unmittelbaren Verpflichtung Privater durch die Grundfreiheiten des EG-Vertrages, 2009, S. 196 ff.; Anders offenbar, allerdings ohne weitere Begründung, *P. M. Huber*, Auslegung und Anwendung der Charta der Grundrechte, Neue Juristische Wochenschrift 2011, 2385, 2388. Ablehnend zur „unmittelbaren Drittwirkung der Grundfreiheiten“ auch *B. Remmert*, Grundfreiheiten und Privatrechtsordnung, Jura 2003, 13, 14–16.

[127] EuGH, Urt. v. 15.12.1995, Rs. C-415/93, Rn. 69 ff. – „Bosman“.

[128] EuGH, Urt. v. 6.6.2000, Rs. C-281/98, Rn. 29 ff. – „Angonese“.

[129] EuGH, Urt. v. 12.12.1974, Rs. 36/74, Rn. 14 ff. – „Walrave“.

[130] EuGH, Urt. v. 14.7.1976, Rs. 13/76, Rn. 17 f. – „Donà“.

[131] EuGH, Urt. v. 11.12.2007, Rs. C-438/05, Rn. 32 ff. – „Viking“.

[132] EuGH, Urt. v. 12.7.2012, Rs. C-171/11, Rn. 21 ff. – „Fra.bo“.

barer Geltung auch der Warenverkehrsfreiheit zwischen Privaten interpretiert.[133] Lediglich zur Kapitalverkehrsfreiheit findet sich bis jetzt keine entsprechende Judikatur des EuGH.[134]

Die Argumentation des Gerichtshofs zur Begründung der direkten Anwendung der Grundfreiheiten zwischen Privaten konzentriert sich nahezu ausschließlich auf teleologisch-funktionale Erwägungen, nämlich die Effektivität und Einheitlichkeit des Unionsrechts.[135] So betonte er beispielsweise im Bosman-Urteil, unter Bezugnahme auf seine frühere Entscheidung in „Walrave":

> „Der Gerichtshof hat nämlich ausgeführt, daß die Beseitigung der Hindernisse für die Freizügigkeit zwischen den Mitgliedstaaten gefährdet wäre, wenn die Abschaffung der Schranken staatlichen Ursprungs durch Hindernisse zunichte gemacht werden könnte, die sich daraus ergeben, daß nicht dem öffentlichen Recht unterliegende Vereinigungen und Einrichtungen von ihrer rechtlichen Autonomie Gebrauch machen."[136]

Eine derartige Beschränkung auf Effektivitätsargumente ist, wie *Peter-Christian Müller-Graff* anschaulich herausgearbeitet hat, hinsichtlich der Grundfreiheiten durchaus konsistent. Die Grundfreiheiten sollen einen europäischen Binnenmarkt realisieren. Deshalb sind sie als Beschränkungsverbote ausgestaltet. Es geht ihnen um die Verhinderung beschränkender Wirkungen für den Binnenmarkt. Von wem diese Beschränkungen ausgehen, ist von untergeordneter Bedeutung. Wenn der Effekt eines privaten Verhaltens erhebliche negative Auswirkungen auf den Binnenmarkt hat, ist dieses in gleicher Weise problematisch wie eine staatliche Maßnahme. Folglich ist „für die Anwendbarkeit der Grundverbote der Beschränkung des transnationalen Marktzugangs im Binnenmarkt zu allererst [...] die Wirkung [maßgeblich], nicht [...] die Urheberschaft."[137] Mit anderen

---

[133] Vgl. beispielsweise *P.-C. Müller-Graff*, Die horizontale Direktwirkung der Grundfreiheiten, Europarecht 2014, Bd. 49, 3, 15f.; differenziert allerdings *S. Perner*, Grundfreiheiten, Grundrechte-Charta und Privatrecht, 2013, S. 146f.; ablehnend dagegen *T. Kingreen*, in: Calliess/Ruffert, EUV/AEUV – Kommentar, 5. Aufl. 2016, Art. 36/Rn. 112; kritisch auch *S. Schmahl/F. Jung*, Horizontale Drittwirkung der Warenverkehrsfreiheit? Überlegungen im Anschluss an EuGH, Urt. v. 12.7.2012 – C-171/11, EuZW 2012, 797 – DVGW, Neue Zeitschrift für Verwaltungsrecht 2013, 607, 610ff.

[134] Vgl. dazu *G. Ress/J. Ukrow*, in: Grabitz/Hilf/Nettesheim, Das Recht der Europäischen Union – Kommentar, 65. Ergänzungslieferung August 2018, Art. 63/Rn. 116–119.

[135] Vgl. nur *S. Löwisch*, Die horizontale Direktwirkung der Europäischen Grundfreiheiten – Zur Frage der unmittelbaren Verpflichtung Privater durch die Grundfreiheiten des EG-Vertrages, 2009, S. 196f.; *G. Brüggemeier/A. Colombi Chiacchi/G. Comandé*, Introduction, in: Dies. (Hrsg.), Fundamental Rights and Private Law in the European Union, Volume I: A Comparative Overview, 2010, 1, 31–34; *S. Perner*, Grundfreiheiten, Grundrechte-Charta und Privatrecht, 2013, S. 152; für eine Rechtsprechungsübersicht zu den Personenverkehrsfreiheiten (vor Inkrafttreten des Lissabon-Vertrages) siehe auch *A. Lengauer*, Drittwirkung von Grundfreiheiten – Ein Beitrag zu dem Konzept des Normadressaten im Gemeinschaftsrecht, 2011, S. 113ff.

[136] EuGH, Urt. v. 15.12.1995, Rs. C-415/93, Rn. 83 – „Bosman".

[137] *P.-C. Müller-Graff*, Die horizontale Direktwirkung der Grundfreiheiten, Europarecht 2014, Bd. 49, 3, 10f., 28.

Worten geht es nicht um eine Ausdehnung grundsätzlich staatsgerichteter Individualrechte auf das Privatverhältnis, sondern die Grundfreiheiten sind bereits ihrer Natur nach funktional auf die Gewährleistung des Binnenmarktes und somit auf die Verhinderung von Beschränkungen ausgerichtet, unabhängig davon, ob diese von privater oder von staatlicher Seite kommen.

3. Horizontalwirkung und EU-Grundrechte

Dagegen wählt die Rechtsprechung des EuGH zur Wirkung der GRC zwischen Privaten einen anderen Ansatz. Der Gerichtshof war bis in die jüngste Vergangenheit entgegen teilweise anderslautender Auffassungen[138] weiterhin grundsätzlich von einem Auslegungsansatz ausgegangen.[139] Die EU-Grundrechte begründeten danach kein direktes Anspruch-Pflichten-Verhältnis zwischen Privaten. Stattdessen spielten sie im Wesentlichen bei der Auslegung von Sekundärrecht, insbesondere von Richtlinien, eine Rolle, indem letzteres „im Licht" der fraglichen Grundrechte interpretiert wird.[140] Beispielsweise im Fall „Google Spain" rekurrierte der Gerichtshof auf Art. 7 und 8 GRC zur Auslegung der Richtlinie 95/46, um zu bestimmen, ob ein Betreiber einer Internetsuchmaschine unter bestimmten Umständen Links zu Webseiten Dritter zu löschen hat, die negative Informationen zur auf der Suchmaschine per Schlagwort auffindbaren Person enthielten.[141] Ähnlich nahm er in einem Urteil vom März 2017 auf Art. 10 der Charta Bezug, um die Richtlinie 2000/78 zu interpretieren. In Frage stand, ob ein Arbeitgeber eine „wesentliche und entscheidende berufliche Anforderung" im Sinne von Art. 4 Abs. 1 der Richtlinie dadurch aufstellte, indem er dem Wunsch seiner Kunden entsprach, eine muslimische Arbeitnehmerin, die ein Koptuch trug, nicht mehr in Kundenkontakt treten zu lassen.[142]

---

[138] Zur Diskussion siehe *T. Oppermann/C. D. Classen/M. Nettesheim*, Europarecht, 8. Auflage, 2018, S. 273 m. w. N.

[139] Vgl. auch *Jarass*, EU-Grundrechte und Privatrecht, in: B. Heiderhoff/S. Lohsse/R. Schulze (Hrsg.), EU-Grundrechte und Privatrecht – EU Fundamental Rights and Private Law, 2016, 31, 56.

[140] So wörtlich EuGH, Urt. v. 12.2.2015, Rs. C-396/13, Rn. 26 – „Sähköalojen ammattilitto ry"; siehe auch z. B. Urt. v. 29.1.2008, Rs. C-275/06, Rn. 68 (noch vor Inkraftreten der GRC); EuGH, Urt. v. 24.1.2012, Rs. C-282/10, Rn. 23 ff. – „Dominguez".

[141] Vgl. EuGH, Urt. v. 13.5.2014, Rs. C-131/12, Rn. 68 ff. – „Google Spain". Siehe dazu *E. Frantziou*, Further Developments in the Right to Be Forgotten: The European Court of Justice's Judgment in Case C-131/12, Google Spain, SL, Google Inc v Agencia Espanola de Proteccion de Datos, Human Rights Law Review, Bd. 14, 2014, 761.

[142] EuGH, Urt. v. 14.3.2017, Rs. C-188/15, Rn. 29 ff. – „Bougnaoui". Siehe dazu *A. K. Mangold/M. Payandeh*, Diskriminierungsschutz und unternehmerische Freiheit im Unionsrecht. Anmerkungen zu den Urteilen des EuGH v. 14.3.2017 in den Rs. C-157/15 (Achbita) und C-188/15 (Bougnaoui), Europarecht 2017, 700.

Gemäß Art. 51 Abs. 1 GRC ist der Anwendungsbereich der Charta beschränkt auf Handlungen der „Organe, Einrichtungen und sonstige[n] Stellen der Union“ einerseits und der Mitgliedstaaten bei der „Durchführung des Rechts der Union“ andererseits. Dieser Wortlaut nennt Privatpersonen nicht und spricht somit gegen eine direkte Geltung der Grundrechte. Mit Recht wird aber darauf hingewiesen, dass dieses Wortlautargument nicht nur nicht zwingend ist, sondern vor allem nicht die etwaige Entscheidung des EuGH für eine mediatisierte Grundrechtswirkung erklärt.[143] Denn ein wenig konklusiver Wortlaut hält den Gerichtshof in anderen Fällen nicht davon ab, wie mit Blick auf die Grundfreiheiten gesehen, unter Rückgriff auf teleologische Argumente zu einer anderen, bevorzugten Interpretation zu gelangen.

Indes gilt zu beachten: Art. 51 GRC normiert eine Kompetenznorm, die besagt, dass die Grundrechtsbestimmungen als unionsrechtliche Vorschriften nur dort zur Anwendung kommen und dementsprechend die Zuständigkeit des EuGH zur Überprüfung ihrer Anwendung durch die nationalen Gerichte begründen, wo und wenn Unionsrecht von Unionsorganen oder Mitgliedstaaten durchgeführt wird. Art. 51 Abs. 2 GRC stellt klar, dass die Zuständigkeitsbereiche nicht durch die Charta begründet werden, sondern bereits im EUV und AEUV angelegt sind und mithin nicht über diesen Kompetenzradius hinausreichen können. Die EU-Grundrechte sind also akzessorisch: Sie beziehen sich allein auf bereits bestehendes Rechtshandeln der EU, denn auch bei Anwendung auf die bzw. in den Mitgliedstaaten muss EU-Recht „durchgeführt“ werden.[144]

Die Entscheidung des EuGH in der Rechtssache „Egenberger“ vom 17. April 2018 – im zugrunde liegenden Sachverhalt stellte das Evangelische Werk für Diakonie e.V. Frau Egenberger nicht ein, weil sie konfessionslos war[145] – markiert indes einen Richtungswechsel in der Rechtsprechung des EuGH. Den Hintergrund dieses Richtungswechsels bildet ein Urteil des dänischen Obersten Gerichts (Højesteret) vom 6. Dezember 2016, in dem sich dieses weigerte, dem Urteil des EuGH in der Sache „Dansk Industri“[146] Folge zu leisten, das die unionsrechtskonforme Auslegung des dänischen Rechts in einen arbeitsrechtlichen Streit angeordnet hatte. Das dänische Oberste Gericht kam zu dem Schluss, die unionsrechtskonforme Auslegung der einschlägigen Vorschrift des dänischen Rechts sei nicht möglich und eine Verpflichtung zu einer *contra legem*-Interpretation durch den EuGH stelle einen *ultra vires*-Akt der Union dar.[147] In

---

[143] So z. B. *D. Leczykiewicz*, Horizontal Application of the Charter of Fundamental Rights, European Law Review 2013, 479, 486 ff.

[144] Vgl. dazu auch EuGH, Urt. v. 26.2.2013, Rs. C-617/10 – „Åkerberg Fransson“; *T. Oppermann/C. D. Classen/M. Nettesheim*, Europarecht, 8. Auflage, 2018, S. 272 f.

[145] EuGH, Urt. v. 17.4.2018, Rs. C-414/16 – „Egenberger“.

[146] EuGH, Urt. v. 19.4.2016, C-441/14 – „Dansk Industri“.

[147] Vgl. dazu auch *C. D. Classen*, Das kirchliche Arbeitsrecht unter europäischem Druck? Anmerkungen zu den Urteilen des EuGH (jeweils GK) vom 17.04.2018 in der Rs. C-414/16 (Egenberger) und vom 11.09.2018 in der Rs. C-68/17 (IR), Europarecht 2018, Bd. 53, 752, 763 f.

der Konsequenz vertrat somit das dänische Oberste Gericht die Auffassung, dass eine Bindung an das Unionsrecht nur solange bestehe, wie das nationale Recht nach den nationalen Auslegungs*canones* unionsrechtskonform ausgelegt werden könne. Sei dies nicht möglich, entfalle auch die unionsrechtliche Bindung.[148] In Frage standen damit nicht weniger als Anwendungsvorrang, *effet utile* und Einheitlichkeit des Unionsrechts.

In „Egenberger" ging der Gerichtshof – unter Zitat seiner Entscheidung in „Dansk Industri" – auf diese Problematik ausdrücklich ein. Es obliege den nationalen Gerichten, das nationale Recht unionsrechtskonform auszulegen.[149] Diese „unionsrechtskonforme[ ] Auslegung"[150] umfasse zunächst das einschlägige Sekundärrecht, im Fall Richtlinie 2000/78, welches aber auch, so der Gerichtshof, wie im hiesigen Fall hinsichtlich des einschlägigen Diskriminierungsverbots, lediglich eine unionsgesetzgeberische Konkretisierung einer unionsgrundrechtlichen Vorgabe, nämlich Art. 21 GRC, darstellen könne.[151] Dies entspricht im Wesentlichen dem Vorgesagten zur früheren Rechtsprechung des Gerichtshofs: Das Sekundärrecht kann im Lichte der Unionsgrundrechte ausgelegt werden.

Die unionsrechtskonforme Auslegung finde sodann nach dem EuGH in „Egenberger" ihre Grenze in der Tat in einer *contra legem*-Interpretation des nationalen Rechts. Sei eine unionsrechtskonforme Auslegung der „in Rede stehenden nationalen Vorschrift nicht möglich"[152], scheitere allerdings die Bindung an das Unionsrecht nicht. Vielmehr unterstrich der EuGH, dass das Diskriminierungsverbot in Art. 21 GRC „aus sich heraus Wirkung entfalte[ ]" und daher der Einzelne dieses Recht auch im Privatrechtsstreit „als solches geltend machen" könne.[153] Die Rechtsfolge sei dabei letztlich, dass „erforderlichenfalls" – d.h., wenn die unionsrechtskonforme Auslegung des nationalen Rechts scheitert – „jede entgegenstehende nationale Vorschrift unangewendet" zu lassen sei.[154] Die unmittelbar zwischen den Privaten geltende unionsgrundrechtliche Vorschrift des Art. 21 GRC schiebt somit das nationale Recht aufgrund seines Anwendungsvorrangs beiseite. In der Rechtssache „Broßonn" hat der Gerichtshof diese Rechtsprechung bestätigt und auf den Fall des Art. 31 Abs. 1 GRC ausgedehnt.[155]

[148] Siehe dazu ausführlich *R. Holdgaard/D. Elkan/G. K. Schaldemose*, From Cooperation to Collision: The ECJ's Ajos Ruling and the Danish Supreme Court's Refusal to Comply, Common Market Law Review, Bd. 55, 2018, 17, 27ff.

[149] EuGH, Urt. v. 17.4.2018, Rs. C-414/16 – „Egenberger", Rn. 71.

[150] Ebenda, Rn. 72.

[151] Ebenda, Rn. 75.

[152] Ebenda.

[153] Ebenda, Rn. 76, 78.

[154] Ebenda, Rn. 79. Diese Rechtsprechung hat der Gerichtshof inzwischen in EuGH, Urt. v. 11.9.2018, Rs. 68/17 – „IR", Rn. 67–70 und EuGH, Urt. v. 6.11.2018, verb. Rs. C-569/16 und C-570/16 – „Bauer und Broßonn", Rn. 91 bestätigt.

[155] Vgl. EuGH, Urt. v. 6.11.2018, verb. Rs. C-569/16 und C-570/16 – „Bauer und Broßonn", Rn. 85ff.

Diese Konstruktion unterscheidet sich von derjenigen der früheren Rechtsprechung. Denn in „Egenberger" und „Broßonn" betont der EuGH, dass Art. 21 GRC bzw. Art. 31 Abs. 2 GRC „für sich allein dem Einzelnen ein Recht" verleihe,[156] das auch im Verhältnis zwischen Privatpersonen gelte[157] und das er „in einem Rechtstreit [...] als solches geltend machen" könne.[158] Mit anderen Worten, diese unmittelbare Anwendung des Unionsgrundrechts zwischen Privaten besteht nach dieser Rechtsprechung stets. Allerdings kommt sie erst zum Tragen, d.h. bestimmt erst dann selbst das Rechtsverhältnis der privaten Streitparteien, wenn die unionsrechtskonforme Auslegung des nationalen Rechts scheitert.

Man mag nun argumentieren, auch in „Egenberger" ginge es letztlich um die Auslegung einer Richtlinie, nämlich von Art. 4 Abs. 2 der Richtlinie 2000/78.[159] Nur auf diesem Weg, nämlich wenn der Anwendungsbereich der Richtlinie eröffnet sei, betreffe der Rechtsstreit auch „einen vom Unionsrecht erfassten Bereich", wie der EuGH in „Egenberger" selbst ausdrücklich betone.[160] Nur unter diesen Voraussetzungen seien somit über Art. 51 GRC die Unionsgrundrechte im nationalen Recht zu berücksichtigen, auch wenn die Entscheidung davon spricht, Art. 21 GRC habe „zwingenden Charakter"[161], auch mit Blick auf „Verträge[ ] zwischen Privatpersonen"[162]. Deshalb basiere bei einem genaueren Blick die Entscheidung in „Egenberger" letztlich nicht auf der direkten Anwendung im Sinne der Horizontalwirkung der Grundrechte, sondern vielmehr auf der Figur der unmittelbaren Anwendbarkeit des Unionsrechts.

In der Tat: Sowohl die Grundfreiheiten als auch die GRC dienen dem EuGH zur Stärkung seiner Kompetenzen, einerseits gegenüber dem EU-Gesetzgeber, indem er Sekundärrecht an diesem als Individualrechte ausgestalteten Primärrecht messen kann, andererseits indem er durch das prozessuale Mittel des Art. 267 AEUV in eine Interaktion mit den nationalen Gerichten, vor allem auch mit den nationalen Instanzgerichten, treten kann.[163] Der Gerichtshof gewinnt

---

[156] EuGH, Urt. v. 17.4.2018, Rs. C-414/16 – „Egenberger", Rn. 76; EuGH, Urt. v. 6.11.2018, verb. Rs. C-569/16 und C-570/16 – „Bauer und Broßonn", Rn. 89.

[157] EuGH, Urt. v. 17.4.2018, Rs. C-414/16 – „Egenberger", Rn. 77; EuGH, Urt. v. 6.11.2018, verb. Rs. C-569/16 und C-570/16 – „Bauer und Broßonn", Rn. 89f.

[158] Ebenda.

[159] EuGH, Urt. v. 17.4.2018, Rs. C-414/16 – „Egenberger", Rn. 70.

[160] Ebenda, Rn. 76.

[161] Ebenda, Rn. 76.

[162] Ebenda, Rn. 77.

[163] Vgl. dazu *T. Tridimas*, Knocking on Heaven's Door: Fragmentation, Efficiency and Defiance in the Preliminary Reference Procedure, Common Market Law Review 2003, Bd. 40, 9, 10f., 14f., 47 m.w.N. sowie Beispielen aus der Rechtsprechung. Eine ähnliche Funktion hat auch die acte claire-Rechtsprechung des EUGH, vgl. dazu *H. Rasmussen*, The European Court's *Acte Claire* Strategy in CILFIT, European Law Review 1984, Bd. 9, 242; *F. Mancini/ D. Keeling*, From CILFIT to ERT: The Constitutional Challenge Facing the European Court, Yearbook of European Law 1991, Bd. 11, 1, 4.

also zum einen gegenüber der supranationalen Legislative und zum anderen gegenüber den Mitgliedstaaten und innerhalb dieser insbesondere gegenüber der Spitze der nationalen Judikative an Einfluss. Das entscheidende materiell-rechtliche Instrument dazu ist im Europarecht nicht die unmittelbare Geltung der Grundfreiheiten oder EU-Grundrechte zwischen Privaten bzw. die Auslegung von Sekundärrecht anhand derselben, sondern bereits die unmittelbare Anwendbarkeit des Unionsrechts als solche in Kombination mit dessen Anwendungsvorrang.[164]

Allerdings lassen sich unmittelbare Anwendbarkeit (des Unionsrechts im nationalen Recht) und unmittelbare Anwendung (der (Unions-)Grundrechte zwischen Privaten) zwar konzeptionell trennen, ihre Wirkung ist jedoch miteinander eng verknüpft. Denn die Unterscheidung dieser beiden dogmatischen Kategorien ändert nichts daran, dass nunmehr nach „Egenberger" die Unionsgrundrechte, d.h. konkret Art. 21 GRC, der Privaten A einen Anspruch gegen den Privaten B verleiht, den diese in einem Privatrechtsstreit zwischen A und B geltend machen kann. In „Broßonn" bestätigte der EuGH im November 2018 ausdrücklich, dass Art. 51 Abs. 1 GRC die Anwendung der einzelnen Bestimmungen der Charta zwischen Privaten nicht ausschließe.[165] Es entsteht somit ein unmittelbares Anspruch-Pflichten-Verhältnis zwischen A und B aus jedem Unionsgrundrecht, das hinreichend bestimmt und unbedingt ist, also beispielsweise Art. 21 oder Art. 31 Abs. 2 GRC. Eine solche unmittelbare Geltung der Grundrechte zwischen Privaten ist in einem gerichtlichen Rechtsstreit von den staatlichen Gerichten zu beachten und – im oben beschriebenen Sinne – „erforderlichenfalls"[166] gegenüber dem einschlägigen entgegenstehenden nationalen Recht Vorrang einzuräumen. Die Wirkung ergibt sich hier aber nicht aus der Tatsache, dass der Staat durch die Gerichte zur Wahrung der Unionsgrund-

---

[164] In diese Richtung auch *S. K. Stein*, Drittwirkung im Unionsrecht – Die Begründung einer Horizontalwirkung allein durch Vorrang und unmittelbare Anwendbarkeit, 2016. Zur Potenz der Kombination aus unmittelbarer Anwendbarkeit und Anwendungsvorrang siehe auch grundlegend *J. H. H. Weiler*, The Transformation of Europe, Yale Law Journal 1991, Bd. 100, 2403, 2415 ff.

[165] EuGH, Urt. v. 6.11.2018, verb. Rs. C-569/16 und C-570/16 – „Bauer und Broßonn", Rn. 87: „Bezüglich der Wirkung, die Art. 31 Abs. 2 der Charta gegenüber privaten Arbeitgebern entfaltet, ist festzustellen, dass die Charta nach ihrem Art. 51 Abs. 1 zwar für die Organe, Einrichtungen und sonstigen Stellen der Union unter Wahrung des Subsidiaritätsprinzips und für die Mitgliedstaaten ausschließlich bei der Durchführung des Unionsrechts gilt. Hingegen trifft Art. 51 Abs. 1 der Charta keine Regelung darüber, ob Privatpersonen gegebenenfalls unmittelbar zur Einhaltung einzelner Bestimmungen der Charta verpflichtet sein können, und kann demnach nicht dahin ausgelegt werden, dass dies kategorisch ausgeschlossen wäre. Wie der Generalanwalt in Nr. 78 seiner Schlussanträge ausgeführt hat, kann der Umstand, dass manche Bestimmungen des Primärrechts in erster Linie an die Mitgliedstaaten gerichtet sind, es nicht ausschließen, dass diese auch für Rechtsbeziehungen zwischen Privatpersonen gelten können [...]."

[166] EuGH, Urt. v. 17.4.2018, Rs. C-414/16 – „Egenberger", Rn. 79; EuGH, Urt. v. 6.11.2018, verb. Rs. C-569/16 und C-570/16 – „Bauer und Broßonn", Rn. 91.

rechte verpflichtet ist, sondern bereits „für sich allein“[167], also unmittelbar aus dem (unions)grundrechtlichen Anspruch von A gegen B. Dieses (unions)grundrechtliche Anspruch-Pflichtenverhältnis bestimmt indes erst dann das Rechtsverhältnis A-B, wenn die vorgeschaltete unionsrechtskonforme Auslegung des einfachen Rechts scheitert. Insofern kann man von einer Zwei-Stufen-Konstruktion sprechen: Zunächst unionsrechtskonforme Auslegung des nationalen Rechts; scheitert diese („erforderlichenfalls“), ist auf das bestehende unmittelbare (unions)grundrechtliche Anspruch-Pflichten-Verhältnis zurückzugreifen.

4. Fazit

Eine derartige zweistufige Anwendungskonstruktion wählt der EuGH indes, wie erwähnt, nicht im Falle der Grundfreiheiten. Der diesbezüglich verwendete Ansatz gleicht den Konstruktionen, die Abschnitte II.–IV. beschrieben haben und die im deutschen Diskurs insbesondere in der Nachkriegszeit vertreten wurden (vor allem von *Nipperdey* und *Leisner*): nur eine einzige Stufe unmittelbarer Anwendung, das grundrechtliche Anspruch-Pflichten-Verhältnis A-B bestimmt stets und sofort das Privatrechtsverhältnis A-B. Derartige Konstruktionen sollen somit im Folgenden als einstufige Anwendung bezeichnet werden. Ist diesem Rückgriff auf das unmittelbare grundrechtliche Anspruch-Pflichten-Verhältnis A-B eine Auslegung des nationalen Rechts – so in „Egenberger“; oder auf den nationalen deutschen Kontext übertragen: der einfach-privatrechtlichen Vorschriften – vorgeschaltet, so soll im Weiteren von einer zweistufigen Anwendung die Rede sein.[168] Die Adaptierung dieser vom EuGH in „Egenberger“ und der Folgerechtsprechung vorgeschlagenen zweistufigen Anwendung auf das deutsche Recht als eine zweite Variante der Anwendungskonstruktionen ist von besonderem Interesse für die hiesige Untersuchung und erfolgt am Ende dieses Unterkapitels.[169]

VII. Irlands „constitutional torts“ als stumpfes Schwert

Schließlich ist noch ein kurzer Blick auf die Rechtsprechung des irischen Supreme Court instruktiv, der mit der dogmatischen Figur der „constitutional torts“ einen Ansatz direkter Geltung entwickelt hat. Unter Rückgriff auf die Grundrechte der Art. 40 bis 44 der irischen Verfassung von 1937 besteht danach ein deliktischer Anspruch („tort“) auf Schadenersatz und/oder Unterlassung eines

---

[167] Ebenda, Rn. 76. Vgl. auch, mit gleicher Wortwahl und unter Bezugnahme auf die zitierte Passage in „Egenberger“, EuGH, Urt. v. 11.9.2018 – „IR“, Rs. 68/17, Rn. 69; ebenso EuGH, Urt. v. 6.11.2018, verb. Rs. C-569/16 und C-570/16 – „Bauer und Broßonn“, Rn. 89.

[168] Siehe auch bereits oben Kap. 2, B.III.1.

[169] Siehe unten VIII.2.

Privaten gegen einen anderen Privaten unmittelbar aus dem jeweiligen Grundrecht. In *Meskell v. CIE*, dem Grundsatzurteil des höchsten irischen Gerichts aus dem Jahre 1973 wehrte sich ein Arbeitnehmer, der Kläger in diesem Verfahren, gegen seine Entlassung. Er hatte sich geweigert, eine Klausel in seinem Arbeitsvertrag zu akzeptieren, nach welcher er einer Gewerkschaft beitreten müsse. Diese Klausel beruhte wiederum auf einer tarifvertragsähnlichen Vereinbarung zwischen dem Arbeitgeber, dem Beklagten des Verfahrens, und der Gewerkschaft. Der irische Supreme Court entschied:

> „It has been said on a number of occasions in this court [...] that a right guaranteed by the Constitution or granted by the Constitution can be protected by action or enforced by action even though such action may not fit into any of the ordinary forms of action in either common law or equity and that the constitutional right carries within it its own right to a remedy or for the enforcement of it. Therefore, *if a person has suffered damage by virtue of a breach of a constitutional right or the infringement of a constitutional right, that person is entitled to seek redress against the person or persons who have infringed that right.*“[170]

Entsprechend habe der Kläger einen Anspruch auf Schadenersatz wegen der Entlassung, da sein Recht auf Koalitionsfreiheit auch negativer Natur sei, er also die Freiheit genieße, nicht Mitglied einer Gewerkschaft werden zu müssen. Dieses Recht sei durch die Klausel im Arbeitsvertrag durch den Beklagten verletzt worden. Der Hintergrund dieser Entscheidung war das ein Jahr zuvor ergangene Urteil in *Byrne v. Ireland*,[171] auf das *Meskell* Bezug nahm und wonach der Vorrang der irischen Verfassung auch das common law umfasste, d.h. common law-Regeln und -Prinzipien, die nicht im Einklang mit der Verfassung, insbesondere den Grundrechten, stehen, sind danach nichtig. Entsprechend folgerte der Supreme Court in *Meskell*, dass umgekehrt ein deliktischer Anspruch aus dem common law bestehen müsse, wenn im Privatrechtsverhältnis ein Grundrecht verletzt sei.[172]

Indes fehlt es über diese Argumentation hinaus bis heute an einer eingehenden Erörterung der Horizontalwirkungsproblematik und entsprechend an einer ausführlichen Begründung, warum der Gerichtshof sich für diese spezifische Form der Anwendung der Grundrechte zwischen Privaten entschied.[173] Seit den späten

---

170 Irish Supreme Court, *Meskell v. Coras Iompair Eireann*, [1973] IR 121 (meine Hervorhebung).

171 Irish Supreme Court, *Byrne v. Ireland*, [1972] IR 241.

172 Vgl. dazu auch *C. O'Cinneide*, Ireleand – Irish Constitutional Law and Direct Horizontal Effect – A Successful Experiment?, in: D. Oliver/J. Fedtke (Hrsg.), Human Rights and the Private Sphere – A Comparative Study, 2006, 213, 215ff.

173 Vgl. dazu *C. O'Cinneide*, Taking Horizontal Effect Seriously: Private Law, Constitutional Rights and the European Convention on Human Rights, Hibernian Law Journal 2003, Bd. 4, 77, 85; *ders.*, Ireleand – Irish Constitutional Law and Direct Horizontal Effect – A Successful Experiment?, in: D. Oliver/J. Fedtke (Hrsg.), Human Rights and the Private Sphere – A Comparative Study, 2006, 213, 228; *P. O'Callaghan*, Reversing *Ubi Remedium Ibi Jus* in the Common Law: The Right to Privacy, European Review of Private Law 2007, Bd. 5, 659, 678.

1980er Jahren, beginnend mit der Entscheidung in *Hanrahan v. Merck Sharp & Dohm*,[174] ergänzte der Supreme Court seine Rechtsprechung zu den „constitutional torts" um die Einschränkung, dass eine Fortbildung des common law unter Bezugnahme auf die Grundrechte nur zulässig sei, wenn dieses „basically ineffective" oder „plainly inadequate" sei, um die grundrechtlichen Interessen des Klägers zu wahren.[175] Angesichts dieser Einschränkung und aufgrund der vergleichsweise weitreichenden Flexibilität des bestehenden common law hat die Figur der „constitutional torts" *in praxi* bis heute nur eine sehr beschränkte Bedeutung erlangt.[176] Das Institut der „constitutional torts" ähnelt seiner dogmatischen Natur nach als klägerfixierter deliktischer Schadenersatzanspruch dem Ansatz des BGH in den 1950er Jahren, Horizontalwirkungsfragen im Wesentlichen über das allgemeine Persönlichkeitsrecht und § 823 Abs. 1 BGB zu addressieren. Aber das Schwert der irischen Variante dieser deliktsrechtlichen Lösung ist stumpf, da der irische Supreme Court richterliche Rechtsfortbildung anhand der Verfassung spätestens seit den 1980er Jahren erheblich eindämmt.

VIII. Schlussfazit

1. Institutionelle Relevanz der Anwendungskonstruktionen

Im irischen Recht fehlt es an einem intra-institutionellen Antagonismus. Das irische Gerichtssystem ist ein Einheitssystem,[177] es existiert keine spezialisierte Verfassungsgerichtsbarkeit, der irische Supreme Court ist sowohl höchstes Zivil- als auch höchstes Verfassungsgericht.[178] Meines Erachtens ist es nicht lediglich eine Koinzidenz, dass die Figur der „constitutional torts" des irischen Supreme

[174] Irish Supreme Court, *Hanrahan v. Merck Sharp & Dohm*, [1988] ILRM 629.

[175] Siehe auch *W. Binchy*, *Meskell*, The Constitution and Tort Law, Dublin University Law Journal 2011, Bd. 33, 339, 340 f.; *C. O'Cinneide*, Taking Horizontal Effect Seriously: Private Law, Constitutional Rights and the European Convention on Human Rights, Hibernian Law Journal 2003, Bd. 4, 77, 90 ff.

[176] So auch C. *O'Cinneide*, Ireleand – Irish Constitutional Law and Direct Horizontal Effect – A Successful Experiment?, in: D. Oliver/J. Fedtke (Hrsg.), Human Rights and the Private Sphere – A Comparative Study, 2006, 213, 251.

[177] Zur Terminologie siehe *M. Cappelletti/J. C. Adams*, Judicial Review of Legislation: European Antecedents and Adaptations, Harvard Law Review 1965–1966, Bd. 79, 1207 ff.; *M. Cappelletti/T. Ritterspach*, Die gerichtliche Kontrolle der Verfassungsmäßigkeit der Gesetze in rechtsvergleichender Betrachtung, Jahrbuch des öffentlichen Rechts n. F. 1971, Bd. 20, 65 ff.; *M. Jestaedt*, Verfassungsrecht und einfaches Recht – Verfassungsgerichtsbarkeit und Fachgerichtsbarkeit, Deutsches Verwaltungsblatt 2001, 1309 ff.; *W. Heun*, Verfassungsrecht und einfaches Recht – Verfassungsgerichtsbarkeit und Fachgerichtsbarkeit, in: VVDStRL 2002, Bd. 61, 80 ff., auch abgedruckt in *W. Heun*, Verfassung und Verfassungsgerichtsbarkeit im Vergleich, 2014, 255 ff.

[178] Vgl. *M. Forde/D. Leonard*, Constitutional Law of Ireland, 3. Aufl. 2013, S. 149 ff.; siehe auch *K. Rave*, Die Entwicklung des irischen Verfassungsrechts, 1982, S. 209.

Court keine prominente Rolle in dessen Rechtsprechung spielt, sondern es bestätigt bereits in der Zwischenbilanz getroffene Beobachtungen. Einen wichtigen Aspekt des Verhältnisses von Anwendungs- und Auslegungskonstruktionen betreffen Kompetenzfragen. Anhand von Anwendungsansätzen wurde exemplifiziert, dass sich diese zum einen inter-institutionell im Verhältnis zur Legislative und intra-institutionell zwischen den verschiedenen Akteuren der Judikative stellen. Die Anwendung der Grundrechte unmittelbar im privaten Anspruch-Pflichten-Verhältnis bedeutet einen Komptenzzuwachs der Gerichte gegenüber dem Gesetzgeber und der Zivilgerichtsbarkeit gegenüber der Verfassungsgerichtsbarkeit.[179]

Die Anwendungskonstruktionen weisen durch ihren Fokus auf die Judikative als wesentlichen Akteur der Horizontalwirkung verfassungsrechtliche und demokratietheoretische Herausforderungen auf – womit indes noch nicht gesagt ist, dass diese Herausforderungen größer sind als diejenigen der Verantwortungs-, insbesondere der Auslegungskonstruktionen.[180] Besonders problematisch mit Blick auf Gewaltenteilung und demokratische Legitimität sind vor allem diejenigen Positionen, die richterliche Rechtsfortbildung unter Rückgriff auf angeblich vorstaatliche Werte propagieren.[181] Aber selbst *Leisners* Ansatz, der ohne Wertrekurs auskommen will, betrachtet die Gerichte als legitime Ersatzgesetzgeber.[182]

Ein zentrales Charakteristikum der Anwendungskonstruktionen scheint ferner zu sein, die Zivilgerichtsbarkeit gegenüber der spezialisierten Verfassungsgerichtsbarkeit zu stärken.[183] Dies ist es, was von dem Ruf nach der „Eigenständigkeit des Privatrechts“ zu bleiben scheint, da um die Eigenständigkeit des Privatrechtsgesetzgebers jedenfalls bei Propageten der Anwendungsfiguren – und nicht nur dort – tatsächlich, wie erläutert,[184] nur eine geringe Sorge herrscht. Umgekehrt formuliert soll als eine Arbeitshypothese für die Analyse der Auslegungskonstruktionen in Abschnitt B.I. gelten, dass die Unterscheidung zwischen Anwendungs- und Auslegungsansätzen nur in Rechtsordnungen von wesentlicher Bedeutung ist, die keine einheitliche Gerichtsorganisation aufweisen.[185]

---

[179] Siehe oben V.

[180] Siehe dazu unten Kap. 5, zusammenfassend D. und Kap. 6, zusammenfassend E.III.

[181] Vgl. oben II.

[182] Siehe oben IV.

[183] Diese institutionelle Komponente der Horizontalwirkungsdiskussion erkennt auch bereits *J. Esser*, Vorverständnis und Methodenwahl in der Rechtsfindung – Rationalitätsgarantien der richterlichen Entscheidungspraxis, 1970, S. 197, wenn er bemerkt, diese laufe „auf die Frage hinaus, wie man die verantwortliche Bestimmung und Grenzziehung der Grundrechte anderen Gerichtszweigen als dem Verfassungsgericht überlassen kann.“

[184] Siehe zusammenfassend oben V.

[185] Ähnlich auch bereits *W. Heun*, Verfassungsrecht und einfaches Recht – Verfassungsgerichtsbarkeit und Fachgerichtsbarkeit, in: VVDStRL 2002, Bd. 61, 80, 93f., 109–111 auch

2. Egenberger auf Deutsch: Die zweistufige Anwendung

Wie wir gesehen haben, hat der EuGH in seinem Urteil in der Sache „Egenberger" vom April 2018 und der Folgerechtsprechung eine Variante angeboten, die sich von den bis dahin vorgeschlagenen Anwendungskonstruktionen in einem wichtigen Punkt unterscheidet. Anstelle einer einstufigen Anwendung der Grundrechte zwischen Privaten, wonach stets sofort das grundrechtliche Anspruch-Pflichten-Verhältnis die Privatrechtsbeziehung zwischen A und B bestimmt, propagiert „Egenberger" einen zweistufigen Ansatz. Dieser schaltet eine unionsrechtskonforme Auslegung des nationalen Rechts vor (erste Stufe) und rekurriert erst auf das (unions)grundrechtliche Anspruch-Pflichten-Verhältnis A-B, wenn diese Auslegung „nicht möglich" ist (zweite Stufe).[186] Die für den unionsrechtlichen, d. h. für den Mehrebenenkontext entwickelte so beschriebene zweistufige Anwendung bietet ihrer Konstruktion nach eine Innovation auch gegenüber den im deutschen Kontext angebotenen Anwendungsansätzen. Allerdings erfordert die sozusagen deutsche Übersetzung von „Egenberger" gewisse Adaptationen.

Erstens spricht „Egenberger" von einer zunächst unionsrechtskonformen Auslegung des nationalen Rechts und meint damit vor allem eine „richtlinienkonforme Auslegung", nämlich im Fall anhand von Art. 4 Abs. 1 Richtline 2000/78.[187] Jedoch kommt die GRC, namentlich Art. 21 derselben, bereits an dieser Stelle dadurch ins Spiel, dass der EuGH betont, dass Art. 4 Abs. 2 der Richtlinie lediglich eine sekundärrechtliche Konkretisierung dieses unionsgrundrechtlichen Grundsatzes sei, der bereits „für sich allein [...] als solches" gelte, also unmittelbar zwischen Privaten Rechte und Pflichten begründe.[188] Zwar spielt der Mehrebenenkontext für die Frage der Horizontalwirkung nach deutschem Recht zunächst keine Rolle. Allerdings steht das Unionsrecht gegenüber dem nationalen Recht in einer – jedenfalls faktisch – hierarchischen Beziehung. Es genießt Anwendungsvorrang. Aufgrund dieses Normvorrangs hat auch das Sekundärrecht im Verhältnis zum nationalen Recht eine Funktion, die in Konstellationen nach nur deutschem Recht mit dem Hierarchieverhältnis von einfachrechtlichen Vorschriften und Grundrechten vergleichbar ist, nicht zuletzt angesicht der erwähnten Tatsache, dass die sekundärrechtliche Vorschrift nach „Egenberger" eine Konkretisierung der unionsgrundrechtlichen Vorschrift des Art. 21 GRC darstellte.

abgedruckt in *W. Heun*, Verfassung und Verfassungsgerichtsbarkeit im Vergleich, 2014, 255–285, entsprechende Textpassagen zu finden auf S. 266f., 280–282.

[186] EuGH, Urt. v. 17.4.2018, Rs. C-414/16 – „Egenberger", Rn. 75ff.; EuGH, Urt. v. 11.9. 2018 – „IR", Rs. 68/17, Rn. 69; EuGH, Urt. v. 6.11.2018, verb. Rs. C-569/16 und C-570/16 – „Bauer und Broßonn", Rn. 89.

[187] EuGH, Urt. v. 17.4.2018, Rs. C-414/16 – „Egenberger", Rn. 75.

[188] Ebenda, Rn. 76f.

Deshalb markiert das Äquivalent der ersten Stufe in „Egenberger" im deutschen Recht eine Auslegung der einfachrechtlichen Vorschriften anhand der Grundrechte, nämlich bereits anhand des Abwägungsergebnisses der widerstreitenden Grundrechtspositionen von A und B, die sich unmittelbar gegenüberstehen. Denn, so die zweite Adaptation, das unmittelbare (unions)grundrechtliche Anspruch-Pflichten-Verhältnis besteht, wie erwähnt, von Anfang an, auch wenn zunächst das nationale Recht unionsrechtskonform auszulegen ist.[189] Der Grund für die Horizontalwirkung ist daher dieses unmittelbare (unions) grundrechtliche Rechtsverhältnis, nicht indes, auch nicht zunächst, eine Mediatisierung durch den Staat als Verpflichteter der grundrechtlichen Ansprüche von (jeweils) A und B. Mediatisiert – und somit „indirekt" – ist die Anwendung im Falle dieses zweistufigen Ansatzes folglich nur mit Blick auf die Frage, ob sofort ausschließlich auf das (unions)grundrechtliche Anspruch-Pflichten-Verhältnis zu rekurrieren oder ob zunächst die hierarchisch niedrigere Rechtsnorm anhand des Rechts höherer Rangstufe auszulegen ist. Deshalb mag sich, soweit diese Auslegung möglich ist, die zweistufige Anwendung äußerlich nicht von den noch im Einzelnen zu diskutierenden Verantwortungs-, insbesondere den Auslegungskonstruktionen unterscheiden. Sie ist allerdings gerade nicht staatsgerichtet, bedient sich also nicht staatlicher Involvierung als Vehikel der Horizontalwirkung. Sie erfordert damit auch nicht die Einleitung eines staatlichen Gerichtsverfahrens, sondern wirkt aufgrund des von Anfang an bestehenden unmittelbaren grundrechtlichen Anspruch-Pflichten-Verhältnisses zwischen den Privaten A und B.

Drittens bedeutet dies für die Übertragung ins deutsche Recht Folgendes: Die sich unmittelbar einander gegenüberstehenden grundrechtlichen Positionen von A und von B sind im Wege einer Verhältnismäßigkeitsprüfung miteinander in Einklang zu bringen.[190] Ergibt sich als deren Resultat ein grundrechtlicher Anspruch der A gegen B (oder des B gegen A), so bestimmt allerdings dieser nicht sogleich ausschließlich das Privatrechtsverhältnis A-B, sondern die maßgeblichen einschlägigen einfachrechtlichen Privatrechtsvorschriften sind zunächst so auszulegen, dass sie diesem grundrechtlichen Anspruch entsprechen. Eine derartige normative – und eben nicht staatliche – Mediatisierung trotz unmittelbaren grundrechtlichen Rechtsverhältnisses A-B ist keine *contradictio in adiecto*. Dass B gegenüber A unmittelbar aus den Grundrechten verpflichtet ist und A gegenüber B einen unmittelbaren grundrechtlichen Anspruch hat, bedeutet nur, dass die Grundrechte zwischen A und B unmittelbar gelten, sagt aber *per se* noch nichts darüber aus, ob diese Geltung normativ mediatisiert

---

[189] Ebenda, Rn. 76f. Noch deutlicher in der Folgerechtsprechung EuGH, Urt. v. 6.11.2018, verb. Rs. C-569/16 und C-570/16 – „Bauer und Broßonn", Rn. 90, dass das Recht aus Art. 31 Abs. 2 GRC „schon seinem Wesen nach mit einer entsprechenden Pflicht des [privaten] Arbeitgebers einhergeht […]."

[190] Siehe dazu auch im Einzelnen noch unten Kap. 7, C.

ist oder nicht. Die Lehre vom Gesetzesvorbehalt als Erfordernis einer gesetzgeberischen Entscheidung mit besonders hoher demokratischer Legitimität[191] spricht dafür, dass jedenfalls verfassungsrechtlich nicht ausgeschlossen ist, dass der unmittelbare grundrechtliche Anspruch A-B zunächst gesetzlich mediatisiert wird.

Ist eine solche grundrechtskonforme Auslegung *lege artis*, d.h. im Wege der etablierten Interpretations*canones*, möglich, ist eine so ermittelte Auslegung zu wählen. Sollte die Auslegung der einfachrechtlichen Vorschriften indes scheitern, entweder weil diese eine solche nicht zulassen (*contra legem*) oder weil das einfache Recht keine Aussage über den fraglichen Sachverhalt trifft (*praeter legem*), bestimmt der grundrechtliche Anspruch der A gegen B (oder des B gegen A) das Rechtsverhältnis A-B. Es kommt somit vor Gericht, falls ein Rechtsstreit vor staatlichen Gerichten eingeleitet wird, zu einer richterlichen Rechtsfortbildung entweder *praeter* oder *contra legem*, die normhierarchisch in Verfassungsrang steht, da sie die grundrechtlichen Ansprüche und Pflichten im Rechtsverhältnis A-B realisiert. Eine staatliche Mediatisierung, insbesondere durch die Gerichte, ist indessen wie gesagt für die Horizontalwirkung nach den Anwendungskonstruktionen, einschließlich der zweistufigen Anwendung, nicht erforderlich.

Mithin lässt sich viertens die zweistufige Anwendung folgendermaßen konstruieren: (a) Ausgleich der widerstreitenden Grundrechtspositionen A-B im Wege der Verhältnismäßigkeit; (b) falls sich daraus ein grundrechtlicher Anspruch der A gegen B (oder des B gegen A) ergibt: Auslegung der einfachrechtlichen Vorschriften entsprechend dieses grundrechtlichen Anspruches nach den hergebrachten Interpretations*canones*; (c) falls die Auslegung danach scheitert, bestimmt der grundrechtliche Anspruch der A gegen B (oder des B gegen A) deren Privatrechtsverhältnis, was vor Gericht erfordert, den grundrechtlichen und daher mit Verfassungsrang ausgestatteten Anspruch *praeter* oder *contra legem* zuzusprechen.

3. Anwendungskonstruktionen in der Praxis

Analytisch-dogmatisch ist Anwendungskonstruktionen gemein, dass sie ein unmittelbares grundrechtliches Anspruch-Pflichten-Verhältnis zwischen Privaten konstruieren. Dies hat mehrere praktische Folgen. Erstens bedeutet es zunächst, dass die Grundrechte im Privatrechtsverhältnis unabhängig davon gelten, ob ein gerichtliches Verfahren eingeleitet worden ist oder nicht. Das grundrechtliche Anspruch-Pflichten-Verhältnis der Privaten A und B ist nicht prozessakzes-

---

[191] Vgl. nur *C. Seiler*, Der einheitliche Parlamentsvorbehalt, 2000, S. 40ff.; *C. Bickenbach*, Die Einschätzungsprärogative des Gesetzgebers – Analyse einer Argumentationsfigur in der (Grundrechts-)Rechtsprechung des Bundesverfassungsgerichts, 2014, S. 223ff.; ausführlich *P. Lassahn*, Rechtsprechung und Parlamentsgesetz – Überlegungen zu Anliegen und Reichweite eines allgemeinen Vorbehalts des Gesetzes, 2017, S. 77ff.

sorisch. Der grundrechtliche Anspruch der A gegen B – und als Korrelat die grundrechtliche Pflicht des B gegenüber A – besteht also stets – jedenfalls immer dann, wenn das jeweilige Grundrecht unmittelbar zwischen Privaten anwendbar ist.[192] Das Gericht stellt den grundrechtlichen Anspruch sodann lediglich fest.

Gelangt der Privatrechtsstreit, dessen Gegenstand das grundrechtliche Anspruch-Pflichten-Verhältnis selbst ist, vor Gericht, ist zweitens gerichtlich zunächst Folgendes zu prüfen: (a) Hat B durch sein Verhalten in den jeweiligen Schutzbereich der unmittelbar anwendbaren Grundrechte der A eingegriffen?; (b) bejahendenfalls, ist das in die Grundrechte der A eingreifende Verhalten des B seinerseits durch ein oder mehrere Grundrechte des B bewehrt?; (c) bejahendenfalls, ergibt die Verhältnismäßigkeitsprüfung der kollidierenden Grundrechte von A und B, dass die Grundrechtsposition der A oder diejenige des B überwiegt? Überwiegt die Position der A, besteht (d) schließlich die Pflicht des B, diese Verletzung einzustellen und gegebenenfalls die Folgen der Verletzung zu beseitigen – und der korrelierende Anspruch der Gegenseite, dass die Verletzung eingestellt wird und gegebenenfalls die Folgen der Verletzung beseitigt werden.[193]

Dieser *grundrechtliche* Anspruch der A bzw. diese korrelierende *grundrechtliche* Pflicht des B gilt unmittelbar im Privatrechtsverhältnis selbst. Nach den Anwendungskonstruktionen genießen dieser Anspruch und die dazu korrespondiere Pflicht mit Grundrechtsstatus aufgrund des höheren Rangs des Verfassungsrechts Vorrang gegenüber den etwaigen *einfachrechtlichen* wechselseitigen Ansprüchen und Pflichten zwischen A und B. Gemäß der einstufigen Anwendung ist dabei allein auf dieses grundrechtliche Anspruch-Pflichten-Verhältnis A-B zur Bestimmung ihres Privatrechtsverhältnisses zu rekurrieren. Dies bedeutet, dass somit das, was A von B im Privatrechtsverhältnis fordern kann, unmittelbar und ausschließlich aus den Grundrechten folgt, egal ob einfachrechtliche Vorschriften existieren, die ein solches Ergebnis zulassen, oder ob einfachrechtliche Vorschriften keine Aussage zu der fraglichen Konstellation treffen oder auch ob einfachrechtliche Vorschriften dem grundrechtlich geforderten Ergebnis entgegenstehen.

Gemäß der zweistufigen Anwendung ist in den letzten beiden soeben genannten Fällen – also der *praeter* und der *contra legem*-Konstellation – ebenfalls das grundrechtliche Anspruch-Pflichten-Verhältnis diejenige Rechtsquelle, welche die Privatrechtsbeziehung A-B bestimmt. Die entsprechend geforderte

---

[192] Zu dieser Prüfung, die für jedes Grundrecht durchzuführen ist, siehe insbesondere *L. Enneccerus/H. C. Nipperdey*, Allgemeiner Teil des Bürgerlichen Rechts, 1. Halbband: Allgemeine Lehren, Personen, Rechtsobjekte, 15. Aufl. 1959, S. 98; siehe auch *H. C. Nipperdey*, Die Würde des Menschen, in: F.L. Neumann/H.C. Nipperdey/U. Scheuner (Hrsg.), Die Grundrechte – Handbuch der Theorie und Praxis der Grundrechte, Bd. 2: Freiheitsrechte in Deutschland, Berlin, 1954, 1, 18f. Siehe auch unten Kap. 7, B.

[193] Siehe dazu noch im Einzelnen unten Kap. 7, C.

richterliche Rechtsfortbildung steht in Fällen sowohl der ein- als auch der zweistufigen Anwendung im Rang des Verfassungsrechts, da sie sich direkt aus dem Grundrechtsverhältnis A-B ergibt. Die zweistufige Anwendung erfordert aber zunächst eine Orientierung an den einfachrechtlichen Vorschriften. Diese sind, so weit wie möglich dem zuvor ferstgestellten Ergebnis der Abwägung der Grundrechte A-B entsprechend auszulegen. Nur wenn diese grundrechtskonforme Auslegung nicht möglich ist, weil die einfachrechtlichen Normen den Sachverhalt nicht regeln oder weil sie mit dem Regelungsgehalt des Abwägungsergebnisses der Grundrechte A-B kollidieren, ist auf das unmittelbare Anspruch-Pflichten-Verhältnis ohne weitere Mediatisierung durch einfaches Recht zu rekurrieren. Diese Lösung, insbesondere die richterliche Rechtsfortbildung der Anwendungskonstruktionen *praeter* oder *contra legem* wirft mit Blick auf verfassungsrechtliches Gewaltenteilungs- und Demokratie- und Rechtssaatsprinzip sowie demokratietheoretische Fragen auf, welche Anwendungskonstruktionen zu beantworten haben.[194]

B. Verantwortung

Der dogmatische Typus der Verantwortung umfasst Horizontalwirkungskonstruktionen, die im Gegensatz zu Anwendungskonstruktionen nicht von einem direkten grundrechtlichen Anspruch-Pflichten-Verhältnis zwischen den Privaten A und B ausgehen. Vielmehr sehen sie den Staat in der Verantwortung, im Falle einer gerichtlichen Entscheidung über das rein privatrechtliche Rechtsverhältnis A-B, seine grundrechtlichen Pflichten gegenüber A und B zu erfüllen und somit für einen etwaigen Ausgleich kollidierender Grundrechtspflichten gegenüber A und B zu sorgen.[195] Verantwortungskonstruktionen legen mithin folgendes Verständnis der in Frage stehenden Anspruch-Pflichten-Verhältnisse in der Triade A-Staat-B zugrunde, um zur Wirkung der Grundrechte im Verhältnis zwischen Privaten zu gelangen:

Der Staat hat durch die staatlichen Gerichte als staatliche Hoheitsträger im gerichtlichen Verfahren die Pflicht, den Gewährleistungsgehalt der Grundrechte der Parteien eines gerichtlichen Rechtsstreits nicht in unverhältnismäßiger Weise zu beschränken.

---

[194] Vgl. unten Kap. 5, zusammenfassend D. und Kap. 6, zusammenfassend E.III.

[195] Vgl. bereits *D. Suhr*, Entfaltung der Menschen durch die Menschen – Zur Grundrechtsdogmatik der Persönlichkeitsentfaltung, der Ausübungsgemeinschaften und des Eigentums, 1976, S. 146f., der den Staat plastisch als „mittelbare[n] Täter und Gehilfe[n] im Verkehr der Bürger untereinander" beschreibt, „der sehr handfest und greifbar verantwortlich ist dafür", wie der eine den anderen Privaten behandelt.

Wie Kapitel 2 erläutert hat, lassen sich innerhalb des Typus Verantwortung zwei Gruppen dogmatischer Figuren unterscheiden: Auslegungskonstruktionen und Figuren der normalen Grundrechtsfunktionen. Während Auslegungskonstruktionen vor allem in ihrer Genese nur im Zusammenhang mit den Anwendungsansätzen verständlich sind (I.), sind die Figuren der normalen Grundrechtsfunktionen in Abgrenzung zu den Auslegungskonstruktionen aus der Bestrebung entstanden, die nur mittelbare Horizontalwirkung mit einem höheren Maß an dogmatischer Präzision und im Anschluss an etablierte allgemeine Grundrechtsfunktionen zu konstruieren[196] (II.).

I. Auslegungskonstruktionen

Den Auslegungskonstruktionen ist gemeinsam, Horizontalwirkung nicht durch ein wechselseitiges grundrechtliches Anspruch-Pflichten-Verhältnis zwischen Privaten, sondern im Wege der Auslegung des Privatrechts anhand der Grundrechte zu realisieren.[197] Sie lassen sich auf folgende Weise analytisch beschreiben:

Das staatliche Gericht hat die Pflicht, im gerichtlichen Verfahren, dessen Gegenstand die Entscheidung über das Privatrechtsverhältnis von A und B ist, die streitentscheidenden einfachrechtlichen Vorschriften so auszulegen, dass der Gewährleistungsgehalt der Grundrechte von A und B nicht in unverhältnismäßiger Weise beschränkt wird.[198]

Ausgangspunkt dieser Gruppe dogmatischer Konstruktionen sind die Arbeiten *Günter Dürigs* aus den 1950er Jahren, die das BVerfG sodann im Lüth-Urteil aufgriff. Ähnliche Positionen finden sich aber auch später in der Judikatur ausländischer Verfassungsgerichte, teilweise unter unmittelbarer Bezugnahme auf, teilweise jedenfalls unter nachweisbarer Inspiration durch die Rechtsprechung des BVerfG.[199]

1. Dürig und die Werte

Günter Dürig war in seinem bereits unter A.I. erwähnten Festschriftbeitrag aus dem Jahre 1956[200] der erste, der eine umfassend ausgearbeitete dogmatische

---

[196] *C.-W. Canaris*, Grundrechte und Privatrecht, 1999, S. 27ff. spricht insoweit von einer „kritischen Rekonstruktion".

[197] Siehe dazu auch oben A.

[198] Siehe oben Kap. 2, B.III.2.

[199] Ich verwende den Begriff „Verfassungsgericht" hier in einem weiten Sinn, d.h. nicht nur bezüglich spezialisierter Verfassungsgerichte, sondern hinsichtlich aller Gerichte, welche die Kompetenz genießen, letztverbindlich über Verfassungsfragen zu entscheiden.

[200] *G. Dürig*, Grundrechte und Zivilrechtsprechung, in: Festschrift zum 75. Geburtstag von Hans Nawiasky, 1956, 157.

Konstruktion einer über die Auslegung des einfachen Rechts mediatisierten Horizontalwirkung der Grundrechte im Verhältnis zwischen Privaten vorlegte.[201] *Contra Nipperdeys* „absolute Wirkung"[202] wollte *Dürig* eine Konstruktion setzen, welche die Eigenständigkeit des Privatrechts wahren und insbesondere der „Präponderanz der Freiheit"[203] Rechnung tragen sollte. Er sah in *Nipperdeys* Lehre eine gefährliche Gleichsetzung von staatlicher und privater Grundrechtsbindung.[204] Es existierten viele Konstellationen, in denen ein und dasselbe Verhalten verboten sei, wenn es von staatlicher Seite komme, indes erlaubt sei, ja sogar Grundrechtsausübung darstelle, wenn es ein Privater zeige.[205] Dieser Unterschied dürfe nicht durch die unmittelbare Geltung[206] der Grundrechte im Sinne eines grundrechtlichen Anspruch-Pflichten-Verhältnisses zwischen Privaten nivelliert werden.

Stattdessen müsse eine dogmatisches Konstruktion der Wirkung der Grundrechte im Privatrecht „der Individualautonomie und der Eigenverantwortung" gerecht werden. „Der Rechtsverkehr Privater untereinander unterliegt daher gerade von Verfassungs wegen Sonderrecht (eben ‚Privatrecht') – und zwar auch im Recht der Abwehr von Angriffen Privater auf Rechte anderer [...]."[207] Deshalb seien die Grundrechte als „Erscheinungsformen eines [...] der Verfassung vorgegebenen *Wertsystems*"[208] zu verstehen. Art. 1 Abs. 3 GG wandele dieses Wertsystem in ein „gegen den Staat gerichtetes Anspruchssystem", das im Privatverhältnis im Wege des Sonderrechts „Privatrecht" durch „seine wertausfüllungsfähigen und wertausfüllungsbedürftigen Generalklauseln" geltend zu

[201] Ansätze finden sich beispielsweise zuvor bei *W. Mallmann*, Menschenwürde und „gute Sitten", JuristenZeitung 1951, 27 und *F. Bosch/W. Habscheid*, Vertragspflicht und Gewissenskonflikt, JuristenZeitung 1954, 213, 214 ff. sowie auch bei *Dürig* selbst, vgl. *G. Dürig*, Freizügigkeit, in: F.L. Neumann/H.C. Nipperdey/U. Scheuner (Hrsg.), Die Grundrechte – Handbuch der Theorie und Praxis der Grundrechte, Band 2, 1. Aufl. 1954, 507, 525.

[202] Siehe dazu oben E.III.

[203] Zitat von *H. Peters*, Die freie Entfaltung der Persönlichkeit als Verfassungsziel, in: Festschrift für Rudolf Laun zu seinem 70. Geburtstag, 1953, 669, 672. *Dürig* macht sich dieses zu eigen, vgl. *G. Dürig*, Grundrechte und Zivilrechtsprechung, in: Festschrift zum 75. Geburtstag von Hans Nawiasky, 1956, 157, 159, Fn. 4.

[204] *G. Dürig*, Grundrechte und Zivilrechtsprechung, in: Festschrift zum 75. Geburtstag von Hans Nawiasky, 1956, 157, 164.

[205] Ebenda, 167 f.

[206] *Dürig* verwendet nicht diesen Begriff, meint aber im Ergebnis das Gleiche.

[207] *G. Dürig*, Grundrechte und Zivilrechtsprechung, in: Festschrift zum 75. Geburtstag von Hans Nawiasky, 1956, 157, 176.

[208] Ebenda (Hervorhebung im Original). Hier zeigt sich, es ist vielfach hervorgehoben worden, der theoretische Einfluss der Smend'schen Integrationslehre. Zur Integrationslehre siehe insbesondere *R. Smend*, Verfassung und Verfassungsrecht, 1928, insbesondere S. 162–163; bereits vorgezeichnet in *ders.*, Das Recht der freien Meinungsäußerung, VVDStRL 1928, Bd. 4, 44, 46 ff.; zum Einfluss der *Smend*'schen Integrationslehre auf die Rechtsprechung des BVerfG insgesamt siehe *P. Badura*, Staat, Recht und Verfassung in der Integrationslehre – Zum Tode von Rudolf Smend, Der Staat, 1977, 305.

machen sei.[209] Eine solche Konstruktion wahre einerseits die Eigenständigkeit des Privatrechts, andererseits aber auch die „nötige *Einheit des Gesamtrechts in der Rechtsmoral*."[210]

Die Wertausfüllung der Generalklauseln des Zivilrechts mit den „in den Grundrechten ausgeformten Wertgehalten" habe sich in „drei Intensitätsgrade[n]" zu manifestieren.[211] Erstens, im Wege der Wertverdeutlichung, wonach das bereits ohne Rückgriff auf die Grundrechte zum gleichen Ergebnis gelangende Privatrecht durch Verweis des Zivilrichters auf die „Wertgehalte der Verfassung" quasi verfassungsrechtlich nobilitiert werde und dadurch „eine ganz andere Farbe, und vom Bürger her gesehen, Verständlichkeit" erhalte.[212] Zweitens könne eine privatrechtliche Generalklausel durch die Einwirkung des Verfassungsrechts einen Bedeutungswandel erfahren. Im Gegensatz zum ersten Intensitätsgrad ändere sich durch eine „*wertgeschärfte*[ ] *Auslegung*"[213] hier das Ergebnis im Vergleich zur lediglichen Anwendung des Privatrechts, wenn die Grundrechte ins Spiel kämen. Drittens und letztens könne diese Konstruktion im Wege der Auslegung der Generalklauseln anhand der Grundrechte grundrechtliche Schutzlücken schließen, die bei Beschränkung auf die Normen des Privatrechts ohne verfassungsrechtlichen Einfluss in Ausnahmefällen aufträten.

Die unterschiedlichen Intensitätsgrade ergeben sich also aus der konkreten Gestaltung des Privatrechts durch Gesetzgeber und Rechtsprechung *vor* Einwirkung der Grundrechte. Stets sollen demnach – nur – die privatrechtlichen Generalklauseln anhand der Grundrechte, oder präziser, anhand der „in [ihnen] ausgeformten Wertgehalte[ ]"[214] ausgelegt werden. Der Wertbegriff bekommt mithin bei *Dürig* zentrale Bedeutung. Dabei definiert er diesen jedoch weder, noch hält er sich insoweit mit umfangreichen Beschreibungen oder Beispielen auf. Der Begriff des Wertes/der Werte wird vorausgesetzt – und dies im doppelten Sinne. Denn wie die obigen Zitate verdeutlichen, sind Werte für *Dürig* apriorisch. Die Grundrechte sind lediglich deren konkrete „Ausformungen". Die Werte existieren also nicht durch, sondern bereits vor ihrer Positivierung in den Grundrechten des Grundgesetzes. Sie sind vorstaatlich, ebenso wie die „Rechtsmoral", als deren Elemente und Garanten *Dürig* die Werte versteht. Es ist ihre Aufgabe, das Privatrecht im Sinne dieser Rechtsmoral zu verschleifen. Diese Position ist übrigens insbesondere derjenigen *Coings* und anderer Vertreter eines „säkularen Naturrechts"[215] jedenfalls insoweit nicht unähnlich, als hier wie dort durch Rückgriff auf vorstaatliche Werte die Verfassung nicht not-

---

[209] *G. Dürig*, Grundrechte und Zivilrechtsprechung, in: Festschrift zum 75. Geburtstag von Hans Nawiasky, 1956, 157, 176 (Hervorhebung im Original).

[210] Ebenda, 177 (Hervorhebung im Original).

[211] Ebenda.

[212] Ebenda, 178.

[213] Ebenda (Hervorhebung im Original).

[214] Ebenda, 177.

[215] Zum Begriff siehe oben A.II.1.

wendiger Weise die einzige Quelle derartiger das Privatrechtsverhältnis im Sinne der Rechtsmoral beeinflussender Werte sein muss.[216] Damit wird auch wiederum der Ruf nach der „Eigenständigkeit des Privatrechts" relativiert, da jedenfalls die Eigenständigkeit des Privatrechtsgesetzgebers angesichts eines potentiell bunten Straußes an – offenbar auch nach *Dürig* – durch den Richter zu realisierenden Werten in den Hintergrund tritt.[217]

2. *BVerfG: Zähmung der Werte als Zähmung der Fachgerichte*

a) Lüth: Grundrechte als „aufgerichtete" Wertordnung

Dürigs Lehre diente bekanntermaßen[218] als wichtige Basis für die Horizontalwirkungskonstruktion der Rechtsprechung des BVerfG im Lüth-Urteil[219] und der Judikatur der folgenden Jahrzehnte[220].[221] Das Gericht versteht danach Grundrechte „in erster Linie" als „Abwehrrechte des Bürgers gegen den Staat."[222] Das Grundgesetz wolle indes keine „wertneutrale Ordnung sein". Der Grundrechtsabschnitt stelle ein „Wertsystem" dar, das als „verfassungsrechtliche Grundsatzentscheidung für alle Bereiche des Rechts" gelte, mit der Folge, dass jede „bürgerlich-rechtliche Vorschrift [...] in seinem Geiste ausgelegt werden" müsse.[223] Der Einfluss *Dürigs* tritt hier mit aller Deutlichkeit zutage.[224]

Allerdings besteht zwischen *Dürigs* Lehre und der Lüth-Rechtsprechung mit Blick auf das Wertordnungsparadigma ein bemerkenswerter Unterschied. Für *Dürig* sind die Werte, wie soeben dargelegt, vorstaatlich, die Grundrechte

---

[216] Siehe oben A.II., V. und VIII.

[217] Vgl. ähnlich zur direkten Anwendung A.V. und VIII.

[218] Siehe nur *T. Henne*, Von 0 auf Lüth in 6 ½ Jahren, in: Ders./A. Riedlinger (Hrsg.), Das Lüth-Urteil aus (rechts-)historischer Sicht – Die Konflikte um Veit Harlan und die Grundrechtsjudikatur des Bundesverfassungsgerichts, 2005, 197, 219; vgl. auch BVerfGE 7, 198 (204) [1958], wo das Gericht *Dürigs* Beitrag von 1956 zitiert.

[219] Für eine ausführliche Darstellung des Sachverhalts, auch mit Blick auf den historischen Kontext, siehe *A. Riedlinger*, Vom Boykottaufruf zur Verfassungsbeschwerde. Erich Lüth und die Kontroverse um Harlans Nachkriegsfilme (1950–58), in: T. Henne/A. Riedlinger (Hrsg.), Das Lüth-Urteil aus (rechts-)historischer Sicht – Die Konflikte um Veit Harlan und die Grundrechtsjudikatur des Bundesverfassungsgerichts, 2005, 147.

[220] Vgl. nur beispielhaft BVerfGE 25, 256 (263) – Blinkfüer; E 30, 173 (188) [1971] – Mephisto; E 35, 202 (218 f.) [1973] – Lebach.

[221] In einer Besprechung des Lüth-Urteils weist *Dürig* auf den Einfluss seiner Lehre auf die Entscheidung hin, vgl. *G. Dürig*, Zum „Lüth-Urteil" des Bundesverfassungsgerichts vom 15.1. 1958, DÖV 1958, 194, 196.

[222] BVerfGE 7, 198 (204) [1958].

[223] Ebenda (205).

[224] Zu weiteren literarischen Einflüssen siehe die Beiträge von *Michael Stolleis*, *Frieder Günther*, *Ilse Staff*, *Stefan Ruppert und Wolfgang Graf Vitzthum* in: T. Henne/A. Riedlinger (Hrsg.), Das Lüth-Urteil aus (rechts-)historischer Sicht – Die Konflikte um Veit Harlan und die Grundrechtsjudikatur des Bundesverfassungsgerichts, 2005, S. 293–367; *R. Lehner*, Zivilrechtlicher Diskriminierungsschutz und Grundrechte, 2013, S. 273–291.

lediglich deren positive Ausformungen.[225] Das BVerfG geht dagegen im Lüth-Urteil davon aus, dass „das Grundgesetz [...] in seinem Grundrechtsabschnitt auch eine objektive Wertordnung *aufgerichtet* hat und daß gerade hierin eine prinzipielle Verstärkung der Geltungskraft der Grundrechte zum Ausdruck kommt."[226] Die Werte des für die Auslegung des Privatrechts relevanten „Wertsystems" bzw. der „Wertordnung" sind demnach erst durch das Grundgesetz „aufgerichtet". Relevant ist für das Gericht folglich nur, was das positive Recht geschaffen hat. Das Konzept vorstaatlicher Werte ist jedenfalls für die Lösung der Horizontalwirkungsproblematik nicht von Bedeutung. Wertquelle und entsprechend Quelle der richterlichen Rechtsfindung ist somit ausschließlich die – damals noch nicht einmal neun Jahre alte – Verfassung selbst. Auch wenn das BVerfG – aus noch zu erörternden Gründen[227] verständlich – nicht explizit auf *Nipperdey* Bezug nimmt, so besteht hier eine eindeutige Parallele. Ebenso wie dieser positiviert und domestiziert es damit das Werteverständnis der Grundrechte.[228]

b) Auslegung in action

Die Rechtsprechung des BVerfG zur Horizontalwirkung der Grundrechte ist vielfach ausführlich diskutiert worden und wird mit Blick auf Judikate der vergangenen zwei Jahrzehnte Gegenstand einer kritischen Rekonstruktion im vierten Kapitel sein. An dieser Stelle greife ich lediglich diejenigen Aspekte heraus, die für die hiesige Erörterung der Auslegungkonstruktion des BVerfG in den ersten Jahrzehnten seiner Rechtsprechung besonders relevant sind. Die Domestizierung der Werte wurde bereits angesprochen. Darüber hinaus sind vor allem vier Charakteristika des Lüth-Urteils und der Folgejudikatur bedeutsam.

Erstens unterwirft das BVerfG im Lüth-Urteil das gesamte Zivilrecht der potentiellen Kontrolle der Verfassung – und damit seiner Kontrolle.[229] „[K]eine bürgerlich-rechtliche Vorschrift darf in Widerspruch [zum Wertsystem der Verfassung] stehen, jede muß in seinem Geiste ausgelegt werden."[230] Die privatrechtlichen Vorschriften sind das „Medium" der Grundrechte als objektive Normen, neues Recht muss sich an ihnen messen lassen, altes Recht wird „inhaltlich auf dieses Wertsystem ausgerichtet".[231] Das Instrument für diese Ausrichtung und Kontrolle ist die Auslegung, welche „der Verfassung zu folgen hat."[232] Das Ge-

[225] Siehe oben 1.
[226] BVerfGE 7, 198 (205) [1958] (meine Hervorhebung).
[227] Siehe unten c).
[228] Siehe zu *Nipperdey* oben A.III. Wie das unten E.II.2.a) bestätigt, folgt das BVerfG dem Wertverständnis des Lüth-Urteils bis in die heutige Zeit.
[229] Siehe dazu sogleich unten c).
[230] BVerfGE 7, 198 (205) [1958].
[231] Ebenda.
[232] Ebenda (206).

richt nennt zwar explizit die zivilrechtlichen Generalklauseln „vor allem" als „Einbruchstellen" der Grundrechte[233] – so weit, so *Dürig*. Aber es beschränkt sich nicht auf diese, sondern bezieht sich bereits im Lüth-Urteil potentiell auf jede „bürgerlich-rechtliche Vorschrift". Alle privatrechtlichen Normen werden dadurch zu „grundrechtlich beeinflußten Verhaltensnormen des bürgerlichen Rechts"[234]. Diese Offenheit, wonach das gesamte Privatrecht den Grundrechten potentiell unterworfen wird, wenn auch sich insoweit „vor allem" Generalklauseln eignen, findet sich ebenfalls in der Folgerechtsprechung.[235]

Zweitens erkennt das BVerfG, dass eine derartig ermöglichte potentielle Überprüfung des gesamten Zivilrechts durch ein spezialisiertes Verfassungsgericht Gefahr läuft, die Unterschiede zwischen Fachgerichtsbarkeit und spezialisierter Verfassungsgerichtsbarkeit zu nivellieren. Hier fällt der berühmte Ausspruch, das BVerfG dürfe nicht zur „‚Superrevisons'-Instanz" pervertieren.[236] Die Kontrolle des gesamten Zivilrechts muss nach dieser Rechtsprechung eine potentielle bleiben. Aber dieses Potential kann sich stets – und angesichts der Kompetenz des BVerfG zur Letztentscheidung auch über diese Frage – entfalten. Dieses Potential bedeutet somit auch Potenz des BVerfG gegenüber den Fachgerichten.[237]

Drittens zeigt sich hier deutlich die Eigenschaft der Auslegungs- des BVerfG als ein Unterfall der Verantwortungskonstruktionen:

„Der Richter hat kraft Verfassungsgebots zu prüfen, ob die von ihm anzuwendenden materiellen zivilrechtlichen Vorschriften in der beschriebenen Weise grundrechtlich beeinflußt sind; trifft das zu, dann hat er bei Auslegung und Anwendung dieser Vorschriften die sich hieraus ergebende Modifikation des Privatrechts zu beachten. Dies ist der Sinn der Bindung auch des Zivilrichters an die Grundrechte (Art. 1 Abs. 3 GG). Verfehlt er diese Maßstäbe und beruht sein Urteil auf der Außerachtlassung dieses verfassungsrechtlichen

[233] Ebenda (206) unter Zitat von *G. Dürig*, Freizügigkeit, in: F.L. Neumann/H.C. Nipperdey/U. Scheuner (Hrsg.), Die Grundrechte – Handbuch der Theorie und Praxis der Grundrechte, Band 2, 1. Aufl. 1954, 507, 525.

[234] BVerfGE 7, 198 (205) [1958].

[235] Vgl. z.B. BVerfGE 25, 256 (263) – Blinkfüer: „Das Verfahren vor den Instanzgerichten war ein bürgerlichrechtlicher Rechtsstreit, der nach der Privatrechtsordnung zu entscheiden war. Die vom Grundgesetz in seinem Grundrechtsabschnitt aufgerichtete objektive Wertordnung wirkt jedoch auf die Auslegung dieser Vorschriften ein [...]."; E 30, 173 (188) [1971] – Mephisto (Bezugnahme allgemein auf „Anwendung der bürgerlich-rechtlichen Normen"); E 35, 202 (218f.) [1973] – Lebach („Anwendung von Vorschriften des Privatrechts", „Auslegung und Anwendung der betreffenden Rechtsvorschriften"). Siehe auch unten Kap. 4, A.I.

[236] BVerfGE 7, 198 (207) [1958].

[237] Vgl. auch *M. Düwel*, Kontrollbefugnisse des Bundesverfassungsgerichts bei Verfassungsbeschwerden gegen gerichtliche Entscheidungen – Zu einem Kooperationsverhältnis von Fach- und Verfassungsgerichtsbarkeit, 2000, S. 216ff.; *M. Bender*, Die Befugnis des Bundesverfassungsgerichts zur Prüfung gerichtlicher Entscheidungen – Zur Bedeutung der Grundrechte für die Rechtsanwendung, 1989, S. 411; *A. Scherzberg*, Grundrechtsschutz und „Eingriffsintensität" – Das Ausmaß individueller Grundrechtsbetroffenheit als materiellrechtliche und kompetenzielle Determinante der verfassungsgerichtlichen Kontrolle der Fachgerichtsbarkeit im Rahmen der Urteilsverfassungsbeschwerde, 1989, S. 132; *J. Ipsen*, Verfassungsprivatrecht?, JuristenZeitung 2014, 157, 161.

Einflusses auf die zivilrechtlichen Normen, so verstößt er nicht nur gegen objektives Verfassungsrecht, indem er den Gehalt der Grundrechtsnorm (als objektiver Norm) verkennt, *er verletzt vielmehr als Träger öffentlicher Gewalt durch sein Urteil das Grundrecht, auf dessen Beachtung auch durch die rechtsprechende Gewalt der Bürger einen verfassungsrechtlichen Anspruch hat. Gegen ein solches Urteil kann* – unbeschadet der Bekämpfung des Rechtsfehlers im bürgerlich-rechtlichen Instanzenzug – *das Bundesverfassungsgericht im Wege der Verfassungsbeschwerde angerufen werden.*"[238]

Der Zivilrichter hat demnach als staatlicher Hoheitsträger die staatliche Verantwortung wahrzunehmen, die sich aus seinen grundrechtlichen Pflichten, vgl. Art. 1 Abs. 3 GG, gegenüber den Privaten A und B ergibt. Er kommt seiner Verantwortung dogmatisch nach, indem er die einfachrechtlichen Vorschriften des Privatrechts anhand der Grundrechte auslegt, die dadurch eine „Modifikation" erfahren. Erfüllt er diese Verantwortungspflicht nicht, so verletzt er im Privatrechtsstreit die Grundrechte von A/B, die sich darauf im Rahmen der Urteilsverfassungsbeschwerde vor dem BVerfG berufen können.[239]

Schließlich ist der Kontext der zitierten Passage hervorzuheben. Denn diese Passage aus S. 206 f. des Urteils steht unmittelbar vor der Passage, die sich mit dem Prüfungsumfang des BVerfG hinsichtlich fachgerichtlicher Entscheidungen beschäftigt und leitet zu dieser über.[240] Wenn das Gericht davon spricht, dass der Zivilrichter an die Grundrechte gebunden sei und diese durch ihre Nichtbeachtung in seinem Urteil verletze, so ist dies auch im Zusammenhang mit der Prüfungskompetenz des BVerfG zu sehen. In „Lüth" entschied das Gericht erstmals, dass auch fachgerichtliche Urteile Gegenstand der Verfassungsbeschwerde sein können, und musste dazu den Charakter solcher Urteile als staatliches Handeln aufzeigen. Das deutsche Gerichtssystem und Verfassungsprozessrecht weist die Besonderheit auf, dass es einerseits eine spezialisierte Verfassungsgerichtsbarkeit etabliert und andererseits die Individualverfassungsbeschwerde gegen jeden Akt öffentlicher Gewalt zulässt, vgl. Art. 93 Abs. 1 Nr. 4a GG, § 90 Abs. 1 BVerfGG. Um also die Zuständigkeit des BVerfG in einem Zivilrechtsstreit nach Erschöpfung formeller und materieller Subsidiarität zu begründen, muss dieser als Urteilsverfassungsbeschwerde und somit als Akt öffentlicher Gewalt rekonstruiert werden. Gegenstand des Verfahrens muss die letztinstanzliche Entscheidung der Fachgerichtsbarkeit selbst sein. Spätere Urteile stellen Staatsrichtung der Grundrechtsgeltung und Prüfungskompetenz gleichermaßen in Zu-

[238] BVerfGE 7, 198 (206 f.) [1958] (meine Hervorhebung).

[239] Anders als teilweise behauptet wird (vgl. z. B. *D. Medicus*, Der Grundsatz der Verhältnismäßigkeit im Privatrecht, Archiv für die civilisitische Praxis, 1992, Bd. 192, 35, 45), hat das BVerfG somit bereits im Lüth-Urteil neben der „Ausstrahlungswirkung" auch auf Art. 1 Abs. 3 GG als argumentative Grundlage der Horizontalwirkung der Grundrechte zurückgegriffen.

[240] Vgl. BVerfGE 7, 198 (207) [1958]. Die zitierte Passage (S. 206 f.) steht zwischen den Ausführungen zur wertgeleiteten Interpretation des Privatrechts (S. 205 f.) und zur Begrenzung des des Prüfungsumfangs (S. 207).

sammenhang.[241] Das staatsgerichtete Verständnis des BVerfG steht also *viertens* mit der Frage seiner Prüfungskompetenz fachgerichtlicher Urteile und folglich mit seiner Zuständigkeit (vgl. Art. 93 Abs. 1 Nr. 4a GG und § 90 Abs. 1 BVerfGG) in Beziehung, überhaupt über eine geltend gemachte Grundrechtsverletzung entscheiden zu können.

c) Der institutionelle Sieg des BVerfG

Die im Lüth-Urteil begründete Rechtsprechung, auf welche der BGH bald, das BAG[242] ungefähr seit Mitte der 1980er Jahren im Wesentlichen einschwenkte,[243] trifft daher die folgenden grundlegenden Entscheidungen. Die Grundrechte wirken im Verhältnis zwischen Privaten, indem die Gerichte die staatliche Verantwortungspflicht wahrnehmen, den Gewährleistungsgehalt der Grundrechte nicht unverhältnismäßig zu beschränken. Diese Pflicht realisieren sie, indem sie anlässlich der Auslegung privatrechtlicher Vorschriften diese an dem Wertsystem der Grundrechte zu messen haben. Dieses Wertsystem hat seinen Ursprung und damit seine Grenze im positivierten Grundrechtskatalog der Verfassung. Das BVerfG überprüft die Einhaltung dieser Grundsätze im Wege der Urteilsverfassungsbeschwerde. Es grenzt seine Prüfungsdichte jedenfalls potentiell ein, um nicht zur „Superrevisionsinstanz" zu mutieren. Es bewahrt sich jedoch die eigene Kompetenz, jede einfachrechtliche Norm potentiell zum Gegenstand verfassungsrechtlicher Überprüfung machen zu können sowie die Kompetenz-Kompetenz, zu entscheiden, unter welchen Umständen sich dieses Potential im Einzelnen entfaltet. Dies bedeutet mithin eine doppelt abgesicherte flexible Zentralisierung beim BVerfG.

Betrachtet man diese Weichenstellungen aus institutionell-kompetenzieller Perspektive, so bedingen sie somit eine erhebliche Stärkung des BVerfG gegenüber der Fachgerichtsbarkeit im Vergleich zu den Ansätzen der direkten Anwendung. Die Domestizierung der Werte durch Beschränkung auf die Verfassung als die einzig maßgebliche Wertquelle bevorzugt dasjenige Gericht, das

[241] Z.B. BVerfGE 30, 173 (188) [1971] – Mephisto; E 54, 208 (215) [1980] – Böll/Walden; E 66, 116 (131) [1984] – Springer/Wallraff; E 81, 242 (253) [1990] – Handelsvertreter; E 112, 332 (358) [2005] – Pflichtteil; E 114, 339 (348) [2005] – Stolpe IM; BVerfGE 142, 74 (101) [2016] – Sampling.

[242] Vgl. dazu *D. Fabisch*, Die unmittelbare Drittwirkung der Grundrechte im Arbeitsrecht, 2010, S. 240ff.

[243] Vgl. z.B. BAGE 48, 195 (205) [1985] (zur Aussperrung im Arbeitskampf in der Durckindustrie); E 88, 118 (123) [1998] (zur Altersgrenze von Cockpitpersonal); E 97, 92 (96) [2001] (zum Kündigungsschutz im Kleinbetrieb); E 102, 65 (69) [2002] (zu einer tarifvertraglichen Altersgrenze); E 103, 321 (327) [2002] (zu Regelungen zum Erziehungsurlaub im Tarifvertrag); E 140, 291 (301) [2012] (zur Eingruppierung in einen Tarifvertrag); E 111, 173 (176) [2004] (zur Videoüberwachung am Arbeitsplatz ohne Zustimmung des Arbeitnehmers); E 130, 347 (353) [2009] (zu einem Beweisverwertungsverbot wegen geheimen Mithörens von Telefongesprächen).

auf die Entscheidung von Verfassungsfragen spezialisiert ist. Die Fachgerichte müssen das Privatrecht im Lichte der Grundrechte auslegen, das BVerfG hat aber die Kompetenz, diese fachgerichtliche Anwendung und Auslegung zu überprüfen, und entscheidet letztverbindlich über die Grenzen dieser Prüfungskompetenz (doppelt flexible Zentralisierung). All dies stärkt das BVerfG. Denn damit ist auch sichergestellt, dass Horizontalwirkungsfragen nicht im Sinne *Leisners* gänzlich zu Privatrechtsfragen werden,[244] sondern (auch) Verfassungsrechtsfragen und infolgedessen (auch) von der Verfassungsgerichtsbarkeit zu adressierende Fragen bleiben.

Dass derartige machtpolitische Erwägungen bei der Entscheidung des Lüth-Urteils eine Rolle gespielt haben mögen, legt auch der historische Kontext nahe. Denn BGH und BAG legten bereits in den frühen 1950er Jahren Lösungsansätze der Horizontalwirkungsproblematik vor, die, wie in Unterkapitel A dargelegt, deren Position erheblich stärkten.[245] Das BAG ging sogar in einer Entscheidung aus dem Jahre 1957 so weit zu behaupten, das BVerfG folge ebenfalls *Nipperdeys* „absoluter Wirkung".[246] Überdies versuchte vor allem der BGH in den 1950er Jahren die Grenzen der eigenen Befugnisse zu Lasten des BVerfG zu testen. Es handelte sich dabei um Positionsbehauptungskämpfe, denen sich das Bundesverfassungsgericht im Trennungssystem des Grundgesetzes in seinen frühen Jahren gegenüber der Fachgerichtsbarkeit ausgesetzt sah. Genannt seien hier nur zwei – zeitlich und thematisch miteinander verbundene – Beispiele: Die Auseinandersetzung zwischen BGH und BVerfG um den Status der Beamtenverhältnisse nach 1945 (Stichwort: G 131) und den so genannten „Gutachten-Streit" zwischen den Höchstgerichten der Fachgerichtsbarkeit und dem BVerfG um das Vorlageverfahren bei der konkreten Normenkontrolle nach § 80 Abs. 1 BVerfGG a.F.

Im Streit um das G 131 opponierte der Große Senat für Zivilsachen[247] explizit gegen das „Beamtenurteil" des BVerfG vom Dezember 1953.[248] Das „Gesetz zur Regelung der Rechtsverhältnisse der unter Artikel 131 des Grundgesetzes fallenden Personen" (G 131) gewährte zwar weitgehend, jedoch nicht vollständig und nicht in allen Fällen, den vor 1945 im Beamtenverhältnis befindlichen Personen den Wiedereintritt in ihre vorherigen Rechtspositionen. Das BVerfG bestätigte die Verfassungsmäßigkeit des G 131, wobei es eindeutig klarstellte, dass

---

[244] Vgl. oben A.IV.

[245] Siehe oben A.V. und VIII.

[246] Vgl. BAG, Neue Juristische Wochenschrift 1957, 1688, 1689. Unter Bezugnahme auf die Entscheidung des BVerfG zur Ehegattenbesteuerung (BVerfGE 6, 55), das sich gerade nicht mit der Wirkung der Grundrechte im Privatrechtsstreit auseinander gesetzt hatte, behauptete das BAG unzutreffender Weise: „Auch das BVerfG vertritt in seinem Beschl. v. 17.1.1957 [...] den gleichen Standpunkt."

[247] BGHZ (GS) 13, 265 [1954]. Anders dagegen der Dritte Zivilsenat des BGH, vgl. BGHZ 1, 274 [1951]; BGHZ 2, 117 [1951]; BGHZ 14, 138 [1954].

[248] BVerfGE 3, 58 [1953].

alle Beamtenverhältnisse am 8. Mai 1945 mit dem Untergang des Dritten Reiches erloschen seien und dass daher kein Anspruch auf die Fortsetzung der vor diesem Datum bestehenden Rechtspositionen bestehe. Der BGH hielt dagegen, Staat wie Beamtenschaft sei eine Kontinuität zu eigen, welche nicht durch den Untergang eines Regimes beendet werden könne, in welches die große Mehrheit der Beamten überdies in keiner Weise verstrickt gewesen seien.[249] Erst mit dem so genannten „Gestapo-Urteil" des BVerfG vom 19. Februar 1957,[250] welches an seiner Auffassung im „Beamten-Urteil" ausdrücklich festhielt und dem sich der BGH und auch die Literatur[251] letztlich gefügt haben,[252] endete diese Spannungslage.

Am selben Tag beendete das BVerfG mit einer weiteren Entscheidung die zuvor gängige Praxis der Höchstgerichte des jeweiligen Instanzenzuges der Fachgerichtsbarkeit, Vorlagen unterinstanzlicher Gerichte nach Art. 100 Abs. 1 GG ein Gutachten beizufügen, in denen die Höchstgerichte ihre Auffassung zur Verfassungsmäßigkeit des fraglichen Gesetzes ausführlich Stellung nahmen und welche in den amtlichen Sammlungen dieser Gerichte veröffentlicht wurden. § 80 Abs. 1 BVerfGG in seiner damaligen Fassung sah vor, dass eine Vorlage zur konkreten Normenkontrolle durch ein Instanzgericht dem BVerfG durch das jeweilige Höchstgericht des Instanzenzuges zuzuleiten sei – ohne indes ausdrücklich von einer Begutachtung durch das Höchstgericht zu sprechen.[253] In seiner Entscheidung vom 19. Februar 1957[254] bestätigte es seine bereits im November 1955[255] geäußerte Auffassung, dass ein derartiges Gutachten nicht zulässig sei. Wenige Monate später änderte der Gesetzgeber § 80 Abs. 1 BVerfGG und normierte die bis heute geltende Rechtslage, wonach das Instanzgericht den Normenkontrollantrag direkt an das BVerfG richtet.[256]

249 Vgl. BGHZ (GS) 13, 265 (296 ff.) [1954].

250 BVerfGE 6, 132 [1957].

251 Welche sich nach dem „Beamten-Urteil" noch fast einhellig auf die Seite des BGH geschlagen hatte, vgl. dazu nur die Aussprache zum zweiten Beratungsgegenstand „Die Berufsbeamten und die Staatskrisen" auf der Staatsrechtslehrertagung im Jahre 1954, insbesondere die Redebeiträge von *Werner Weber*, *Heinrich Herrfahrdt* und *Otto Bachof*, vgl. VVDStRL 1954, Bd. 13, 154 ff., insbesondere 171–174, 186 f. und 187–190.

252 Siehe dazu ausführlich *J. Menzel*, Vergangenheitsbewältigung in der frühen Judikatur des Bundesverfassungsgerichts: Beamten- und Gestapo-Urteil, in: T. Henne/A. Riedlinger (Hrsg.), Das Lüth-Urteil aus (rechts-)historischer Sicht – Die Konflikte um Veit Harlan und die Grundrechtsjudikatur des Bundesverfassungsgerichts, 2005, 225–235; *O. W. Lembcke*, Hüter der Verfassung, 2007, S. 199–215.

253 D. h. die Höchstgerichte verstanden ihre Funktion unter § 80 Abs. 1 BVerfGG a. F. danach ähnlich derjenigen der Cour de Cassation und des Conseil d'État nach der zum 1. März 2010 in Kraft getretenen gegenwärtigen Verfassungslage gemäß Art. 61–1 der französischen Verfassung von 1958 in der gegenwärtigen Fassung, siehe dazu auch unten D.II.

254 BVerfGE 6, 222 [1957].

255 BVerfGE 4, 358 [1955].

256 Vgl. *M. Baldus*, Frühe Machtkämpfe – Ein Versuch über die historischen Gründe der Autorität des Bundesverfassungsgerichts, in: T. Henne/A. Riedlinger (Hrsg.), Das Lüth-Urteil

Beide Beispiele demonstrieren damit die institutionellen Spannungen zwischen Verfassungsgerichtsbarkeit und Fachgerichtsbarkeit im zeitlichen Kontext von „Lüth“: Die maßgeblichen Entscheidungen des BVerfG vom 19. Februar 1957 ergingen weniger als ein Jahr vor Erlass des Lüth-Urteils vom 15. Januar 1958.

3. *Israel: Kestenbaum als Lüth-Klon?*

Blickt man auf vergleichbare Ansätze in der Rechtsprechung ausländischer Gerichte, so ähneln Konstruktion und Argumentation hinsichtlich der Wirkung der Grundrechte im Verhältnis zwischen Privaten im israelischen Recht stark dem Ansatz des BVerfG.[257] Auch in Israel findet sich in den Verfassungsdokumenten keine eindeutige Aussage zur Wirkung der Grundrechte im Privatrecht. Israel verfügt nicht über einen einheitlichen Verfassungstext, vielmehr besteht eine ganze Reihe an so genannten Grundgesetzen („basic laws“), die Verfassungsrang und somit Vorrang vor den einfachen Gesetzen genießen. Erst seit dem Erlass zweier Grundgesetze im Jahr 1992 verfügt Israel über einen geschriebenen Katalog an Grundrechtsnormen.[258]

Mit seiner Entscheidung in *Jerusalem Community Burial Society v. Kestenbaum*[259] begründete der isralische Supreme Court seine Rechtsprechung zur Horizontalwirkung durch Auslegung des einfachen Rechts anhand der Grundrechte. Im Fall wandte sich der Kläger des Ausgangsverfahrens gegen eine Klausel in den von ihm akzeptierten Allgemeinen Geschäftsbedingungen einer Friedhofsgesellschaft, wonach eine Grabsteininschrift nur in hebräischen Buchstaben möglich war. Der Gerichtshof hielt insbesondere die Rechte des Klägers und seiner Angehörigen auf Achtung der Würde und der Freiheit der Äußerung („freedom of expression“) für im Privatrechtsverhältnis anwendbar und betonte:

> „[T]he legal system in general and basic human rights in particular are not limited solely to public law. The distinction between public and private law is not that sharp. Legal method is not a confederation of legal fields – rather, it unites method and justice. Therefore, basic principles are those of the entire system, and not solely of public law. Basic human rights do not target the government exclusively; they also affect mutal relations between individuals themselves.“[260]

---

aus (rechts-)historischer Sicht – Die Konflikte um Veit Harlan und die Grundrechtsjudikatur des Bundesverfassungsgerichts, 2005, 237, 245.

[257] So auch *M. Tamir*, Human Rights in Private Law: Hybridization of Balancing Tests, in: G. Sapir/D. Barak-Erez/A. Barak (Hrsg.), Israeli Constitutional Law in the Making, 2013, 401, 405.

[258] Vgl. dazu *D. Barak-Erez/I. Gilead*, Human Rights in Private Law – The Israeli Case, in: D. Oliver/J. Fedtke (Hrsg.), Human Rights and the Private Sphere – A Comparative Study, 2006, 252, 252 f.

[259] Israelischer Supreme Court, CA 294/91, *Jerusalem Community Burial Society v. Kestenbaum*, 46(2) PD 464 [1992].

[260] Ebenda, 530 (Übersetzung von *A. Barak*, Constitutional Rights and Private Law, in: G. Sapir/D. Barak-Erez/A. Barak (Hrsg.), Israeli Constitutional Law in the Making, 2013,

Diese Einwirkung der Grundrechte auf das Privatrecht erfolge im Wege der Interpretation des einfachen Rechts anhand der Grundrechte der „basic laws".[261] Der israelische Supreme Court bestätigte diese Rechtsprechung in einer Vielzahl von Folgeentscheidungen und dehnte sie auf alle Bereiche des Vertrags- wie des Deliktsrechts aus.[262] Damit besteht eine deutliche Parallele zur Praxis des BVerfG. Jedoch ist ein Unterschied beachtenswert: Das israelische Gerichtssystem ist ein Einheitssystem. Das Institut der Urteilsverfassungsbeschwerde zu einem spezialisierten Verfassungsgericht existiert nicht. Wie beispielsweise im US-amerikanischen[263] und im irischen Recht[264] entscheidet der israelische Supreme Court sowohl Fragen des einfachen als auch des Verfassungsrechts.[265]

4. Kanada: Verantwortung und common law

Auch das kanadische Gerichtssystem ist ein Einheitssystem. Der kanadische Supreme Court entscheidet zivilrechtliche Fragen ebenso wie Fragen, welche die Auslegung und Anwendung der Charter of Rights and Freedoms von 1982, dem kanadischen Grundrechtskatalog, betreffen.[266] Laut Artikel 52(1) der Charter genießt diese Vorrang vor dem einfachen Recht. Artikel 32(1) beschreibt ihren Anwendungsbereich:

> „This Charter applies
> (a) to the Parliament and government of Canada in respect of all matters within the authority of Parliament including all matters relating to the Yukon Territory and Northwest Territories; and
> (b) to the legislature and government of each province in respect of all matters within the authority of the legislature of each province."

379, 397f. und *M. Tamir*, Human Rights in Private Law: Hybridization of Balancing Tests, in: G. Sapir/D. Barak-Erez/A. Barak (Hrsg.), Israeli Constitutional Law in the Making, 2013, 401, 405f.).

[261] Siehe auch *A. Barak*, Constitutional Rights and Private Law, in: G. Sapir/D. Barak-Erez/A. Barak (Hrsg.), Israeli Constitutional Law in the Making, 2013, 379, 398, der den Urteilstext verfasste.

[262] Allerdings mit gewissen Einschränkungen in vertragsrechtlichen Beziehungen im Einzelfall, vgl. *D. Barak-Erez/I. Gilead*, Human Rights in Private Law – The Israeli Case, in: D. Oliver/J. Fedtke (Hrsg.), Human Rights and the Private Sphere – A Comparative Study, 2006, 252, 257–275.

[263] Vgl. unten C.I.

[264] Siehe oben A.VII.

[265] Vgl. israelischer Courts Act, 5744–1984, Sections 25–32.

[266] Zu Kanada, insbesondere auch zur Veränderung des Verfassungssystems von einem System parlamentarischer Souveränität hin zu einem System mit weitgehendem Vorrang der Grundrechte siehe *J. L. Hiebert*, Parliamentary Bills of Rights: An Alternative Model?, Modern Law Review 2006, Bd. 69, 7, 11–14; *J. L. Black-Branch*, Parliamentary Supremacy or Political Expediency?: The Constitutional Position of the Human Rights Act under British Law, Statute Law Review 2002, Bd. 23, 59, 61–62, 75–76; vgl. auch *S. Gardbaum*, The New Commonwealth Model of Constitutionalism: Theory and Practice, 2013, S. 97ff.

Die Frage der Horizontalwirkung der Charter stellte sich dem Supreme Court erstmals in der Entscheidung *RWDSU v. Dolphin Delivery*[267] aus dem Jahre 1986. In der Sache ging es um die Frage, ob es mit dem Recht auf Meinungsäußerungsfreiheit vereinbar war, einer Gewerkschaft zu untersagen, einen Geschäftspartner desjenigen Unternehmens zu bestreiken, mit dem sie sich in Tarifverhandlungen befand (sog. „secondary picketing"). Das im Fall einschlägige Streikrecht war nicht gesetzlich geregelt, sondern Gegenstand des common law. Entsprechend stellte sich für den Supreme Court die Frage, ob sich die Horizontalwirkung auch auf Regeln des common law erstreckte.

Der Gerichtshof verneinte diese Frage grundsätzlich.[268] Zwar sei die Charter auch auf das common law anwendbar; ihr Artikel 52(1) beziehe sich auf das gesamte kanadische Recht, das an den Rechten der Charter zu messen sei.[269] Allerdings ergebe sich aus Artikel 32(1), dass die Charter-Rechte nicht auf Richterrecht Anwendung finden könnten. Denn diese Vorschrift nenne nur Exekutive und Legislative als an die Charter gebundene Gewalten. Dass die Judikative nicht in Artikel 32(1) genannt sei, sei kein Versehen, sondern wohl erwogen. Denn die Entscheidung eines Rechtsstreits anhand des common law sei, anders als im Falle von Legislativ- oder Exekutivhandeln, dem Staat nicht zurechenbar:

„While in political science terms it is probably acceptable to treat the courts as one of the three fundamental branches of Government, that is, legislative, executive, and judicial, *I cannot equate for the purposes of Charter application the order of a court with an element of governmental action.* This is not to say that the courts are not bound by the Charter. The courts are, of course, bound by the Charter as they are bound by all law. It is their duty to apply the law, but in doing so they act as neutral arbiters, not as contending parties involved in a dispute. *To regard a court order as an element of governmental intervention necessary to invoke the Charter would, it seems to me, widen the scope of Charter application to virtually all private litigation.*"[270]

Der kanadische Supreme Court beschreibt hier vor allem im letzten Satz des obigen Zitats die Problematik staatlicher Zurechnung von gerichtlichem Handeln im Sinne der „state action"-Doktrin des US-amerikanischen Verfassungsrechts. Denn wie das zweite Kapitel bereits im Zusammenhang mit der Entscheidung *Shelley v. Kraemer* des US Supreme Court angerissen hat und wie Unterabschnitt C.I. noch im Einzelnen erörtern wird, führte ein solches Konstrukt dazu, dass

---

[267] Kanadischer Supreme Court, *RWDSU v. Dolphin Delivery Ltd.*, [1986] 2 R.C.S. 573.

[268] Ebenda, 597ff.

[269] Vgl. ebenda, 592f. Siehe auch Artikel 52(1): „The Constitution of Canada is the supreme law of Canada, and *any law* that is inconsistent with the provisions of the Constitution is, to the extent of the inconsistency, of no force or effect." (Meine Hervorhebung).

[270] Kanadischer Supreme Court, *RWDSU v. Dolphin Delivery Ltd.*, [1986] 2 R.C.S. 573, 600 (meine Hervorhebungen).

jedes private Verhalten, das gerichtlich verhandelt wird, anhand der Grundrechte überprüft werden könnte. Der Zurechnungstest würde somit zur Makulatur.[271]

Allerdings stellte sich der kanadische Supreme Court in *Dolphin Delivery* in einem *obiter dictum* die Frage, ob bei der Anwendung und Fortentwicklung des Richterrechts im Privatrechtsstreit die Grundrechtsnormen der Charter eine Rolle spielten. Dies bejahte der Gerichtshof: „[T]he judicary ought to apply and develop the principles of the common law in a manner consistent with the fundamental values enshrined in the Constitution."[272] Mit anderen Worten, die Charter-Rechte finden danach nicht direkte Anwendung zwischen Privaten, sondern entfalten Wirkung lediglich, indem die Gerichte richterliche Rechtsfortbildung im Sinne des common law nur in Einklang mit den Werten der Charter betreiben können. In der Entscheidung *Hill v. Church of Scientology of Toronto*[273] führte der Gerichtshof weiter aus, dass dies zum einen die Pflicht der Gerichte zur verfassungskonformen „Auslegung" („interpretation") des common law nach sich ziehe. Zum anderen bedeute dies aber auch, dass der gerichtliche Prüfungsmaßstab, insbesondere der in Artikel 1 der Charter verankerte Verhältnismäßigkeitstest, für „Charter values" nicht in gleichem Maße gelten könne wie für „Charter rights." Die Charter repräsentiere folglich

> „a restatement of the fundamental values which guide and shape our democratic society and our legal system. It follows that it is appropriate for the courts to make such incremental revisions to the common law as may be necessary to have it comply with the values enunciated in the Charter."[274]

Diese Argumentation ähnelt stark dem Wertordnungsparadigma der Lüth-Rechtsprechung:[275] die Grundrechte als Wertsystem, die das gesamte Recht durchdringen und daher auch das Richterrecht im Privatrecht beeinflussen müssen. Der Unterschied einer derartigen Charter-konformen Auslegung anhand der „Charter values" zu einer Überprüfung von Legislativ- und Exekutivhandeln anhand der „Charter rights" liegt für den kanadischen Supreme Court darin, dass der Abwägungsvorgang „more flexible" abzulaufen habe als „the more traditional s. 1 analysis [Verhältnismäßigkeitsprüfung] undertaken in cases involving governmental action cases."[276] Die grundrechtlichen Werte müssten gegen die Prinzipien des common law abgewogen werden und bildeten somit Richtlinien für die Modifikation des common law. Überdies treffe diejenige Partei die

---

[271] Siehe dazu ausführlich auch unten C.I.3.b). Siehe auch *J. van der Walt*, The Horizontal Effect Revolution and the Question of Sovereignty, 2014, S. 103, 105f.

[272] Kanadischer Supreme Court, *RWDSU v. Dolphin Delivery Ltd.*, [1986] 2 R.C.S. 573, 603.

[273] Kanadischer Supreme Court, *Morris Manning and Church of Scientology of Toronto v. S. Casey Hill*, [1995] 2 R.C.S. 1130.

[274] Ebenda, 1169.

[275] Siehe dazu oben II.1. und 2.

[276] Kanadischer Supreme Court, *Morris Manning and Church of Scientology of Toronto v. S. Casey Hill*, [1995] 2 R.C.S. 1130, 1171.

Darlegungslast, die das common law für mit den Werten der Charter unvereinbar halte.[277] Es bleibt mithin äußerst vage und wird folglich in richterliches Ermessen gestellt, wie sich der Abwägungsvorgang im Einzelfall gestaltet.

Zwei Überlegungen sind festzuhalten. Erstens verfolgt der kanadische Supreme Court eine staatsgerichtete Horizontalwirkungskonstruktion, die ähnlich derjenigen des BVerfG auf einem Verständnis des Grundrechtskatalogs als Wertsystem basiert, welches die Auslegung des Privatrechts beeinflusst. Zweitens lässt sich auch dieser Ansatz als Verantwortungskonstruktion beschreiben. Zwar will der Gerichtshof die Konsequenzen der US „state action"-Doktrin[278] vermeiden, indem er eine unmittelbare Grundrechtsbindung des Richters, anders als das BVerfG auf der Basis von Art. 1 Abs. 3 GG,[279] verneint. Das ist bereits deshalb zweifelhaft, weil es artifiziell wirkt zu behaupten, wenn staatliche Gerichte entschieden, handele nicht der Staat. Der Supreme Court will aber das common law letztlich doch auch im Verhältnis zwischen Privaten der Wirkung der Grundrechte unterwerfen, muss dafür aber einerseits eine fragwürdige Differenzierung zwischen „Charter rights" und „Charter values" vornehmen und andererseits einen von Willkür kaum zu unterscheidenden Abwägungsbrei propagieren. Diese Widersprüche und dogmatischen Verrenkungen erklären sich deshalb meiner Auffassung nach damit, dass der Gerichtshof darauf abzielt, dem common law – und damit im Ergebnis auch sich selbst – ein gewisses Maß an Eigenständigkeit zu bewahren, indem er den Einfluss der Grundrechtsbestimmungen der Charter jedenfalls rhetorisch abschwächt und der Einzelfalljudikatur überlassen will, wie groß dieser Einfluss im konkreten Fall sein soll.[280] Nichtsdestoweniger führt diese Judikatur im Ergebnis zu einer – wenn auch hinsichtlich ihrer konkreten dogmatischen Ausgestaltung recht konturenlosen – Wirkung der Grundrechte im Privatverhältnis, mediatisiert durch verfassungskonforme „Auslegung" des common law anhand des in der Charter niedergelegten grundrechtlichen Wertsystems durch die staatlichen Gerichte. Folglich geht es dem kanadischen Supreme Court auch hier darum, die gegebenenfalls kollidierenden staatlichen Pflichten der verhältnismäßigen Wahrung der Grundrechte in der Relation A-Staat und B-Staat dadurch in Einklang zu bringen, dass die staatlichen Gerichte die Anwendung und Auslegung des gesamten einfachen Privatrechts – d.h. einschließlich des Richterrechts – an dem Ergebnis der Abwägung der Grundrechte von A und B auszurichten haben.

---

[277] Vgl. Ebenda.

[278] Siehe dazu unten C.I. und E.II.5.

[279] Siehe oben 2.b).

[280] Vgl. auch kanadischer Supreme Court, *Morris Manning and Church of Scientology of Toronto v. S. Casey Hill*, [1995] 2 R.C.S. 1130, 1160.

5. Südafrika: Ein weiterer Klon?

Die Entscheidung des südafrikanischen Verfassungsgerichts unter der Interim Constitution von 1993 in der Sache *Du Plessis v. De Klerk*[281] emulierte[282] im Wesentlichen die soeben *sub* 4. darstellte Argumentationslinie des kanadischen Supreme Court. Wie in den kanadischen Fällen stand in *Du Plessis* die Anwendung der Grundrechte auf das common law im Horizontalverhältnis in Streit. Artikel 7(1) und (2) der Interim Constitution statuierten ähnlich der kanadischen Charter die Bindung lediglich der Legislative und der Exekutive an die Grundrechte, jedoch zugleich ihre Anwendung auf das gesamte Recht, einschließlich des common law. Das südafrikanische Verfassungsgericht folgerte daraus, dass die Gerichte nicht an die Verfassung gebunden seien, insbesondere auch um die soeben beschriebenen Konsequenzen der *Shelley*-Rechtsprechung zu verhindern.[283] Auch *Du Plessis* zielte auf die Wahrung der Eigenständigkeit des common law ab. Unter Verweis auf Artikel 35(3) der Interim Constitution, wonach die Gerichte bei der Anwendung und Fortentwicklung des common law „due regard to the spirit, purport and objects" der Grundrechte nehmen müssen, gelangte das Gericht auch letztlich zu dem gleichen Endergebnis wie der kanadische Supreme Court. Die Grundrechte fänden „indirekte Anwendung" („indirect application") durch Ausstrahlung („permeate") ihrer Werte („values") auf die gesamte Rechtsordnung, einschließlich des common law.[284]

Ein Unterschied zu *Dolphin Delivery* und *Hill* ist aber erwähnenswert. Das südafrikanische Gerichtssystem ist ein Trennungssystem, welches dem Verfassungsgericht die Entscheidung über spezifische Verfassungsfragen zuweist (Artikel 98 der Interim Constitution), während das Zivilrecht, einschließlich der Anwendung und Fortentwicklung des common law, Domäne der einfachen Gerichte bleibt.[285] Entsprechend betonte das Verfassungsgericht in *Du Plessis* ausdrücklich, dass die Auslegungskonstruktion besonders adäquat für ein Trennungssystem sei:

> „The model of indirect application or, if you will indirect horizontality, seems peculiarly appropriate to a judicial system which, as in Germany, separates constitutional jurisdiction from ordinary jurisdiction."[286]

Die Final Constitution aus dem Jahre 1996 bindet in Artikel 8 ihres zweiten Kapitels (Bill of Rights) ausdrücklich auch die Gerichte an die Grundrechte

---

[281] Südafrikanisches Verfassungsgericht, *D. Du Plessis v. G.F.J. De Klerk*, 1996 (3) SA 850 (CC).

[282] Vgl. auch *S. Gardbaum*, The "Horizontal Effect" of Constitutional Rights, Michigan Law Review 2003, Bd. 102, 387, 400 („virtually identical result").

[283] So ausdrücklich *D. Du Plessis v. G.F.J. De Klerk*, 1996 (3) SA 850 (CC), Rz. 47.

[284] Ebenda, Rz. 60.

[285] Vgl. ebenda, Rz. 52.

[286] Ebenda, Rz. 60.

und betont, dass ein Grundrecht „binds a natural or juristic person if, and to the extent that, it is applicable, taking into account the nature of the right and the nature of any duty imposed by the right.“ Laut dem südafrikanischen Verfassungsgericht in seinem Urteil in *Khumalo v. Holomisa*[287] soll dies hingegen nicht bedeuten, dass sämtliche Grundrechte direkt zwischen Privaten anwendbar seien. Vielmehr sei jedes Grundrecht einzeln daraufhin zu prüfen, ob es sich seiner Art nach zur direkten Anwendung eigne.[288] Ferner hält das Verfassungsgericht auch unter der Final Constitution an der Eigenständigkeit des common law insoweit fest, als es dieses nicht direkt den Grundrechten unterwerfen, sondern unter Berufung auf Artikel 8(3) der Bill of Rights[289] dieses nur auf Unvereinbarkeit mit „constitutional values“ überprüfen will.[290]

6. *Fazit*

a) *Institutionelle Relevanz der Auslegungskonstruktionen*

Die Erörterungen zu den Auslegungskonstruktionen haben die oben aufgestellte Arbeitshypothese weitgehend bestätigt. Institutionelle Fragen spielen eine wichtige Rolle bei der Genese der Rechtsprechung des BVerfG in Abgrenzung von den Lehren *Nipperdeys* und *Coings* bzw. der frühen Rechtsprechung des BAG und des BGH.[291] Überdies modifiziert das BVerfG die Position *Dürigs*, welche das Lüth-Urteil inspiriert, indem es Werte nur aus der Verfassung selbst schöpfen will, was wiederum auch die Fachgerichte zur Beachtung der Grundrechte bei der Auslegung des Privatrechts anhält, dessen letztverbindliche Interpretation dem BVerfG obliegt.[292] Die Analyse der Rechtsprechung des EuGH zu Grundfreiheiten und GRC hat diese Beobachtungen ebenfalls bestätigt.[293] Anwendungskonstruktionen fokussieren das Privatrecht und entsprechend die Zivilgerichte. Die Grundrechte werden als integraler Bestandteil des Privat-

---

[287] Südafrikanisches Verfassungsgericht, *Fred Khumalo v. Bantubonke Harrington Holomisa*, 2002 (8), BCLR 771 (CC).

[288] Ebenda, Rz. 31; vgl. auch *H. Cheadle*, Third Party Effect in the South African Constitution, in: A. Sajó/R. Uitz (Hrsg.), The Constitution in Private Relations – Expanding Constitutionalism, 2005, 55, 68. Differenzierend *S. Seedorf*, Die Wirkung der Grundrechte im Privatrecht in Südafrika, 2005, S. 177 ff., 205 ff., 237 ff.

[289] Constitution of the Republic of South Africa, No. 108 of 1996, Chapter 2 – Bill of Rights, Artikel 8(3): „When applying a provision of the Bill of Rights to a natural or juristic person in terms of subsection (2), a court (a) in order to give effect to a right in the Bill, must apply, or if necessary develop, the common law to the estent that legislation does not give effect to that right; and (b) may develop rules of the common law to limit the right, provided that the limitation is in accordance with Section 36(1).“

[290] Südafrikanisches Verfassungsgericht, *Fred Khumalo v. Bantubonke Harrington Holomisa*, 2002 (8), BCLR 771 (CC), Rz. 35 ff.

[291] Zu letzteren siehe oben A.II. und III.

[292] Siehe oben 2.a) und c).

[293] Siehe oben A.VI.

rechts verstanden. Ihre Anwendung und Auslegung wird damit genuine Domäne der Zivilgerichte.[294] Eine separate Verfassungsgerichtsbarkeit verliert insoweit an Bedeutung. Entsprechend versteht *Leisner* das BVerfG in Horizontalwirkungsfragen als möglichst zu eliminierenden Störfaktor.[295] Einheitssysteme wie das irische oder israelische mögen in dem einen Fall eine Anwendungs-, in dem anderen Fall eine Auslegungskonstruktion wählen. Es macht aber keinen erheblichen Unterschied, in den beiden Fällen ist die Wahl für den einen oder den anderen Ansatz im Wesentlichen unumstritten und führt auch zu keinen nennenswerten abweichenden Auffassungen auf der Richterbank. Dagegen ist es für die Positionierung des BVerfG gegenüber den Fachgerichten essentiell und stärkt dieses spezialisierte Verfassungsgericht erheblich, dass es in der Lüth-Rechtsprechung eine Auslegungskonstruktion etabliert.[296] Denn dadurch wird das Privatrecht und das zivilrechtliche Verfahren der verfassungsrechtlichen Kontrolle durch das BVerfG unterworfen. Somit behält im Gegensatz zum integrierenden Ansatz der Anwendungskonstruktionen das Verfassungsrecht seine Eigenständigkeit. Das BVerfG erhält die Kompetenz als letzte Prüfungsinstanz in verfassungsrechtlichen Fragen – die auch solche bleiben und nicht im Privatrecht aufgehen – und es erhält die Kompetenz-Kompetenz, festzulegen, wo die Grenze der Eigenständigkeit der Zivilgerichtsbarkeit (Stichwort: „Superrevisionsinstanz“) verläuft.

Kanada und Südafrika scheinen zunächst nicht ganz in dieses Bild zu passen. Indes ist das südafrikanische Gerichtssystem als ein Trennungssystem organisiert, sodass durch die Auslegung des common law anhand der Bill of Rights ein Kompetenzbereich für den Supreme Court gewahrt wird, in dessen Zuständigkeit die Fortentwicklung des common law fällt.[297] Diese Konzession des südafrikanischen Verfassungsgerichts an die Fachgerichtsbarkeit ist deshalb ähnlich einzuordnen wie die Selbstbeschränkung des BVerfG. Jeweils begrenzen sie zwar den eigenen Prüfungsumfang, behalten sich aber damit selbst die Kompetenz vor, über den eigenen sowie den fachgerichtlichen Kompetenzrahmen zu befinden. Die Rechtsprechung in *Dolphin Delivery* und *Hill* läuft faktisch doch darauf hinaus, das common law im Privatrechtsverhältnis anhand der Grundrechte anzuwenden und fortzuentwickeln. Die größere Flexibilität, die sich der kanadische Supreme Court dabei hinsichtlich der Abwägung der verschiedenen „Charter values“ zugesteht, verdeutlicht insoweit eine Gemeinsamkeit der Auslegungs- und Anwendungsansätze. Die Gerichte genießen nach beiden eine starke Stellung gegenüber dem Gesetzgeber. Der Ruf nach der „Eigenständigkeit des Privatrechts“ ist jedenfalls kein Ruf nach der Eigenständigkeit des Privat-

---

[294] Siehe oben A.V.
[295] Siehe oben A.IV.
[296] Siebe oben II.3.
[297] Siehe oben V.

rechtsgesetzgebers. Die wertgeleitete Argumentation ist das Charakteristikum vieler[298] in Unterkapitel A und in Abschnitt B.I. beschriebener Ansätze. Sie erlaubt es den Gerichten durch ein Verständnis der Grundrechte als objektive Normen, die wesentlichen Rahmenbedingungen des Verhältnisses der Privaten in der Gesellschaft festzulegen und für den konkreten Fall – den jeweiligen gerichtlichen Privatrechtsstreit – auszubuchstabieren.[299]

Ferner ähnelt sich die Rechtsprechung der Höchst- bzw. Verfassungsgerichte in Kanada, Südafrika und Deutschland in der strategischen Kombination aus Entscheidungsmonopol und (flexibler) Rücknahme des Prüfungsumfangs, soweit es um die Auslegung und Anwendung von einfachem Recht geht, das nicht in die Domäne des Verfassungsrechts bzw. der Verfassungsgerichtsbarkeit fällt. Wie zuvor herausgearbeitet, begrenzen der kanadische Supreme Court, das südafrikanische Verfassungsgericht und das BVerfG insoweit ihren Prüfungsumfang. Der Maßstab zur Feststellung, ob es sich um „spezifisches Verfassungsrecht" handelt (BVerfG) bzw. wie weit die Kompetenz zur Überprüfung von common law anhand der südafrikanischen Verfassung oder der kanadischen Charter reicht, ist jedoch flexibel. Er erlaubt es somit dem BVerfG/südafrikanischen Verfassungsgericht/kanadischen Supreme Court, bei Bedarf die Prüfung des fraglichen einfachen Rechts anhand des Grundgesetzes/der Verfassung/Charter zu intensivieren.

Die Unterscheidung von Auslegungs- und Anwendungskonstruktionen ist demzufolge von institutioneller Relevanz. Inter-institutionell verschieben beide das Gewicht zulasten der Legislative – mit etwaigen Konsequenzen bezüglich verfassungsrechtlicher Grundsätze wie Demokratie- und Gewaltenteilungsprinzip[300] sowie aus demokratietheoretischer Perspektive.[301] Intra-institutionell tritt ihr Unterschied in einem gerichtlichen Trennungssystem zutage, indem Anwendung die Fachgerichtsbarkeit, Auslegung die spezialisierte Verfassungsgerichtsbarkeit stärkt. Jedoch auch in einem Einheitssystem spielt die Unterscheidung in Ländern mit common law-Tradition zum Teil eine Rolle (Beispiel Kanada).

---

[298] Anders z. B. *Leisner*, der die Werteargumentation allerdings aus Gründen der dogmatischen Präzision, nicht aus Gründen der demokratischen Legitimation oder der Gewaltenteilung ablehnt, vgl. *W. Leisner*, Grundrechte und Privatrecht, 1960, S. 373, sowie der EuGH zur Horizontalwirkung von Grundfreiheiten und GRC, vgl. zu letzterem oben A.VI.2. und 3.

[299] Vgl. dazu *E.-W. Böckenförde*, Grundrechte als Grundsatznormen, in: *Ders.*, Staat, Verfassung, Demokratie – Studien zur Verfassungstheorie und zum Verfassungsrecht, 1991, S. 159, 189: „Entsprechend wird die Verfassung von der rechtlichen Grundordnung des States zur rechtlichen Grundordnung des Gemeinwesens. Die Rechtsordnung insgesamt ist – auf der Ebene der Prinzipien-Normen mit Optimierungstendenz – bereits in der Verfassung enthalten. Sie bedarf nurmehr der Konkretisierung." Siehe auch oben Kap. 2, C.II.2.

[300] Siehe dazu unten Kap. 5, C.I. und II.

[301] Siehe dazu unten Kap. 6, zusammenfassend E.III.

b) Auslegungskonstruktionen in der Praxis

Aspekte, welche die Auslegungskonstruktionen von den Figuren der normalen Grundrechtsfunktionen abgrenzen, sind Gegenstand des folgenden Abschnitts. Hier genügt es daher zunächst, auf den maßgeblichen Unterschied zu den Anwendungskonstruktionen hinzuweisen. Anders als im Falle dieser ist Gegenstand der gerichtlichen Entscheidung nicht ein grundrechtliches Anspruch-Pflichten-Verhältnis A-B. Im Falle der Auslegungs- als Untertyp der Verantwortungsansätze entscheiden die Gerichte über das rein privatrechtliche Anspruch-Pflichten-Verhältnis A-B. Dieses bleibt als solches, nämlich als rein privatrechtliches, intakt. Weil aber das Gericht als staatlicher Hoheitsträger gegenüber A und gegenüber B jeweils grundrechtlich verpflichtet ist, vgl. Art. 1 Abs. 3 GG, muss es anlässlich seiner Entscheidung über das privatrechtliche Rechtsverhältnis A-B seinen Pflichten gegenüber A und B nachkommen, durch diese Entscheidung den Gewährleistungsbereich ihrer Grundrechte nicht unverhältnismäßig zu beschränken. Die Grundrechte wirken hier nur – im Sinne eines Resultats – auf das privatrechtliche Rechtsverhältnis A-B dadurch ein, dass ein staatlicher Hoheitsträger (Gericht) über die privatrechtlichen Ansprüche und Pflichten von A und B zu entscheiden hat und damit A und B grundrechtlich verpflichtet ist.

II. Figuren der normalen Grundrechtsfunktionen

Die von mir so bezeichneten Figuren der normalen Grundrechtsfunktionen[302] sind, wie die Auslegungskonstruktionen, ein Unterfall des Verantwortungstypus. Ein direktes grundrechtliches Anspruch-Pflichten-Verhältnis zwischen den Privaten A und B wird verneint. Der Staat ist Mittler der Horizontalwirkung, indem er seine jeweiligen grundrechtlichen Pflichten gegenüber A und B zu erfüllen hat, wenn er durch seine Gerichte über deren ausschließlich privatrechtliches Rechtsverhältnis zu entscheiden hat. Die Figuren der normalen Grundrechtsfunktionen sind somit ebenfalls prozessakzessorisch.[303] Sie wollen sich indes von den Auslegungskonstruktionen erklärtermaßen durch ein höheres Maß an dogmatischer Präzision abgrenzen.[304] Nicht auf die „Ausstrahlungs-

---

[302] Bezeichnung inspiriert von *R. Schmidt*, Der verfassungsrechtliche Hintergrund der Privatrechtsproblematik, in: Festschrift für Claus-Wilhelm Canaris zum 80. Geburtstag, 2017, 131, 134 („normale [Grundrechtsf]unktionen als Eingriffsverbote und Schutzgebote"). Vgl. oben Kap. 2, B.III.2.

[303] Siehe zu alledem bereits oben Kap. 2, B.III.2.

[304] Vgl. stellvertretend nur *C.-W. Canaris*, Grundrechte und Privatrecht, 1999, S. 30ff.; *M. Ruffert*, Vorrang der Verfassung und Eigenständigkeit des Privatrechts, 2001, S. 252ff.; *ders.*, Die Rechtsprechung des Bundesverfassungsgerichts zum Privatrecht, JuristenZeitung 2009, 389, 398; *R. Lehner*, Zivilrechtlicher Diskriminierungsschutz und Grundrechte, 2013, S. 292ff.

wirkung“ der Grundrechte als Werte auf das Privatrecht komme es an, sondern auf die Grundrechtsbindung aller staatlicher Hoheitsträger nach Art. 1 Abs. 3 GG, insbesondere der Gerichte. Entschieden diese über das privatrechtliche Rechtsverhältnis A-B und träfen eine Entscheidung, die Grundrechte von A/B in unverhältnismäßiger Weise beschränke, so könne dies vor der höheren Instanz bzw. vor dem BVerfG als Verletzung eines grundrechtlichen Eingriffsverbots oder einer grundrechtlichen Schutzpflicht gerügt werden. Wiederum auf eine Formel gebracht:

Das staatliche Gericht hat die Pflicht, den Gewährleistungsgehalt der Grundrechte von A und B im gerichtlichen Verfahren zum Privatrechtsverhältnis A-B nicht in unverhältnismäßiger Weise zu beschränken. Eine derartige Pflichtverletzung kann in der nächsten Instanz/vor dem BVerfG als unverhältnismäßiger Grundrechtseingriff und/oder als grundrechtliche Schutzpflichtverletzung von A bzw. B gerügt werden.

Diese Gruppe dogmatischer Konstruktionen geht im deutschen Recht maßgeblich auf die Arbeiten von *Claus-Wilhelm Canaris* zurück.[305] Aber auch die Rechtsprechung des EGMR zu staatlichen Schutzpflichten bezüglich privater Rechtsverhältnisse kann man auf diese Weise beschreiben.[306]

1. Canaris und Co.: Abwehr, Schutz oder beides?

Die soeben dargelegte grundrechtliche Pflichtverletzung des Gerichts als staatlicher Hoheitsträger gegenüber den Parteien A und B eines gerichtlichen Privatrechtsstreits lässt sich nach den Figuren der normalen Grundrechtsfunktionen auf drei verschiedene Arten konstruieren: (a) nur als Eingriff abwehrrechtlich (Gericht hat es unterlassen, eine Entscheidung zu treffen, welche die grundrechtliche Beeinflussung des Privatrechts berücksichtigt); (b) nur als Schutzpflichtbeeinträchtigung (Gericht hat die Pflicht, die Grundrechte von A und B zu schützen, beeinträchtigt); (c) danach differenziert entweder als Eingriff oder als Schutzpflichtbeeinträchtigung, ob das Gericht in die Grundrechte des A durch Stattgabe der Klage des B eingegriffen hat oder es durch Abweisung der Klage des A gegen B unterlassen hat, die Grundrechte des A zu schützen.[307]

---

[305] Siehe sogleich 1.

[306] Siehe unten 2.

[307] Zu den verschiedenen Aufbaumöglichkeiten hinsichtlich dieser Varianten im Rahmen der Grundrechtsprüfung siehe *I. Augsberg/L. Viellechner*, Die Drittwirkung der Grundrechte als Aufbauproblem, JuS 2008, 406, 407f.

In mehreren Beiträgen in den 1980er und 1990er Jahren[308] hat *Claus-Wilhelm Canaris* einen vielfach rezipierten[309] Vorschlag zur Lösung der Horizontalwirkungsproblematik unterbreitet, der immer häufiger als „herrschende Meinung" bezeichnet wird.[310] Er unterscheidet insoweit die Fragenkomplexe: (1) Wer ist Adressat der Grundrechte?; (2) Wessen Verhalten ist Gegenstand der Prüfung?; (3) In welcher Funktion finden die Grundrechte Anwendung?[311]

Zur Beantwortung der ersten beiden Fragen geht *Canaris* zunächst unter Verweis auf Art. 1 Abs. 3 und 93 Abs. 1 Nr. 4a GG davon aus, dass die Grundrechte alle drei Staatsgewalten unmittelbar binden. Insbesondere sei der Privatrechtsgesetzgeber ebenso unmittelbar grundrechtsverpflichtet wie die (Zivil-) Gerichte, letztere vor allem deshalb, „weil die Anwendung und Fortbildung der Gesetze [durch die Gerichte] die notwendige Ergänzung und Vervollständigung ihrer Schaffung [d.h. der Gesetze] durch den Gesetzgeber darstellt"[312]. Eine von ihm so genannte „unmittelbare Drittwirkung" der Grundrechte zwischen Privaten, damit sind solche hier als Anwendung bezeichneten Horizontalwirkungskonstruktionen gemeint,[313] lehnt *Canaris* stattdessen unter anderem mit dem Hinweis auf „untragbare[ ] dogmatische Konsequenzen" derselben ab, die zu „große[n] praktische[n] Schwierigkeiten" führten.[314] Auf die Fragen (1) und (2) ist seiner Ansicht nach folglich zu antworten: Grundrechtsadressat ist nur der Staat und nur dessen Verhalten ist an den Grundrechten zu messen.

[308] Siehe insbesondere *C.-W. Canaris*, Grundrechte und Privatrecht, Archiv für die civilistische Praxis 1984, Bd. 184, 201; *ders.*, Grundrechtswirkungen und Verhältnismäßigkeitsprinzip in der richterlichen Anwendung und Fortbildung des Privatrechts, Juristische Schulung 1989, 161; *ders.*, Grundrechte und Privatrecht, 1999.

[309] Siehe nur *J. Schwabe*, Grundrechte und Privatrecht, Archiv für die civilistische Praxis 1985, Bd. 185, 1 ff.; *D. Medicus*, Der Grundsatz der Verhältnismäßigkeit im Privatrecht, Archiv für die civilistische Praxis 1992, Bd. 192, 35, 43 ff.; *J. Hager*, Grundrechte im Privatrecht, JuristenZeitung 1994, Bd. 49, 373 ff.; *W. Zöllner*, Regelungsspielräume im Schuldvertragsrecht – Bemerkungen zur Grundrechtsanwendung im Privatrecht und zu den sogenannten Ungleichgewichtslagen, Archiv für die civilistische Praxis 1996, Bd. 196, 1 ff.; *U. Diederichsen*, Das Bundesverfassungsgericht als oberstes Zivilgericht – ein Lehrstück der juristischen Methodenlehre, Archiv für die civilistische Praxis 1998, Bd. 198, 171 ff.; *M. Ruffert*, Vorrang der Verfassung und Eigenständigkeit des Privatrechts, 2001, S. 20 ff., 124 ff.

[310] Vgl. z.B. *F. Rödl*, Gerechtigkeit unter freien Gleichen – Eine normative Rekonstruktion von Delikt, Eigentum und Vertrag, 2015, S. 371; *J.F. Lindner*, Theorie der Grundrechtsdogmatik, 2005, S. 445; *ders.*, Einheit der Rechtswissenschaft als Aufgabe, JuristenZeitung 2016, 697, 704; *M. Ruffert*, Die Rechtsprechung des Bundesverfassungsgerichts zum Privatrecht, JuristenZeitung 2009, 389; *R. Schmidt*, Der verfassungsrechtliche Hintergrund der Privatrechtsproblematik, in: Festschrift für Claus-Wilhelm Canaris zum 80. Geburtstag, 2017, 131, 135 ff. Jüngst auch *S. Muckel*, Wandel des Verhältnisses von Staat und Gesellschaft – Folgen für Grundrechtstheorie und -dogmatik, in: VVDStRL 2020, Bd. 79, 245, 274.

[311] Siehe *C.-W. Canaris*, Grundrechte und Privatrecht, 1999, S. 34.

[312] Ebenda, S. 25, siehe auch S. 11 ff., 16 ff.

[313] Siehe oben A. und Kap. 1, C.II. und III.1.

[314] *C.-W. Canaris*, Grundrechte und Privatrecht, 1999, S. 34 f.

Für *Canaris* geschieht die in seinen Worten „in irgendeiner Weise ‚mittelbar[e]'"[315] Wirkung der Grundrechte zwischen Privaten durch die richterliche Entscheidung im Privatrechtsstreit als das im Verhältnis zwischen Privaten grundrechtsrelevante staatliche Verhalten.[316] Ein Eingriff in die Grundrechte einer Streitpartei sei mithin möglich, wenn man in Anlehnung an die *Schumann*'sche Formel[317] und *Wolfgang Fikentschers* Lehre von der Fallnorm[318] die *ratio decidendi* des Gerichts als Norm denke und sodann prüfe, „ob diese [Norm] ein Grundrecht verletzen würde"[319]. Man stellt also auf die Entscheidung der Vorinstanz ab und denkt sich ihren Entscheidungsinhalt als Rechtsnorm, die sodann einen Eingriff in das Grundrecht einer privaten Partei des Rechtsstreits darzustellen vermag.[320] Nach *Canaris* kann es indes hinsichtlich der Annahme der Grundrechtswirkung keinen Unterschied machen, ob die sich auf Grundrechte berufende Streitpartei Klägerin oder Beklagte des Ausgangsverfahrens ist. Er erweitert deshalb die staatliche Verantwortung auch auf richterliches Unterlassen, indem er die oben gestellte Frage (3) dahingehend beantwortet, dass sowohl Abwehr- als auch Schutzfunktion der Grundrechte Anwendung fänden. Im Anschluss an die Entscheidung des BVerfG im ersten Abtreibungsurteil vom 25. Februar 1975,[321] in welcher das Gericht die Schutzfunktion der Grundrechte „wiederentdeckte"[322], entwickelten zuerst *Christian Starck*[323] und sodann

---

[315] Ebenda, S. 36, siehe auch S. 38.

[316] Vgl. ebenda, S. 26 ff., 37, 42.

[317] Vgl. *E. Schumann*, Verfassungs- und Menschenrechtsbeschwerde gegen richterliche Entscheidungen, 1963, S. 206 ff.

[318] Vgl. dazu ausführlich *W. Fikentscher*, Methoden des Rechts, 1977, Bd. IV, S. 202 ff.

[319] *C.-W. Canaris*, Grundrechte und Privatrecht, 1999, S. 26 f. Ähnlich auch *M. Ruffert*, Vorrang der Verfassung und Eigenständigkeit des Privatrechts, 2001, S. 20 ff., S. 128 f.

[320] Vgl. *C.-W. Canaris*, Grundrechte und Privatrecht, 1999, S. 26 f., 30 ff.

[321] BVerfGE 39, 1 [1975].

[322] *G. Krings*, Die subjektiv-rechtliche Rekonstruktion der Schutzpflichten aus dem grundrechtlichen Freiheitsbegriff, in: Festschrift für Klaus Stern zum 80. Geburtstag, 2012, 425, 427. Vgl. auch *K. Stern*, Die Schutzpflichtenfunktion der Grundrechte: Eine juristische Entdeckung, Die Öffentliche Verwaltung 2010, 241; *A. Voßkuhle*, Zur Einwirkung der Verfassung auf das Zivilrecht, in: Festschrift für Rolf Stürner zum 70. Geburtstag, 2013, 1. Teilband – Deutsches Recht, 79, 84. Wie beispielsweise *Josef Isensee* und *Christian Starck* deutlich machen, handelt es sich korrekterweise um eine *Wieder*entdeckung, da die Schutzfunktion des Staates ideengeschichtlich bereits bei *Thomas Hobbes* zu finden ist und erst im 19. Jahrhundert durch die verstärkte Betonung der Abwehrfunktion erst in den Hintergrund trat und dann zeitweise in Vergessenheit geriet, siehe *J. Isensee*, Das Grundrecht auf Sicherheit – Zu den Schutzpflichten des freiheitlichen Verfassungsstaates, 1983, S. 3–17, vgl. auch S. 27 („Wiederentdeckung des Bundesverfassungsgerichts"); *C. Starck*, Wie kommen die Grundrechte ins Privatrecht und wie wirken sie dort?, in: Festschrift für Rolf Stürner zum 70. Geburtstag, 2013, 1. Teilband – Deutsches Recht, 61, 61–66.

[323] Vgl. *C. Starck*, Die Grundrechte des Grundgesetzes – Zugleich ein Beitrag zu den Grenzen der Verfassungsauslegung, JuS 1981, 237, 244 f.; in Ansätzen auch *P. Badura*, Arbeit als Beruf (Art. 12 Abs. 1 GG), in: Festschrift für Wilhelm Herschel zum 85. Geburtstag, 1982, 21, 29 f., 33 ff.

Canaris[324] die Schutzpflichtendogmatik im Verfassungsrecht und machten sie für die Frage der Horizontalwirkung fruchtbar: Wenn die Gerichte ein privates Verhalten nicht unterbänden, das die Grundrechtspositionen eines anderen Privaten verkürze, sei dies ein Unterlassen des staatlichen Schutzauftrags.

Die Grundrechte entfalten also nach der *Canaris*'schen Konstruktion im Privatrechtsstreit stets Wirkung. Dies gilt unabhängig davon, ob sie vom Kläger oder vom Beklagten geltend gemacht werden und unabhängig davon, ob das Gericht einer Streitpartei eine Rechtsposition zuspricht und somit gegebenenfalls in die Grundrechte der anderen Seite eingreift, oder ob das Gericht der Streitpartei eine Rechtsposition verweigert und somit gegebenenfalls den staatlichen Schutzauftrag verletzt.[325] Ein Unterschied soll jedoch zwischen Abwehr- und Schutzpflichtenkonstellation bestehen. Im Rahmen der Verhältnismäßigkeitsprüfung hinsichtlich der Abwägung der Grundrechtspositionen der am Privatrechtsstreit beteiligten Parteien soll in einer Abwehrkonstellation das Übermaßverbot gelten (volle Verhältnismäßigkeitsprüfung), in einer Schutzpflichtenkonstellation lediglich das schwächere Untermaßverbot.[326]

Canaris' Ansicht lässt sich als eine Verantwortungskonstruktion beschreiben, wonach die staatlichen Gerichte die allein im Verhältnis A/B-Staat bestehende grundrechtlichen Pflichten zu wahren haben und A oder B im Privatrechtsstreit dadurch grundrechtlich argumentieren können, dass die Vorinstanz diese Pflichten ihnen gegenüber verletzt hat. Diese Pflichtverletzung lässt sich je nach

---

[324] Grundlegend *C.-W. Canaris*, Grundrechte und Privatrecht, Archiv für die civilistische Praxis 1984, Bd. 184, 201.

[325] Siehe ebenda, S. 26 f., 27, 42.

[326] Ebenda, S. 43 ff. Zum Untermaßverbot siehe aus jüngerer Zeit *L. P. Störring*, Das Untermaßverbot in der Diskussion – Untersuchung einer umstrittenen Rechtsfigur, 2009; *C. Calliess*, Die Leistungsfähigkeit des Untermaßverbots als Kontrollmaßstab grundrechtlicher Schutzpflichten, in: Festschrift für Christian Starck zum siebzigsten Geburtstag, 2007, 201; *D. Merten*, Grundrechtliche Schutzpflichten und Untermaßverbot, in: Gedächtnisschrift für Joachim Burmeister, 2005, 227. Der *Canaris*'sche Ansatz ähnelt in erheblichem Maße einem Vorschlag *Louis Henkins* aus den frühen 1960er Jahren zur Deutung der *Shelley*-Rechtsprechung des US Supreme Court zur so genannten „state action"-Doktrin (siehe dazu oben Kap. 2, B.III.3. und unten in diesem Kapitel, C.I.), vgl. *L. Henkin*, Shelley v. Kraemer: Notes for a Revised Opinion, University of Pennsylvania Law Review 1962, Bd. 110, 473. Um mögliche Ausuferungen der *Shelley*-Doktrin zu unterbinden, schlägt *Henkin* gleichermaßen wie *Canaris* vor, erstens auch richterliches Unterlassen der Grundrechtswirkung zu unterwerfen (vgl. ebenda, 481: „It has long been clear that the state can violate the [fourteenth] amendment by ‚inaction' as well as by ‚action'.") und zweitens die unterschiedlichen Interessen der Parteien des Privatrechtsstreits in einen Ausgleich („balancing") zu bringen (ebenda, 491). Auch Überlegungen zur *ratio decidendi* als gedachte Norm, die sodann Gegenstand der Zurechnung sein soll, finden sich bei *Henkin*, siehe ebenda, 501 f.: „What seems called for is a position between the extremes, which suggests the need for a standard depending on degree, like that of due process. That standard in fact is the one which the Court would apply if the state legislated to regulate these same rights of liberty or property; it is the standard by which the Court would test legislation to outlaw discrimination in a particular context. A standard like this, we suggest, seems appropriate when the state steps into the conflict through its courts rather than by legislation."

Sachverhaltskonstellation entweder als Eingriff oder als Schutzpflichtverletzung darstellen, womit *Canaris* die eingangs beschriebene Variante (c) dieser Gruppe dogmatischer Figuren vertritt. Eine Vielzahl von Autoren hat diesen Ansatz aufgenommen.[327] Dabei bleibt allerdings in einigen Fällen unklar, ob sie dem integrierten Ansatz *Canaris'* im Wesentlichen folgen[328] oder ob sie sämtliche Horizontalwirkungssachverhalte ausschließlich über ein Schutzpflichtenkonstrukt[329] (oben Variante b)) oder ausschließlich über ein Abwehrkonstrukt (oben Variante a)) lösen möchten. Die Schutzpflichtenvariante wird in der deutschen Literatur zum Teil als der vorherrschende Lösungsansatz der Horizontalwirkungsproblematik bezeichnet.[330] Sie geht, nach der hiesigen analytischen Beschreibung, davon aus, dass ein Gericht, wenn es eine grundrechtliche Pflicht von A oder B anlässlich seiner Entscheidung über deren Privatrechtsverhältnis verletzt, unabhängig von der Sachverhaltskonstellation eine Schutzpflichtverletzung begeht. Dies erscheint zunächst konsistent, wenn man übergreifend von einer staatlichen Verantwortungspflicht ausgeht: Egal ob die Gerichte die Klage abweisen oder ihr stattgeben, wenn sie die Grundrechte der jeweiligen Partei nicht hinreichend berücksichtigen, kommen sie ihrem Schutzauftrag nicht nach.

[327] Beispielsweise *F. Kirchhof*, Private Rechtsetzung, 1987, S. 522 ff.; *Hermes*, Grundrechtsschutz durch Privatrecht auf neuer Grundlage? Das BVerfG zu Schutzpflicht und mittelbarer Drittwirkung der Berufsfreiheit, Neue Juristische Wochenschrift 1990, 1764; *P. Unruh*, Zur Dogmatik der grundrechtlichen Schutzpflichten, 1996, S. 71–73; *T. Barnert*, Die formelle Vertragsethik des BGB im Spannungsverhältnis zum Sonderprivatrecht und zur judikativen Kompensation der Vertragsdisparität, 1999, S. 50 ff. *P. Badura*, Privatautonome Selbstbestimmung im Schatten grundrechtlicher Schutzpflichten des Staates, in: Festschrift für Reiner Schmidt zum 70. Geburtstag, 2006, 333; *C. Starck*, Wie kommen die Grundrechte ins Privatrecht und wie wirken sie dort?, in: Festschrift für Rolf Stürner zum 70. Geburtstag, 2013, 1. Teilband – Deutsches Recht, 61.

[328] Ähnlich offenbar beispielsweise *Pietzcker*, Drittwirkung – Schutzpflicht – Eingriff, in: Festschrift für Günter Dürig zum 70. Geburtstag, 1990, 345, 349 ff.; *M. Ruffert*, Vorrang der Verfassung und Eigenständigkeit des Privatrechts, 2001, S. 122 ff., 252 ff.; *M. Sachs*, Grundrechtliche Schutzpflichten und wirtschaftliche Beziehungen Privater, in: Festschrift für Reiner Schmidt zum 70. Geburtstag, 2006, 385, 388 ff.; *A. Voßkuhle*, Zur Einwirkung der Verfassung auf das Zivilrecht, in: Festschrift für Rolf Stürner zum 70. Geburtstag, 2013, 1. Teilband – Deutsches Recht, 79, 84 ff.; *C. Enders*, in: Berliner Kommentar zum Grundgesetz, Vor Art. 1/Rn. 69 f. sowie Art. 1/Rn. 171.

[329] So offenbar beispielsweise *W. Höfling*, Vertragsfreiheit – Eine grundrechtsdogmatische Studie, 1991, S. 52–55; *S. Oeter*, „Drittwirkung" der Grundrechte und die Autonomie des Privatrechts – Ein Beitrag zu den funktionell-rechtlichen Dimensionen der Drittwirkungsdebatte, Archiv des öffentlichen Rechts 1994, Bd. 119, 529, 549 ff.; *M. Oldiges*, Neue Aspekte der Grundrechtsgeltung im Privatrecht, in: Festschrift für Heinrich Friauf zum 65. Geburtstag, 281, 299 ff.; offenbar nunmehr auch *M. Ruffert*, Die Rechtsprechung des Bundesverfassungsgerichts zum Privatrecht, JuristenZeitung 2009, 389, 389 f., differenzierend dagegen noch *ders.*, Vorrang der Verfassung und Eigenständigkeit des Privatrechts, 2001, S. 122 ff., 252 ff.

[330] So zum Beispiel *M. Ruffert*, Die Rechtsprechung des Bundesverfassungsgerichts zum Privatrecht, JuristenZeitung 2009, 389 m.w.N. Grundsätzlich zustimmend auch jüngst *C. Bumke*, Die Entwicklung der Grundrechtsdogmatik in der deutschen Staatsrechtslehre unter dem Grundgesetz, Archiv des öffentlichen Rechts 2019, Bd. 144, 1, 59.

Seit den frühen 1990er Jahren hat auch das BVerfG in seiner Rechtsprechung teilweise ergänzend zu seiner Auslegungskonstruktion auf einen Schutzpflichtenansatz zurückgegriffen. So sprach es im Handelsvertreterbeschluss aus dem Jahre 1990 vom „Schutzauftrag der Verfassung", der sich an den Richter richte, der „bei der Konkretisierung und Anwendung [der zivilrechtlichen] Generalklauseln die Grundrechte zu beachten" und somit „den objektiven Grundentscheidungen der Grundrechte in Fällen gestörter Vertragsparität mit den Mitteln des Zivilrechts Geltung zu verschaffen" habe.[331] In seinem Urteil zur Gleichbehandlung von Männern und Frauen bei der beruflichen Auswahl und Einstellung (§ 611a BGB) vom 13. November 1993 erwähnte das Gericht erstmals „grundrechtliche Schutzpflichten" explizit als eine dogmatische Grundlage der Horizontalwirkung:

> „[Das BVerfG] kontrolliert [...], ob bei der Auslegung und Anwendung des einfachen Rechts der Einfluß der Grundrechte grundlegend verkannt ist [...]. Das ist allerdings nicht nur bei der Auslegung und Anwendung grundrechtsbeschränkender Normen möglich, sondern auch bei Normen, die der Gesetzgeber zur Ausgestaltung des Grundrechtsschutzes erlassen hat [...]. Bei Vorschriften, die grundrechtliche Schutzpflichten erfüllen sollen, ist das maßgebende Grundrecht dann verletzt, wenn ihre Auslegung und Anwendung den vom Grundrecht vorgezeichneten Schutzzweck grundlegend verfehlt."[332]

Allerdings lässt die weitere Rechtsprechung des BVerfG bis in die heutige Zeit in keiner Weise erkennen, dass sich das Gericht auf eine Schutzpflichtenkonstruktion zur Lösung der Horizontalwirkungsproblematik kaprizierte.[333] Vielmehr bleibt das Gericht im Wesentlichen bei seiner Auslegungskonstruktion, wenn es auch ab und an zusätzlich die Schutzpflichten – jedoch lediglich als nicht weiter ausgeführten argumentativen *topos* – heranzieht.[334]

In jüngerer Zeit argumentieren Manche schließlich, dass sich die Figur der normalen Grundrechtsfunktionen dogmatisch am konsistentesten und kohärentesten ausschließlich abwehrrechtlich konstruieren lasse:[335] Der Richter habe es stets zu unterlassen, eine Entscheidung zu treffen, die den Gewährleistungsgehalt der Grundrechte unverhältnismäßig beschränkt. Treffe er eine derartige pflichtverletzende Entscheidung, stelle diese einen Eingriff in die Grundrechte von A/B dar.

---

[331] BVerfGE 81, 242, 256 [1990]. In ähnliche Richtung auch BVerfGE 89, 214, 232f. [1993] – Angehörigenbürgschaft sowie BVerfGE 96, 56, 64 [1997]; E 97, 125, 149 [1997] – „Caroline I"; E 99, 185, 194f. [1998] – „Scientology"; E 101, 361, 386 [1999] – „Caroline II". Siehe auch E 97, 169, 176f. [1998] – „Kleinbetriebsklausel I" (allerdings bezüglich gesetzgeberischer Schutzpflichten).

[332] BVerfGE 89, 276, 285f. [1993] – § 611a BGB.

[333] Vgl. nur beispielsweise BVerfGE 120, 180, 209f. [2008] – „Caroline III".

[334] Aus jüngerer Zeit vgl. z.B. BVerfGE 117, 202 (234ff.) [2007]; E 121, 69 (105ff.) [2008]; E 128, 193 (211) [2011]; E 129, 78 (104f.) [2011]; E 138, 377 (390) [2015]; BVerfG, Urt. v. 19.4. 2016, 1 BvR 3309/13, Rn. 29ff.; BVerfG, Urt. v. 31.5.2016, 1 BvR 1585/13, Rn. 66ff. Siehe dazu ausführlich unten Kap. 4, A.I.

[335] Vgl. z.B. *F. Michl*, Die Bedeutung der Grundrechte im Privatrecht, Jura 2017, 1062, 1066f.

2. Die „positive obligations" in der Rechtsprechung des EGMR

Einen den Figuren der normalen Grundrechtsfunktionen verwandten Verantwortungsansatz, der im Sinne der unter 1. eingangs dargelegten Variante (b) allein eine gerichtliche Schutzpflicht fokussiert, stellt die Rechtsprechung des Europäischen Gerichtshofs für Menschenrechte (EGMR) zu den so genannten „positive obligations"[336] dar, sofern dieser über Horizontalwirkungskonstellationen zu entscheiden hat. Für die Europäische Menschrechtskonvention (EMRK) als völkerrechtliches Regime und somit für den EGMR als ihr Vertragsorgan ist indes der Staat ein Monolith. Ob Exektive, Legislative oder Judikative, zentrale, föderale, bundesstaatliche oder lokale Einheiten handeln, spielt insoweit keine Rolle. Stets behandelt der Gerichtshof ein solches Verhalten als dasjenige des fraglichen Konventionsstaats.[337] Verfahrensgegner ist (sind) stets ein (oder mehrere) Vertragsstaat(en), vgl. Art. 33 und 34 EMRK. Streitigkeiten zwischen Privaten gelangen nicht direkt zum EGMR.[338] Vielmehr muss die unterlegene Streitpartei nach Ausschöpfung des nationalen Rechtswegs, vgl. Art. 35 Abs. 1 EMRK,[339] vor dem EGMR im Rahmen einer Individualbeschwerde nach Art. 34 EMRK rügen, dass die staatlichen Gerichte durch ihre Urteile die Rechte der unterlegenen Streitpartei aus der EMRK verletzt haben.[340] Eine privatrechtliche Streitigkeit wird also regelmäßig dadurch Gegenstand eines Verfahrens vor dem Gerichtshof, dass der Staat als Beschwerdegegner durch seine Gerichte diesen Privatrechtsstreit auf eine Weise entschieden habe, welche die EMRK-Rechte einer Partei dieses Rechtsstreits verletze.

---

[336] Vgl. dazu allgemein *C. Dröge*, Positive Verpflichtungen der Staaten in der Europäischen Menschenrechtskonvention, 2003; *A. R. Mowbray*, The Development of Positive Obligations under the European Convention on Human Rights by the European Court of Human Rights, 2004; *D. Xenos*, The Positive Obligations of the State under the European Convention of Human Rights, 2012; *N. A. Pétermann*, Les obligations positives de l'Etat dans la jurisprudence de la Cour européenne des droits de l'homme – Théorie générale, incidences législatives et mise en œvre en droit suisse, 2014; vgl. auch *L. Jaeckel*, Schutzpflichten im deutschen und europäischen Recht – Eine Untersuchung der deutschen Grundrechte, der Menschenrechte und Grundfreiheiten der EMRK sowie der Grundrechte und Grundfreiheiten der Europäischen Gemeinschaft, 2001, S. 103–181 und *P. Szczekalla*, Die sogenannten grundrechtlichen Schutzpflichten im deutschen und europäischen Recht – Inhalt und Reichweite einer „gemeineuropäischen Grundrechtsfunktion", 2002, S. 712–909. Für eine Auseinandersetzung mit menschenrechtlichen Schutzpflichten im Völkerrecht allgemein, einschließlich und jenseits des EMRK-Regimes siehe *S. Stahl*, Schutzpflichten im Völkerrecht – Ansatz einer Dogmatik, 2012.

[337] Vgl. dazu *A. Kulick*, in: Meyer-Ladewig/Nettesheim/von Raumer, EMRK-Handkommentar, 4. Aufl. 2017, Art. 34/Rn. 17, 42.

[338] Vgl. auch *L. Garlicki*, Relations between Private Actors and the European Convention on Human Rights, in: A. Sajó/R. Uitz (Hrsg.), The Constitution in Private Relations – Expanding Constitutionalism, 2005, 129, 130.

[339] Vgl. dazu *B. Peters*, in: Meyer-Ladewig/Nettesheim/von Raumer, EMRK-Handkommentar, 4. Aufl. 2017, Art. 35/Rn. 8–21.

[340] Vgl. *A. Kulick*, in: Meyer-Ladewig/Nettesheim/von Raumer, EMRK-Handkommentar, 4. Aufl. 2017, Art. 34/Rn. 18ff.

Eine derartige Verletzung kann einerseits aufgrund eines staatlichen Tuns erfolgen. Es handelt sich dann regelmäßig um einen staatlichen Eingriff und entsprechend um eine abwehrrechtliche Konstellation, beispielsweise wenn ein staatliches Organ eine Person ihrer Freiheit entzieht,[341] sie aufgrund ihres Geschlechts, etc. diskriminiert,[342] ihr eine Meinungsäußerung untersagt[343] oder in ihre Privatsphäre eindringt.[344] In der Konstellation eines privaten Rechtsstreits, der zu einer Individualbeschwerde vor dem EGMR führt, ist dies der Fall, wenn das Urteil des letztentscheidenen staatlichen Gerichts zum Beispiel eine Ungleichbehandlung anordnet oder eine Meinungsäußerung untersagt.

Der Gerichtshof hält in ständiger Rechtsprechung eine Verletzung der Konventionsrechte andererseits auch dann für möglich, wenn ein staatliches Unterlassen vorliegt. Den Staat trifft danach nicht nur die Verpflichtung, ein bestimmtes Tun zu unterlassen, das in Konventionsrechte eingreift, sondern er hat ebenfalls die Konventionsrechte der berechtigten Personen zu schützen, indem er aktiv handelt. In letzterem Fall treffen den Konventionsstaat positive Handlungspflichten, so genannte „positive obligations". Bereits angedeutet im *Belgian linguistic*-Fall,[345] hat der Gerichtshof das dogmatische Konzept der „positive obligations" im Jahr 1979 im Fall *Marckx v. Belgium*[346] erstmals ausführlich erörtert und bejaht. Die Beschwerdeführerinnen, eine Mutter und ihre nichteheliche Tochter, beanstandeten mit Blick auf Art. 8 EMRK (Achtung des Privat- und Familienlebens, „respect for private and family life"), dass das belgische Recht ihre familiäre Beziehung in erbrechtlicher Hinsicht nicht in gleicher Weise wie diejenige zwischen einer verheirateten Frau und einem in der Ehe geborenen Kind anerkannte. Der Gerichtshof machte in diesem Zusammenhang deutlich, dass die Achtung des Familienlebens nicht nur Schutz vor staatlichen Eingriffen, sondern auch unter Umständen erfordere, dass der Staat positive Maßnahmen ergreife:

> „[Artikel 8] does not merely compel the State to abstain from such interference: in addition to this primarily negative undertaking, there may be positive obligations inherent in an effective ‚respect' for family life."[347]

In diesem Fall rügten die Beschwerdeführerinnen letztlich ein legislatives Unterlassen. Einige Jahre später, in *X & Y v. The Netherlands*,[348] erweiterte der Gerichtshof ebenfalls in einer Situation legislativen Unterlassens die Schutz-

---

[341] Vgl. Art. 5 EMRK.
[342] Vgl. Art. 14 EMRK.
[343] Vgl. Art. 10 EMRK.
[344] Vgl. Art. 8 EMRK.
[345] EGMR, *Case relating to certain aspects of the laws on the use of languages in education in Belgium*, App. No. 1474/62 et al., Urt. v. 23.7.1968.
[346] EGMR, *Marckx v. Belgium*, App. No. 6833/74, Urt. v. 13.6.1979.
[347] Ebenda, Rz. 31.
[348] EGMR, *X & Y v. The Netherlands*, App. No. 8978/80, Urt. v. 26.3.1985.

pflichtenkonstruktion ausdrücklich auf privatrechtliche Streitigkeiten. Die Beschwerdeführer, ein geistig behindertes Mädchen und ihr Vater, sahen sich in diesem Fall gezwungen, den Zivilrechtsweg zu beschreiten, weil das niederländische Strafrecht eine Schutzlücke aufwies. Das sechzehnjährige Mädchen war vergewaltigt worden. Das niederländische Recht forderte aber einen eigenhändigen Antrag des Vergewaltigungsopfers, wozu das Mädchen aufgrund ihrer geistigen Behinderung nicht in der Lage war. Eine Ausnahme sah das geltende Recht nur vor für Personen unter 16 Jahren und für Personen, die unter Betreuung gestellt waren, was wiederum erst ab dem Alter von 21 Jahren möglich war. Geistig behinderte Personen im Alter zwischen 16 und 21 Jahren genossen somit faktisch keinen strafrechtlichen Schutz. Der EGMR sah in einer solchen, durch die Umstände des Falles bedingten Konstellation einer Streitigkeit zwischen Privaten trotzdem die Rechte der Beschwerdeführer aus Artikel 8 EMRK berührt:

„The Court recalls that although the object of Article 8 is essentially that of protecting the individual against arbitrary interference by the public authorities, it does not merely compel the State to abstain from such interference: in addition to this primarily negative undertaking, there may be positive obligations inherent in an effective respect for private or family life [...]. These obligations may involve the adoption of measures designed to secure respect for private life even in the sphere of the relations of individuals between themselves."[349]

In der Folgezeit bis heute hat der Gerichtshof eine umfangreiche Rechtsprechung zu den „positive obligations" entwickelt.[350] Dabei ist zunächst anzumerken, dass der EGMR unter dieser Überschrift eine Vielzahl staatlicher Pflichten verhandelt, die Schutzpflichten angesichts des Verhaltens Privater umfassen, jedoch deutlich über diese Fälle hinausgehen, und in diesem Zusammenhang sowohl Schutzpflichten gegenüber Naturkatastrophen u.ä. als auch u.a. Teilhabe- und Einrichtungsgarantien als „positive obligations" identifiziert. Entsprechend haben manche Autoren für diese breitere Kategorie den Begriff der „Gewährleistungspflichten" vorgeschlagen.[351] Dies soll hier allerdings nicht weiter interessieren, ich konzentriere mich im Folgenden auf die Rechtsprechung zu Schutzkonstellationen angesichts des Verhaltens privater Dritter.

---

[349] Ebenda, Rz. 23.

[350] Gute Übersichten zur Rechtsprechung finden sich bei *A. R. Mowbray*, The Development of Positive Obligations under the European Convention on Human Rights by the European Court of Human Rights, 2004 und *N. A. Pétermann*, Les obligations positives de l'Etat dans la jurisprudence de la Cour européenne des droits de l'homme – Théorie générale, incidences législatives et mise en œvre en droit suisse, 2014, S. 197–367.

[351] Vgl. z.B. *M. Holoubek*, Grundrechtliche Gewährleistungspflichten, 1997; *C. Grabenwarter/K. Pabel*, Europäische Menschenrechtskonvention, 6. Aufl. 2016, S. 157; siehe dazu auch die Erläuterungen bei *T. Rensmann*, Wertordnung und Verfassung – Das Grundgesetz im Kontext grenzüberschreitender Konstitutionalisierung, 2007, S. 228–231.

Bei der Analyse dieser Rechtsprechung sticht zunächst ins Auge, dass der Gerichtshof im Gegensatz beispielsweise zum BVerfG[352] tunlichst zu vermeiden scheint, sich deutlich zu den theoretisch-dogmatischen Grundlagen der Schutzpflichten zu positionieren. Die Behauptung mancher Autoren,[353] der EGMR stütze sich jedenfalls auch auf eine wertgeleitete Argumentation, findet kaum Bestätigung in der Rechtsprechung des Gerichtshofs zu den „positive obligations".[354] So unterstrich der Gerichtshof in *Plattform „Ärzte für das Leben" v. Austria*: „The Court does not have to develop a general theory of the positive obligations which may flow from the Convention [...]"[355] und äußerte sich später sogar skeptisch, ob dies insbesondere mit Blick auf die Wirkung der Konvention im Horizontalverhältnis überhaupt wünschenswert sei.[356] Die argumentative Grundlage des Gerichtshofs ist daher weitgehend funktional-teleologischer Natur. Sie beschränkt sich im Wesentlichen auf Betonungen der Effektivität der Anwendung der Konvention,[357] die nur gewährleistet sei, wenn die Konventionsstaaten nicht nur für aktives Tun, sondern auch für Unterlassen hafteten, zusätzlich abgesichert durch regelmäßige Verweise auf die Pflicht der Vertragsstaaten in Art. 1 EMRK „[to] secure to everyone within their jurisdiction the rights and freedoms" der Konvention.[358] Entsprechend betonte der Gerichtshof zum Beispiel in der Entscheidung *Appleby v. United Kingdom*, in der es um das Recht von Privatpersonen zur Demonstration im in privatem Eigentum stehenden Stadtzentrum von Washington (Tyne and Wear) im Nordosten Englands:

„The Court reiterates the key importance of freedom of expression as one of the preconditions for a functioning democracy. Genuine, *effective* exercise of this freedom does not

[352] Siehe dazu sogleich unten III.

[353] So zum Beispiel *L. Garlicki*, Relations between Private Actors and the European Convention on Human Rights, in: A. Sajó/R. Uitz (Hrsg.), The Constitution in Private Relations – Expanding Constitutionalism, 2005, 129, 142; andeutungsweise auch bei *T. Rensmann*, Wertordnung und Verfassung – Das Grundgesetz im Kontext grenzüberschreitender Konstitutionalisierung, 2007, S. 222, allerdings wiederum einschränkend auf S. 225f.

[354] So auch *C. Dröge*, Positive Verpflichtungen der Staaten in der Europäischen Menschenrechtskonvention, 2003, S. 192.

[355] EGMR, *Plattform „Ärzte für das Leben" v. Austria*, App. No. 10126/82, Urt. v. 21.6. 1988, Rz. 31.

[356] EGMR, *VgT Verein gegen Tierfabriken v. Switzerland*, App. No. 24699/94, Urt. v. 28.6. 2001, Rz. 46: „The Court does not consider it desirable, let alone necessary, to elaborate a general theory concerning the extent to which the Convention guarantees should be extended to relations between private individuals *inter se*." (Hervorhebung im Original).

[357] So bereits in EGMR, *Marckx v. Belgium*, App. No. 6833/74, Urt. v. 13.6.1979, Rz. 31. Vgl. dazu auch *L. Jaeckel*, Schutzpflichten im deutschen und europäischen Recht – Eine Untersuchung der deutschen Grundrechte, der Menschenrechte und Grundfreiheiten der EMRK sowie der Grundrechte und Grundfreiheiten der Europäischen Gemeinschaft, 2001, S. 133f.

[358] Vgl. z.B. EGMR, *Broniowski v. Poland*, App. No. 31443/96, GK, Urt. v. 22.6.2004, Rz. 144.

depend merely on the State's duty not to interfere, but may require positive measures of protection, even in the sphere of relations between individuals [...]."[359]

Weil sich der Gerichtshof analytisch betrachtet nicht klar positioniert, fällt teilweise die dogmatische Unterscheidung zu den Auslegungskonstruktionen nicht ganz leicht. Denn in einer Vielzahl von Fällen identifizierte der Gerichtshof als Kern des Rechtstreits nach der EMRK die Entscheidungen nationaler Zivilgerichte, die dahingegend zu überprüfen seien, ob ihre Interpretation des nationalen Rechts eine Verletzung von EMRK-Rechten bedeutete, weil sie ihren Schutzpflichten aus der Konvention nicht oder nicht ausreichend nachgekommen seien.[360] In *Pla v. Andorra* stand beispielsweise die Auslegung eines Testaments in Streit. Die nationalen Gerichte hatten dieses zu Lasten der Beschwerdeführer dahingehend interpretiert, dass nicht im Rahmen einer kanonischen Ehe geborene Kinder nicht erben konnten, was auf einen der Beschwerdeführer zutraf. Es ging mithin nicht um die Vereinbarkeit andoranischen Gesetzesrechts mit der Konvention, sondern, wie der Gerichtshof unterstrich, um die Vereinbarkeit der gerichtlichen Interpretation des Testaments mit Artikel 8 und 14 EMRK:

„[I]n the instant case the Court is not required to determine whether there is an incompatibility between the Convention and the Andorran statutory provisions on adopted children's inheritance rights. [...] [T]he question in issue concerns the High Court of Justice of Andorra's interpretation, upheld by the Constitutional Court, of a testamentary disposition drafted in 1939 and executed in 1995. The Court has to determine whether that interpretation breached Article 14 of the Convention taken in conjunction with Article 8."[361]

Entsprechend finden sich Sondervoten einiger Richter, die in solchen Fällen von „horizontal effect" der Konventionsrechte sprechen. Diese bänden danach Private „indirectly" dadurch, dass „the Contracting State [is] responsible for preventing and remedying Convention violations by private persons or entities."[362] Tatsächlich geht es dem Gerichtshof auch hier um die staatliche Verantwortung für die gerichtliche Interpretation nationalen Rechts im Lichte der staatlichen Pflichten aus der EMRK gegenüber den Parteien des Privatrechtsstreits. Indessen besteht der Unterschied zu Auslegungskonstruktionen darin, dass sich diese Verantwortung nicht an den EGMR selbst richtet. Dieser entscheidet vielmehr als supranationale und damit jedenfalls faktisch übergeordnete Instanz über die In-

---

[359] EGMR, *Appleby and others v. United Kingdom*, App. No. 44306/98, Urt. v. 6.5.2003, Rz. 39 (meine Hervorhebung).

[360] Vgl. z.B. EGMR, *von Hannover v. Germany*, App. No. 59320/00, Urt. v. 24.6.2004, Rz. 56ff.; EGMR, *Storck v. Germany*, App. No. 61603/00, Urt. v. 16.6.2005, Rz. 93; EGMR, *von Hannover v. Germany (No. 2)*, App. Nos. 40660/08, 60641/08, GK, Urt. v. 7.2.2012, Rz. 98ff.; EGMR, *Bărbulescu v. Romania*, App. No. 61496/08, Urt. v. 12.1.2016, Rz. 52ff.; EGMR, *Bărbulescu v. Romania*, App. No. 61496/08, GK, Urt. v. 5.9.2017, Rz. 124ff.

[361] EGMR, *Pla and Puncernau v. Andorra*, App. No. 69498/01, Urt. v. 13.7.2004, Rz. 44.

[362] EGMR, *Bărbulescu v. Romania*, App. No. 61496/08, Urt. v. 12.1.2016, Sondervotum des Richters Pinto de Albuquerque, Rz. 23; ähnlich auch EGMR, *Pla and Puncernau v. Andorra*, App. No. 69498/01, Urt. v. 13.7.2004, Sondervotum Richter Garlicki.

terpretation des Testaments durch die nationalen Gerichte aus Sicht der EMRK, d. h. mit Blick darauf, ob der Vertragsstaat durch seine Gerichte seine „positive obligations“ aus der Konvention gegenüber dem Beschwerdeführer verletzt hat.

Schließlich ist anzumerken, dass der Gerichtshof in der Sache keine klare Unterscheidung zwischen Abwehr- und Schutzpflichten und entsprechend zwischen Verletzungen der Konventionsrechte durch staatliches Tun oder Unterlassen trifft.[363] Vielfach stellt er bezüglich einzelner Konventionsrechte fest (und begnügt sich mit dieser Festellung), dass „[t]he boundary between the State's positive and negative obligations under this provision does not lend itself to precise definition.“[364] Entsprechend seien die Voraussetzungen, einschließlich der Anforderungen an die Verhältnismäßigkeit und die Einschätzungsprärogative des Konventionsstaats („margin of appreciation“) „similar“.[365]

3. *Wertbegründung und Alternativen*

Das theoretische wie auch das dogmatische Fundament der Figuren der normalen Grundrechtsfunktionen wird häufig im Verständnis der Grundrechte als Werte gesehen,[366] insbesondere wenn der jeweilige Ansatz auch oder ausschließlich auf die Schutzpflichten zurückgreift[367].[368] *Josef Isensee* kritisiert dieses Wertverständnis zwar plastisch als „hermeneutischen Urschleim, aus dem immer neue

---

[363] Vgl. auch *C. Dröge*, Positive Verpflichtungen der Staaten in der Europäischen Menschenrechtskonvention, 2003, S. 223, 370; *T. Rensmann*, Wertordnung und Verfassung – Das Grundgesetz im Kontext grenzüberschreitender Konstitutionalisierung, 2007, S. 226 f.; ausführlich *L. Lavrysen*, Human Rights in a Positive State – Rethinking the Relationship between Positive and Negative Obligations under the European Convention on Human Rights, 2016, S. 261–304.

[364] EGMR, *von Hannover v. Germany*, App. No. 59320/00, Urt. v. 24.6.2004, Rz. 57; siehe auch z. B. EGMR, *Bărbulescu v. Romania*, App. No. 61496/08, Urt. v. 12.1.2016, Rz. 52; EGMR, *Bărbulescu v. Romania*, App. No. 61496/08, GK, Urt. v. 5.9.2017, Rz. 112; EGMR, *von Hannover v. Germany (No. 2)*, App. Nos. 40660/08, 60641/08, GK, Urt. v. 7.2.2012, Rz. 98.

[365] Vgl. ebenda. Kritisch in dieser Hinsicht *Pla and Puncernau v. Andorra*, App. No. 69498/01, Urt. v. 13.7.2004, Sondervotum Richter Garlicki, der hervorhebt, dass „it seems equally obvious that the level of protection against a private action cannot be the same as the level of protection against State action. [...] In other words, what is prohibited for the State need not necessarily also be prohibited for individuals.“

[366] So zum Beispiel *M. Ruffert*, Vorrang der Verfassung und Eigenständigkeit des Privatrechts, 2001, S. 158 f., 166.

[367] Vgl. z. B. *P. Badura*, Arbeit als Beruf (Art. 12 Abs. 1 GG), in: Festschrift für Wilhelm Herschel zum 85. Geburtstag, 1982, 21, 30; *F. Kirchhof*, Private Rechtsetzung, 1987, S. 516; *M. Sachs*, Grundrechtliche Schutzpflichten und wirtschaftliche Beziehungen Privater, in: Festschrift für Reiner Schmidt zum 70. Geburtstag, 2006, 385, 401; auch *P. Unruh*, Zur Dogmatik der grundrechtlichen Schutzpflichten, 1996, S. 62.

[368] Dies gilt auch für die Rechtsprechung des BVerfG zur Horizontalwirkung vor allem aus den 1990er Jahren, als das Gericht häufiger auf die Schutzpflichten als zusätzlichen argumentativen *topos* zurückgriff, vgl. z. B. BVerfGE 81, 242, 256 [1990]; E 84, 192, 194 f. [1991]; E 89, 214, 229 [1993]; E 90, 27, 33 [1994]; E 97, 125, 145 [1998]; E 103, 89, 100 [2001].

Funktionen [der Grundrechte] entsprießen [...]“[369] und unternimmt als Alternative den Versuch, die Schutzpflichtenfunktion der Grundrechte aus dem Schutzauftrag des Staates zu begründen, der sich subjektiv-rechtlich in einem Grundrecht auf Sicherheit kristallisiere.[370] Nach seiner Auffassung offenbarte sich

„in den Schutzpflichten keine neue Seite der rechtsstaatlichen Verfassung, sondern nur eine vergessene. Die Verpflichtung des Grundrechtsstaates wird in ihrem zwiefachen Aspekt wiederentdeckt: die Grundrechte nicht nur (negativ) zu achten, sondern auch (positiv) zu schützen. Es handelt sich um zwei Pflichtenaspekte derselben Grundrechte. Die Aspekte haben den gleichen verfassungsrechtlichen Rang. Allerdings aktualisieren sie sich in unterschiedlicher rechtstechnischer Form. Die Schutzaspekte bilden in ihrer Gesamtheit das Grundrecht auf Sicherheit.“[371]

Isensee versteht demnach Sicherheit als zentralen Staatszweck, als wichtigste Aufgabe staatlicher Gewalt, aus der ein subjektiv-rechtlicher Schutzanspruch des Einzelnen, ein Grundrecht auf Sicherheit, entspringe.[372] Methodisch ist dadurch allerdings nichts gewonnen. Denn Sicherheit wird somit zu einem Axiom erklärt und sodann deontologisiert: Sicherheit ist Staatszweck und entsprechend wird Schutz zu einem staatlichen Sollen. Methodisch entspricht diese Gedankenführung *Alexys* Prinzipienmodell.[373] Damit hat man zwar eine gewisse Juridifizierung der Werte erlangt, die Argumentation bleibt aber letztlich wertgeleitet. Sicherheit wird Teil oder gar Zentrum der Wertordnung, mehr ändert sich nicht: Gott heißt nun nicht mehr Jahwe, sondern Allah (oder umgekehrt), es bleibt aber beim Gottesglauben. Dies soll nicht die Bedeutung der Sicherheit als Aufgabe des Staates und Grundlage seiner Schutzpflicht herunterspielen. Aber ihre theoretisch-dogmatische Basis bleibt hiernach methodisch unverändert, die Wertordnung wird lediglich um ein weiteres Element ergänzt.

---

[369] *J. Isensee*, Das Grundrecht als Abwehrrecht und als staatliche Schutzpflicht, in: Ders./P. Kirchhof (Hrsg.), Handbuch des Staatsrechts, Bd. IX, 3. Aufl. 2011, § 191/Rn. 159, S. 487.

[370] Grundlegend *J. Isensee*, Das Grundrecht auf Sicherheit – Zu den Schutzpflichten des freiheitlichen Verfassungsstaates, 1983.

[371] Ebenda, S. 33; siehe auch *ders.*, Das Grundrecht als Abwehrrecht und als staatliche Schutzpflicht, in: Ders./P. Kirchhof (Hrsg.), Handbuch des Staatsrechts, Bd. IX, 3. Aufl. 2011, § 191/Rn. 185 ff.

[372] Ähnlich auch *G. Robbers*, Sicherheit als Menschenrecht – Aspekte der Geschichte, Begründung und Wirkung einer Grundrechtsfunktion, 1987, insbesondere S. 186 ff.

[373] Vgl. *R. Alexy*, Theorie der Grundrechte, 1986, S. 125 ff.; siehe bereits *ders.*, Zum Begriff des Rechtsprinzips, in: W. Krawietz/K. Opałek/A. Peczenik/A. Schramm (Hrsg.), Argumentation und Hermeneutik in der Jurisprudenz, Rechtstheorie Beiheft 1, 1979, 59 ff. *Alexys* Prinzipienmodell rekurriert auf die Rechtsphilosophie *Ronald Dworkins* (insbesondere *R. Dworkin*, The Model of Rules I, in: *Ders.*, Taking Rights Seriously, 1977, 14, 22 ff.; siehe auch als weiteres Hauptwerk *ders.*, Law's Empire, 1986), entwickelt diese aber gerade um die Vorstellung von Prinzipien als juridifizierte Werte weiter. Zum Verhältnis von *Dworkin* und *Alexy* siehe *A. Heinold*, Die Prinzipientheorie bei Ronald Dworkin und Robert Alexy, 2011, insbesondere S. 271–391.

Andere wollen die Grundlage der hiesigen dogmatischen Figuren funktional-teleologisch aus Art. 1 Abs. 3 GG[374] als subjektiv-rechtliche Schutzansprüche entwickeln, so *Hermes*,[375] *Krings*[376] und *Lehner*.[377] Insbesondere nach *Krings* soll dieser Schutzanspruch – übrigens in der Begründung nicht unähnlich demjenigen des EGMR zu den „positive obligations" – ausschließlich funktional-teleologisch zu entwickeln sein.[378] Aus dem Wortlaut der Grundrechtsnormen in Verbindung mit Art. 1 Abs. 3 GG ergebe sich ein staatliches Gebot, die Grundrechte gegen Übergriffe von außen zu schützen. Urheber solcher Übergriffe könnten eben auch Private sein. Entsprechend seien „Eingriffsabwehr und Schutz vor privaten Übergriffen [...] zwei komplementäre Aspekte des in [den] Grundrechten angeordneten Freiheitsschutzes."[379] Dies erscheint konsistenter, da hier als zentrale Stütze die positiv-rechtliche Norm des Art. 1 Abs. 3 GG dient. Wie sich noch zeigen wird, ist es in der Tat rechtsdogmatisch vorzugswürdig, zur Begründung der Verantwortungskonstruktionen der Horizontalwirkung auf Art. 1 Abs. 3 GG zu rekurrieren.[380] Dass damit eine Präferenz für die Figuren der normalen Grundrechtsfunktionen einhergeht, vor allem in der Schutzpflichtenvariante, ist mit dieser Anknüpfung an Art. 1 Abs. 3 GG allerdings noch keineswegs gesagt.[381]

---

[374] Dies steht auch im Zentrum der Ansicht von *Canaris*, siehe oben 1.

[375] Vgl. *G. Hermes*, Grundrechtsschutz durch Privatrecht auf neuer Grundlage? Das BVerfG zu Schutzpflicht und mittelbarer Drittwirkung der Berufsfreiheit, Neue Juristische Wochenschrift 1990, 1764, 1767; vgl. auch *ders.*, Das Grundrecht auf Schutz von Leben und Gesundheit – Schutzpflicht und Schutzanspruch aus Art. 2 Abs. 2 Satz 1 GG, 1987, S. 187ff.

[376] Vgl. *G. Krings*, Grund und Grenzen grundrechtlicher Schutzansprüche – Die subjektiv-rechtliche Rekonstruktion der grundrechtlichen Schutzpflichten und ihre Auswirkung auf die verfassungsrechtliche Fundierung des Verbrauchervertragsrechts, 2003, S. 160–164; *ders.*, Die subjektiv-rechtliche Rekonstruktion der Schutzpflichten aus dem grundrechtlichen Freiheitsbegriff, in: Festschrift für Klaus Stern zum 80. Geburtstag, 2012, 425, 436f.

[377] Vgl. *R. Lehner*, Zivilrechtlicher Diskriminierungsschutz und Grundrechte, 2013, insbesondere S. 306–309, der indes daraus nicht automatisch folgert, dass alle Grundrechte ohne weiteres auch Schutzansprüche vermitteln. „Die Grundrechte sind vielmehr in ihrer Natur als Individualansprüche daraufhin zu überprüfen, ob sie auch subjektiv Schutz einzufordern vermögen." (ebenda, S. 308).

[378] *G. Krings*, Grund und Grenzen grundrechtlicher Schutzansprüche – Die subjektiv-rechtliche Rekonstruktion der grundrechtlichen Schutzpflichten und ihre Auswirkung auf die verfassungsrechtliche Fundierung des Verbrauchervertragsrechts, 2003, S. 160f.; *ders.*, Die subjektiv-rechtliche Rekonstruktion der Schutzpflichten aus dem grundrechtlichen Freiheitsbegriff, in: Festschrift für Klaus Stern zum 80. Geburtstag, 2012, 425, 437. Ähnlich auch *J. Isensee*, Das Grundrecht als Abwehrrecht und als staatliche Schutzpflicht, in: Ders./P. Kirchhof (Hrsg.), Handbuch des Staatsrechts, Bd. IX, 3. Aufl. 2011, § 191/Rn. 232: „Jedoch ist die Schutzpflicht nicht auf eine der Drittwirkungstheorien angewiesen. Sie ergibt sich schon als Kehrseite des staatsgerichteten, abwehrrechtlichen Grundrechtsschutzes. *Dieser liefe leer, wenn die Integrität der Schutzgüter nicht auch gegen private Übergriffe gewährleistet wäre.*" (Meine Hervorhebung).

[379] *G. Krings*, Grund und Grenzen grundrechtlicher Schutzansprüche – Die subjektiv-rechtliche Rekonstruktion der grundrechtlichen Schutzpflichten und ihre Auswirkung auf die verfassungsrechtliche Fundierung des Verbrauchervertragsrechts, 2003, S. 161.

[380] Siehe unten Kap. 4, A.I.

[381] Siehe sogleich unten 4. a), E.I.3. und Kap. 4, D.

4. Fazit

a) Tun und Unterlassen – Abwehr und Schutz

Sofern die Figuren der normalen Grundrechtsfunktionen – im Anschluss an *Canaris* – zwischen gerichtlichen Eingriffsverboten und Schutzgeboten als Vehikel der Horizontalwirkung unterscheiden,[382] setzten diese implizit voraus, dass sich Tun und Unterlassen trennscharf voneinander abgrenzen lassen. Doch es kommen Zweifel auf, ob sich diese dogmatischen Figuren tatsächlich auf eine derartige klare Dichotomie stützen können.[383] In der EGMR-Rechtsprechung hat die Unterscheidung zwischen Tun und Unterlassen sowie Eingriff und Schutzpflicht inzwischen beispielsweise nur noch formalen Charakter. Wie oben ausgeführt, betont der Gerichtshof, dass „[t]he boundary between the State's positive and negative obligations [...] does not lend itself to precise definition."[384] Die Voraussetzungen und Konsequenzen seien ähnlich („similar"). Für den EGMR als externen Kontrolleur staatlichen Verhaltens im Rahmen eines völkerrechtlichen Regimes mag das Fehlen einer klaren Trennlinie zwischen Tun/Unterlassen bzw. Eingriff/Schutz von vergleichsweise geringer Bedeutung sein, da für das Völkerrecht der Staat eine Einheit darstellt – obwohl auch hier in der Literatur teilweise erhebliche Kritik geübt wird.[385] Wie verhält es sich indes in Privatrechtsstreitigkeiten vor nationalen Gerichten, denen es als Staatsorgan nicht möglich ist, eine externe Perspektive einzunehmen? Wenn man im Anschluss an Art. 1 Abs. 3 GG mit *Canaris* und der vorherrschenden Auffassung auch Gerichte als grundrechtsverpflichtet ansehen möchte, bestimmt sich das Maß meines Rechtsschutzes danach, ob ich mich in dem konkreten Rechtsstreit vor dem jeweiligen Gericht in der Angriffs- oder in der Verteidigungsrolle befinde. Dies hängt wiederum von zweierlei ab: (1) in der ersten Instanz davon, ob ich ein Verfahren eingeleitet habe; (2) in den Folgeinstanzen davon, ob das Gericht der Vorinstanz meinen Anspruch bejaht oder verneint hat. Bei genauerem Hinsehen zeigt sich hinsichtlich beider Faktoren, wie schwierig eine Unterscheidung in Tun/Unterlassen bzw. Eingriff/Schutzpflicht fällt.

Ob ich selbst den Rechtsweg beschreite oder ob die Gegenseite vor Gericht zieht (oben (1)), hängt aber wiederum davon ab, ob mir die nationale Rechtsord-

---

[382] Siehe oben 1.

[383] Ähnlich auch *L. Michael*, Das Verhältnismäßigkeitsprinzip als Schlüssel(bund)konzept, in: M. Jestaedt/O. Lepsius (Hrsg.), Verhältnismäßigkeit, 2015, 42, 48.

[384] EGMR, *von Hannover v. Germany*, App. No. 59320/00, Urt. v. 24.6.2004, Rz. 57; siehe auch z. B. *Bărbulescu v. Romania*, App. No. 61496/08, Urt. v. 12.1.2016, Rz. 52; EGMR, *von Hannover v. Germany (No. 2)*, App. Nos. 40660/08, 60641/08, Urt. v. 7.2.2012, Rz. 98.

[385] Vgl. stellvertretend *L. Lavrysen*, Human Rights in a Positive State – Rethinking the Relationship between Positive and Negative Obligations under the European Convention on Human Rights, 2016, S. 261–304.

nung einen Anspruch vermittelt, den ich gerichtlich durchsetzen muss.[386] Anhand des Sachverhalts, welcher der bekannten Entscheidung des US Supreme Court in der Sache *Flagg Brothers v. Brooks*[387] zugrunde lag, lässt sich dies veranschaulichen. Frau Brooks wehrte sich gegen den Zwangsverkauf ihrer *per* staatlicher Anordnung beim Unternehmen Flagg Brothers wegen der Räumung ihrer Wohnung eingelagerten Möbel und sonstiger Wertgegenstände und verklagte Flagg Brothers auf Schadenersatz wegen Verletzung der Due Process Clause des 14. Amendment. Das Recht des Staates New York hatte es Flagg Brothers gestattet, den Zwangsverkauf ohne vorherige Einschaltung staatlicher Stellen durchzuführen. Es hätte aber genauso gut auch vorsehen können, dass ein Zwangsverkauf erst nach richterlicher und behördlicher Entscheidung möglich war. Dann hätte gegebenenfalls Flagg Brothers das Verfahren einleiten müssen, Frau Brooks wäre in diesem Fall nicht Klägerin, sondern Beklagte gewesen – oder sogar gar nicht Streitpartei, wenn Flagg Brothers beispielsweise die Versagung einer behördlichen Genehmigung gerichtlich gerügt hätte. Dieses Beispiel illustriert: Will man zwischen staatlichem Tun und Unterlassen differenzieren, kommt man in erhebliche Schwierigkeiten.[388] Welches ist das maßgebliche staatliche Verhalten? Ist es die Gerichtsentscheidung zu Lasten von Frau Brooks? Diese Gerichtsentscheidung ist jedoch prädeterminiert durch die regulatorische Lage, also wiederum durch staatliche Gestaltung – sei diese nun gesetzgeberischer Art und/oder bestimmt durch richterliche Präzedenzrechtsprechung (insbesondere im common law). Es gibt keinen regulatorischen *status neutralis*. Das Privatrechtssystem existiert erst durch staatliche Schaffung und Gestaltung,[389] also durch Verteilungsgerichtigkeitsentscheidungen.[390] Ein Nullpunkt, von dem aus

---

386 Ähnlich auch *J. Hager*, Grundrechte und Privatrecht, JuristenZeitung 1994, Bd. 49, 373, 381–383.

387 *Flagg Brothers, Inc., etc., et al. v. Shirley Herriott Brooks et al., Louis J. Lefkowitz, Attorney General of New York v. Shirley Herriott Brooks et al., American Warehousemen's Association, and the International Association of Refrigerated Warehouses, Inc. v. Shirley Herriott Brooks et al.*, 436 U.S. 149 (1978).

388 Dies gilt insbesondere auch für die US-amerikanische state action-Doktrin, die entsprechend „state action" von „state inaction" abgrenzen muss. Erstere ermöglicht ein Berufen auf die Grundrechte, letztere nicht. Siehe dazu neben unten C.I. auch *D. P. Currie*, Positive und negative Grundrechte, Archiv des öffentlichen Rechts, 1986, Bd. 111, 230; *F. I. Michelman*, The protective function of the state in the United States and Europe: the constitutional question, in: G. Nolte (Hrsg.), European and US Constitutionalism, 2005, 156. *F. Michl*, Die Bedeutung der Grundrechte im Privatrecht, Jura 2017, 1062, 1066f. will deshalb stets von der Zurechnung staatlichen Tuns ausgehen.

389 Auf einer noch höheren Abstraktionsebene basiert es ebenfalls auf einer staatlichen Gestaltung, ob das zugrunde liegende private Verhalten überhaupt Gegenstand des Zivilrechts ist. Je nach Art des Konfliktes und der potentiellen Schädigung im Verhältnis zwischen zwei Privaten kann der Staat ein bestimmtes Verhalten auch zum Gegenstand beispielsweise des Strafrechts machen. Tut er dies nicht, kann darin ein staatliches Unterlassen liegen, wie der Fall *X & Y v. The Netherlands* verdeutlicht, siehe dazu oben 2.

390 Vgl. dazu *M. Auer*, Der privatrechtliche Diskurs der Moderne, 2014, S. 67. Vgl. auch *R. Michaels/N. Jansen*, Private Law Beyond the State? – Europeanization, Globalization,

neutral bewertet werden kann, ob es sich um ein staatliches, insbesondere um ein gerichtliches, Tun oder Unterlassen handelt, existiert nicht.[391] Warum sollte das grundrechtliche Rechtsschutzniveau – nach dem *Canaris*'schen Ansatz für das deutsche Recht: die Unterscheidung von Über- oder Untermaßverbot – davon abhängen, wie der Staat das einfache Recht gestaltet? Dies ist insbesondere vor dem Hintergrund nicht einsichtig, dass die Figuren der normalen Grundrechtsfunktionen als Verantwortungskonstruktionen Horizontalwirkung nur staatlich mediatisiert konstruieren: Der grundrechtliche Anspruch des Privaten A gegen den Staat hängt danach davon ab, wie der grundrechtsverpflichtete Staat die einfachrechtliche regulatorische Ausgangslage für den A gestaltet hat.

Die Verwirrung steigert sich indes noch, wenn man weiter den Instanzenzug voranschreitet (oben (2)). Denn wenn bereits die erstinstanzliche Entscheidung nicht von einem neutralen Nullpunkt startet, wie vermeidet man Willkürlichkeit in der Bestimmung von staatlichem (richterlichem) Tun oder Unterlassen in den Folgeinstanzen, wenn diese Bestimmung von dem Ausgang der Entscheidung in der ersten Instanz abhängt? Während man ab der zweiten Instanz auf ein (grundrechtliche Eingriffsverbote oder Schutzgebote verletzendes) richterliches Verhalten abstellen kann, fehlt es an einem solchen noch in der ersten Instanz. Folgt man streng der Retrospektivität[392] der Figuren der normalen Grundrechtsfunktionen und konstruiert die Horizontalwirkung über den grundrechtlichen Eingriff/die grundrechtliche Schutzpflichtverletzung der Vorinstanz, so müsste man entweder zu dem nicht sinnvoll begründbaren Ergebnis kommen, dass in der ersten Instanz keine Horizontalwirkung existiert. Oder aber das zugrunde gelegte staatliche Verhalten wechselte institutionell gesehen von der ersten zur zweiten Instanz: in der ersten Instanz wäre regelmäßig das Verhalten der Legislative der Anknüpfungspunkt, während ab der zweiten Instanz ausschließlich auf judikatives Verhalten abgestellt würde.

Privatization, in: Dies. (Hrsg.), Beyond the State – Rethinking Private Law, 2008, 69, 84, Fn. 60 mit weiteren Verweisen auf angloamerikanische Literatur; *J. van der Walt*, The Horizontal Effect Revolution and the Question of Sovereignty, 2014, S. 169f.; *J. W. Singer*, The Legal Rights Debate in Analytical Jurisprudence from Bentham to Hohfeld, Wisconsin Law Review 1982, 975ff.; siehe überdies *R. L. Hale*, Coercion and Distribution in a Supposedly Non-Coercive State, Political Science Quarterly 1923, Bd. 38, 470ff. In ähnliche Richtung auch *R. Poscher*, Grundrechte als Abwehrrechte – Reflexive Regelung rechtlich geordneter Freiheit, 2003, S. 148–150. Zu Unterscheidung von *iustitia commutativa* und *iustitia distributiva* im deutschen Privatrecht im Anschluss an *Aristoteles'* Nikomachische Ethik siehe *C.-W. Canaris*, Die Bedeutung der iustitia distributiva im deutschen Vertragsrecht, 1997, S. 10–15; *S. Arnold*, Vertrag und Verteilung, 2014, S. 26–54.

[391] Kritisch auch *C. Sunstein*, The Partial Constitution, 1993, S. 75 (zur Rechtsprechung des US Supreme Court zur state action-Doktrin). Siehe auch *L. Lavrysen*, Human Rights in a Positive State – Rethinking the Relationship between Positive and Negative Obligations under the European Convention on Human Rights, 2016, S. 305: „[T]he distinction between action and incation/omission is not a natural but a constructed one."

[392] Vgl. oben Kap. 2, B.III.2.

b) Die normalen Grundrechtsfunktionen in der Praxis

Lässt man diese Probleme der *Canaris*'schen Konstruktion zunächst beiseite,[393] stellt sich sein Ansatz vor dem Hintergrund einer dogmatisch-analytischen Betrachtung in der Praxis folgendermaßen dar: A und B stehen nicht in einem grundrechtlichen Anspruch-Pflichten-Verhältnis, sondern A/B haben nur jeweils grundrechtliche Ansprüche gegen den Staat. Ihr direktes Anspruch-Pflichten-Verhältnis ist nur einfachrechtlich-privatrechtlicher Natur. Zu einer Horizontalwirkung der Grundrechte kommt es nur dann, wenn A oder B ihr rein privatrechtliches Rechtsverhältnis vor ein staatliches Gericht bringen. Das staatliche Gericht ist sodann dazu aufgerufen, den Privatrechtsstreit zu entscheiden und dabei seinen grundrechtlichen Pflichten gegenüber A und B nachzukommen. Tut es dies nicht, so prüft das Gericht der Folgeinstanz bzw. das BVerfG, ob das vorinstanzliche (im Falle des BVerfG: letztinstanzliche Fach-)Gericht den Gewährleistungsgehalt der Grundrechte von A und/oder B in unverhältnismäßiger Weise beschränkt hat. Dazu muss es fragen, ob die *ratio decidenci* der vorinstanzlichen/letztinstanzlichen fachgerichtlichen Entscheidung, wenn man sie als Norm denkt, in die Grundrechte von A/B in unverhältnismäßiger Weise eingreift bzw. eine grundrechtliche Schutzpflicht verletzt.[394] Um festzustellen, ob das vorinstanzliche/letztinstanzliche (Fach-)Gericht die Grundrechte der A (durch Eingriff oder unterlassenen Schutz) verletzt hat, ist zu untersuchen, ob nicht die gegenläufige staatliche Pflicht zur Achtung der Grundrechte des B überwiegt. Die Grundrechte von A und B sind deshalb im Rahmen einer Verhältnismäßigkeitsprüfung in Ausgleich zu bringen. Das Ergebnis der Abwägung ist entweder ein Überwiegen der Grundrechte der A oder der Grundrechte des B und lässt sich als staatliche grundrechtliche Pflicht z.B. gegenüber A und als korrelierenden grundrechtlichen Anspruch der A gegenüber dem Staat formulieren.[395]

Allerdings ist es damit nicht getan, auch wenn die Beschreibung der dogmatischen Konstruktionen durch ihre Vertreter hier endet.[396] Denn das Gericht, das über die Grundrechtsverletzung der Vorinstanz zu befinden hat, muss ja nichtsdestoweniger weiterhin den privatrechtlichen Rechtsstreit entscheiden. Wie realisiert es den festgestellen grundrechtlichen Anspruch der A als Resultat der Abwägung der Grundrechtspositionen von A und B? Es bleibt nach Art. 20 Abs. 3, Art. 97 Abs. 1 GG an die bestehenden privatrechtlichen Normen gebunden und muss diese seiner Entscheidung über das rein privatrechtliche Anspruch-Pflichten-Verhältnis A-B zugrunde legen. Die Konsequenz liegt auf der Hand und wirft sogleich eine Frage auf: Das Gericht muss die einfachrechtlichen Vorschriften des Privatrechts so auslegen, dass das Ergebnis den grundrechtlichen Anspruch der A

[393] Siehe dazu aber unten E.I.4.

[394] Vgl. *C.-W. Canaris*, Grundrechte und Privatrecht, 1999, S. 26f., 30ff. sowie oben 1.

[395] Siehe dazu auch oben Kap. 2, B.III.2.

[396] Z.B. *C.-W. Canaris*, Grundrechte und Privatrecht, 1999, S. 26ff., 51ff.

erfüllt – und tut damit das Gleiche wie im Rahmen der Auslegungskonstruktionen: Es legt das einfache Recht anhand des grundrechtlichen Abwägungsergebnisses aus.[397] Worin liegt also, so die Frage, nunmehr der Unterschied zwischen den Auslegungskonstruktionen und den Figuren der normalen Grundrechtsfunktionen? Der Unterschied beider Gruppen dogmatischer Konstruktionen äußert sich in Ort und Gegenstand der Prüfung der staatlichen grundrechtlichen Pflicht gegenüber A: Nach den Auslegungsansätzen geht es um die Verantwortung des jeweils entscheidenden Gerichts, bei der Auslegung des einfachen Rechts den grundrechtlichen Anspruch der A (als Ergebnis der Abwägung der kollidierenden Grundrechte von A und B) zu realisieren. Ort der Prüfung ist die gegenwärtige Instanz, ihr Gegenstand die Entscheidung in derselben. Die Figuren der normalen Grundrechtsfunktionen fragen stattdessen retrospektiv auf der Ebene der höheren Instanz/des BVerfG, ob die Vorinstanz/die fachgerichtliche Letztinstanz seiner grundrechtlichen Pflicht gegenüber A (als Ergebnis der Abwägung der kollidierenden Grundrechte von A und B) nachgekommen ist. Gegenstand der Prüfung ist also nicht die eigene, sondern die Entscheidung der Voristanz. Letzteres gilt auch mit Blick auf die Rechtsprechung des EGMR. Der Gerichtshof prüft nicht die eigene Pflicht aus der EMRK, sondern die Pflichtverletzung der staatlichen Gerichte anlässlich ihrer Entscheidung über den privaten Rechtsstreit nach nationalem Recht.[398] Wie noch zu zeigen sein wird,[399] ist dieser genannte, auf den ersten Blick nur marginal erscheinende, Unterschied zwischen Auslegungskonstruktionen und den Figuren der normalen Grundrechtsfunktionen durchaus von Bedeutung. Dies gilt nicht nur für die bereits angesprochene Problematik des Schutzniveaus (Stichwort Über-/Untermaßverbot), sondern auch hinsichtlich der Abgrenzung zu anderen Horizontalwirkungskonstruktionen.

C. Zurechnung

Zurechnungskonstruktionen gehen mit Blick auf die Staatsrichtung der Grundrechte zwei entscheidende Schritte weiter als die Verantwortungskonstruktionen. Sie konstruieren erstens die Grundrechte ausschließlich abwehrrechtlich. Die Schutzpflichtenfunktion spielt nach diesen Ansätzen keine Rolle, sie wird sogar zum Teil offen abgelehnt.[400] Zweitens wird die Horizontalwirkung nicht staatlich mediatisiert, indem ein grundrechtliches Anspruch-Pflichten-Verhält-

---

[397] Siehe auch bereits oben Kap. 2, B.III.2. So im Ergebnis, wenn auch nur andeutungsweise und kursorisch, ebenfalls *M. Ruffert*, Vorrang der Verfassung und Eigenständigkeit des Privatrechts, 2001, S. 231 ff.

[398] Siehe oben 2.

[399] Vgl. unten E.I.4. und 5.

[400] Vgl., für die US „state action"-Doktrin beispielsweise *De Shaney v. Winnebago County Dept. Of Social Services*, 489 U.S. 189 (1989), 197–203 und 204 (Brennan, diss.).

nis A/B-Staat und ein einfachprivatrechtliches Anspruch-Pflichten-Verhältnis A-B unterschieden werden. Vielmehr soll privates Verhalten, welches ursprünglich das private Rechtsverhältnis begründet, dem Staat zugerechnet und folglich als staatliches Verhalten gewertet werden. Die private Rechtsbeziehung wird also nicht durch die Rechtsbeziehung A/B-Staat beeinflusst, sie wird vielmehr selbst – jedenfalls für die Zwecke der Horizontalwirkung – zu einem Rechtsverhältnis zwischen A und Staat bzw. B und Staat.

Zurechnungskonstruktionen lassen sich abstrakt somit folgendermaßen beschreiben:

Unter bestimmten Voraussetzungen ist privates Verhalten dem Staat zuzurechnen und wird damit normativ zu staatlichem Verhalten. Demzufolge hat A einen Anspruch gegen den Staat, dass dieses Verhalten nicht in unzulässiger Weise in seine Grundrechte eingreift.

Dieses Unterkapitel wird zwei charakteristische Zurechnungskonstruktionen vorstellen, zunächst die „state action"-Doktrin des US Supreme Court, sodann die auf *Jürgen Schwabe* zurückgehende Ansicht, welche die Horizontalwirkung nach deutschem Recht im Wege der Zurechnung realisieren will.

I. State action vs. private action: Zurechnung in der Rechtsprechung des US Supreme Court

1. Ausgangspunkt: Staatsrichtung, Föderalismus und Staatshaftung

Ein genuin abwehrrechtliches Verständnis von Grundrechten als Garantien von grundsätzlich unbeschränkter Freiheit gegenüber dem Staat findet sich in besonders stark ausgeprägter Form in der US-amerikanischen Verfassungstradition. Bereits der Wortlaut einiger in der US-Bundesverfassung enthaltener Grundrechtsbestimmungen scheint ihre Staatsgerichtetheit zu indizieren, namentlich das 1. und das 14. Amendment:

„*Congress shall make no law* respecting an establishment of religion, or prohibiting the free exercise thereof; or abridging the freedom of speech, or of the press; or the right of the people peaceably to assemble, and to petition the Government for a redress of grievances."[401]

„[...] *No State shall make or enforce any law* which shall abridge the privileges or immunities of citizens of the United States; nor shall any State deprive any person of life, liberty, or property, without due process of law; nor deny to any person within its jurisdiction the equal protection of the laws."[402]

---

[401] US-Bundesverfassung, 1. Amendment (meine Hervorhebung).
[402] US-Bundesverfassung, 14. Amendment, Section 1 (meine Hervorhebung).

Bezüglich des nach dem Amerikanischen Bürgerkrieg 1868 in Kraft getretenen 14. Amendment, das – wie noch zu zeigen sein wird – eine besonders prominente Rolle im Rahmen des US-amerikanischen Umgangs mit Horizontalwirkungsproblematiken spielt, unterstrich der US Supreme Court bereits 1883 in den so genannten *Civil Rights Cases*:

„In this connection it is proper to state that civil rights, such as are guaranteed by the Constitution against State aggression, cannot be impaired by the wrongful acts of individuals, unsupported by State authority in the shape of laws, customs or judicial or executive proceedings. The wrongful act of an individual, unsupported by any such authority, is simply a private wrong […].“[403]

Grundrechte richten sich danach allein gegen den Staat: „With a few exceptions, such as the provisions of the Thirteenth Amendment [welcher Sklaverei generell und somit auch durch Private untersagt], constitutional guarantees of individual liberty and equal protection do not apply to the actions of private entities.“[404] Der Hintergrund sind die Prämissen des klassischen Liberalismus des 18. und 19. Jahrhunderts:[405] Privatpersonen sind grundsätzlich frei darin, ihre Lebensverhältnisse so zu gestalten, wie sie es für richtig und angemessen erachten. Der Staat hat sich grundsätzlich aus diesen privaten Lebensverhältnissen herauszuhalten. Es geht also um die Bewahrung einer „area of individual freedom“[406] gegenüber dem Staat. Weil die Privatpersonen grundsätzlich frei sind in der Gestaltung ihrer Lebensverhältnisse, kann eine Grundrechtsbedrohung von der privaten Sphäre grundsätzlich nicht ausgehen.

Diese Sicht setzt eine klare Trennung von öffentlicher und privater Sphäre voraus, „the ‚essential dichotomy‘ between the private sphere and the public sphere.“[407] Akzeptiert man diese Dichotomie öffentlich/privat[408], muss man bestimmen, ob ein spezifisches Verhalten der öffentlichen oder der privaten Sphäre zuzuordnen ist. In Anlehnung an den Wortlaut des 14. Amendment geht es also darum, ob es sich bei dem fraglichen Verhalten um „state action“ (im Sinne bundesstaatlichen Verhaltens) – bzw. bei fraglichem Verhalten des Bundes in

[403] *The Civil Rights Cases*, 109 U.S. 3 (1883), 17.

[404] *Thaddeus Donald Edmonson v. Leesville Concrete Company, Inc.*, 500 U.S. 614 (1991), 619.

[405] Vgl. paradigmatisch: *J. S. Mill*, On Liberty, 2. Aufl. 1860.

[406] *Giles M. Lugar v. Edmondson Oil Company, Inc.*, 457 U.S. 922 (1982), 936.

[407] *Thaddeus Donald Edmonson v. Leesville Concrete Company, Inc.*, 500 U.S. 614 (1991), 620; *Moose Lodge No. 107 v. Irvis*, 407 U.S. 163, 172. Siehe dazu auch *H. Lessard*, The Idea of the "Private": A Discussion of State Action Doctrine and Separate Sphere Ideology, Dalhousie Law Journal 1986, Bd. 10, 107ff.; *R. S. Kay*, The State Action Doctrine, the Public-Private Distinction, and the Independence of Constitutional Law, Constitutional Comment 1993, Bd. 10, 329ff.

[408] Zur Kritik siehe *L. H. Tribe*, Constitutional Choices, 1985, S. 247f. Auch der US Supreme Court selbst äußert gelegentlich Zweifel an der Trenn- oder sogar Unterscheidbarkeit von privater und öffentlicher Sphäre, vgl. nur *Burton v. Wilmington Parking Authority*, 365 U.S. 715 (1961), 722, siehe auch unten 2.

Anlehnung an den Wortlaut des 5. Amendment um „governmental action“[409] – handelt. Mit diesem Test soll der Einzelne vor staatlichem Verhalten geschützt werden, umgekehrt gilt aber auch: dieser state/governmental action-Test „avoids imposing on the State, its agencies or officials, responsibility for conduct for which they cannot fairly be blamed.“[410] Folglich können die Grundrechte der US-Bundesverfassung in privaten Rechtsverhältnissen nur zur Anwendung kommen, wenn das fragliche Verhalten derart von staatlicher Autorität geprägt ist, dass es nicht dem Privaten, sondern vielmehr dem Staat zuzurechnen ist:

> „Although the conduct of private parties lies beyond the Constitution's scope in most instances, governmental authority may dominate an activity to such an extent that its participants must be deemed to act with the authority of the government and, as a result, be subject to constitutional constraints.“[411]

Die Grundrechte entfalten folglich nach der state action-Doktrin nur dann Wirkung zwischen Privaten, wenn die fragliche Handlung dem Staat zuzurechnen ist, diese also als staatliche Handlung zu werten ist. Nur über diese Verbindungslinie zum Staat durch „state action“ soll das fragliche Verhalten in einem eigentlich privaten Rechtsverhältnis der grundrechtlichen Prüfung unterworfen werden können.

Hinzu tritt eine föderale Dimension der state action-Doktrin. Das 14. Amendment richtet sich unmittelbar an die Bundesstaaten („No state shall make or enforce any law“). Diese werden durch das 14. Amendment dazu angehalten, die Rechte der US-Bundesverfassung zu wahren. Dementsprechend entscheidet der US Supreme Court in jedem Fall, in dem es um state action nach dem 14. Amendment geht, zugleich darüber, wie weit der Bund („federal government“) seinen Einflussbereich in die Rechtssphäre der Bundesstaaten hinein ausdehnen kann. So gesehen betrifft die state action-Doktrin – jedenfalls auch – die Frage nach der Gestaltung des Kompetenzgefüges im föderalen System.[412] Je häufiger der US Supreme Court „privates Handeln“ als „state action“ im Sinne des 14. Amendment identifiziert, desto mehr gewinnt der Bund Einfluss über das eigentlich allein in einzelstaatlicher Kompetenz stehende Recht der Bundesstaaten.[413] Diese föderale Dimension stand beispielsweise Justice Bradley in den *Civil Rights Cases* ganz deutlich vor Augen:

---

[409] Vgl. *Hurd et al. v. Hodge et al.*, 334 U.S. 24 (1948), 28.

[410] *Giles M. Lugar v. Edmondson Oil Company, Inc.*, 457 U.S. 922 (1982), 936.

[411] *Thaddeus Donald Edmonson v. Leesville Concrete Company, Inc.*, 500 U.S. 614 (1991), 620.

[412] Vgl. auch *W. Heun*, Verfassungsrecht und einfaches Recht – Verfassungsgerichtsbarkeit und Fachgerichtsbarkeit, in: VVDStRL 2002, Bd. 61, 80, 92 und 94.

[413] Vgl. *T. Giegerich*, Privatwirkung der Grundrechte in den USA, 1992, S. 185–215; *J.E. Nowak/R.D. Rotunda*, Principles of Constitutional Law, 3. Aufl. 2007, S. 303–305.

„[I]n all those cases where the Constitution seeks to protect the rights of the citizen against discriminative and unjust laws of the State by prohibiting such laws, it is not individual offenses, but abrogation and denial of rights, which it denounces, and for which it clothes the Congress with power to provide a remedy. This abrogation and denial of rights, for which the States alone were or could be responsible, was the great seminal and fundamental wrong which was intended to be remedied.“[414]

Der fünfte Absatz des 14. Amendment stattet den Bundesgesetzgeber („Congress“) mit der Kompetenz aus, die Rechte des 14. Amendment gegenüber den im ersten Absatz genannten Adressaten, d.h. den Bundesstaaten, durchzusetzen.[415] Es geht dem 14. Amendment in erster Linie um die Bindung der einzelstaatlichen Staatsgewalt an die US-Bundesverfassung.[416] Demnach ist die historisch aus dem 14. Amendment entwickelte state action-Doktrin von Anfang an auch in diesem spezifischen Kontext zu sehen.

Schließlich gilt es zu beachten, dass das Konzept der „state action“ über die Horizontalwirkungsfrage hinausgeht. Es wird auch zur Prüfung von – in deutsche Dogmatik und Terminologie übersetzt – Staatshaftungsfällen verwendet, insbesondere wenn ein Privater als Beliehener oder sonst mit staatlicher Autorität („public function“) Ausgestatteter in die (Grund-)Rechte anderer eingegriffen hat und letztere sodann den Staat für diese Rechtsverletzung haftbar machen möchten. So ging es beispielsweise in *Marsh v. Alabama*[417] um die Frage, ob ein Zeuge Jehovas die Verletzung seiner Rechte aus dem 14. Amendment durch den Bundesstaat Alabama rügen konnte. Herr Marsh verteilte Schriften der Zeugen Jehovas in einer öffentlich frei zugänglichen so genannten „company town“, also einer Ortschaft, die gänzlich von einer Kapitalgesellschaft errichtet und verwaltet wurde, allerdings mit ausdrücklicher Autorisierung durch den Bundesstaat Alabama. Er weigerte sich, die Ortschaft trotz mehrfacher Aufforderung zu verlassen, und wurde deshalb strafrechtlich wegen Hausfriedensbruchs belangt, wogegen er Klage erhob. Der US Supreme Court sah in der staatlichen Autorisierung, die „company town“ zu errichten und zu betreiben, „state action“ und bejahte entsprechend die Haftung des Staates für die Grundrechtsverletzung:

„We do not think it makes any significant constitutional difference as to the relationship between the rights of the owner and those of the public that here the State, instead of permitting the corporation to operate a highway, permitted it to use its property as a town, operate a ‚business block‘ in the town and a street and sidewalk on that business block. [...] Insofar as the State has attempted to impose criminal punishment on appellant for undertaking to distribute religious literature in a company town, its action cannot stand.“[418]

---

[414] *The Civil Rights Cases*, 109 U.S. 3 (1883), 17.

[415] „The Congress shall have power to enforce, by appropriate legislation, the provisions of this article.“

[416] Siehe dazu auch sogleich unten 3.a).

[417] *Marsh v. State of Alabama*, 326 U.S. 501 (1946).

[418] Ebenda, 507, 509.

Weder in der Rechtsprechung US-amerikanischer Gerichte noch in der US-amerikanischen Literatur wird eindeutig zwischen dieser Staatshaftungs- und der Horizontalwirkungskonstellation unterschieden. Vielmehr zitieren sowohl Rechtsprechung als auch Literatur häufig unterschiedslos Fälle zu beiden Konstellationen, wenn sie den Versuch unternehmen, die Doktrin genauer zu konturieren.[419]

2. State action heute: „A conceptual disaster area"

Wie zieht der US Supreme Court nun aber die Trennlinie zwischen privater und „state action"? Die Antwort auf diese Frage scheint nach einer nunmehr über 130 Jahre umspannenden, kaum mehr überschaubaren Rechtsprechung selbst den Gerichtshof an den Rande der Kapitulation zu bringen. Bereits im Jahr 1961 konstatierte der US Supreme Court mit entwaffnender Offenheit, dass die Bewertung, wann von „state action" unter dem 14. Amendment auszugehen ist, "[o]nly by sifting facts and weighing circumstances" zu bestimmen sei.[420] Sich auf die berühmte „Betrachtung im Einzelfall" zurückzuziehen, bedeutet aber nichts anderes als die Kapitulation vor einer klaren begrifflichen Abgrenzung. Ebenso sind die Versuche der Literatur, der „state action"-Rechtsprechung eindeutige Kriterien zu entnehmen und sie in überschaubare Kategorien einzuteilen, Legion[421] – haben indes nur geringe Konsequenzen in der Judikatur des US Supreme Court gezeitigt. Die Unübersichtlichkeit und scheinbare oder tatsächliche Widersprüchlichkeit der „state action"-Rechtsprechung des Gerichtshofs

[419] Vgl. beispielhaft nur *J. E. Nowak/R. D. Rotunda*, Principles of Constitutional Law, 3. Aufl. 2007, S. 301–319; *C. Turner*, State Action Problems, Florida Law Review 2013, Bd. 65, 281 ff.; *Giles M. Lugar v. Edmondson Oil Company, Inc.*, 457 U.S. 922 (1982), 936 ff.

[420] *Burton v. Wilmington Parking Authority*, 365 U.S. 715 (1961), 722.

[421] Beispielhaft genannt seien nur *H. W. Horowitz*, The Misleading Search for "State Action" Under the Fourteenth Amendment, Southern California Law Review 1957, Bd. 30, 208 ff.; *L. Henkin*, Shelley v. Kraemer: Notes for a Revised Opinion, University of Pennsylvania Law Review 1962, Bd. 110, 473 ff.; *P. G. Kauper*, Civil Liberties and the Constitution, 1962, S. 127 ff.; *C. L. Black*, The Supreme Court 1966 Term – Foreword: „State Action," Equal Protection, and California's Proposition 14, Harvard Law Review 1967, Bd. 81, 69 ff.; *E. Chemerinsky*, Rethinking State Action, Northwestern University Law Review 1985, Bd. 80, 503 ff.; *L. H. Tribe*, Constitutional Choices, 1985, S. 246 ff.; *C. E. Baker*, Private Power, the Press, and the Constitution, Constitutional Comment 1993, Bd. 10, 421; *L. M. Seidman*, The State Action Paradox, Constitutional Comment 1993, Bd. 10, 379 ff.; *D. A. Strauss*, State Action after the Civil Rights Era, Constitutional Comment 1993, Bd. 10, 409 ff.; *S. R. Saxer*, *Shelley v. Kraemer*'s Fiftieth Anniversary: "A Time for Keeping; a Time for Throwing away"?, University of Kansas Law Review 1998, Bd. 47, 61 ff.; *dies.*, Judicial State Action: *Shelley v. Kraemer*, State Action, and Judicial Takings, Widener Law Journal 2012, Bd. 21, 847 ff.; *C. Turner*, State Action Problems, Florida Law Review 2013, Bd. 65, 281 ff. Aus der deutschen Literatur sei stellvertretend nur genannt: *T. Giegerich*, Privatwirkung der Grundrechte in den USA, 1992, zusammenfassend S. 451–460.

veranlassen viele Kommentatoren diese als „a mess“[422] oder, noch dramatischer, als „conceptual disaster era“[423] zu beschreiben.[424] Versuche des Gerichtshofs seit den 1980er Jahren, beispielsweise in *Lugar v. Edmondson Oil Co.*[425] und später in *Edmonson v. Leesville Concrete Co.*[426], den „state action“-Test zu spezifizieren, haben jedenfalls bis jetzt zu keiner wesentlichen konzeptionellen Klärung geführt.[427]

3. *Shelley v. Kraemer: Gerichte, state action und Horizontalwirkung*

a) Der Weg zu Shelley: state action als Feind

Die Rechtsprechung des US Supreme Court zur state action-Doktrin und ihre Entwicklung seit ihren Anfängen in den 1880er Jahren ist unmöglich zu verstehen ohne Kenntnis des historischen Kontexts. Dieser Kontext lässt sich auf die Begriffe bringen: Sklaverei, Rassismus, Rassentrennung. Das 1868 in Kraft getretene 14. Amendment bildet den Schlussstein der juristischen Grablegung der in den Amerikanischen Bürgerkrieg (1860–1865) gemündeten veritablen Verfassungs- und Staatskrise der Vereinigten Staaten um die Mitte des 19. Jahrhunderts. Die im Norden der USA untersagte Sklaverei war das Rückgrat der landwirtschaftlich geprägten Wirtschaft der Südstaaten. Deren Sezession löste den Bürgerkrieg aus. Kurz vor ihrer Kapitulation und Wiedereingliederung in die Vereinigten Staaten besiegelte der Kongress mit der Verabschiedung des 13. Amendment die Abschaffung der Sklaverei. Das 14. Amendment garantierte drei Jahre später – ohne in seinem Wortlaut explizit auf die Rassendiskriminierung Bezug zu nehmen – verfahrensrechtlich-rechtsstaatliche („due process“) und gleiche („equal protection“) Behandlung aller Staatsbürger – und damit eben auch der durch das 13. Amendment zu Staatsbürgern gewordenen schwarzen Bevölkerung. Die Schutzrichtung des 14. Amendment geht gegen rechtsstaats- und gleichheitswidrige Maßnahmen der Bundesstaaten. Von deren Seite – genauer: von Seite derjenigen Staaten, in denen drei Jahre zuvor noch die Sklaverei galt, also die ehemaligen Südstaaten – drohte primär Diskriminierung (der schwarzen Bevölkerung). Im Vordergrund stand deshalb, das Ver-

---

[422] *C. Turner*, State Action Problems, Florida Law Review 2013, Bd. 65, 281.

[423] *C. L. Black*, The Supreme Court 1966 Term – Foreword: „State Action,“ Equal Protection, and California's Proposition 14, Harvard Law Review 1967, Bd. 81, 69, 95.

[424] Vgl. auch die Qualifizierungen bei *A. Clapham*, Human Rights in the Private Sphere, 1993, S. 163 („deceptive“, „dangerous“, „inconsistent“).

[425] *Giles M. Lugar v. Edmondson Oil Company, Inc.*, 457 U.S. 922 (1982), 937.

[426] *Thaddeus Donald Edmonson v. Leesville Concrete Company, Inc.*, 500 U.S. 614 (1991), 620.

[427] Siehe zu alledem auch *J. E. Nowak/R. D. Rotunda*, Principles of Constitutional Law, 3. Aufl. 2007, S. 303, 305–319; siehe auch *C. Turner*, State Action Problems, Florida Law Review 2013, Bd. 65, 281, 287–294.

halten der Einzelstaaten („state action") den Vorgaben der US-Bundesverfassung gleichermaßen zu unterwerfen.[428]

Es ging also zum einen um bundesstaatliches im Vergleich zum Verhalten des Bundes und zum anderen um öffentliches im Vergleich zu privatem Verhalten. Wie erwähnt schmiedete Justice Bradley in den *Civil Rights Cases* daraus das dogmatische Instrument des state action-Tests. Jedoch war mit der intendierten juristischen Grablegung durch das 14. Amendment die Rassendiskriminierung in den USA tatsächlich keineswegs zu Grabe getragen. Durch die strikte Unterscheidung der *Civil Rights Cases*-Rechtsprechung zwischen staatlichem Verhalten, das nicht zu einer Diskriminierung führen darf, und privatem Verhalten, das den Vorgaben des 14. Amendment nicht unterworfen sein soll, entschied sich an der Trennlinie „state action"/„private action", ob ein bestimmtes diskriminierendes Verhalten unterbunden werden konnte oder hinzunehmen war. Aus Sicht der schwarzen Bevölkerung und sonstigen Vorkämpfern der Bürgerrechtsbewegung wurde „state action" zum Kampfbegriff der fortdauernden Rassendiskriminierung: „[T]he state action doctrine became, in a word, the enemy."[429] Der Grund, auf den Punkt gebracht: „[P]roponents of discrimination tried to portray discrimination, whenever they could, as the product of private, not state, action. In that way they could shelter discrimination from the substantive guarantees of the Constitution."[430] Um diskriminierende Praktiken fortsetzen zu können, unternahmen Teile der weißen Bevölkerung erhebliche Anstrengungen, um das fragliche diskriminierende Verhalten nicht als staatliches, sondern als privates darzustellen.

Damit wird die in der Dichotomie „öffentlich"/„privat" liegende Spannung offenbar, die öffentliches Verhalten den Grundrechten unterwirft, privates aber nicht: „How […], in a society permeated with racism, can a state that decides to leave racial discrimination to ‚freedom of choice' be thought, realistically, not to be deciding that there shall exist some substantial racial discrimination."[431] Diese Überlegung hat zwei Aspekte. Erstens, muss sich ein Staat, der auch die private Rechtsordnung aufstellt und reguliert, nicht vorhalten und gegebenenfalls sogar zurechnen lassen, wenn er diese private Rechtsordnung so gestaltet, dass diese Raum für „substiantial racial discrimination" lässt? Zweitens, wie kann man dem erklärten Ziel des 14. Amendment, Rassendiskriminierung zu beenden und der vormals versklavten schwarzen Bevölkerung des Südens gleiche staatsbürgerliche Rechte zu garantieren, effektiv gerecht werden, wenn sich die Diskrimi-

[428] Siehe zu alledem zusammenfassend *T. Giegerich*, Privatwirkung der Grundrechte in den USA, 1992, S. 136ff.

[429] *D. A. Strauss*, State Action after the Civil Rights Era, Constitutional Comment 1993, Bd. 10, 409.

[430] Ebenda.

[431] *C. L. Black*, The Supreme Court 1966 Term – Foreword: „State Action," Equal Protection, and California's Proposition 14, Harvard Law Review 1967, Bd. 81, 69, 107.

nierung weiterhin wie ein tiefer Spalt durch die Gesellschaft zieht, weil Diskriminierung im privaten Bereich verfassungsrechtlich nicht untersagt ist und weil einfachrechtlich keine entsprechenden Änderungen der Privatrechtsordnung zu erwarten sind, weil die weiße Mehrheit die Legislative der fraglichen Bundesstaaten dominiert?[432] In der Entscheidung *Shelley v. Kraemer* aus dem Jahr 1948[433] reagierte der US Supreme Court auf diese sich immer deutlicher offenbarende Spannung zwischen der Prämisse der Trennbarkeit von staatlichem und privatem Verhalten einerseits und der Einsicht, dass gesellschaftliche Diskriminierung ebenso stark sein kann wie staatliche, andererseits.

b) Shelley v. Kraemer: Umfassende Horizontalwirkung durch Zurechnung?

Shelley v. Kraemer war der zentrale in einer Folge von Fällen vor dem US Supreme Court zu den so genannten „restrictive covenants". Dieses waren Verträge, in denen sich die Grundstückseigentümer in einem bestimmten Wohngebiet gegenseitig dazu verpflichteten, ihre Grundstücke nur an Weiße zu veräußern, zu vermieten, zu verpachten, etc. Ziel dieser Verträge war es mithin, die Rassentrennung („segregation") in einem bestimmten Wohngebiet zu realisieren.[434] Wie *Richard Brooks* und *Carol Rose* in ihrem Buch „Saving the Neighborhood" überzeugend darstellen, sind diese „restrictive covenants" der letzte von mehreren Versuchen der weißen Bevölkerung, in Reaktion auf die „Great Migration" der früheren schwarzen Sklaven nach Ende der Sklaverei in die Städte des Nordens und Westens der USA ethnisch homogene Stadtteile zu schaffen.[435] Zuvor waren Versuche, diese insbesondere auf bauplanungsrechtlichem Wege (sog. „racial zoning") zu realisieren, bereits im Jahr 1917 mit dem Urteil des US Supreme Court im Fall *Buchanan v. Warley*[436] gescheitert.

In *Shelley v. Kraemer* erwarb die schwarze Familie Shelley ein Grundstück, das einem derartigen „restrictive covenant" unterworfen war, ohne von der Existenz

---

[432] Siehe dazu insbesondere die Fälle *Nixon v. Herndon et al.*, 273 U.S. 536 (1927); *Smith v. Allwright, Election Judge, et al.*, 321 U.S. 649 (1944); und vor allem *Terry et al. v. Adams et al.*, 345 U.S. 461 (1953).

[433] *Shelley et ux. v. Kraemer et ux., McGhee et ux. v. Sipes et al.*, 334 U.S. 1 (1948).

[434] Siehe dazu allgemein *C. E. Vose*, Caucasians Only – The Supreme Court, the NAACP, and the Restrictive Covenant Cases, 1959, S. 1–29; *Fox Gotham*, Race, Real Estate, and Uneven Development – The Kansas City Experience 1900–2000, 2. Aufl. 2014, S. 1–74. Im US-amerikanischen Recht existiert keine dem § 137 BGB vergleichbare Vorschrift.

[435] Siehe *R. Brooks/C. Rose*, Saving the Neighborhood – Racially Restrictive Covenants, Law, and Social Norms, 2013, insbesondere S. 19–113.

[436] 245 U.S. 60 (1917). Eine interessante Randnotiz: Wie *Brooks* und *Rose* anmerken, basierte die Entscheidung in *Buchanan* auf der so genannten *Lochner*-Rechtsprechung („substantive due process", siehe dazu Kap. 2, B.II.2.), in welcher der US Supreme Court in der ersten Hälfte des 20. Jahrhunderts ein besonders expansives Verständnis von wirtschaftlicher, insbesondere (Vertrags-)Freiheit propagierte, welches er in *Buchanan* auf Fragen des Grundeigentums übertrug, siehe *R. Brooks/C. Rose*, Saving the Neighborhood – Racially Restrictive Covenants, Law, and Social Norms, 2013, S. 42 f.

eines solchen Vertrages zu wissen. Kraemer, ein weißer Grundstückseigentümer, dessen Grundstück demselben „restrictive covenant" unterworfen war, suchte dessen Vorgaben vor den Gerichten des Staates Missouri durchzusetzen und erwirkte letztinstanzlich vor dem Missouri Supreme Court, dass Shelley das Eigentum an dem fraglichen Grundstück niemals rechtmäßig erworben habe und dass die Familie das Grundstück verlassen müsse.[437]

Chief Justice Vinson, der die einstimmig ergangene Entscheidung des US Supreme Court verfasste, sah sich einerseits damit konfrontiert, dass ein unbeschränktes Fortwirken der rechtlichen Konsequenzen der „restrictive convenants" die Rassendiskriminierung in den USA weiter zementiert hätte. Andererseits existierte eine damals bereits über sechzig Jahre alte state action-Judikatur, welche grundlegend in Frage zu stellen zugleich erhebliche Rechtsunsicherheit hätte bedeuten können. Sein Vorschlag für einen Ausweg aus diesem Dilemma war der Kompromiss, unter Fortführung der state action-Doktrin (Rechtssicherheit) diese in ihrem Anwendungsbereich derart zu erweitern, dass die Praxis flächendeckender gesellschaftlicher Rassendiskriminierung – jedenfalls im Anwendungsbereich der „restrictive covenants" – unterbunden wurde.

Seine Argumentation beginnt damit, den Umfang des Begriffes „state action" zu definieren. Im Anschluss an eine Vielzahl von Judikaten des US Supreme Court unterstrich *Chief Justice Vinson*, dass „state action" im Sinne des 14. Amendment jegliches staatliche Handeln miteinschließe, das heißt nicht nur Verhalten der Legislative und der Exekutive, sondern auch judikatives Handeln.[438] Auf der anderen Seite stehe außer Frage, dass das 14. Amendment „erects no shield against merely private conduct, however discriminatory or wrongful."[439] Deshalb stellten die „restrictive convenants" *per se* kein grundrechtlich überprüfbares Verhalten dar. Solange sich ihre rechtliche Wirkung lediglich im privaten Bereich und ihre Durchsetzung mit privaten Mitteln realisiere, handele es sich nicht um staatliches und damit grundrechtlich relevantes Verhalten. Indes werde das private Verhalten – hier von Kraemer, der weißen Vertragspartei des „restrictive convenant" – dann zu staatlichem Verhalten, wenn sich der Private zur Durchsetzung seiner Rechte nicht nur privater Mittel bediene, sondern wenn er dabei auf staatliche Institutionen zurückgreife. Im Fall sei die gerichtliche Durchsetzung („judicial enforcement") der Vorschriften des „restrictive convenant", in deren Folge Shelleys Grundstückserwerb für ungültig erklärt und die Räumung des Grundstücks angeordnet wurde, dem Staate Missouri als „state action"

[437] Siehe *Shelley et ux. v. Kraemer et ux., McGhee et ux. v. Sipes et al.*, 334 U.S. 1 (1948), 5–6.

[438] Ebenda, 14–15; siehe auch bereits *Commonwealth of Virginia v. Rives*, 100 U.S. 313 (1880), 318: „It is doubtless true that a State may act through different agencies, – either by its legislative, its executive, or its judicial authorities; and the prohibitions of the amendment extend to all action of the State denying equal protection of the laws, whether it be action by of the agencies or by another."

[439] *Shelley et ux. v. Kraemer et ux., McGhee et ux. v. Sipes et al.*, 334 U.S. 1 (1948), 14.

seiner Gerichte zuzurechnen und damit anhand des 14. Amendment zu messen, welches derartige Rassendiskriminierungen untersage.[440]

Laut *Shelley v. Kraemer* wird also privates Verhalten immer dann zu grundrechtlich überprüfbarem staatlichem Verhalten, wenn sich der handelnde Private zur Durchsetzung seiner Rechte staatlicher Gerichte bedient. Wird eine grundrechtlich unbedenkliche private Diskriminierung Gegenstand eines Rechtsstreits vor staatlichen Gerichten und treffen die staatlichen Gerichte auf der Grundlage dieser privaten Diskriminierung eine Entscheidung, welche die Rechte einer der Streitparteien verkürzt, so ist dies dem Staat als „state action" zurechenbar und unterliegt folglich den Grundrechten. Horizontalwirkung entsteht nach dieser Zurechnungskonstruktion also dadurch, dass das private Verhalten Kraemers, weil er sich der staatlichen Gerichte zur Verfolgung seiner privatrechtlichen Ansprüche bediente, als Verhalten des Staates Missouri gewertet wird. Durch diese Zurechnung und die Entscheidung der Gerichte zugunsten von Kraemer wird dessen Verhalten zu „state action", das in die Grundrechte (14. Amendment) Shelleys eingreift. An die Stelle des privatrechtlichen Rechtsverhältnisses Shelley-Kraemer tritt das Staat-Bürger- und somit grundrechtlich determinierte Rechtsverhältnis Shelley-Staat. Kraemer und seine Rechtspositionen spielen insofern keine Rolle mehr. Dies gilt auch für dessen Grundrechtspositionen, da sein Verhalten, weil es aufgrund der Zurechnung nunmehr normativ ein staatliches Verhalten darstellt, nicht (mehr) grundrechtlich bewehrt ist. Mithin nimmt der US Supreme Court auch keine Abwägung zwischen den Grundrechtspositionen von Shelley und Kraemer vor: Es geht lediglich um die Grundrechte von Shelley, in die der Staat (im Ergebnis: unzulässiger Weise) eingegriffen hat.

Die Problematik der Umdeutung der state action-Doktrin in *Shelley* liegt auf der Hand: Zur Durchsetzung seiner Rechte muss sich ein Privater in der Regel[441] der staatlichen Gerichte bedienen, da eine Selbstjustiz aufgrund des staatlichen Gewaltmonopols ausgeschlossen ist. Wenn die Grundrechte der US-Bundesverfassung immer dann gelten, wenn der staatliche Rechtsweg beschritten wird, wird so gut wie jedes private Verhalten grundrechtlich relevant, da private Rechte eben nur vor Gericht rechtswirksam verfolgt werden können. So wird nahezu jedes private Verhalten vor Gericht zu „state action". Der „state action"-Test wird *de facto* zur Makulatur.

Shelley hält also an der etablierten Dogmatik und damit formal an der Dichtotomie „öffentlich"/„privat" fest, führt sie aber faktisch *ad absurdum*, indem vor Gericht alles private zu öffentlichem/staatlichem Verhalten erklärt

---

[440] Ebenda, 13 ff.

[441] Eine Ausnahme sind private Schiedsgerichte. Indes lässt sich hier auch „state action" dadurch konstruieren, dass die staatliche Rechtsordnung die Rechtsprechungsfunktion per Gesetz auf private Schiedsgerichte überträgt, deren Schiedssprüche wie die Entscheidungen staatlicher Gerichte anerkennt und sie der Überprüfung durch staatliche Gerichte unterwirft, vgl. z. B. im deutschen Recht das 10. Buch der Zivilprozessordnung, §§ 1025 ff. ZPO.

wird. Auch wenn sich dazu in den Entscheidungsgründen kein ausdrücklicher Hinweis findet, geschieht dieser radikale Kurswechsel im Vergleich zu der früheren Rechtsprechung offenbar aus der Erkenntnis heraus, dass die Ziele des 14. Amendment – die Beendigung der Rassendiskriminierung und die gesellschaftliche Gleichbehandlung von ethnischen Minderheiten – auch jenseits des staatlichen Bereichs realisiert werden und damit als Werte auch in der gesellschaftlichen Sphäre Wirkung entfalten müssen. In *Shelley* wird dies meines Erachtens jedenfalls dadurch indirekt angedeutet, dass der US Supreme Court hier bereits sechs Jahre vor dem offiziellen Ende der „separate but equal"-Doktrin[442] im Urteil *Brown v. Board of Education*[443] ein „separate but equal"-Argument Kraemers brüsk abwies. Dieser hatte argumentiert, hier handele es sich gar nicht um eine Diskriminierung, da „restrictive covenants" auch umgekehrt dazu verwendet werden könnten, Weiße aus einer nur schwarzen Nachbarschaft auszuschließen. *Chief Justice Vinson* entgegnete auf dieses Argument lediglich: „Equal protection of the laws is not achieved through indiscriminate imposition of inequalities."[444] Ferner findet sich ein weiterer Hinweis in *Hurd v. Hodge*, einer am selben Tag wie *Shelley* veröffentlichten Entscheidung mit nahezu identischem Sachverhalt, in der keine „state action" im Sinne des 14. Amendment, sondern „governmental action" im Sinne des 5. Amendment in Frage stand, da der restrictive covenant im District of Columbia geschlossen wurde, der kein Bundesstaat ist, sodass unmittelbar das Recht des Bundes anwendbar war.[445] Darin betonte der US Supreme Court in der ebenfalls durch *Chief Justice Vinson* verfassten Entscheidungsbegründung:

> „The power of the federal courts to enforce the terms of private agreements is at all times exercised subject to the restrictions and limitations of the public policy of the Unites States as manifested in the Constitution […]. Where the enforcement of private agreements would be violative of that policy, it is the obligation of courts to refrain from such exertions of judicial power."[446]

Die Gerichte als Staatsorgane dürfen danach also keinen privaten Vereinbarungen zur rechtlichen Durchsetzung verhelfen, die dem von der Verfassung aufgestellten Wertsystem („public policy") zuwiderlaufen. *Hurd v. Hodge* stellt unter ausdrücklicher Bezugnahme auf *Shelley v. Kraemer* insoweit klar:

> „It is not consistent with the public policy of the United States to permit federal courts in the Nation's capital to exercise general equitable powers to compel action denied the state

[442] Vgl. *Plessy v. Ferguson*, 163 U.S. 537 (1896).

[443] *Brown et al. v. Board of Education of Topeka, Shawnee County, Kan., et al., Briggs et al. v. Elliott et al., Davis et al. v. County School Board of Prince Edward County, Va., et al., Gebhart et al. v. Belton et al.*, 347 U.S. 483 (1954).

[444] *Shelley et ux. v. Kraemer et ux., McGhee et ux. v. Sipes et al.*, 334 U.S. 1 (1948), 22.

[445] Vgl. *Hurd et al. v. Hodge et al., Uricolo et al v. Same*, 334 U.S. 24 (1948), 26–28.

[446] Ebenda, 34 f.

courts where such state action has been held to be violative of the guaranty of the equal protection of the laws."[447]

Auch *Shelley* bedient sich meines Erachtens daher einer wertgeleiteten Argumentation.

Den zentralen ideengeschichtlichen Einfluss auf die *Shelley*-Rechtsprechung und ihre radikalen Wende, alles private zu staatlichem Handeln umzudeuten und damit die Unterscheidung „private action"/„state action" faktisch aufzuheben, übte jedoch der amerikanische Rechtsrealismus[448] aus. Denn *Shelley* geht von der Prämisse aus, dass jedenfalls dann, wenn ein Privater seine Rechte realisiert, er sich im Rahmen der vom Staat geschaffenen und gestaltbaren Rechtsordnung bewegt und er sich damit einer staatlichen Verteilungsentscheidung bedient. Nach *Shelley* ist dessen Konsequenz, dass es faktisch so gut wie kein Verhalten gibt, das dem Staat nicht zugerechnet und somit nicht Gegenstand der Überprüfung staatlichen Handelns anhand der Grundrechte werden kann. Staatlichem Regulierungseinfluss aufgrund der liberalistischen Prämisse der Staatsfreiheit der Gesellschaft und damit der privaten Rechtsbeziehungen entzogene Lebensbereiche werden durch die neue Deutung der state action-Doktrin in *Shelley* nunmehr grundlegend Erwägungen der *iustitia distributiva*[449] unterworfen, indem sie grundrechtlich voll überprüfbar werden. Dadurch, dass weiße Grundstückseigentümer Schaffung oder Erhalt segregierter Viertel jedenfalls nicht mehr gerichtlichlich durchsetzen können, sondern insoweit u.a. der Gleichheitsgrundsatz des 14. Amendment gilt, verschiebt sich die soziale Tektonik in diesem Lebensbereich ganz erheblich: Weiße müssen akzeptieren, dass Schwarze in ihre Nachbarschaft ziehen, wenn diese das Grundstück rechtmäßig erworben oder gemietet haben.

---

[447] Ebenda, 35.

[448] Siehe dazu nur *J. W. Singer*, The Legal Rights Debate in Analytical Jurisprudence from Bentham to Hohfeld, Wisconsin Law Review 1982, 975, 986–989; *S. Arnold*, Vertrag und Verteilung, 2014, S. 112f.; *M. Auer*, Der privatrechtliche Diskurs der Moderne, 2014, S. 56f.

[449] Nach *Aristoteles* unterscheidet man Ausgleichgerechtigkeit (*iustitia commutativa*) von Verteilungsgerechtigkeit (*iustitia distributiva*). Dabei soll die erste arithmetischer, die zweite geometrischer Gleichwertigkeit entsprechen. Es geht also bei der *iustitia commutativa* um die Korrektur des Güteraustauschs zwischen Individuen. Der Vergleichspunkt ist die Gleichheit, d.h. Gleichwertigkeit jeder Person, sodass eine Differenzierung in Ansehung der Person nicht zulässig ist. Die *iustitia distributiva* stellt dagegen Gerechtigkeit gerade in Ansehung der Person her. Auch dies kann gegebenenfalls zu einer strikten Gleichheit bei der Verteilung führen. In den meisten Fällen wird die Verteilungsgerechtigkeit jedoch aufgrund sozialer, wirtschaftlicher oder sonstiger politischer Kriterien (Verdienst, Vermögen, gesellschaftliche Position, Bedürfnisse, etc.) zu einer unterschiedlichen Aufteilung der jeweils infrage stehenden Güter kommen. Welche Kriterien bei der Aufteilung angelegt und welchen größeres und welchen geringeres Gewicht zukommen soll, ist eine politische Entscheidung, welche die *iustitia distributiva* voraussetzt, aber nicht antizipiert. Siehe zu alledem *S. Arnold*, Vertrag und Verteilung, 2014, S. 26–54; *C.-W. Canaris*, Die Bedeutung der iustitia distributiva im deutschen Vertragsrecht, 1997, S. 10–15; *J. Gordley*, Equality in Exchange, California Law Review 1981, Bd. 69, 1587, 1588–1590; *M. Auer*, Der privatrechtliche Diskurs der Moderne, 2014, S. 66.

In den Fällen *Barrows v. Jackson*[450] und *New York Times v. Sullivan*[451] dehnte der US Supreme Court die durch die *Shelley*-Rechtsprechung bedingte Horizontalwirkung in den 1950er und 1960er Jahren weiter aus. In *Barrows* hielt es der Gerichtshof aufgrund von „constitutional policy" geboten,[452] dem 14. Amendment auch in einem Fall Geltung zu verschaffen, in dem der nicht das Rechtsverhältnis zwischen einer weißen Partei des restrictive covenant und dem schwarzen Erwerber des Grundstücks in Streit stand, sondern der etwaige Regress einer weißen Vertragspartei des covenant gegen die andere Vertragspartei des covenant, die ihr Grundstück an eine schwarze Familie veräußert hatte. Auch Schadenersatz sei funktional ein Mittel zur Durchsetzung der covenants. Wenn sich der Kläger der Gerichte zum Zwecke dieser Durchsetzung bediene, sei dies als state action zu werten, die an das 14. Amendment gebunden sei.[453] In *Sullivan* stellte der US Supreme Court 1964 klar, dass Grundrechtsschutz durch Zurechnung bezüglich sämtlichen staatlichen Rechts, einschließlich Richterrechts (*common law*), zu konstruieren sei.[454]

c) Der langsame Abschied von Shelley: distinguishing und retracting

Nimmt man die so fortentwickelte *Shelley*-Rechtsprechung ernst und verallgemeinert sie auf alle Fälle privaten Handelns, müssten die US-amerikanischen Gerichte in jedem privatrechtlichen Streit eine umfängliche Grundrechtsprüfung durchführen. Dazu ist es in der Rechtsprechung des US Supreme Court bzw. der Rechtsprechung anderer US-Bundes- und bundesstaatlicher Gerichte indessen nie gekommen.[455] Vielmehr gilt weiterhin die Beobachtung *Frank Michelmans* aus dem Jahre 2003, dass – obwohl die *Shelley*-Rechtsprechung niemals explizit verworfen wurde, sondern weiterhin als „binding precedent" gilt – „something

---

[450] *Barrows et al. v. Jackson*, 346 U.S. 249 (1953).

[451] *New York Times Company v. L. B. Sullivan, Ralph D. Abernathy et al. v. L. B. Sullivan*, 376 U.S. 254 (1964).

[452] Vgl. *Barrows et al. v. Jackson*, 346 U.S. 249 (1953), 257.

[453] Vgl. ebenda, 253 f.: *To compel respondent to respond in damages would be for the State to punish her for her failure to perform her covenant to continue to discriminate against non-Caucasians in the use of her property. The result of that sanction by the State would be to encourage the use of restrictive covenants.* To that extent, the State would act to put its sanction behind the covenants. If the State may thus punish respondent for her failure to carry out her covenant, she is coerced to continue to use her property in a discriminatory manner, which in essence is the purpose of the covenant. *Thus, it becomes not respondent's voluntary choice but the State's choice that she observe her covenant or suffer damages. The action of a state court at law to sanction the validity of the restrictive covenant here involved would constitute state action as surely as it was state action to enforce such covenants in equity, as in Shelley* […]." (Meine Hervorhebungen).

[454] Vgl. *New York Times Company v. L. B. Sullivan, Ralph D. Abernathy et al. v. L. B. Sullivan*, 376 U.S. 254 (1964), 265.

[455] Vgl. Zusammenfassungen der Rechtsprechungsentwicklung seit den späten 1940er Jahren in *J. E. Nowak/R. D. Rotunda*, Principles of Constitutional Law, 3. Aufl. 2007, S. 301–319; *T. Giegerich*, Privatwirkung der Grundrechte in den USA, 1992, S. 284–450; *W. Brugger*, Grundrechte und Verfassungsgerichtsbarkeit in den Vereinigten Staaten von Amerika, 1987, S. 30–38.

presists in our jurisprudence that walks and talks like a state action doctrine with teeth.“[456] Denn der US Supreme Court zog nicht die logische Konsequenz aus seiner Argumentation, es handele sich stets um state action, wenn durch die staatliche Rechtsordnung ermöglichte private Rechtspositionen gerichtlich verfolgt würden. Daraus müsste man eigentlich den Schluss ziehen, die *Shelley*-Rechtsprechung als allgemeinen Grundsatz auf sämtliche gerichtlich verfolgte Privatrechtsverhältnisse auszudehnen. Stattdessen bedienen sich der Gerichtshof und andere US-Bundes- oder bundesstaatliche Gerichte diverser common law-Techniken, um den Anwendungsbereich der *Shelley*-Rechtsprechung zu reduzieren. Zum einen wird *Shelley* auf seinen spezifischen Sachverhalt reduziert, das heißt entweder Rassendiskriminierung allgemein oder sogar lediglich die gerichtliche Durchsetzung rassendiskriminierender „restrictive covenants“.[457] Fälle, die nicht diese spezifische Sachverhaltskonstellation aufweisen, werden unterschieden (sog. *distinguishing*). Zum anderen lässt sich spätestens seit den 1970er Jahren beobachten, dass der US Supreme Court mehrere in der *Shelley*-Rechtsprechung entwickelten Prämissen zurücknimmt.[458]

II. Schwabe und Murswiek: privates Verhalten ist staatliches Verhalten

Verabschiedete sich der US Supreme Court spätestens seit den 1970er Jahren *de facto* vom Paradigma der *Shelley*-Rechtsprechung, so werden in der deutschen Literatur teilweise[459] *Jürgen Schwabes* Werk zur Horizontalwirkungsproblematik[460] und, im Anschluss an *Schwabe*, *Dietrich Murswieks* Habilitationsschrift[461] als Ansichten genannt, die eine *Shelley* ähnliche Position beziehen. In der Tat konstruiert *Schwabe* einen Zurechnungsansatz, welcher der US-amerikanischen state action-Doktrin nicht unähnlich ist. Denn auch *Schwabe* ordnet das Verhalten einer privaten Partei in einem Rechtsstreit vor

---

[456] *F. I. Michelman*, The Bill of Rights, the Common Law, and the Freedom-Friendly State, University of Miami Law Review 2003, Bd. 58, 401, 404.

[457] Siehe dazu *S. R. Saxer*, Judicial State Action: *Shelley v. Kraemer*, State Action, and Judicial Takings, Widener Law Journal 2012, Bd. 21, 847, 857 ff. m. w. N.; siehe auch *F. I. Michelman*, The Bill of Rights, the Common Law, and the Freedom-Friendly State, University of Miami Law Review 2003, Bd. 58, 401, 406 und Fn. 22 m. w. N.

[458] Vgl. stellvertretend *Flagg Brothers, Inc., etc., et al. v. Shirley Herriott Brooks et al., Louis J. Lefkowitz, Attorney General of New York v. Shirley Herriott Brooks et al., American Warehousemen's Association, and the International Association of Refrigerated Warehouses, Inc. v. Shirley Herriott Brooks et al.*, 436 U.S. 149 (1978), 160, Fn. 10.

[459] So. z. B. *G. Lübbe-Wolff*, Die Grundrechte als Eingriffsabwehrrechte, 1988, S. 171 f., siehe auch ebenda, Fn. 303; *T. Giegerich*, Privatwirkung der Grundrechte in den USA, 1992, S. 294.

[460] *J. Schwabe*, Die sogenannte Drittwirkung der Grundrechte, 1971; siehe auch *ders.*, Probleme der Grundrechtsdogmatik, 1977, S. 286–303.

[461] *D. Murswiek*, Die staatliche Verantwortung für Risiken der Technik – Verfassungsrechtliche Grundlagen und immissionsschutzrechtliche Ausformung, 1985, S. 61–71, 91–99.

staatlichen Gerichten dem Staat zu.[462] *Schwabes* Konstruktion geht indes von der Prämisse aus, dass eine direkte Geltung der Grundrechte im Privatrechtsverhältnis, d. h. ein unmittelbares Sich-Gegenüber-Stehen von privaten (Grund)Rechtspositionen im Sinne eines grundrechtlichen Anspruch-Pflichten-Verhältnisses A-B jedenfalls nach der Dogmatik des Grundgesetzes gar nicht möglich sei. Deshalb sei die „Drittwirkung der Grundrechte" lediglich eine „sogenannte". Denn Art. 1 Abs. 3 GG richte die Grundrechte ausschließlich gegen den Staat. Überdies beruhe die unter dem Grundgesetz vorherrschende Auffassung in Rechtsprechung und Literatur auf einer „falsche[n] Ausrichtung an dem Dualismus ‚öffentliches-privates Recht'"[463], welcher überdies aufzugeben sei.[464] Die Rechtsordnung – einschließlich der Privatrechtsordnung – sei vom Staat selbst geschaffen. Dieser gestalte die Rechtsordnung und somit auch die Rechtsverhältnisse, u. a. auch diejenigen Privater, entweder indem er eine bestimmte Norm erlasse oder indem er jedenfalls vor dem Hintergrund des staatlichen Gewaltmonopols dulde, dass ein bestimmtes Rechtsverhältnis auf diese und nicht auf andere Weise ausgestaltet sei:

„[R]ein private Gemeinwesen und Eingriffe können nur in einem rechtlosen Gemeinwesen Besorgnis erwecken […]. Im Rechtsstaat erhält der von Privaten ausgelöste und beschwerende, weil zu duldende Eingriff seine Bedeutung daher, daß er von der Rechtsordnung getragen ist – und also notfalls von der staatlichen Vollstreckungsgewalt durchgesetzt wird. Beschwerende, nicht aber abwehrfähige ‚private' Gewalt ist staatlich legitimierte oder doch wenigstens gebilligte Gewalt, der von dort gegen den Grundrechtsträger ausgeübte Zwang ist staatlich sanktioniert."[465]

Ähnlich schreibt *Murswiek*:

„Die voraussehbaren Wirkungen seiner rechtlichen Normsetzung muss sich der Staat zurechnen lassen. […] Die rechtliche Regelung dessen, was Private tun oder lassen dürfen oder müssen, insbesondere […] die Regelung dessen, wie Private sich im Verhältnis zueinander zu verhalten haben oder nicht verhalten dürfen, die Regelung dessen, was der eine Bürger dem anderen antun darf und was nicht, diese Regelung ist in der staatlichen Rechtsordnung umfassend getroffen worden. Sie ist in diesem Sinne total: Was rechtlich nicht verboten ist, das ist erlaubt und umgekehrt. Es gibt hier kein Drittes."[466]

---

[462] *J. Schwabe*, Die sogenannte Drittwirkung der Grundrechte, 1971, zusammenfassend S. 45 ff.

[463] So der Titel des zweiten Kapitels in *J. Schwabe*, Die sogenannte Drittwirkung der Grundrechte, 1971, S. 26 ff.

[464] Vgl. ebenda, S. 36.

[465] Ebenda, S. 16 f.

[466] *D. Murswiek*, Die staatliche Verantwortung für Risiken der Technik – Verfassungsrechtliche Grundlagen und immissionsschutzrechtliche Ausformung, 1985, S. 64, 65. *Murswiek* unterscheidet sich aber von *Schwabe* darin, dass er in den grundrechtlichen Schutzgütern (z. B. Leben, Eigentum, etc.) „absolute" und damit vorstaatlich-naturrechtliche Zuordnungen sehen möchte, vgl. ebenda, S. 94–98. Dies erscheint mir inkonsequent: entweder der Staat setzt die Rechtsordnung und entscheidet damit über die Verteilung privater Freiheitspositionen oder es

Dies scheint ganz im Sinne des amerikanischen Rechtsrealismus,[467] auch wenn weder *Schwabe* noch *Murswiek* sich ausdrücklich auf diesen beziehen: Es gibt kein Recht – und entsprechend auch kein Privatrecht – ohne Staat.[468] Dieser trifft Verteilungsgerechtigkeitsentscheidungen – entweder, indem er Normen erlässt oder indem er keine Normen erlässt, was angesichts seines Gewaltmonopols gleichbedeutend ist mit der Entscheidung, einen Bereich ungeregelt zu lassen.[469]

Schwabe zieht daraus hinsichtlich der Horizontalwirkungsproblematik sodann die Konsequenz, dass dem Staat, weil er die Rechtsordnung in der jeweiligen Form gestaltet hat, über Art. 1 Abs. 3 GG jeder Grundrechtseingriff zuzurechnen sein soll, auch wenn er durch das Verhalten eines Privaten geschieht. Laut *Schwabe* ist folglich dieses private Verhalten letztlich als staatliches Verhalten zu werten, weil ersteres nur dadurch möglich wird, dass der Staat den normativen Rahmen der Privatrechtsordnung in der gegenwärtigen Form ausgestaltet hat.[470] Die Privaten exekutieren danach nur, was der Staat durch sein normatives Tun oder Unterlassen für die Gestaltung der Rechtsverhältnisse einzelner Privater vorgesehen hat. Unabhängig davon, ob das private Rechtsverhältnis A-B vor Gericht gelangt, ist es nach *Schwabes* Auffassung somit aus grundrechtlicher Perspektive ein rein abwehrrechtliches Anspruch-Pflichten-Verhältnis von A und B gegen den Staat. Die Grundrechtspositionen von A und B kollidieren dabei regelmäßig miteinander und müssen im Wege der Verhältnismäßigkeitsprüfung, d. h. letztlich im Wege der Abwägung der sich gegenüber stehenden „Güter[ ] und Interessen[ ]" in Einklang gebracht werden.[471]

Schwabes Zurechnungskonstruktion ist deutlich radikaler als dasjenige der *Shelley*-Rechtsprechung. Denn *Shelley* bewahrte jedenfalls insoweit noch ein Minimum der Dichotomie „öffentlich"/„privat" oder besser: „staatliches Handeln"/„privates Handeln", als der US Supreme Court die Zurechnung stets an die richterliche Entscheidung selbst knüpfte, die „state action" darstellen soll-

existiert eine vorstaatliche Position, über die der Staat gerade nicht verfügen kann. Beides zugleich ist nicht möglich.

467 Vgl. dazu *J. W. Singer*, The Legal Rights Debate in Analytical Jurisprudence from Bentham to Hohfeld, Wisconsin Law Review 1982, 975, 986–989; *S. Arnold*, Vertrag und Verteilung, 2014, S. 112f.; *M. Auer*, Der privatrechtliche Diskurs der Moderne, 2014, S. 56f.

468 Vgl. auch *M. Auer*, Der privatrechtliche Diskurs der Moderne, 2014, S. 67.

469 Vgl. *J. W. Singer*, The Legal Rights Debate in Analytical Jurisprudence from Bentham to Hohfeld, Wisconsin Law Review 1982, 975ff.; *J. van der Walt*, The Horizontal Effect Revolution and the Question of Sovereignty, 2014, S. 169f.; siehe überdies *R. L. Hale*, Coercion and Distribution in a Supposedly Non-Coercive State, Political Science Quarterly 1923, Bd. 38, 470ff.

470 Vgl. *J. Schwabe*, Die sogenannte Drittwirkung der Grundrechte, 1971, S. 62ff.

471 Ebenda, S. 107ff. Hieran kritisiert *Josef Isensee* (Das Grundrecht als Abwehrrecht und als staatliche Schutzpflicht, in: Ders./P. Kirchhof (Hrsg.), Handbuch des Staatsrechts, Bd. IX, 3. Aufl. 2011, § 191/Rn. 256ff.), dass damit das Prinzip vom Vorbehalt des Gesetzes aufgegeben werde, weil der Staat sodann bei Grundrechtseingriffen nicht mehr dem Rechtfertigungszwang unterliege, sondern privates Verhalten bereits immer dann verboten sei, wenn keine Erlaubnis durch staatliche Normsetzung dargelegt werden könne.

te. *Schwabes* Ansicht ist dagegen nicht prozessakzessorisch und knüpft stattdessen hinsichtlich der staatlichen Zurechnung noch einen Schritt früher an: nicht erst die richterliche (Normanwendungs- bzw. Normkonkretisierungs-) Entscheidung, sondern bereits die Normsetzungsentscheidung (bzw. deren Unterlassen) durch den Staat in seiner Gesamtheit soll diesem zuzurechnen sein.[472]

Nach *Schwabe* ist also grundrechtlich betrachtet jedes private Verhalten dem Staat vollends zuzurechnen und stellt demnach staatliches Verhalten dar. Denn *Schwabes* Position bedeutet in der Konsequenz, dass es (grund-)rechtlich relevantes privates Verhalten gar nicht gibt, sondern dass letztlich alles (grund-)rechtlich erhebliche Verhalten ein solches des Staates durch seine spezifische Ausformung der Rechtsordnung ist. Indes, die staatliche Umverteilung von Freiheitspositionen ist nicht gleichzusetzen mit der Wahrnehmung dieser Freiheitspositionen durch den Einzelnen. Letzteres bleibt insoweit dessen privatautonome Entscheidung, was sich allein schon daran zeigt, dass sich der Einzelne durchaus auch entscheiden kann, rechtswidrig und damit gegen die Vorgaben der Rechtsordnung zu handeln. An der Tatsache, dass er damit gegebenenfalls in die (Grund-)Rechte anderer eingreift, ändert es nichts, ob der Staat hier regelnd tätig geworden ist oder nicht. Diese privatautonome Entscheidung, die staatlich verteilten Freiheitspositionen wahrzunehmen, bleibt allein in der Verantwortungssphäre des Einzelnen und kann deshalb nur diesem zugerechnet werden. Warum im gleichen regulatorischen Umfeld unter Garantie der unternehmerischen Freiheit z.B. nach Art. 12 GG manche Personen beruflich bzw. unternehmerisch erfolgreicher sind als andere, beruht in einer rechts- und sozialstaatlichen Demokratie, wie sie beispielsweise das Grundgesetz errichtet, in der Regel nicht allein auf einer staatlichen Umverteilungsentscheidung. Jedenfalls auch eine wesentliche Rolle spielt die konkrete Wahrnehmung der staatlich verteilten Freiheitspositionen durch ihre jeweiligen privatautonomen Entscheidungen.[473]

III. Fazit

1. State action: Alles oder nichts

Zunächst ist als erste Beobachtung festzuhalten, dass die state action-Doktrin des US Supreme Court ein binäres Verständnis der Horizontalwirkung zugrunde legt.[474] Entweder ein privates Verhalten ist als „state action“ zu qualifizieren

---

[472] Vgl. auch ebenda, S. 105f.

[473] Zur personalen Autonomie und ihrer Bedeutung im Rahmen der Horiztontalwirkung siehe im Einzelnen noch unten Kap. 6, A.I.1. sowie B.–D., zusammenfassend E.II.

[474] Vgl. dazu auch *T. Giegerich*, Privatwirkung der Grundrechte in den USA, 1992, S. 456ff.

und daher der grundrechtlichen Prüfung unterworfen – die sodann zumeist zur Bejahung einer Grundrechtsverletzung gelangt[475] – oder es ist „private action“ und somit grundrechtlich nicht überprüfbar. Überdies fokussiert sich dieser Alles-oder-Nichts-Ansatz[476] bei Bejahung von „state action“ allein darauf, die Grundrechte der Gegenseite zu prüfen, ohne zu erörtern, ob nicht der anderen Partei, deren Verhalten als „state action“ qualifiziert wurde, ebenfalls grundrechtliche Positionen zustehen, die sodann mit denen der Gegenseite in Einklang zu bringen wären. Dadurch wird die state action-Doktrin zu einem groben Instrument. Dies hat sich vor allem in der Folge der *Shelley*-Rechtsprechung gezeigt, deren Problem unter diesem Gesichtspunkt gar nicht so sehr ihre Uferlosigkeit war.

Vielmehr wirft vor allem das binäre Horizontalwirkungsverständnis Probleme auf, da demnach im Wesentlichen die Wahl bleibt zwischen gar keinem Grundrechtsschutz oder vollem Grundrechtsschutz nur einer Seite des fraglichen Privatrechtsverhältnisses. Denn nur der Beklagte des Ausgangsverfahren kann sich nach dieser Zurechnungskonstruktion auf seine Grundrechte berufen: Das Verhalten des Klägers wird durch die Inanspruchnahme der Gerichte durch Klageerhebung durch Zurechnung normativ zu „state action“ und genießt daher keinen Grundrechtsschutz. Auf diese Problematik zielt beispielsweise ein Vorschlag *Louis Henkins*, stattdessen die Grundrechte beider Seiten des Privatrechtsstreits durch Abwägung der widerstreitenden Grundrechtspositionen in Einklang zu bringen.[477] In der Tat bleibt offen, warum nur einer und nicht beiden Seiten des fraglichen Privatrechtsverhältnisses grundrechtlicher Schutz gewährt werden soll, zumal es für den jeweiligen Privaten häufig nur rein zufällig – nämlich abhängig von der von ihm nicht zu verantwortenden regulatorischen Ausgangslage – ist, ob er als Kläger oder als Beklagter auftritt bzw., ob er unterinstanzlich gewonnen oder verloren hat. Der Ansicht *Schwabes* sind diese Vorwürfe nicht zu machen.[478]

2. *Zurechnung in der Praxis*

Den hier vorgestellten Zurechnungskonstruktionen ist gemein, dass sie ein grundrechtliches Anspruch-Pflichten-Verhältnis zwischen den Privaten A und B ablehnen und stattdessen nur abwehrrechtliche Ansprüche von A/B gegen

---

[475] Häufig ist dies dem Supreme Court kaum mehr einer Erörterung wert, vgl. nur *Shelley et ux. v. Kraemer et ux., McGhee et ux. v. Sipes et al.*, 334 U.S. 1 (1948), 20ff.; *Barrows et al. v. Jackson*, 346 U.S. 249 (1953), 260.

[476] Vgl. auch *W. Heun*, Verfassungsrecht und einfaches Recht – Verfassungsgerichtsbarkeit und Fachgerichtsbarkeit, in: VVDStRL 2002, Bd. 61, 80, 91.

[477] *L. Henkin*, Shelley v. Kraemer: Notes for a Revised Opinion, University of Pennsylvania Law Review 1962, Bd. 110, 473, 481ff.

[478] Vgl. *J. Schwabe*, Die sogenannte Drittwirkung der Grundrechte, 1971, S. 107ff.

den Staat zulassen. Horizontalwirkung entsteht anders als im Falle der in Unterkapitel B erläuterten Verantwortungskonstruktionen nicht durch eine staatliche Pflicht zur Wahrung der Grundrechte von A und B anlässlich der staatlich-gerichtlichen Entscheidung über das privatrechtliche Rechtsverhältnis A-B. Stattdessen wird privates Verhalten als staatliches Verhalten gewertet, sodass aufgrund dieser Zurechnung das Verhältnis A-Staat an die Stelle des Verhältnisses A-B tritt.

Im Falle der state action-Doktrin des US Supreme Court im Sinne seiner *Shelley*-Rechtsprechung wird das Verhalten des Klägers B, weil er sich der staatlichen Gerichte bedient, zu „state action“ und ersetzt für die Zwecke der Horizontalwirkung das Rechtsverhältnis A-B durch das Rechtsverhältnis A-Staat. Das Verhalten des B ist als „state action“ nicht grundrechtsbewehrt. Seine Grundrechte sind mithin auch nicht mit denjenigen der A abzuwägen. Verletzt der somit konstruierte staatliche Eingriff die fraglichen Grundrechte der A, hat sie einen grundrechtlichen Anspruch gegen den (Bundes-)Staat, dass dieser ihrer Grundrechte zur Wirkung verhilft. Diesen realisieren die staatlichen Gerichte, indem sie den privaten Rechtsstreit zugunsten der A entscheiden. Die Grundrechte der US-Bundesverfassung lassen folglich das gegebenenfalls entgegenstehende einfache Privatrecht der Bundesstaaten zurücktreten.

Nach *Schwabes* Zurechnungsansatz ist privates Verhalten grundrechtlich betrachtet stets staatliches Verhalten, A hat also grundrechtliche Abwehransprüche gegen den Staat, ebenso B. Es besteht somit aus grundrechtlicher Perspektive kein privatrechtliches Rechtsverhältnis A-B. Der Staat ist insoweit nicht „Dritter“, sondern „Zweiter“, nämlich die Gegenseite des zweiseitigen Rechtsverhältnisses A-Staat bzw. B-Staat. Kann der Staat die grundrechtlichen Ansprüche von A und B nicht gleichzeitig vollständig realisieren, so sind diese im Wege der Verhältnismäßigkeit in Ausgleich zu bringen. Das Abwägungsergebnis lässt sich wiederum als Anspruch-Pflichten-Verhältnis A/B-Staat formulieren. Wiederum aufgrund der Gesetzesbindung des Richters, vgl. Art. 20 Abs. 3 GG, muss dieser, kommt es zu einem gerichtlichen Prozess,[479] diesen grundrechtlichen Anspruch grundsätzlich im Wege der einfachrechtlichen Normen, also durch deren Auslegung und Anwendung realisieren.[480] *Schwabe* spricht hier wörtlich vom „Gebot einer verfassungskonformen Auslegung und Anwendung.“[481] Bestehen keine maßgeblichen privatrechtlichen Vorschriften oder laufen die bestehenden Vorschriften dem grundrechtlichen Anspruch A/B-Staat zuwider, so gilt der grundrechtliche Anspruch nichtsdestoweniger (vorrangig).

---

[479] Nochmals: die Ansicht *Schwabes* ist anders als die state action-Doktrin nicht prozessakzessorisch, vgl. oben II. und Kap. 2, B.III.3.

[480] Vgl. *J. Schwabe*, Die sogenannte Drittwirkung der Grundrechte, 1971, S. 109ff.

[481] Ebenda, S. 63.

D. Ablehnung

Ablehnungsansätze stellen die letzte Gruppe der Horizontalwirkungskonstruktionen dar, die Gegenstand der vergleichenden Betrachtungen dieser Arbeit sind. In ihrer extremsten Iteration sind sie, wie erwähnt, streng genommen eine Nicht-Konstruktion: Grundrechte wirken nicht, weder durch Anwendung, noch Verantwortung, noch Zurechnung, weder direkt noch indirekt durch staatliche Realisierung zwischen Privaten. Mit anderen Worten, nicht nur können sich Private im gerichtlichen Rechtsstreit mit anderen Privaten nicht auf die Grundrechte berufen und auch sonst nicht auf grundrechtliche bzw. grundrechtlich relevante Argumentation zurückgreifen. Vielmehr wäre nach einem derartigen Ansatz strikter Ablehnung jegliche Form von staatlicher Realisierung der Grundrechte zwischen Privaten unzulässig, egal durch welchen staatlichen Hoheitsträger.

Nach deutschem Recht ist dies bereits mit Blick auf Art. 100 Abs. 1 und Art. 1 Abs. 3 GG zweifelhaft,[482] zumal letzterer die Grundrechtsbindung auch des Gesetzgebers normiert. Ist der Gesetzgeber aber an die Grundrechte gebunden, muss er auch Grundrechtskollisionen auflösen, die insbesondere im Privatrecht häufig vorkommen, da hier die Rechtsverhältnisse zweier oder mehrerer Grundrechtsträger untereinander legislativ reguliert werden müssen. Demnach kommt insoweit nur eine abgeschwächte Ablehnungskonstruktion in Betracht, die sich auf die folgende Weise analytisch beschreiben lässt:

Der Staat hat die Pflicht, den Gewährleistungsgehalt der Grundrechte der privaten Grundrechtsträger bei der Gestaltung der Privatrechtsordnung nicht unverhältnismäßig zu beschränken. Diese Pflicht erfüllt ausschließlich der Gesetzgeber. Staatliche Gerichte dürfen dagegen im gerichtlichen Verfahren die Grundrechte bei der rechtlichen Beurteilung des privaten Rechtsverhältnisses A-B nicht heranziehen.

Mit anderen Worten, die Entscheidung über den Ausgleich privater Rechtspositionen im Anspruch-Pflichten-Verhältnis der Privaten A und B – und damit Horizontalwirkung in dem in dieser Arbeit verstandenen Sinne – trifft allein der Gesetzgeber (vgl. I.). Lediglich in Rechtsordnungen, die vom Prinzip der parlamentarischen Souveränität ausgehen und somit keinen Vorrang der Verfassung vor dem einfachen Recht kennen, ließe sich die strikte Ablehnung realisieren. Indes ist auch dort – wie die Beispiele Frankreich (II.) und Großbritannien (III.) illustrieren – eine klare Entwicklung hin zu abgeschwächten Ablehnungskonstruktionen zu erkennen, die sich je nach Grad der tatsächlich zugelassenen Horizontalwirkung, anderen, insbesondere Verantwortungskonstruktionen, annähern (IV.).

---

[482] Siehe ausführlich dazu unten Kap. 5, B.III.

I. Realisierung der Grundrechte durch den Gesetzgeber

In der Debatte über die Art und Weise der Wirkung der Grundrechte zwischen Privaten gerät – jedenfalls in Deutschland – häufig außer Betracht, dass der Gesetzgeber vielfach eine prominente Rolle bei der Beachtung und Förderung der Grundrechte im Privatrechtsverhältnis spielt. Das Individualarbeitsrecht stellt eine Antwort auf soziale Machtimbalancen dar, im Familien- und Erbrecht werden die Grundrechte von Vater, Mutter und Kindern in einen verhältnismäßigen Ausgleich gebracht und das Urheberrecht muss auf die Interessen von Verlagen, Künstlern und Dritten eingehen. Am deutlichsten wird aber die prominente Rolle des Gesetzgebers bei der Realisierung der Grundrechte im Horizontalverhältnis am Paradebeispiel des Diskriminierungsrechts. Hier hat beispielsweise der deutsche Gesetzgeber mit dem Allgemeinen Gleichbehandlungsgesetz (AGG) Erfordernisse des Art. 3 Abs. 1 GG sowie europarechtliche Vorgaben umgesetzt.[483]

Dem Gesetzgeber bleibt es unbelassen, nicht nur die grundrechtlichen Erfordernisse zu erfüllen, sondern darüber hinaus einen noch stärkeren – zum Beispiel – Minderheitenschutz zu verankern, sofern dies wiederum mit den Grundrechten Dritter vereinbar ist. In der Tat gibt es in der deutschen Literatur Stimmen, die argumentieren, dass Art und Umfang der Realisierung der Grundrechte zwischen Privaten die ausschließliche Domäne des Gesetzgebers zu sein habe. *Ernst-Wolfgang Böckenförde* hat Kritik an dem von ihm identifizierten „gleitenden Übergang vom parlamentarischen Gesetzgebungsstaat zum verfassungsgerichtlichen Jurisdiktionsstaat“ durch ein objektiv-rechtliches Grundrechtsverständnis geübt. Ein solches gestehe den Gerichten unzulässiger Weise sowohl die Identifizierung als auch die Konkretisierung der grundrechtlichen Wertvorgaben in der Rechtsordnung zu.[484] Vielmehr solle „die Aufgabe der *originären* Umsetzung ethischer und politischer Prinzipien“ beim Gesetzgeber verbleiben. Die Gerichte sollen sich darauf besinnen, die allgemeinen Rechtsgrundsätze der Teilrechtsordnungen ihres Zuständigkeitsbereichs zu realisieren.[485]

---

[483] Vgl. dazu umfassend *R. Lehner*, Zivilrechtlicher Diskriminierungsschutz und Grundrechte, 2013.

[484] *E.-W. Böckenförde*, Grundrechte als Grundsatznormen, in: *Ders.*, Staat, Verfassung, Demokratie – Studien zur Verfassungstheorie und zum Verfassungsrecht, 1991, S. 159, 189f.

[485] Vgl. ebenda, 195 (Hervorhebung im Original). Siehe ähnlich auch bereits drei Jahrzehnte zuvor *H. Ehmke*, Wirtschaft und Verfassung – Die Verfassungsrechtsprechung des Supreme Court zur Wirtschaftsregulierung, 1961, S. 79: „So führt das ‚Denken von der Gesellschaft her‘ recht folgerichtig zum ‚Justizstaat‘. Der Umstand, daß die ‚Drittwirkungs‘-Theorie [gemeint sind, in der hiesigen Terminiologie, die Anwendungsansätze] die Interventionsmacht in die Hände der Gerichte legt, verdeckt offenbar für ihre Anhänger die Tatsache, daß diese Theorie – konsequent durchdacht – unsere freiheitlich-demokratische Grundordnung in Frage stellt.“

Ebenso wie bei *Böckenförde* stehen auch hinter *Bernhard Schlinks* Aufruf zu einer Beschränkung des Grundrechtsverständnisses auf ein „Eingriffs- und Schrankendenken" Überlegungen zu demokratischer Legitimitation und Gewaltenteilung. In seinem einflussreichen Aufsatz aus dem Jahr 1984, „Freiheit durch Eingriffsabwehr"[486], versucht *Schlink*, die Gefahren des Wertordnungsdenkens des BVerfG[487] zu vermeiden, ohne gleichzeitig einem vorstaatlichen[488] Freiheitsdenken das Wort zu reden. Die Grundrechte sollen seiner Auffassung nach im Privatverhältnis – auch und gerade in ihrer Schutz- und Teilhabefunktion – realisiert werden. Aber dies sei Aufgabe der Politik und damit des Gesetzgebers im Wege des demokratisch-politischen Prozesses:

„Wenn das Eingriffs- und Schrankendenken dem demokratischen Gesetzgeber die Entscheidungen über politische Prioritäten und staatliche Präferenzen überläßt, dann leugnet es die Veränderungen der Bedingungen der Möglichkeit von Freiheit, auf die ein modernes Grundrechtsverständnis gerne verweist, keineswegs, sondern es sieht die Veränderungen in den Entscheidungen sich sehr wohl niederschlagen. Der gesetzgeberische Ausbau staatlicher Leistungen, die Gewährung von Leistungsrechten, die Gestaltung von Organisationen, die Einrichtung von Verfahren und die Sicherung von Verfahrenspositionen geschehen natürlich nicht beliebig, sondern gerade in der Reaktion auf die Abhängigkeit des Einzelnen von solchen Vorkehrungen und aus der Notwendigkeit, seine Existenz und Freiheit durch sie zu ermöglichen. Das Eingriffs- und Schrankendenken sieht freilich dies alles nichts von seiner Bedeutung dadurch verlieren, daß es politisch erstritten werden muß."[489]

Dies bedeutet, dass sich danach die Gerichte aus der Realisierung der Horizontalwirkung herauszuhalten haben. Die dogmatische Konsequenz ist für *Schlink*, dass sie einerseits keine Prüfung der Verhältnismäßigkeit im engeren Sinne vornehmen dürften – weil diese nicht rationalisierbar[490] und somit „letztlich nur

[486] *B. Schlink*, Freiheit durch Eingriffsabwehr – Rekonstruktion der klassischen Grundrechtsfunktion, EuGRZ 1984, 457.

[487] Vgl. oben B.I.2. Ebenso *H. Dreier*, Dimensionen der Grundrechte, 1993, S. 10ff.; kritisch auch *B. Rüthers*, Rechtsordnung und Wertordnung – Zur Ethik und Ideologie im Recht, 1986.

[488] *Schlink* spricht zwar von „Freiheit als dem Staat vorausliegend" (*B. Schlink*, Freiheit durch Eingriffsabwehr – Rekonstruktion der klassischen Grundrechtsfunktion, EuGRZ 1984, 457), meint dies indes lediglich im Sinne einer Umkehr der Darlegungslast, siehe ebenda, 467: „Von einer vorstaatlichen oder dem Staat vorausliegenden Freiheit, die durch die Schranke gesichert wird, kann also nicht im Sinn einer Sphäre die Rede sein, in der der Einzelne ursprünglich und am besten ohne Staat lebt. Vorstaatich ist an der Freiheit, daß ihr Gebrach gegenüber dem Staat nicht gerechtfertigt werden muß. Der Staat hingegen muß seine Eingriffe rechtfertigen."

[489] Ebenda, 465.

[490] Für die Gegenposition siehe prägend *R. Alexy*, Theorie der Grundrechte, 1986, S. 143–154; *ders.*, On Balancing and Subsumption – A Structural Comparison, Ratio Juris 2003, Bd. 16, 443; *ders.*, Die Gewichtsformel, in: Gedächtnisschrift für Jürgen Sonnenschein, 2003, 771, insbesondere 783–791; siehe auch *C. B. Pulido*, The Rationality of Balancing, ARSP 2006, Bd. 92, 195ff.; *R. Uerpmann*, Das öffentliche Interesse – Seine Bedeutung als Tatbestandsmerkmal und als dogmatischer Begriff, 1999, S. 278–283 (mit einer Illustration der Insuffizienz des syllogistischen Schlusses anhand von BVerfGE 32, 54 [1971] und E 35, 202 [1973]). Nunmehr auch mit empirischen Belegen *N. Petersen*, Verhältnismäßigkeit als Rationalitätskontrolle – Eine

dezisionistisch zu leisten“[491] sei – und dass ihnen andererseits eine wertorientierte Interpretation der Grundrechtsnormen versagt sei.[492] Damit unterscheidet sich diese Position auch vom Schutzpflichtenverständnis. Denn nach diesem können die Gerichte dem Gesetzgeber die Erfüllung seiner Schutzpflichten unter bestimmten Voraussetzungen aufgeben. Nach dem Verständnis *Schlinks* ist ihnen dies gerade verwehrt, da dies eine unzulässige Intrusion in den demokratisch-politischen Prozess darstellte. Überdies muss er aus den angeführten demokratietheoretischen und Gründen der Gewaltenteilung konsequenter Weise auch die grundrechtskonforme Auslegung des einfachen Rechts durch die Gerichte ablehnen, da nach diesem Verständnis eine solche ebenfalls eine erhebliche Intrusion der Judikative in den Kompetenzbereich der Legislative ermöglichen würde.[493]

II. Frankreich: Der langsame Abschied von der parlamentarischen Souveränität

Der Ansatz *Schlinks* ähnelt in vielerlei Hinsicht dem Verständnis der klassischen französischen Verfassungstheorie. Der Gesetzgeber hat die Grundrechte zu realisieren, sei dies nun im Verhältnis zum Staat oder im Verhältnis zu anderen Individuen.[494] Allerdings steht hinter dieser Auffassung im Gegensatz zur derjenigen *Schlinks* historisch gesehen das Prinzip der parlamentarischen Souveränität

---

rechtsempirische Studie verfassungsrechtlicher Rechtsprechung zu den Freiheitsgrundrechten, 2014, zusammenfassend S. 269–279.

[491] *Schlink*, Freiheit durch Eingriffsabwehr – Rekonstruktion der klassischen Grundrechtsfunktion, EuGRZ 1984, 457, 462. Siehe dazu auch bereits *B. Schlink*, Abwägung im Verfassungsrecht, 1976, S. 134–143; *ders.*, Der Grundsatz der Verhältnismäßigkeit, in: Festschrift 50 Jahre Bundesverfassungsgericht, 2001, Bd. 2, 445, 460 f.; siehe auch *J. v. Bernstorff*, Proportionality without Balancing: Why Judicial *ad hoc*-balancing is unnecessary and potentially detrimental to the realization of individual and collective self-determination, in: L. Lazarus/C. McCrudden/N. Bowles (Hrsg.), Reasoning Rights – Comparative Judicial Engagement, 2014, 63, 75–82. Für ähnliche Argumente aus der US-amerikanischen Literatur siehe stellvertretend *L. Henkin*, Infallibility under Law: Constitutional Balancing, Columbia Law Review 1978, Bd. 78, 1022, 1046–1049; *T. A. Aleinikoff*, Constitutional Law in the Age of Balancing, Yale Law Journal 1986–1987, Bd. 96, 943, 984–995; zur Diskussion dieser Argumente mit Gegenpositionen siehe *A. Barak*, Proportionality, 2012, S. 487–488, 490–492.

[492] *B. Schlink*, Freiheit durch Eingriffsabwehr – Rekonstruktion der klassischen Grundrechtsfunktion, EuGRZ 1984, 457, 463 f. In ähnliche Richtung in neuerer Zeit auch *R. Poscher*, Grundrechte als Abwehrrechte – Reflexive Regelung rechtlich geordneter Freiheit, 2003, S. 321 ff.

[493] So z. B. *K. Chryssogonos*, Verfassungsgerichtsbarkeit und Gesetzgebung – Zur Methode der Verfassungsinterpretation bei der Normenkontrolle, 1987, S. 163, 166. Zu den Konsequenzen siehe unten IV. und E.I.6.

[494] Siehe dazu nur *M. Troper*, Who Needs a Third Part Effect Doctrine? – The Case of France, in: A. Sajó/R. Uitz (Hrsg.), The Constitution in Private Relations – Expanding Constitutionalism, 2005, 115, 119–123.

und damit die Ablehnung des Verfassungsvorrangs.[495] In der Tradition *Rousseaus* hat im frühen 20. Jahrhundert vor allem *Raymond Carré de Malberg* die Doktrin dahingehend formuliert, dass sich der Volkswille (oder Gemeinwohl, „volonté générale") in den Akten der Volksvertretung, d.h. des Gesetzgebers, ausdrücke:[496] „La puissance parlementaire législative [...] découle de ce concept de représentation de la volonté générale par les Législatures élues [...]."[497] Bereits in der Déclaration des Droits de l'Homme et du Citoyen von 1789 findet sich der Gedanke, dass es der Gesetzgeber durch das Vehikel des Gesetzes ist, der das Gemeinwohl im Sinne der Grundrechte umsetzt:

„Art. 4: La liberté consiste à pouvoir faire tout ce qui ne nuit pas à autrui : ainsi, l'exercice des droits naturels de chaque homme n'a de bornes que celles qui assurent aux autres

---

[495] Der Vorrang der Verfassung (einschließlich der Grundrechte) ist weder aus rechtshistorischer noch aus rechtsvergleichender Perspektive eine Selbstverständlichkeit. Rechtshistorisch betrachtet ist er in Deutschland gar ein Novum. Den konstitutionellen Monarchien des langen 19. Jahrhunderts (zum Begriff siehe *E. Hobsbawm*, On the Edge of the New Century, 2001; *ders.*, The Age of Capital: 1848 – 1875, 1. Aufl. 1979) war er im Wesentlichen fremd, wenn es auch in der deutschsprachigen Literatur des 19. Jahrhunderts insbesondere in der Person *Robert von Mohls* (insbesondere *R. v. Mohl*, Ueber die rechtliche Bedeutung verfassungswidriger Gesetze, in: *Ders.*, Staatsrecht, Völkerrecht und Politik, Bd. 1, 1860, 66) einige prominente und für die spätere Rechtsentwicklung einflussreiche Vordenker gab (siehe dazu *R. Wahl*, Der Vorrang der Verfassung, Der Staat 1981, Bd. 20, 485, 491–498; *C. Schönberger*, Der Vorrang der Verfassung, in: Festschrift für Rainer Wahl zum 70. Geburtstag, 2011, 385, 390–396; siehe auch ausführlich *C. H. Schmidt*, Vorrang der Verfassung und konstitutionelle Monarchie, 2000, zu *von Mohl* insbesondere S. 122–127, 158–178). Noch bis zum Ende des Kaiserreichs im Jahr 1918 (und z.T. bis in die Weimarer Zeit, vgl. *A. Hensel*, Die Rangordnung der Rechtsquellen, insbesondere das Verhältnis von Reichs- und Landesgesetzgebung, in: G. Anschütz/R. Thoma (Hrsg.), Handbuch des Deutschen Staatsrechts, Bd. 2, 1932, 313, 316; siehe auch zur noch als zulässig erachteten Verfassungsdurchbrechung im Einzelfall, *R. Thoma*, Funktionen der Staatsgewalt – Grundbegriffe und Grundsätze, in: G. Anschütz/R. Thoma (Hrsg.), Handbuch des Deutschen Staatsrechts, Bd. 2, 1932, 108, 155–157) hielt es die große Mehrheit der Staatsrechtslehre gar für unmöglich, der Verfassung Vorrang vor dem „einfachen" Recht einzuräumen. Es sei der Wille des Souveräns, in dem die Geltung der gesamten Rechtsordnung einschließlich der Verfassung wurzele, dem der höchste Rang zukommen müsse, nicht indes einem erst sich aus diesem Willen legitimierenden Rechtsakt wie der Verfassung. In der dualistischen Struktur konstitutioneller Monarchien teilten sich Monarch und Parlament als Repräsentant des Volkes diese Souveränität (vgl. dazu *P. Laband*, Das Staatsrecht des Deutschen Reiches, Bd. 2, 5. Aufl. 1911, S. 39f.; *G. Meyer/G. Anschütz*, Lehrbuch des Deutschen Staatsrechts, 7. Aufl. 1919, S. 743f.; siehe auch *C. Schmitt*, Der Hüter der Verfassung, 1931, S. 132ff.). Ist die Legitimität der Staatsgewalt – im Gegensatz zur monistischen Struktur in einer Demokratie – eine geteilte, bestehen – wie *Rainer Wahl* exemplarisch herausgearbeitet hat (siehe *R. Wahl*, Der Vorrang der Verfassung, Der Staat 1981, Bd. 20, 485, 494–498) – erhebliche Hürden für einen Vorrang der Verfassung (und mithin der mit Verfassungsrang ausgestatteten Grundrechte), denn jedenfalls der Monarch bezieht seine Legitimitation aus einer gänzlich anderen Quelle als der Verfassung.

[496] Siehe allgemein *R. Carré de Malberg*, La loi, expression de la volonté générale, 1931.

[497] *R. Carré de Malberg*, Confrontation de la théorie de la formation du droit par degrés avec les idées et les institutions consacrés par le droit positif français relativement à sa formation, 1933, S. 65.

Membres de la Société la jouissance de ces mêmes droits. *Ces bornes ne peuvent être déterminées que par la Loi.*

Art. 5: La Loi n'a le droit de défendre que les actions nuisibles à la Société. *Tout ce qui n'est pas défendu par la Loi ne peut être empêché, et nul ne peut être contraint à faire ce qu'elle n'ordonne pas.*"[498]

Im Umkehrschluss bedeutet dies nach der Auffassung der klassischen französischen Verfassungstheorie aber auch, dass Verfassungsvorrang demokratisch illegitim sei, da sich der Volkswille über die Akte des Gesetzgebers Bahn breche und eine Beschränkung durch eine im Rang höher als die einfachen Gesetze stehende Verfassung somit die *volonté générale* konterkariere.[499]

Es ist danach (allein) Aufgabe des Gesetzgebers, die Wirkung der Grundrechte zu realisieren – gegenüber jedermann, d. h. sowohl gegenüber dem Staat als auch gegenüber privaten Dritten. Die Grundrechte der *Déclaration* von 1789 sind so verstanden „oberste[ ] Leitprinzipien der Sozialordnung [...]. Ihrer Bestimmung nach waren sie Zielvorgaben für den Gesetzgeber zur grundrechtskonformen Umgestaltung des einfachen Rechts."[500] Die Etablierung der Freiheits- als Abwehrrechte verfolgte die sozialpolitische Funktion, die Ständehierarchie aufzuheben und die Emanzipation des Bürgertums voranzutreiben unter „Herstellung gleicher Freiheit für alle."[501] Abwehrfunktion auf der einen und Schutz-, Leistungs- und Teilhabefunktion der Grundrechte auf der anderen Seite sind danach zwei Seiten derselben Medaille. Stets geht es im klassischen französischen Grundrechtsverständnis um gesellschaftlich-politische Steuerung durch Grundrechte – allerdings institutionell ausschließlich durch die Legislative.

Gegenüber Gerichten hat die französische Verfassungstheorie seit 1789 traditionell eine skeptische Position eingenommen.[502] Dies hängt zum einen mit der erwähnten Ablehnung des Verfassungsvorrangs zusammen, zum anderen bestand nach dem erheblichen Machtmissbrauch der Richter im Ancien Régime die weit verbreitete Auffassung, die Aufgabe des Richters sei, im Sinne *Montesquieus*, nichts anderes zu sein „que la bouche qui prononce les paroles de la loi."[503] An-

---

[498] Meine Hervorhebungen.

[499] Siehe *R. Carré de Malberg*, Confrontation de la théorie de la formation du droit par degrés avec les idées et les institutions consacrés par le droit positif français relativement à sa formation, 1933, S. 60; siehe auch *É. Maulin*, La théorie de l'État de Carré de Malberg, 2003, S. 274–276.

[500] *D. Grimm*, Rückkehr zum liberalen Grundrechtsverständnis?, in: *Ders.*, Die Zukunft der Verfassung I, 1991, 221, 225 f.; auch *ders.*, Verfassung und Privatrecht im 19. Jahrhundert, 2017, S. 39 ff. Vgl. auch *C. Starck*, Wie kommen die Grundrechte ins Privatrecht und wie wirken sie dort?, in: Festschrift für Rolf Stürner zum 70. Geburtstag, 2013, 1. Teilband – Deutsches Recht, 61, 61 ff.

[501] *D. Grimm*, Die Grundrechte im Entstehungszusammenhang der bürgerlichen Gesellschaft, in: *Ders.*, Die Zukunft der Verfassung I, 1991, 67, 72.

[502] Vgl. dazu die historische Übersicht bei *L. Favoreu et al.*, Droit Constitutionnel, 19. Aufl. 2017, S. 303 ff.

[503] *Montesquieu*, De l'esprit de lois, Bd. I, 1777 (édition Garnier), S. 327 (Buch XI, Kap. VI).

gesichts dessen verwundert es nicht, dass nach traditionellem Verständnis kein Raum für eine Rolle der Gerichte bei der Realisierung der Horizontalwirkung der Grundrechte bestand.

Dies änderte sich indes schrittweise unter der Verfassung der gegenwärtigen Fünften Republik (seit 1958). Diese etablierte erstmals ein Organ der Judikative, dem ein gewisses Maß an (zunächst nur abstrakter) Normenkontrolle ermöglicht wurde. Artikel 61 der französischen Verfassung erlaubt eine abstrakte Normenkontrolle nur im eng begrenzten Zeitraum zwischen dem Beschluss des Gesetzes und seinem Inkrafttreten. Trotz dieser zunächst nur sehr geringen Kompetenzen des Conseil constitutionnel – bewusst als „Verfassungs*rat*" und nicht als „Verfassungs*gericht*" bezeichnet – läutete dies einen Paradigmenwechsel im französischen Verfassungsrecht ein. Konnte der Conseil constitutionnel zunächst Gesetze im engen Kompetenzrahmen des Artikels 61 nur anhand der ausschließlich staatsorganisationsrechtliche Vorschriften enthaltenden Verfassung von 1958 überprüfen, eröffnete er mit einer Grundsatzentscheidung vom 16. Juli 1971 zum „bloc de constitutionnalité"[504] den Weg zur grundrechtlichen Überprüfung von Gesetzen.[505] Der Conseil constitutionnel argumentierte, da Artikel 61 der Verfassung von 1958 ihm die Kompetenz gebe, Gesetze an der Verfassung zu messen und da die Präambel der Verfassung von 1958 auf die Déclaration von 1789 und auf „les principes fondamentaux reconnus par les lois de la République" in der Präambel der Verfassung von 1946 verweise, sei eine grundrechtliche Normenkontrolle möglich.[506]

Nur dreieinhalb Jahre später bedeutete die Entscheidung zum Schwangerschaftsabbruch vom 15. Januar 1975 einen weiteren Paukenschlag.[507] Wie im Falle der Entscheidung zum „bloc de constitutionnalité" war eine Durchbrechung des Prinzips der parlamentarischen Souveränität mit Artikel 55 bereits im Text der Verfassung angelegt. Dieser ordnet die unmittelbare Wirkung und den Vorrang von völkerrechtlichen Verträgen Frankreichs gegenüber nationalen Gesetzen in der französischen Rechtsordnung an (Monismus). Zwar entschied der Conseil constitutionnel, dass er selbst nicht zuständig sei, die Vereinbarkeit von einfachen Gesetzen mit völkerrechtlichen Verträgen Frankreichs – im Fall: der EMRK – zu überprüfen, da dies keine Frage des Verfassungsrechts sei. Die Entscheidung bedeutete aber im Umkehrschluss, dass diese Kompetenz den ein-

---

[504] Vgl. *L. Favoreu*, Le principe de constitutionnalité, essai de définition d'après la jurisprudence du Conseil constitutionnel, in: M. Waline (Hrsg.), Recueil d'études en hommage à Charles Eisenmann, 1975, 33.

[505] Siehe Décis. n° 71–44 DC, *Liberté d'association*, GDCC, n° 27, vom 16.7.1971. Siehe dazu auch *P. Gaïa/R. Ghevontian/F. Mélin-Soucramanien/E. Oliva/A. Roux*, Les grandes décisions du Conseil constitutionnel, 18. Aufl. 2016, S. 409–420.

[506] Décis. n° 71–44 DC, *Liberté d'association*, GDCC, n° 27, vom 16.7.1971; siehe auch *F. Mélin-Soucramanien/P. Pactet*, Droit constitutionnel, 34. Aufl. 2015, S. 570–573.

[507] Décis. n° 74–54 DC, Interruption volontaire de grossesse, GDCC n° 15, Entscheidung vom 15.1.1975.

fachen Gerichten zufiel. In der Folge entwickelten die französischen Gerichte eine Rechtsprechung, die (a) nationale Gesetze auf ihre Vereinbarkeit mit der EMRK überprüfte und dabei (b) die nationalen Gesetze im Lichte der EMRK, also EMRK-konform, auslegte. Aufgrund der französischen Tradition, Grundrechte als Rechte gegenüber jedermann und damit nicht nur gegenüber dem Staat, sondern auch gegenüber Privaten, zu verstehen, wenden französische Gerichte seit 1975 die EMRK auch im Horizontalverhältnis an.[508]

Dies führte für einen Zeitraum von mehr als dreißig Jahren zu der außergewöhnlichen Situation, dass die Kontrolle nationaler Gesetze anhand der Grundrechte der EMRK deutlich weiter reichte als anhand der nationalen Grundrechte.[509] Gesetze mussten stets und ohne zeitliche Begrenzung den Anforderungen der EMRK genügen und die Gerichte konnten diese Überprüfung stets selbst vornehmen. Dagegen war der Schutz nationaler Grundrechte gegenüber dem Gesetzgeber auf das wenige Wochen oder Monate umfassende enge zeitliche Fenster im Sinne des Artikels 61 der französischen Verfassung und damit auf eine abstrakte Normenkontrolle *a priori* beschränkt. Ferner stellte der Conseil constitutionnel in mehreren Entscheidungen in den 1980er Jahren klar, dass sämtliche Staatsorgane, einschließlich des Gesetzgebers an die Verfassung gebunden seien („règles des valeurs constitutionnelle qui s'imposent à tous les organes de l'État")[510] und widersprach damit ausdrücklich der oben dargestellten Position *Malbergs*: „[L]a loi votée n'exprime la volonté générale que dans le respect de la Constitution."[511]

Mit der im Jahr 2010 in Kraft getretenen Reform ist nunmehr gemäß Artikel 61–1 zusätzlich eine konkrete Normenkontrolle *a posteriori* möglich (so genannte „question prioritaire de constitionnalité" (QPC)).[512] Auf Antrag einer der Streitparteien[513] können einfache Gerichte in einem laufenden Verfahren

[508] Siehe zu alledem *J. Raynaud*, Les atteintes aux droits fondamentaux dans les actes juridiques privés, 2003, S. 62ff.; *P. Gaïa/R. Ghevontian/F. Mélin-Soucramanien/E. Oliva/A. Roux*, Les grandes décisions du Conseil constitutionnel, 18. Aufl. 2016, S. 201–213; *C. Herrmann/C. Perfumi*, France, in: G. Brüggemeier/A. Colombi Ciacchi/G. Comandé (Hrsg.), Fundamental Rights and Private Law in the European Union, Vol. I: A Comparative Overview, 2010, 190, 219ff.

[509] Vergleiche zur Horizontalwirkungsrechtsprechung des Conseil constitutionnel vor 2010: *N. Molfessis*, Le conseil constitutionnel et le droit privé, 1997.

[510] Déc. n° 81–132 DC, *Nationalisations I*, GDCC, n° 30, vom 16.1.1982.

[511] Déc. n° 85–196 DC, *Évolution de la Nouvelle-Calédonie*, vom 8.8.1985.

[512] Vgl. zu alledem *L. Favoreu et al.*, Droit Constitutionnel, 19. Aufl. 2017, S. 354, *N. Marsch*, in: Ders./Y. Vilain/M. Wendel (Hrsg.), Französisches und Deutsches Verfassungsrecht, 2015, S. 308–317 (mit Vergleich zur deutschen konkreten Normenkontrolle und Verfassungsbeschwerde). Für umfassende Studien zur QPC in der deutschsprachigen Literatur siehe auch *M.K. Walter*, Verfassungsprozessuale Umbrüche. Eine rechtsvergleichende Untersuchung zur französischen Question prioritaire de constitutionnalité, 2015 und *L. Preußler*, Question prioritaire de constitutionnalité – Perspektiven konkreter Normenkontrolle in Frankreich, 2015.

[513] Eine Vorlage *proprio motu*, wie im Falle von Artikel 100 Abs. 1 GG, ist nach französischem Recht ausgeschlossen.

eine entscheidungserhebliche Norm auf ihre Verfassungsmäßigkeit überprüfen lassen. Dazu müssen sie die QPC zunächst dem Höchstgericht ihres Instanzenzuges – dem Conseil d'État für die Verwaltungsgerichtsbarkeit und der Cour de Cassation für die ordentliche Gerichtsbarkeit – vorlegen, welches abschließend über die Vorlage an den Conseil constitutionnel entscheidet und im Falle positiver Entscheidung die Vorlage mit einer eigenen Stellungnahme versieht.[514] Der Conseil constitutionnel entscheidet sodann über die Vereinbarkeit des vorgelegten Gesetzes mit der französischen Verfassung einschließlich des „bloc de constitutionnalité" und kann dabei entweder das Gesetz für verfassungswidrig erklären[515] oder eine mit der Verfassung vereinbare Auslegung des Gesetzes bestimmen.[516] Das Vorlagegericht entscheidet sodann über den Ausgangsrechtsstreit auf der Grundlage und unter Bindung an die Entscheidung des Conseil constitutionnel.

Das französische Verfassungsrecht hat sich damit schrittweise dem Prinzip des Verfassungsvorrangs angenähert.[517] Die Rolle der Gerichte in dem Land, das über lange Zeit Befürchtungen vor einem „gouvernement des juges" hegte, hat damit unweigerlich zugenommen. Dies betrifft ebenfalls die Frage der Horizontalwirkung der Grundrechte. Dabei ist das dogmatische Vehikel eine verfassungskonforme Auslegung[518] von Gesetzen im Privatrechtsstreit, die in Bezug auf die EMRK von den einfachen Gerichten, im Falle der nationalen Grundrechte vom Conseil constitutionnel über das Verfahren der QPC vorgenommen werden. Obwohl die Verfassung von 1958 und die weiteren Entwicklungen des französischen Verfassungsrechts das Prinzip der parlamentarischen Souveränität in der *Malberg*'schen Ausprägung zu Grabe getragen haben, bleibt sein geistesgeschichtlicher Einfluss bestehen: Sozio-ökonomische und sozio-politische Steuerung durch Grundrechte bleibt die primäre Domäne des französischen Gesetzgebers.[519]

---

[514] Zum Verfahrensablauf siehe *F. Mélin-Soucramanien/P. Pactet*, Droit constitutionnel, 34. Aufl. 2015, S. 540–544 (mit Schaubildern).

[515] Anders als im Falle der Unvereinbarkeit mit der EMRK hat dies nicht nur *inter partes*-, sondern *erga omnes*-Effekt, vgl. Art. 62 Abs. 2 der französischen Verfassung.

[516] Siehe zu alledem *L. Favoreu et al.*, Droit Constitutionnel, 19. Aufl. 2017, S. 358–361, 367–369; siehe auch *L. Maurin*, Contrat et droits fondamentaux, 2013, S. 42–44; *G. Comandé*, Comparative Remarks, in: G. Brüggemeier/A. Colombi Ciacchi/G. Comandé (Hrsg.), Fundamental Rights and Private Law in the European Union, Vol. I: A Comparative Overview, 2010, 698, 726f.

[517] Siehe auch bereits Décis. n° 85–196 DC, *Évolution de la Nouvelle-Calédonie*, vom 8.8. 1985: „[L]a loi votée n'exprime la volonté générale que dans le respect de la Constitution."

[518] Vgl. *F. Mélin-Soucramanien/P. Pactet*, Droit constitutionnel, 34. Aufl. 2015, S. 573; dazu auch *W. Heun*, Verfassungsrecht und einfaches Recht – Verfassungsgerichtsbarkeit und Fachgerichtsbarkeit, in: VVDStRL 2002, Bd. 61, 80, 111f.

[519] Siehe dazu *C. Gusy*, Grundrechtsbindungen Privater, in: J. Masing/M. Jestaedt/D. Capitant/A. Le Divellec (Hrsg.), Strukturfragen des Grundrechtsschutzes in Europa, 2015, 93, 97–99; *M. Troper*, Who Needs a Third Party Effect Doctrine? – The Case of France, in:

III. Vereinigtes Königreich: Parlamentarische Souveränität als demokratische Legitimität

Im Mutterland der parlamentarischen Souveränität,[520] dem Vereinigten Königreich, galt dieses Prinzip vor Erlass des Human Rights Acts 1998 (HRA) nahezu uneingeschränkt. Das Westminister Parliament[521] konnte nach Belieben Gesetze erlassen oder aufheben, ohne Bindung an eine rechtlich höherrangige Verfassung und insbesondere an einen positivierten Grundrechtskatalog. In *Albert Venn Dicey*'s plastischer Formulierung ist „sovereignty of parliament [...] the dominant characteristic of our institutions [d.h. derjenigen des Vereinigten Königreichs]", wonach der Grundsatz gelte, dass „Parliament can do everything but make a woman a man, and a man a woman."[522] Das bedeutete zwar nicht, dass keine den Grundrechten vergleichbare Rechtsgrundsätze die Rechtsbeziehungen der Individuen (mit)beeinflussten. Insbesondere im Wege des common law konnten die Gerichte Lücken in der parlamentarischen Gesetzgebung schließen und Grundsätze von prozeduraler und materieller Fairness im Verhältnis zwischen Privaten zur Anwendung bringen. Die Grenze dessen war jedoch stets der erklärte oder erkennbare Wille des parlamentarischen Gesetzgebers, entweder indem er eine

A. Sajó/R. Uitz (Hrsg.), The Constitution in Private Relations – Expanding Constitutionalism, 2005, 115, 119–123; *L. Favoreu et al.*, Droit Constitutionnel, 19. Aufl. 2017, S. 824–826.

[520] Auch weitere in der englischen Verfassungstradition der „sovereignty of parliament" stehende Staaten neigen zunehmend dazu, den Vorrang der Verfassung oder jedenfalls von Grundrechten vor „acts of parliament" anzuerkennen. Beispielhaft sei nur Kanada genannt, das 1982 die Charter of Rights and Freedoms als Teil des „Constitution Act" verabschiedete, dessen Abschnitt 52(1) statuiert: „The Constitution of Canada is the supreme law of the land, and any law that is inconsistent with the provisions of the Constitution is, to the extent of the inconsistency, of no force or effect." Indes ist das Prinzip parlamentarischer Souveräntität durch die Charter of 1982 nicht gänzlich aufgegeben, erlaubt doch Abschnitt 33 des Constitution Act dem Gesetzgeber die Abweichung von Garantien der Charter durch einen „act of parliament", sofern dieser diese Abweichung ausdrücklich benennt (sog. „notwithstanding clause" bzw. „clause dérogatoire"). Vgl. dazu auch *J. L. Hiebert*, Parliamentary Bills of Rights: An Alternative Model?, Modern Law Review 2006, Bd. 69, 7, 11–14; *J. L. Black-Branch*, Parliamentary Supremacy or Political Expediency?: The Constitutional Position of the Human Rights Act under British Law, Statute Law Review 2002, Bd. 23, 59, 61–62, 75–76. Zur kanadischen Auslegungskonstruktion siehe indes oben B.I.4.

[521] Dies meint in britischer Verfassungstradition die Trinität der Krone, des House of Commons und des House of Lords, siehe *A. V. Dicey*, Introduction to the Study of the Law of the Constitution, 8. Aufl. 1931, S. 37; siehe auch *J. Limbach*, Vorrang der Verfassung oder Souveränität des Parlaments?, 2000, S. 9f., Fn. 2. Zur Entwicklung der Parlamentsherrschaft im 18. und 19. Jahrhundert siehe *J. Hatschek*, Englische Verfassungsgeschichte, 1913, S. 564ff., 621ff.

[522] *A. V. Dicey*, Introduction to the Study of the Law of the Constitution, 8. Aufl. 1931, S. 37, 41. Wie *Dicey* kenntlich macht, stammt das Zitat von *Jean-Louis de Lolme*, der dieses ursprünglich vor allem kritisch meinte. Siehe zu *de Lolmes* Werk *E. Ruff*, Jean Louis de Lolme und sein Werk über die Verfassung Englands, 1934.

bestimmte Frage regelte oder indem er diese Frage explizit oder implizit nicht regelte. Das Parlament hatte das letzte Wort.[523]

Der HRA, in Kraft seit dem Jahr 2000, brachte insoweit einige erhebliche Veränderungen mit sich. Dabei sei insbesondere auf Abschnitte 3, 4 und 6 verwiesen. Gemäß Abschnitt 3(1) sind die britischen Gesetze EMRK-konform auszulegen: „So far as it is possible to do so, primary legislation and subordinate legislation must be read and given effect in a way which is compatible with the Convention rights." Ist dies nicht möglich, so stellt das zuständige Gericht[524] die Unvereinbarkeit des Gesetzes mit der EMRK gemäß Abschnitt 4 des HRA fest. Dies führt nicht automatisch zur Nichtigkeit des Gesetzes. Diese erfordert vielmehr eine Gesetzesänderung durch das Parlament selbst, das *de iure* frei darüber entscheiden kann, ob es das Gesetz beibehält, modifiziert oder aufhebt. Bis dahin gilt das Gesetz auch nach der „declaration of incompatibility" uneingeschränkt fort und entfaltet insbesondere volle Wirkung zwischen den Parteien des Rechtsstreits, in dessen Rahmen das Gericht die Unvereinbarkeit mit dem HRA festgestellt hat.[525] Schließlich statuiert Abschnitt 6(1), dass „[i]t is unlawful for a public authority to act in a way which is incompatible with a Convention right" und Abschnitt 6(3) schließt ausdrücklich Gerichte in „public authority" mit ein.

EMRK-konforme Auslegung ist mithin das zentrale Vehikel, durch das Gerichte grundrechtliche Horizontalwirkungsfragen beeinflussen können.[526] Wie Abschnitt 4 des HRA deutlich macht, ist damit der Grundsatz der parlamentarischen Souveränität nicht aufgehoben. Das letzte Wort verbleibt jedenfalls

---

[523] Zur Rechtslage vor Erlass des HRA siehe *D. Feldman*, Civil Liberties and Human Rights in England and Wales, 1993, insbesondere S. 60–75; *J. Gajdosova/J. Zehetner*, England, in: G. Brüggemeier/A. Colombi Ciacchi/G. Comandé (Hrsg.), Fundamental Rights and Private Law in the European Union, Vol. I: A Comparative Overview, 2010, 119, 119f., 156ff.; siehe auch *F. du Bois*, Human Rights and English Contract Law: Parallel Worlds, University of Leicester School of Law Research Paper No. 16–31, S. 32.

[524] Siehe dazu Abschnitt 4(5) des HRA.

[525] Siehe Abschnitt 4(6): „A declaration under this section ("a declaration of incompatibility") – (a) does not affect the validity, continuing operation or enforcement of the provision in respect of which it is given; and (b) is not binding on the parties to the proceedings in which it is made."

[526] Für einen Überblick über die möglichen Wege einer Horizontalwirkungsrechtsprechung im Vereinigten Königreich nach Inkrafttreten des HRA siehe grundlegend *I. Leigh*, Horizontal Rights, the Human Rights Act and Privacy: Lessons From the Commonwealth, International and Comparative Law Quarterly 1999, Bd. 48, 57, 74–85; *T. Raphael*, The Problem of Horizontal Effect, European Human Rights Law Review 2000, Bd. 6, 493, 494f. Siehe auch *F. du Bois*, Human Rights and English Contract Law: Parallel Worlds, University of Leicester School of Law Research Paper No. 16–31, S. 3; *A. L. Young*, Mapping horizontal effect, in: D. Hoffman (Hrsg.), The Impact of the UK Human Rights Act on Private Law, 2011, 16, 35; *J. Gajdosova/J. Zehetner*, England, in: G. Brüggemeier/A. Colombi Ciacchi/G. Comandé (Hrsg.), Fundamental Rights and Private Law in the European Union, Vol. I: A Comparative Overview, 2010, 119, 152f.

de iure beim Westminister Parliament.[527] Allerdings modifiziert der HRA das Verfassungsgefüge des Vereinigten Königreichs in erheblicher Weise, wie Lord Woolf in der Entscheidung *Popular Housing v Donoghue* hervorhob:

„When the court interprets legislation usually its primary task is to identify the intention of Parliament. Now, when section 3 applies, the courts have to adjust their traditional role in relation to interpretation so as to give effect to the direction contained in section 3. It is as though legislation which predates the Human Rights Act 1998 and conflicts with the Convention has to be treated as being subsequently amended to incorporate the language of section 3.“[528]

In den Anfangsjahren nach Inkrafttreten des HRA im Jahr 2000 haben die Gerichte des Vereinigten Königreichs ihre Kompetenzen hinsichtlich der EMRK-konformen Auslegung nationaler Gesetze durchaus expansiv interpretiert.[529] Die weiterhin maßgebliche Leitentscheidung im Fall *Ghaidan v Godin-Mendoza*[530] verdeutlicht dabei allerdings auch die Grenzen, welche die Gerichte des Vereinigten Königreichs einer grundrechtskonformen Auslegung setzen.

Im Fall ging es darum, ob der Beklagte, der über mehrere Jahrzehnte in einer homosexuellen Partnerschaft mit dem Mieter in dessen Mietwohnung lebte, nach dem Tod seines Partners in dessen Mietvertrag eintreten konnte. Nach dem Rent Act von 1977 war dies möglich im Fall einer „person living with the original tenant as his or her wife or husband“. Die Frage war also, ob diese Passage im Lichte von Artikel 8 und 14 der EMRK dahingehend ausgelegt werden konnte, dass auch das Zusammenleben in einer dauerhaften und stabilen gleichgeschlechtlichen Partnerschaft ein Eintrittsrecht in den Mietvertrag eröffnete.

Die Richtermehrheit bejahte diese Frage. Die EMRK-konforme Auslegung müsse sich auf „matters of substance, rather than matters of mere language“ konzentrieren. Dies erlaube eine dynamische Auslegung auch über die ursprüngliche Bedeutung der zu interpretierenden Begriffe („husband and wife“) hinaus, solange die „essential principles and scope of the legislation“ dadurch nicht verletzt würden: „What matters is not so much the particular phraseology chosen by the draftsman as the substance of the measure which Parliament has enacted in those words.“[531] Das House of Lords (Lord Rodger) betonte indes auch die Grenzen einer derartigen dynamischen Auslegung:

---

[527] Für eine differenzierte Auffassung zur Frage des „last word“ siehe *A. Kavanagh*, Constitutional Review under the UK Human Rights Act, 2009, S. 322–324.

[528] *Popular Housing and Regeneration Community Association Ltd v Donoghue*, Court of Appeals, Entscheidung vom 27.4.2001, [2000] QB 48, 72.

[529] Siehe insbesondere *R v A (No 2)*, House of Lords, Entscheidung vom 17.5.2001, [2002] 1 AC 45; siehe dazu auch *I. Leigh*/*R. Masterman*, Making Rights Real – The Human Rights Act in its First Decade, 2008, S. 95–97.

[530] *Ghaidan v Godin-Mendoza*, House of Lords, Entscheidung vom 21.6.2004, [2004] 2 AC 557.

[531] Ebenda, 601 f.

„If the court implies words that are consistent with the scheme of the legislation but necessary to make it compatible with Convention rights, it is simply performing the duty which Parliament has imposed on it and on others. It is reading the legislation in a way that draws out the full implications of its terms and of the Convention rights. And, by its very nature, an implication will go with the grain of the legislation. *By contrast, using a Convention right to read in words that are inconsistent with the scheme of the legislation or with its essential principles as disclosed by its provisions does not involve any form of interpretation, by implication or otherwise. It falls on the wrong side of the boundary between interpretation and amendment of the statute.*“[532]

Die Grenze zwischen Gesetzesauslegung und Gesetzesänderung bestimmten die Gerichte des Vereinigten Königreichs in der Folgerechtsprechung zu *Ghaidan* zunehmend zugunsten der Legislative. Dabei ist beachtenswert, dass das Prinzip der parlamentarischen Souveränität zwar hier die zentrale Rolle spielt, allerdings im Gegensatz zu früherer Rechtsprechung demokratietheoretisch aufgeladen wird. Bedeutet „Parliament" traditionell die Trinität aus Krone, House of Lords und House of Commons, nimmt die Argumentation insbesondere des UK Supreme Court[533] die Realität der gegenwärtigen Verfassungspraxis des Vereinigten Königreichs auf, wonach das demokratisch legitimierte House of Commons *de facto* alleine die Gesetzgebungsaufgaben übernimmt. Dies zeigt sich in der Horizontalwirkungsrechtsprechung des Supreme Court,[534] die in der Grundsatzentscheidung *McDonald v McDonald*[535] vom 16. Juni 2016 kulminiert.

Der Gerichtshof weigerte sich in dieser Entscheidung, die Regelungen des Housing Acts von 1988 im Lichte von Artikel 8 EMRK zugunsten einer unter starken psychischen Störungen leidenden säumigen Mieterin dahingehend auszulegen, dass die per Gesetz obligatorisch angeordnete Zwangsräumung durch die Konvention und insbesondere den Verhältnismäßigkeitsgrundsatz unterbunden werden konnte. Der demokratische Gesetzgeber habe mit den gesetzlichen Vorschriften seine politische Entscheidung darüber zum Ausdruck gebracht, wie die widerstreitenden Interessen von Mieter und Vermieter, einschließlich ihrer Rechte aus der EMRK, in Einklang zu bringen seien,[536] sodass die Gerichte keine Kompetenz genössen, darüber hinaus der EMRK zur Wirkung zu verhelfen:

„[T]here are legislative provisions which the *democratically elected legislature* has decided properly balance the competing interests of private sector landlords and residential ten-

[532] Ebenda, 601 (meine Hervorhebung).

[533] Der UK Supreme Court hat das House of Lords mit einer zum 1.10.2009 in Kraft getretenen Reform als oberstes Gericht des Vereinigten Königreichs ersetzt.

[534] Vgl. dazu *F. du Bois*, Human Rights and English Contract Law: Parallel Worlds, University of Leicester School of Law Research Paper No. 16–31, zusammenfassend S. 29–34.

[535] *McDonald v McDonald*, UK Supreme Court, Entscheidung vom 16.6.2016, [2016] 28.

[536] Dies gelte auch für den Housing Act 1988, der zwar vor Inkrafttreten des HRA erlassen, jedoch nach 2000 mehrfach geändert worden sei, ohne dass das Parlament die von der Klägerin geforderte Verhältnismäßigkeitsprüfung eingefügt hätte, siehe ebenda, Rn. 40.

ants. In effect the provisions of the Protection from Eviction Act 1977, section 89 of the Housing Act 1980 and Chapters I and IV of the 1988 Act, as amended from time to time, *reflect the state's assessment of where to strike the balance* between the article 8 rights of residential tenants and the A1P1 rights of private sector landlords when their tenancy contract has ended."[537]

Diese Betonung des demokratisch-politischen Prozesses kombiniert der UK Supreme Court mit der Auffassung, die EMRK sei ausschließlich staatsgerichtet, d. h. „the Convention is intended to protect individual rights against infringement by the state or its emanations."[538] Wie die obigen Ausführungen zu den „positive obligations" als Vehikel der Horizontalwirkung in der Rechtsprechung des EGMR zeigen, ist diese Feststellung jedenfalls dann zu simplistisch, wenn man aus den notwendig staatsgerichtet formulierten völkerrechtlichen Vorschriften der EMRK die Folgerung ableiten möchte, sie könnten im nationalen Recht gar keine Wirkung zwischen Privaten entfalten.[539] Diese verengende Sichtweise illustriert allerdings die erheblichen Vorbehalte, welche die Gerichte des Vereinigten Königreichs in zunehmendem Maße gegenüber einer Realisierung der Horizontalwirkung durch Gerichte hegen.[540]

IV. Fazit

Selbst in Staaten, die traditionell dem Prinzip der parlamentarischen Souveränität gefolgt sind, zeigen sich in jüngerer Zeit Tendenzen einer Realisierung der Horizontalwirkung (auch) durch Gerichte. Das primäre dogmatische Vehikel ist dabei die verfassungs- bzw. grundrechtskonforme Auslegung, d. h. eine Auslegung im Einklang mit und im Lichte der nationalen oder supranationalen (EMRK) Grundrechte. Dies verdeutlicht den Zusammenhang zwischen Verfassungsvorrang, Verfassungsgerichtsbarkeit, justiziablem Grundrechtskatalog und Horizontalwirkung. Sobald sich eine faktische oder rechtliche Grundrechtsbindung der Legislative etabliert und sobald die Gerichte die Kompetenz haben, die Achtung der Grundrechte durch die Legislative zu überprüfen, ist jedenfalls eine strikte Ablehnungskonstruktion ausgeschlossen. Aber auch eine abgeschwächtes Ablehnungskonstruktion *à la Schlink* gerät in Schwierigkeiten. Denn ist der Gesetzgeber an die Grundrechte gebunden und können die Gerichte diese

537 Ebenda (meine Hervorhebungen).

538 Ebenda, Rn. 37.

539 Siehe oben B.II.2.

540 Anzumerken ist überdies, dass der UK Supreme Court in *McDonald* das Zurechnungsargument der Klägerseite ablehnt, weil der HRA Gerichte als „public authority" zur Achtung der EMRK verpflichte, sei die Klägerin jedenfalls durch die unterinstanzlichen Urteile in ihren Rechten aus der Konvention betroffen (vgl. Rn. 38 und 44). Dieses Argument ähnelt der *Shelley*-Rechtsprechung des US Supreme Court, vgl. *Shelley et ux. v. Kraemer et ux., McGhee et ux. v. Sipes et al.*, 334 U.S. 1 (1948) und oben C.I.3.b).

Grundrechtsbindung überprüfen, liegt es nahe, dass sie auch prüfen, ob eine Auslegung des einfachen Rechts anhand der Grundrechte deren Gebote ohne Verpflichtung des Gesetzgebers zur Gesetzesänderung noch zu wahren vermag. Lässt man eine solche verfassungs-/grundrechts-/EMRK-konforme Auslegung zu, kann sie indes auch als Vehikel der Horizontalwirkung eingesetzt werden. Sodann verschwimmt allerdings die Grenze zu den Auslegungsansätzen.

Insgesamt lassen sich die abgeschwächten Ablehnungskonstruktionen, die Horizontalwirkung nicht ablehnen, sofern sie nicht durch die Gerichte, sondern durch den Gesetzgeber realisiert wird, auch als Verantwortungskonstruktionen beschreiben: Der Staat hat die Verantwortung, den Gewährleistungsgehalt der Grundrechte der Privaten nicht in unverhältnismäßiger Weise zu beschränken, kann diese Verantwortung allerdings nicht durch die Gerichte, sondern nur durch die Gesetzgebungsorgane wahrnehmen. Das Rechtsverhältnis A-B ist ein ausschließlich privatrechtliches Anspruch-Pflichten-Verhältnis. Der Staat mediatisiert die grundrechtlichen Ansprüche von A und B, indem er bereits im Vorfeld durch Gesetzgebung die einfachrechtlichen Vorschriften des Privatrechts so gestaltet, dass diese Rechtspositionen von A und B in einen verhältnismäßigen Ausgleich gebracht sind. Ist dies nicht der Fall, stünde nach deutschem Recht in einem gerichtlichen Rechtsstreit nur die Möglichkeit einer konkreten Normenkontrolle nach Art. 100 Abs. 1 GG offen. Sobald man alternativ eine verfassungskonforme Auslegung durch die (Fach-)Gerichte für möglich hält, nähern sich die abgeschwächten Ablehnungs- wiederum den Auslegungskonstruktionen an.[541]

E. Dogmatik und Diskurs – Erkenntnisse

Dieses abschließende Unterkapitel führt die Erkenntnisse von Diskurs- und dogmatischer Analyse der hier betrachteten Horizontalwirkungskonstruktionen zusammen. Mit Blick auf die Diskursanalyse hat sich herauskristallisiert, was ich bereits im ersten Kapitel[542] die Tiefenstruktur der Horizontalwirkung genannt habe: Staatsorganisationsrecht, Ethik und Demokratietheorie (II.). Diese drei Tiefenstrukturelemente dienen vor allem als Bewertungskriterien der Horizontalwirkungskonstruktionen in den Kapiteln 5 und 6. Zunächst widmet sich jedoch Abschnitt I dieses Unterkapitels dem dogmatischen Vergleich der diversen dogmatischen Lösungsansätze. Dessen Ergebnisse werden einerseits die Diskussion der jüngeren und jüngsten Rechtsprechung des BVerfG zur Horizontalwirkung im vierten Kapitel und zugleich die ethische und demokratie-

[541] Zur Horizontalwirkung als verfassungskonforme Auslegung im Sinne einer kritischen Rekonstruktion der neueren Rechtsprechung des BVerfG siehe auch unten Kap. 4.

[542] Vgl. oben Kap. 1, A.

theoretische Bewertung der Konstruktionen im sechsten Kapitel informieren. Dabei erweisen sich Anwendungskonstruktionen als dogmatisch mit wesentlich weniger Problemen behaftet als vielerseits behauptet (1. und 2.), wohingegen dogmatische Inkohärenzen und Inkonsistenzen der vorherrschenden staatsgerichteten Ansätze zum Vorschein kommen (3.–6.).

I. Die Horizontalwirkungskonstruktionen im dogmatischen Vergleich

1. Staatsrichtung und Anwendung

Lehnt man das „Ob“ der Horizontalwirkung jedenfalls nicht vollständig ab und geht es somit um das „Wie“, so ist eine erste wichtige Dichotomie diejenige zwischen solchen Gruppen dogmatischer Figuren, die Horizontalwirkung nur aufgrund staatlicher Mediatisierung annehmen wollen, und Anwendungskonstruktionen, die ohne eine solche Vermittlung durch den Staat ein direktes grundrechtliches Anspruch-Pflichten-Verhältnis zwischen Privaten bejahen.[543] Etwaige Vorbehalte unter dem Gesichtspunkt des Art. 1 Abs. 3 GG hier zunächst zurückgestellt,[544] streiten in dieser Dichotomie für Anwendungskonstruktionen deren Simplizität und Konsistenz. Denn das Ergebnis der Horizontalwirkung – gleich welcher Couleur – scheint regelmäßig ähnlich zu sein: Die Grundrechte wirken zwischen Privaten. Wie bereits zu Eingang dieser Arbeit bemerkt, denkt man vom Resultat, nämlich der Wirkung, her, ist der Weg dort hin zweitrangig. Schmerz ist Schmerz, ob A mir mit einer Vase direkt auf den Kopf haut, oder mir indirekt durch Stoß des A gegen den Schrank, auf dem die Vase steht, diese von dort auf den Kopf fällt.[545] Mit wenigen Ausnahmen – state action-Doktrin – haben die meisten Gruppen dogmatischer Figuren allesamt in der Regel zunächst zur Folge, dass die Grundrechte der Privaten A und B im Rahmen einer Verhältnismäßigkeitsprüfung abgewogen werden müssen.[546] Nach wiederum den meisten Konstruktionen – mit Ausnahme der state-action-Doktrin und der einstufigen Anwendung – ist sodann zunächst dieses Abwägungsergebnis der Maßstab für Auslegung und Anwendung des einfachen Rechts.[547] Das Ergebnis der Abwägung hängt davon ab, wie man die Grundrechte von A und B im Einzel-

---

[543] Siehe oben Kap. 2, B.I.

[544] Siehe dazu unten Kap. 5, B.IV.

[545] Vgl. oben Kap. 2, A.I.

[546] Auch wenn sich die Grundrechte im Falle der Anwendungskonstruktionen im Sinne eines unmittelbaren grundrechtlichen Anspruch-Pflichten-Verhältnisses wechselseitig gegen A und B richten, während nach den staatsgerichteten Ansätzen nur den Staat grundrechtliche Pflichten treffen und Private nur grundrechtliche Anspruchsinhaber sein können, sodass es dem Staat selbst obliegt, die widerstreitenden Grundrechtspositionen in Ausgleich zu bringen.

[547] Vgl. oben A.VIII.2. (Anwendungskonstruktionen), B.I.6.b) (Auslegungsansätze), II.4.b) (Figuren der normalen Grundrechtsfunktionen), C.III.2. (Zurechnung im Sinne *Schwabes*) und auch D.IV. (abgeschwächte Ablehnungskonstruktionen).

fall gewichtet, weniger dagegen von der jeweiligen dogmatischen Konstruktion. Ferner, ist ein solches Abwägungsergebnis erst einmal erzielt und resultiert es in einen grundrechtlichen Anspruch eines Privaten, verlangt es als grundrechtliche, also verfassungsrechtliche Forderung, nach Erfüllung – wiederum grundsätzlich unabhängig von der dogmatischen Konstruktion. Kapitel 6 wird sich mit der Anwendungspraxis der Horizontalwirkung beschäftigen und in diesem Zusammenhang die grundsätzliche Ergebnisäquivalenz der Horizontalwirkungskonstruktionen, insbesondere von Anwendungs- und Verantwortungsansätzen, explizieren und deren Konsequenzen diskutieren.[548]

An dieser Stelle muss man zunächst konstatieren: Anwendungskonstruktionen haben den Vorteil, dass sie leicht zu verstehen sind. Die Grundrechte gelten zwischen Privaten, berechtigen und verpflichten diese wechselseitig, also wirken sie auch zwischen diesen. Staatsgerichtete Ansätze müssen sich argumentativ stärker strecken: Grundrechte gelten nicht zwischen Privaten, sie wirken aber zwischen ihnen. Diese Konstruktionen müssen folglich erklären, warum sie auf der einen Seite ablehnen, dass sich die Grundrechte von A und B direkt gegenüber stehen, auf der anderen Seite aber genau diese Grundrechte von A und B kollidieren sollen, sodass sie mittels einer Verhältnismäßigkeitsprüfung in Ausgleich zu bringen sind, so jedenfalls nach den vorherrschenden Verantwortungskonstruktionen. Eine solche Erklärung ist dogmatisch nicht ausgeschlossen: Der Staat (die staatlichen Gerichte) hat grundrechtliche Pflichten gegenüber A und B. Kann er seine Pflicht gegenüber A nicht erfüllen, ohne dass er in die Grundrechte von B eingreift, entsteht eine staatliche Pflichtenkollision, die im Wege der Verhältnismäßigkeitsprüfung aufzulösen ist.[549] Die Grundrechte von A und B kollidieren nicht als wechselseitige Anspruch-Pflichten-Relationen A-B, sondern als Grundrechtsverhältnisse A-Staat und B-Staat, wenn der Staat die grundrechtlichen Ansprüche beider nicht zugleich in vollem Umfang erfüllen kann. Anwendungsansätze erreichen das gleiche Resultat[550] – der Abwägung der Grundrechte von A und B – indes auf weniger umständliche Art und Weise.

Die Folge der Anwendungskonstruktionen, dass sie ein grundrechtliches Rechtsverhältnis unabhängig von staatlichem Handeln und somit unabhängig von der Einleitung eines gerichtlichen Verfahrens begründen, scheint ferner den Vorteil der Konsistenz zu genießen. Denn sie unterscheiden nicht dazwischen, ob der Rechtsstreit vor ein staatliches Gericht gelangt oder nicht, sondern gehen stets von Horizontalwirkung – aufgrund des direkten grundrechtlichen Rechtsverhältnisses zwischen A und B – aus. Anders dagegen die prozessakzessorischen Ansichten, wie die Verantwortungskonstruktionen und die state action-Doktrin. Danach spielen die Grundrechte im privaten Rechtsverhältnis A-B jedenfalls

[548] Siehe unten Kap. 6, B.I.2.a), C.I.2.a), II und D.I. sowie zusammenfassend E.I.

[549] Vgl. auch oben Kap. 2, B.III.2. und 3.

[550] Ähnlich auch *F. Eckhold-Schmidt*, Legitimation durch Begründung – Eine erkenntniskritische Analyse der Drittwirkungs-Kontroverse, 1974, S. 72.

solange keine Rolle, wie es nicht zu einem gerichtlichen Verfahren kommt. Während nach den Anwendungsansätzen der Richter lediglich feststellt, was auch ohne Einleitung eines Verfahrens für das Rechtsverhältnis A-B gilt, müssen die Verantwortungskonstruktionen dagegen erklären, warum sich die rechtliche Bewertung mit Blick auf das Rechtsverhältnis A-B dadurch ändert, dass über dieses vor Gericht entschieden wird, obwohl vor Einleitung des Gerichtsverfahrens die Grundrechte im Verhältnis von A und B keine Rolle gespielt haben. Wiederum ist eine derartige Erklärung nicht ausgeschlossen – durch die Einschaltung der staatlichen Gerichte kommen die grundrechtlichen Pflichten des Staates gegenüber A und B zum Tragen. Aber auch hier ist der Erklärungsaufwand höher und die Begründung umständlicher als im Falle der Anwendungskonstruktionen.

Allerdings scheint die Prozessakzessorietät insbesondere der Verantwortungskonstruktionen mit einem Problem konfrontiert zu sein, das Anwendungskonstruktionen nicht kennen. Wie verhält es sich, wenn der Rechtsstreit zwischen A und B nicht vor einem staatlichen Gericht, sondern vor einem privaten Schiedsgericht ausgetragen wird? Ist das Streitbeilegungsorgan kein staatliches, wie soll Horizontalwirkung durch staatliche grundrechtliche Pflichten jeweils gegenüber A und B konstruiert werden?[551] In diesem Fall Horizontalwirkung zu verneinen erscheint nicht als eine befriedigende Lösung: Die Grundrechte könnten durch Schiedsvertrag abbedungen werden. Ähnlich stellt sich die Frage, was für die Konstellation gelten soll, in denen ein zuständiges ausländisches Gericht über ein privates Rechtsverhältnis nach deutschem Sachrecht entscheiden muss. Denn auch hier kann man die Horizontalwirkung nicht dadurch konstruieren, dass der deutsche Staat durch die Gerichte über den Rechtsstreit urteilen muss und dabei zur Achtung der grundgesetzlichen Grundrechte von A und B verpflichtet ist.

Auch wenn die Anwendungskonstruktionen hier wiederum eine einfachere Antwort zu geben imstande sind, ist ebenfalls im Falle der Verantwortungsansätze eine Lösung dogmatisch jedenfalls konstruierbar. Denn die Kompetenzübertragung zur privaten Streitbeilegung durch Schiedsgerichte in §§ 1025 ff. ZPO kann in dem Sinne ausgelegt werden, dass die Verantwortungspflicht, den Gewährleistungsgehalt der Grundrechte von A und B in deren Privatrechtsverhältnis nicht unverhältnismäßig zu beschränken, durch Schiedsgerichte in gleicher Weise zu erfüllen ist wie in einem hypothetischen alternativen Verfahren

[551] Ähnlich auch *G. Brüggemeier*, Constitutionalisation of Private Law: The German Perspective, in: T. Barkhuysen/S. Lindenbergh (Hrsg.), Constitutionalization of Private Law, 2006, 59, 76; *F. Rödl*, Gerechtigkeit unter freien Gleichen – Eine normative Rekonstruktion von Delikt, Eigentum und Vertrag, 2015, S. 373 f. Nahezu identisch auch bereits *ders.*, Privatrecht und Gesellschaftsverfassung – zur logischen Rolle der Grundrechte im Privatrecht, in: M. Hauer/L. Rudkowski/P. Gooren/M. Lahr/J. Oestreich/M. Renner/S. Schmidt/A. Schreiber (Hrsg.), Macht im Zivilrecht, 2013, 375, 381 f.; ebenfalls *R. Christensen/A. Fischer-Lescano*, Das Ganze des Rechts – Vom hierarchischen zum reflexiven Verständnis deutscher und europäischer Grundrechte, 2007, S. 285 f.

vor staatlichen Gerichten. In ähnlicher Weise können die jeweils maßgeblichen Kollisionsregeln so interpretiert werden, dass das deutsche Sachrecht in gleicher Weise durch das ausländische Gericht anzuwenden ist, wie es deutsche staatliche Gerichte anwenden würden, also einschließlich der Verantwortungspflicht, den Gewährleistungsgehalt der Grundrechte von A und B anlässlich der Entscheidung über deren Privatrechtsverhältnis nicht unverhältnismäßig zu beschränken.

2. *Anwendung und Verantwortung*

Ein zentraler Vorwurf, der von Vertretern der vorherrschenden Verantwortungsansätzen gegen die direkte Grundrechtsgeltung zwischen Privaten erhoben wird, lautet, diese bedeute, dass Grund*rechte* zu *Pflichten* Privater mutierten.[552] Was ihnen Rechte verschaffen solle, führe danach zu ihrer Verpflichtung.

Dies überzeugt nicht. Die vorherrschende Auffassung baut durch Überzeichnung einen Popanz auf, der in den Anwendungskonstruktionen nicht reflektiert ist.[553] Denn keineswegs wird durch diese jedes Grundrecht unweigerlich zur Pflicht. Eine entsprechende Argumentation macht grundrechtsdogmatisch bereits einen Schritt hinter den aktuellen Stand der Forschung zum Verhältnis Bürger-Staat.

Grundrechte verschaffen auch gegenüber dem Staat zunächst nur *prima facie*-Positionen.[554] Ob ein grundrechtlicher Anspruch des Bürgers gegen den Staat besteht, lässt sich vielmehr erst nach dem Ausgleich der widerstreitenden Grundrechtspositionen sagen, also nach Abschluss der Verhältnismäßigkeitsprüfung. Der Eingriff in den Schutzbereich eines Grundrechts bedeutet noch nicht dessen Verletzung. Im Verhältnis Private-Privater der Horizontalwirkungskonstellation sind nach den Anwendungskonstruktionen private Grundrechtsträger zugleich Grundrechtsadressaten. A und B sind demnach Inhaber sich wechselseitig gegenüberstehender Grundrechtspositionen. Anders als der Staat sind sie daher nicht nur grundrechtsverpflichtet, sondern stets zugleich grundrechtsberechtigt. Eine Grundrechtspflicht kann sie bereits deshalb nicht in gleicher Weise treffen wie den Staat.[555]

---

[552] Prägend *G. Dürig*, Grundrechte und Zivilrechtsprechung, in: Festschrift zum 75. Geburtstag von Hans Nawiasky, 1956, 157, 164 ff. So auch die bis heute die vorherrschende Auffassung, vgl. nur *W. Kahl*, in: Bonner Kommentar zum Grundgesetz, Stand: Juli 2017, Art. 1 Abs. 3/Rn. 311; *W. Höfling*, in: M. Sachs (Hrsg.), Grundgesetz – Kommentar, 8. Aufl. 2018, Art. 1/Rn. 116; *H. Dreier*, in: Ders. (Hrsg.), Grundgesetz – Kommentar, Bd. 3, 3. Aufl. 2013, vor Art. 1/Rn. 98; *H.-J. Papier*, Drittwirkung der Grundrechte, in: D. Merten/H.-J. Papier (Hrsg.), Handbuch der Grundrechte, Bd. II, 2006, § 55, S. 1331, 1139 f., jeweils m. w. N.

[553] Ähnlich auch *H. Dreier*, in: Ders. (Hrsg.), Grundgesetz – Kommentar, Bd. 3, 3. Aufl. 2013, vor Art. 1/Rn. 98, Fn. 404.

[554] Vgl. dazu *R. Alexy*, Theorie der Grundrechte, 1986, S. 87 ff.

[555] Vgl. dazu auch unten Kap. 7, B.II. und C.

Vielmehr ist das Grundrechtsverhältnis A-B ein reflexives. Denn es ist dadurch gekennzeichnet, dass die „triadische Relation" eines Freiheitsrechts[556] aus Freiheitsträger, Freiheitsgegenstand und Freiheitshindernis[557] in der Rechtsbeziehung A-B aufeinander bezogen ist: Der Freiheitsgegenstand des einen Freiheitsträgers ist zugleich das Freiheitshindernis des anderen Freiheitsträgers und umgekehrt. Will ich beispielsweise meine negative Meinung über ein Produkt öffentlich bekunden (Art. 5 Abs. 1 Satz 1 GG), ist dies nicht möglich, ohne dadurch die unternehmerischen Interessen des Herstellers zu betreffen (Art. 12 Abs. 1 GG). Umgekehrt würde dessen unbeschränkte wirtschaftliche Betätigung mein Unterlassen von negativen Äußerungen über seine Produkte bedeuten.[558]

Aufgrund dieser Reflexivität des Grundrechtsverhältnisses kann weder A noch B *a priori* ein grundrechtlicher Erfüllungsanspruch zustehen, sondern nur nachdem ihre widerstreitenden Grundrechtspositionen in Ausgleich gebracht worden sind. Ein grundrechtlicher Anspruch von A gegen B oder B gegen A besteht also nur als Endresultat dieses Ausgleichs – präziser: falls das Resultat des Ausgleichs zu einem grundrechtlichen Anspruch einer Seite führt. Das muss es nicht zwangsläufig, da es auch das Ergebnis des Ausgleichs der Grundrechtspositionen sein kann, dass kein grundrechtlicher Anspruch A-B besteht. In jedem Fall bedeutet Grundrechtsgeltung zwischen Privaten ebensowenig wie Grundrechtsgeltung gegenüber dem Staat, dass der Grundrechtsadressat stets grundrechtlich verpflichtet wird – sondern nur nach Prüfung von entgegenstehenden (Grundrechts-)Positionen.

Auf der anderen Seite ist, wie erwähnt, die Grundrechtsbindung Privater aufgrund der Reflexivität ihres Grundrechtsverhältnisses zu anderen Privaten nicht die gleiche wie diejenige des Staates.[559] Dies gilt übrigens für Freiheitsrechte wie für Gleichheitsrechte:[560] Dass für mich als Hotelbetreiber *prima facie* Art. 3 GG gilt, heißt nicht, dass der ehemalige NPD-Vorsitzende bereits deshalb einen Anspruch auf Unterbringung in meinem Hotel hat. Vielmehr kann – und sollte – der Ausgleich zwischen Art. 3 Abs. 1 bzw. Abs. 3 Satz 1 GG und meinem ebenfalls unmittelbar geltendem Grundrecht auf unternehmerische Freiheit ergeben, dass letztere gegenüber dem Gleichheitssatz Vorzug genießt und ich mich somit weigern kann, den NPD-Vorsitzenden als Gast zu empfangen.[561]

---

[556] Zu Gleichheitsrechten bzw. zum Verhältnis von Freiheits- und Gleichheitsrechten siehe unten Kap. 7, B.II. und C.

[557] Zur Terminologie und zu den weiteren Konsequenzen dieser Unterscheidung siehe *G. C. MacCallum*, Negative and Positive Freedom, The Philosophical Review 1967, Bd. 76, 312, 314 ff.

[558] Zu dieser Thematik siehe ausführlich unten Kap. 6, B.III.1. mit Beispielen aus der Rechtsprechung.

[559] Dazu, wie der Ausgleich widerstreitender Grundrechtspositionen nach den Anwendungskonstruktionen im Einzelnen zu konstruieren ist, siehe unten Kap. 7, C.

[560] Vgl. dazu auch unten Kap. 7, B.II.

[561] Beispiel entnommen aus BVerfG(K), Beschl. v. 27.8.2019, 1 BvR 879/12. Die 2. Kammer

Die Argumente der Vertreter der Verantwortungs- gegen die Anwendungskonstruktionen greifen daher nicht durch.

Hinsichtlich der Unterscheidung von Anwendungs- und Verantwortungskonstruktionen stellt sich ferner die Frage, ob es dogmatisch konsistent und kohärent ist, dass Anwendungsansätze die Grundrechte nur in ihrer abwehrrechtlichen Dimension verwenden. Eine Schutzfunktion im Horizontalverhältnis setzte voraus, dass A gegen B den Anspruch hat, dass B unter bestimmten Bedingungen unverhältnismäßige Beeinträchtigungen der Grundrechte des A durch Dritte unterbindet. Dass man diesen Schritt nicht gehen will, ist verständlich, sodass es auch nicht überrascht, dass keine der Anwendungskonstruktionen auch für die Schutzpflichtendimension zu plädieren scheint. Indessen, jedenfalls wenn man die Anwendung im Anschluss an *Nipperdey*[562] mit dem Wertgehalt der Grundrechte begründet[563] und wenn daraus gefolgert wird, dass dies ein unmittelbares grundrechtliches Anspruch-Pflichten-Verhältnis zwischen A und B zur Folge hat, dann kann man sich zunächst fragen, warum die Grundrechte sodann nur abwehrrechtlich und nicht auch schutzverpflichtend wirken sollen. Dies gilt insbesondere vor dem Hintergrund, dass jedenfalls nach der Rechtsprechung des BVerfG seit dem ersten Abtreibungsurteil die Schutzpflichtenfunktion der Grundrechte ebenfalls ihre Grundlage im Verständnis der Grundrechte als Werte hat.[564] Entsprechend ließe sich argumentieren, dass sich eine Beschränkung auf die abwehrrechtliche Funktion im Horizontalverhältnis nur rechtfertigen ließe, wenn man von einer besonderen staatlichen Verantwortung zum Grundrechtsschutz ausginge, die den Einzelnen nicht treffe. Bejahte man aber eine derartige besondere staatliche Verantwortung, beraubte man die Anwendungskonstruktionen ihrer Existenzberechtigung. Denn es bliebe sodann unklar, warum auf der anderen Seite diese besondere Verantwortung des Staates nicht ausreichen solle, um die Horizontalwirkung bereits staatlich vermittelt zu begründen, sodass es eines direkten grundrechtlichen Anspruch-Pflichten-Verhältnisses zwischen Privaten zur Horizontalwirkung der Grundrechte nicht mehr bedürfe.

Dem ist jedoch entgegenzuhalten, dass eine Schutzpflicht in der Horizontalwirkungskonstellation im staatsgerichteten Verständnis der Grundrechte gerade diejenige Funktion – je nach Ansatz: voll oder ergänzend – übernimmt, die im Falle der Anwendung bereits durch das unmittelbare Anspruch-Pflichten-Verhältnis erfüllt ist. Die Schutzpflicht soll den Staat zum Tätigwerden verpflichten, um die Interessen von A und B auszugleichen. Dies geschieht indes nach den

---

des Ersten Senats des BVerfG traf im Ergebnis die gleiche Abwägungsentscheidung, wenn auch unter Bezugnahme auf die „mittelbare Drittwirkung“, vgl. Rn. 6ff.

[562] Vgl. *L. Ennecerus/H. C. Nipperdey*, Allgemeiner Teil des Bürgerlichen Rechts, 1. Halbband: Allgemeine Lehren, Personen, Rechtsobjekte, 15. Aufl. 1959, S. 93f. Dazu ausführlich oben A.III.

[563] Anders indes *Leisner* und wohl auch die Rechtsprechung des EuGH zu den meisten Grundfreiheiten, siehe oben A.IV. und VI.

[564] Vgl. BVerfGE 39, 1 (42ff.) [1975] – stRspr.

Anwendungskonstruktionen bereits durch den unmittelbaren grundrechtlichen Anspruch im Verhältnis A-B. Eine Pflicht zum Schutz vor Eingriffen Dritter, die sich direkt an den B als Anspruch der A richtete, hätte nicht die gleiche Funktion. Vielmehr setzte eine solche Schutzpflicht voraus, dass Private und der Staat in ähnlicher Weise die Rechte Privater schützen können und zu schützen verpflichtet sind. Dies ist aber gerade nicht der Fall. Wie oben dargelegt, kann A von B nach den Anwendungskonstruktionen die Achtung ihrer Grundrechte nur insoweit fordern, als nicht die Grundrechte des B entgegenstehen. Gleiches gilt nicht für den Staat. Letzterer ist nicht (auch) Grundrechtsberechtigter, sondern nur Grundrechtsverpflichteter.

3. Verantwortung und Staatsrichtung

Verantwortungskonstruktionen sind staatsgerichtet. Danach hat der Staat, namentlich die Gerichte, die Verantwortung, anlässlich der Entscheidung über ein Privatrechtsverhältnis die Grundrechte beider Seiten nicht unverhältnismäßig zu beeinträchtigen. Die Grundrechtswirkung ergibt sich mithin aus der staatlichen Grundrechtsbindung nach Art. 1 Abs. 3 GG. Dieser Begründungsansatz lässt sich in der Rechtsprechung des BVerfG bis zum Lüth-Urteil nachverfolgen.[565] Nach Auffassung des Gerichts komme es zur Wirkung der Grundrechte im Privatrecht durch die Entscheidung des Fachgerichts – im Fall: des landgerichtlichen Urteils, das Veith Harlans Filmgesellschaft und Filmverleih einen Schadenersatzanspruch aus § 826 BGB wegen vorsätzlicher sittenwidriger Schädigung gegen Erich Lüth zugesprochen hatte.[566] Dabei habe das Landgericht den involvierten Grundrechten, namentlich die Meinungsfreiheit Erich Lüths, nicht ausreichend (bzw. gar keine) Beachtung geschenkt. Grundrechtseingriff sowie -verletzung erfolgten demnach durch das landgerichtliche Urteil:

> „So führt der vom Landgericht angenommene bürgerlich rechtliche Anspruch der Klägerinnen durch das Urteil des Gerichts zu *einem die Meinungsfreiheit des Beschwerdeführers beschränkenden Ausspruch der öffentlichen Gewalt. Dieser kann das Grundrecht des Beschwerdeführers aus Art. 5 Abs. 1 Satz l GG nur verletzen*, wenn die angewendeten Vorschriften des bürgerlichen Rechts durch die Grundrechtsnorm inhaltlich so beeinflußt werden, daß sie das Urteil nicht mehr tragen."[567]

---

[565] Er findet sich überdies ansatzweise auch bereits bei Dürig, vgl. *G. Dürig*, Grundrechte und Zivilrechtsprechung, in: Festschrift zum 75. Geburtstag von Hans Nawiasky, 1956, 157, 176 sowie auch bereits oben B.I.1.

[566] Zum Sachverhalt des Lüth-Urteils vgl. ausführlich *D. Kuhlbrodt*, Veit Harlan und sein Film „Jud Süß", in: T. Henne/A. Riedlinger (Hrsg.), Das Lüth-Urteil aus (rechts-)historischer Sicht – Die Konflikte um Veit Harlan und die Grundrechtsjudikatur des Bundesverfassungsgerichts, 2005, 65ff. und *F. Liebert*, Vom Karrierestreben zum „Nötigungsnotstand". „Jud Süß", Veit Harlan und die deutsche Nachkriegsgesellschaft (1945–50), in: ebenda, 111ff.; *A. Riedlinger*, Vom Boykottaufruf zur Verfassungsbeschwerde. Erich Lüth und die Kontroverse um Harlans Nachkriegsfilme (1950–58), in: ebenda, 147ff.

[567] BVerfGE 7, 198 (204) [1958] – Lüth (meine Hervorhebung).

Nach der Begründung dieser „inhaltichen Beeinflussung“ der „Vorschriften des bürgerlichen Rechts“ durch die Grundrechte als „objektive Wertordnung“, welche die gesamte Rechtsordnung einschließlich des Privatrechts beeinflusse, führte das Gericht weiter aus:

„Der Richter hat kraft Verfassungsgebots zu prüfen, ob die von ihm anzuwendenden materiellen zivilrechtlichen Vorschriften in der beschriebenen Weise grundrechtlich beeinflußt sind; trifft das zu, dann *hat er bei Auslegung und Anwendung dieser Vorschriften die sich hieraus ergebende Modifikation des Privatrechts zu beachten. Dies ist der Sinn der Bindung auch des Zivilrichters an die Grundrechte (Art. 1 Abs. 3 GG).* Verfehlt er diese Maßstäbe und beruht sein Urteil auf der Außerachtlassung dieses verfassungsrechtlichen Einflusses auf die zivilrechtlichen Normen, so verstößt er nicht nur gegen objektives Verfassungsrecht, indem er den Gehalt der Grundrechtsnorm (als objektiver Norm) verkennt, *er verletzt vielmehr als Träger öffentlicher Gewalt durch sein Urteil das Grundrecht, auf dessen Beachtung auch durch die rechtsprechende Gewalt der Bürger einen verfassungsrechtlichen Anspruch hat. Gegen ein solches Urteil kann* – unbeschadet der Bekämpfung des Rechtsfehlers im bürgerlich-rechtlichen Instanzenzug – *das Bundesverfassungsgericht im Wege der Verfassungsbeschwerde angerufen werden.*“[568]

Die Meinungsfreiheit Lüths sei somit verletzt, weil das Landgericht als staatliches Organ ein Urteil erlassen habe, das ungerechtfertigter Weise Lüths Rechtsposition aus Art. 5 Abs. 1 Satz 1 GG verkürze. Denn das Landgericht sei als „Träger öffentlicher Gewalt“ gemäß Art. 1 Abs. 3 GG an die Grundrechte gebunden. Berücksichtige es diese nicht oder in nicht ausreichendem Maße in seiner Auslegung und Anwendung einfachen Rechts, so stelle dies eine Verletzung der Grundrechte Lüths dar. Auf diesem Wege könne das BVerfG das Urteil des Landgerichts als „Akt öffentlicher Gewalt“ im Wege der Urteilsverfassungsbeschwerde überprüfen.

Spätere Entscheidungen haben diese Rechtsprechung bestätigt und mit Blick auf die Schutzpflichtenkonstellation erweitert. Beispielsweise sprach das BVerfG in seiner Entscheidung in „Böll/Walden“ – es ging um ein verfälschendes Zitat von Passagen aus einer Rede Heinrich Bölls durch einen Journalisten – davon, dass das „angegriffene Revisionsurteil“, das einen Schadensersatzanspruch Bölls wegen Ehrverletzung abgelehnt hatte, „nachhaltig in die Grundrechtssphäre [Bölls]“ eingreife.[569] In ähnlicher Weise befand das Gericht in der Handelsvertreterentscheidung:

„Die angegriffenen Urteile beschränken den Beschwerdeführer in seiner Berufsfreiheit (Art. 12 Abs. 1 GG). Sie unterliegen der verfassungsrechtlichen Kontrolle, da die Rechtsprechung wie jede staatliche Gewalt an die Grundrechte gebunden ist (*Art. 1 Abs. 3 GG*).“[570]

---

[568] Ebenda (206f.) (meine Hervorhebungen).
[569] BVerfGE 54, 208 (215) [1980] – Böll/Walden.
[570] BVerfGE 81, 242 (253) [1990] – Handelsvertreter (meine Hervorhebung).

Auch hier wählte das Gericht wiederum Art. 1 Abs. 3 GG als zentrale dogmatische Grundlage der Horizontalwirkung im Sinne einer staatlichen (gerichtlichen) Verantwortung zum Grundrechtsschutz bei der Entscheidung eines privatrechtlichen Rechtsstreits. Spätere Entscheidungen sahen eine staatliche Verantwortungspflichtverletzung auch hinsichtlich gerichtlicher Urteile,[571] die dem späteren Beschwerdeführer einen grundrechtlichen Schutz verwehrten. So konstatierte beispielsweise das BVerfG in seiner Entscheidung aus dem Jahre 2001 zu einem zwischen Ehegatten im Ehevertrag vereinbarten Unterhaltsverzicht im Falle der Scheidung:

> „Im Privatrechtsverkehr entfalten die Grundrechte ihre Wirkkraft als verfassungsrechtliche Wertentscheidungen durch das Medium der Vorschriften, die das jeweilige Rechtsgebiet unmittelbar beherrschen, damit vor allem auch durch die zivilrechtlichen Generalklauseln [...]. Der Staat hat auch insoweit die Grundrechte des Einzelnen zu schützen und vor Verletzung durch andere zu bewahren [...]. *Den Gerichten obliegt es, diesen grundrechtlichen Schutz durch Auslegung und Anwendung des Rechts zu gewähren und im Einzelfall zu konkretisieren.*“[572]

Die dogmatische Fundierung der Verantwortungskonstruktionen in Art. 1 Abs. 3 GG ist vollkommen suffizient.[573] Begründet man Horizontalwirkung mediatisiert über den Staat und argumentiert, die Grundrechte wirkten im Privatrechtsverhältnis, weil Gerichte den privaten Parteien gegenüber grundrechtlich verpflichtet seien, genügt der Verweis auf die gerichtliche Grundrechtsbindung. Als dogmatische Konstruktion bedarf man der Grundrechte als „Wertordnung“ oder als objektiv-rechtlicher Garantien nach den Verantwortungskonstruktionen demzufolge keineswegs.[574] Die Rechtsprechung des BVerfG bestätigt dies. Die

---

[571] Vgl. auch BVerfGE 84, 192 (195) [1991] – Offenbarung der Entmündigung (unter ausdrücklichem Verweis auf die entsprechende Passage im Lüth-Urteil).

[572] BVerfGE 103, 89 (100) [2001] (meine Hervorhebung). Ähnlich auch BVerfG(K), Beschl. v. 17.7.2013, 1 BvR 3167/08 (zu einer vertraglich vereinbarten Auskunftspflicht des Versicherten über seinen Gesundheitszustand im Versicherungsvertrag), Rn. 19: „Verkennt ein Gericht, das eine privatrechtliche Streitigkeit entscheidet, in grundsätzlicher Weise den Schutzgehalt des allgemeinen Persönlichkeitsrechts, verletzt es durch sein Urteil das Grundrecht des Bürgers in seiner Funktion als Schutznorm [...].“

[573] Siehe auch unten Kap. 5, B.I.

[574] Ähnlich im Ergebnis bereits *D. Suhr*, Entfaltung der Menschen durch die Menschen – Zur Grundrechtsdogmatik der Persönlichkeitsentfaltung, der Ausübungsgemeinschaften und des Eigentums, 1976, S. 137f.; siehe auch *G. Hermes*, Grundrechtsschutz durch Privatrecht auf neuer Grundlage? Das BVerfG zu Schutzpflicht und mittelbarer Drittwirkung der Berufsfreiheit, Neue Juristische Wochenschrift 1990, 1764, 1767; vgl. auch *ders.*, Das Grundrecht auf Schutz von Leben und Gesundheit – Schutzpflicht und Schutzanspruch aus Art. 2 Abs. 2 Satz 1 GG, 1987, S. 187ff.; *G. Krings*, Grund und Grenzen grundrechtlicher Schutzansprüche – Die subjektiv-rechtliche Rekonstruktion der grundrechtlichen Schutzpflichten und ihre Auswirkung auf die verfassungsrechtliche Fundierung des Verbrauchervertragsrechts, 2003, S. 160–164; *ders.*, Die subjektiv-rechtliche Rekonstruktion der Schutzpflichten aus dem grundrechtlichen Freiheitsbegriff, in: Festschrift für Klaus Stern zum 80. Geburtstag, 2012, 425, 436f.; *R. Lehner*, Zivilrechtlicher Diskriminierungsschutz und Grundrechte, 2013, ins-

Gründe für den fortgesetzten Wertrekurs des BVerfG – wie auch der Fachgerichte – liegen an anderer Stelle, wie in Abschnitt II noch zu zeigen sein wird.[575]

4. Auslegung und normale Grundrechtsfunktionen

Die Prüfung der Auslegungskonstruktionen lässt sich in der Praxis dogmatisch auf zwei Arten konstruieren. Nach der ersten Variante prüft das Gericht zunächst, ob B durch sein Verhalten in den jeweiligen Schutzbereich der Grundrechte des A eingegriffen hat, ob das Verhalten des B durch ein oder mehrere Grundrechte des B bewehrt ist, welche Grundrechte des A beschränken, und ob eine Verhältnismäßigkeitsprüfung ergibt, dass die Grundrechte von A oder die Grundrechte von B überwiegen. Sodann prüft es, ob die maßgeblichen einfachrechtlichen Vorschriften so ausgelegt werden können, dass sie das Ergebnis der Grundrechtsprüfung zu erzielen vermögen.

Nach der zweiten Variante prüft das Gericht zunächst die einfachrechtlichen Vorschriften ohne Rückgriff auf die Grundrechte. Sodann prüft es, ob das Ergebnis dieser Prüfung den Gewährleistungsgehalt des Grundrechts einer der Parteien in unverhältnismäßiger Weise beschränken würde (hypothetische Betrachtung). Bejaht es dies, so prüft es schließlich, ob die einfachrechtlichen Vorschriften so ausgelegt werden können, dass sie dem Ergebnis der Grundrechtsprüfung entsprechen.

Nur die zweite Variante ist mit Blick auf die analytische Beschreibung der Auslegungskonstruktionen konsistent. Denn streng genommen setzt die erste Variante bereits voraus, dass es das Verhalten des Privaten selbst ist, das den Gewährleistungsgehalt der Grundrechte beschränkt und ihn deshalb auch verletzen kann. Dies ist aber nur unter der Prämisse eines direkten grundrechtlichen Rechtsverhältnisses zwischen den Privaten denkbar. Geht man dagegen, wie die Verantwortungskonstruktionen, davon aus, dass der maßgebliche dogmatische Anknüpfungspunkt die Verantwortungspflicht des Gerichts darstellt, bei der Entscheidung über ein privates Rechtsverhältnis den Gewährleistungsgehalt der Grundrechte der Privaten nicht unverhältnismäßig zu beschränken, so muss auch die Prüfung selbst diese ausschließlich staats-, d. h. an das Gericht gerichtete Verantwortung widerspiegeln.

Nimmt man somit konsequenter Weise an, dass Auslegungskonstruktionen dieser zweiten Variante zu folgen haben, dann nähern sie sich den Figuren der normalen Grundrechtsfunktionen an. Der Unterschied zwischen diesen beiden Gruppen dogmatischer Konstruktionen besteht indes in dem jeweils anderen Prüfungsgegenstand hinsichtlich der Verantwortungspflicht.[576] Im Falle der

besondere S. 306–309. Vgl. auch bereits oben B.II.3. Kritisch zu Werten als Instrument der Verfassungsinterpretation auch *H. Goerlich*, Wertordnung und Grundgesetz, 1973, S. 140 ff.

[575] Siehe unten II.2.c).

[576] Vgl. dazu auch oben B.I.6.b) und II.4.b).

Auslegungsansätze prüft das Gericht das privatrechtliche Anspruch-Pflichten-Verhältnis A-B selbst – sowie, wenn es nicht erstinstanzlich entscheidet, auch die Entscheidung der Vorinstanz, bzw. im Falle des BVerfG die letztinstanzliche fachgerichtliche Entscheidung. Anlässlich dessen prüft das entscheidende Gericht seine etwaige hypothetische Pflichtverletzung, im Rahmen der Auslegung und Anwendung des einfachen Rechts, den Gewährleistungsgehalt der Grundrechte von A und B unverhältnismäßig beschränkt zu haben – und stellt wiederum, wenn es nicht die erste Instanz ist, gegebenenfalls fest, dass die Vorinstanz/das letztinstanzliche Fachgericht diese Pflicht verletzt hat.

Gegenstand der Horizontalwirkungsprüfung im Falle der Figuren der normalen Grundrechtsfunktionen ist dagegen die gerichtliche Entscheidung der Vorinstanz als Staatshandeln: Stellt diese einen Eingriff oder eine Schutzpflichtbeeinträchtigung bezüglich der Grundrechte der Parteien des Privatrechtsstreits dar? Die Entscheidung der Vorinstanz ist hier also Gegenstand der gerichtlichen Horizontalwirkungsprüfung und nicht das privatrechtliche Anspruch-Pflichten-Verhältnis A-B in der gegenwärtigen Instanz, anlässlich dessen nach den Auslegungsansätzen das Gericht dagegen hypothetisch zu prüfen hat, ob seine eigene Entscheidung, beruhte sie ausschließlich auf einfachem Recht, den Gewährleistungsgehalt der Grundrechte von A/B unverhältnismäßig beschränkte. Ist der Gegenstand der Horizontalwirkungsprüfung aber die vorinstanzliche Entscheidung als Staatshandeln, dann scheinen sich die Figuren der normalen Grundrechtsfunktionen den Zurechnungsansätzen anzunähern, welche die Horizontalwirkung begründen, indem sie privates Handeln als Staatshandeln werten und dieses sodann den Anknüpfungspunkt der Horizontalwirkungsprüfung darstellt.[577]

Auf der anderen Seite stellt sich hinsichtlich der Figuren der normalen Grundrechtsfunktionen die Frage, wie die Horizontalwirkung in der ersten fachgerichtlichen Instanz zu prüfen ist, also wenn Eingriff/Schutzpflichtbeeinträchtigung durch die Vorinstanz noch gar nicht vorliegen können. In diesem Fall, mangels eines bereits vorhandenen Eingriffs oder einer Schutzpflichtverletzung, müssen diese Konstruktionen jedenfalls doch eine hypothetische Prüfung vornehmen, nämlich im Sinne der Auslegungsansätze, ob eine Auslegung und Anwendung des einfachen Rechts ohne Rückgriff auf die Grundrechte mit dem Abwägungsergebnis der Grundrechte von A und B vereinbar wäre. Der Gegenstand der Horizontalwirkungsprüfung wechselte somit nach diesen Konstruktionen zwischen der ersten und den weiteren Instanzen.

Ferner offenbart das soeben Gesagte eine weitere konstruktionelle Problematik der Figuren der normalen Grundrechtsfunktionen, jedenfalls in der *Canaris*'schen Iteration.[578] Die Differenzierung danach, ob die gerichtliche Entscheidung der

---

[577] Siehe dazu sogleich unten 5.

[578] Vgl. dazu oben B.II.1. und 4.b).

Vorinstanz durch Klagestattgabe einen Eingriff darstellt oder durch Klageabweisung eine Schutzpflicht betrifft – oder in der ersten Instanz solche darstellen oder betreffen würde – bestimmt das Schutzniveau (Über- oder Untermaßverbot). Dieses Schutzniveau wechselt beim gerichtlichen Gang durch die Instanzen und gegebenenfalls mehrfach hin- und her, je nachdem, wie die jeweilige Vorinstanz entschieden hat. Warum das Schutzniveau des Grundrechtsträgers gegen den Staat von diesem – durch die jeweilige gerichtliche Entscheidung der Vorinstanz – selbst bestimmt werden soll, ist dabei nicht einsichtig. Überdies ist bereits der Startpunkt der Unterscheidung in der ersten Instanz ein zweifelhafter Anknüpfungspunkt. Denn ob A oder B klagen muss, um ihre oder seine Rechte zu verfolgen, hängt von der Gestaltung der regulatorischen Ausgangslage ab und mithin von einer Situation, die der Staat entweder aktiv gestaltet hat oder in der Regel jedenfalls gestalten konnte, die somit in jedem Fall nicht A oder B angelastet werden kann.[579] Konstruiert man die Horizontalwirkung mediatisiert über den Staat als ausschließlich grundrechtliche Rechtsverhältnisse A-Staat und B-Staat, warum soll das durch den Staat zu garantierende grundrechtliche Schutzniveau wiederum davon beeinflusst sein, wie der Staat das einfache Recht gestaltet?

Die Auslegungskonstruktionen vermeiden die dargelegten konstruktionell-dogmatischen Probleme der Figuren der normalen Grundrechtsfunktionen, jedenfalls in der hiesigen Rekonstruktion. Denn diese nimmt eine hypothetische Prüfung dahingehend vor, ob das entscheidende Gericht den Gewährleistungsbereich der Grundrechte von A/B in unverhältnismäßiger Weise dadurch beeinträchtigt, dass es nur das einfache Recht – d.h. ohne Rückgriff auf die Grundrechte – auslegt und anwendet.

5. *Verantwortung und Zurechnung*

Betrachtet man die Beziehung von Verantwortungs- und Zurechnungskonstruktionen genauer, so sind zunächst hinsichtlich der Zurechnungskonstruktionen Subjekt, Gegenstand und Folge der Zurechnung in den verschiedenen Ansätzen zu differenzieren: Wem wird welches Verhalten zugerechnet und wer trägt entsprechend letztlich die Verantwortung für die Grundrechtsverletzung? Für ein besseres Verständnis dieser Fragestellungen ist es zunächst hilfreich, die Konzepte der Zurechnung und Verantwortlichkeit[580] zu differenzieren. *Louis Henkin* will in seiner Deutung der *Shelley*-Rechtsprechung aus den 1960er Jahren den Begriff der „state action" im Sinne einer „state responsibility" (Staatenverantwortlichkeit) verstehen[581]:

---

[579] Vgl. oben B.II.4.a).

[580] Wiederum zu unterscheiden von Verantwortung im Sinne der Verantwortungskonstruktionen, siehe dazu weiter unten in diesem Unterabschnitt.

[581] Vgl. *L. Henkin*, Shelley v. Kraemer: Notes for a Revised Opinion, University of Pennsylvania Law Review 1962, Bd. 110, 473, 481 ff.

„*The question, then, is not whether a state has ‚acted', but whether its role in the circumstances has denied equal protection – whether* because of the character of state involvement, or the relation of the state to the private acts in issues, *there has been a denial for which the state should be held responsible.*“[582]

Damit trifft *Henkin* exakt die besondere Problematik des Zurechnungsansatzes der state action-Doktrin. Denn, wie oben beschrieben,[583] verwendet die US-amerikanische Rechtsprechung und Literatur die state action-Doktrin sowohl zur Lösung von Staatshaftungs- als auch von Horizontalwirkungsfragen. Aufgrund dieses nahezu unterschiedslosen Gebrauchs verschleiert der Begriff der „state action“, welches Verhalten wem jeweils zugerechnet wird und wer sodann dafür verantwortlich ist, mit anderen Worten, wer haftet.

Bei der Staatenverantwortlichkeit bzw. der Staatshaftung trägt der Staat die letztliche Verantwortung und ist somit auch der Anspruchsgegner etwaiger Haftungs-, Wiedergutmachungs-, Unterlassungs- und sonstiger Ansprüche. Die (Grund-)Rechtsverletzung muss dem Staat zurechenbar sein. Dies bestätigt beispielhaft sowohl ein Blick auf das deutsche Staatshaftungsrecht als auch auf das Völkerrecht. Nach Art. 34 GG i. V. m. § 839 BGB ist unter anderem Voraussetzung für die Staatshaftung, dass die fragliche Person „in Ausübung eines öffentlichen Amtes“ gehandelt hat. Die Zurechnung setzt folglich die Wahrnehmung einer öffentlichen Funktion voraus. Werden diese und die weiteren in Art. 34 GG i. V. m. § 839 BGB genannten Voraussetzungen bejaht, tritt Staatshaftung *qua* Haftungsübernahme ein.[584] Ähnlich verhält es sich nach den völkergewohnheitsrechtlichen Regeln zur Staatenverantwortlichkeit, die wesentlichen Ausdruck in den Artikeln der International Law Commission (ILC) zur „Responsibility of States for Internationally Wrongful Acts“ aus dem Jahre 2001[585] gefunden haben. Eine Verletzung einer völkerrechtlichen Norm muss dem fraglichen Staat zurechenbar sein, entweder weil er durch seine Staatsorgane gehandelt hat oder weil er das Verhalten eines nichtstaatlichen Akteurs gesteuert oder mit staatlicher Autorität ausgestattet hat.[586] Folglich geht es stets um die Zurechnung des Verhaltens einer natürlichen Person zum Staat, womit sodann der Staat verantwortlich für die Rechtsverletzung wird, also für diese die Haftung trägt. So war es auch im oben in Unterkapitel C dargestellten Fall *Marsh v. Alabama*:[587] Der

---

[582] Ebenda, 481 (meine Hervorhebungen).

[583] Siehe oben C.I.1.

[584] Siehe dazu nur *H.-J. Papier/F. Shirvani*, in: Münchener Kommentar zum Bürgerlichen Gesetzbuch, Bd. 6, 7. Aufl. 2017, § 839 BGB, Rn. 143, 295 ff.

[585] ILC, ‚Draft articles on Responsibility of States for Internationally Wrongful Acts, with commentaries, 2001', UN Doc. A/56/10, Yearbook of the International Law Commission, 2001, Vol. II(2), as corrected.

[586] Vgl. Art. 1, 2, 4, 5 und 8 der ILC-Artikel zur Staatenverantwortlichkeit, siehe für weitere Nachweise und Erläuterungen *J. Crawford*, State Responsibility – The General Part, 2013, S. 113–211.

[587] *Marsh v. State of Alabama*, 326 U. S. 501 (1946). Siehe oben C.I.1.

Bundesstaat Alabama haftete für die aufgrund seiner staatlichen Autorisierung zurechenbare Verletzung des 14. Amendment.

Anders ist es indes hinsichtlich der Zurechnung durch „state action" bei Horizontalwirkungskonstellationen. Denn hier stellen die Gerichte die Frage, ob ein Verhalten eines Privaten nicht „private action", sondern vielmehr „state action" darstellt. Bejahen sie dies, führt diese „state action" jedoch gerade nicht zu „state responsibility". Denn Anspruchsgegner des privatrechtlichen Anspruchs ist hier nicht der Staat, sondern ein anderer Privater. Nicht der Staat haftet, sondern der andere Private muss Schadenersatz zahlen oder ein Verhalten einstellen bzw. kann einen ihm nach einfachem Recht zustehenden Schadenersatz nicht fordern oder muss ein bestimmtes Verhalten dulden. Es erfolgt also nach dem ersten Zurechnungsschritt privates Verhalten-staatliches Verhalten ein zweiter, reverser Zurechnungsschritt, indem das staatliche Verhalten wiederum dem Privaten zugerechnet wird, sodass dieser letztlich die Haftung zu übernehmen hat.[588] Dies gilt auch für die *Shelley*-Rechtsprechung, wonach die fragliche „state action" darin liegen soll, dass sich der Private zur Durchsetzung seiner privatrechtlichen Ansprüche der staatlichen Gerichte bedient.[589] Bei genauer Betrachtung besteht also die US-amerikanische state action-Doktrin in Horizontalwirkungskonstellationen aus einem doppelten Zurechnungsakt: privates Verhalten wird dem Staat als „state action" zugerechnet, welches wiederum zurück auf den Privaten reflektiert, der sodann dafür haften soll.

Für *Schwabe* ist es bereits die staatliche Ausgestaltung der Rechtsordnung, welche die Grundlage der Zurechnung bildet.[590] Er geht jedoch den zweiten Schritt der state action-Doktrin, d. h. er geht von der letztlichen Verantwortlichkeit der jeweiligen privaten Streitpartei aus. Wenn das fragliche Verhalten hingegen rechtlich als „state action" zu charakterisieren ist bzw. wenn die Grundrechtsverletzung durch gerichtliches Tun oder Unterlassen oder sogar bereits durch die staatliche Gestaltung der Rechtsordnung geschieht, warum sollen Private dafür haften? Auf die Frage, wie es zu legitimieren ist, dass nach den hier betrachteten Zurechnungskonstruktionen – auf eine kurze Formel gebracht – der Staat handelt und Grundrechte verletzt, aber der Private dafür haften soll, bleiben diese Ansätze eine Antwort schuldig.[591]

---

[588] Vgl. z. B. *Thaddeus Donald Edmonson v. Leesville Concrete Company, Inc.*, 500 U.S. 614 (1991), 624, wo der US Supreme Court von „determining Leesville's state-actor status" spricht.

[589] Siehe oben C.I.3.

[590] Vgl. *J. Schwabe*, Die sogenannte Drittwirkung der Grundrechte, 1971, S. 16 ff., 45 ff.; siehe auch oben C.II.

[591] Eine ähnliche Überlegung findet sich auch im Ansatz bei *K.-H. Ladeur*, Die Drittwirkung der Grundrechte im Privatrecht – „Verfassungsprivatrecht" als Kollisionsrecht, in: Festschrift für Gunther Teubner zum 65. Geburtstag, 2009, 543, 548, der umgekehrt hervorhebt, dass derartige Zurechnungsansätze vernachlässigten, „dass es, auch, wenn die Drittwirkung der Grundrechte zu beachten ist, auch dabei bleibt, dass es sich um ein zivilrechtliches Verhältnis zwischen privaten Parteien handelt."

Es ist offensichtlich, welche erheblichen Konsequenzen es hätte, den folgerichtigen Schritt zu vollziehen und immer dann staatliche Verantwortlichkeit zu begründen, wenn der Staat nach der jeweiligen Zurechnungskonstruktion gehandelt und ein Grundrecht verletzt hat: soweit es sich nach den Zurechnungsansätzen um als staatlich zu charakterisierendes grundrechtsrelevantes Verhalten handelt, bliebe kein Raum für einen Zivilrechtsstreit jenseits von Staatshaftungsfällen. Nach einer weiten Deutung der *Shelley*-Rechtsprechung sowie nach *Schwabe* verlöre die Zivilgerichtsbarkeit (jenseits von Staatshaftungsfällen) und das Privatrecht im Sinne einer private Rechtsverhältnisse unmittelbar regelnden Rechtsmaterie erheblich an Bedeutung. Denn nach diesen Auffassungen stellt alles oder nahezu alles private Verhalten jedenfalls dann grundrechtsrelevantes staatliches Verhalten dar, wenn es gerichtlich verhandelt wird. Dies wäre mit *Schwabes* etatistischem Verständnis jedenfalls insoweit vereinbar, als seine Zurechnungskonstruktion die Unterscheidung von öffentlichem und privatem Recht in Frage stellt und von der Überlegung ausgeht, dass es letztlich der Staat sei, der das Verhalten des Einzelnen determiniere.[592] Gänzlich in Widerspruch steht es jedoch zu der Vorstellung einer strikten Dichotomie „öffentlich"/ „privat", wie sie der – ursprünglichen und in der neueren Rechtsprechung des US Supreme Court offenbar wieder vertretenen – state-action-Doktrin zu Eigen ist. Trennt man die Sphären Staat und Gesellschaft und betont die ausschließliche Staatsgerichtetheit der Grundrechte, ist nicht zurechtfertigen, warum bei der Frage der Verantwortlichkeit diese Trennung wiederum aufgegeben wird, indem der Private für „state action" haftet.[593]

All dies verdeutlicht die Widersprüche, die den Zurechnungskonstruktionen meines Erachtens unvermeidbar inhärent sind. Eine Zurechnung zum Staat muss erstens notwendigerweise staatliche Verantwortlichkeit zur Folge haben. Will man diesen radikalen Schritt nicht vollziehen, sondern will sowohl in prozessualer als auch in materiell-rechtlicher Hinsicht private Rechtsbeziehungen bewahren, kann man Ansätze, die auf einer Zurechnung eines bestimmten Verhaltens zum Staat und damit auf Wertung eines privaten als staatliches Verhalten beruhen, jedenfalls zur Lösung der Horizontalwirkungsproblematik nur schwerlich aufrechterhalten. Zurechnungskonstruktionen leiden entweder aus den genannten Gründen an einem fatalen dogmatischen Konstruktionsfehler oder sie berauben den Einzelnen *de facto* teilweise der Zivilrechts- und -gerichtsordnung.

Zweitens werten Zurechnungskonstruktionen privates als staatliches Verhalten, gehen aber zugleich davon aus, dass die staatlichen Gerichte weiterhin über ein privates Rechtsverhältnis in einem Rechtsstreit zwischen Privaten entscheiden. Das private Verhalten wird einerseits durch Zurechnung normativ zu Staatshandeln und begründet ein grundrechtliches Anspruch-Pflichten-Verhält-

---

[592] Vgl. oben C.II.

[593] Vgl. oben C.I.

nis zum Staat. Zugleich soll es aber andererseits auch privates Handeln bleiben und somit ein privates Anspruch-Pflichten-Verhältnis A-B konstituieren. In gesteigerter Form gilt dieser Widerspruch für den *Schwabe*'sche Ansatz. Ist privates Verhalten, welches das private Rechtsverhältnis A-B begründet, für die Zwecke der Horizontalwirkungskonzeption als staatliches Verhalten zu werten und gilt dies – anders als im Falle der state action-Doktrin – nicht nur für das Verhalten des Klägers, sondern wechselseitig für A und B und unabhängig von der Einleitung eines Gerichtsverfahrens, so stehen sich nunmehr die Grundrechte von A und B letztlich doch im Sinne eines Anspruch-Pflichten-Verhältnisses direkt gegenüber. Damit ist der *Schwabe*'sche Zurechnungsansatz im Ergebnis von den Anwendungskonstruktionen, jedenfalls von der einstufigen Anwendung, nicht zu unterscheiden. Das ist deshalb bemerkenswert, weil er auf der Grundlage von Art. 1 Abs. 3 GG gerade das Gegenteil einer direkten Grundrechtsbindung Privater, nämlich einen rein abwehrrechtlichen Ansatz staatlicher Grundrechtspflichten, propagieren wollte.[594]

Die Frage der Verantwortlichkeit (Haftung) ist indes eine andere als diejenige der von mir so bezeichneten Verantwortung im Sinne der Verantwortungskonstruktionen. Letztere werten privates Verhalten anders als Zurechnungskonstruktionen nicht als staatliches Verhalten. Die Verletzung der Verantwortungspflicht erfolgt nicht dadurch, dass das Verhalten der privaten Streitparteien unter bestimmten Umständen als staatliches Verhalten zu verstehen ist, sondern dadurch, dass Gerichte bei Entscheidung über das private Verhalten der Streitparteien im Privatrechtsverhältnis den Gewährleistungsgehalt der Grundrechte der Parteien in unverhältnismäßiger Weise beschränken.[595] Deshalb teilen beide mit den Zurechnungsansätzen grundsätzlich nicht die soeben beschriebene Abgrenzungsproblematik zur Staatshaftung aufgrund des Widerspruches, dass privates als staatliches Handeln gewertet wird, dieses normativ staatliche Verhalten aber private Haftung zur Folge haben soll. Denn im Falle der Auslegungskonstruktionen und der Figuren der normalen Grundrechtsfunktionen bewerten die Gerichte das Privatrechtsverhältnis A-B aufgrund der privaten Handlungen von A und B und haben dabei die beschriebene Verantwortungspflicht. Im Gegensatz dazu bewerten die Gerichte im Falle der Zurechnungskonstruktionen Staatshandeln, als welches das Verhalten von A und/oder B gewertet wird.

Zwischen den Zurechnungskonstruktionen und den Figuren der normalen Grundrechtsfunktionen scheint allerdings ab der zweiten Instanz ein Abgrenzungsproblem zu entstehen. Die Figuren der normalen Grundrechtsfunktionen beschreiben die Verantwortungspflichtverletzung als unverhältnismäßigen Eingriff oder Schutzpflichtverletzung.[596] Dies verdeutlicht, dass es dabei um die

---

[594] Vgl. oben C.II.
[595] Siehe oben Kap. 2, B.III.2.–4.
[596] Vgl. oben B.II.1.

Bewertung von Staatshandeln der gerichtlichen Vorinstanz geht und nicht um die Verantwortungspflicht der gegenwärtigen Instanz bei Bewertung des Privatrechtsverhältnisses.[597] Allerdings deuten die Figuren der normalen Grundrechtsfunktionen das private Handeln, welches das Privatrechtsverhältnis begründet, nicht als Staatshandeln, sondern stellen unmittelbar auf die Verletzung der gerichtlichen Verantwortungspflicht als Staatshandeln ab. Dieser Unterschied ist deshalb von Bedeutung, weil sich hier der Anspruch des privaten Rechtsträgers A/B gegen den Staat, welcher mit der Verantwortungspflicht des Gerichts korreliert, nur darauf bezieht, dass das Gericht im gerichtlichen Rechtsstreit die Grundrechte angemessen zu berücksichtigen hat. Am privatrechtlichen Anspruch-Pflichten-Verhältnis A-B ändert dies nichts. Verletzt das Gericht seine Verantwortungspflicht, kann dies vor der nächsten Instanz bzw. dem BVerfG gerügt werden. Die Haftungsverhältnisse im privatrechtlichen Anspruch-Pflichten-Verhältnis A-B bleiben dagegen unberührt. Erst wenn das private Verhalten durch Zurechnung als staatliches gewertet und damit zu staatlichem Verhalten wird, hat dies auch Konsequenzen für das Anspruch-Pflichten-Verhältnis A-B, welches zu einem Anspruch-Pflichten-Verhältnis zwischen Staat und Privatem (nämlich dem Beklagten des Ausgangsverfahrens) wird.

Es geht mithin bei den Zurechnungskonstruktionen im Gegensatz zu den Figuren der normalen Grundrechtsfunktionen um ein jeweils anderes Staatshandeln. Bei den Zurechnungskonstruktionen wird das private Verhalten, welches das Anspruch-Pflichten-Verhältnis A-B begründet, zu staatlichem Verhalten. Bei den Figuren der normalen Grundrechtsfunktionen bleibt das das private Rechtsverhältnis begründende Verhalten von A und B dagegen deren Verhalten, bleibt also privat. Um Staatshandeln geht es lediglich mit Blick auf die gerichtliche, d.h. staatliche, Entscheidung über dieses private Anspruch-Pflichten-Verhältnis A-B.

6. Ablehnung und Auslegung

Strikte Ablehnungskonstruktionen sind nur in Rechtssystemen realisierbar, die den Vorrang der Verfassung ablehnen. Unterkapitel D hat dabei demonstriert, dass auch in Frankreich und Großbritannien, trotz ihrer Tradition der parlamentarischen Souveränität, Horizontalwirkung jedenfalls im Wege der Auslegung des einfachen Rechts anhand der Grundrechte – wenn auch mit geringerer Reichweite – realisiert wird. Abgeschwächte Ablehnungsansätze lehnen Horizontalwirkung dagegen nicht gänzlich ab, sondern zeigen lediglich Skepsis hinsichtlich der Horizontalwirkung durch Gerichte: Gewaltenteilungs- und Demokratieprinzip geböten es, dass die Grundrechte von A und B nicht durch richterliche Interpretation, sondern durch gesetzgeberische Gestaltung

---

[597] Vgl. oben 3.

Wirkung im Privatrechtsverhältnis A-B entfalteten. Ob dies aus verfassungsrechtlicher Sicht zwingend ist, diskutiert Kapitel 5.[598] Hier stellt sich zunächst lediglich die Frage der dogmatischen Konsistenz und Kohärenz eines solchen Postulats.

Horizontale Grundrechtsentfaltung ausschließlich im Gesetz bedeutete danach notwendiger Weise, dass die Gerichte bei der Auslegung und Anwendung des einfachen Rechts nicht auf die Grundrechte zurückgreifen dürften. Eine verfassungs- im Sinne einer grundrechtskonformen Auslegung des einfachen Rechts müsste entsprechend ausscheiden.[599] Dabei ist jedoch zu bedenken, dass die Normenkontrolle nach Art. 93 Abs. 1 Nr. 2 sowie nach Art. 100 Abs. 1 Satz 1 GG weiterhin Kompetenz der Judikative bleibt. Die Gerichte (jedenfalls das BVerfG) müssen somit aufgrund ausdrücklicher verfassungsrechtlicher Anordnung die Gesetzgebung nichtsdestoweniger an den Grundrechten messen. Normiert man, wie das Grundgesetz in Art. 100 Abs. 1 Satz 1 GG, eine konkrete Normenkontrolle, wonach die einfachen Gerichte nur zur Vorlage an das BVerfG berechtigt sind, wenn die (hier) grundrechtliche Frage entscheidungserheblich ist und wenn die einfachen Gerichte von der Nichtigkeit der einfachen Normen wegen (hier) Grundrechtsverstoßes überzeugt sind, so müssen die einfachen Gerichte die Vereinbarkeit des einfachen Rechts mit den Grundrechten prüfen. Weil die einfachen Gerichte nur vorlegen können, wenn sie die streitentscheidenden einfachrechtlichen Vorschriften „für nichtig [halten]", müssen sie diese anhand der Grundrechte auslegen und feststellen, dass die Interpretation die Grundrechte verletzt. In der Regel ist mehr als eine einzige Interpretation einer Vorschrift möglich. Deshalb wird spätestens das BVerfG zum Schutz der gesetzgeberischen Entscheidung die Nichtigkeit der Vorschrift nur dann feststellen, wenn sich keine plausible Interpretation finden lässt, die die Grundrechte wahrt, ohne dass die Vorschrift für nichtig erklärt wird. Da die Voraussetzungen der Überzeugung von der Nichtigkeit und der Entscheidungserheblichkeit in Art. 100 Abs. 1 Satz 1 GG dazu dienen, das BVerfG zu entlasten,[600] ist es nicht einsichtig, warum nicht bereits die Fachgerichte eine entsprechende Prüfung durchführen sollen. Ähnliches gilt aufgrund der grundgesetzlich eröffneten Möglichkeit, Urteilsverfassungsbeschwerde in Art. 93 Abs. 1 Nr. 4a GG zu erheben.

Das Resultat ist aber eine verfassungs-, d. h. hier grundrechtskonforme Auslegung und somit sind wir wieder beim Ausgangspunkt. Ob die Horizontalwirkung verfassungsrechtlich-staatsorganisationrechtlich zwingend oder demokratietheoretisch besser nur durch den Gesetzgeber zu realisieren ist, ist erst Thema von Kapitel 5 und 6. An dieser Stelle gilt es jedoch festzuhalten, dass jedenfalls nach der gegenwärtigen Rechtslage unter dem Grundgesetz die abgeschwächten

---

598 Siehe unten Kap. 5, C.I. und II.

599 Vgl. dazu oben D.IV.

600 Vgl. dazu nur *H.-G. Dederer*, in: Maunz/Dürig, Grundgesetz – Kommentar, 84. Ergänzungslieferung, August 2018, Art. 100/Rn. 19ff., 128ff.

Ablehnungs- sich den Auslegungskonstruktionen annähern. Denn auch im Falle ersterer muss das einfache Gericht bei der Auslegung und Anwendung des einfachen Rechts prüfen, ob dieses anhand der Grundrechte auszulegen ist. Ein Unterschied liegt jedoch im Prüfungsgegenstand. Nach den Auslegungskonstruktionen prüft das Gericht hypothetisch, ob es die staatliche grundrechtliche Verantwortungspflicht verletzte, wenn es das Rechtsverhältnis A-B nur anhand des einfachen Rechts entschiede. Nach den abgeschwächten Ablehnungskonstruktionen prüft das Gericht, ob der Gesetzgeber bei der Ausgestaltung des privatrechtlichen Rechtsverhältnisses A-B Vorschriften erlassen hat, welche sich nicht so auslegen lassen, dass die staatliche grundrechtliche Verantwortungspflicht gewahrt ist. Einmal geht es also um die gerichtliche, im anderen Fall um die gesetzgeberische Realisierung der Horizontalwirkung. Indes steht letztlich stets die Prüfung der staatlichen grundrechtlichen Verantwortungspflicht im Fokus, welche wiederum stets letztlich die Gerichte unternehmen. Folglich wirken auch nach den abgeschwächten Auslegungskonstruktionen Gerichte bei der Realisierung der Horizontalwirkung erheblich mit.

7. Grundrechtsprüfung und Kontext

Wie sich in den vorangegangenen Diskussion herausgestellt hat, erfordert die dogmatische Konstruktion aller Lösungsansätze der Horizontalwirkungsproblematik mit Ausnahme der strikten Ablehnung und – aus anderen Gründen[601] – der state action-Doktrin jedenfalls zunächst einen Ausgleich der Grundrechtspositionen der Privaten A und B im Wege des Verhältnismäßigkeitsgrundsatzes. Ergebnis ist entweder die Bejahung oder die Verneinung eines grundrechtlichen Anspruchs der A oder des B. Im Falle der Anwendungskonstruktionen richtet sich ein etwaiger Anspruch gegen den anderen Privaten, im Falle der staatsgerichteten Ansätze gegen den Staat, insbesondere die staatlichen Gerichte, die über den Rechtsstreit zu befinden haben. Dieser Anspruch bestimmt sodann im Ergebnis das Horizontalverhältnis A-B, auch wenn sich die Ansätze in der Methode unterscheiden: entweder sofort und unmittelbar oder zunächst im Wege der Auslegung der einfachrechtlichen Vorschriften anhand desselben.

Hierbei offenbart sich jedoch ein epistemologisches Problem. Die obige Darstellung geht davon aus, dass die Grundrechtsprüfung der Betrachtung des einfachen Rechts, ja gebenenfalls auch der konkreten Sachverhaltskonstellation, vorangestellt ist. Indessen, Rechtserkenntnis findet nicht im juristischen Vakuum statt. Grundrechtsinterpretation und somit auch Grundrechtsprüfung im Wege der Verhältnismäßigkeit als Rechtserkenntnis sind vom Interpreten nicht zu leisten ohne notwendig existierende Vorprägungen der Erkenntnis,

---

[601] Weil diese keinen Ausgleich der Grundrechte beider Seiten vornimmt, vgl. zusammenfassend oben C.III.1.

also ohne ein interpretatorisches Vorverständnis.[602] Dieses Vorverständnis ist durch eine Vielzahl von Faktoren geprägt. Dazu zählt zum einen der allgemeine Kontext des Interpreten, in seiner u.a. historischen, sozialen und politischen Dimension. Zum anderen – hier besonders relevant; und darauf sollen diese Ausführungen beschränkt bleiben – umfasst dieses Vorverständnis auch den spezifischen Kontext der konkreten Rechtsfrage im konkreten Rechtsstreit. Das Vorverständnis „befragt", in den Worten *Josef Essers*, „in der Konfrontation von Normbedeutung und Fallproblematik" den zu interpretierenden Normtext. Denn: „Man muß von dem, was man definieren will, eben schon vorher ‚einen Begriff haben'."[603] Der spezifische Kontext im Einzelfall besteht insbesondere zunächst aus der allgemeinen Regelungsstruktur der zu interpetierenden Norm und dem allgemeinen Regelungskontext, in dem sich die zu erörternde Sachfrage bewegt (in den Worten *Essers*: der „Suprastruktur"[604]). In der konkreten Entscheidungssituation einer Horizontalwirkungsprüfung gehören zu diesem Kontext jedoch auch die Normaussagen des einfachen Rechts zu der konkreten Rechtsfrage, denn diese stehen dem Interpreten (jedenfalls dem juristisch gebildeten Interpreten) stets vor Augen, wenn sich die Frage stellt, ob die Grundrechte das Privatrechtsverhältnis – anstelle oder im Zusammenspiel mit den einfachrechtlichen Normen – bestimmen oder nicht. Schließlich, jedenfalls wenn ein Gericht über die Horizontalwirkungsfrage zu entscheiden hat, sieht sich der Richter als Interpret gegebenenfalls mit den Entscheidungen der Vorinstanzen zu der konkreten Rechtsfrage, gegebenenfalls auch mit Entscheidungen anderer Gerichte zu einer vergleichbaren oder identischen Rechtsfrage konfrontiert, die er in seinem Interpretationsvorgang nicht wegdenken kann.

Es wäre eine erkenntnistheoretische Fiktion, zu meinen, die Grundrechtsprüfung könne diesen Kontext unberücksichtigt lassen. Deshalb muss die Grundrechtsprüfung kontextualisiert werden. Vor Beginn der eigentlichen Prüfung der Grundrechtspositionen von A und B und ihrem Ausgleich im Wege der Verhältnismäßigkeit sind jedenfalls die oben genannten Elemente des spezifischen Kontexts zu ermitteln, also insbesondere: Was ist der allgemeine Regelungskontext zu der konkreten, in Streit stehenden Sachfrage? Welches Ergebnis/welche Ergebnisse gibt das einfache Recht vor? Wie haben gegebenenfalls die Vorinstanzen die streitige Rechtsfrage entschieden?

Auch im Falle der einstufigen Anwendung, die zur Lösung der Streitfrage nur auf das grundrechtliche Anspruch-Pflichten-Verhältnis A-B zurückgreifen

---

[602] Vgl. grundlegend für die Hermeneutik *H.-G. Gadamer*, Wahrheit und Methode, 1. Aufl. 1960, S. 300ff. und grundlegend für die juristische Methodenlehre *J. Esser*, Vorverständnis und Methodenwahl in der Rechtsfindung – Rationalitätsgarantien der richterlichen Entscheidungspraxis, 1970, S. 14ff., insbesondere S. 133ff.

[603] *J. Esser*, Vorverständnis und Methodenwahl in der Rechtsfindung – Rationalitätsgarantien der richterlichen Entscheidungspraxis, 1970, S. 136.

[604] Ebenda, S. 36f.

will, ist dieser Kontext zu ermitteln, denn auch hier – hier insbesondere – gilt, dass Grundrechtsinterpretation nicht in einem hermeneutisch luftleeren Raum stattfinden kann. Eine solche Kontextualisierung ist übrigens auch bereits nach den Lehren *Nipperdeys* und *Leisners* keineswegs systemfremd. Vielmehr gehen gerade diese Auffassungen davon aus, dass die Grundreche soweit wie möglich in das einfache Recht zu integrieren sind.[605] Dies setzt u. a. voraus, die Regelungen und den Regelungskontext des einfachen Rechts zu identifizieren, die für die Lösung der konkreten Rechtsfrage relevant sind, im Beispiel des Bürgschaftsfalles[606] somit vor allem die Vorschriften der §§ 765 ff. und 138 Abs. 1 BGB – sowie gegebenenfalls die Entscheidungen der vorinstanzlichen Gerichte.

8. Fazit

Anwendungskonstruktionen genießen den Vorteil der Einfachheit, indem sie die Horizontalwirkung der Grundrechte auf direktem Wege, nämlich durch ein grundrechtliches Anspruch-Pflichten-Verhältnis A-B herstellen. Staatsgerichtete Horizontalwirkungskonstruktionen müssen insoweit einen größeren konstruktionellen Aufwand betreiben, ihnen gelingt es nichtsdestoweniger, auch die Kollision der Grundrechtsnormen und ihren Ausgleich über das Verhältnismäßigkeitsprinzip zu erklären.[607] Ferner kommen sie dogmatisch ohne Wertrekurs aus. Art. 1 Abs. 3 GG genügt als Grundlage der Grundrechtswirkung zwischen Privaten.[608]

Anwendungskonstruktionen sind durch ein reflexives Grundrechtsverhältnis geprägt. Danach sind Private zugleich Grundrechtsträger und -adressaten.[609] Die Handlung *h* der A stellt zugleich Betätigung ihrer Grundrechte und Beeinträchtigung der Grundrechte des B dar – und umgekehrt. Aufgrund der Wechselbezüglichkeit handelt es sich jedoch zunächst nur um *prima facie*-Positionen, die nur zu einem grundrechtlichen Anspruch von A gegen B oder B gegen A führen, falls der Ausgleich ihrer Grundrechtspositionen einen solchen ergibt.[610] Anwendungskonstruktionen ist ferner nicht vorzuhalten, sie widersprächen sich, weil sie inkonsequenter Weise nur die Abwehr-, und nicht die Schutzpflichtenfunktion der Grundrechte zuließen. Eine Pflicht Privater zum

---

[605] Vgl. *L. Enneccerus/H. C. Nipperdey*, Allgemeiner Teil des Bürgerlichen Rechts, 1. Halbband: Allgemeine Lehren, Personen, Rechtsobjekte, 15. Aufl. 1959, S. 94 f.; *W. Leisner*, Grundrechte und Privatrecht, 1960, S. 376 f. Vgl. auch oben A.V.

[606] BVerfGE 89, 214 [1993] – Angehörigenbürgschaft.

[607] Vgl. oben 1.

[608] Vgl. oben 3.

[609] Die so verstandene Reflexivität ist somit nicht zu verwechseln mit dem Begriff bei *R. Poscher*, Grundrechte als Abwehrrechte – Reflexive Regelung rechtlich geordneter Freiheit, 2003, S. 100, der darunter die Eigenschaft der Grundrechte versteht, „das staatliche Verhalten bei der Regelung eines Konflikts [zu] regeln".

[610] Vgl. oben 2.

Schutz anderer Privater vor Eingriffen Dritter hat eine andere Funktion als eine staatliche Schutzpflicht.[611]

Die Figuren der normalen Grundrechtsfunktionen haben sich nur auf den ersten Blick als dogmatisch konsistent und kohärent erwiesen. Sie betrachten die vorinstanzliche gerichtliche Entscheidung als den für die Horizontalwirkungskonstruktion relevanten staatlichen grundrechtlichen Eingriff bzw. die für die Horizontalwirkungskonstruktion relevante staatliche Schutzpflichtbeeinträchtigung. Damit werfen sie dogmatisch nicht kohärent zu beantwortetende Fragen mit Blick auf die Horizontalwirkung in der ersten Instanz und die aus dieser Konstruktion folgende Abhängigkeit des Schutzniveaus von legislativen oder judikativen Entscheidungen auf.[612] Auch entstehen – allerdings letztlich auflösbare – Abgrenzungsprobleme zu den Zurechnungsansätzen.[613] Auslegungs- kann man aber als Verantwortungsansätze auf eine Weise rekonstruieren, die diese Probleme vermeidet. Danach hat das Gericht stets zu prüfen, ob seine eigene Entscheidung über das Privatrechtsverhältnis A-B, stützte sie sich nur auf das einfache Recht ohne Rückgriff auf die Grundrechte, den Gewährleistungsgehalt der Grundrechte von A/B auf unverhältnismäßige Weise beschränkte. Das Ergebnis dieser Verhältnismäßigkeitsprüfung lässt sich als grundrechtlicher Anspruch von A/B gegen den Staat formulieren, anhand dessen das Gericht sodann das einfache Recht auszulegen und anzuwenden hat.[614]

Zurechnungskonstruktionen werten privates Verhalten unter Umständen als staatliches Verhalten und ersetzen daher jedenfalls für die Zwecke der Grundrechtsprüfung das Privatrechtsverhältnis A-B durch das abwehrrechtliche Verhältnis A-Staat bzw. B-Staat. Handelt aber danach – normativ betrachtet – nur der Staat, so wäre konsequent, dass der Staat somit auch für dieses grundrechtsverletzende Verhalten haftet. Dies wollen Zurechnungskonstruktionen allerdings gerade nicht annehmen und führen damit zu der dogmatisch nicht überzeugenden Konstruktion, dass der Staat grundrechtsverletzend handelt, der Private, dessen Verhalten soeben noch als staatliches gewertet wurde, aber für dieses staatliche Handeln haften soll.[615]

Schließlich laufen Ablehnungsansätze jedenfalls nach der gegenwärtigen Rechtslage unter dem Grundgesetz auf eine Form verfassungs-, d.h. grundrechtskonformer Auslegung des einfachen Rechts hinaus. Sie ähneln damit den Auslegungskonstruktionen, unterscheiden sich indes von diesen mit Blick auf den Prüfungsgegenstand und die prozessuale Realisierung der Horizontalwirkung.[616]

---

[611] Vgl. oben 2.
[612] Vgl. oben 4.
[613] Vgl. oben 5.
[614] Vgl. zu alledem oben 4.
[615] Vgl. oben 5.
[616] Vgl. oben 6.

II. Die Tiefenstruktur der Horizontalwirkung: Staatsorganisationsrecht, Ethik, Demokratietheorie

Jedoch, auch – oder gerade – nach dieser Dogmatikkritik kann man sich des Eindruckes nicht erwehren, als sei man damit der Horizontalwirkung noch nicht auf den Grund gegangen. Alle Dogmatik und Dogmatikkritik verharrt vergleichsweise an der Oberfläche. Die Diskursanalyse hat dagegen zum Vorschein gebracht, dass Faktoren jenseits der (Grundrechts-)Dogmatik beeinflussen, welche Konstruktion bevorzugt wird und offenbar auch, zu welchem Endergebnis man beim Ausgleich widerstreitender Grundrechtspositionen gelangt. Ist also Dogmatik wichtig als Strukturfaktor, bildet sie in der Syntax der Horizontalwirkung, im übertragenden Sinne gesprochen, lediglich die Oberflächenstruktur. Ihre unter dieser dogmatischen Oberfläche liegenden Strukturelemente, also sozusagen die Tiefenstruktur der Horizontalwirkung,[617] sind bereits im ersten Kapitel[618] angeklungen. Sie will ich im Folgenden aufgrund der Erkenntnisse der obigen Diskursanalyse nochmals genauer herausarbeiten.

1. Institutionelle Interaktion: Staatsorganisationsrecht

Als erstes Element der Tiefenstruktur ist die Bedeutung der inter- und intra-institutionellen Interaktion für die Wahl der Horizontalwirkungskonstruktionen zu Tage getreten. Die Kompetenzverteilung zwischen Fachgerichten und Verfassungsgericht, vor allem aber diejenige zwischen Gerichten und Gesetzgeber, hat sich als eine zentrale Problematik sowohl im Verhältnis von Anwendungs- und Verantwortungs-, vor allem Auslegungskonstruktionen als auch hinsichtlich der Ablehnungsansätze herausgestellt.[619] Horizontalwirkung gibt den Gerichten ein Instrument in die Hand, wichtige sozio-politische, sozio-ökonomische und sozio-kulturelle Fragen anhand der grundrechtlichen Einwirkung auf die Rechtsbeziehungen zwischen Privaten je nach Iteration der Horizontalwirkungskonstruktionen mit- oder sogar wesentlich selbst zu beantworten. Damit wird klar,

---

[617] Die Begrifflichkeit der Oberflächen- und Tiefensstruktur der Horizontalwirkung ist inspiriert von der Syntax- und Semantiktheorie *Noam Chomskys* (siehe insbesondere *N. Chomsky*, Remarks on Nominalization, in: *Ders.*, Studies on Semantics in Generative Grammar, 1975, 11, 12ff. und *ders.*, Deep Structure, Surface Structure and Semantic Interpretation, in: *Ders.*, Studies on Semantics in Generative Grammar, 1975, 62ff.; siehe auch *ders.*, Aspects of the Theory of Syntax, 1. Aufl. 1965, insbesondere S. 15ff. und 128ff.). Mehr als eine begriffliche Inspiration soll damit allerdings nicht beansprucht werden, insbesondere keine Rückschlüsse von *Chomskys* Theorie auf Theorie und Dogmatik der Horizontalwirkung.

[618] Vgl. oben Kap. 1, A.

[619] Siehe oben A.VIII.1., B.I.6.a) und D.IV. Vgl. auch *S. Schönberger*, Wandel des Verhältnisses von Staat und Gesellschaft – Folgen für Grundrechtstheorie und -dogmatik, in: VVDStRL 2020, Bd. 79, 291, 312: Horizoalwirkungskonstruktionen beträfen „vor allen Dingen" die Frage institioneller Kompetenzverteilung zur Gesellschaftsgestaltung."

dass Horizontalwirkungsfragen Machtfragen sind.[620] Wer entscheidet über den Ausgleich widerstreitender Freiheitssphären Privater in der Gesellschaft – Gesetzgeber oder Gerichte, Verfassungsgericht oder Fachgerichte? Dabei geht es zunächst um die Grenzen dessen, was staatsorganisationsrechtlich zulässig ist, also vor allem um verfassungsrechtliches Gewaltenteilungs-, Demokratie- und Rechtsstaatsprinzip. Kurzum: Die Horizontalwirkung der Grundrechte ist auch Staatsorganisationsrecht. Entsprechend wird es Gegenstand des fünften Kapitels sein, die harten, nämlich staatsorganisationsrechtlichen Grenzen der Horizontalwirkungskonstruktionen zu ermitteln: Welcher Ansatz ist tatsächlich staatsorganisationsrechtlich zwingend ausgeschlossen, welche Ansätze sind nach dem Grundgesetz hingegen jedenfalls vertretbar?

2. Von den Werten zur Ethik zur personalen Autonomie

Grundrechte als „Wertordnung" – dies ist das Fundament, auf dem das BVerfG im Lüth-Urteil die Horizontalwirkung der Grundrechte errichtet hat. Auch wenn die „Werte" dogmatisch entbehrlich und philosophisch prekär,[621] wenn nicht gar fiktional[622] sind – sie sind beharrlich: Die Rechtsprechung rekurriert weiterhin auf sie (a)) und auch die Rechtstheorie scheint jedenfalls dann nicht ganz ohne sie auszukommen, wenn sie etwas zur Rechtspraxis beitragen möchte (b)). Dabei zeigt sich: Werte haben eine Funktion, die uns zum zweiten Element der Tiefenstruktur der Horizontalwirkung führt: der personalen Autonomie (c)).

a) Beharrliche Werte: Rechtsprechung

Dogmatisch betrachtet hat sich die Werteargumentation der Rechtsprechung als verzichtbar erwiesen. Jedenfalls nach den Verantwortungskonstruktionen genügt insoweit Art. 1 Abs. 3 GG.[623] Nichtsdestoweniger beschwören BVerfG und Fachgerichte weiterhin „Werte", „Wertordnung" bzw. „Wertsystem" als Grundlage der Horizontalwirkungsdogmatik. Dies gilt nicht nur für die frühe Recht-

[620] Vgl. dazu *Bernd Rüthers'* ähnliches Diktum zu Methodenfragen, das hier ebenfalls mitschwingt, z.B. *B. Rüthers*, Methodenrealismus in Jurisprudenz und Justiz, JuristenZeitung 2006, 53, 60.

[621] Vgl. auch *F. Müller/R. Christensen*, Juristische Methodik, Bd. I – Grundlegung für die Arbeitsmethoden der Rechtspraxis, 10. Aufl. 2009, S. 79 („philosophiegeschichtlich belastet[ ]"); *A. U. Sommer*, Werte. Warum man sie braucht, obwohl es sie nicht gibt, 2016, S. 85 („keine professionelle Ethikerin fasst [Werte] heute ohne Handschuhe an").

[622] *A. U. Sommer*, Werte. Warum man sie braucht, obwohl es sie nicht gibt, 2016, S. 12, 174. Siehe auch unten c).

[623] Siehe oben I.3.

sprechung von BVerfG[624], BGH[625] und BAG[626]. Entgegen der Behauptungen einiger Autoren[627] haben sich die Gerichte auch bis in die Gegenwart hinein keineswegs von ihrer Wertrhetorik verabschiedet.

Betrachtet man zunächst die jüngere Judikatur des BVerfG, so postulierte das Gericht beispielsweise im Jahr 2001: „Im Privatrechtsverkehr entfalten die Grundrechte ihre Wirkkraft als verfassungsrechtliche Wertentscheidungen durch das Medium der Vorschriften, die das jeweilige Rechtsgebiet unmittelbar beherrschen [...]."[628]. In seinem Urteil zur Zulässigkeit von Äußerungen zur angeblichen Tätigkeit des früheren brandenburgischen Ministerpräsidenten Manfred Stolpe als Inoffizieller Mitarbeiter (IM) der DDR-Staatssicherheit aus dem Jahre 2005 betonte das Gericht ferner den „wertsetzende[n] Gehalt" der Grundrechte, die „[b]ei der Auslegung und Anwendung der zivilrechtlichen Vorschriften" „interpretationsleitend" zu berüchsichtigen seien.[629] Bezugnahmen auf die „Wertentscheidungen der Verfassung" bzw. „verfassungsrechtliche Wertentscheidungen" im Grundrechtskatalog finden sich auch in dem Grundsatzurteil des BVerfG zur Verwertbarkeit eines ohne Zustimmung des betroffenen Kindes oder seiner Mutter eingeholten DNA-Gutachtens zur Feststellung der Vaterschaft aus dem Jahre 2007.[630] Überdies stellte das Gericht in zwei Urteilen aus den Jahren 2011 und 2016 zu urheberrechtlichen Fragen mit jeweils gleichlautendem Wortlaut zur Wirkung der Grundrechte im Privatrechtsverhältnis fest: „Sind bei der gerichtlichen Auslegung und Anwendung einfachrechtlicher Normen mehrere Deutungen möglich, so verdient diejenige

[624] Grundlegend BVerfGE 7, 198 (205 f.) [1958] – Lüth.

[625] Z.B. BGHZ 27, 284 (285) [1958] – heimliche Tonbandaufnahme („Art. 1 und 2 GG [...] als Grundwerte unserer Rechtsordnung").

[626] Z.B. BAGE 4, 274 (276) [1957] – Zölibatsklausel (Art. 6 Abs. 1 GG als „wertentscheidende Grundsatznorm").

[627] Vgl. beispielsweise *H. Dreier*, Dimensionen der Grundrechte, 1993, S. 23 f.; *R. Wahl*, Die objektiv-rechtliche Dimension der Grundrechte im internationalen Vergleich, in: D. Merten/H.-J. Papier (Hrsg.), Handbuch der Grundrechte, Bd. I, 2004, § 19/Rz. 9; ansatzweise auch *M. Hailbronner*, Traditions and Transformations – The Rise of German Constitutionalism, 2015, S. 93 und *M. Droege*, Grundrechtswirkung im öffentlichen Raum, Zeitschrift für das Recht der Non Profit Organisationen 2018, 241, 242.

[628] BVerfGE 103, 89 (100) [2001] – Unterhaltsverzichtsvertrag. Identische Formulierungen finden sich auch in Kammerentscheidungen aus den Jahren 2003 und 2005 (BVerfG(K), Beschl. v. 30.7.2003, 1 BvR 792/03, Rn. 14, zur Kündigung einer muslimischen Kaufhausangestellten wegen Tragens eines Kopftuchs am Arbeitsplatz und BVerfG(K), Beschl. v. 27.7.2005, 1 BvR 2501/04, Rn. 26, zur Nichterfüllung eines Künstlervertrages mit einem Tonträgerunternehmen durch den Musiker Xavier Naidoo).

[629] BVerfGE 114, 339 (348) [2005] – Stolpe IM; ähnlich auch BVerfGE 112, 332 (358) [2005] – Pflichtteil sowie BVerfG(K), Beschl. v. 8.12.2011, 1 BvR 927/08, Rn. 18.

[630] BVerfGE 117, 202 (227) [2007] („Wertentscheidung der Verfassung"). Ähnlich auch BVerfG(K), Beschl. v. 17.7.2013, 1 BvR 3167/08, Rn. 17 („verfassungsrechtliche Wertentscheidungen").

den Vorzug, die den Wertentscheidungen der Verfassung entspricht […].“[631] Schließlich betonte es im Stadionverbotsbeschluss aus dem Jahr 2018, dass „die Grundrechte […] ihre Wirkung als verfassungsrechtliche Wertentscheidungen [entfalten] und […] als ‚Richtlinien‘ in das Zivilrecht ein[strahlen].“ Die Rechtsprechung habe von den Grundrechten insoweit als „objektive Wertordnung“ gesprochen.[632]

Der Rekurs auf Werte als dogmatische Basis der Wirkung der Grundrechte im Privatrecht lässt sich überdies auch in der Rechtsprechung von BAG[633] und BGH seit den 1950er Jahren bis in die heutige Zeit kontinuierlich nachweisen. Wie Unterkapitel A ausgeführt hat,[634] wiesen die einschlägigen Judikate des BGH bis in die frühen 1960er Jahre hinein eine naturrechtliche Tendenz auf,[635] die sich indes seitdem – offenbar unter dem Einfluss der Lüth-Rechtsprechung des BVerfG, dies legen jedenfalls die regelmäßigen Zitate des Lüth-Urteils nahe – darauf beschränkte, die Werte unmittelbar aus den Grundrechtsnormen des Grundgesetzes abzuleiten.[636] Auch in den folgenden Jahrzehnten sprechen BGH und BAG regelmäßig von den Grundrechtsbestimmungen des Grundgesetzes als „Wertentscheidungen“[637] und von der „Wertordnung des Grundgesetzes“[638].

---

[631] BVerfGE 129, 78 (102) [2011] – Anwendungserweiterung; BVerfGE 142, 74 (101) [2016] – Sampling.

[632] BVerfG, Beschl. v. 11.4.2018, 1 BvR 3080/09, Rn. 32.

[633] Vgl. z. B. BAGE 4, 274 (276 ff.) [1957]. Das BAG zitiert hier zustimmend BVerfGE 6, 55 (71) [1957].

[634] Siehe dazu oben A.II.1. und 2.

[635] So sprach der BGH beispielsweise in seinem Gutachten zur Verfassungswidrigkeit von § 1387 BGB a. F. und Art. 117 Abs. 1 GG davon, dass es Verfassungsnormen gebe, „die ohne weiteres übergesetzlichen, ja überverfassungsrechtlichen Rang haben und die die Verfassung in diesem ihrem Rang nicht schafft, sondern nur anerkennt.“ (BGHZ 11, 34* (40*–41*) [1953]). Ähnlich identifizierte der Gerichtshof in der Glaubensfreiheit den „Anspruch eines allgemein gültigen sittlichen Wertens und Wollens […], der darauf gerichtet ist, dieses Gut [die Glaubensfreiheit] um seines unverlierbaren Wertes und Ranges willen gegen jeden Angriff sinn- und wertezerstörender Mächte zu behaupten.“ (BGHZ 33, 145 (150) [1960]) Die Glaubensfreiheit sei Teil des „Wertesystems […], das dem Grundrechtsabschnitt des Grundgesetzes zugrunde“ liege (ebenda).

[636] Z. B. BGHZ 35, 363 (367) [1961] – Ginsengwurzel („Wertsystem des Grundgesetzes“); BGHZ 50, 1 (5) [1968], zur Presseinformation durch Wettbewerber („wertsetzenden Bedeutung“ der Grundrechte); BGHZ 50, 133 (138) [1968] – Mephisto („verfassungsrechtliche[ ] Wertordnung des Grundgesetzes“, „Wertentscheidung des Grundgesetzgebers im Grundrechtskatalog“, „Wertentscheidung des Verfassungsgebers“ bzw. „des Grundgesetzes“).

[637] Z. B. BGHZ 64, 30 (39) [1975] (zur rechtlichen Bewertung der Einrichtung eines Hilfswerks für Contergangeschädigte); BAGE 67 (71) [1978] (zur Gleichberechtigung bezüglich der Altersversorgung); BGHZ 80, 25 (29) [1981] – Springer/Wallraff; BAGE 48, 122 (139) [1985] (zur Pflicht des Arbeitgebers zur Weiterbeschäftigung des Arbeitnehmers während des Kündigungsprozesses); BGHZ 112, 9 (27) [1990] (zur Eintragung einer Unternehmensverschmelzung ins Handelsregister); BAGE 103, 321 (326) [2002] (zur Höhe des Erziehungsurlaubs); BAGE 135, 203 (205) [2010] (zur Freistellung gewerkschaftlich organisierter Arbeitnehmer von der Arbeitspflicht).

[638] Z. B. BGH, Urt. v. 6.10.1983, I ZR 127/81 – Handelsvertreter, Rn. 29; BGHZ 106, 336 (338) [1989] (zu einem sittenwidrigen Schiedsvertrag); BGHZ 140, 118 (128) [1998] (sog.

Dass die Rechtsprechung „Werte" bis heute regelmäßig in einem Atemzug mit der Horizontalwirkung nennt, muss, fällt die dogmatische Notwendigkeit als Erklärung aus, somit andere Gründe haben. Das führt uns zum zweiten Element der Tiefenstruktur der Horizontalwirkung.

b) Beharrliche Werte: Rechtstheorie

Spätestens seit dem 19. Jahrhundert ist das Verhältnis von Werten und Recht eine Hauptfrage der Rechtsphilosophie.[639] Betrachtet man stellvertretend für die Debatte mit den Werken *Kelsens*, *Harts*, *Dworkins* und *Alexys* vier ihrer bis heute einflussreichsten Protagonisten, so ergibt sich – auf ein Kondensat gebracht – folgendes Bild. *Kelsens* striktem Wertrelativismus gelingt es zwar, die Rechtswissenschaft von den Werten zu „reinigen",[640] allerdings um den Preis, keine Aussagen über die Entscheidung praktischer Fälle machen zu können.[641] Die von *Hart* angebotene Alternative basiert dagegen zum einen auf einem Minimalkonsens von Werten[642] und überlässt zum anderen nicht nur den Gerichten einen ganzen Bereich nicht rationalisierbaren Ermessens im Falle von „Lücken", sondern es bleibt letztlich im Vagen, wann eine derartige Lücke im Recht existiert. Die verbleibende „penumbra of uncertainty" erkennt *Hart* als

Ebenbürtigkeitsklausel im Erbvertrag des Fürstenhauses Hohenzollern); vgl. auch BGHZ 181, 328 (337 f.) [2009] – spickmich.de; BGHZ 202, 242 (250) [2014] (zu einem Arztbewertungsportal im Internet); BGHZ 208, 84 (96) [2015] (zur Störerhaftung eines Accessproviders).

639 Vgl. stellvertretend nur die Beiträge in ARSP-Beiheft Bd. 37 (1990), z. B. *R. Alexy*, Zur Kritik des Rechtspositivismus, in: R. Dreier (Hrsg.), Rechtspositivismus und Wertbezug des Rechts, ARSP Beiheift 37, 1990, 9 („Hauptfrage im Streit um den Rechtspositivismus"); *N. Hoerster*, Zur Verteidigung der rechtspositivistischen Trennungsthese, in: R. Dreier (Hrsg.), Rechtspositivismus und Wertbezug des Rechts, ARSP Beiheift 37, 1990, 27 („[steht] im Zentrum des in den letzten Jahren neu entbrannten Streits um den Rechtspositivismus"). Siehe auch *A. Podlech*, Wertungen und Werte im Recht, Archiv des öffentlichen Rechts, Bd. 95, 1970, 185 ff.; *F. Wapler*, Werte und das Recht – Individualistische und kollektivistische Deutungen des Wertbegriffs im Neukantianismus, 2008.

640 Grundlegend *H. Kelsen*, Reine Rechtslehre, 2. Aufl. 1960, S. 201 und bereits *H. Kelsen*, Hauptprobleme der Staatsrechtslehre, Neudruck der 2. Auflage (1923), 1960, S. V. Siehe auch *ders.*, Allgemeine Staatslehre, 1925, S. 38 f., 369; *ders.*, Die philosophischen Grundlagen der Naturrechtslehre und des Rechtspositivismus, in: H. R. Klecatsky/R. Marcic/H. Schambeck (Hrsg.), Die Wiener rechtstheoretische Schule, 2010, Bd. 1, 231 ff.; *H. Kelsen*, Recht und Moral, in: H. R. Klecatsky/R. Marcic/H. Schambeck (Hrsg.), Die Wiener rechtstheoretische Schule, 2010, Bd. 1, 651 ff.

641 Vgl. zusammenfassend *H. Dreier*, Rechtslehre, Staatssoziologie und Demokratietheorie bei Hans Kelsen, 1986, S. 148: „Über die Kernfrage juristischer Methodik: wie sich verläßliche und vor allem eindeutige Ergebnisse der Anwendung von Rechtsnormen finden lassen, verweigert die Reine Rechtslehre die Auskunft, weil sie den Vorgang für im Kern nicht rationalisierbar hält. Wo die konkreten Probleme der Rechtsdeutung anfangen, hört sie auf."

642 Vgl. *H. L. A. Hart*, The Concept of Law, 3. Aufl. 2012, S. 193 („minimum content of natural law").

unweigerliche Folge der Sprachbasierung des Rechts.[643] *Dworkins* und *Alexys* (Grund-)Rechtstheorien suchen einen Kompromiss durch die Rückkopplung und Information wertgeleiteter Interpretation bzw. Abwägung anhand des positiven Rechts, insbesondere des Grundrechtskatalogs der jeweiligen Verfassung. *Dworkin* will Integrität des Rechts mit der Moralphilossophie herstellen („law as integrity“[644]), indem er Richtern die herkulische[645] Aufgabe abverlangt, als „working political phliosophers of a democratic state“[646] zu fungieren. Seine Rechtstheorie läuft dabei trotz aller philosophischer Umsicht Gefahr, die Objektivität einer Wertordnung zu postulieren, wo dies die gesellschaftliche Realität nicht widerspiegelt.[647] *Alexys* Juridifizierung[648] der Werte als Prinzipien[649] löst bei allem rechtstheoretischen Erkenntnisgewinn letztlich auch nicht das Problem, dass man mit ihnen rechtspraktisch viel, wenn nicht gar alles, anstellen kann.[650]

Werte im Recht bergen also einerseits die Gefahr willkürlicher Überfrachtung juristischer Argumentation mit subjektiven Präferenzen, die sich bestenfalls aus einer „intuitiven Vorzugsevidenz“[651] ergeben sollen – wenn man daran glaubt, dass es so etwas gibt. Andererseits scheint die Rechtswissenschaft, will sie auch etwas über die Rechtsanwendung sagen können, um Werte nicht ganz herumzukommen. Was ist also ihre Rolle im Horizontalwirkungsdiskurs?

c) Werte – nützliche Fiktionen

Werte sind subjektiv, nicht objektiv. Sie sind relativ, nicht absolut; gemacht und nicht gegeben; kontingent und nicht statisch.[652] Durch diese Eigenschaften stellen sie Vergleichbarkeit mit anderen Werten her und stehen nicht in einem

---

[643] *H. L. A. Hart*, Positivism and the Separation of Law and Morals, Harvard Law Review 1957–1958, Bd. 71, 593, 607ff.; *ders.*, The Concept of Law, 3. Aufl. 2012, S. 127. Zu den sprachphilosophischen Elementen der *Hart*'schen Rechtstheorie siehe *H. Eckmann*, Rechtspositivismus und sprachanalytische Philosophie. Der Begriff des Rechts in der Rechtsphilosophie H. L. A. Harts, 1969, zusammenfassend S. 128.

[644] Vgl. *R. Dworkin*, Law's Empire, 1986, S. 95f., 177.

[645] Vgl. *R. Dworkin*, Taking Rights Seriously, 1977, S. 105ff., 279ff. („a lawyer of superhuman skill [...] whom I shall call Hercules“).

[646] *R. Dworkin*, Justice for Hedgehogs, 2011, S. 414.

[647] Vgl. dazu *Du. Kennedy*, The Hermeneutics of Suspicion in Contemporary American Legal Thought, Law Critique 2014, Bd. 25, 91, 134f.

[648] Vgl. dazu *J. Saurer*, Die Hart-Dworkin-Debatte als Grundlagenkontroverse der angloamerikanischen Rechtsphilosophie: Versuch einer Rekonstruktion nach fünf Jahrzehnten, ARSP 2012, 214, 219, 229.

[649] *R. Alexy*, Theorie der Grundrechte, 1986, S. 126f., 130, 133.

[650] Zur Kritik vgl. stellvertretend *R. Poscher*, Grundrechte als Abwehrrechte – Reflexive Regelung rechtlich geordneter Freiheit, 2003, S. 76: „Auch das, was in anderen Modellen als Bruch erscheint, läßt sich prinzipientheoretisch einfangen. Dem prinzipientheoretischen Denken ist nichts fremd.“

[651] Vgl. *M. Scheler*, Der Formalismus in der Ethik und die materiale Wertethik, 4. Aufl. 1954, S. 107, 110.

[652] Vgl. *A. U. Sommer*, Werte. Warum man sie braucht, obwohl es sie nicht gibt, 2016, S. 163ff.

hierarchischen Verhältnis zueinander.[653] Sie werden damit zu „Projektionsflächen", die der Einzelnen erlauben, ihre individuellen Bedürfnisse, Interessen und Präferenzen in einer pluralen (Werte-)Welt im Verhältnis zu anderen zu verfolgen.[654] Auch wenn sie philosophisch kaum greifbar sind, sind Werte also „nützliche Fiktionen"[655]: Sie haben die Funktion, der Einzelnen selbstbestimmte Entscheidungen darüber zu ermöglichen, welchen Bedürfnisse, Interessen und Präferenzen sie nachgehen will.

Wenn BVerfG und Fachgerichte persistent von Grundrechten als Werte sprechen, lässt sich dies somit auch als Hinweis verstehen, dass es bei der Horizontalwirkung um die selbstbestimmte Verfolgung von solchen Bedürfnissen, Interessen und Präferenzen gehen soll, die im Grundgesetz als Grundrechtsnormen in Rechtsform geronnen sind. Horizontalwirkung bedeutet sodann den Ausgleich kollidierender, grundrechtlich bewehrter Vorstellungen selbstbestimmter Lebensführung. Das zweite Element der Tiefenstruktur der Horizontalwirkung betrifft demzufolge die praktisch-philosophische, also ethische Frage, wie selbstbestimmte, also personal-autonome, Lebensführung im Verhältnis zu Anderen realisierbar ist, die ebenfalls ihr Leben möglichst selbstbestimmt führen wollen. Personale Autonomie ist mithin zentraler Gegenstand der Horizontalwirkung.

Dies bedeutet für die weitere Untersuchung zweierlei. Erstens bietet sich die personale Autonomie als wichtiger Bewertungsmaßstab der Horizontalwirkungskonstruktionen an.[656] Sobald ihre harten staatsorganisationsrechtlichen Grenzen ermittelt sind (siehe Kapitel 5), fragt Kapitel 6, welche Konstruktionen ein höheres Maß an personaler Autonomie versprechen als andere. Dazu ist erforderlich, sich einen Begriff von den unterschiedlichen Autonomiekonzeptionen zu machen,[657] da von der gewählten Konzeption abhängt, was man unter Autonomie versteht und was man entsprechend als autonomiefördernd oder -hindernd ansieht. Zweitens spielt die personale Autonomie(-Konzeption) eine wesentliche Rolle beim Ausgleich der widerstreitenden Grundrechtspositionen selbst. Der Einfluss auf das Abwägungsergebnis wird sich dabei[658] häufig als bedeutsamer herausstellen als die gewählte Horizontalwirkungskonstruktion.

3. *Politische Autonomie: Demokratietheorie*

Mit der individuell-personalen geht als Kehrseite und Komplementär die kollektiv-politische Autonomie einher. Horizontalwirkung als Ausgleich widerstreitender Autonomiesphären betrifft nicht nur die Selbstbestimmung der

[653] Ebenda, S. 165, 166.
[654] Ebenda, S. 172, 173 f.
[655] Ebenda, S. 12.
[656] Vgl. unten Kap. 6, B.–D., zusammenfassend E.II.
[657] Vgl. unten Kap. 6, A.I.1.
[658] Vgl. z. B. unten Kap. 6, B.I.2.a) und b).

Einzelnen, sondern das Verhältnis zu selbstbestimmten kollektiv-politischen Entscheidungen der *polis*, welche sich in einer parlamentarischen, liberalen Demokratie vor allem im Gesetz kristallisieren. Grundrechtlich garantierte personale Autonomie setzt politischer Autonomie äußere Grenzen, indem sie bestimmte Gesetzesvorhaben als mit Individualgrundrechten unvereinbar zurückweist. Sie leitet politische Autonomie aber auch an, indem der Gesetzgeber Vorschriften erlässt, die dem Ausgleich widerstreitender Autonomiesphären dienen soll. Dadurch ermöglicht bzw. verbessert derartige Gesetzgebung (z.B. AGG, Mietrecht, 1964 US Civil Rights Act) als Ausübung politischer Autonomie zugleich die Ausübung personaler Autonomie. Das Grundgesetz spiegelt diesen Zusammenhang von personaler und politischer Autonomie wider, wenn es beispielsweise den Gesetzgeber an die Grundrechte bindet, Art. 1 Abs. 3 GG, zugleich aber die Legitimation der Staatsgewalt im Volk verankert, die sich dabei insbesondere durch die Wahl der Volksvertretung manifestiert, Art. 20 Abs. 2 GG, deren zentrale Aufgabe wiederum die Gesetzgebung ist, Art. 70ff. GG. Die politische Autonomie, die sich in der Demokratietheorie kristallisiert, ist deshalb drittes zentrales Element der Tiefenstruktur der Horizontalwirkung. Sie ist damit zugleich Verlängerung deren ersten, staatsorganisationsrechtlichen Elements, wenn sie unter anderem danach fragt, welche – verfassungsrechtlich vertretbare – Horizontalwirkungskonstruktion mit Blick auf die Integrität des demokratisch-politischen Prozesses im Verhältnis von Gerichten und Gesetzgeber vorzuziehen ist. Auch dies erfordert zunächst eine Exploration diverser demokratietheoretischer Konzeptionen, bevor sodann wiederum die Horizontalwirkungskonstruktionen anhand dieser Konzeptionen bewertet werden.[659]

---

[659] Vgl. unten Kap. 6, A.I.2. sowie B.–D, zusammenfassend E.III.

4. Kapitel

Neuere und neueste Rechtsprechung des BVerfG – Rekonstruierte Verantwortung?

Diskursanalyse und Dogmatikkritik des dritten Kapitels rütteln an etablierten argumentativen Pfeilern, auf denen die vorherrschende Auffassung ruht, die Horizontalwirkung staatsgerichtet versteht und Verantwortungskonstruktionen verschiedener Spielarten propagiert. Bevor Kapitel 5 und 6 zur staatsorganisationsrechtlichen, demokratietheoretischen und ethischen Bewertung der unterschiedlichen Horizontalwirkungskonstruktionen schreiten, soll an dieser Stelle die neuere und neueste Rechtsprechung des BVerfG nochmals genauer betrachtet werden. Der Ansatz des Gerichts in „Lüth" und der Folgerechtsprechung, die im Rahmen der Diskursanalyse im dritten Kapitel eine wichtige Rolle gespielt hat,[1] verstand die Grundrechte als Wertsystem, das in das Privatrecht ausstrahlte und somit die Auslegung desselben beeinflusste. Auch wenn das Gericht diese Rechtsprechungslinie nicht aufgegeben hat und derartige Formulierungen bis in die heutige Zeit in Entscheidungen zu finden sind, lässt sich doch spätestens seit den 1990er Jahren ergänzend und modifizierend eine differenziertere Prüfungsstruktur ausmachen. Diese versucht sich an einer restriktiveren Behandlung (fach-)richterlicher Rechtsfortbildung anhand der Grundrechte und unternimmt eine dreischrittige Prüfung verfassungskonformer Auslegung. Der Stadionverbotsbeschluss des Ersten Senats vom 11. April 2018[2] wirft indes die Frage auf, ob das Gericht nicht in eine dritte Phase seiner Rechtsprechung eintritt, dieses Mal indes mit einem radikalen – wenn auch rhetorisch camouflierten[3] – Paradigmenwechsel. Optiert es in dieser Entscheidung für die unmittelbare Geltung der Grundrechte zwischen Privaten? Oder bleibt es bei einer Verantwortungskonstruktion?

Dieses Kapitel versucht sich zunächst an einer kritischen Rekonstruktion[4] der jüngeren, unter der Prämisse der Staatsrichtung stehenden, Rechtsprechung des BVerfG. Diese kann man als eine spezifische Ausprägung verfassungskonformer

[1] Vgl. oben Kap. 3, B.I.2.

[2] BVerfGE 148, 267 [2018] – Stadionverbot.

[3] Das Gericht spricht nicht weniger als neun Mal von der „mittelbaren Drittwirkung" der Grundrechte. Vgl. ebenda, Leitsätze 1 und 2 sowie Rn. 31, 32, 33, 37, 38, 40, 41.

[4] Beachte: auch *Canaris* verwendet den Begriff der „kritischen Rekonstruktion" für seine Neubewertung der BVerfG-Rechtsprechung zur Horizontalwirkung seit Lüth, vgl. *C.-W. Canaris*, Grundrechte und Privatrecht, 1999, S. 27.

Auslegung beschreiben, wofür es in der neueren Rechtsprechung des Gerichts auch Anhaltspunkte gibt (A.). Sodann unternehme ich, die Horizontalwirkungskonstruktion des BVerfG als einen nicht linearen dogmatischen Dreischritt zu rekonstruieren, den man als verfassungskonforme Auslegung plus bezeichnen kann. Schritt eins und zwei sind Folge der unmittelbaren Grundrechtsbindung des Gesetzgebers und überprüfen die existenten privatrechtlichen Vorschriften (erster Schritt) bzw. deren Fehlen (zweiter Schritt) auf ihre Vereinbarkeit mit den Grundrechten der von den Vorschriften (oder ihrem Fehlen) potentiell Betroffenen. Soweit Schritt eins bejaht und keine gesetzgeberische Schutzpflicht im zweiten Schritt identifiziert wird, dient der dritte Schritt zur Überprüfung der verfassungskonformen Auslegung und Anwendung der fraglichen Vorschriften im Einzelfall (B.). Bei genauerer Betrachtung der verfassungsgerichtlichen Horizontalwirkungsjudikatur der vergangenen zweieinhalb Jahrzehnte kommt indes Skepsis auf. Nimmt das Gericht tatsächlich seine eigenen Versuche ernst, richterliche Rechtsfortbildung anhand der Grundrechte einzudämmen (C.I.)? Wie verhält sich der Stadionverbotsbeschluss vom April 2018 zur neueren Rechtsprechungslinie der verfassungskonformen Auslegung plus (C.II.)?

A. Rekonstruierte Auslegung

I. Horizontalwirkung als verfassungskonforme Auslegung

Nach seiner hergebrachten Rechtsprechung realisiert das BVerfG die Horizontalwirkung im Wege der Auslegung des einfachen Rechts anhand der Grundrechte.[5] Wie im dritten Kapitel dargelegt, ist dabei Art. 1 Abs. 3 GG als dogmatische Basis vollkommen ausreichend. Ein Rückgriff auf „Wertordnung“, „Wertsystem“ etc. der Grundrechte ist – aus dogmatischer Sicht – entbehrlich.[6] Die Gerichte haben die Verantwortungspflicht, bei der Entscheidung über das Privatrechtsverhältnis A-B deren Grundrechte nicht unverhältnismäßig zu beschränken. Diese Verantwortungspflicht müssen die Gerichte wahrnehmen, indem sie das einfache Recht anhand der Grundrechte auslegen.[7]

Ausgangspunkt der Rechtsprechung des BVerfG ist das „Lüth“-Urteil. Dort hielt das Gericht fest, nachdem es den Grundrechtskatalog des Grundgesetzes als „objektive Wertordnung“ identifiziert hatte:

„Der Rechtsgehalt der Grundrechte als objektiver Normen *entfaltet sich im Privatrecht durch das Medium der dieses Rechtsgebiet unmittelbar beherrschenden Vorschriften.* Wie neues Recht im Einklang mit dem grundrechtlichen Wertsystem stehen muß, so wird be-

[5] Zur Infragestellung dieses Ansatzes im Stadionverbotsbeschluss siehe unten C.II.
[6] Siehe dazu oben Kap. 3, E.I.3.
[7] Siehe dazu ausführlicher oben Kap. 2, B.III.2. und Kap. 3, B.I.2.

stehendes älteres Recht inhaltlich auf dieses Wertsystem ausgerichtet; von ihm her fließt ihm ein spezifisch verfassungsrechtlicher Gehalt zu, der fortan seine *Auslegung* bestimmt. Ein Streit zwischen Privaten über Rechte und Pflichten aus solchen grundrechtlich beeinflußten Verhaltensnormen des bürgerlichen Rechts bleibt materiell und prozessual ein bürgerlicher Rechtsstreit. *Ausgelegt und angewendet wird bürgerliches Recht, wenn auch seine Auslegung dem öffentlichen Recht, der Verfassung, zu folgen hat.*"[8]

Die privatrechtlichen Vorschriften, im Fall des Lüth-Urteils war dies insbesondere § 826 BGB, sind demnach das Medium der Grundrechtswirkung. Die Gerichte legen sie aus und wenden sie an – tun also, was sie auch sonst stets tun. Die Auslegung hat allerdings „der Verfassung zu folgen". Privatrechtliche Vorschriften, sind mithin auch durch die Fachgerichte anhand der Verfassung, vor allem anhand der Grundrechte auszulegen und entsprechend im Einzelfall anzuwenden. Ihre Aufgabe ist folglich insoweit eine der Verfassung gemäße, kurzum: eine verfassungskonforme Auslegung.[9] Eine ähnliche Formulierung findet sich in der Folgerechtsprechung des BVerfG im Blinkfüer-Beschluss:

„Die vom Grundgesetz in seinem Grundrechtsabschnitt aufgerichtete objektive Wertordnung wirkt jedoch auf die Auslegung [der privatrechtlichen] Vorschriften ein, soweit sie einer solchen im Lichte der verfassungsrechtlichen Normen fähig sind."[10]

Die widerstreitenden, sich gegenüberstehenden Grundrechte der Parteien des Privatrechtsstreits sind also miteinander in Einklang zu bringen, d.h. gegeneinander abzuwägen, und das Abwägungsergebnis ist als verfassungsrechtliche Vorgabe im Weiteren der Maßstab der Auslegung und Anwendung der einfachrechtlichen Vorschriften des Privatrechts.[11] Auch wenn das Gericht in „Lüth" und der Folgerechtsprechung diese Prüfungsstruktur mit der Metapher der „Ausstrahlungswirkung" der Grundrechte auf das einfache Recht verschleiert,[12] folgt es der dargelegten Prüfungsstruktur im Wesentlichen bis heute: Prüfung der kollidierenden Grundrechte; Feststellung des Abwägungsergeb-

---

[8] BVerfGE 7, 198 (205 f.) [1958] – Lüth (meine Hervorhebungen).

[9] Zu den unterschiedlichen begrifflichen Verwendungen der verfassungskonformen Auslegung im Schrifftum und zu dem von mir hier gewählten Verständnis des Begriffes siehe unten II.

[10] BVerfGE 25, 256 (263) [1969] – Blinkfüer.

[11] Zu beachten ist selbstverständlich, dass im Lüth-Urteil selbst eine Abwägung im Sinne einer vollständigen Verhältnismäßigkeitsprüfung noch nicht stattgefunden hat (vgl. BVerfGE 7, 198 (215 ff.) [1958]). Das BVerfG entwickelte seine Verhältnismäßigkeitsrechtsprechung erst nach Lüth, mit dem Apothekenurteil als erstem wesentlichem Markstein, vgl. BVerfG 7, 377 [1958]. Hinsichtlich der Frage nach der Prüfungsstruktur ist dies indes unerheblich, da das BVerfG auch in Lüth das einfache Recht (§ 826 BGB) anhand der Verfassung, nämlich Art. 5 Abs. 1 GG, auslegt (vgl. BVerfGE 7, 198 (215 ff.) [1958]).

[12] Vgl. z.B. BVerfGE 7, 198 (207) [1958] – Lüth; BVerfGE 30, 173 (188) [1971] – Mephisto; BVerfGE 34, 269 (280) [1973] – Soraya; BVerfGE 35, 202 (219) [1973] – Lebach; jüngst auch wieder z.B. BVerfGE 148, 267 (279 f., 284) [2018] – Stadionverbot oder BVerfG(K), Beschl. v. 30.1.2020, 2 BvR 1005/18 – Blindenführhund, Rn. 34, 41.

nisses; Auslegung und (falls die Auslegung möglich ist) Anwendung des einfachen Rechts anhand des Abwägungsergebnisses.[13]

Das Lüth-Urteil verdeutlicht überdies bereits ebenfalls, dass die Gerichte die verfassungskonforme Auslegung des gesamten Privatrechts, also aller zur Entscheidung des Rechtsstreits relevanter privatrechtlicher Normen, vorzunehmen haben.[14] Die oben zitierte Passage bezieht die verfassungskonforme Auslegung auf das „bürgerliche[ ] Recht". Dass es sodann auf die Generalklauseln als „Einbruchstellen" der Grundrechte ins Privatrecht Bezug nimmt,[15] widerspricht diesem Befund nicht. Das BVerfG stellt insoweit lediglich konsequenter Weise die Generalklauseln von „Treu und Glauben" bzw. der „guten Sitten" als Wertungsbegriffe in den Kontext seines Verständnisses der Grundrechte als Werte. Generalklauseln mögen zwar für eine verfassungskonforme Auslegung anhand des verfassungsrechtlichen Abwägungsergebnisses besonders prädestiniert sein, weil sie durch die Gerichte ausfüllungsbedürftige Wertungsbegriffe enthalten.[16] Sie sind aber nach der Rechtsprechung des BVerfG mitnichten die einzigen Vorschriften, welche die Wirkung der Grundrechte im Privatrecht vermitteln, sondern alle privatrechtlichen Vorschriften unterliegen in Auslegung und Anwendung den verfassungsrechtlichen Vorgaben. Noch deutlicher wird dies, wenn man die zweite Begründung der Horizontalwirkung heranzieht, auf die das BVerfG ebenfalls bereits seit „Lüth" zurückgreift: Leitet man aus Art. 1 Abs. 3 GG eine staatliche Verantwortung ab, bei der Entscheidung über ein privates Anspruch-Pflichten-Verhältnis den Gewährleistungsgehalt der Grundrechte von A und B nicht unverhältnismäßig zu beschränken, so gilt diese bei der Auslegung des gesamten Privatrechts, nicht nur einzelner „Einbruchstellen" wie den Generalklauseln.[17]

In seiner neueren Rechtsprechung wird das BVerfG expliziter und transparenter hinsichtlich seines Prüfprogramms und der Erstreckung einer solchen verfassungskonformen Auslegung auf alle privatrechtlichen Vorschriften. In seinen Entscheidungen zur Zulässigkeit der Entziehung des erbrechtlichen

---

[13] Vgl. dazu auch bereits *A. Kulick*, „Drittwirkung" als verfassungskonforme Auslegung, Neue Juristische Wochenschrift 2016, 2236, 2238 ff.

[14] Siehe dazu auch bereits oben Kap. 3, B.I.2.b).

[15] BVerfGE 7, 198 (206) [1958].

[16] Zu den normtheoretischen Herausforderungen von Generalklauseln siehe *A. Wallkamm*, Generalklauseln – Normen im Spannungsfeld von Flexibilität und Rechtsstaatswidrigkeit, Rechtstheorie 2008, Bd. 39, 507 ff.

[17] Vgl. dazu oben Kap. 2, B.III.2. und Kap. 3, E.I.3. Ähnlich auch *P. Derleder*, Die uneingelöste Grundrechtsbindung des Privatrechts, in: M. Jestaedt/O. Lepsius (Hrsg.), Verhältnismäßigkeit – Zur Tragfähigkeit eines verfassungsrechtlichen Schlüsselkonzeptes, 2015, 234, 237; auch *J. Drexl*, Die wirtschaftliche Selbstbestimmung des Verbrauchers – Eine Studie zum Privat- und Wirtschaftsrecht unter Berücksichtigung gemeinschaftlicher Bezüge, 1998, S. 272. Dafür plädiert auch bereits *C.-W. Canaris*, Grundrechte und Privatrecht, Archiv für die civilistische Praxis 1984, Bd. 184, 201, 222.

Pflichtteils eines Pflichtteilsberechtigten gemäß § 2333 BGB aus dem Jahre 2005 sowie zur Zulässigkeit von Äußerungen zur angeblichen Tätigkeit des früheren brandenburgischen Ministerpräsidenten Manfred Stolpe als Inoffizieller Mitarbeiter (IM) der DDR-Staatssicherheit aus demselben Jahr sprach das Gericht von Auslegung und Anwendung der „zivilrechtlichen Vorschriften" anhand der Grundrechte, ohne insoweit auf die zivilrechtlichen Generalklauseln gesondert Bezug zu nehmen.[18] Der Beschluss des ersten Senats vom 19. Juli 2011 – es ging unter anderem um die urheberrechtlichen Grenzen der Eigentumsfreiheit – konstatierte sodann eindeutig unter Verweis auf das erwähnte Pflichtteilsurteil:

> „Der Einfluss der Grundrechte auf die Auslegung und Anwendung der zivilrechtlichen Normen ist *nicht auf Generalklauseln beschränkt, sondern erstreckt sich auf alle auslegungsfähigen und -bedürftigen Tatbestandsmerkmale der zivilrechtlichen Vorschriften* [...]."[19]

Im Sampling-Urteil vom 31. Mai 2016 findet sich eine identische Formulierung,[20] ebenso in einem Kammerbeschluss vom Februar 2018.[21] Dies bedeutet wie erwähnt keine Rechtsprechungsänderung, sondern lediglich eine Klarstellung der Horizontalwirkungsjudikatur seit Lüth: Alle privatrechtlichen Vorschriften unterliegen im Horizontalverhältnis der verfassungskonformen Auslegung, sofern sie für die Lösung des Privatrechtsstreits Relevanz entfalten.[22]

Das Gericht verwendet überdies in den letzten Jahren den Begriff der verfassungskonformen Auslegung immer häufiger auch explizit in Horizontalwirkungskonstellationen. In einem Kammerbeschluss aus dem Jahre 1998 bezeichnet das Gericht sein Prüfprogramm als „verfassungskonforme Normanwendung".[23] Ein weiterer Kammerbeschluss zwei Jahre später unternimmt die Prüfung aktienrechtlicher Vorschriften im Horizontalverhältnis mit Blick

---

[18] BVerfGE 112, 332 (358) [2005] – Pflichtteil; E 114, 339 (348) [2005] – Stolpe IM.

[19] BVerfGE 129, 78 (102) [2011] (meine Hervorhebung).

[20] Vgl. BVerfGE 142, 74 (101) [2016] – Sampling.

[21] Vgl. BVerfG(K), Beschl. v. 8.2.2018, 1 BvR 2112/15, Rn. 16. Vgl. indes die Entscheidung des BVerfG zum Stadionverbot eines Fußballfans durch einen privaten Fußballverein vom 11. April 2018, BVerfGE 148, 267 (280) [2018] – Stadionverbot („insbesondere über zivilgerichtliche Generalklauseln und unbestimmte Rechtsbegriffe"), in der es allerdings um die Auslegung zivilrechtlicher Generalklauseln und unbestimmter Rechtsbegriffe (vgl. §§ 862, 1004 und 826, 242 BGB) ging, sodass in der obigen Formulierung – auch angesichts des „insbesondere" – keine Abkehr von der skizzierten Rechtsprechungslinie zu sehen ist.

[22] Vgl. dazu BVerfGE 142, 74 (101) [2016] – Sampling: „Sind bei der Auslegung und Anwendung einfachrechtlicher Normen mehrere Deutungen möglich, so verdient diejenige den Vorzug, die den Wertentscheidungen der Verfassung entspricht [...] und die die Grundrechte der Beteiligten möglichst weitgehend in praktischer Konkordanz zur Geltung bringt. Der Einfluss der Grundrechte auf die Auslegung und Anwendung der zivilrechtlichen Normen ist nicht auf Generalklauseln beschränkt, sondern erstreckt sich auf alle auslegungsfähigen und -bedürftigen Tatbestandsmerkmale der zivilrechtlichen Vorschriften [...]." Mit identischem Wortlaut auch BVerfG(K), Beschl. v. 8.2.2018, 1 BvR 2112/15, Rn. 16.

[23] Vgl. BVerfG(K), Beschl. v. 4. Juni 1998, 1 BvR 2652/95, Rn. 16.

auf ihre „Verfassungskonformität".[24] In seinem Beschluss vom 9. April 2003 zur Rechtsstellung des biologischen Vaters entschied der Erste Senat des BVerG, dass § 1711 Abs. 2 BGB a.F. mit Blick auf Art. 6 Abs. 1 GG „*verfassungskonform* dahin gehend ausgelegt werden [kann], dass auch der leibliche, aber nicht rechtliche Vater, der eine sozial-familiäre Beziehung zu seinem Kind (gehabt) hat, durch gerichtliche Entscheidung die Befugnis zum Umgang mit seinem Kind erhalten konnte, wenn dieser dem Wohl des Kindes dient."[25] Hinsichtlich §§ 1600 und 1685 BGB lehnte das Gericht indes nach eingehender Prüfung eine verfassungskonforme Auslegung mit Blick auf Wortlaut und *telos* der Vorschriften ab.[26] Ein Kammerbeschluss ebenfalls aus dem Jahre 2003 monierte, dass die Fachgerichte den entscheidungserheblichen § 20 der Berufsordnung der Zahnärzte, der die Maßstäbe berufsrechtlich unzulässiger Werbung durch Zahnärzte festlegte, „nicht verfassungskonform auslegt und angewendet" hätten.[27]

Kürzlich identifizierte das BVerfG sein Vorgehen in zwei Urteilen aus dem Frühjahr 2016 als „verfassungskonforme Auslegung"[28] bzw. „verfassungskonforme[ ] Rechtsanwendung"[29]. Letztere Entscheidung, das bereits erwähnte Sampling-Urteil vom Mai 2016, beschäftigte sich mit der Zulässigkeit des so genannten Samplings, d.h. der Verwendung von Ausschnitten aus Musikstücken anderer Künstler in einem neuen Musikstück, vor dem Hintergrund der Eigentums- und Kunstfreiheit. Das BVerfG gelangte hier in der Abwägung von Art. 14 Abs. 1 und Art. 5 Abs. 3 GG zu einem grundsätzlichen Überwiegen der Kunstfreiheit und forderte sodann die „verfassungskonforme Rechtsanwendung" des nach Urheberrecht maßgeblichen § 24 Abs. 1 UrhG, die „auch durch eine einschränkende Auslegung von § 85 Abs. 1 Satz 1 UrhG erreicht werden" könne.[30] Diese letzte Passage verdeutlicht, dass das Gericht hier nicht klar zwischen Auslegung und Anwendung trennte und somit mit „verfassungskonformer Rechts*anwendung*" keinen anderen Prüfungsvorgang meinte. Vielmehr war Ziel seiner Prüfung an dieser Stelle – wie in seiner gesamten Rechtsprechung zur Horizontalwirkung – die Prüfung der einschlägigen privatrechtlichen Normen und ihrer Auswirkungen auf das Privatrechtsverhältnis im konkreten Einzelfall anhand des verfassungsrechtlichen Abwägungsergebnisses der maßgeblichen Grundrechte beider Seiten. Mit anderen Worten, es legte auch hier wiederum § 24 UrhG verfassungskonform aus. Die Rechtsprechung der Fachgerichte folgt – mit der

[24] Vgl. BVerfG(K), Beschl. v. 23.8.2000, 1 BvR 68/95 und 1 BvR 147/97, Rn. 20.
[25] BVerfGE 108, 82 (114) [2003] – biologischer Vater.
[26] Vgl. ebenda (109) und (120).
[27] BVerfG(K), Beschl. v. 26.9.2003, 1 BvR 1608/02, Rn. 22.
[28] BVerfG, Urt. v. 19. April 2016, 1 BvR 3309/13, Rn. 28 (zur Klärung der Abstammung von einem mutmaßlich leiblichen, aber nicht rechtlichen Vater).
[29] BVerfGE 142, 74 (111) [2016] – Sampling.
[30] Ebenda.

Ausnahme der frühen Judikatur des BAG[31] – mit Blick auf die Prüfungsstruktur im Wesentlichen derjenigen des BVerfG.[32]

Als Fazit lässt sich hinsichtlich der Prüfungsstruktur konstatieren, dass die neuere Rechtsprechung von BVerfG (und Fachgerichten) die Horizontalwirkung der Grundrechte im Wege einer verfassungskonformen Auslegung des Privatrechts, d.h. aller privatrechtlichen Vorschriften, nicht nur der Generalklauseln, realisiert. Die verfassungskonforme Auslegung hat im Wesentlichen folgende Struktur: Prüfung der kollidierenden Grundrechtsnormen; Feststellung des Abwägungsergebnisses; Auslegung und (falls die Auslegung möglich ist) Anwendung des einfachen Rechts anhand des Abwägungsergebnisses.

II. Konformität und Orientierung – zum Begriff der verfassungskonformen Auslegung

Eine derartige Verwendung des Begriffs der verfassungskonformen Auslegung erscheint unorthodox. Die große Mehrheit der deutschen juristischen Literatur

---

[31] Z.B. BAGE 1, 185 (193) [1954] (zur Kündigung wegen Verteilung von Wahlwerbung für die KPD); BAGE 4, 274 (278f.) [1957] (zu einer Zölibatsklausel in einem Arbeitsvertrag); BAGE 10, 65 (74) [1960] (zur Nichtweiterbeschäftigung wegen Schwangerschaft der Arbeitnehmerin); BAGE 24, 438 (441) [1972] (zur Kündigung wegen Parteizugehörigkeit zur DKP). Siehe auch oben Kap. 3, A.III.

[32] Insbesondere hat der BGH bereits in frühen Jahren keine Berührungsängste mit dem Begriff der „verfassungskonformen Auslegung" und benennt, was er tut, beim Namen. Das Mephisto-Urteil aus dem Jahre 1968 will die „Wertentscheidungen des Verfassungsgebers [...] bei der verfassungskonformen Auslegung von Generalklauseln" heranziehen (BGHZ 50, 133 (143) [1968]). Laut einer früheren Entscheidung aus demselben Jahr soll die „wertsetzende[ ] Bedeutung der Grundrechte" der Meinungsäußerungs- und Pressefreiheit die „verfassungskonforme Auslegung" des § 1 UWG beeinflussen (BGHZ 50, 1 (5) [1968] (zu einer Presseinformation durch einen Wettbewerber)). In ähnlicher Weise postulierte der BGH 1974, dass Art. 6 Abs. 5 GG „bei der Auslegung und Anwendung des geltenden Rechts zu beachten" sei (BGHZ 63, 219 (225f.) [1974] (zur Vaterschaft nach ausländischem Unterhaltsstatut)). Die Rechtsprechung des Gerichtshofs seit den 1970er Jahren bestätigt das vom BVerfG bereits im Lüth-Urteil vorgezeichnete oben dargelegte Prüfungsschema: Prüfung der kollidierenden Grundrechte; Feststellung des Abwägungsergebnisses; Auslegung und (falls die Auslegung möglich ist) Anwendung des einfachen Rechts anhand des Abwägungsergebnisses (Vgl. z.B. BGHZ 64, 30 (38ff.) [1975] (zur rechtlichen Bewertung der Einrichtung eines Hilfswerks für Contergangeschädigte); BGHZ 74, 39 (50ff.) [1979] (zur rechtlichen Bewertung des Versorgungsausgleichs); BGHZ 76, 109 (111ff.) [1980] (zu Erbausgleich und Pflichtteilsentziehung gemäß § 1934 d BGB); BGHZ 86, 57 (62) [1982] (zur Anknüpfung an das Heimatrecht des Ehegaten bei gemischt-nationaler Ausländerehe nach Art. 17 Abs. 1 EGBGB a.F.); vgl. auch BAGE 89, 15 (22ff.) [1998] (Aufsichtsratswahlen Deutsche Bahn)). Bestätigungen dieser Rechtsprechung in Entscheidungen jüngerer Zeit finden sich beispielsweise im Sampling-Urteil des BGH vom Dezember 2012 (BGH, Urt. v. 13.12.2012, I ZR 182/11 – Sampling) und in einem Urteil aus dem Jahre 2003, in dem Gerichtshof forderte, dass zur Berücksichtigung der widerstreitenden grundrechtlichen Interessen in einem Urheberrechtsstreit „[d]as positive Recht [...] verfassungskonform auszulegen" sei (BGHZ 154, 260 (266) [2003] – Gies-Adler).

versteht gemeinhin unter einer verfassungskonformen Auslegung eine juristische Operation, welche voraussetze, dass mehrere Auslegungen einer Norm möglich seien, von denen mindestens eine mit der Verfassung nicht vereinbar sei. In diesem Fall sei(en) diejenige(n) Auslegung(en) zu wählen, welche mit der Verfassung vereinbar sei(en).[33] Viele wollen die verfassungskonforme von der so genannten verfassungsorientierten Auslegung abgrenzen. Letztere ziele auf die Auslegung einer Rechtsnorm im Lichte der Verfassung. Es handele sich also insoweit um ein allgemeineres, d.h. über das Privatrecht hinausgehendes, Konzept, das die Praxis des BVerfG im und seit dem Lüth-Urteil widerspiegelt, welche auch häufig als Beispiel herangezogen wird.[34] Aus den folgenden Gründen wähle ich nichtsdestoweniger den Begriff der verfassungskonformen Auslegung (plus) für die in den weiteren Abschnitten noch im Einzelnen zu erläuternde, aus drei Schritten bestehende Prüfung, als die sich die Rechtsprechung des BVerfG meines Erachtens rekonstruieren lässt.[35]

Die Unterscheidung verfassungskonforme-verfassungsorientierte Auslegung ist bereits terminologisch verunglückt. Denn zum einen könnten die Begriffe auch umgekehrt verwendet werden:[36] „eine verfassungsorientierte Auslegung führt natürlich zu einem verfassungskonformen Ergebnis, und umgekehrt ist eine verfassungskonforme Auslegung zwangsläufig zugleich verfassungsorientiert."[37] Das BVerfG spricht in der Regel generisch von „verfassungsmäßiger Auslegung"

---

[33] Vgl. nur *C. Höpfner*, Die systemkonforme Auslegung, 2008, S. 171 f., 175; *K. A. Bettermann*, Die verfassungskonforme Auslegung – Grenzen und Gefahren, 1986, S. 19; *C.-W. Canaris*, Die verfassungskonforme Auslegung und Rechtsfortbildung im System der juristischen Methodenlehre, in: Festschrift für Ernst A. Kramer, 2004, 141, 154; ähnlich auch *K. Schlaich/S. Korioth*, Das Bundesverfassungsgericht – Stellung, Verfahren, Entscheidungen, 10. Aufl. 2015, S. 318; *C. Moench*, Verfassungswidriges Gesetz und Normenkontrolle, 1977, S. 19; *V. Skouris*, Teilnichtigkeit von Gesetzen, 1973, S. 96; *C. Seiler*, Auslegung als Normkonkretisierung, 2000, S. 33.

[34] Vgl. neben *C. Höpfner*, Die systemkonforme Auslegung, 2008, S. 178–183 auch *B. Rüthers/C. Fischer/A. Birk*, Rechtstheorie mit juristischer Methodenlehre, 9. Aufl. 2016, S. 463–468, die von „verfassungsorientierter Rechtsfortbildung" sprechen; siehe überdies *K. Schlaich/S. Korioth*, Das Bundesverfassungsgericht – Stellung, Verfahren, Entscheidungen, 10. Aufl. 2015, S. 321 f. *A. Voßkuhle*, Theorie und Praxis der verfassungskonformen Auslegung von Gesetzen durch Fachgerichte, Archiv des öffentlichen Rechts 2000, Bd. 125, 177, 180 betrachtet die verfassungskonforme als einen Unterfall der verfassungsorientierten Auslegung. Eine dezidiert weitere Auffassung vertritt *D. Göldner*, Verfassungsprinzip und Privatrechtsnorm in der verfassungskonformen Auslegung und Rechtsfortbildung – Verfassungskonkretisierung als Methoden- und Kompetenzproblem, 1969, S. 43–47. Er versteht verfassungskonforme Auslegung sowohl als „gesetzeserhaltendes" als auch als „verfassungserhaltendes Prinzip", wonach diese „jede auf judizielle Vermittlung von Verfassung und gesetzlicher Rechtsordnung gerichtete Interpretation" darstelle, „gleichviel, ob sie der Konservierung einer verfassungsrechtlich zweifelhaften Norm dient oder nicht." (ebenda, S. 47).

[35] Siehe unten B.

[36] So auch *K. Schlaich/S. Korioth*, Das Bundesverfassungsgericht – Stellung, Verfahren, Entscheidungen, 10. Aufl. 2015, S. 321.

[37] *C.-W. Canaris*, Die verfassungskonforme Auslegung und Rechtsfortbildung im System der juristischen Methodenlehre, in: Festschrift für Ernst A. Kramer, 2004, 141, 143.

und ist daher bis jetzt einer strikten terminologischen Unterscheidung von verfassungskonformer und verfassungsorientierter Auslegung nicht gefolgt.[38] Zum anderen ist die „verfassungskonforme *Auslegung*", wie sie die vorherrschende Auffassung versteht, streng genommen gar keine Auslegung, sodass insoweit ohnehin eine terminologische Schieflage besteht. Sie ist nicht Teil eines Vorgangs, durch welchen der Inhalt einer Norm bestimmt wird[39] – eine Inhaltsbestimmung findet nur im negativen Sinne statt, indem sie nach dem Abschluss des Interpretationsvorgangs bestimmte mögliche Auslegungsergebnisse ausschließt, also die äußeren Grenzen der Auslegungsmöglichkeiten bestimmt. Was die vorherrschende Ansicht in der Literatur als „verfassungskonforme Auslegung" bezeichnet, ist daher ein Akt der Normerhaltung durch eine Vorzugsregel. Diese gibt nach Abschluss des Interpretationsvorgangs anhand der klassischen nach nationalem Recht geltenden *canones* derjenigen Auslegung den Vorzug, die mit der Verfassung vereinbar ist, selbst wenn diese Auslegung unter dem Blickwinkel der klassischen *canones* nicht die plausibelste ist, solange sie jedenfalls möglich ist.[40] Eine strikte terminologische Unterscheidung verfassungskonforme vs. verfassungsorientierte Auslegung scheitert damit bereits an der fehlenden begrifflichen Präzision der zu unterscheidenden Konzepte, die wie gesagt auch in der Rechtsprechung des BVerfG keine Stütze findet.

Der im Folgenden von mir dargelegte und als verfassungskonforme Auslegung plus bezeichnete Dreischritt beschreibt dagegen das komplexe Wechselspiel von Normenkontrolle auf wesentlich[41] abstrakter Ebene und Inhaltsbestimmung der Norm *in concreto*. Beide werden ergänzt durch die eng begrenzte Möglichkeit, die Verletzung eines gesetzgeberischen Schutzauftrags festzustellen.[42] Diese dogmatische Figur besteht aus Normauslegung und -anwendung, Vorzugsregel zur Normerhaltung sowie gegebenenfalls Feststellung einer Schutzpflichtverletzung und erfordert hinsichtlich aller Schritte eine Verfassungsmäßigkeitsprüfung einschließlich einer Abwägung unterschiedlicher Verfassungsgüter auf

[38] Vgl. *K. Schlaich/S. Korioth*, Das Bundesverfassungsgericht – Stellung, Verfahren, Entscheidungen, 10. Aufl. 2015, S. 321 m. w. N.

[39] *K. A. Bettermann*, Die verfassungskonforme Auslegung – Grenzen und Gefahren, 1986, S. 22 bezeichnet die so verstandene verfassungskonforme Auslegung als „falsa demonstratio"; vgl. auch *C. Höpfner*, Die systemkonforme Auslegung, 2008, S. 180 f.; *B. Rüthers/C. Fischer/A. Birk*, Rechtstheorie mit juristischer Methodenlehre, 9. Aufl. 2016, S. 466; *R. Wank*, Die Auslegung von Gesetzen, 6. Aufl. 2015, S. 59.

[40] So für die Schweiz *E. Campiche*, Die verfassungskonforme Auslegung – Stellung in der Auslegungslehre und Abgrenzung zur Normenkontrolle, 1978, S. 3; siehe für Deutschland stellvertretend *K. Larenz/C.-W. Canaris*, Methodenlehre der Rechtswissenschaft, 3. Aufl. 1995, S. 160; *C. Höpfner*, Die systemkonforme Auslegung, 2008, S. 179; im Ergebnis auch *J. Burmeister*, Die Verfassungsorientierung der Gesetzesauslegung – verfassungskonforme Auslegung oder vertikale Normendurchdringung?, 1966, S. 8–13 und *B. Rüthers/C. Fischer/A. Birk*, Rechtstheorie mit juristischer Methodenlehre, 9. Aufl. 2016, S. 466.

[41] Siehe dazu unten B.II.

[42] Siehe dazu insgesamt unten B.

der Ebene der Verhältnismäßigkeit im engeren Sinne.[43] Es geht also, wie sich im Folgenden noch zeigen wird, um eine Interpretation des einfachen Rechts im Einklang, also in Konformität, mit der Verfassung – im ersten und zweiten Schritt grundsätzlich losgelöst vom konkreten Einzelfall, im dritten Schritt unter spezifischem Bezug auf diesen – kurzum: um eine verfassungs-*konforme* Auslegung im Wortsinne. Die Auslegung und Anwendung im konkreten Fall kann sich indes wiederum nur in demjenigen Rahmen bewegen, welchen die im obigen Sinne „verfassungskonforme Auslegung" der gesetzgeberischen Vorschrift unter etwaiger Begrenzung verfassungswidriger Auslegungsergebnisse abgesteckt hat.

B. Drei Schritte: Verfassungskonforme Auslegung plus

I. Horizontalwirkung im Einzelfall und zwei Schritte davor

In den Kapiteln 2 und 3 war Gegenstand der dort diskutierten Horizontalwirkungskonstruktionen zunächst lediglich die Individualkonstellation des Anspruch-Pflichten-Verhältnisses A-B. Es stand die Frage im Fokus, wie die einzelnen Konstruktionen mit der Wirkung der Grundrechte von A und B auf deren Rechtsverhältnis umgehen. Dabei ist zunächst in den Hintergrund getreten, dass rechtliche Grundlage auch des ausschließlich einfach-privatrechtlichen Anspruch-Pflichten-Verhältnisses A-B in aller Regel gesetzgeberisch geschaffene Vorschriften darstellen. Diese Vorschriften, auf den Einzelfall anwendbar, aber für eine Vielzahl von Fällen geschaffen, betreffen als gesetzgeberische Regelungen von Privatrechtsverhältnissen die Grundrechte der jeweils beteiligten Privatrechtssubjekte. Trifft der Gesetzgeber entsprechende Regelungen oder versäumt er es, solche zu treffen, in jedem Fall ist er nach Art. 1 Abs. 3 GG unmittelbar an die Grundrechte gebunden, worauf *Canaris* maßgeblich hingewiesen hat.[44] Jede vom Gesetzgeber geschaffene privatrechtliche Vorschrift hat somit die grundrechtlichen Pflichten des Staates gegenüber den von ihr potentiell Betroffenen zu berücksichtigen und, falls alle diese unterschiedlichen Pflichten nicht zugleich vollständig erfüllt werden können, diese in einen angemessenen Ausgleich zu setzen. Ist der Staat durch den unmittelbar an die Grundrechte gebundenen Gesetzgeber diesen Verantwortungspflichten – bzw. diesem Pflichtenausgleich – nicht nachgekommen, so liegt bereits darin eine Grundrechtsverletzung.[45] Das Gleiche

---

[43] Siehe zur Verhältnismäßigkeit unten C.III.

[44] Vgl. *C.-W. Canaris*, Grundrechte und Privatrecht, 1999, S. 16ff., auch bereits *ders.*, Grundrechte und Privatrecht, Archiv für die civilistische Praxis 1984, Bd. 184, 201, 212ff. Siehe oben Kap. 3, B.II.1.

[45] Vgl. z.B. BVerfGE 109, 64 (89–95) [2003] – Mutterschaftsgeld II (§ 14 MuSchG a.F. mit Art. 3 Abs. 2 GG unvereinbar); E 111, 289 (300–302) [2004] – Aufsichtsratswahl (§ 12 Abs. 1 Satz 2 MitbestG a.F. nicht mit Art. 3 Abs. 1 GG vereinbar); E 127, 132 (155–162) [2010] – Elternrecht des Vaters (§§ 1626a, 1672 BGB a.F. nicht mit Art. 6 Abs. 2 GG vereinbar).

gilt, wenn es der Gesetzgeber pflichtwidrig unterlassen hat, die Grundrechte der Betroffenen im Verhältnis zu anderen Privaten zu schützen.[46] Derartige gesetzgeberische grundrechtliche Verantwortungspflichtverletzungen erkennen selbst die abgeschwächten Ablehnungsansätze als Fälle der Horizontalwirkung an.[47] Im Wege der konkreten Normenkontrolle oder der Urteilsverfassungsbeschwerde können gesetzgeberische Verantwortungspflichtverletzungen auch gerichtlich im konkreten Privatrechtsstreit gerügt werden. Sind derartige gesetzgeberische Grundrechtsverletzungen festgestellt, können die andernfalls maßgeblichen einfachrechtlichen Vorschriften insoweit nicht Grundlage der Auslegung und Anwendung im Einzelfall durch die Gerichte sein.

Daran wird deutlich, dass die gerichtliche Horizontalwirkungsprüfung nicht vollständig mit der Auslegung und Anwendung der einfachrechtlichen Vorschriften anhand der Grundrechte durch die Gerichte erfasst ist. Stattdessen kann man die jüngere Rechtsprechung des BVerfG als eine Horizontalwirkungsprüfung in drei Prüfungsschritten beschreiben: (1) einer verfassungsgemäßen Auslegung der relevanten Vorschriften im Hinblick auf die Grundrechte der potentiell Betroffenen; (2) ausnahmsweise der Prüfung einer etwaigen Schutzpflichtverletzung des Gesetzgebers im Hinblick auf die Grundrechte der potentiell Betroffenen durch Nichterlass einer erforderlichen gesetzgeberischen Vorschrift; (3) der verfassungsgemäßen Auslegung und Anwendung der streitrelevanten Vorschriften im Einzelfall. Die Prüfungsabfolge zwischen den drei Schritten ist dabei nicht notwendig linear. Der zweite Schritt wird nur virulent, sofern bzw. soweit der gegenwärtige gesetzliche Rahmen gänzlich inadäquat ist, um mit Situationen umzugehen, in denen sich mit den an der Horizontalwirkungskonstellation Beteiligten vergleichbare Personen und andere potentiell Betroffene regelmäßig befinden. In diesem Fall kommt eine Schutzpflichtverletzung seitens des Gesetzgebers in Betracht. Die Auslegung und Anwendung der maßgeblichen Rechtsnorm im Einzelfall ist dagegen insoweit ausgeschlossen, sodass der dritte Schritt hier nicht mehr zum Tragen kommt. Kommt die Feststellung einer Schutzpflichtverletzung des Gesetzgebers nicht in Frage, so spielt dieser zweite Schritt keine Rolle. Es sind mithin in diesem Fall nur Schritte eins und drei zu prüfen.

Ordnete im Beispiel des Bürgschaftsbeschlusses[48] das BGB die Erfüllung der Bürgschaft auch bei Bestehen eines eklatanten wirtschaftlichen Ungleichgewichts ausnahmslos und ausdrücklich an, so wäre hierin bereits eine Verletzung einer

---

[46] Vgl. z. B. BVerfGE 108, 82 (109) [2003] – biologischer Vater (§ 1600 BGB a. F. gewährt biologischem Vater nicht ausreichenden Schutz nach Art. 6 Abs. 2 Satz 1 GG zur Anfechtung der rechtlichen Vaterschaft); E 114, 73 (97) [2005] – Lebensversicherung mit Überschussbeteiligung (kein ausreichender Schutz der Rechte der Versicherungsnehmer aus Art. 2 Abs. 1 und Art. 14 Abs. 1 GG bei Lebensversicherungen mit Überschussbeteiligung).

[47] Vgl. oben Kap. 3, D.IV.

[48] Vgl. oben Kap. 2, B.III. und BVerfGE 89, 214 [1993].

grundrechtlichen Pflicht des unmittelbar grundrechtsgebundenen Gesetzgebers im Sinne des ersten Schritts zu sehen. Bestünden die §§765ff. BGB in ihrer gegenwärtigen Form, fehlte es indes an dem §138 Abs. 1 BGB entsprechenden oder vergleichbaren Vorschriften, käme eine gesetzgeberische Schutzpflichtverletzung in Betracht (zweiter Schritt). Nur wenn feststeht, dass der Gesetzgeber weder durch Erlass noch durch Nichterlass bestimmter einfachrechtlicher Vorschriften seine grundrechtliche Verantwortungspflicht nicht verletzt hat, kommt im dritten Schritt zum Tragen, ob die Auslegung und Anwendung der insoweit grundsätzlich verfassungskonformen Vorschriften, also hier insbesondere der §§765ff., 138 Abs. 1 BGB, im Einzelfall wiederum auf verfassungskonforme Weise erfolgte.

In der jüngeren Rechtsprechung des BVerfG tritt diese nicht lineare dreischrittige Prüfung, die im Weiteren als verfassungskonforme Auslegung plus bezeichnet werden soll, erkennbar hervor. In seinem Beschluss zur Rechtsstellung des biologischen Vaters im Sorge- und Unterhaltsrecht aus dem Jahre 2003 interpretierte das Gericht beispielsweise zunächst die maßgeblichen familienrechtlichen Vorschriften (§§1600, 1685 und 1711 a.F. BGB) auf abstrakt-genereller Ebene anhand der einschlägigen Grundrechtsbestimmungen im Horizontalverhältnis. §1600 BGB a.F. hielt es für „mit Art. 6 Abs. 2 Satz 1 GG insoweit unvereinbar, als er dem biologischen Vater auch dann das Recht auf Anfechtung der rechtlichen Vaterschaft vorenthält, wenn die rechtlichen Eltern mit dem Kind gar keine soziale Familie bilden, die es nach Art. 6 Abs. 1 GG zu schützen gilt."[49] Ebenso sei §1685 BGB a.F. einer verfassungskonformen Auslegung bereits *in abstracto*[50] nicht zugänglich, da „er in den Kreis der Umgangsberechtigten den leiblichen, aber nicht rechtlichen Vater eines Kindes auch dann nicht mit einbezieht, wenn zwischen ihm und dem Kind eine sozial-familiäre Beziehung besteht oder bestanden hat."[51] Dagegen könne „§1711 Abs. 2 BGB a.F. *verfassungskonform* dahin gehend ausgelegt werden, dass auch der leibliche, aber nicht rechtliche Vater, der eine sozial-familiäre Beziehung zu seinem Kind (gehabt) hat, durch gerichtliche Entscheidung die Befugnis zum Umgang mit seinem Kind erhalten konnte, wenn dieser dem Wohl des Kindes dient."[52] Somit ließ das Gericht die verfassungskonforme Auslegung von §§1600 und 1685 BGB a.F. bereits im ersten bzw. zweiten Schritt scheitern. Hinsichtlich §1711 Abs. 2 BGB a.F. schritt es sodann zur Prüfung der verfassungskonformen Auslegung und Anwendung im Einzelfall.[53]

---

[49] BVerfGE 108, 82 (109) [2003] – biologischer Vater.
[50] Siehe dazu sogleich unten II.
[51] Ebenda (117f.).
[52] Ebenda (114) (meine Hervorhebung).
[53] Ebenda (115–117).

Eine Vielzahl weiterer Entscheidungen der vergangenen knapp zwei Jahrzehnte ist im Wesentlichen dieser Prüfungsstruktur gefolgt.[54] So unterstrich beispielsweise die 2. Kammer des Ersten Senats die Differenzierung zwischen der „abstrakt[en]“ Prüfung der kollidierenden Grundrechtspositionen im Rahmen der Auslegung des einfachen Rechts – hier § 1 Abs. 2 KSchG – und der Auslegung und Anwendung desselben „im Einzelfall“.[55] In seiner Entscheidung zur Verwertbarkeit eines ohne Zustimmung des betroffenen Kindes oder seiner Mutter eingeholten DNA-Gutachtens zur Feststellung der Vaterschaft prüfte das Gericht zunächst den gesetzlichen Rahmen der §§ 1600 ff. BGB a. F., um sodann festzustellen, dass das gesetzlich vorhandene Verfahren dem Recht des mutmaßlichen Vaters auf Kenntnis der Abstammung des Kindes nicht ausreichend entsprach (zweiter Schritt).[56] Schließlich überprüfte es die fachrichterlichen Entscheidungen hinsichtlich verfassungskonformer Anwendung und Auslegung des einfachen Rechts im Einzelfall (dritter Schritt).[57]

Das Gericht führt allerdings nicht stets eine Prüfung aller drei Schritte durch, sondern prüft diese nur, wenn sie durch den Beschwerdeführer gerügt werden bzw. wenn es eine derartige Prüfung für erforderlich hält. So beschränkt es sich beispielsweise auf die Prüfung der verfassungskonformen Auslegung und Anwendung der maßgeblichen Vorschriften *in concreto*, wenn es diese Normen für grundsätzlich „verfassungsrechtlich unbedenklich[ ]“ hält.[58] Dies ist insbesondere der Fall, wenn es sich bei den maßgeblichen einfachrechtlichen Vorschriften um solche handelt, deren generelle Verfassungsmäßigkeit bereits in einer früheren Entscheidung des Gerichts bejaht wurde, wie beispielsweise die zivilrechtlichen Generalklauseln,[59] oder die sonst verfassungsrechtlich offensichtlich unbedenklich sind. Schließlich kann die Prüfung des dritten Schritts unterbleiben, wenn bereits die verfassungskonforme Auslegung der einschlägigen

---

[54] Vgl. z. B. BVerfGE 117, 202 (234 ff.) [2007] (bzgl. §§ 1600 ff. BGB); E 121, 69 (105 ff.) [2008] (bzgl. § 33 FGG); E 128, 193 (211) [2011] (bzgl. § 1578 Abs. 1 S. 1 BGB); E 129, 78 (104 f.) [2011] (bzgl. §§ 17 Abs. 1 und 96 Abs. 1 UrhG); E 138, 377 (390) [2015] (bzgl. § 1607 Abs. 3 BGB); BVerfG, Urt. v. 19.4.2016, 1 BvR 3309/13, Rn. 29 ff. (bzgl. Vorschriften des BGB zum Vaterschaftsfeststellungsverfahren, insbesondere §§ 1598a und 1600d BGB); BVerfG, Urt. v. 31.5. 2016, 1 BvR 1585/13, Rn. 66 ff. (bzgl. §§ 85 Abs. 1 S. 1 und 24 Abs. 1 UrhG).

[55] Vgl. BVerfG(K), Beschl. v. 30.7.2003, 1 BvR 792/03, Rn. 23 (zur Kündigung einer Kaufhausangestellten wegen Tragens eines Kopftuchs am Arbeitsplatz).

[56] Vgl. BVerfGE 117, 202 (236–239) [2007].

[57] Ebenda (239–242).

[58] BVerfG(K), Beschl. v. 10.3.2016, 1 BvR 2844/13, Rn. 23; vgl. auch BVerfGE 105, 1 (10 ff.) [2002]; E 107, 275 (280 ff.) [2003] – Benetton II; E 129, 78 (101 f.) [2011] – Anwendungserweiterung/Le Corbusier-Möbel.

[59] Vgl. z. B. BVerfGE 89, 214 (229) [1993] – Angehörigenbürgschaft: „[D]ie maßgeblichen Vorschriften des Bürgerlichen Gesetzbuches bleiben unbeanstandet.“; E 103, 89 [2001] – Unterhaltsverzichtsvertrag; BVerfG(K), Beschl. v. 22.3.2004, 1 BvR 2248/01 – Ebenbürtigkeitsklausel Erbvertrag Hohenzollern, Rn. 33 ff. (jeweils bzgl. §§ 138, 242 BGB).

Norm im ersten Schritt scheitert.[60] Diese Ausnahmen bestätigen jedoch die Regel, dass das BVerfG in seiner Rechtsprechung aus jüngerer Zeit einen der hier rekonstruierten verfassungskonformen Auslegung plus entsprechenden Prüfungsaufbau wählt.

II. Wechselspiel zwischen abstrakter und konkreter Ebene

Die drei Schritte der verfassungskonformen Auslegung plus beziehen sich demnach aufeinander. Diese Beziehung ist eine wechselseitige. Schritt drei steht in Beziehung zu Schritt eins und Schritt zwei, indem sich Anwendung und Auslegung der einfachrechtlichen Normen im Einzelfall in demjenigen Rahmen bewegen, den Schritt eins und zwei abstecken. Schritt eins determiniert, ob und wenn ja welche Auslegungen der einfachrechtlichen Vorschriften überhaupt grundrechtlich möglich sind. Schritt zwei bestimmt, was der Gesetzgeber gegebenenfalls aufgrund seiner grundrechtlichen Verpflichtungen noch zu ergänzen hat, bevor sich die Frage der staatlichen (d.h. in diesem Fall nunmehr gerichtlichen) grundrechtlichen Verantwortungspflicht für das einzelne privatrechtliche Anspruch-Pflichten-Verhältnis A-B überhaupt stellt.

Auf der anderen Seite ist die Frage der verfassungskonformen Auslegung im ersten und zweiten Schritt, also jenseits des konkreten Einzelfalls nicht gänzlich losgelöst von diesem Einzelfall möglich. Denn ohne eine Bildung von Fallgruppen, einschließlich eingrenzbarer Personenkreise, Sachverhaltskonstellationen etc., ist auch eine derartige Auslegung jenseits des Rechtsverhältnisses A-B nicht denkbar,[61] umso mehr wenn es um grundrechtliche Konfliktlagen geht. Ob beispielsweise die familienrechtlichen Vorschriften des BGB dem biologischen Vater eine mit Art. 6 Abs. 2 GG vereinbare Rechtstellung gewähren, ob sie diesem widersprechen oder ob sie durch Schaffung neuer Vorschriften ergänzungsbedürftig sind, kann man nur beurteilen, wenn man jedenfalls bestimmte Sachverhaltsparameter konkretisiert. Ein Beispiel wäre, hier zu fragen, ob er die Vaterschaft des rechtlichen Vaters jedenfalls dann anfechten kann, wenn

---

[60] Vgl. z.B. BVerfGE 109, 64 (89ff.) [2003] – Mutterschaftsgeld II (bzgl. § 14 Abs. 1 Satz 1 MuSchG).

[61] Vgl. dazu für die juristische Methodenlehre grundlegend *J. Esser*, Vorverständnis und Methodenwahl in der Rechtsfindung – Rationalitätsgarantien der richterlichen Entscheidungspraxis, 1970, S. 42, 71ff., 133ff., insbesondere S. 136: „Man muß von dem, was man definieren will, eben schon vorher ‚einen Begriff haben'. [...] Es werden mögliche Ergebnisse vorweg ins Auge gefaßt, und an ihnen wird die Verstehbarkeit des Textes ausgemacht. [...] Der Rechtsanwender kann sich dem Anwendungs- und Entscheidungszwang, unter dem er steht, nicht entziehen. Seine Normbefragung steht unter diesem entscheidungsbezogenen Vorverständnis der Konfliktsituation." Vgl. auch bereits *Karl Engischs* Bild vom Hin- und Herwandern des Blickes des Rechtsanwenders zwischen Norm und Sachverhalt, *K. Engisch*, Logische Studien zur Gesetzesanwendung, 2. Aufl. 1960, S. 14.

die rechtlichen Eltern mit dem Kind keine soziale Familie bilden.[62] In ähnlicher Weise ist es nur möglich, die Verfassungskonformität der Vorschriften des UrhG mit Blick auf Art. 5 Abs. 3 GG einerseits und Art. 14 Abs. 1 GG andererseits zu bewerten, wenn jedenfalls feststeht, welche Art von Urheberrechtsverletzung in Frage steht und in welchem Kontext (Künstler, Genre, etc.) dies geschieht. Ein solches Beispiel ist das so genannte Sampling von Ausschnitten der Musikstücke anderer Musiker als wesentliches Stilmerkmal des Musikgenres Hip-Hop.[63]

Deshalb ist es für das entscheidende Gericht auch auf der ersten und/oder zweiten Stufe der verfassungskonformen Auslegung plus stets erforderlich, trotz Abstraktion vom im dritten Schritt zu behandelnden konkreten Einzelfall ein gewisses Maß an Konkretisierung herzustellen. Die verfassungskonforme Auslegung der maßgeblichen privatrechtlichen Vorschriften hat somit in Bezug zu den von den Vorschriften potentiell Betroffenen und dabei unter besonderer Berücksichtigung von Personen in einer vergleichbaren Situation wie den Personen des konkreten Rechtsstreits zu erfolgen (erster Schritt). Fehlt es an einer jeweils maßgeblichen privatrechtlichen Vorschrift, so ist zu fragen, ob dieses Fehlen mit Blick auf die potentiell Betroffenen und dabei unter besonderer Berücksichtigung von Personen in einer vergleichbaren Situation wie die Personen des konkreten Rechtsstreits eine staatliche grundrechtliche Schutzpflichverletzung darstellt (zweiter Schritt).

Die verfassungskonforme Auslegung plus besteht demzufolge aus drei nicht linearen Schritten, die jeweils durch das Wechselspiel zwischen abstrakter und konkreter Ebene geprägt sind und folglich in enger Beziehung zueinander stehen. Die ersten beiden Schritte drücken die – gerichtlich zu überprüfendende – grundrechtliche Verantwortungspflicht des Gesetzgebers gegenüber den Grundrechtsträgern aus. Im dritten Schritt manifestiert sich die grundrechtliche Verantwortungspflicht der Gerichte gegenüber den privaten Parteien des Privatrechtsstreits.

III. Auslegungskonstruktion des BVerfG

Prüft das BVerfG die Horizontalwirkung der Grundrechte in dem soeben beschriebenen Dreischritt, so liegen dieser Prüfung mehrere Prämissen zugrunde. Erstens addressieren die Grundrechte nur den Staat, nur dieser ist Verpflichteter eines grundrechtlichen Anspruchs. Daraus folgt zweitens, dass ein unmittelbares grundrechtliches Anspruch-Pflichten-Verhältnis zwischen Privaten ausscheiden muss. Horizontalwirkung erfolgt daher drittens durch staatliche Ver-

[62] Bsp. nach BVerfGE 108, 82 (109) [2003] – biologischer Vater (Frage nach gesetzgeberischem Unterlassen angesichts u. a. § 1600 BGB a. F.).

[63] Bsp. nach BVerfGE 142, 74 (95 ff.) [2016] – Sampling (Frage nach Unvereinbarkeit von §§ 24 Abs. 1 und 85 Abs. 1 Satz 1 UrhG mit Art. 5 Abs. 3 und Art. 14 Abs. 1 GG).

antwortung: im ersten und zweiten Schritt der verfassungskonformen Auslegung plus zunächst durch den Gesetzgeber, im dritten Schritt durch das über den einzelnen Privatrechtsstreit entscheidende Gericht selbst. Es wurde dargelegt, dass nach einer sich bis auf das Lüth-Urteil zurückverfolgbaren weitgehend ungebrochenen Rechtsprechungslinie das BVerfG auf die grundrechtliche Verantwortungspflicht des streitentscheidenden Gerichts selbst nach Art. 1 Abs. 3 GG als dogmatische Grundlage der Horizontalwirkung rekurriert und dass diese Grundlage aus dogmatischer Sicht vollkommen genügt.[64] Zugleich hat sich ergeben, dass das BVerfG eine solche grundrechtliche Verantwortungspflicht der staatlichen Gerichte im Wege der Auslegung des einfachen Rechts zu realisieren sucht.[65]

Im Anschluss an die Erkenntnisse aus der dogmatischen Analyse und Bewertung der Gruppen dogmatischer Konstruktionen der Horizontalwirkung hat das zuständige Gericht mithin zunächst zu prüfen, ob es durch Auslegung und Anwendung des einfachen Rechts – d.h. ohne Rückgriff auf die Grundrechte – den Gewährleistungsgehalt der Grundrechte von A/B auf unverhältnismäßige Weise beschränken würde. Es prüft also eine etwaige hypothetische Grundrechtsverletzung durch ausschließliche Auslegung und Anwendung des einfachen Privatrechts.[66] Dies steht in Einklang mit der Rechtsprechung des BVerfG. In seinem Urteil zum ehevertraglich vereinbarten Unterhaltsverzicht im Falle der Trennung konstatiert es beispielsweise: „Den Gerichten obliegt es, [den] grundrechtlichen Schutz durch Auslegung und Anwendung des Rechts zu gewähren und im Einzelfall zu konkretisieren.“ Nähmen sie diese Verantwortungspflicht nicht wahr, so stellte dies eine rügefähige Grundrechtsverletzung dar.[67] Dieses auf Art. 1 Abs. 3 GG gestützte Verantwortungsverständnis lässt sich bis zum Lüth-Urteil zurückverfolgen.[68] Wenn das BVerfG somit davon ausgeht, dass Gerichte ihre Verantwortungspflicht verletzen, wenn sie den Einfluss der Grundrechte auf die Auslegung und Anwendung des einfachen Rechts nicht angemessen berücksichtigen, so schließt das auch bereits die hypothetische Selbstprüfung des Gerichts mit ein, ob es durch ausschließlich einfachrechtliche Argumentation den Gewährleistungsgehalt der Grundrechte der Streitparteien unverhältnismäßig beschränkte.

---

[64] Vgl. oben Kap. 3, E.I.3.

[65] Siehe oben A.I.

[66] Vgl. oben Kap. 3, E.I.3.

[67] BVerfGE 103, 89 (100) [2001]. Ähnlich auch BVerfG(K), Beschl. v. 17.7.2013, 1 BvR 3167/08 (zu einer vertraglich vereinbarten Auskunftspflicht des Versicherten über seinen Gesundheitszustand im Versicherungsvertrag), Rn. 19: „Verkennt ein Gericht, das eine privatrechtliche Streitigkeit entscheidet, in grundsätzlicher Weise den Schutzgehalt des allgemeinen Persönlichkeitsrechts, verletzt es durch sein Urteil das Grundrecht des Bürgers in seiner Funktion als Schutznorm [...].“

[68] Vgl. oben Kap. 3, E.I.3.

Die als verfassungskonforme Auslegung plus beschriebene Rechtsprechung des BVerfG zur Horizontalwirkung folgt mithin im dritten Schritt einem Auslegungsansatz, wonach das zuständige Gericht zunächst prüft, ob seine Auslegung und Anwendung des einfachen Privatrechts im privaten Rechtsverhältnis A-B den Gewährleistungsgehalt der Grundrechte unverhältnismäßig beschränkte. Das Ergebnis der Abwägung der Grundrechtspositionen von A und B gewährt sodann A (oder B) einen grundrechtlichen Anspruch gegen den Staat, den das Gericht durch Auslegung und Anwendung des einfachen Rechts nunmehr anhand des Auslegungsergebnisses zu erfüllen hat.[69]

C. Richterrecht und Stadionverbot: Grenzen der Rekonstruktion

Allerdings, folgt das BVerfG in seiner Rechtsprechungspraxis tatsächlich der verfassungskonformen Auslegung plus? Insoweit kann man Skepsis vor allem in zweierlei Hinsicht äußern. Das Verhältnis des Gerichts zur grundrechtlich inspirierten richterlichen Rechtsfortbildung erweist sich zum einen als erheblich ambivalenter als es zunächst den Anschein hat (I.). Zum anderen stellt sich die Frage, ob die neueste Rechtsprechung des Gerichts im Stadionverbotsbeschluss nicht einen gänzlich anderen Ansatz wählt und sich von einer staatsgerichteten zugunsten einer Anwendungskonstruktion verabschiedet (II.).

I. Horizontalwirkung, Richterrecht und BVerfG

Das dreischrittige Prüfprogramm der verfassungskonformen Auslegung plus lässt richterlicher Rechtsfortbildung wenig Raum. Grundrechtliche Schutzlücken soll der Gesetzgeber schließen, gegebenenfalls aufgrund einer Verpflichtung auf eine solche Lückenschließung seitens des BVerfG. Fraglich ist indes, ob dies bei Verantwortungskonstruktionen in der Praxis realisierbar ist.[70] Jedenfalls ist Skepsis angebracht, ob das BVerfG in seiner eigenen Rechtsprechung diese restriktive Position zu grundrechtlich inspiriertem Richterrecht durchhält. Sind die Gerichte verantwortlich, im Rahmen der Auslegung des einfachen Rechts die Grundrechte der beiden Seiten des Privatrechtsverhältnisses nicht unverhältnismäßig zu beeinträchtigen, bedeutet dies, dass sich nach Art. 1 Abs. 3 GG ein grundrechtlicher Anspruch an das Gericht als staatlichen Hoheitsträger richtet, wenn das Ergebnis des Ausgleichs ihrer Grundrechtspositionen zugunsten einer Partei ausgeht.[71] Doch was, wenn sich das einfache Recht nicht diesem grund-

[69] Vgl. auch oben Kap. 3, E.I.3. und 6.
[70] Vgl. auch unten Kap. 6, E.III.
[71] Zu den Einzelheiten dieses Ausgleichs siehe unten C.III.

rechtlichen Anspruch entsprechend auslegen lässt? Der grundrechtliche Anspruch gegen den Staat verlangt nach Erfüllung und steht normhierarchisch über dem einfachen Recht. Richterliche Rechtsfortbildung *praeter* oder gar *contra legem* offenbart sich damit als immanentes Problem der Horizontalwirkung, auch und gerade, wenn man sie staatsgerichtet als Verantwortungspflicht der Gerichte konstruiert, die Grundrechte der Privaten bei der Entscheidung über einen Rechtsstreit nicht zu verletzen.[72]

Die Rechtsprechung des BVerfG spiegelt das ambivalente Verhältnis des Gerichts zu diesem Problem wider. In seinem Soraya-Beschluss aus dem Jahre 1973 zum richterrechtlich kreierten immateriellen Schadenersatzanspruch bei Persönlichkeitsrechtsverletzungen hatte das Gericht zunächst richterlicher Rechtsfortbildung einen sehr weiten Raum zugestanden.[73] Der BGH traf in seiner „Herrenreiter"-/„Soraya"-Rechtsprechung eine wichtige Steuerungsentscheidung[74] zugunsten und auf der Grundlage des allgemeinen Persönlichkeits-

---

[72] Vgl. dazu ausführlich unten Kap. 5, B.I.3. und 6, E.III.

[73] Angesichts des eindeutigen Willens des historischen BGB-Gesetzgebers und mehrerer gescheiterter Versuche des Bundestages, einen derartigen immateriellen Schadenersatz gesetzlich zu verankern (Vgl. dazu BVerfGE 34, 269 (272ff., 288ff.) [1973] – Soraya), ließe sich gar argumentieren, es handele sich hier um eine richterliche Rechtsfortbildung nicht nur *praeter*, sondern *contra legem*. So z.B. *C. Gusy*, Richterrecht und Grundgesetz, Die Öffentliche Verwaltung 1992, 461, 464f.; anders dagegen z.B. *A. Bruns*, Zivilrichterliche Rechtsschöpfung und Gewaltenteilung, JuristenZeitung 2014, 162, 185.

[74] Zur Steuerung aus juristisch-regulierender Perspektive ausführlich *A. Hellgardt*, Regulierung im Privatrecht, 2016, S. 15ff.; siehe auch kürzlich *S. Grundmann*, Privatrecht und Regulierung, in: Festschrift für Claus-Wilhelm Canaris zum 80. Geburtstag, 2017, 907, 912–939. Zum sozialwissenschaftlichen Steuerungsbegriff grundlegend *R. Mayntz*, Politische Steuerung und gesellschaftliche Steuerungsprobleme – Anmerkungen zu einem theoretischen Paradigma, in: T. Ellwein/J.J. Hesse/R. Mayntz/F.W. Scharpf (Hrsg.), Jahrbuch zur Staats- und Verwaltungswissenschaft 1987, Bd. 1, 89. Zur neueren Iteration der Governance siehe *A. Benz/Dose*, Governance – Modebegriff oder nützliches sozialwissenschaftliches Konzept?, in: Dies. (Hrsg.), Governance – Regieren in komplexen Regelsystemen, 2. Aufl. 2010, 13; *J. Pierre/B.G. Peters*, Governance, Politics and the State, 2000; *R. Mayntz*, Governancetheorie: Erkenntnisinteresse und offene Fragen, in: E. Grande/S. May (Hrsg.), Perspektiven der Governance-Forschung, 2009, 9. Zum Verhältnis von Steuerungs- und Governancebegriff siehe auch *R. Mayntz*, Governance im modernen Staat, in: A. Benz/N. Dose (Hrsg.), Governance – Regieren in komplexen Regelsystemen, 2. Aufl. 2010, 37; *S. Frerichs*, Judicial Governance in der europäischen Rechtsgemeinschaft – Integration durch Recht jenseits des Staates, 2008, S. 31–33, 38ff.; *W. Jann*, Nunmehr alles Governance, oder was? – Über die Bedeutung von Verwaltung, Institutionen und Institutionentheorie, in: A. Voßkuhle/C. Bumke/F. Meinel (Hrsg.), Verabschiedung und Wiederentdeckung des Staates im Spannungsfeld der Disziplinen, Der Staat – Beiheft 21, 2013, 93. Zu möglichen Formen *S. Grundmann*, Privatrecht und Regulierung, in: Festschrift für Claus-Wilhelm Canaris zum 80. Geburtstag, 2017, 907, 912–939, die von ordo-liberaler Regulierung bis zum so genannten „nudging" reichen. Siehe zu letzterem stellvertretend *M. Thaler/C. Sunstein*, Nudge – Improving Decisions About Health, Wealth, and Happiness, 2008 und *C. Sunstein*, Why Nudge? The Politics of Libertarian Paternalism – The Storrs Lectures, 2014. In der deutschen Wissenschaft des öffentlichen Rechts hat der Steuerungsbegriff durch die so genannte „Neue Verwaltungsrechtswissenschaft" vor allem in der verwaltungsrechtlichen Literatur an Prominenz gewonnen, vgl. *H. Treiber*, Genese und ursprüngliche In-

rechts, indem er selbst die seiner Auffassung nach vom Grundgesetz geforderte Rechtsnorm richterrechtlich (faktisch) schuf. Das BVerfG hielt diese Rechtsfortbildung für verfassungsrechtlich unbedenklich. Die „Aufgabe und Befugnis [der Gerichte] zu ‚schöpferischer Rechtsfindung'" sei „jedenfalls unter der Geltung des Grundgesetzes [...] im Grundsatz nie bestritten worden."[75]

Wo verlaufen nach Auffassung des BVerfG die Grenzen? Im Soraya-Beschluss definierte das Gericht diese Grenzen nicht in abstrakter Form, sondern stellte hinsichtlich des konkreten Falles zwei Überlegungen an. Erstens

„*wächst mit dem ‚Altern der Kodifikationen'* (Kübler, JZ 1969, S. 645), mit zunehmendem zeitlichen Abstand zwischen Gesetzesbefehl und richterlicher Einzelfallentscheidung notwendig *die Freiheit des Richters zur schöpferischen Fortbildung des Rechts*. Die Auslegung einer Gesetzesnorm kann nicht immer auf die Dauer bei dem ihr zu ihrer Entstehungszeit beigelegten Sinn stehenbleiben. Es ist zu berücksichtigen, welche vernünftige Funktion sie im Zeitpunkt der Anwendung haben kann. *Die Norm steht ständig im Kontext der sozialen Verhältnisse und der gesellschaftlich-politischen Anschauungen, auf die sie wirken soll; ihr Inhalt kann und muß sich unter Umständen mit ihnen wandeln.*"[76]

Das Gesetz ist danach – ähnlich der Rechtsprechung des EGMR – ein „living instrument"[77], kein statischer Block, sondern vom Richter angesichts Zeitablaufs und sozialer Veränderungen – zu einem gewissen, oder vielmehr ungewissen, Grad – formbar. Zweitens „stoßen, wie die Erfahrung zeigt, gesetzgeberische Reformen gerade dann auf besondere Schwierigkeiten und Hemmnisse, wenn sie zu Änderungen eines der großen Gesetzgebungswerke führen sollen, die das Bild der Rechtsordnung im ganzen so prägen wie die Kodifikation des Privatrechts im Bürgerlichen Gesetzbuch."[78] Mit anderen Worten, notwendige Reformen, die im demokratisch-politischen Prozess nicht realisierbar sind, können (oder sollen?) von der Rechtsprechung per Richterrecht umgesetzt werden. Dies soll nach dem Soraya-Beschluss offenbar insbesondere gelten für umfassende Reformen und

---

tention einer steuerungswissenschaftlich konzipierten Wissenschaft vom Verwaltungsrecht, Jahrbuch des öffentlichen Rechts n. F. 2017, Bd. 65, 423, 426 ff. (zur Rezeption des *Mayntz*'schen Steuerungsbegriffs); grundlegend W. Hoffmann-Riem/E. Schmidt-Aßmann/G. F. Schuppert (Hrsg.), Reform des allgemeinen Verwaltungsrechts, 1993; *A. Voßkuhle*, Neue Verwaltungsrechtswissenschaft, in: W. Hoffmann-Riem/E. Schmidt-Aßmann/A. Voßkuhle (Hrsg.), Grundlagen des Verwaltungsrechts. Bd. I: Methoden, Maßstäbe, Aufgaben, Organisation, 2006, § 1; vgl. auch *I. Appel*, Das Verwaltungsrecht zwischen klassischem dogmatischen Verständnis und steuerungswissenschaftlichem Anspruch, VVDStRL 2008, Bd. 67, 226 ff. und *M. Eifert*, Das Verwaltungsrecht zwischen klassischem dogmatischen Verständnis und steuerungswissenschaftlichem Anspruch, VVDStRL 2008, Bd. 67, 286 ff.; *C. Franzius*, Die Neue Verwaltungsrechtswissenschaft – eine vorläufige Bilanz, Jahrbuch des öffentlichen Rechts 2017, Bd. 65, 441 ff.

[75] BVerfGE 34, 269 (287) [1973] – Soraya.

[76] Ebenda (288) (meine Hervorhebungen).

[77] Vgl. dazu ausführlich *G. Letsas*, The ECHR as a living instrument: its meaning and legitimacy, in: A. Føllesdal/B. Peters/G. Ulfstein (Hrsg.), Constituting Europe – The European Court of Human Rights in a national, European and global context, 2013, 106.

[78] BVerfGE 34, 269 (289) [1973] – Soraya.

grundlegende Richtungswechsel im Rahmen einer bedeutenden Kodifikation wie dem BGB.

Zusammenfassend soll richterliche Rechtsfortbildung anhand der Grundrechte nach dem Vorgesagten mithin umso mehr zulässig oder gar geboten sein, je älter[79] und je „größer“ die fragliche Kodifikation bzw. je „notwendiger“ die erforderliche Reform ist. Ein weiterer Hinweis auf die (weiten) Grenzen richterlicher Rechtsfortbildung ist indes in einer Passage am Ende des Soraya-Beschlusses erkennbar. Dort argumentierte das BVerfG, dass die Tatsache, dass zwei Gesetzesinitiativen zur Kodifikation immateriellen Schadenersatzes im Bundestag scheiterten, nicht indiziere, dass der Wille des Gesetzgebers einer richterrechtlichen Schaffung eines solchen Schadenersatzes entgegenstehe:

> „Die in den Jahren 1959 und 1967 ausgearbeiteten Gesetzentwürfe sind jedoch bereits in den Anfängen des Gesetzgebungsverfahrens gescheitert, ohne daß ein gesetzgeberischer Wille erkennbar geworden wäre, es bei dem bisherigen Rechtszustand zu belassen.“[80]

Folglich sah das BVerfG in „Soraya“ die Grenze richterlicher Rechtsfortbildung mit Blick auf einen etwaig entgegenstehenden gesetzgeberischen Willen erst dort überschritten, wo erkennbar der Wille des Gesetzgebers hervortritt, nicht tätig zu werden, obwohl er den gegenwärtigen rechtlichen Zustand als inadäquat identifiziert hat. Danach ist im Falle gesetzgeberischen Nichthandelns richterliche Rechtsfortbildung *nur dann unzulässig*, wenn plausibel dargelegt wird, dass der Gesetzgeber die nunmehr richterrechtlich zu realisierende Rechtsänderung ablehnt.

In seiner jüngeren und jüngsten Rechtsprechung hat das BVerfG diese Darlegungslastverteilung hingegen umgekehrt. Im Beschluss aus dem Jahre 2015 zur Pflicht der Mutter, Auskunft über die Person und Anzahl ihrer Sexualpartner zu erteilen, um den leiblichen Vater des Kindes feststellen zu können, erklärte es das Gericht für unzulässig, dass die Fachgerichte diesen Auskunftsanspruch richterrechtlich aus Art. 6 und Art. 2 Abs. 1 i. V. m. Art. 1 Abs. 1 GG entwickelt hatten. Dies widerspräche dem erkennbaren Willen des Gesetzgebers. Dabei stellte das BVerfG darauf ab, dass ein derartiger Auskunftsanspruch fehle, dies für den Gesetzgeber auch erkennbar gewesen, der Gesetzgeber aber trotzdem nicht tätig geworden sei.[81] In dieser Entscheidung kehrte das Gericht im Vergleich zu „Soraya“ die Darlegungslast also um: Richterliche Rechtsfortbildung ist danach *nur dann zulässig*, wenn plausibel dargelegt wird, dass der Gesetzgeber das Problem verkannt hat. Dies bedeutet im Zweifel ein Votum gegen und nicht – wie nach dem Soraya-Beschluss – für richterliche Rechtsfortbildung.

---

[79] Siehe auch, unter Verweis auf die zitierten Passagen des Soraya-Beschlusses: BVerfGE 96, 375 (394) [1997] – Kind als Schaden.

[80] Ebenda (291 f.).

[81] Vgl. BVerfGE 138, 377 (395 f.) [2015].

In seinem Beschluss zur richterrechtlich entwickelten so genannten Dreiteilungsmethode bei wandelbaren Lebensverhältnissen im Unterhaltsrecht aus dem Jahre 2011 hielt das Gericht diese Rechtsfortbildung des BGH ferner unter anderem deshalb für unzulässig, weil sie zu einem „Systemwechsel“ führe.[82] Zu dieser Rechtsprechung des BGH erklärte das BVerfG deshalb:

„Zwar mag das nach dem vom Bundesgerichtshof zugrunde gelegten Modell stimmig sein, jedoch beruht dies auf einer *grundsätzlich anderen Bewertung* und Zuordnung der verschiedenen Unterhaltsansprüche *als sie die Regelung in ihrem vom Gesetzgeber zugrunde gelegten Verständnis* und der von ihm getroffenen Unterscheidung zwischen Unterhaltsbedarf, Leistungsfähigkeit und Rangfolge im Mangelfall *vorsieht*.“[83]

Es soll sich somit um einen derartigen „Systemwechsel“ handeln, wenn das gesetzgeberische Regelungsmodell durch ein anderes, „eigenes Modell“[84] der Rechtsprechung ersetzt wird,[85] die Rechtsprechung also eine grundlegend andere Steuerungsentscheidung trifft als der Gesetzgeber.[86]

Aber die sich hier andeutende Rechtsprechungslinie[87] erweist sich sowohl unter dem Eindruck jüngster Entscheidungen als auch vor dem Hintergrund früherer Urteile als brüchig.[88] In seiner Entscheidung zur verfassungsrechtlichen Zulässigkeit einer richterrechtlich anhand einer gesellschaftsrechtlichen Gesamtanalogie auf der Grundlage einer Interpretation von Art. 14 Abs. 1 GG entwickelten Möglichkeit der Minderheitsaktionäre, gegen das so genannte Delisting der Aktiengesellschaft im Wege des sogenannten Spruchverfahrens vorzugehen, unterstrich das Gericht zwar:

---

[82] Vgl. BVerfGE 128, 193 (211, 214) [2011] – Dreiteilungsmethode. Anders dagegen noch BVerfGE 96, 375 (394) [1997] – Kind als Schaden.

[83] Ebenda (218) (meine Hervorhebungen).

[84] Ebenda (211).

[85] Ähnlich auch BVerfG, Beschl. v. 6.6.2018, 1 BvL 7/14, 1 BvR 1375/14, Rn. 71, 73, 75–76, 87 (zur sachgrundlosen Befristung eines Arbeitsvertrages nach § 14 Abs. 2 Satz 2 TzBfG), insbesondere Rn. 76: Die richterliche Rechtfortbildung „löst sich von der gesetzgeberischen Grundentscheidung und ersetzt diese durch ein eigenes Regelungsmodell, das der Gesetzgeber erkennbar nicht wollte. Damit sind die Grenzen zulässiger Rechtsfortbildung durch die Gerichte überschritten.“

[86] Überträgt man diese Überlegungen auf den Sachverhalt im „Soraya“-Fall, so sind durchaus Zweifel angebracht, ob danach die in Frage stehende richterliche Rechtsfortbildung ebenfalls als verfassungsrechtlich unbedenklich einzustufen wäre. Denn der BGH vollzog in der „Herrenreiter-“/„Soraya“-Rechtsprechung eine grundlegende Abkehr vom Prinzip der ausschließlichen Ersetzbarkeit materieller Schäden. Dabei handelte es sich zwar nicht um ein anderes Regelungsmodell, wohl aber um eine grundlegende Abkehr von einem gesetzgeberisch klar artikulierten Prinzip, welche man durchaus als „Systemwechsel“ in obigem Sinne ansehen kann.

[87] Vgl. auch *A. Kulick*, „Drittwirkung“ als verfassungskonforme Auslegung – Zur neuen Rechtsprechung des BVerfG, Neue Juristische Wochenschrift 2016, 2236, 2238ff.

[88] Vgl. überdies die Zweifel bei *V. Rieble*, Richterliche Gesetzesbindung und BVerfG, Neue Juristische Wochenschrift 2011, 819, 820ff. in seiner Kommentierung von BVerfGE 128, 193 [2011] (zur sog. unterhaltsrechtlichen „Dreiteilungsmethode“) daran, dass das Gericht eine Rechtsprechungsänderung im Sinne einer strikten Gesetzesbindung vollzogen habe.

„Rechtsfortbildung stellt keine unzulässige richterliche Eigenmacht dar, sofern durch sie der *erkennbare Wille des Gesetzgebers nicht beiseite geschoben* und durch eine autark getroffene richterliche Abwägung der Interessen ersetzt wird [...]. *Dies belässt dem Gesetzgeber die Möglichkeit, in unerwünschte Rechtsentwicklungen korrigierend einzugreifen und so im Wechselspiel von Rechtsprechung und Rechtsetzung demokratische Verantwortung wahrzunehmen.* Richterliche Rechtsfortbildung darf hingegen nicht dazu führen, dass die Gerichte ihre eigene materielle Gerechtigkeitsvorstellung an die Stelle derjenigen des Gesetzgebers setzen [...].“[89]

Das Gericht scheint die Kompetenz zur Korrektur „unerwünschte[r] Rechtsentwicklungen“ primär beim Gesetzgeber zu sehen. Dieser nehme durch eine solche Korrektur „demokratische Verantwortung“ wahr. Allerdings bleibt ambig, wie viel Raum richterlicher Rechtsfortbildung letztlich eingeräumt wird, betont die zitierte Passage doch zugleich, dass solche demokratische Verantwortungsübernahme im „Wechselspiel von Rechtsprechung und Rechtsetzung“ geschehe. In einem Urteil vom Juni 2018 zur verfassungskonformen Auslegung von § 14 Abs. 2 Satz 2 TzBfG verwarf das BVerfG zwar einerseits die Judikatur des BAG als unzulässiges Richterrecht, wonach aufgrund Art. 12 Abs. 1 GG eine erneute sachgrundlos befristete Anstellung beim selben Betrieb nach einer Karenzzeit von drei Jahren möglich sein sollte.[90] Andererseits forderte das BVerfG von den Arbeitsgerichten, eine erneute sachgrundlos befristete Anstellung beim selben Betrieb nach einer Karenzzeit zuzulassen, um im Einzelfall ein mit Art. 12 Abs. 1 GG vereinbares Ergebnis zu erzielen.[91]

Überdies erweist sich auch die oben erwähnte Entscheidung des BVerfG aus dem Jahr 2015[92] weniger restriktiv gegenüber richterlicher Rechtsfortbildung als es zunächst den Anschein hat. Denn dort zog das Gericht „die Grenzen richterlicher Rechtsfortbildung [anhand der Grundrechte] weiter“, „[s]oweit die vom Gericht im Wege der Rechtsfortbildung dazu dient, der Verfassung, insbesondere verfassungsmäßigen Rechten des Einzelnen, zum Durchbruch zu verhelfen“[93] und wollte sie verengen, „wo sich die rechtliche Situation des Bürgers verschlechtert, ohne dass verfassungsrechtliche Gründe dafür ins Feld geführt werden können“[94]. Im Ergebnis scheint dies auf eine erhebliche Großzügigkeit gegenüber richterlicher Rechtsfortbildung immer dort hinauszulaufen, wo der Ausgleich der Grundrechtspositionen der privaten Streitparteien – jedenfalls aus Sicht des BVerfG – zu einem grundrechtlichen Anspruch einer Seite gelangt.

Schließlich nähren auch ältere Entscheidungen diese Zweifel an einer konsequent restriktiven Haltung des BVerfG gegenüber richterlicher Rechtsfort-

[89] BVerfGE 132, 99 (127) [2012] – Gesamtanalogie Delisting; vgl. auch ähnlich BVerfGE 128, 193 (209f.) [2011] – Dreiteilungsmethode.

[90] Vgl. BVerfG, Beschl. v. 6.6.2018, 1 BvL 7/14, 1 BvR 1375/14, Rn. 76.

[91] Ebenda, Rn. 63.

[92] BVerfGE 138, 377 [2015] – mutmaßlicher Vater.

[93] Ebenda, 392.

[94] Ebenda, 393.

bildung. In seinem Beschluss aus dem Jahre 1982 zur Zulässigkeit der Beschäftigung von Redakteuren und von anderem Rundfunkpersonal durch den WDR als freie Mitarbeiter hielt es das BVerfG für unproblematisch, dass die „Anforderungen der Rundfunkfreiheit", die es zuvor identifiziert hatte, durch die Arbeitsgerichte und nicht durch den Gesetzgeber realisiert wurden.[95] Noch im Jahre 2006 differenzierte das Gericht in seiner Marlene Dietrich-Entscheidung – es ging um die Erweiterung der „Herrenreiter"-/„Soraya"-Rechtsprechung auf Fälle der Verletzung des postmortalen Persönlichkeitsrechts Prominenter zu kommerziellen Zwecken – nicht erkennbar zwischen legislativer Steuerung durch Gesetzgebung und judikativer Steuerung durch richterliche Rechtsfortbildung.[96]

II. Der Stadionverbotsbeschluss: Entscheidung für eine Anwendungskonstruktion?

Der Beschluss des Ersten Senats des BVerfG vom 11. April 2018 scheint die jüngere Rechtsprechung des BVerfG grundlegend in Frage zu stellen: Das Gericht, so meinen zumindest einige Kommentatoren,[97] soll hier für die unmittelbare Geltung der Grundrechte zwischen Privaten votiert haben. Doch zunächst zum Sachverhalt: Der Entscheidung lag ein Stadionverbot für einen Fußballfan zugrunde. Ein Fußballverein der Ersten Fußball-Bundesliga verbot diesem Fan für die Dauer von zwei Jahren, alle nationalen und internationalen Fußballveranstaltungen von Profimannschaften in Deutschland, einschließlich der Nationalmannschaften, zu besuchen. Grund für das Verbot war die angebliche Beteiligung des Fans an einer Massenschlägerei zwischen zwei befeindeten Hooligangruppen im Anschluss an ein Fußballspiel des besagten Vereins, die zu Personen- und Sachschäden geführt hatte. Der Adressat des Verbots und spätere Beschwerdeführer wehrte sich gegen dieses Verbot vor den Zivilgerichten.

Der BGH erachtete das Stadionverbot als rechtmäßig. Zwar forderten die „mittelbar in das Zivilrecht einwirkende[n] Grundrechte" des allgemeinen Persönlichkeitsrechts und des allgemeinen Gleichheitsgrundsatzes, dass ein einzelner Zuschauer nicht willkürlich ausgeschlossen werden dürfe. Ein solcher sachlicher Grund bestehe hingegen hinsichtlich des Betroffenen, da das Ver-

[95] Vgl. BVerfGE 59, 231 (257) [1982] – freie Mitarbeiter WDR.

[96] Vgl. BVerfG(K), Beschl. v. 22.8.2006, 1 BvR 1168/04 – Marlene Dietrich T-Shirt, Rn. 32 f.; ähnlich auch BVerfG(K), Beschl. v. 23.8.2000, 1 BvR 68/95 et al. – Moto Meter AG, Rn. 22.

[97] Vgl. z. B. *F. Michl*, Situativ staatsgleiche Grundrechtsbindung privater Akteure – Zugleich Besprechung von BVerfG, Beschluss vom 11.4.2018 – 1 BvR 3080/09, JuristenZeitung 2018, 910 ff. und *A. Hellgardt*, Wer hat Angst vor der unmittelbaren Drittwirkung? Die Konsequenzen der Stadionverbot-Entscheidung des BVerfG für die deutsche Grundrechtsdogmatik, JuristenZeitung 2018, 901 ff.

bot aufgrund seiner Beteiligung an der Schlägerei ergangen sei.[98] Das BVerfG schloss sich im Ergebnis der Bewertung des Gerichtshofs weitgehend an. Im Rahmen der Auslegung und Anwendung der einschlägigen Vorschriften des einfachen Zivilrechts, hier §§ 862, 1004 BGB, sei die Eigentumsgarantie des Art. 14 Abs. 1 GG zugunsten des Stadionbetreibers und der Gleichheitssatz aus Art. 3 Abs. 1 GG zugunsten des Beschwerdeführers zu beachten.[99] Das allgemeine Persönlichkeitsrecht sei auf Seiten des letzteren indessen nicht einschlägig, denn es ginge im Wesentlichen um dessen Ungleichbehandlung gegenüber anderen Stadionbesuchern.[100] Auch hinsichtlich Art. 3 Abs. 1 GG gälte kein allgemeines Gleichbehandlungsgebot im Vertragsrecht. Jedoch könnten die Vertragspartner in „spezifischen Konstellationen" Gleichbehandlung verlangen. Eine solche sei zu bejahen bei „Veranstaltungen, die aufgrund eigener Entscheidung der Veranstalter einem großen Publikum ohne Ansehen der Person geöffnet werden und der für die Betroffenen in erheblichem Umfang über die Teilnahme am gesellschaftlichen Leben entscheidet."[101] Unmittelbar im Anschluss an diese Passage ließ das BVerfG zwei bemerkenswerte Sätze fallen:

> „Indem ein *Privater* eine solche Veranstaltung ins Werk setzt, *erwächst ihm von Verfassungs wegen* auch eine besondere *rechtliche Verantwortung*. Er *darf* seine hier aus dem Hausrecht – so wie in anderen Fällen möglicherweise aus einem Monopol oder aus struktureller Überlegenheit – resultierende Entscheidungsmacht *nicht* dazu nutzen, bestimmte Personen ohne sachlichen Grund von einem solchen Ereignis auszuschließen."[102]

Privaten erwächst eine verfassungsrechtliche Verantwortung. Das jedenfalls scheint das BVerfG hier zu sagen. Nicht den Staat, vor allem durch seine Gerichte, sondern den Stadionbetreiber selbst trifft die Pflicht („darf ... nicht"), sein Hausrecht nicht willkürlich auszuüben. Und diese Pflicht „erwächst ihm von Verfassungs wegen", kurzum: aus den Grundrechten, also hier Art. 3 Abs. 1 GG. Sie beinhaltet, so führte das Gericht weiter aus, das Vorliegen eines sachlichen Grundes für die Ungleichbehandlung sowie die Beachtung bestimmter Verfahrensanforderungen,[103] die der Sache nach dem verwaltungsverfahrensrechtlichen Untersuchungsgrundsatz (§ 24 VwVfG), der Anhörungs- (§ 28 VwVfG) und Begründungspflicht (§ 39 Abs. 1 VwVfG) entsprechen.[104] Die Entscheidungen des Stadionbetreibers müssten die sich aus dem Gleichbehandlungsgebot des Art. 3 Abs. 1 GG ergebenden „grundlegende[n] Anforderungen beachte[n]"[105]. Dies

---

98 Vgl. BGH, Urt. v. 30.10.2009, V ZR 253/08, Rn. 12 ff.

99 BVerfGE 148, 267 (283 f.) [2018] – Stadionverbot.

100 Ebenda, 283.

101 Ebenda, 284.

102 Ebenda (meine Hervorhebungen).

103 Ebenda, Rn. 285 f.

104 Darauf weist *F. Michl*, Situativ staatsgleiche Grundrechtsbindung privater Akteure – Zugleich Besprechung von BVerfG, Beschluss vom 11.4.2018 – 1 BvR 3080/09, JuristenZeitung 2018, 910, 915 hin.

105 BVerfGE 148, 267 (286) [2018] – Stadionverbot.

resultiere in einen „aus den Wertungen des Art. 3 Abs. 1 GG auch im Privatrechtsverhältnis zur Geltung zu bringenden Anspruch des Beschwerdeführers auf willkürfreie Entscheidung".[106]

Hat sich das Gericht damit zu einem Anwendungsansatz bekannt? Was aufgrund der zitierten Passagen auf den ersten Blick eindeutig erscheint, wird bei einer Lektüre der gesamten Entscheidung indes erheblich weniger eindeutig. Der geradezu inflationäre – nämlich nicht weniger als neunmalige[107] – explizite Rekurs auf die „mittelbare Drittwirkung" mag noch als rhetorische[108] Camouflage eines Paradigmenwechsels abgetan werden, zu dem sich das Gericht nicht ausdrücklich bekennen wollte.[109] Allerdings wählte das Gericht darüber hinaus eine Reihe von Formulierungen, die sich ganz im Rahmen eines staatsgerichteten Verantwortungsansatzes bewegen. So betonte das BVerfG, nachdem es von der verfassungsrechtlichen „Verantwortung" des Stadionbetreibers gesprochen hatte, dass es an den „Zivilgerichte[n]" sei, „sicherzustellen, dass Stadionverbote nicht willkürlich festgesetzt werden, sondern auf einem sachlichen Grund beruhen müssen."[110] Entsprechend konstatierte das Gericht sodann, dass das Urteil des BGH „den verfassungsrechtlichen Anforderungen einer Drittwirkung des Art. 3 Abs. 1 GG Stand" halte.[111]

---

[106] Ebenda, 287. Entsprechende Ansätze, so lässt sich argumentieren, sind bereits in den Entscheidungen „Fraport" und „Bierdosenflashmob" identifizierbar. Vgl. BVerfGE 128, 226 (249) [2011] – Fraport; BVerfG(K), Beschl. v. 18.7.2015, 1 BvQ 25/15, Rn. 6 – Bierdosenflashmob: „Je nach Gewährleistungsinhalt und Fallgestaltung kann die mittelbare Grundrechtsbindung Privater einer Grundrechtsbindung des Staates nahe oder auch gleich kommen." Wie *F. Michl*, Situativ staatsgleiche Grundrechtsbindung privater Akteure – Zugleich Besprechung von BVerfG, Beschluss vom 11.4.2018 – 1 BvR 3080/09, JuristenZeitung 2018, 910, 913 und *A. Hellgardt*, Wer hat Angst vor der unmittelbaren Drittwirkung? Die Konsequenzen der Stadionverbot-Entscheidung des BVerfG für die deutsche Grundrechtsdogmatik, JuristenZeitung 2018, 901, 903 richtig bemerken, wird die „Mittelbarkeit" dabei nurmehr zur *façon de parler*, da Grundrechts*bindung* stets direkt, also *un*vermittelt, ist. Anders offenbar dagegen *M. Scharlau*, Schutz vor Versammlungen auf privatem Grund – EMRK versus Grundgesetz, 2018, S. 192 ff., 210 ff.

[107] Vgl. ebenda, Leitsätze 1 und 2 sowie Rn. 31, 32, 33, 37, 38, 40, 41.

[108] Vgl. auch *M. Droege*, Grundrechtswirkung im öffentlichen Raum, Zeitschrift für das Recht der Non Profit Organisationen 2018, 241, 242 („rhetorisch ganz auf der Linie der traditionellen Drittwirkungslehre").

[109] Vgl. *F. Michl*, Situativ staatsgleiche Grundrechtsbindung privater Akteure – Zugleich Besprechung von BVerfG, Beschluss vom 11.4.2018 – 1 BvR 3080/09, JuristenZeitung 2018, 910, 916 („trügerische Camouflage"); siehe auch *A. Hellgardt*, Wer hat Angst vor der unmittelbaren Drittwirkung? Die Konsequenzen der Stadionverbot-Entscheidung des BVerfG für die deutsche Grundrechtsdogmatik, JuristenZeitung 2018, 901, 901 f.

[110] BVerfGE 148, 267 (285) [2018] – Stadionverbot. Ähnlich auch im Anschluss daran BVerfG(K), Beschl. v. 22.5.2019, 1 BvQ 42/19, Rn. 21 – III.Weg/Facebook.

[111] BVerfGE 148, 267 (287) [2018] – Stadionverbot. Man mag dies ausschließlich als Aussagen zum Verhältnis BVerfG-Fachgerichte attribuieren. Dafür spricht, dass die zuvor zitierte Passage in Rn. 45 Teil der Erörterungen *sub* B.II.3. des Beschlusses sind, welche die eingeschränkte Prüfungskompetenz des BVerfG gegenüber der fachgerichtlichen Entscheidung thematisieren. Allerdings befindet sich die zuletzt zitierte Passage aus S. 287 bereits *sub* B.II.4., wo das Ge-

Dies erlaubt somit auch eine Lesart, wonach das BVerfG eine Horizontalwirkung der Grundrechte zwischen Privaten staatlich vermittelt konstruieren will: Die Gerichte haben die Verantwortung, anlässlich der Auslegung und Anwendung des einfachen Rechts – hier §§ 862, 1004 BGB – bei ihrer Entscheidung über das Privatrechtsverhältnis zwischen Fußballfan und Stadionbetreiber die Grundrechte beider Seiten – hier laut Gericht aus Art. 3 Abs. 1 GG einer- und aus Art. 14 Abs. 1 GG andererseits – nicht unverhältnismäßig zu beeinträchtigen. Anders formuliert: Das Gericht darf keine Entscheidung zugunsten des einen Privaten treffen, die unverhältnismäßig die Grundrechte des anderen Privaten beeinträchtigte. Nach einer solchen Verantwortungskonstruktion[112] müssen die staatlichen Gerichte die konfligierenden Ansprüche des Fußballfans und des Stadionbetreibers jeweils gegen den Staat ausgleichen. Dabei ist es denk- und darstellbar, dass die Gerichte zu dem Schluss gelangen, dass das Resultat dieses Ausgleichs erfordert, vom Stadionbetreiber die Angabe eines sachlichen Grundes und die Beachtung bestimmter Verfahrenanforderungen zu verlangen.

Anders als in Kommentaren zum Stadionverbotsbeschluss behauptet,[113] bedeutet es keineswegs notwendig eine Übernahme der Anwendungskonstruktion, wenn das BVerfG dem Stadionbetreiber diese Pflichten auferlegt. Wie bereits im vorherigen Kapitel angesprochen[114] und wie eine ganze Reihe von Beispielen aus dem sechsten Kapitel noch ausführlich attestieren wird, verlangt insbesondere nach dem Verantwortungsansatz der grundrechtliche Anspruch – hier – des Fußballfans gegen den Staat als Resultat der Verhältnismäßigkeitsprüfung der Grundrechtspositionen beider Seiten gegen den Staat stets nach Erfüllung. Gibt das einfache Recht die sich aus dieser Prüfung abzuleitenden Erfordernisse nicht her, weder explizit noch per verfassungskonformer Auslegung, verschwindet damit nicht der grundrechtliche Anspruch des Fußballfans, dass die Gerichte entsprechende Maßstäbe an die Entscheidung des Stadionbetreibers anlegen müssen. Notfalls sind sie eben richterrechtlich (*praeter legem*) zu kreieren.[115]

Der Stadionverbotsbeschluss ist hinsichtlich (faktischer) richterlicher Normkreation ein Grenzfall. Einerseits existieren einfachrechtliche Normen mit

---

richt die Entscheidung des BGH tatsächlich überprüft. Überdies mischt das Gericht häufig Erwägungen zur Grundrechtswirkung mit solchen über das Verhältnis von Fach- und Verfassungsgerichtsbarkeit (vgl. nur in dieser Entscheidung, ebenda, 279f.), sodass ein Argument wenig trägt, das aufgrund der Verortung der Passagen eine trennscharfe Differenzierung vornehmen und sich sodann auf diese Differenzierung stützen will.

[112] Vgl. die obigen Beschreibungen in Kap. 2, B.III.2. sowie in Kap. 3, B.I.6.b) und II.4.b).

[113] Vgl. *A. Hellgardt*, Wer hat Angst vor der unmittelbaren Drittwirkung? Die Konsequenzen der Stadionverbot-Entscheidung des BVerfG für die deutsche Grundrechtsdogmatik, Juristen-Zeitung 2018, 901, 902 (*Hellgardt* verkennt hier den Unterschied zwischen unmittelbarer Anwendung der Grundrechte zwischen Privaten und dem unmittelbaren Rückgriff der Gerichte auf die Grundrechte. Vgl. dazu auch oben Kap. 2, A.I.

[114] Vgl. oben Beschreibungen Kap. 3, E.I.1.

[115] Vgl. dazu ausführlich auch unten Kap. 6, C.II. und zusammenfassend E.III. Wie soeben aufgezeigt, gilt dies letztlich auch für die verfassungskonforme Auslegung plus, siehe zuvor I.

weiten Tatbeständen.[116] Andererseits werden jedoch insbesondere mit den Verfahrenserfordernissen konkrete und elaborierte Anforderungen gestellt, die in den § 862 Abs. 1 Satz 2, § 1004 Abs. 1 Satz 2 BGB nicht einmal ansatzweise angelegt sind und auch ihrer Art nach wenig mit diesen ihrem Wortlaut nach zunächst einfachen Unterlassungsansprüchen zu tun haben. Der grundrechtliche Anspruch richtet sich danach gegen das Gericht als staatlichen Hoheitsträger. Seine Folge ist es nach der Auslegungskonstruktion, welche das BVerfG jedenfalls nach eigenem Bekunden appliziert,[117] dass das Gericht dem Stadionbetreiber bestimmte Anforderungen (sachlicher Grund, Verfahren) auferlegt. Gibt das einfache Recht diese nicht her, müssen sie richterrechtlich realisiert werden. Diese Anforderungen, denen der Stadionbetreiber genügen muss, wenn er dem Fußballfan ein Stadionverbot erteilt, sind zwar die Folge eines grundrechtlichen Anspruchs des Fußballfans gegen das Gericht als Resultat der Verhältnismäßigkeitsprüfung. Die konkrete Pflicht des Stadionbetreibers gegenüber dem Fußballfan ist aber nach diesem Ansatz nicht grundrechtlicher, sondern nur einfachrechtlicher Natur, weil der fragliche grundrechtliche Anspruch sich nur an das Gericht und nicht an den Privaten (Stadionbetreiber) richtet.

Es bleibt abzuwarten, ob das BVerfG den dogmatischen Nebel, den es mit dem Stadionverbotsbeschluss über seine ohnehin an analytischer Präzision nicht immer reichen Horizontalwirkungsrechtsprechung gelegt hat, in seinen Folgeentscheidungen lüftet oder verdichtet.[118] Vor allem lässt sich zum gegenwärtigen Zeitpunkt noch nicht vorhersagen, ob das Gericht den Bruch mit dem staatsgerichteten Ansatz der Horizontalwirkung zugunsten einer Anwendungskonstruktion vollziehen wird oder vielmehr in gewohnte Bahnen zurückkehrt. Jedenfalls kann man als Fazit der Entscheidung vom 11. April 2018 festhalten: Sie ruft ebenso wie die bei C.I. angestellten Überlegungen Skepsis hervor, ob sich die jüngere und jüngste Rechtsprechung konsequent im Sinne der *sub* B. beschriebenen verfassungskonformen Auslegung plus rekonstruieren lässt.

D. Fazit

Die jüngere Rechtsprechung des BVerfG zur Horizontalwirkung der Grundrechte kann man unter Berücksichtigung der Überlegungen des dritten Kapitels als modifizierte Form einer verfassungskonformen Auslegung rekonstruieren. Der Auslegungsansatz des Gerichts besteht aus drei nicht linearen Schritten einer

[116] Zur Konstellation des so genannten generösen Gesetzgebers vgl. unten Kap. 6, B.I.2.

[117] BVerfGE 148, 267 (279 f.) [2018] – Stadionverbot.

[118] Die bisherige Folgerechtsprechung hat jedenfalls noch keinen eindeutigen Aufschluss darüber gegeben, vgl. BVerfG(K), Beschl. v. 22.5.2019, 1 BvQ 42/19, Rn. 15 ff. – III. Weg/Facebook; BVerfG(K), Beschl. v. 27.8.2019, 1 BvR 879/12, Rn. 6 ff. – Hausverbot für NPD-Vorsitzenden; BVerfG, Beschl. v. 6.11.2019, 1 BvR 16/13, Rn. 76, 87 f.

verfassungskonformen Auslegung des einfachen Rechts. Im ersten und zweiten Schritt geht es um die grundrechtliche Verantwortungspflicht des Gesetzgebers, im dritten Schritt um die grundrechtliche Verantwortungspflicht der Gerichte. Im ersten Schritt ist dieser Rekonstruktion entsprechend zu prüfen, ob sich die für den privaten Rechtsstreit entscheidenden Vorschriften des einfachen Rechts verfassungskonform auslegen lassen, im zweiten Schritt, ob die Grundrechte den Erlass einer einfachrechtlichen Vorschrift ausnahmsweise erfordern. Im dritten Schritt prüft das entscheidende Gericht seine grundrechtliche Verantwortungspflicht. Dazu prüft es zunächst, ob Auslegung und Anwendung ausschließlich des einfachen Rechts den Gewährleistungsgehalt der Grundrechte von A und B beschränkten (hypothetische Prüfung) und führt sodann eine Verhältnismäßigkeitsprüfung durch.[119]

Auch wenn diese Rekonstruktion einen dogmatisch geschärften Verantwortungs-, genauer: Auslegungsansatz verspricht, der Schwächen der früheren Rechtsprechung des BVerfG und der vorherrschenden Auffassung in der Literatur adressiert: Es hat sich eine erhebliche Skepsis offenbart, ob diese verfassungskonforme Auslegung plus die jüngere und jüngste Praxis des Gerichts hinreichend reflektiert.[120] Erstens basiert die Rekonstruktion der neueren Horizontalwirkungsjudikatur des Gerichts auf der Prämisse, dass diese Rechtsprechung die faktische richterliche Kreation abstrakt-genereller Rechtsnormen wesentlich in die Schranken weist. Zum einen finden sich auch in jüngster Zeit Urteile, die richterlicher Rechtsfortbildung anhand der Grundrechte im Horizonztalverhältnis größeren Raum zu lassen scheinen. Zum anderen drängen Verantwortungskonstruktionen wie die verfassungskonforme Auslegung plus notwendig auf eine kreative Rolle der Rechtsprechung, indem sie den Gerichten die Verantwortung übertragen, den grundrechtlichen und somit normhierarchisch über dem einfachen Recht stehenden Anspruch zu realisieren.[121] Zweitens stellt der neueste Senatsbeschluss des BVerfG zur Horizontalwirkung, der Stadionverbotsbeschluss vom 11. April 2018, in Frage, ob das Gericht überhaupt noch einer Verantwortungskonstruktion folgt.[122]

Darüber hinaus besteht der Eindruck fort, dass wir noch nicht zum Kern der Horizontalwirkungsproblematik vorgedrungen sind. Die verfassungskonforme Auslegung plus verbleibt im Paradigma der Staatsrichtung und benötigt damit staatliche Involvierung, um die Wirkung der Grundrechte zwischen Privaten zu konstruieren. Doch, warum beginnt diese erst dann, wenn der Rechtsstreit vor Gericht gelangt? Was rechtfertigt es, dass meine Ansprüche erst und nur dann grundrechtlich bewehrt sind, wenn ich vor Gericht ziehe? Warum soll

[119] Siehe zu alledem oben B.
[120] Siehe dazu oben C.
[121] Siehe zu alledem oben C.I.
[122] Siehe dazu oben C.II.

mir gerade staatliche Mediatisierung verfassungsrechtlich garantierte Individualrechte gegenüber anderen Grundrechtsträgern – indirekt – verschaffen? Was ist, wenn der Zugang zu Gericht aus tatsächlichen Gründen unmöglich oder unrealistisch ist?

Falls das BVerfG im Stadionsverbotsbeschluss tatsächlich den Pfad zur unmittelbaren Geltung der Grundrechte zwischen Privaten beschritten hat, ist ferner zu bedenken, dass sich im dritten Kapitel viele Argumente gegen eine nicht staatlich vermittelte Grundrechtswirkung, also gegen eine unmittelbare Geltung der Grundrechte zwischen Privaten, als nicht tragfähig oder jedenfalls als angreifbar erwiesen haben.[123] Sieht man im Stadionverbotsbeschluss ein – implizites – Votum für die unmittelbare Geltung, stellen sich dogmatische Folgefragen, die das Gericht nicht erörtert.[124] Fragen stellen sich aber auch, wenn man in der Entscheidung keinen Bruch, sondern eine Fortsetzung des Auslegungsansatzes des BVerfG sieht. Insbesondere: Die recht technische, grundrechtsdogmatische Rekonstruktion der verfassungskonformen Auslegung plus, ebenso wie die anderen im dritten Kapitel erörterten Lösungsansätze der Horizontalwirkung, berücksichtigen nicht hinreichend die aus der Diskursanalyse herausgeschälte Tiefenstruktur der Horizontalwirkung.[125]

Harte staatsorganisationsrechtliche Grenzen aller Ansätze wurden bis hierhin nur sehr fragmentarisch erörtert. Kapitel 5 prüft, ob das Grundgesetz eine dogmatische Konstruktion oder eine Gruppe dogmatischer Konstruktionen staatsorganisationsrechtlich zwingend ausschließt. Doch wie im dritten Kapitel dargelegt, reicht die Tiefenstruktur über das (positive) Recht hinaus. Denn was rechtlich zulässig ist, ist noch nicht notwendig wünschenswert – insbesondere, wenn rechtlich einiges zulässig ist. Die Argumentation von Gerichten und Literaturmeinungen stützt sich in erheblichem Maße auf dieses Wünschenswerte – auch wenn es häufig als dogmatische, teilweise gar als positiv-rechtlich zwingende Argumentation verschleiert wird. Hierbei geht es vorwiegend um Aspekte individueller und kollektiver Selbstbestimmung. Diese liegen in der Tat der Horizontalwirkung der Grundrechte zugrunde: Es geht um Abgrenzung gegebenenfalls widerstreitender Sphären individuell-personaler Autonomie im Verhältnis zur Ausübung kollektiv-politischer Autonomie, insbesondere in Form von gesetzgeberischen Entscheidungen als Ausfluss des demokratisch-politischen Prozesses. Weil personale und politische Autonomie zur zentralen Tiefenstruktur der Horizontalwirkung gehören, eignen sie sich als Bewertungsmaßstäbe der Horizontalwirkungskonstruktionen. Sie – oder genauer: ihre jeweiligen theoretischen Konzeptionen – üben aber zugleich wesentlichen Einfluss darauf aus, zu welchem Ergebnis der Ausgleich der widerstreitenden Grundrechts-

[123] Siehe oben Kap. 3, E.I.1. und 2.
[124] Vgl. dazu unten Kap. 7.
[125] Siehe oben Kap. 3, E.II.

positionen Privater gelangt. Beides, Bewertung der Horizontalwirkungskonstruktionen anhand und Beeinflussung der Abwägungsentscheidung durch Konzeptionen personaler und politischer Autonomie, ist Gegenstand von Kapitel 6.

5. Kapitel

Horizontalwirkung und Staatsorganisationsrecht – Zwingende Grenzen

Die Frage nach der Horizontalwirkung der Grundrechte stellt sich nicht in einem staatsorganisationsrechtlichen Vakuum. Eine grundrechtliche Prüfung findet nicht isoliert von der restlichen Verfassung statt, sondern muss auch staatsorganisationsrechtliche Vorgaben berücksichtigen, wie das BVerfG bereits im Elfes-Urteil postuliert hat.[1] Jede Horizontalwirkungskonstruktion hat sich deshalb auch vor der Verfassung jenseits des Grundrechtskatalogs zu beweisen (A.I.). Dabei ist es Gegenstand dieses Kapitels, herauszuarbeiten, ob zwingende staatsorganisationsrechtliche Grenzen bestimmte Horizontalwirkungskonstruktionen ausschließen. Normative Vergleichs- und Bewertungskriterien jenseits der harten Maßstäbe des Staatsorganisationsrechts bleiben hingegen für das anschließende Kapitel reserviert (A.II.).

Vor der Untersuchung der Konstruktionen anhand staatsorganisationsrechtlicher Grundsätze diskutiere ich zunächst, inwieweit Art. 1 Abs. 3 GG diesen bereits zwingende verfassungsrechtliche Grenzen setzt (B.). Sodann folgt die Betrachtung der in den vorangegangenen Kapiteln herausgearbeiteten Konstruktionen (C.) hinsichtlich der Frage, ob der verfassungsrechtliche Grundsatz der Gewaltenteilung (C. I.) sowie verfassungsrechtliches Demokratie- (C.II.) und Rechtsstaatsprinzip (C.III.) in ihrer gegenwärtigen Ausgestaltung nach dem Grundgesetz bestimmte Horizontalwirkungskonstruktionen staatsorganisationsrechtlich zwingend ausschließen. Unterkapitel D beschließt dieses Kapitel, das zu dem Schluss kommt: staatsorganisationsrechtlich zwingend ausgeschlossen ist nur die strikte Ablehnung, nicht hingegen insbesondere – entgegen vielfacher Behauptungen in Schrifttum und Praxis – die Konstruktionen der ein- und zweistufigen Anwendung.

[1] Vgl. BVerfGE 6, 32 (40f.) [1957]: „Jedermann kann im Wege der Verfassungsbeschwerde geltend machen, ein seine Handlungsfreiheit beschränkendes Gesetz gehöre nicht zur verfassungsmäßigen Ordnung, weil es (formell oder inhaltlich) gegen einzelne Verfassungsbestimmungen oder allgemeine Verfassungsgrundsätze verstoße [...].“

A. Präliminarien: Grundrechte, Staatsorganisationsrecht und Verfassungstheorie

I. Staatsorganisationsrecht und Grundrechtsinterpretation

Grundrechtsinterpretation – wie jede juristische Interpretation – ist kontextualisiert, ebenso wie der jeweilige Interpret der fraglichen Grundrechtsnormen.[2] Die meisten Horizontalwirkungskonstruktionen, d. h. mit Ausnahme ihrer strikten Ablehnung[3] und der einstufigen Anwendung, kombinieren einfachrechtliche mit grundrechtlicher Auslegung. Dies gilt ebenfalls für die zweistufige Anwendung, soweit eine grundrechtskonforme Auslegung möglich ist.[4] Jenseits des tatsächlichen, sprachlichen und sozialen Kontextes von Rechtsnorm und Interpret stellt sich – vorrangig – die Frage des juristischen Kontextes.[5] Welche Vorschriften jenseits derjenigen, die unmittelbar Gegenstand der Interpretation sind, sind für die Entscheidung des fraglichen Rechtsstreits von Bedeutung? Diese Frage bezieht sich dabei nicht nur auf die systematische Interpretationsmethode, sondern – hier von wesentlichem Interesse – auf diejenigen Rechtsnormen, die ebenfalls für den Sachverhalt von Relevanz sind und das Entscheidungsergebnis in eine andere Richtung zu lenken vermögen. Hinsichtlich des bewertenden Vergleichs der Horizontalwirkungskonstruktionen geht es insoweit um sonstiges Verfassungsrecht jenseits des Grundrechtsteils, das bestimmten Ansätzen möglicherweise zwingende Grenzen zu setzen, manche Konstruktionen gegebenenfalls somit als mit dem Grundgesetz unvereinbar zu identifizieren vermag. Allerdings ist, bevor diese Grenzen im Einzelnen ausgelotet werden (unten B. und C.), zu begründen, warum sonstige verfassungsrechtliche, d. h. staatsorganisationsrechtliche, Vorgaben im Rahmen der Horizontalwirkungsprüfung zu beachten sind.

Nahe liegt zunächst die Begründung aus dem *topos* der Einheit der Verfassung. In seiner weiter gefassten Iteration als „Einheit der Rechtsordnung" war dieser *topos* auch bereits vor Inkrafttreten des Grundgesetzes Gegenstand sowohl von Rechtstheorie als auch Dogmatik. Der Einheitsgedanke im Sinne eines Systems[6] ist bereits in *Kants* Wissenschaftsbegriff angelegt[7] und bildet einen etablierten

---

[2] Vgl. dazu auch unten C.I.3.b).

[3] Vgl. oben Kap. 2, B.III.4. und Kap. 3, D.IV.

[4] Vgl. oben Kap. 2, B.III.1. und Kap. 3, A.VIII.2.

[5] Beachte dazu auch oben Kap. 3, E.I.7.

[6] Zum Verhältnis von System und Einheit siehe *C.-W. Canaris*, Systemdenken und Systembegriff in der Jurisprudenz – entwickelt am Beispiel des deutschen Privatrechts, 2. Aufl. 1983, S. 11 ff.

[7] *Kants* Wissenschaftsbegriff setzt eine systematische Einheit voraus, siehe *I. Kant*, Kritik der Reinen Vernunft, 1. Aufl. 1781 (Nachdruck 1956), insbesondere S. 643 ff., 832 f. So verstanden ist die Einheit der Rechtsordnung notwendige Voraussetzung für die Wissenschaftlichkeit der Disziplin Rechts-„Wissenschaft". Entsprechend überrascht es nicht, dass der frühe *Savigny*,

topos rechtswissenschaftlicher Diskussion im 19. und 20. Jahrhundert.[8] Deshalb ist es zwar zutreffend, dass die These von der Einheit der Rechtsordnung auch im Nationalsozialismus herangezogen wurde, um die Auslegung des „alten Rechts" vor 1933 im Lichte des „neuen Rechts" nach 1933 rechtstheoretisch zu unterlegen.[9] Jedoch ist sie derart pervasiv im deutschen Rechtsdenken, dass sie sich jedenfalls seit dem späten 18. Jahrhundert beständig als Grundannahme oder Grundlage von Theorien ganz unterschiedlicher Denktraditionen und Autoren ganz unterschiedlicher politischer Couleur wiederfindet.[10] Dies spricht gegen die Vermutung, dass es sich hier um eine zwangsläufig tendenziöse Denkfigur handele.[11]

Die Einheit von Verfassung oder gar Rechtsordnung erscheint im rechtswissenschaftlichem Diskurs in unterschiedlichem Gewande: mal als empirische Behauptung, mal als logische Folgerung, mal als normative Forderung. Versteht man „Einheit" als Widerspruchsfreiheit, so lässt sich diese als empirische Behauptung weder für die gesamte Rechtsordnung noch für die Verfassung verizifieren. Normwidersprüche – für ein und denselben Sachverhalt werden sich widersprechende Rechtsfolgen angeordnet – sind zwar selten, aber nicht ausgeschlossen, Wertungswidersprüche gibt es dagegen zuhauf: Horizontalwirkung ist dabei das beste Beispiel, da hier unterschiedliche Grundrechte potentiell gegenläufige Wertungen mit Blick auf denselben Sachverhalt verlangen.[12] Logische Begründungsversuche der Einheit von Rechtsordnung oder Verfassung

---

durchaus unter dem Einfluss von *Kant*, von einer dem Recht „innewohnenden Einheit" bzw. einer geschlossenen, „organischen Einheit" des Rechts ausgeht, siehe *F. C. v. Savigny*, Vom Beruf unsrer Zeit für Gesetzgebung und Rechtswissenschaft, 1814; *ders.*, Recension: N.Th. v. Gönner, Über Gesetzgebung und Rechtswissenschaft in unserer Zeit, Zeitschrift für geschichtliche Rechtswissenschaft 1815, Bd. 1, 373.

[8] Siehe insbesondere die Untersuchung von *M. Baldus*, Die Einheit der Rechtsordnung – Bedeutungen einer juristischen Formel in Rechtstheorie, Zivil- und Staatsrechtswissenschaft des 19. und 20. Jahrhunderts, 1995 für eine ideengeschichtliche Betrachtung von *Thibaut* und *Savigny* bis *Engisch*.

[9] *Karl Engischs* auch nach 1945 und bis in die heutige Zeit einflussreiche Schrift aus dem Jahre 1935 ist hier durchaus exemplarisch, siehe *K. Engisch*, Die Einheit der Rechtsordnung, 1935, z.B. S. 35 und 91f.

[10] Siehe dazu umfassend *M. Baldus*, Die Einheit der Rechtsordnung – Bedeutungen einer juristischen Formel in Rechtstheorie, Zivil- und Staatsrechtswissenschaft des 19. und 20. Jahrhunderts, 1995. Aus der Rechtsprechung des BVerfG siehe als Beispiel unter Bezugnahme auf die „Einheit des [grundrechtlichen] Wertsystems" nur BVerfGE 49, 24 (56) [1978].

[11] So aber offenbar *M. D. Kley*, Der Bundesfinanzhof, die „Einheit der Rechtsordnung" und die Schatten der Vergangenheit, 1981, S. 81.

[12] Zur Unterscheidung von Norm- und Wertungswiderspruch siehe *H. D. Jarass*, Die Widerspruchsfreiheit der Rechtsordnung als verfassungsrechtliche Vorgabe – Zugleich ein Beitrag zum Verhältnis von Sachgesetzgeber und Abgabengesetzgeber, Archiv des öffentlichen Rechts 2001, Bd. 126, 588, 593f.; *C. Bumke*, Relative Rechtswidrigkeit – Systembildung und Binnendifferenzierung im Öffentlichen Recht, 2004, S. 39ff., 52ff.

sind ebenfalls zum Scheitern verurteilt,[13] sodass der Einheitsgedanke lediglich als normatives Ziel verbleibt.[14] Die hier interessierende Einheit der Verfassung ist danach nicht Realität, sondern Postulat.[15] Ein derartiges Postulat lässt sich jedoch im Grundgesetz durchaus fundieren und vermag die Beachtung von Verfassungsrecht jenseits der Grundrechte im Rahmen der richterlichen Horizontalwirkungsprüfung zu begründen.

Unabhängig davon, ob man einer funktionell-rechtlichen Verfassungsinterpretation folgt,[16] ist die deutsche Verfassungsrechtsdogmatik von einer Verschränkung grundrechtlicher und staatsorganisationsrechtlicher Maßstäbe gekennzeichnet. Als Beispiel sei nur an das bereits erwähnte Elfes-Urteil[17] sowie an die Lehre vom Gesetzesvorbehalt erinnert, die in die Grundrechtsprüfung aus Demokratie-, Gewaltenteilungs- und allgemeinem Rechtsstaatsprinzip gespeiste Erwägungen integriert.[18] Darauf kann nicht entgegnet werden, im Falle sonstiger verfassungsrechtlicher Maßstäbe der Horizontalwirkungsprüfung gehe es um Grundrechtsbeschränkungen und nicht um Erweiterungen der grundrechtlichen Rechtsposition. Horizontalwirkungskonstellationen sind vielmehr grundrechtlich reflexiv. Der Einen Anspruchsbejahung ist des Anderen Anspruchsverneinung, Grundrechtseingriff und gegebenenfalls -verletzung – und umgekehrt.[19] Entsprechend diskutiert das BVerfG in ständiger Rechtsprechung mit Blick auf die Grenzen richterlicher Rechtsfortbildung aufgrund grundrecht-

---

[13] Vgl. *M. Baldus*, Die Einheit der Rechtsordnung – Bedeutungen einer juristischen Formel in Rechtstheorie, Zivil- und Staatsrechtswissenschaft des 19. und 20. Jahrhunderts, 1995, S. 192 ff.

[14] Grundlegend insoweit insbesondere *H. Heller*, Die Souveränität – Ein Beitrag zur Theorie des Staats- und Völkerrechts, in: *Ders.*, Gesammelte Schriften, Bd. 2 – Recht, Staat, Macht, 1992, S. 31, 111 ff. Vgl. auch *K. Schmidt*, in: Ders. (Hrsg.), Vielfalt des Rechts – Einheit der Rechtsordnung?, 1994, 9, 28: „Die Einheit der Rechtsordnung ist nicht Realität im Sinne eines vorgegebenen Zustands, aber als ein dialektischer Prozeß, als ständiges Bemühen, Auseinanderstrebendes zusammenzuhalten, muß uns die Einheit der Rechtsordnung gegenwärtig bleiben."

[15] Indes auch dazu kritisch *F. Müller*, Die Einheit der Verfassung – Kritik des juristischen Holismus: Elemente einer Verfassungstheorie III, 2. Aufl. 2007, S. 232 ff.

[16] Diese muss notwendiger Weise voraussetzen, dass das Staatsorganisationsrecht auch im Rahmen der Grundrechtsinterpretation von Relevanz ist, wenn sie fordert, dass die institutionelle, funktionelle und kompetenzielle Position der Gerichte für die Grundrechtsinterpretation maßgeblich ist, vgl. dazu bereits vgl. *H. Ehmke*, Prinzipien der Verfassungsinterpretation, VVDStRL 1963, Bd. 20, 53, 73 sowie grundlegend *G. F. Schuppert*, Funktionell-rechtliche Grenzen der Verfassungsinterpretation, 1980; siehe auch *B.-O. Bryde*, Verfassungsentwicklung – Stabilität und Dynamik im Verfassungsrecht der Bundesrepublik Deutschland, 1982, S. 303 ff.; *W. Heun*, Funktionell-rechtliche Schranken der Verfassungsgerichtsbarkeit, 1992. Mit ähnlichem Ausgangspunkt hinsichtlich des US-amerikanischen Verfassungsrechts *Adrian Vermeule*, der als Konsequenz aus seiner institutionellen Interpretationstheorie die Gerichte auf eine untergeordnete Interpretationsrolle beschränken will, vgl. *A. Vermeule*, Judging under Uncertainty – An Institutional Theory of Legal Interpretation, 2006, S. 183 ff., 230 ff.

[17] BVerfGE 6, 32 (40 f.) [1957] – Elfes.

[18] Vgl. nur *B. Grzeszick*, in: Maunz/Dürig, Grundgesetz – Kommentar, 84. Ergänzungslieferung, August 2018, Art. 20 VI./Rn. 75 f., 98–103.

[19] Siehe dazu oben Kap. 3, E.I.2. sowie auch unten Kap. 7, B.II. und C.

licher Argumentation im Horizontalverhältnis staatsorganisationsrechtliche Grundsätze der Gewaltenteilung, des Demokratie- und Rechtsstaatsprinzips.[20]

Hinsichtlich staatsgerichteter Horizontalwirkungskonstruktionen[21] wie desjenigen des BVerfG ergibt sich das Postulat, dass die Horizontalwirkungsprüfung auch Maßstäbe des sonstigen Verfassungsrechts zu berücksichtigen hat, aus der Tatsache, dass das Gericht als staatlicher Hoheitsträger und grundrechtlicher Anspruchsverpflichteter auch an die restliche Verfassung gebunden bleibt. Dass es in einer Horizontalwirkungskonstellation zur Entscheidung des Rechtsstreits berufen ist, entbindet es nicht von seiner Pflicht zur Beachtung staatsorganisationsrechtlicher Vorschriften und Grundsätze. Dies zeigt sich bereits daran, dass eine gerichtliche Entscheidung zugunsten der A, die beispielsweise die richterliche Gesetzesbindung außer Acht ließe, ihrerseits eine Grundrechtsverletzung des B darstellte, die dieser im Wege der Verfassungsbeschwerde rügen könnte. Das staatliche Gericht ist nach Art. 20 Abs. 3, Art. 97 Abs. 1 GG an das einfache Recht gebunden und bedarf hinsichtlich seiner Entscheidung grundgesetzlicher demokratischer Legitimation, vgl. Art. 20 Abs. 2 GG. Missachtete es diese Vorschriften, stellte dies gegebenenfalls eine Verletzung der Grundrechte einer der privaten Streitparteien (B) dar. Den Grundrechten des B bleibt es gemäß Art. 1 Abs. 3 GG ebenso unterworfen wie den Grundrechten der A. Diese Konsequenz aus der verfassungsrechtlich kontextualisierten Situierung des Gerichts als (Grund-)Rechtsinterpreten gilt dabei nicht nur für das BVerfG, sondern auch für die Fachgerichte. Denn auch diese unterliegen sowohl grundrechtlicher als auch staatsorganisationsrechtlicher Bindung und können nicht zu einer Entscheidung verpflichtet werden, die ihrerseits erfolgreich mit einer Verfassungsbeschwerde angegriffen werden könnte. Für die Anwendungskonstruktionen gelten indes mit Blick auf Art. 20 Abs. 3 und Art. 97 Abs. 1 sowie auch Art. 100 Abs. 1 Satz 1 GG noch im Einzelnen zu erörternde Besonderheiten, die allerdings nichts daran ändern, dass auch hier die Achtung der staatsorganisationsrechtlichen Vorschriften des Grundgesetzes zu begründen ist.

II. Verfassungsrecht und Verfassungstheorie

Verfassungsrecht und Verfassungstheorie stehen im Verhältnis von Wechselbezüglichkeit[22] und Komplementarität[23]. Allerdings ist das eine positiv-rechtlich

[20] Z.B. BVerfGE 84, 212 (226–228) [1991] – Aussperrung; E 96, 375 (393–395) [1997] – Kind als Schaden; BVerfG(K), Beschl. v. 22.8.2006, 1 BvR 1168/04, Rn. 19, 21 – Marlene Dietrich T-Shirt; E 128, 193 (209 f.) [2011] – Dreiteilungsmethode; E 132, 99 (127 f.) [2012] – Gesamtanalogie Delisting; E 138, 377 (390–393) [2015] – mutmaßlicher Vater.

[21] Zur Typisierung siehe oben Kap. 2, B.II. und III.

[22] Vgl. *C. Möllers*, Staat als Argument, 2000, S. 186 f.

[23] Vgl. *M. Jestaedt*, Die Verfassung hinter der Verfassung – Eine Standortbestimmung der Verfassungstheorie, 2009, S. 19 f., 40–44.

verankert, während die andere sich ein höheres Maß an Abstraktion erlaubt:[24] sie muss den „Positivierungsnachweis" nicht führen.[25] Sie vermag Verfassungsrechtsdogmatik zu informieren, allerdings nur soweit sie nicht über die Grenzen des positiven Verfassungsrechts hinausreicht.[26] Art. 20 Abs. 2 GG beispielsweise lässt somit eine Vielzahl unterschiedlicher Demokratietheorien zu, schließt aber ausschließlich direktdemokratische Modelle aus („*Wahlen* und Abstimmungen"). Das Verfassungsrecht etabliert somit harte Begrenzungen, innerhalb derer die Verfassungstheorie unterschiedlich zweckmäßige, aber verfassungsrechtlich nicht unzulässige, Ansätze zu begründen vermag. Dieses Kapitel eruiert diese harten Grenzen der unterschiedlichen dogmatischen Lösungsansätze der Horizontalwirkungsproblematik. Im Fokus steht, ob bestimmte Horizontalwirkungskonstruktionen durch die staatsorganisationsrechtlichen Vorschriften des Grundgesetzes zwingend ausgeschlossen werden. Dies ist ein vergleichsweise grobes Kriterium. Nur was unvertretbar ist, was also nach den etablierten Auslegungsmethoden im Grundgesetz nicht verankert werden kann, scheitert an dieser Untergrenze. Verfassungstheorie ist damit im Folgenden nur insoweit von Relevanz, wie ihre unterschiedlichen Theorienangebote im positiven Verfassungstext angedeutete oder sporadisch elaborierte Prinzipien informieren und dadurch eine bestimmte Horizontalwirkungskonstruktion jedenfalls staatsorganisationsrechtlich nicht zwingend ausschließen. Weiche normative, namentlich ethische sowie demokratietheoretische, Kriterien im Zuge einer Zweckmäßigkeitsbewertung der verschiedenen Horizontalwirkungskonstruktionen erfahren dagegen Erörterung in Kapitel 6.

Schließlich bedeutet die Beschränkung auf die Prüfung zwingender staatsorganisationsrechtlicher Untergrenzen, dass es an dieser Stelle nicht um die Ermittlung präferabler, sondern lediglich staatsorganisationsrechtlich vertretbarer Horizontalwirkungskonstruktionen geht. Umgekehrt kann eine Präferenz nicht bereits daraus geschlossen werden, dass einzelne Ansätze staatsorganisationsrechtlich vertretbar sind.

B. Grundrechtsbindung und Grundrechtsgebundene

Art. 1 Abs. 3 GG bindet alle staatliche Gewalt an die Grundrechte „als unmittelbar geltendes Recht". Damit ist zunächst – implizit – der Vorrang der Grundrechte gegenüber dem einfachen Recht bestätigt.[27] Auch der Gesetzgeber

[24] Vgl. dazu *M. Payandeh*, Judikative Rechtserzeugung – Theorie, Dogmatik und Methodik der Wirkungen von Präjudizien, 2017, S. 153 f.

[25] Vgl. *M. Jestaedt*, Die Verfassung hinter der Verfassung – Eine Standortbestimmung der Verfassungstheorie, 2009, S. 77 f.

[26] Vgl. *C. Möllers*, Gewaltengliederung – Legitimation und Dogmatik um nationalen und internationalen Rechtsvergleich, 2005, S. 35.

[27] Vgl. dazu BVerfGE 31, 58 (72 f.) [1971] – Spanierbeschluss; *C. Starck*, in: *H. v. Mangoldt/*

ist ihnen unterworfen und hat daher, normiert er beispielsweise privatrechtliche Vorschriften, etwaige widerstreitende grundrechtliche Pflichten gegenüber unterschiedlichen Privaten in einen angemessenen Ausgleich zu bringen – historisch und rechtsvergleichend gesehen durchaus keine Selbstverständlichkeit.[28] Art. 1 Abs. 3 GG ist „Leit-“[29] und „Schlüsselnorm“[30] der deutschen Verfassungsordnung, an der sich die deutsche Grundrechtsdogmatik zu orientieren hat,[31] nicht zuletzt aufgrund ihrer Nobilitierung durch Art. 79 Abs. 3 GG als eine „Säule der deutschen Verfassungsidentität“[32]. Soweit Art. 1 Abs. 3 GG eine absolute Grenze zieht, sind Horizontalwirkungskonstruktionen, die diese überschreiten, jedenfalls unter dem Grundgesetz nicht haltbar.

I. Verantwortung und richterliche Grundrechtsbindung

Verantwortungsansätze basieren, richtig verstanden, auf Art. 1 Abs. 3 GG.[33] Den Staat trifft die Verantwortung, den Gewährleistungsgehalt der Grundrechte von A und B nicht unverhältnismäßig zu beschränken. Mithin muss das zuständige

---

H. H. Klein/C. Starck, Grundgesetz – Kommentar, Bd. 1, 6. Aufl. 2010, Art. 1 Abs. 3/Rn. 221; *W. Kahl*, in: Bonner Kommentar zum Grundgesetz, Stand: Juli 2017, Art. 1 Abs. 3/Rn. 169. Art. 1 Abs. 3 GG bestätigt den in Art. 20 Abs. 3 GG zu verortenden allgemeinen Vorrang der Verfassung, vgl. dazu *W. Kahl*, a. a. O.; *F. V. Lange*, Grundrechtsbindung des Gesetzgebers – eine rechtsvergleichende Studie zu Deutschland, Frankreich und den USA, 2010, S. 38, 91. Zum Paradoxon, dass die Verfassung als höchste Rechtsquelle ohne weitere Grundlage ihren eigenen Vorrang quasi Münchhausen-gleich postulieren muss, siehe *M. Jestaedt*, Grundrechtsentfaltung im Gesetz, 1999, S. 14f.

[28] Vgl. *W. Heun*, Verfassungsrecht und einfaches Recht – Verfassungsgerichtsbarkeit und Fachgerichtsbarkeit, in: VVDStRL 2002, Bd. 61, 80, 95–100; *R. Wahl*, Der Vorrang der Verfassung, Der Staat 1981, Bd. 20, 485ff.; *C. Schönberger*, Der Vorrang der Verfassung, in: Festschrift für Rainer Wahl zum 70. Geburtstag, 2011, 385ff. Für einen Überlick siehe *W. Kahl*, in: Bonner Kommentar zum Grundgesetz, Stand: Juli 2017, Art. 1 Abs. 3/Rn. 119–140 und ausführlich *C. H. Schmidt*, Vorrang der Verfassung und konstitutionelle Monarchie, 2000.

[29] BVerfGE 31, 58 (72) [1971] – Spanierbeschluss.

[30] *K. Stern*, Das Staatsrecht der Bundesrepublik Deutschland, Bd. III/1, 1988, S. 1178.

[31] Wenn das BVerfG davon spricht, dass Art. 1 Abs. 3 GG „keinen selbständigen Prüfungsmaßstab enthalten“ könne (BVerfGE 61, 126 (137) [1982]), bezieht es sich auf die Frage der Bindung der Staatsgewalt an die einzelnen Grundrechte, die selbstverständlich nur in Zusammenschau mit diesen untersucht werden kann. Art. 1 Abs. 3 GG ist aber insoweit eigenständiger Prüfungsmaßstab, als es sich um die Grundrechtsbindung als solche und weitere etwaig unmittelbar aus dieser Verfassungsvorschrift abzuleitende verfassungsrechtliche Maßstäbe handelt.

[32] *W. Kahl*, in: Bonner Kommentar zum Grundgesetz, Stand: Juli 2017, Art. 1 Abs. 3/Rn. 169. Zur Verfassungsidentität vgl. BVerfGE 123, 267 (354, 398ff.) – Lissabon; *T. Wischmeyer*, Nationale Identität und Verfassungsidentität. Schutzgehalte, Instrumente, Perspektiven, Archiv des öffentlichen Rechts 2015, Bd. 140, 415ff. und ironisch gebrochen *C. Schönberger*, Identitäterä: Verfassungsidentität zwischen Widerstandsformel und Musealisierung des Grundgesetzes, Jahrbuch des öffentlichen Rechts der Gegenwart 2015, Bd. 63, 41ff.

[33] Vgl. oben Kap. 3, E.I.3.

Zivilgericht als staatlicher Hoheitsträger seine grundrechtlichen Pflichten gegenüber A und B erfüllen und wenn diese Pflichten kollidieren, sie in Ausgleich bringen. Art. 1 Abs. 3 GG bindet dabei den Gesetzgeber ebenso „unmittelbar" an die Grundrechte wie die Gerichte. Die Vorschrift spricht ausdrücklich nur von der Grundrechtsbindung der Staatsgewalt und genau darauf beruhen diese Horizontalwirkungskonstruktionen: Verantwortungsansätze internalisieren die ausschließliche Staatsrichtung der Grundrechte, indem sie nur von den jeweiligen staatlichen Grundrechtspflichten gegenüber A und gegenüber B ausgehen und ein unmittelbares grundrechtliches Anspruch-Pflichten-Verhältnis A-B ausdrücklich ablehnen.

Nun ist indessen teilweise zu lesen, dass eine „Bindung der Zivilrechtsprechung [an die Grundrechte] nicht über einen einfachen Verweis aus Art. 1 III GG erreicht werden kann."[34] Am prominentesten hat dies *Karl Doehring* vertreten, der betonte, dass ein Gericht die Grundrechte zu beachten habe, soweit sie gälten. Sie gälten jedoch nicht bereits dehalb, weil ein Gericht entscheide.[35] Dies erinnert an die Position des kanadischen Supreme Court in seinem Leiturteil *Dolphin Delivery*, wonach die Bindung des Richters an den kanadischen Grundrechtskatalog, die Charter of Rights and Freedoms, ausgeschlossen sein soll, sodass das richterrechtliche common law keiner direkten Grundrechtsbindung unterliege.[36] Die dahinter stehenden Überlegungen ähneln sich: Jeweils soll verhindert werden, dass bereits durch staatliches Handeln eine Grundrechtskollision entsteht und sich folglich im Ergebnis die Grundrechte von A und B doch unmittelbar gegenüber stehen.[37] In der Tat wäre es eine *petitio principi*, von Art. 1 Abs. 3 GG auf die – jedenfalls faktische – Grundrechtsbindung Privater zu schließen, denn dazu sagt diese Vorschrift gerade nichts.[38] Allerdings liegt darin, aus dieser Tatsache wiederum die fehlende Bindung der Zivilrechtsprechung an die Grundrechte zu schließen, ebenfalls eine *petitio principi*. Ein derartiger Schluss setzt voraus, dass Art. 1 Abs. 3 GG eine solche unmittelbare Anwendung zwingend ausschließt. Dies wird allerdings noch zu erörtern sein und ist meines Erachtens letztlich abzulehnen.[39]

Jedenfalls ist ein beschränkter Ausschluss der Grundrechtsbindung der Zivilgerichtsbarkeit mit Blick auf Wortlaut, *telos* und Systematik von Art. 1 Abs. 3

[34] *M. Ruffert*, Vorrang der Verfassung und Eigenständigkeit des Privatrechts, 2001, S. 122.

[35] *Doehring*, Staatsrecht der Bundesrepublik Deutschland, 3. Aufl. 1984, S. 209; vgl. auch *W. Höfling*, Vertragsfreiheit – Eine grundrechtsdogmatische Studie, 1991, S. 51.

[36] Kanadischer Supreme Court, *RWDSU v. Dolphin Delivery Ltd.*, [1986] 2 R.C.S. 573, 600; vgl. auch oben Kap. 3, B.I.4.

[37] Vgl. *Doehring*, Staatsrecht der Bundesrepublik Deutschland, 3. Aufl. 1984, S. 209; *J. van der Walt*, The Horizontal Effect Revolution and the Question of Sovereignty, 2014, S. 105–107.

[38] Vgl. *W. Höfling*, Vertragsfreiheit – Eine grundrechtsdogmatische Studie, 1991, S. 51; siehe auch bereits *G. Dürig*, in: T. Maunz/Ders. (Hrsg.), Grundgesetz – Kommentar, 1958, Art. 1 Abs. 3/Rn. 121.

[39] Siehe unten IV.

GG nicht haltbar und die Verantwortungsansätze konstruieren die Horizontalwirkung auf eine Art und Weise, die gerade nicht eine Grundrechtskollision und somit eine unmittelbare Anwendung im Verhältnis A-B voraussetzt. Art. 1 Abs. 3 GG ordnet die Bindung der „Rechtsprechung" an die Grundrechte des Grundgesetzes an, ohne hierbei zwischen Zivil-, Verwaltungs-, Straf- oder weiteren Formen der Gerichtsbarkeit zu differenzieren.[40] Damit ist der Zweck verbunden, als Gegenentwurf zum Dritten Reich die gesamte Staatsgewalt ausnahmslos an die Grundrechte zu binden und den Richter in „doppelter Weise" den Grundrechten zu unterwerfen: hinsichtlich des Verfahrens und hinsichtlich des inhaltlichem Ergebnisses.[41] Schließlich findet sich auch an anderer Stelle im Grundgesetz keine Grundlage für eine eingeschränkte Grundrechtsbindung der Zivilgerichtsbarkeit. Art. 20 Abs. 3 GG bindet die „Rechtsprechung" – wiederum allgemein und ohne Differenzierung – an „Gesetz und Recht" und somit auch an die Grundrechte als subjektive öffentliche Rechte des Einzelnen gegen die Staatsgewalt. Eine derartige Beschränkung – selbst wenn man die unmittelbare Anwendung der Grundrechte zwischen Privaten als mit Art. 1 Abs. 3 GG unvereinbar betrachtete – ist nach den Verantwortungsansätzen in jedem Fall nicht erforderlich. Denn diese konstruieren, richtig verstanden,[42] Horizontalwirkung über die jeweiligen grundrechtlichen Pflichten der Gerichte gegenüber A und gegenüber B angesichts der gerichtlichen Entscheidung über das private Rechtsverhältnis A-B. Danach kollidieren gerade nicht die Grundrechte von A und B, sondern vielmehr kollidieren die staatlichen grundrechtlichen Pflichten gegenüber A und gegenüber B. Nur weil und nur soweit diese Pflichten kollidieren, kommt es zu einem Ausgleich derselben im Rahmen einer Verhältnismäßigkeitsprüfung.

II. Staat, Gesellschaft und Zurechnung

Zurechnungskonstruktionen werten privates als staatliches Verhalten.[43] Der Staat tritt in die Rolle des Grundrechtsbeeinträchtigers aufgrund der Zurechnung eines eigentlich privaten Verhaltens zum Staat. Nach dem Ansatz *Jürgen*

[40] Vgl. auch BVerfGE 52, 203 (207) [1979]: „Im gerichtlichen Verfahren tritt der Richter den Verfahrensbeteiligten formell und in unmittelbarer Ausübung staatlicher Hoheitsgewalt gegenüber. Er ist daher nach Art 1 Abs 3 GG bei der Urteilsfindung an die insoweit maßgeblichen Grundrechte gebunden und zu einer rechtsstaatlichen Verfahrensgestaltung verpflichtet. Das gilt nicht nur für öffentlich-rechtliche Streitigkeiten, sondern auch für den Zivilprozeß." Siehe auch *W. Kahl*, in: Bonner Kommentar zum Grundgesetz, Stand: Juli 2017, Art. 1 Abs. 3/Rn. 297.

[41] *W. Höfling*, in: Sachs, Grundgesetz – Kommentar, 8. Aufl. 2018, Art. 1/Rn. 110; siehe auch *W. Kahl*, in: Bonner Kommentar zum Grundgesetz, Stand: Juli 2017, Art. 1 Abs. 3/Rn. 298.

[42] Vgl. insbesondere zum rekonstruierten Auslegungsansatz des BVerfG oben Kap. 3, E.I.3. und Kap. 4, B.

[43] Vgl. oben Kap. 2, B.III.3. und Kap. 3, C.III.2.

Schwabes führt dies zu einer Kollision der Grundrechte Privater gerade als Folge der Grundrechtsbindung des durch Zurechnung stets handelnden (oder zurechenbar unterlassenden) Staates nach Art. 1 Abs. 3 GG.[44] Die Folge einer so verstandenen Zurechnung ist letztlich kaum von derjenigen einer unmittelbaren Anwendung zu unterscheiden und führt somit genau zu dem, was nach *Schwabe* wegen Art. 1 Abs. 3 GG eigentlich gar nicht möglich sein soll.[45] Diese dogmatische Inkonsistenz ist zurecht kritisiert worden.[46] Allerdings folgt daraus nur dann eine Unvereinbarkeit mit Art. 1 Abs. 3 GG, wenn man, *quod non*,[47] Anwendungsansätze für mit dieser Vorschrift und den sich aus ihr ergebenden verfassungsrechtlichen Grundsätzen unvereinbar betrachtet.[48] Einer der US-amerikanischen state action-Doktrin vergleichbaren Zurechnungskonstruktion im deutschen Recht wäre bereits dieser Vorwurf unter dem Grundgesetz nicht zu machen. Ein solcher Ansatz verneint bereits eine Grundrechtskollision und prüft nur einen einseitigen Grundrechtseingriff des Staates, ohne die Grundrechte der Gegenseite zu berüchsichtigen. Dass dies wiederum aus genau diesen Gründen unter dem Aspekt des im deutschen Recht etablierten Grundsatzes der Verhältnismäßigkeit problematisch wäre, ist jedenfalls keine unmittelbare Frage des Art. 1 Abs. 3 GG und bleibt deshalb hier außen vor.[49]

Schwabes Ansatz könnte indes noch aus einem anderen Grund mit Art. 1 Abs. 3 GG unvereinbar sein. Laut *Wolfgang Kahl* ist Art. 1 Abs. 3 GG „Ausprägung der verfassungstheoretischen Unterscheidung von Staat und Gesellschaft".[50] In der Tat lässt sich diese Unterscheidung im deutschen Verfassungsdenken ideengeschichtlich weit zurückverfolgen. Spätestens mit *Hegel* etabliert sie sich in der deutschen Staatsrechtslehre.[51] Die bürgerliche Gesellschaft besteht

---

[44] Siehe *J. Schwabe*, Die sogenannte Drittwirkung der Grundrechte, 1971, S. 16f., 62ff.

[45] Vgl. ebenda, S. 26ff.; vgl. auch oben Kap. 3, E.I.5.

[46] Z.B. *Doehring*, Staatsrecht der Bundesrepublik Deutschland, 3. Aufl. 1984, S. 209; *W. Höfling*, Vertragsfreiheit – Eine grundrechtsdogmatische Studie, 1991, S. 51; *M. Ruffert*, Vorrang der Verfassung und Eigenständigkeit des Privatrechts, 2001, S. 122; *W. Kahl*, in: Bonner Kommentar zum Grundgesetz, Stand: Juli 2017, Art. 1 Abs. 3/Rn. 340.

[47] Siehe dazu unten IV.

[48] Siehe oben I.

[49] Siehe zu alledem oben Kap. 3, C.III.1.

[50] *W. Kahl*, in: Bonner Kommentar zum Grundgesetz, Stand: Juli 2017, Art. 1 Abs. 3/Rn. 171 (Abschnittsüberschrift).

[51] Vgl. *G. W. F. Hegel*, Grundlinien der Philosophie des Rechts, Werke, Bd. 7, 1. Aufl. 1821 (Nachdruck 1986), §§ 182ff., 257ff.; siehe auch *M. Auer*, Der privatrechtliche Diskurs der Moderne, 2014, S. 38–43. Wie u. a. *Ernst-Wolfgang Böckenförde* klarstellt, ist diese Unterscheidung von Staat und Gesellschaft und in der Folge von öffentlichem Recht und Privatrecht keine apriorische (anders aber: *G. Radbruch*, Rechtsphilosophie, 2. Aufl. 1932, S. 122ff.), sondern eine „verfassungsgeschichtlich entstandene und bedingte", siehe *E.-W. Böckenförde*, Die Bedeutung der Unterscheidung von Staat und Gesellschaft im demokratischen Sozialstaat der Gegenwart, in: *Ders.*, Recht, Staat, Freiheit, 1991, S. 209, 211; ähnlich auch *ders.*, Die verfassungstheoretische Unterscheidung von Staat und Gesellschaft als Bedingung der individuellen Freiheit, 1973, S. 10: „Das bedeutet […], daß nur unter bestimmten Gegebenheiten der politisch-sozialen Ordnung

danach aus der Gesamtheit der Bürger als *bourgeoises*, d.h. als Privatpersonen, die ihre privaten Interessen verfolgen dürfen und sollen.[52] Der Bürger ist nicht (mehr) Teilhaber an der souveränen Gewalt im Sinne eines *citoyen*,[53] sondern Privatmann, dem es grundsätzlich freisteht, seine eigenen Interessen regelmäßig ohne staatliche Einwirkung – und ohne die Verantwortung, als Träger staatlicher Gewalt zu fungieren – auszuüben.[54] Letzteres hat laut BVerfG auch im Grundgesetz durch Art. 1 Abs. 3 GG Niederschlag gefunden: „Art. 1 Abs. 3 GG liegt [...] eine elementare Unterscheidung zugrunde: Während der Bürger prinzipiell frei ist, ist der Staat prinzipiell gebunden."[55]

Schwabes Horizontalwirkungskonstruktion beruht auf der Ablehnung des „Dualismus ‚öffentliches-privates' Recht" und damit der Infragestellung einer Staat/Gesellschaft-Dichotomie. Der Staat schaffe die Rechtsordnung und sei für sie verantwortlich, sowohl für das, was er regele, als auch für das, was er nicht regele. Privates Verhalten sei dem Staat deshalb – für die Zwecke der Horizontalwirkung – stets zuzurechnen, weil private Rechtsakte lediglich die Konsequenz staatlicher Prädeterminierung seien.[56] Verfolgte *Schwabe* diesen Gedankengang konsequent zu Ende, bedeutete er, wie in Kapitel 3 beschrieben, die Marginalisierung von Privatrecht und Zivilgerichtsbarkeit, was in der Tat mit dem (staats-)freiheitlichen Grundgedanken des Art. 1 Abs. 3 GG schwer vereinbar wäre. Jedoch geht er – dogmatisch inkonsistent – diesen Schritt gerade nicht. Es bleibt letztendlich beim privatrechtlichen Rechtsverhältnis A-B, das Abwägungsergebnis ihrer kollidierenden Grundrechte ist unter Berücksichtigung des einfachen Rechts zur Geltung zu bringen.[57] Art. 1 Abs. 3 GG mag die konzeptionelle Unterscheidung der Sphären „Staat" und „Gesellschaft" gedank-

---

von einer Unterscheidung von Staat und Gesellschaft sinnvoll gesprochen werden kann, und nur solange, wie diese Gegebenheiten der politisch-sozialen Ordnung fortbestehen."

[52] Vgl. dazu auch *C. Seiler*, Der souveräne Verfassungsstaat zwischen demokratischer Rückbindung und überstaatlicher Einbindung, 2005, S. 41.

[53] Siehe dazu und zur ideengeschichtlichen Entwicklung seit *Bodin*: *M. Loughlin*, The Nature of Public Law, in: C. Mac Amlaigh/C. Michelon/N. Walker (Hrsg.), After Public Law, 2013, 11, 13ff.; *E. Grabitz*, Freiheit und Verfassungsrecht, 1976, S. 143.

[54] Vgl. *G. W. F. Hegel*, Grundlinien der Philosophie des Rechts, Werke, Bd. 7, 1. Aufl. 1821 (Nachdruck 1986), § 187: „Die Individuen sind als Bürger [des] Staates Privatpersonen, welche ihr eigenes Interesse zu ihrem Zwecke haben. Da dieser durch das Allgemeine vermittelt ist, das ihnen somit als Mittel erscheint, so kann er von ihnen nur erreicht werden, insofern sie selbst ihr Wissen, Wollen und Tun auf allgemeine Weise bestimmen und sich zu einem Gliede der Kette dieses Zusammenhangs machen. Das Interesse der Idee hierin, das nicht im Bewußtsein dieser Mitglieder der bürgerlichen Gesellschaft als solcher liegt, ist der Prozeß, die Einzelheit und Natürlichkeit derselben durch die Naturnotwendigkeit ebenso als durch die Willkür der Bedürfnisse zur formellen Freiheit und formellen Allgemeinheit des Wissens und Wollens zu erheben, die Subjektivität in ihrer Besonderheit zu bilden."

[55] BVerfGE 128, 226 (244) [2011] – Fraport; vgl. auch BVerfGE 148, 267 (282) [2018] – Stadionverbot.

[56] Vgl. zu alledem *J. Schwabe*, Die sogenannte Drittwirkung der Grundrechte, 1971, S. 26ff., 36.

[57] Siehe zu alledem oben Kap. 3, C.II. und E.I.5.

lich zugrunde legen. Eine strikte Trennung derselben lässt sich ihm hingegen ebensowenig entnehmen wie man auch keine Grundlage für die Annahme findet, dass die Gesellschaft gegenüber dem Staat den „Charakter des an sich Vorausliegenden“[58] trage.[59] Eine strikte Trennung einer privaten Sphäre, in welcher die Freiheit als solche besteht und von der öffentlichen Sphäre durch staatliche Eingriffe abzuschirmen ist, ist weder verfassungstheoretisch haltbar noch findet sie in Art. 1 Abs. 3 GG eine positiv-rechtliche Basis. Vielmehr ist Grundlage jeder privaten Rechtsbeziehung in der Sphäre der „Gesellschaft“ eine Verteilungsentscheidung in der Sphäre „Staat“, indem die staatliche Rechtsordnung, die nicht nur das öffentliche Recht, sondern auch das Privatrecht mitumfasst, diese Verteilungsentscheidung beeinflusst:

> „Es gibt kein Privatrecht ohne Staat. [...] Es gibt kein privatrechtliches Handeln außerhalb eines detaillierten Rahmens privatrechtlicher Grundnormen, der das Produkt privatrechtlicher Gesetzgebung und Rechtsprechung und damit zweifelsohne hoheitlicher, öffentlichrechtlicher Tätigkeit ist.“[60]

Eine klinische Abgrenzung von Staat und Gesellschaft ist somit nicht konsequent zu vollbringen[61].[62] Dies ist indes für ein konzeptionelle Unterscheidung (eben nicht: Trennung) staatlicher und gesellschaftlicher Sphären auch nicht erforderlich. Dafür genügt es, dass Private sich gegenüber dem Staat auf ihre Grundrechte berufen können und dass sie nicht in gleicher Weise wie der Staat

---

[58] *E.-W. Böckenförde*, Die Bedeutung der Unterscheidung von Staat und Gesellschaft im demokratischen Sozialstaat der Gegenwart, in: *Ders.*, Recht, Staat, Freiheit, 1991, S. 209, 235f., siehe auch 243. Siehe überdies *E.-W. Böckenförde/C. Enders*, Freiheit und Recht, Freiheit und Staat, in: *E.-W. Böckenförde*, Recht, Staat, Freiheit, 1991, S. 42, 43: „Freiheit hat und behält in sich das Vorausliegende, über sich Hinausweisende und Unverfügte.“

[59] Siehe *R. Poscher*, Grundrechte als Abwehrrechte – Reflexive Regelung rechtlich geordneter Freiheit, 2003, S. 147f. Ähnlich ablehnend gegenüber einer quasi-naturrechtlich postulierten Trennung von Staat und Gesellschaft *C. Möllers*, Staat als Argument, 2000, S. 244f.: „Das Verhältnis von Staat und Gesellschaft ist Resultat der Ausgestaltung der Rechtsordnung; es geht dieser nicht voraus.“ Siehe auch *C. Möllers*, Braucht das öffentliche Recht einen neuen Methoden- und Richtungsstreit?, Verwaltungsarchiv 1999, Bd. 90, 187, 200.

[60] *M. Auer*, Der privatrechtliche Diskurs der Moderne, 2014, S. 67. Vgl. auch *R. Michaels/N. Jansen*, Private Law Beyond the State? – Europeanization, Globalization, Privatization, in: Dies. (Hrsg.), Beyond the State – Rethinking Private Law, 2008, 69, 84, Fn. 60 mit weiteren Verweisen auf angloamerikanische Literatur.

[61] Vgl. dazu *J. van der Walt*, The Horizontal Effect Revolution and the Question of Sovereignty, 2014, S. 169f.; *J. W. Singer*, The Legal Rights Debate in Analytical Jurisprudence from Bentham to Hohfeld, Wisconsin Law Review 1982, 975ff.; siehe überdies *R. L. Hale*, Coercion and Distribution in a Supposedly Non-Coercive State, Political Science Quarterly 1923, Bd. 38, 470ff. In ähnliche Richtung auch *R. Poscher*, Grundrechte als Abwehrrechte – Reflexive Regelung rechtlich geordneter Freiheit, 2003, S. 148–150. Siehe dazu auch die Beiträge von Alexander Somek und Julian Krüper in VVDStRL 2020, Bd. 79, 7ff. und 43ff.

[62] Dies bedeutet allerdings auch umgekehrt nicht, dass Staat und Gesellschaft und entsprechend öffentliches und Privatrecht überhaupt nicht unterschieden werden könnten und sollten. So aber in der deutschsprachigen Literatur beispielsweise *M. Bullinger*, Öffentliches Recht und Privatrecht, 1968, S. 81ff., 112ff.; *E. Grabitz*, Freiheit und Verfassungsrecht, 1976, S. 196f.

grundrechtsverpflichtet sind, sondern in ihrem Handeln „prinzipiell frei“[63] sind. *Schwabe* wertet zwar als Ausgangsprämisse privates als staatliches Handeln, wie erwähnt führt er dies aber nicht konsequent zu Ende, sondern belässt es bei der Abwägung der Grundrechtspositionen und bei den Auswirkungen derselben auf das private Rechtsverhältnis. Inwieweit durch das Gegenüberstellen grundrechtlicher Rechtspositionen A-B die aus der Unterscheidung von Staat und Gesellschaft entspringende prinzipielle Freiheit Privater konterkariert wird, ist sogleich Gegenstand von Abschnitt IV.

III. Ablehnung strikter Ablehnung

Betrachtet man die Ablehnungskonstruktionen unter dem Aspekt des Art. 1 Abs. 3 GG, so ist zu unterscheiden. Modifizierte Ablehnungsansätze akzeptieren, dass die Gerichte jedenfalls aufgerufen sind, gesetzgeberisches Handeln anhand der Grundrechte zu überprüfen und auch im Rahmen der Auslegung und Anwendung der gesetzgeberischen Vorschriften im Einzelfall die Grundrechte der Parteien des Rechtsstreits zu beachten. Letztendlich nähern sich diese modifizierten Ablehnungskonstruktionen den Verantwortungsansätzen an, wenn auch zum Teil die Prüfungsdichte stärker zurückgenommen ist, um dem Gesetzgeber einen größeren Spielraum zu belassen.[64] Es gilt daher im Wesentlichen das zu den Verantwortungskonstruktionen Gesagte entsprechend.[65]

Anders verhält es sich hinsichtlich der strikten Ablehnung. Hier offenbart sich eine verfassungsrechtliche Grenzüberschreitung. Lehnt man Horizontalwirkung gänzlich ab und verneint somit auch den Ausgleich grundrechtlicher Interessen Privater durch den Gesetzgeber, ist dies nicht vereinbar mit der „unmittelbaren“ Grundrechtsbindung des Gesetzgebers, die Art. 1 Abs. 3 GG anordnet. Denn sobald dieser der grundrechtlichen Bindung unterliegt, muss er auch für einen grundrechtlichen Ausgleich der Rechtspositionen unterschiedlicher Grundrechtsberechtiger sorgen.[66] Eine solche „Prägung“[67], „Entfaltung“[68] oder „Ausgestaltung“[69] des einfachen Rechts durch die Grundrechte – und vor allem im

[63] BVerfGE 128, 226 (244) [2011] – Fraport; vgl. auch BVerfGE 148, 267 (282) [2018] – Stadionverbot.

[64] Vgl. oben Kap. 2, B.III.4. und Kap. 3, D., zusammenfassend IV.

[65] Vgl. oben I.

[66] *W. Rüfner*, Grundrechtsadressaten, in: J. Isensee/P. Kirchhof (Hrsg.), Handbuch des Staatsrechts, 3. Aufl. 2011, Bd. IX, § 197, S. 793, 806.

[67] *P. Lerche*, Übermaß und Verfassungsrecht – Zur Bindung des Gesetzgebers an die Grundsätze der Verhältnismäßigkeit und der Erforderlichkeit, 1961, S. 98.

[68] *M. Jestaedt*, Grundrechtsentfaltung im Gesetz – Studien zur Interdependenz von Grundrechtsdogmatik und Rechtsgewinnungstheorie, 1999.

[69] *M. Cornils*, Ausgestaltung der Grundrechte – Untersuchungen zur Grundrechtsbindung des Ausgestaltungsgesetzgebers, 2005, S. 4.

Privatrecht durch unterschiedliche mehrpolige Grundrechtsbeziehungen – ist notwendige Folge der durch Art. 1 Abs. 3 GG angeordneten gesetzgeberischen Grundrechtsbindung.

Konsequenz dieser Grundrechtsunterworfenheit der ersten Gewalt ist der erwähnte Vorrang der Verfassung einschließlich der Grundrechte, die notwendig nach der Überprüfung dieses Vorrangs verlangt. Diese Kontrolle kann nicht dem Gesetzgeber selbst überantwortet sein, sonst würde der Vorrang von Grundrechten und Verfassung zur Makulatur. Vielmehr bedeutet in der einprägsamen Formulierung *Rainer Wahls* der Vorrang der Verfassung den „Nachrang des Gesetzgebers"[70] oder, anders gewendet, den Vorrang der Verfassungsgerichtsbarkeit[71].[72] Das Grundgesetz lässt in Art. 93 Abs. 1 Nr. 2 (abstrakte Normenkonstrolle), Nr. 4a (Verfassungsbeschwerde zusammen mit der Elfes-Rechtsprechung[73]) und Art. 100 Abs. 1 Satz 1 GG (konkrete Normenkontrolle) keinen Zweifel daran, dass es dem BVerfG die Aufgabe überantwortet, nachzuprüfen, ob der Gesetzgeber seine grundrechtlichen Pflichten erfüllt hat. Art. 93 Abs. 1 Nr. 2, 4a und Art. 100 Abs. 1 Satz 1 GG sind somit das kompetenziell-prozedurale Echo des Art. 1 Abs. 3 GG. Der Ausgleich grundrechtlicher Rechtspositionen zweier oder mehrerer Privater ist demzufolge zentrale Aufgabe des Gesetzgebers ebenso wie der Gerichte aufgrund der Anordnung des Art. 1 Abs. 3 GG. Eine gänzliche Ablehnung jeglicher Horizontalwirkung auch durch den Gesetzgeber, die wiederum Gegenstand der gerichtlichen Nachprüfung zu sein hat, ist mit diesem verfassungsrechtlichen Positum nicht vereinbar.

---

[70] *R. Wahl*, Der Vorrang der Verfassung, Der Staat 1981, Bd. 20, 485, 487: „Der Vorrang der Verfassung bedeutet den *Nachrang* des Gesetzes. Dies wiederum heißt zugleich Nachrang des Gesetzgebers […]." (Hervorhebung im Original; Zitat ohne Fußnoten).

[71] Den Streit, ob die Rolle des „Hüters der Verfassung" der Verfassungsgerichtsbarkeit zukommen soll, der im Zentrum der *Schmitt-Kelsen*-Debatte der Weimarer Zeit stand, haben die Verfassungstheorie ebenso wie der Grundgesetzgeber mit Art. 93 Abs. 1 Nr. 2 und 4a sowie Art. 100 Abs. 1 GG zugunsten letzterer entschieden. Vgl. zur *Schmitt-Kelsen*-Debatte *H. Kelsen*, Wer soll Hüter der Verfassung sein?, 1931; *ders.*, Wesen und Entwicklung der Staatsgerichtsbarkeit, VVDStRL 1929, Bd. 5, 30; *C. Schmitt*, Der Hüter der Verfassung, 1931, S. 22, 132–159, ähnlich auch *H. Triepel*, Wesen und Entwicklung der Staatsgerichtsbarkeit, VVDStRL 1929, Bd. 5, 2, 8. Anders dagegen noch *C. Schmitt*, Verfassungslehre, 4. Aufl. 1965, unv. Nachdruck der ersten Auflage von 1928, S. 196. Ausführlich zur *Schmitt-Kelsen*-Debatte auch *O. W. Lembcke*, Hüter der Verfassung, 2007 mit vielen weiteren Nachweisen. Eine Zusammenfassung der Argumente von *Hans Kelsen* und *Carl Schmitt* findet sich auf S. 17–27.

[72] Vgl. *C. Schönberger*, Der Vorrang der Verfassung, in: Festschrift für Rainer Wahl zum 70. Geburtstag, 2011, 385, 400f. Zum kontrastierenden Zusammenhang von Vorrang der Verfassung, Verfassungsgerichtsbarkeit und parlamentarischer Souveränität siehe aus verfassungstheoretischer und verfassungsrechtsvergleichender Sicht: *A. Stone Sweet*, Governing with Judges – Constitutional Politics in Europe, 2000, S. 49f. Grundlegend bereits *A. Hamilton*, The Judiciary Department, The Federalist Papers, No. 78, 1788.

[73] Vgl. BVerfGE 6, 32 (38ff.) [1957].

IV. Anwendung, Staatsrichtung und Grundrechtsbindung

Nach häufig zu lesender Auffassung[74] soll bereits der Wortlaut des Art. 1 Abs. 3 GG eine unmittelbare Anwendung der Grundrechte im Sinne eines grundrechtlichen Anspruch-Pflichten-Verhältnisses zwischen den Privaten A und B ausschließen. Art. 1 Abs. 3 GG postuliert zwar, dass „[d]ie nachfolgenden Grundrechte [...] Gesetzgebung, vollziehende Gewalt und Rechtsprechung als unmittelbar geltendes Recht [binden]." Ein expliziter Ausschluss einer darüber hinaus zusätzlich bestehenden – wie auch immer im Einzelnen ausgestalteten – unmittelbaren Bindung Privater an die Grundrechte lässt sich diesem Satz jedoch nicht entnehmen. Dass X zu Z verpflichtet ist, schließt nicht aus, dass Y ebenfalls zu Z verpflichtet ist. Art. 1 Abs. 3 GG bestimmt zunächst nur, dass alle Staatsgewalt an die Grundrechte gebunden ist – nicht weniger, aber jedenfalls seinem Wortlaut nach auch nicht mehr.

Einen ausnahmslosen Ausschluss unmittelbarer Anwendung kann Art. 1 Abs. 3 GG bereits mit Blick auf Art. 9 Abs. 3 Satz 2 GG, der nach nahezu einhelliger Auffassung[75] ausdrücklich unmittelbar zwischen Privaten gilt, ohnehin nicht normiert haben. Das vielfach vorgetragene *argumentum e contrario* aus Art. 9 Abs. 3 Satz 2 GG, dessen explizite unmittelbare Anwendung zwischen Privaten bestätige als Ausnahme die Regel,[76] ist ebenfalls keineswegs zwin-

---

[74] Stellvertretend *W. Höfling*, Vertragsfreiheit – Eine grundrechtsdogmatische Studie, 1991, S. 50: „[D]ie Lehre von der unmittelbaren Drittwirkung [...] ignoriert die eindeutige positivrechtliche Bindungstrias des Art. 1 Abs. 3 GG [...]."; *ders.*, in: M. Sachs (Hrsg.), Grundgesetz – Kommentar, 8. Aufl. 2018, Art. 1/Rn. 116: „Indem Art. 1 III GG als Grundrechtsverpflichtete Gesetzgebung, vollziehende Gewalt und Rspr. benennt und insoweit eine lückenlose Bindung postuliert, enthält die Verfassungsbestimmung zugleich auch eine negativ-ausgrenzende Aussage: In der Bürger-Bürger-Relation [...] entfalten die Grundrechte keine Wirkung als unmittelbar bindende Anordnungen."; *W. Kahl*, in: Bonner Kommentar zum Grundgesetz, Stand: Juli 2017, Art. 1 Abs. 3/Rn. 311: „Rechtsprechung und ganz h.L. verneinen zu Recht grundsätzlich eine unmittelbare Drittwirkung [...] Die h.M. hat bereits den Wortlaut des Art. 1 Abs. 3 GG auf ihrer Seite, der ausdrücklich nur die drei Staatsgewalten aufzählt."; *T. Barczak*, Konstitutionalisierung der Privatrechtsordnung, in: F. Scheffczyk/K. Wolter (Hrsg.), Linien der Rechtsprechung des Bundesverfassungsgerichts – erörtert von den wissenschaftlichen Mitarbeiterinnen und Mitarbeitern, Bd. 4, 91, 101 f.: „Wie die Geltungsanordnung des Art. 1 Abs. 3 GG bekräftigt, entfalten sich die Grundrechte im Verhältnis des Einzelnen zur staatlichen Gewalt, nicht jedoch zwischen Privatrechtssubjekten untereinander."; ähnlich wohl auch beispielsweise *F. Kirchhof*, Private Rechtsetzung, 1987, S. 519: „Die Vorschrift des Art. 1 Abs. 3 GG betrifft nur die öffentliche Gewalt." und *K. Stern*, Das Staatsrecht der Bundesrepublik Deutschland, Bd. III/1, 1988, S. 1575: „Die Privatrechtssubjekte sind [...] nicht Verpflichtete der [...] Grundrechte, weil die Grundrechte nach Art. 1 Abs. 3 GG nicht an sie addressiert sind."; *C. König*, Vertragliche Gestaltung der Meinungsfreiheit in sozialen Netzwerken, Archiv für die civilistische Praxis 2019, Bd. 219, 611, 642 („[...] *un*mittelbare[ ] Drittwirkung der Grundrechte [...], die jedoch mit Art. 1 Abs. 3 GG nicht zu vereinbaren wäre." (Hervorhebung im Original)).

[75] Vgl. nur statt aller *R. Scholz*, in: Maunz/Dürig, Grundgesetz – Kommentar, 84. Ergänzungslieferung, August 2018, Art. 9/Rn. 4, 171, 332 f. m. w. N.

[76] *W. Kahl*, in: Bonner Kommentar zum Grundgesetz, Stand: Juli 2017, Art. 1 Abs. 3/Rn. 312; *H. Dreier*, in: Ders. (Hrsg.), Grundgesetz – Kommentar, Bd. 3, 3. Aufl. 2013, Art. 1 Abs. 3/

gend. Jedenfalls die Tatsache, dass er die unmittelbare Anwendung hinsichtlich die Koalitionsfreiheit beeinträchtigender privatrechtlicher Abreden explizit erwähnt, veranlasst syllogistisch nicht notwendig zu dem Schluss, dass damit eine darüber hinaus gehende unmittelbare Anwendung hinsichtlich anderer grundrechtlicher Vorschriften ausgeschlossen wäre. Folgte man im Rahmen der Grundrechtsauslegung stets dem Grundsatz *expressio unius est exclusio alterius*, müsste man in gleicher Weise die Schutzpflichtendimension der Grundrechte als allgemeines Prinzip ablehnen, da lediglich Art. 1 Abs. 1 Satz 2, Art. 6 Abs. 1, 2 Satz 2 und Abs. 4 sowie Art. 16a Abs. 1 GG ausdrückliche staatliche Schutzpflichten vorschreiben. Mithin lässt sich entsprechend aus der Tatsache expliziter Erwähnung in Art. 9 Abs. 3 Satz 2 GG ebenso der Schluss ziehen, dass dieser – wie Art. 1 Abs. 1 Satz 2, Art. 6 Abs. 1, 2 Satz 2 und Abs. 4 sowie Art. 16a Abs. 1 GG für die Schutzpflichten – die ausnahmsweise ausdrückliche Erwähnung eines allgemeinen Prinzips darstellt. Das *argumentum ex* Art. 9 Abs. 3 Satz 2 GG ist folglich zweischneidig und begründet somit ebenfalls keinen zwingenden verfassungsrechtlichen Ausschluss der Anwendungskonstruktionen.

Argumentiert man weiter mit der Systematik des Grundrechtskatalogs, so formulieren die meisten Grundrechtsbestimmungen[77] ihren Gewährleistungsgehalt offen und gerade nicht staatsgerichtet (z. B.: „Jeder hat das Recht auf freie Entfaltung seiner Persönlichkeit [...]"; Die Freiheit der Person ist unverletzlich"; „Männer und Frauen sind gleichberechtigt"; „Kunst und Wissenschaft, Forschung und Lehre sind frei"). Dies steht im Gegensatz beispielsweise zur „Bill of Rights" der US-Bundesverfassung („Congress shall make no law ..."[78]).

Erheblicher ist dagegen der systematische Einwand, die für viele Grundrechte ausdrücklich normierten Gesetzesvorbehalte bewiesen die ausschließliche Staatsrichtung der Grundrechte und schlössen dementsprechend Anwendungsansätze notwendig aus.[79] Wenn beispielsweise Art. 2 Abs. 2 Satz 3 GG bestimmt, dass in das Recht auf Leben, körperliche Unversehrtheit und Freiheit „nur aufgrund eines Gesetzes eingegriffen werden" kann, dann scheint dies zu implizieren, dass ein Eingriff nur von staatlicher Seite erfolgen könne. Gesetzgebung sei staatliches Privileg, ein Eingriff „aufgrund Gesetzes" setze staatliches Handeln

Rn. 38; *C. Hillgruber*, in: Epping/Hillgruber, Grundgesetz – Kommentar, 2. Aufl. 2013, Art. 1/Rn. 72.2; vgl. auch *M. Herdegen*, Maunz/Dürig, Grundgesetz – Kommentar, 84. Ergänzungslieferung, August 2018, Art. 1 Abs. 3/Rn. 99.

[77] Anderes gilt für die in Art. 16, 16a, 17 sowie mit Einschränkungen auch die in Art. 7 GG verankerten Grundrechte.

[78] Z. B. US-Bundesverfassung, 1. Amendment: „Congress shall make no law respecting an establishment of religion, or prohibiting the free exercise thereof; or abridging the freedom of speech, or of the press; or the right of the people peaceably to assemble, and to petition the Government for a redress of grievances."

[79] Vgl. dazu stellvertretend *R. Lehner*, Zivilrechtlicher Diskriminierungsschutz und Grundrechte, 2013, S. 294; grundlegend *C.-W. Canaris*, Grundrechte und Privatrecht, Archiv für die civilistische Praxis 1984, Bd. 184, 201, 204.

voraus. Daran fehle es allerdings im Falle der unmittelbaren Anwendung der Grundrechte im Privatrechtsverhältnis, da danach bereits das private Handeln einen grundrechtlichen Eingriff darstelle, der wiederum ein grundrechtliches Anspruch-Pflichten-Verhältnis zwischen den Privaten begründe.

Diesem systematischen Argument – das jedenfalls bei Stützung auf den Wortlaut der Gesetzesvorbehalte streng genommen bereits nicht für vorbehaltlose Grundrechte wie z.B. Art. 5 Abs. 3 GG gelten kann – ist allerdings Folgendes entgegenzuhalten. Die Lehre vom Gesetzesvorbehalt[80] dient, unabhängig davon ob er ausdrücklich normiert ist oder nicht, in erster Linie der Realisierung von Gewaltenteilungs-, Demokratie- und Rechtsstaatsprinzip.[81] Wesentliche Entscheidungen wie diejenigen über Beschränkungen von Grundrechten sind danach im Grundsatz in die Hände des demokratisch am stärksten legitimierten Gesetzgebers gelegt, der abstrakt-generell festlegt, welche Beschränkungen grundsätzlich zulässig sind und dabei auch für einen Ausgleich widerstreitender Grundrechtspositionen unterschiedlicher Grundrechtsträger zu sorgen hat.[82]

Diese Funktion des Gesetzesvorbehalts ist jedoch auch im Rahmen der zweistufigen Anwendung erfüllbar. Diese ignoriert gerade nicht das einfache Recht, sondern erfordert es, die grundrechtlichen Ansprüche von A und die korrelierenden grundrechtlichen Pflichten von B, soweit möglich, im Wege der Auslegung und Anwendung des einfachen Rechts zu realisieren.[83] Zwar ermöglicht sie es, die gesetzgeberische Entscheidung dann beiseite zu schieben, wenn die einfachrechtliche Vorschrift dem Abwägungsergebnis der Grundrechte der Privaten A und B widerspricht. Allerdings führen auch staatsgerichtete Ansätze, namentlich die in Literatur und Praxis vorherrschenden Verantwortungskonstruktionen, in diesem Fall, also wenn die verfassungskonforme Auslegung scheitert, dazu, dass die gesetzgeberische Entscheidung nicht gilt, vgl. Art. 100 Abs. 1 Satz 1 GG. In jedem Fall wird sich noch sogleich in Unterkapitel C herausstellen, dass in Horizontalwirkungskonstellationen die Lehre vom Ge-

---

[80] Den die einzelnen Gesetzesvorbehalte der Grundrechte „für bestimmte Rechtsbereiche inhaltlich ausgestalten", vgl. *C. Seiler*, Der einheitliche Parlamentsvorbehalt, 2000, S. 89.

[81] Vgl. ebenda, S. 73ff.; *B. Gzeszick*, in: Maunz/Dürig, Grundgesetz – Kommentar, 84. Ergänzungslieferung, August 2018, Art. 20/Rn. 75ff.; *M. Herdegen*, in: Maunz/Dürig, Grundgesetz – Kommentar, 84. Ergänzungslieferung, August 2018, Art. 1 Abs. 3/Rn. 42ff.; *C. Bickenbach*, Die Einschätzungsprärogative des Gesetzgebers – Analyse einer Argumentationsfigur in der (Grundrechts-)Rechtsprechung des Bundesverfassungsgerichts, 2014, S. 223ff.; ausführlich *P. Lassahn*, Rechtsprechung und Parlamentsgesetz – Überlegungen zu Anliegen und Reichweite eines allgemeinen Vorbehalts des Gesetzes, 2017, S. 77ff.

[82] Vgl. *C. Hillgruber*, Grundrechtsschranken, in: J. Isensee/P. Kirchhof (Hrsg.), Handbuch des Staatsrechts, 3. Aufl. 2011, Bd. IX, § 201, S. 1033, 1045. Hinsichtlich der Rechtsprechung des BVerfG siehe stellvertretend und auch über den Grundrechtsschutz hinaus BVerfGE 49, 89 (126) – Kalkar; E 61, 250 (275); E 77, 170 (230f.) – Chemiewaffen; E 115, 320 (357f.) [2006] – Rasterfahndung (stRspr).

[83] Vgl. oben Kap. 3, A.VIII.2.

setzesvorbehalt keiner der Ansätze, einschließlich der ein- und zweistufigen Anwendung, verfassungsrechtlich zwingend auszuschließen vermag.[84]

Zentraler teleologischer Einwand gegen die Anwendungsansätze ist im Gefolge *Dürigs*[85] die Besorgnis, ein unmittelbares grundrechtliches Anspruch-Pflichten-Verhältnis denaturierte die Grundrechte von Freiheitsgarantien zu Pflichten Privater.[86] Private seien grundsätzlich frei,[87] gerade dies drücke sich in Art. 1 Abs. 3 GG aus. In den Worten des BVerfG:

> „Der Bürger findet durch die Grundrechte Anerkennung als freie Person, die in der Entfaltung ihrer Individualität selbstverantwortlich ist. Er und die von ihm gegründeten Vereinigungen und Einrichtungen können ihr Handeln nach subjektiven Präferenzen in privater Freiheit gestalten, ohne hierfür grundsätzlich rechenschaftspflichtig zu sein."[88]

Diese Argumentation bewegt sich auf zwei Ebenen. Die analytisch-dogmatische Ebene hat bereits das dritte Kapitel adressiert: Anwendungskonstruktionen führen mitnichten stets zu grundrechtlichen Pflichten eines Privaten, sondern nur falls der Ausgleich der wechselseitigen Grundrechts- als *prima facie*-Positionen einen Anspruch einer Seite begründet.[89] Auf einer zweiten Ebene wird hier insinuiert, Anwendungsansätze konterkarierten dadurch, dass sie ein unmittelbares Grundrechtsverhältnis zwischen Privaten kreieren, die Privatautonomie. Ob dies zutrifft, hängt jedoch von der zugrunde gelegten Autonomiekonzeption ab und lässt sich deshalb nur unter einem dezidierten Ausflug in die praktische Philosophie (genauer: die Ethik) verifizieren. Während dies Kapitel 6 vorbehalten bleiben soll,[90] offenbart doch bereits ein kurzer Blick in die Rechtsprechung, dass sehr unterschiedliche Auffassungen bestehen können, was Privatautonomie bedeutet, was sie untersagt und was sie erfordert. Im Bürgschaftsfall kam der BGH unter Zugrundelegung der gleichen (Verantwortungs-) Konstruktion zu einem diametral anderen Ergebnis als das BVerfG. Während

---

[84] Vgl. unten C.I.3.c) und II.3.c).

[85] Vgl. *G. Dürig*, Grundrechte und Zivilrechtsprechung, in: Festschrift zum 75. Geburtstag von Hans Nawiasky, 1956, 157, 164 ff.

[86] So die eindeutig vorherrschende Auffassung, vgl. nur *W. Kahl*, in: Bonner Kommentar zum Grundgesetz, Stand: Juli 2017, Art. 1 Abs. 3/Rn. 311; *W. Höfling*, in: Sachs, Grundgesetz – Kommentar, 8. Aufl. 2018, Art. 1/Rn. 116; *H. Dreier*, in: Ders. (Hrsg.), Grundgesetz – Kommentar, Bd. 3, 3. Aufl. 2013, vor Art. 1/Rn. 98; *H.-J. Papier*, Drittwirkung der Grundrechte, in: D. Merten/H.-J. Papier (Hrsg.), Handbuch der Grundrechte, Bd. II, 2006, § 55, S. 1331, 1139 f., jeweils m. w. N. Aus der Lehrbuchliteratur siehe nur *B. Pieroth/B. Schlink/T. Kingreen/R. Poscher*, Grundrechte. Staatsrecht II, 34. Aufl. 2018, S. 71 ff.

[87] *Werner Flume* spricht im Zusammenhang der Privatautonomie von der „Selbstherrlichkeit" des Privaten, vgl. *W. Flume*, Rechtsgeschäft und Privatautonomie, in: Festschrift zum hundertjährigen Bestehen des Deutschen Juristentages, 1960, Bd. 1, 135, 135–147; *ders.*, Allgemeiner Teil des Bürgerlichen Rechts, Bd. 2 – Das Rechtsgeschäft, 4. Aufl. 1992, S. 1–22.

[88] BVerfGE 128, 226 (244 f.) [2011] – Fraport; vgl. auch ähnlich BVerfGE 148, 267 (282) [2018] – Stadionverbot.

[89] Siehe dazu oben Kap. 3, E.I.2. Ausführlich auch unten Kap. 7, B.II. und C.

[90] Siehe unten Kap. 6, A.I.1., exemplifiziert in B.–D. und zusammenfassend in E.II.

ersterer als Ausdruck der Privatautonomie gerade an der vertraglichen (Bürgschafts-)Verpflichtung festhalten wollte, war letzteres der Auffassung, die Privatautonomie fordere es, die Tochter von der Bürgschaftsverpflichtung zu lösen.[91] Ob unmittelbar durch grundrechtliche Pflicht des Bürgschaftsgläubigers oder mittelbar durch staatliche grundrechtliche Verantwortungspflicht: erstens präjudiziert die gewählte Horizontalwirkungskonstruktion regelmäßig nicht das Ergebnis und zweitens lässt sich das Ergebnis unterschiedlich deuten – entweder als Unterminierung oder als Realisierung der Privatautonomie, je nach dem präferierten Autonomieverständnis. Kurzum: Auch die teleologischen Einwände zwingen nach dem Vorgesagten mithin ebenfalls nicht zu der Annahme, Art. 1 Abs. 3 GG schließe Anwendungsansätze verfassungsrechtlich zwingend aus.

Schließlich ziehen auch ideen- und entstehungsgeschichtliche Argumente bezüglich Art. 1 Abs. 3 GG keine zwingende verfassungsrechtliche Grenze zulasten der Anwendungskonstruktionen. Es wäre ideengeschichtlich verkürzend, Grundrechte als traditionell ausschließlich Abwehrrechte[92] gegen den Staat zu porträtieren.[93] Jedenfalls nach der französischen Tradition seit der *Déclaration* von 1789 werden Grundrechte durchaus nicht nur staatsgerichtet verstanden, sondern fungieren generell als „oberste[ ] Leitprinzipien der Sozialordnung", die allgemein und somit auch seitens Privater nach Achtung verlangen.[94] In den Beratungen des Parlamentarischen Rates 1948–1949 finden sich zwar durchaus Nachweise, dass den Mitgliedern des Ausschusses für Grundsatzfragen ebenso wie des Hauptausschusses die Grundrechte vor allem in ihrer Funktion als Abwehrrechte gegen den Staat vor Augen standen.[95] Eindeutige Nachweise, wonach

[91] Vgl. BVerfGE 89, 214 (232) [1993] – Angehörigenbürgschaft; siehe dazu auch ausführlich unten Kap. 6, B.I.

[92] Vgl. BVerfGE 7, 198 (204 f.) [1958] – Lüth: „Ohne Zweifel sind die Grundrechte in erster Linie dazu bestimmt, die Freiheitssphäre des einzelnen vor Eingriffen der öffentlichen Gewalt zu sichern; sie sind Abwehrrechte des Bürgers gegen den Staat. Das ergibt sich aus der geistesgeschichtlichen Entwicklung der Grundrechtsidee wie aus den geschichtlichen Vorgängen, die zur Aufnahme von Grundrechten in die Verfassungen der einzelnen Staaten geführt haben."

[93] Zutreffend *Kahl*, in: Bonner Kommentar zum Grundgesetz, Stand: Juli 2017, Art. 1 Abs. 3/Rn. 312.

[94] Vgl. *D. Grimm*, Rückkehr zum liberalen Grundrechtsverständnis?, in: *Ders.*, Die Zukunft der Verfassung I, 1991, 221, 225 f.; *ders.*, Die Grundrechte im Entstehungszusammenhang der bürgerlichen Gesellschaft, in: *Ders.*, Die Zukunft der Verfassung I, 1991, 67, 72; vgl. nunmehr auch *ders.*, Verfassung und Privatrecht im 19. Jahrhundert, 2017, S. 39 ff. Ähnlich auch *C. Starck*, Wie kommen die Grundrechte ins Privatrecht und wie wirken sie dort?, in: Festschrift für Rolf Stürner zum 70. Geburtstag, 2013, 1. Teilband – Deutsches Recht, 61, 61 ff.; siehe auch *M. Troper*, Who Needs a Third Part Effect Doctrine? – The Case of France, in: A. Sajó/R. Uitz (Hrsg.), The Constitution in Private Relations – Expanding Constitutionalism, 2005, 115, 119–123.

[95] Vgl. stellvertretend die Referate der Mitglieder Dr. Bergsträsser und Dr. Zinn in der dritten Sitzung des Ausschusses für Grundsatzfragen vom 21. September 1948 (*R. Schick/F. P. Kahlenberg*, Der Parlamentarische Rat 1948–1949 – Akten und Protokolle, hrsgg. vom Deutschen Bundestag und vom Bundesarchiv, Bd. 5/I – Ausschuß für Grundsatzfragen (*Pikart/Werner* (Bearb.)), 1993, S. 28 ff.); vgl. auch *W. Kahl*, in: Bonner Kommentar zum Grundgesetz, Stand: Juli 2017, Art. 1 Abs. 3/Rn. 163, 312 m. w. N.

die Geltung der Grundrechte zwischen Privaten nach der Vorstellung der Mitglieder des Rates ausgeschlossen sein sollte, sind andererseits nicht erkennbar. Dass im Rat vorwiegend die abwehrrechtliche Funktion diskutiert wurde,[96] schließt für sich genommen den Anwendungstyp der Horizontalwirkung nicht aus. Überdies müsste man aus dieser Fokussierung auf die abwehrrechtliche Funktion konsequenter Weise auch den Ausschluss anderer, nicht ausschließlich abwehrrechtlicher Grundrechtsverständnisse schließen, einschließlich Schutzfunktion, Ausstrahlungswirkung, etc., was auch die vorherrschenden Horizontalwirkungskonstruktionen ausschlösse.

Abschließend ist somit festzuhalten, dass weder grammatische, systematische, teleologische noch historische Argumente Anwendungsansätze nach Art. 1 Abs. 3 GG verfassungsrechtlich zwingend untersagen.

V. Fazit

Art. 1 Abs. 3 GG schließt die allermeisten Horizontalwirkungskonstruktionen verfassungsrechtlich nicht zwingend aus. Dies gilt insbesondere auch für Anwendungsansätze, die entgegen der vorherrschenden Auffassung ebenfalls unter den Voraussetzungen dieser Vorschrift möglich bleiben. Eine verfassungsrechtliche rote Linie gegenüber der unmittelbaren Geltung der Grundrechte zwischen Privaten zieht Art. 1 Abs. 3 GG insoweit nicht. Ausschließlich die strikte Ablehnung, die selbst eine Horizontalwirkung durch Gesetzgebung verneint, erweist sich mit Blick auf diese Vorschrift als verfassungsrechtlich unhaltbar.

C. Horizontalwirkung und Gewaltenteilung im demokratischen Rechtsstaat

Welche zwingenden verfassungsrechtlichen Grenzen zieht das weitere Staatsorganisationsrecht für die Horizontalwirkungskonstruktionen jenseits der Grundrechtsbindung nach Art. 1 Abs. 3 GG? Die hiesige Analyse fokussiert die

[96] Eine seltene Ausnahme ist eine Passage im Bericht über den Verfassungskonvent vom Herrenchiemsee vom 10. bis 23. August 1948 durch den Verfassungsausschuss der Ministerpräsidentenkonferenz der westlichen Besatzungszonen (vgl. Der Parlamentarische Rat 1948–1949 – Akten und Protokolle, Bd. 2 – Der Verfassungskonvent auf Herrenchiemsee (bearb. von *P. Bucher*), 1981, Nr. 14, S. 504 ff. (S. 514)): „Würde des Menschen. Art. 1 soll auch Privatpersonen verpflichten. Zu denken ist etwa daran, daß ein privater Unternehmer sich an der Arbeitsversklavung beteiligt." (vgl. auch Zitat in *M. Baldus*, Kämpfe um die Menschenwürde – Die Debatten seit 1949, 2016, S. 22). Auch dies lässt sich wie hinsichtlich der Argumentation zu Art. 9 Abs. 3 Satz 2 GG wieder in beide Richtungen deuten: einerseits als Bestätigung eines allgemeinen Prinzips, andererseits als spezifische Ausnahme vom Grundsatz der fehlenden unmittelbaren grundrechtlichen Verpflichtung Privater. Jedenfalls ergibt sich daraus sicherlich kein zwingender Ausschluss der Anwendungskonstruktionen unter dem Grundgesetz.

verfassungsrechtlichen Maßstäbe der Gewaltenteilung, des Demokratie- und des Rechtsstaatsprinzips in der spezifischen Ausprägung, die diese im Grundgesetz erfahren haben.[97] Diese Prinzipien[98] stehen in Beziehung zueinander. Gewaltenteilung ist nach traditionellem staatsrechtlichem Verständnis eine Konkretisierung des Rechtsstaatsprinzips.[99] Dieses unter dem Grundgesetz jedenfalls teilweise überholte Paradigma fußt auf der Vorstellung, die Gewaltenteilung „diene der Bändigung, Mäßigung und Verrechtlichung einer ursprünglich vorrechtlichen politischen Gewalt [...].“[100] Art. 20 Abs. 2 Satz 2 GG folgt dagegen auf die Forderung demokratischer Legitimation aller Staatsgewalt in Satz 1: Gesetzgebung, vollziehende Gewalt und Rechtsprechung sind an den *demos* rückgekoppelt und üben ihre jeweilige „Gewalt“ lediglich im Kontext dieser Rückkoppelung aus.[101] Gewaltenteilung ist somit in Art. 20 Abs. 2 GG demokratisch kontexualisiert. Schließlich stehen Rechtsstaat und Demokratie in verschränktem Verhältnis, indem insbesondere die demokratisch legitimierte

---

[97] Zum Verhältnis von positiviertem Verfassungsrecht und nicht an einen bestimmten Verfassungstext gebundener Verfassungstheorie für die hiesige Untersuchung siehe oben A.I.

[98] Zum Teil wird diskutiert und ist umstritten, ob es sich hierbei um Prinzipien als Optimierungsgebote im Sinne *Alexys* (vgl. dazu *R. Alexy*, Zum Begriff des Rechtsprinzips, in: W. Krawietz/K. Opałek/A. Peczenik/A. Schramm (Hrsg.), Argumentation und Hermeneutik in der Jurisprudenz, Rechtstheorie Beiheft 1, 1979, 59, 79ff.; ausführlich auch *R. Alexy*, Theorie der Grundrechte, 1986, S. 87ff.) bzw. „principles“ im Sinne *Ronald Dworkins* (*R. Dworkin*, The Model of Rules I, in: *Ders.*, Taking Rights Seriously, 1977, 14, 22ff.; siehe dazu auch *C. Bittner*, Recht als interpretative Praxis. Zu Ronald Dworkins allgemeiner Theorie des Rechts, 1988, S. 121–123) handelt, siehe *C. Möllers*, Dogmatik der grundgesetzlichen Gewaltengliederung, Archiv des öffentlichen Rechts 2007, Bd. 132, 493, 506f.; siehe auch *M. Jestaedt*, Grundrechtsentfaltung im Gesetz, 1999, S. 206ff.; *V. Mehde*, Regeln und Prinzipien im Recht der Staats- und Verwaltungsorganisation, Die Verwaltung 2001, Bd. 34, 93ff.

[99] Vgl. *K. Sobota*, Das Prinzip Rechtsstaat – Verfassungs- und verwaltungsrechtliche Aspekte, 1997, S. 70ff.; aus der Rechtsprechung des BVerfG siehe stellvertretend nur BVerfGE 34, 269 (286) [1973]; E 68, 1 (86f.) [1984]. Nunmehr auch klarer Bezug auf Demokratieprinzip beispielsweise in BVerfG, Beschl. v. 6.6.2018, 1 BvL 7/14, 1 BvR 1375/14, Rn. 76.

[100] *C. Möllers*, Dogmatik der grundgesetzlichen Gewaltengliederung, Archiv des öffentlichen Rechts 2007, Bd. 132, 493, 496. Zur weiterhin vergleichsweise selten unternommenen Rekonzeption von Staatslehre und Verfassungsrecht angesichts der demokratischen Anlage des Grundgesetzes und zu den Beharrungskräften des „Denkens vom Staat her“ (vgl. *F. Günther*, Denken vom Staat her – Die bundesdeutsche Staatsrechtslehre zwischen Dezision und Integration 1949–1970, 2004) in der deutschen Rechtswissenschaft siehe *O. Lepsius*, Rechtswissenschaft in der Demokratie, Der Staat 2013, Bd. 52, 157, 158ff., insbesondere 159–162.

[101] Grundlegend *E.-W. Böckenförde*, Verfassungsfragen der Richterwahl – Dargestellt anhand der Gesetzesentwürfe zur Einführung der Richterwahl in Nordrhein-Westfalen, 1. Aufl. 1974, S. 66ff.; *ders.*, Demokratie als Verfassungsprinzip, in: J. Isensee/P. Kirchhof (Hrsg.), Handbuch des Staatsrechts, 3. Aufl. 2004, Bd. II, § 24, S. 429, 485ff. (Rn. 87ff.); siehe auch *U. Scheuner*, Verantwortung und Kontrolle in der demokratischen Verfassungsordnung, in: *Ders.*, Staatstheorie und Staatsrecht – Gesammelte Schriften, 1978, S. 293, 307f.; *K. Hesse*, Grundzüge des Verfassungsrechts der Bundesrepublik Deutschland, 20. Aufl. 1995, Rn. 499; *P. Lerche*, Gewaltenteilung – deutsche Sicht, in: J. Isensee (Hrsg.), Gewaltenteilung heute – Symposium aus Anlaß der Vollendung des 65. Lebensjahres von Fritz Ossenbühl, 2000, 75, 78.

Staatsgewalt materiell-rechtsstaatliche Kompetenzgrenzen durch ihre umfassende Verfassungsbindung erfährt, vgl. Art. 20 Abs. 3 GG.[102]

Nichtsdestoweniger erfolgt im Weiteren eine grundsätzlich separate – wenn auch nicht stets hermetisch getrennte – Darstellung und Analyse von Gewaltenteilungsgrundsatz, Demokratie- und Rechtsstaatsprinzip als jeweilige zwingende staatsorganisationsrechtliche Grenze der Horizontalwirkungskonstruktionen. Ziel dieses Kapitels ist die Ermittlung ihrer negativen Grenzen, nicht ihre positiven Rechtfertigung. Daher geht es hier nicht um eine Untersuchung des komplexen Zusammenspiels der diversen Grundsätze des Art. 20 GG, sondern lediglich darum, die jeweiligen spezifischen grundgesetzlichen Minimalforderungen mit Relevanz für die einzelnen Horizontalwirkungskonstruktionen herauszuarbeiten. Gewaltenteilung bezieht sich hier somit auf Fragen der funktionellen Kompetenzordnung, welche richterliche Horizontalwirkungsrealisierung aufwirft (I.). Hinsichtlich des Demokratieprinzips werden die grundgesetzlichen Untergrenzen demokratischer Legitimation richterlicher Horizontalwirkungsrechtsprechung im Fokus stehen (II.). Die Untersuchung der Horizontalwirkungskonstruktionen anhand des verfassungsrechtlichen Rechtsstaatsprinzips beschränkt sich schließlich deshalb auf Fragen des Vertrauensschutzes (III.).

I. Verfassungsrechtlicher Gewaltenteilungsgrundsatz

1. Gewaltenteilung und Grundgesetz

Art. 20 Abs. 2 Satz 2 GG nennt und unterscheidet die drei Gewalten „Gesetzgebung", „vollziehende Gewalt" und „Rechtsprechung" als Trinität der vom Volk emanierten, also demokratisch rückgekoppelten Staatsgewalt (Satz 1). Art. 20 Abs. 3 GG wiederholt diese Dreiteilung und beschreibt spezifische rechtliche Bindungen der einzelnen Gewalten. Viel mehr als diese Unterscheidung im Sinne einer knappen jeweiligen Funktionenbeschreibung lässt sich dem Text des Art. 20 GG mit Blick auf den Gewaltenteilungsgrundsatz[103] allerdings nicht

---

[102] Vgl. *E.-W. Böckenförde*, Demokratie als Verfassungsprinzip, in: J. Isensee/P. Kirchhof (Hrsg.), Handbuch des Staatsrechts, 3. Aufl. 2004, Bd. II, § 24, S. 429, 490 (Rn. 93 f.); *B. Grzeszick*, in: Maunz/Dürig, Grundgesetz – Kommentar, 84. Ergänzungslieferung, August 2018, Art. 20 VI./Rn. 17, jeweils m. w. N.

[103] Zum Teil wird in der Literatur der alternative Begriff der „Gewalten*gliederung*" vorgeschlagen, vgl. *E.-W. Böckenförde*, Verfassungsfragen der Richterwahl – Dargestellt anhand der Gesetzesentwürfe zur Einführung der Richterwahl in Nordrhein-Westfalen, 1. Aufl. 1974, S. 61 ff.; *C. Möllers*, Gewaltengliederung – Legitimation und Dogmatik um nationalen und internationalen Rechtsvergleich, 2005; *ders.*, Dogmatik der grundgesetzlichen Gewaltengliederung, Archiv des öffentlichen Rechts 2007, Bd. 132, 493, 501; *ders.*, Die drei Gewalten, 2008, S. 12, um der Verschränkung insbesondere von Legislative und Exekutive terminologisch besser gerecht zu werden als der Begriff der Gewalten*teilung*, der eine strikte Trennung suggeriere.

entnehmen. Eine Definition oder Umschreibung der jeweiligen Funktion der einzelnen Gewalten, die zur Abgrenzung behilflich sein könnte, ist ebenso absent wie eine ausführliche Aufgabenbeschreibung. Der Inhalt von Art. 20 Abs. 2 Satz 2 und Abs. 3 GG beschränkt sich mit Blick auf die Gewaltenteilung daher im Wesentlichen auf eine funktionell-organisatorische Unterscheidung der drei Gewalten, die in ihrem Zusammenspiel als drei Teile die vom Volk ausgehende Staatsgewalt als Ganze repräsentieren.[104] Insbesondere Art. 20 Abs. 2 Satz 2 GG *per se* ist eine lediglich „geringe normative Determinationskraft" zu entnehmen.[105]

Daraus resultieren zwei Konsequenzen. Zum einen erfordert es, will man die spezifische Ausgestaltung des Gewaltenteilungsgrundsatzes durch das Grundgesetz detailliert elaborieren, den Blick auf die Systematik des Grundgesetzes und dabei insbesondere die einzelnen kompetenziellen Umschreibungen der drei Gewalten in den Vorschriften der Art. 70ff., 83ff. und 92ff. GG zu richten. Die Funktionsbereiche von – hier relevant – Gesetzgebung und Rechtsprechung und ihre jeweiligen etwaigen absoluten Selbstbehalte[106] können also nur aus dem Zusammenspiel dieser grundgesetzlich positivierten Normen destilliert werden,[107] nach *Konrad Hesse* gar aus dem „Ganzen der Verfassung".[108] Zum anderen muss sich die Umschreibung der Funktionsbereiche der drei Gewalten laut BVerfG überdies an ihrem typischen, traditionellen Erscheinungsbild orientieren.[109] Abstrakt-generelle Normsetzung ist somit typische Funktion und Aufgabe der Legislative.[110] Dahingegen soll es sich typischerweise im Sinne einer funktionellen Betrachtung um Rechtsprechung handeln, „wenn der Gesetzgeber ein gerichtsförmiges Verfahren hoheitlicher Streitbeilegung vorsieht und den dort zu treffenden Entscheidungen eine Rechtswirkung verleiht, die nur

---

Jedenfalls hinsichtlich des Verhältnisses von Legislative und Judikative, die alleiniger Gegenstand der folgenden Überlegungen sein wird, besteht indes Einigkeit, dass das Grundgesetz (vgl. Art. 97 GG) diese klar voneinander trennt, siehe nur *C. Möllers*, Dogmatik der grundgesetzlichen Gewaltengliederung, Archiv des öffentlichen Rechts 2007, Bd. 132, 493, 501. Deshalb verwende ich weiterhin den überkommenen Begriff der Gewalten*teilung*.

[104] Vgl. auch *B. Grzeszick*, in: Maunz/Dürig, Grundgesetz – Kommentar, 84. Ergänzungslieferung, August 2018, Art. 20 VI./Rn. 79.

[105] Ebenda, Rn. 95. Einen eigenständig im Grundgesetz verankerten Gewaltenteilungsgrundsatz deshalb verneinend *T. Groß*, Die asymmetrische Funktionenordnung der demokratischen Verfassung – Zur Dekonstruktion des Gewaltenteilungsgrundsatzes, Der Staat 2016, Bd. 55, 489ff.

[106] Zur so genannten „Kernbereichslehre" des BVerfG siehe sogleich.

[107] Siehe *M. Payandeh*, Judikative Rechtserzeugung – Theorie, Dogmatik und Methodik der Wirkungen von Präjudizien, 2017, S. 159.

[108] *K. Hesse*, Grundzüge des Verfassungsrechts der Bundesrepublik Deutschland, 20. Aufl. 1995, Rn. 481.

[109] Vgl. BVerfGE 103, 111 (136f.) [2001] – Hessisches Wahlprüfungsgesetz; siehe auch bereits E 22, 49 (76ff.) [1967]; E 64, 175 (179) [1983]; E 76, 100 (106) [1987]; E 95, 1 (15) [1996] – Südumfahrung Stendal.

[110] Vgl. BVerfGE 95, 1 (15) [1996] – Südumfahrung Stendal.

unabhängige Gerichte herbeiführen können."[111] Nach dieser typisierten Zuordnung soll Gesetzgebung demzufolge abstrakt-generelle Normsetzung, Rechtsprechung (in Abrenzung zur Gesetzgebung) konkret-individuelle Normkonkretisierung sein.

Die vom Gericht entwickelte Kernbereichslehre,[112] welche Ausfluss der Anknüpfung an typische Funktionen der Gewalten ist und Übergriffe der einen in den „Kernbereich" der anderen Gewalt ausschließen soll, verdeutlicht indessen, wie weit die grundgesetzlichen Grenzen des Gewaltenteilungsgrundsatzes gezogen sind: Wie genau die Kernbereiche der Gewalten bestimmt werden sollen, definiert das Gericht nicht.[113] „[E]her eine Problembeschreibung denn ein Lösungsangebot"[114], schließt die Kernbereichslehre Extremfälle unmittelbar einleuchtenden Missbrauchs aus.[115] Was in der Lehre häufig als mangelnde dogmatische Präzision kritisiert wird,[116] ist jedoch vielmehr ein Indikator dafür, dass sich dem Grundgesetz mit Blick auf den Gewaltenteilungsgrundsatz jenseits solcher äußersten Grenzen nur wenige zwingende Kriterien für eine unzulässige Gewaltenusurpation entnehmen lassen.

2. *Horizontalwirkung, parlamentarisches Gesetz und Jurisdiktionsstaat*

In seinem bedeutenden Beitrag „Grundrechte als Grundsatznormen" aus dem Jahr 1990 kritisierte *Ernst-Wolfgang Böckenförde* das objektiv-rechtliche Grundrechtsverständnis mit Blick auf seine Auswirkungen auf das Verhältnis von Gesetzgebung und Rechtsprechung. Es komme zu einer „Nebenordnung und Annäherung von parlamentarischer und verfassungsgerichtlicher Rechtsbildung"[117]. Die Gerichte formten grundrechtlich vor, was sie sodann selbst

---

[111] BVerfGE 103, 111 (137) [2001] – Hessisches Wahlprüfungsgesetz.

[112] Vgl. grundlegend BVerfGE 3, 225 (247 [1953]; E 9, 268 (279f.) [1959]; E 22, 106 (111) [1967]; E 95, 1 (15f.) [1996] – Südumfahrung Stendal; siehe nunmehr auch ausführlich E 137, 185 (234ff.) [2014]. Siehe dazu auch *E. Schmidt-Aßmann*, Der Rechtsstaat, in: J. Isensee/P. Kirchhof (Hrsg.), Handbuch des Staatsrechts, 3. Aufl. 2004, Bd. II, § 24, S. 541, 571f., Rn. 56f.

[113] Vgl. *B. Grzeszick*, in: Maunz/Dürig, Grundgesetz – Kommentar, 84. Ergänzungslieferung, August 2018, Art. 20 VI./Rn. 87; *C. Möllers*, Dogmatik der grundgesetzlichen Gewaltengliederung, Archiv des öffentlichen Rechts 2007, Bd. 132, 493, 499.

[114] *C. Möllers*, Gewaltengliederung – Legitimation und Dogmatik um nationalen und internationalen Rechtsvergleich, 2005, S. 74.

[115] Vgl. *P. Lerche*, Gewaltenteilung – deutsche Sicht, in: J. Isensee (Hrsg.), Gewaltenteilung heute – Symposium aus Anlaß der Vollendung des 65. Lebensjahres von Fritz Ossenbühl, 2000, 75, 82.

[116] Z.B. *S. Baer*, Vermutungen zu Kernbereichen der Regierung und Befugnissen des Parlaments, Der Staat 2001, Bd. 40, 525ff.; *H.-D. Horn*, Gewaltenteilige Demokratie, demokratische Gewaltenteilung, Archiv des öffentlichen Rechts 2002, Bd. 127, 427, 439ff.; siehe auch *W. Heun*, Staatshaushalt und Staatsleitung: Das Haushaltsrecht im parlamentarischen Regierungssystem des Grundgesetzes, 1989, S. 89.

[117] *E.-W. Böckenförde*, Grundrechte als Grundsatznormen, in: *Ders.*, Staat, Verfassung, Demokratie – Studien zur Verfassungstheorie und zum Verfassungsrecht, 1991, S. 159, 189.

konkretisierend ausgestalteten: Indem den Grundrechten ein objektiv-rechtlicher Gehalt entnommen und dieser – insbesondere in den Iterationen der Schutzpflichten und der Horizontalwirkung – auf das einfache Recht zurückgespiegelt werde, übernähmen Gerichte sowohl Identifikation als auch Konkretisierung grundrechtlicher Wertvorgaben.[118] Dies bedeute eine unzulässige Gewaltenusurpation der Judikative und damit einen „gleitenden Übergang vom parlamentarischen Gesetzgebungsstaat zum verfassungsgerichtlichen Jurisdiktionsstaat".[119] In der Tat stellt sich im parlamentarisch-representativen System des Grundgesetzes die Frage, wie weit gerichtliche Grundrechts- und entsprechend einfachrechtliche Interpretation anhand der Grundrechte gehen darf. Wo löst sich der Richter derart vom Gesetz als der wesentlichen Handlungsform der Volksvertretung,[120] dass er sich Kompetenzen anmaßt, die ihm die Verfassung versagt?

Hinsichtlich der Horizontalwirkung scheint sich die Kritik *Böckenfördes* auf den ersten Blick vorwiegend gegen den Auslegungsansatz des BVerfG, gegebenenfalls insgesamt gegen diejenigen Ansätze zu richten, die auf ein Verständnis der Grundrechte als Werte zur Begründung der Horizontalwirkung rekurrieren. Allerdings offenbart sich bei genauerer Betrachtung, dass sich sämtliche Ansätze mit diesen Argumenten auseinander setzen müssen, die Horizontalwirkung jedenfalls auch durch Gerichte realisiert wissen wollen – somit letztlich sämtliche Horizontalwirkungskonstruktionen mit Ausnahme der strikten Ablehnung.[121] Denn alle diese Ansätze versetzen die Gerichte in die Lage, dem Gesetzgeber eine verfassungsrechtliche Überwölbung vorzugeben. Diese Überwölbung realisiert sich entweder, indem gerichtlich die verfassungsrechtlichen Vorgaben beschrieben werden, die das einfache Recht zu erfüllen hat, um den grundrechtlichen Ansprüchen der Privaten A oder B zu entsprechen. Oder, im Falle der Anwendungskonstruktionen, bereits durch die unmittelbar und vorrangig geltenden etwaigen grundrechtlichen Ansprüche der A gegen B (oder des B gegen A). Zwar gibt es zwischen den einzelnen Ansätzen gewisse Abstufungen. Wie Diskursanalyse und Dogmatikkritik der Ansätze im dritten Kapitel allerdings offen gelegt haben, müssen alle (abgesehen von der strikten Ablehnung) letztlich als Ergebnis der Abwägung der Grundrechte von A und B einen grundrechtlichen Anspruch von A/B formulieren, der im Prozess

---

[118] Siehe auch bereits oben Kap. 3, D.I.

[119] *E.-W. Böckenförde*, Grundrechte als Grundsatznormen, in: *Ders.*, Staat, Verfassung, Demokratie – Studien zur Verfassungstheorie und zum Verfassungsrecht, 1991, S. 159, 190. Siehe auch bereits ähnlich *C. Gusy*, Parlamentarischer Gesetzgeber und Bundesverfassungsgericht, 1985, S. 68–70, 76ff. Siehe ähnlich auch bereits drei Jahrzehnte zuvor *H. Ehmke*, Wirtschaft und Verfassung – Die Verfassungsrechtsprechung des Supreme Court zur Wirtschaftsregulierung, 1961, S. 79.

[120] Zum demokratischen Element dieser Argumentation siehe unten II.3.

[121] Vgl. oben Kap. 3, D.IV und E.I.6.

durch die Gerichte zu realisieren ist und der mit Ausnahme der einstufigen Anwendung, jedenfalls[122] die Auslegung und Anwendung des einfachen Rechts (prä)determiniert. Dies gilt auch für die Zurechnungskonstruktionen, die zwar privates als staatliches Verhalten werten, die im Ergebnis jedoch wiederum einen grundrechtlichen Anspruch formulieren – entweder infolge der Abwägung der Grundrechte von A und B in *Schwabes* Ansatz, oder infolge des ungerechtfertigten gerichtlichen Eingriffs in die Grundrechte der unterlegenen Partei in der Vorinstanz nach der state action-Doktrin.[123] Ebenso präformieren die Grundrechte auch nach der zweistufigen Anwendung jedenfalls zunächst das einfache Recht durch Auslegung.[124]

Allerdings, stellt diese Präformierung und somit Prädeterminierung des einfachen Rechts durch gerichtlich realisierte Horizontalwirkung der meisten Ansätze tatsächlich eine grundgesetzlich unzulässige Wilderei der Judikative im Kompetenzbereich der Legislative dar? *Böckenförde* übt seine Kritik klugerweise explizit auf *verfassungstheoretischer* Ebene. Er bietet mit dem Verweis auf gesetzgeberische Realisierung der objektiven Wirkung eine „Alternative" an, ohne indes zu behaupten, dass das Grundgesetz die richterliche Realisierung derselben zwingend ausschließe.[125] Die wie gesagt nicht identische aber aus der Perspektive des Gewaltenteilungsgrundsatzes verwandte Frage judikativer Horizontalwirkungsrealisierung mag verfassungs- und insbesondere demokratietheoretisch zu kritisieren sein.[126] Zwingend ausgeschlossen sind solche Horizontalwirkungskonstruktionen durch den grundgesetzlichen Gewaltenteilungsgrundsatz jedoch keineswegs.

Dabei gilt es indessen zunächst zu beachten, dass das Argument potentieller Kontrolle durch den Gesetzgeber, das insbesondere *Axel Tschentscher* prominent vertritt,[127] hinsichtlich der Horizontalwirkung nur von sehr beschränkter Durchschlagskraft ist. Denn präformieren die meisten Horizontalwirkungskonstruktionen das einfache Recht in der soeben beschriebenen Weise durch die Grundrechte, so ist jedenfalls dem einfachen Gesetzgeber die Möglichkeit entzogen, durch Gesetzesänderung der Rechtsprechung entgegenzusteuern.

Realisiert das Gericht den grundrechtlichen Anspruch von A/B als Folge der jeweiligen Horizontalwirkungskonstruktion per Auslegung und Anwendung

---

[122] Für den Fall, dass eine grundrechtskonforme Auslegung ausscheidet, siehe sogleich unten 3. und 4.

[123] Vgl. oben Kap. 3, C.III.2.

[124] Vgl. oben Kap. 2, B.III.1. und Kap. 3, A.VIII.2.

[125] *E.-W. Böckenförde*, Grundrechte als Grundsatznormen, in: *Ders.*, Staat, Verfassung, Demokratie – Studien zur Verfassungstheorie und zum Verfassungsrecht, 1991, S. 159, 189–191, 197–199.

[126] Zu demokratietheoretischen Bewertungen der Horizontalwirkungskonstruktionen vgl. zusammenfassend unten Kap. 6, E.III.

[127] Vgl. *A. Tschentscher*, Demokratische Legitimation der Dritten Gewalt, 2006, S. 125 ff., 225, 265, 266.

des einfachen Rechts,[128] wie dies nach den staatsgerichteten Ansätzen sowie zunächst nach der zweistufigen Anwendung der Fall ist, spricht das Gericht Recht durch Normkonkretisierung und bewegt sich damit hingegen bereits in dem ihm typischerweise zugewiesenen Funktionsbereich. Die durch Art. 20 Abs. 3 GG angeordnete Bindung an „Gesetz und Recht" schließt die Grundrechtsbindung ein, vgl. auch Art. 1 Abs. 3 GG, und streitet daher jedenfalls nicht gegen eine entsprechende interpretatorische Berücksichtigung der Grundrechte als zulässige Ausübung der Rechtsprechungsfunktion. Ferner verdeutlicht bereits die Nennung von „Recht" zusätzlich zu „Gesetz", dass eine strikt-formalistische Exekution des Gesetzeswortlauts bereits nicht dem vom Grundgesetz intendierten Bild von normkonkretisierender Rechtsprechung entspricht.[129] Als spezifische Ausgestaltung des Gewaltenteilungsgrundsatzes hinsichtlich der rechtsprechenden Gewalt spricht auch die richterliche Unabhängigkeit in Art. 97 Abs. 1 GG gegen ein derart strikt-formalistisches Verständnis der Funktion der Normkonkretisierung durch Rechtsprechung. Sollen Richter unabhängig und „nur" (Art. 97 Abs. 1 GG) dem Gesetz einschließlich der Grundrechte unterworfen sein, so muss ihnen erstens ein Spielraum bei der Auslegung des einfachen Rechts zugestanden werden und sie müssen zweitens wiederum im Rahmen dieses Spielraums in der Lage sein, ihre Grundrechtsbindung zu realisieren.

Dafür, dass gerade das Privatrecht von einer solchen verfassungskonformen Auslegung[130] des einfachen Rechts ausgenommen sein soll, finden sich im Grundgesetz keinerlei Anhaltspunkte. Art. 20 Abs. 3 GG und Art. 97 Abs. 1 GG postulieren eine umfassende Gesetzesbindung des Richters, ohne hier zwischen den Rechtsgebieten zu differenzieren. Art. 1 Abs. 3 GG bindet den Richter ebenfalls ausnahmslos an die Grundrechte. Art. 93 Abs. 1 Nr. 4a GG macht die Grundrechte im Rahmen der Verfassungsbeschwerde justiziabel und ermöglicht eine solche Verfassungsbeschwerde gegen „die öffentliche Gewalt", also auch gegen die Entscheidungen einfacher Gerichte im Wege der Urteilsverfassungsbeschwerde. Dies korrespondiert mit der gerichtlichen Grundrechtsbindung in Art. 1 Abs. 3 GG. Hier deutet ebenfalls nichts darauf hin, dass privatrechtliche gerichtliche Entscheidungen von einer solchen grundrechtlichen Justiziabilität im Rahmen der Urteilsverfassungebeschwerde ausgeschlossen sein sollten. Wenn das Grundgesetz jedoch auch Verfassungsbeschwerden gegen zivil- und arbeitsgerichtliche Urteile zulässt und die urteilenden Gerichte an die Grundrechte gebunden sind, erscheint es jedenfalls nicht ausgeschlossen, dass diese Gerichte bei ihrer Interpretation des einfachen Rechts diese Grundrechte auch selbst berück-

[128] Zu den Fällen, in denen dies nicht möglich ist, siehe sogleich unten 3. und 4.

[129] Vgl. dazu und zum Diskussionsstand ausführlich *B. Hoffmann*, Das Verhältnis von Gesetz und Recht – Eine verfassungsrechtliche und verfassungstheoretische Untersuchung zu Art. 20 Abs. 3 GG, 2003, S. 114–210.

[130] Vgl. oben Kap. 4, A.I.

sichtigen können sollen, wenn sie letztlich an diesen vor dem BVerfG gemessen werden können.

Mithin schließt der grundgesetzlich ausgeformte Gewaltenteilungsgrundsatz die grundrechtskonforme Auslegung und Anwendung des einfachen Rechts, die sämtliche Horizontalwirkungskonstruktionen mit Ausnahme der strikten Ablehnung und der einstufigen Anwendung letztlich zur Folge haben, verfassungsrechtlich nicht zwingend aus. Stattdessen ergeben sich auf der anderen Seite aufgrund des Vorgesagten erhebliche Zweifel daran, ob die strikte Ablehnung der Horizontalwirkung mit dem Gewaltenteilungsgrundsatz vereinbar wäre. Die richterliche Gesetzes- und Grundrechtsbindung (Art. 20 Abs. 3, 97 Abs. 1 und 1 Abs. 3 GG) sowie die Unterwerfung auch der Rechtsprechung unter die grundrechtliche Jurisdiktion des BVerfG nach Art. 93 Abs. 1 Nr. 4a GG bestätigen diese Zweifel.

3. Interpretation, Rechtsfortbildung und Grundgesetz

Im vorangegangenen Unterabschnitt waren Horizontalwirkungskonstellationen Gegenstand, in denen das einfache Recht anhand der Grundrechte so ausgelegt werden kann, dass es den grundrechtlichen Anspruch von A/B verwirklicht. Der hiesige Unterabschnitt betrifft nunmehr solche Konstellationen, in denen eine derartige Auslegung anhand der Grundrechte nicht möglich ist, bzw., wie im Falle der Anwendungskonstruktionen, in denen die Grundrechte unmittelbar zwischen Privaten Geltung entfalten. Es geht also, in der Sprache demokratisch-parlamentarischer Representation, um solche Fälle, in denen sich die Rechtsprechung von der parlamentarisch-gesetzgeberischen Entscheidung gänzlich entfernt und selbst *de facto* abstrakt-generell wirkende Normsetzung betreibt.

In seiner „Kind als Schaden"-Entscheidung vom 12. November 1997 beschreibt das BVerfG die Grenzen (zivil-)richterlicher Rechtsfortbildung mit Blick auf die grundgesetzliche Gewaltenteilung wie folgt:

> „Art. 20 Abs. 2 GG verleiht dem Grundsatz der Gewaltenteilung Ausdruck. Auch wenn dieses Prinzip im Grundgesetz nicht im Sinn strikter Trennung der Funktionen und Monopolisierung jeder einzelnen bei einem bestimmten Organ ausgestaltet worden ist [...], so schließt es doch jedenfalls aus, daß die Gerichte Befugnisse beanspruchen, die von der Verfassung eindeutig dem Gesetzgeber übertragen worden sind [...]. Art. 20 Abs. 3 GG bindet die Rechtsprechung an Gesetz und Recht. *Damit wäre es unverträglich, wenn sich die Gerichte aus der Rolle des Normanwenders in die einer normsetzenden Instanz begeben, also objektiv betrachtet sich der Bindung an Recht und Gesetz entziehen würden* [...]."[131]

Diese Prämisse erscheint auf den ersten Blick klar: Nicht Normsetzer, sondern nur Normanwender dürfen Gerichte sein. Allerdings steigern die Erkenntnis-

---

[131] BVerfGE 96, 374 (394) [1997] (meine Hervorhebung).

se der Rechtstheorie und Sprachphilosophie seit dem frühen 20. Jahrhundert die Komplexität, die somit beschriebene Grenzziehung genau auszuloten, auf mehrfache Weise.[132]

a) Normsetzung und Normanwendung

Rechtsprechung ist immer auch Rechtserzeugung. Die Gesetzesbindung der Gerichte wird daher zunächst dadurch relativiert, dass in ihrer Auslegung und Anwendung des einfachen Rechts stets die Kreation einer neuen Rechtsnorm liegt. Spätestens seit *Kelsen* weiß die Rechtstheorie: das richterliche Urteil ist eine individuelle Rechtsnorm[133], die Recht bereits dadurch erzeugt, dass sie die generell-abstrakte gesetzgeberische Norm konkretisiert.[134] Normanwendung ist Normkonkretisierung ist Normkreation.[135] Jede richterliche Entscheidung fügt sozusagen dem Normen*acquis* ein Element hinzu und ist so gesehen richterliche Rechtsfortbildung. Der Unterschied zwischen richterlicher Rechtsanwendung und (jedenfalls *de facto*) abstrakt-generell wirkendem Richterrecht ist mithin kein starrer, sondern ein fluider, gradueller. Ob eine richterliche Entscheidung den Anwendungsbereich einer gesetzlichen Vorschrift konkretisiert oder ausdehnt oder gar neben ihr oder an ihrer Stelle eine neue Regelungsaussage trifft, sind nicht strikt trennbare, sondern ineinander fließende Kategorisierungen. Der Richterspruch hat als solcher normative Geltung, allerdings nur *inter partes*. Eine normative Geltung über den Einzelfall hinaus kann er zwar nach vorherrschender Auffassung normtheoretisch nicht beanspruchen,[136] vermag es aber im

---

[132] Vgl. dazu auch z. B. *A. Meier-Hayoz*, Strategische und taktische Aspekte der Fortbildung des Rechts – Zur Frage nach den Grenzen richterlicher Rechtssetzung, JuristenZeitung 1981, 417, 419 f.

[133] Zu den unterschiedlichen Verständnissen des Begriffs der Rechtsnorm siehe einerseits *H. Kelsen*, Reine Rechtslehre, 1. Aufl. 1934, S. 51 f. und *ders.*, Reine Rechtslehre, 2. Aufl. 1960, S. 20 ff., andererseits *U. Meyer-Cording*, Die Rechtsnormen, 1971, S. 23 ff. sowie *B. Rüthers/C. Fischer/A. Birk*, Rechtstheorie mit juristischer Methodenlehre, 9. Aufl. 2016, S. 59 ff.

[134] *H. Kelsen*, Reine Rechtslehre, 1. Aufl. 1934, S. 79 f.; siehe dazu auch *J. Schröder*, „Richterrecht" und Rechtsbegriff im frühen 20. Jahrhundert, in: Festschrift für Norbert Horn zum 70. Geburtstag, 2006, 1255, 1266 ff.

[135] Vgl. aus der aktuellen Literatur nur z. B. *F. Müller/R. Christensen*, Juristische Methodik, Bd. I – Grundlegung für die Arbeitsmethoden der Rechtspraxis, 10. Aufl. 2009, S. 282; *B. Rüthers*, Die heimliche Revolution vom Rechtsstaat zum Richterstaat – Verfassung und Methoden. Ein Essay, 1. Aufl. 2014, S. 32; *M. Cappelletti*, Some Thoughts on Judicial Law-Making, in: Festschrift für Imre Zajtay, 1982, 97, 100; siehe auch *C. Bumke*, Verfassungsrechtliche Grenzen fachrichterlicher Rechtserzeugung, in: Ders. (Hrsg.), Richterrecht zwischen Gesetzesrecht und Rechtsgestaltung, 2009, 33, 37 f.; *M. Jestaedt*, Richterliche Rechtsetzung statt richterlicher Rechtsfortbildung – Methodologische Betrachtungen zum sog. Richterrecht, in: C. Bumke (Hrsg.), Richterrecht zwischen Gesetzesrecht und Rechtsgestaltung, 2009, 49, 64.

[136] Vgl. BVerfGE 84, 212 (227) [1991] – Aussperrung: „Höchstrichterliche Urteile sind kein Gesetzesrecht und erzeugen keine damit vergleichbare Rechtsbindung [...]. Ihr Geltungsanspruch über den Einzelfall hinaus beruht allein auf der Überzeugungskraft ihrer Gründe sowie der Autorität und den Kompetenzen des Gerichts."

Wege ständiger Rechtsprechung, jedenfalls faktisch so zu wirken, wie eine Gesetzesnorm, d. h. abstrakt-generell.[137] Dies zeigt die Schwierigkeiten einer klaren Demarkation von gesetzesbindungskonformer Normkonkretisierung und einer Normsetzung, die „sich der Bindung an Recht und Gesetz entzieh[t]."[138] Man mag *Karl Larenz'* berühmtes Diktum von der richterlichen Rechtsfortbildung als Fortsetzung der Auslegung[139] nicht teilen, muss aber in jedem Fall anerkennen, dass eine eindeutige Grenzziehung zwischen Norminterpretation und Normkreation schwerfällt.[140]

b) Sprache, Vorverständnis und Rechtsprechung

Ferner wird besagte Grenze zusätzlich dadurch verwischt, dass jede Anwendung und Auslegung eines Gesetzes einen Interpretationsprozess durchläuft, den der Richter oder die an diesem Prozess beteiligten Richterinnen nicht objektiv, sondern nur aufgrund ihrer *Vorverständnisse* vollziehen können. Nach der für die juristische Methodenlehre äußerst wirkmächtigen[141] *Gadamer*'schen Hermeneutik kann Interpretation von Sprache diese nicht als externes Drittes, d. h. als unabhängig von ihr als Gegenstand des Interpretationsprozesses, betrachten. Verstehen von Sprache bedeutet Verstehen durch Sprache.[142] Ein

---

[137] Z. B. *K. Larenz/C.-W. Canaris*, Methodenlehre der Rechtswissenschaft, 3. Aufl. 1995, S. 255; *E. A. Kramer*, Juristische Methodenlehre, 4. Aufl. 2013, S. 243; *F. Bydlinski*, Juristische Methodenlehre und Rechtsbegriff, 2. Aufl. 1991, S. 503; *ders.*, Hauptpositionen zum Richterrecht, JuristenZeitung 1985, 149, 150; siehe auch *C. Starck*, Die Bindung des Richters an Gesetz und Verfassung, VVDStRL 1976, Bd. 34, 43, 71. Vgl. überdies *P. Kirchhof*, Der Auftrag des Grundgesetzes an die rechtsprechende Gewalt, in: Richterliche Rechtsfortbildung – Erscheinungsformen, Auftrag und Grenzen: Festschrift der Juristischen Fakultät zur 600-Jahr-Feier der Ruprecht-Karls-Universität Heidelberg, 1986, 11, 15, 27 („gesetzesähnliche Gestaltungskraft und Stabilität"); *T. Barczak*, Richterrecht – Vervollkommnung des Rechtsstaats oder Verkehrung in einen Richterstaat?, Ad Legendum 2016, 101, 104 („*de facto* gesetzesgleichen Charakter").

[138] BVerfGE 96, 374 (394) [1997].

[139] Vgl. *K. Larenz*, Methodenlehre der Rechtswissenschaft, 6. Aufl. 1991, S. 366.

[140] Siehe dazu grundlegend *N. Achterberg*, Probleme der Funktionenlehre, 1970, S. 150; *R. Fischer*, Die Weiterbildung des Rechts durch die Rechtsprechung, 1971, S. 31 f.; *J. Ipsen*, Richterrecht und Verfassung, 1975, S. 25; *M. Kriele*, Theorie der Rechtsgewinnung, 2. Aufl. 1976, S. 221 ff.; vgl. auch *P. Lerche*, Koalitionsfreiheit und Richterrecht, Neue Juristische Wochenschrift 1987, 2465, 2466 (die Grenze zwischen „Richterrecht und normaler Auslegung" sei „fadendünn").

[141] Vgl. nur stellvertretend und prägend *J. Esser*, Vorverständnis und Methodenwahl in der Rechtsfindung – Rationalitätsgarantien der richterlichen Entscheidungspraxis, 1970, insbesondere S. 133 ff.; *K. Larenz*, Methodenlehre der Rechtswissenschaft, 6. Aufl. 1991, S. 278 ff. Für die amerikanische Rechtstheorie siehe die Rezeption bei *R. Dworkin*, Law's Empire, 1986, S. 52. Für eine ausführliche und fundamentale Kritik aus der Perspektive der juristischen Methodenlehre und spezifisch mit Blick auf die richterliche Rechtsfortbildung siehe *E. Picker*, Richterrecht und Rechtsdogmatik – Alternativen der Rechtsgewinnung – Teil 1, Juristenzeitung 1988, 1 ff., *ders.*, Richterrecht und Rechtsdogmatik – Alternativen der Rechtsgewinnung – Teil 2, JuristenZeitung 1988, 62, 72 ff.

[142] Vgl. *H.-G. Gadamer*, Wahrheit und Methode, 1. Aufl. 1960, S. 136; siehe auch S. 366: „Alles Verstehen ist Auslegen, und alles Auslegen entfaltet sich im Medium einer Sprache."

solches Verstehen, ohne das eine Auslegung nicht möglich ist,[143] basiert auf dem Vor-*Verständnis* der Interpretin, einem Amalgam aus ihrer sozialen, kulturellen, politischen etc. Situiertheit, durch die sich ihr „Horizont" bestimmt, der wiederum auf das Vorverständnis zurückwirkt.[144]

Dass Sprache demnach unweigerlich selbstreferentiell ist,[145] relativiert die Grenzziehung zwischen Normanwendung und Normsetzung durch richterliche Gesetzesbindung[146] überdies im Anschluss an sprachphilosophische Erkenntnisse u. a. aus den bahnbrechenden Werken *Ludwig Wittgensteins* und *Richard Rortys*. „Language is the universal medium in which we think, act, and understand"[147], deshalb gibt es kein *tertium comparationis*: Da wir sprachlich denken, betrachten wir unsere Lebenswelt immer sprachintern und können somit auch nur sprachintern verstehen und somit interpretieren. Sprache ist indes kontingent, die Bedeutung von Wörtern, Sätzen etc. ergibt sich aus Sprachspielen, Familienähnlichkeiten und Lebensformen[148] und ist deshalb fluide (eine „evolution, [...] new forms of life constantly killing off old forms"[149]) und entzieht sich der Verobjektivierung und entsprechend der unverrückbaren Determiniertheit und Determinierbarkeit.[150] Dies stellt die Vorstellung einer strikten Gesetzesbindung des Richters im Sinne einer Beschränkung auf die Anwendung des in seiner Bedeutung durch den parlamentarischen Gesetzgeber klar determinierten Norminhalts in Frage. Spätestens seit *Heck* („Begriffshof")[151] und *Hart* („open texture")[152] hat auch in der Rechtswissenschaft die Erkenntnis Einzug gehalten, dass Wortsinn und Wortbedeutung keineswegs statisch sind. Das BVerfG betrachtet jedenfalls den Wortlaut nicht als absolute Grenze der

---

[143] Vgl. ebenda, S. 366.

[144] Siehe ebenda, S. 300 ff., 307 ff.; siehe auch *J. Esser*, Vorverständnis und Methodenwahl in der Rechtsfindung – Rationalitätsgarantien der richterlichen Entscheidungspraxis, 1970, S. 135–138.

[145] Vgl. auch *C. Becker*, Was bleibt? – Recht und Postmoderne, 2014, S. 37: „Sprache bezieht sich immer nur auf Sprache."

[146] Vgl. auch ähnlich *M. Jestaedt*, Richterliche Rechtsetzung statt richterlicher Rechtsfortbildung – Methodologische Betrachtungen zum sog. Richterrecht, in: C. Bumke (Hrsg.), Richterrecht zwischen Gesetzesrecht und Rechtsgestaltung, 2009, 49, 59 f.

[147] *D. M. Patterson*, Law and Truth, 1996, S. 162.

[148] Vgl. *L. Wittgenstein*, Philosophische Untersuchungen, Nr. 7, 65 ff., in: *Ders.*, Schriften, 1960, S. 292 f., 324 ff. Siehe auch *E. v. Savigny*, Sprachspiele und Lebensformen: Woher kommt die Bedeutung?, in: Ders. (Hrsg.), Ludwig Wittgenstein – Philosophische Untersuchungen, 1998, 7 ff.

[149] *R. Rorty*, Contingency, Irony, and Solidarity, 1989, S. 19.

[150] Vgl. auch *C. Becker*, Was bleibt? – Recht und Postmoderne, 2014, S. 38: „Von diesem Standpunkt aus kann Sprache kein zeitstabiles und kontextinvariantes, mithin im herkömmlichen Sinne *objektives* Kriterium für die Überprüfung der Rechtsanwendung bereithalten. Es bedarf vielmehr stets einer nicht durch Metakriterien gesteuerten *Entscheidung* des Rechtsanwenders [...]." (Hervorhebungen im Original).

[151] *P. Heck*, Gesetzesauslegung und Interessenjurisprudenz, Archiv für die civilistische Praxis 1914, Bd. 112, 1, 46; siehe auch *ders.*, Begriffsbildung und Interessenjurisprudenz, 1932, S. 60.

[152] *H. L. A. Hart*, The Concept of Law, 3. Aufl. 2012, S. 124 ff.

Auslegung.[153] Um nur ein einziges, vieldiskutiertes und umstrittenes, Beispiel aus der Rechtsprechung des Gerichts zu nehmen: Obwohl der „allgemeine[ ] Sprachgebrauch“[154] einen klaren Unterschied zwischen dem Eigentümer einer Wohnung und dem Mieter einer Wohnung nahelegt, kam das BVerfG in seiner Entscheidung aus dem Jahre 1993 zu dem Ergebnis, dass der Mieter sehr wohl den Schutz des Art. 14 GG – gegenüber[155] der Vermieterin und Eigentümerin der Mietwohnung! – genieße.[156]

Quantitativ gesehen können die meisten Interpretationsfragen durchaus einer klaren Lösung zugeführt werden. Es gilt kein „anything goes“. Aber gerade in „hard cases“[157] ist der „Begriffshof“ weit und wird häufig vom Gesetzgeber bewusst so gestaltet, man denke nur an die privatrechtlichen Generalklauseln („gute Sitten“, „Treu und Glauben“). Deshalb bleibt „die Steuerung der Rechtsanwendung durch das anwendbare Recht [...] immer begrenzt.“[158] Die Konsequenz des Vorgesagten ist keine methodologische Kapitulation[159], sondern es führt hinsichtlich richterlicher Rechtsfortbildung durch Horizontalwirkung zu der Frage, was das Grundgesetz durch den dort ausgestalteten Gewaltenteilungsgrundsatz zwingend untersagt.

c) Grundgesetzliche Großzügigkeit: Gesetzesvorbehalt, Gesetzesbindung und richterliche Rechtsfortbildung

Die geringe Fähigkeit gesetzgeberischer Normen, die definitive Regelung von Lebensbereichen angesichts sprachlicher Kontingenz[160] zu determinieren, hat verfassungsrechtliche Konsequenzen für Fragen von Gesetzesvorbehalt und Gesetzesbindung als Ausprägungen des Gewaltenteilungsgrundsatzes. Dies schlägt sich auch im Text des Grundgesetzes nieder. Hinsichtlich der Lehre

---

[153] Ausdrücklich in BVerfGE 97, 186, 196 [1998] – „Kleinbetriebsklausel II“: „Eine Auslegung gegen den Wortlaut einer Norm ist aber nicht von vornherein ausgeschlossen, wenn andere Indizien deutlich belegen, daß ihr Sinn im Text unzureichend Ausdruck gefunden hat.“

[154] *K. Larenz/C.-W. Canaris*, Methodenlehre der Rechtswissenschaft, 3. Aufl. 1995, S. 141.

[155] Jedoch nicht im Sinne unmittelbarer Geltung, sondern vermittelt durch die Verantwortung der Gerichte, bei der Auslegung des einfachen Rechts die Grundrechte der Beteiligten des Rechtsstreits nicht unverhältnismäßig zu beeinträchtigen, vgl. BVerfGE 89, 1 (9ff.) [1993].

[156] Vgl. ebenda, 5ff.

[157] Zum Begriff siehe *R. Dworkin*, Hard Cases, in: *Ders.*, Taking Rights Seriously, 1977, 81; *ders.*, A Matter of Principle, 1985, S. 118ff.; siehe auch bereits *H. L. A. Hart*, The Concept of Law, 3. Aufl. 2012, S. 141–147, und ebenda 252 (postscript zur 2. Auflage aus dem Jahre 1994 in Entgegnung insbesondere auf *Dworkin*).

[158] *A. Tschentscher*, Demokratische Legitimation der Dritten Gewalt, 2006, S. 185.

[159] Fragend in diese Richtung *I. Augsberg*, Die Lesbarkeit des Rechts – Texttheoretische Lektionen für eine postmoderne juristische Methodologie, 2009; *C. Becker*, Was bleibt? – Recht und Postmoderne, 2014.

[160] Vgl. dazu auch *A. Meier-Hayoz*, Strategische und taktische Aspekte der Fortbildung des Rechts – Zur Frage nach den Grenzen richterlicher Rechtssetzung, JuristenZeitung 1981, 417, 419f.

vom Gesetzesvorbehalt lässt sich zunächst konstatieren, dass diese richterliche Rechtsfortbildung *praeter legem* nicht zwingend ausschließt, auch nicht in Form richterlich geschaffener faktisch abstrakt-generell wirkender Normen.

Dies zeigt sich neben dem normhierarchischen Vorrang der Grundrechte, vgl. Art. 1 Abs. 3, zunächst an der grundgesetzlich garantierten richterlichen Unabhängigkeit. Art. 97 Abs. 1 GG kombiniert diese zwar mit der Gesetzesbindung. Hinsichtlich letzterer gilt jedoch wiederum, dass diese angesichts richterlicher Grundrechtsbindung und sprachlicher Kontigenz nicht als strikte Bindung an einen stets deutlich hervortretenden einfachrechtlichen Gesetzesbefehl zu verstehen sein kann und dass „Gesetz" im Sinne des Art. 97 Abs. 1 GG, ebenso wie im Falle des Art. 20 Abs. 3 GG, auch die Verfassung und somit die Grundrechte umfasst.[161] Art. 95 Abs. 3 GG etabliert darüber hinaus einen gemeinsamen Senat der obersten Bundesgerichte „[z]ur Wahrung der Einheitlichkeit der Rechtsprechung". Dass ein derartiges Bedürfnis vom Grundgesetzgeber erkannt wurde, deutet darauf hin, dass dieser in den Gerichten nicht nur normexekutierende und normkonkretisierende Organe sieht, sondern davon ausgeht, dass sie in ihrer Recht-Sprechung anhand von „Gesetz und Recht" auch selbst Recht schaffen.[162] Dass der Gesetzgeber in § 511 Abs. 4 Nr. 1, § 543 Abs. 2 Nr. 2 ZPO, § 132 Abs. 4 GVG die „Rechtsfortbildung" durch Gerichte einfachrechtlich ausdrücklich anerkennt, ist als solches zwar kein verfassungsrechtliches Argument, indiziert aber jedenfalls die grundsätzliche gesetzgeberische Akzeptanz richterlicher Normkreation. Ferner ergibt sich auch aus Art. 93 Abs. 1 Nr. 4a GG, dass richterliche Rechtsfortbildung durch Horizontalwirkung durch den grundgesetzlichen Gewaltenteilungsgrundsatz nicht zwingend ausgeschlossen wird. Insoweit lässt sich die oben *sub* 2. dargelegte Argumentation leicht modifiziert auch hier entwickeln. Denn wenn die Fachgerichte einem grundrechtlichen Anspruch der A als Resultat der Horizontalwirkungsprüfung nicht stattgeben, dann stellt dies eine Verletzung der Grundrechte der A durch

[161] Vgl. z.B. *G. Robbers*, in: Bonner Kommentar zum Grundgesetz, Stand: April 2018, Art. 20/Rn. 3323; *E. Schmidt-Aßmann*, Der Rechtsstaat, in: J. Isensee/P. Kirchhof (Hrsg.), Handbuch des Staatsrechts, 3. Aufl. 2004, Bd. II, § 24, S. 541, 563, Rn. 42. Siehe auch *J. Neuner*, Die Rechtsfindung contra legem, 1. Aufl. 1992, S. 128. Anders dagegen beispielsweise *K.-P. Sommermann*, in: v. Mangoldt/Klein/Starck, Grundgesetz – Kommentar, Bd. 1, 7. Aufl. 2018, Art. 20/Rn. 265: „Recht" i. S. d. Art. 20 Abs. 3 GG. Siehe aber andererseits ebenda, Rn. 285, wonach der Begriff „Gesetz" in Art. 97 Abs. 1 GG u. a. auch das „Verfassungsrecht" umfassen soll.

[162] Vgl. auch *Payandeh*, Judikative Rechtserzeugung – Theorie, Dogmatik und Methodik der Wirkungen von Präjudizien, 2017, S. 186f.: „[D]ie in Art. 95 Abs. 3 GG in den Blick genommene Möglichkeit divergierender Rechtsprechung setzt die Zulässigkeit abstrakt-genereller Maßstabsbildung durch die Judikative voraus." *Thomas Raiser* hat im Anschluss an diese Erkenntnis gefordert, „die theoretischen Konsequenzen zu ziehen" und entsprechend „Legislative und Judikative […] als zwei Staatsgewalten zu sehen, denen die Rechtsbildung gemeinsam, in einem dialektischen Prozss und in wechselseitiger Kontrolle aufgegeben ist." Der Gesetzeber habe Prärogative und „Vorhand", der Richter aber „das letzte Wort", vgl. dazu *T. Raiser*, Richterrecht heute – Rechtssoziologische und rechtspolitische Bemerkungen zur richterlichen Rechtsbildung im Zivilrecht, in: N. Achterberg (Hrsg.), Rechtsprechungslehre, 1986, 627, 641.

„die öffentliche Gewalt" i.S.d. Art. 93 Abs. 1 Nr. 4a GG dar. Angesichts des Vorgesagten ist es mindestens vertretbar, daraus zu schließen, dass die Fachgerichte im Rahmen ihrer eigenen Entscheidung sodann grundgesetzlich zulässig in der Lage sein müssen, den grundrechtlichen Anspruch der A auch dann zu realisieren, wenn die Auslegung des einfachen Rechts scheitert.

Überdies verlangt das BVerfG bekanntlich in ständiger Rechtsprechung, dass der parlamentarische Gesetzgeber als demokratisch gewählter und damit insoweit unmittelbar legitimierter Repräsentant des Volkes alle „wesentlichen" Entscheidungen per Gesetz selbst trifft.[163] Allerdings bleibt auch nach Jahrzehnten elaborierter Rechtsprechung des Gerichts zur Wesentlichkeitslehre weiterhin wesentlich unelaboriert, wie diese „Wesentlichkeit" exakt zu bestimmen sein soll.[164] Auch wenn anerkannt ist, dass jedenfalls bei staatlichen Grundrechtseingriffen „Wesentlichkeit" besteht, ist damit für die hiesige Frage der Horizontalwirkung noch nicht viel gesagt.[165] Denn das BVerfG betont ebenfalls regelmäßig, dass die Wesentlichkeitslehre bei gerichtlichen Entscheidungen über das Rechtsverhältnis Privater geringere Bedeutung entfaltet als bei Entscheidungen über die Beziehung Bürger-Staat.[166] Dies bestätigte kürzlich das Urteil des Gerichts zur

---

[163] Vgl. zur Wesentlichkeitslehre ausführlich *C. Seiler*, Der einheitliche Parlamentsvorbehalt, 2000, S. 73ff.; *H. Schulze-Fielitz*, Theorie und Praxis parlamentarischer Gesetzgebung – besonders des 9. Deutschen Bundestages (1980–1983), 1988, S. 162ff.; *M. Kloepfer*, Der Vorbehalt des Gesetzes im Wandel, JuristenZeitung 1984, 685, 689ff. Aus der Kommentarliteratur siehe nur *G. Robbers*, in: Bonner Kommentar zum Grundgesetz, Stand: April 2018, Art. 20/Rn. 2025–2031; *K.F. Gärditz*, in: Berliner Kommentar zum Grundgesetz, Art. 20 (Rechtsstaatsprinzip)/Rn. 144ff.; *K.-P. Sommermann*, in: v. Mangoldt/Klein/Starck, Grundgesetz – Kommentar, Bd. 1, 7. Aufl. 2018, Art. 20/Rn. 274ff. Aus der Rechtsprechung des Gerichts vgl. nur BVerfGE 34, 165 (192f.) [1972] – hessische Förderstufe; E 49, 89 (126) [1978] – Kalkar I; E 77, 170 (230f.) [1987] – Chemiewaffen, stRspr.

[164] Der inzwischen über 30 Jahre alte Befund von *Helmuth Schulze-Fielitz* hat weiterhin Bestand („tautologie-verdächtig und relativ vage formuliert", vgl. *H. Schulze-Fielitz*, Theorie und Praxis parlamentarischer Gesetzgebung – besonders des 9. Deutschen Bundestages (1980–1983), 1988, S. 171f.). Vgl. auch *G. Robbers*, in: Bonner Kommentar zum Grundgesetz, Stand: April 2018, Art. 20/Rn. 2028 („allenfalls heuristischer Begriff"). Siehe überdies die Kritik bei *M. Kloepfer*, Der Vorbehalt des Gesetzes im Wandel, JuristenZeitung 1984, 685, 692, die Wesentlichkeitslehre sei gerade wegen ihrer Unbestimmtheit Instrument bundesverfassungsgerichterlicher Selbstermächtigung: „Wesentlich ist, was das BVerfG dafür hält."

[165] Vgl. überdies *C. Bickenbach*, Die Einschätzungsprärogative des Gesetzgebers – Analyse einer Argumentationsfigur in der (Grundrechts-)Rechtsprechung des Bundesverfassungsgerichts, 2014, S. 226, der hevorhebt, dass die Wesentlichkeitslehre für das Verhältnis Legislative-Judikative vergleichsweise wenig Erhellendes beizutragen vermag.

[166] Vgl. z.B. BVerfGE 84, 212 (226f.) [1991] – Aussperrung; E 88, 103 (115) [1993] – Streikeinsatz von Beamten. So auch z.B. *C. Bumke*, Der Grundrechtsvorbehalt – Untersuchungen über die Begrenzung und Ausgestaltung der Grundrechte, 1998, S. 204f.; *ders.*, Verfassungsrechtliche Grenzen fachrichterlicher Rechtserzeugung, in: Ders. (Hrsg.), Richterrecht zwischen Gesetzesrecht und Rechtsgestaltung, 2009, 33, 42ff.; *K.F. Gärditz*, in: Berliner Kommentar zum Grundgesetz, Art. 20 (Rechtsstaatsprinzip)/Rn. 178. A.A. z.B. *M. Jestaedt*, Richterliche Rechtsetzung statt richterlicher Rechtsfortbildung – Methodologische Betrachtungen zum sog. Richterrecht, in: C. Bumke (Hrsg.), Richterrecht zwischen Gesetzesrecht und Rechtsgestaltung,

Vaterschaftsanfechtung des Scheinvaters aus dem Jahre 2015: Der Erste Senat befürwortete hier explizit richterliche Rechtsfortbildung anhand der Grundrechte, wenn der Ausgleich der Grundrechtspositionen der Privaten zu einem Überwiegen für eine Seite und damit zu einem grundrechtlichen Anspruch derselben gegen den Staat gelangt.[167]

Die Gesetzesbindung, die sich aus Art. 20 Abs. 3 und Art. 97 Abs. 1 GG ergibt, steht nach allen Ansätzen in Spannung zur Horizontalwirkung, jedenfalls wenn die Auslegung des einfachen Rechts anhand der Grundrechte scheitert und eine einfachrechtliche Norm dem grundrechtlich verlangten Ergebnis entgegensteht. In einer solchen *contra legem*-Situation gilt es zunächst zu beachten, dass ein etwaiger grundrechtlicher Anspruch stets nach Erfüllung verlangt: nach den staatsgerichteten Ansätzen gegenüber dem Staat, nach den Anwendungskonstruktionen gegenüber der/dem anderen Privaten. Dieser somit mit Verfassungsrang ausgestattete Anspruch verlangt von den Gerichten, ihn zu realisieren – wenn es nicht im Wege des einfachen Rechts geht, so *per* richterlicher Rechtsfortbildung, und zunächst unabhängig davon, was das einfache Recht anordnet, weil dieses im Rang unter dem grundrechtlichen Anspruch steht. Das wird insbesondere im Falle der Verantwortungskonstruktionen augenfällig, wonach das Gericht die Verantwortungspflicht trägt, im Rahmen seiner Entscheidung über das Privatrechtsverhältnis den Grundrechten der Streitparteien Genüge zu tun. Dass hier die richterlich kreierte Rechtsnorm – anders als im Falle der Anwendungskonstruktionen – nicht im Rang der Verfassung, sondern nur im Rang einfachen Rechts steht,[168] ändert daran nichts. Der Anspruch des Privaten gegen den Staat ist grundrechtlicher Natur.

Allerdings ergibt sich für den grundgesetzlichen Gewaltenteilungsgrundsatz insbesondere aus Art. 100 Abs. 1 Satz 1 GG, dass ein *contra legem*-Judizieren im Falle der Verantwortungskonstruktionen wie auch aller anderen staatsgerichteten Ansätze jedenfalls für nachkonstitutionelles Gesetzesrecht[169] nicht zulässig erscheint. Steht eine einfachgesetzliche Vorschrift der Realisierung des etwaigen grundrechtlichen Anspruchs der Privaten gegen den Staat entgegen, dann „kommt" es bei der richterlichen Entscheidung auf diese Vorschrift

---

2009, 49, 69; auch bereits *R. Wank*, Grenzen richterlicher Rechtsfortbildung, 1978, S. 103: gesetzliche Ermächtigung zur Rechtsfortbildung *praeter legem* erforderlich.

[167] BVerfGE 138, 377 (392 f.) [2015] – mutmaßlicher Vater.

[168] Vgl. dazu *J. Ipsen*, Richterrecht und Verfassung, 1975, S. 187.

[169] Vgl. BVerfGE 97, 117 (122) [1997] m.w.N. Dies ist für das Privatrecht durchaus von Bedeutung, da insbesondere das BGB als zentrales zivilrechtliches Gesetzeswerk in seiner ursprünglichen Form aus dem Jahre 1900 stammt. Allerdings fällt auch vorkonstitutionelles Gesetzesrecht unter Art. 100 Abs. 1 Satz 1 GG, wenn der demokratisch legitimierte Gesetzgeber des Grundgesetzes dieses in seinen Willen aufgenommen hat (vgl. zu den Voraussetzungen insoweit BVerfG, a.a.O. sowie grundlegend bereits BVerfGE 11, 126 (131 f.) [1960]). Nach der Schuldrechtsreform des Jahres 2002 lässt sich argumentieren, dass durch diese umfassende und in alle Bücher des BGB ausstrahlende Reform weite Teile oder sogar das gesamte BGB mit Wirkung für Art. 100 Abs. 1 Satz 1 GG vom Gesetzgeber des Grundgesetzes goutiert wurden.

i.S.d. Art. 100 Abs. 1 Satz 1 GG „an“: Die gerichtliche Entscheidung geht „bei Gültigkeit des Gesetzes anders aus[ ] als bei deren Verfassungswidrigkeit“.[170] Bei solchen entscheidungserheblichen Vorschriften, die in Widerspruch zu verfassungsrechtlichen Pflichten staatlicher Hoheitsträger stehen, weist das Grundgesetz dem BVerfG das Verwerfungsmonopol zu. Wird Horizontalwirkung also über den Staat konstruiert, sind den Fachgerichten insoweit institutionelle Zügel angelegt. Genügt es – z.B. im Falle der Verantwortungskonstruktionen – zur Realisierung der staatlichen Verantwortungspflicht, die einfachrechtliche Vorschrift aufzuheben, dann kann es nach Nichtigerklärung (vgl. §§ 82 Abs. 1, 78 BVerfGG) und Zurückverweisung durch das BVerfG den Streit im Sinne des grundrechtlichen Anspruchs entscheiden. Verlangt der grundrechtliche Anspruch ein regulatives Mehr, dann steht nach dem Vorgesagten zum Gesetzesvorbehalt nicht entgegen, dass das Fachgericht nach der Normdestruktion durch das BVerfG sodann *praeter legem* den Anspruch per Rechtsfortbildung erfüllt.

Nach vorherrschender Auffassung bezweckt es Art. 100 Abs. 1 Satz 1 GG, „die Autorität des konstitutionellen Gesetzgebers“ zu wahren.[171] Dies soll demnach eine richterliche Rechtsfortbildung *contra legem* untersagen,[172] weil es über die „Gültigkeit“ im demokratischen Verfahren zustande gekommener Gesetze „keine einander widersprechenden Gerichtsentscheidungen“ der Fachgerichte geben soll.[173] Schließt das Anwendungskonstruktionen[174] aus, die jenseits staatlicher Mediatisierung einen etwaigen grundrechtlichen Anspruch direkt zwischen den Privaten A und B annehmen? Denn normhierachisch steht dieser über dem entgegengesetzten einfachen Recht und vermag dadurch, dieses beiseite treten zu lassen, und den Gerichten zu erlauben, das Rechtsverhältnis A-B unmittelbar aus den Grundrechten zu entscheiden.[175] Indes stellt auch der Verweis auf Art. 100 Abs. 1 Satz 1 GG kein verfassungsrechtlich zwingendes

[170] So die allgemein anerkannte Definition des Tatbestandsmerkmals der Entscheidungserheblichkeit i.S.d. Art. 100 Abs. 1 Satz 1 GG nach *H.-G. Dederer*, in: Maunz/Dürig, Grundgesetz – Kommentar, 84. Ergänzungslieferung, August 2018, Art. 100/Rn. 155.

[171] BVerfGE 97, 117 (122) [1997] m.w.N.

[172] Siehe nur stellvertretend *C. Starck*, Die Bindung des Richters an Gesetz und Verfassung, VVDStRL 1976, Bd. 34, 43, 86; *V. Krey*, Zur Problematik richterlicher Rechtsfortbildung contra legem, JuristenZeitung 1978, 465, 467; *C. Gusy*, Der Vorrang des Gesetzes, Juristische Schulung 1983, 189, 194; *J. Neuner*, Die Rechtsfindung contra legem, 1. Aufl. 1992, S. 129, 179f.; *C. Bumke*, Der Grundrechtsvorbehalt – Untersuchungen über die Begrenzung und Ausgestaltung der Grundrechte, 1998, S. 205; *C. Hillgruber*, in: Maunz/Dürig, Grundgesetz – Kommentar, 84. Ergänzungslieferung, August 2018, Art. 97/Rn. 72; vgl. auch bereits *ders.*, Richterliche Rechtsfortbildung als Verfassungsproblem, JuristenZeitung 1996, 118ff.; *K.F. Gärditz*, in: Berliner Kommentar zum Grundgesetz, Art. 20 (Rechtsstaatsprinzip)/Rn. 116, 119, 178.

[173] BVerfGE 97, 117 (122) [1997] m.w.N.

[174] In der *contra* wie auch in der *praeter legem*-Situation besteht insoweit kein Unterschied zwischen ein- und zweistufiger Anwendung, da die verfassungskonforme Auslegung des einfachen Rechts hier bereits gescheitert ist, vgl. oben Kap. 1, C.III.1.

[175] Wie beispielsweise *K.F. Gärditz*, in: Berliner Kommentar zum Grundgesetz, Art. 20 (Rechtsstaatsprinzip)/Rn. 97, 101 klarstellt, bedeutet der Widerspruch einer einfachrechtlichen

Argument gegen Anwendungskonstruktionen dar. Denn zum einen lässt sich argumentieren, dass es auf die einfachrechtliche Vorschrift bei diesen Konstruktionen gerade nicht i. S. d. Art. 100 Abs. 1 Satz 1 GG „ankommt", weil der höherrangige Grundrechtsanspruch hier allein entscheidungserheblich ist. „[B]ei Gültigkeit des Gesetzes" geht die gerichtliche Entscheidung eben nicht „anders aus[ ] als bei deren Verfassungswidrigkeit".[176] Zum anderen, hielte man diese Auslegung für unvertretbar und das obige Verständnis der vorherrschenden Auffassung von Art. 100 Abs. 1 Satz 1 GG für zwingend, bedeutete dies keineswegs, dass die Anwendungskonstruktionen verfassungsrechtlich unzulässig wären. Vielmehr bedeutete es lediglich, dass hier ebenso wie bzgl. der Verantwortungskonstruktionen in einer *contra legem*-Situation stets der Umweg über einen Normenkontrollantrag beim BVerfG erforderlich wäre.

4. Fazit

All diejenigen Horizontalwirkungskonstruktionen, welche die Wirkung der Grundrechte zwischen Privaten zumindest auch durch die Gerichte realisiert sehen wollen, sind somit durch den grundgesetzlichen Gewaltenteilungsgrundsatz nicht zwingend ausgeschlossen. Dies gilt, wie sich herausgestellt hat, auch für die Anwendungskonstruktionen. Alle Ansätze mit Ausnahme der strikten Ablehnung resultieren letztlich in einen grundrechtlichen Anspruch einer der Parteien des privaten Rechtsverhältnisses und müssen durch die Gerichte zur Geltung gebracht werden. Dies gilt – abgesehen von der strikten Ablehnung und der einstufigen Anwendung – sowohl für die Fälle, dass dies durch Auslegung des einfachen Rechts möglich ist, als auch für die Fälle, in denen eine derartige verfassungskonforme Auslegung scheitert. In beiden Konstellationen setzt der grundgesetzliche Gewaltenteilungsgrundsatz den Ansätzen insoweit keine zwingenden Grenzen. Das BVerfG räumt richterlicher Rechtsfortbildung auch für Verantwortungskonstruktionen größere Freiheit ein, wenn „die vom Gericht im Wege der Rechtsfortbildung gewählte Lösung dazu dient, der Verfassung, insbesondere verfassungsmäßigen Rechten des Einzelnen, zum Durchbruch zu verhelfen" – d. h. wenn das Abwägungsergebnis einen grundrechtlichen Anspruch einer der Prozessparteien begründet.[177] Ferner schließt selbst Art. 100 Abs. 1 Satz 1 GG Anwendungskonstruktionen nicht staatsorganisationsrecht-

---

Vorschrift gegenüber der Verfassung nicht automatisch deren Nichtigkeit. Feststellung und Rechtsfolgen eines solchen Widerspruches sind zu unterscheiden.

[176] Vgl. *H.-G. Dederer*, in: Maunz/Dürig, Grundgesetz – Kommentar, 84. Ergänzungslieferung, August 2018, Art. 100/Rn. 155.

[177] BVerfGE 138, 377 (392) [2015] – mutmaßlicher Vater. Ähnlich auch bereits E 34, 269 (284 ff., 291) [1973] – Soraya; E 65, 182 (194 f.) [1983] – Sozialplan sowie E 122, 248 (286) [2009] – abw. Meinung Osterloh und Di Fabio (wobei letzterer Fall keine Horizontalwirkungskonstellation, sondern eine strafprozessuale Fragestellung betraf). In BVerfGE 84, 212 (226 f.) [1991] – Aussperrung deutet das BVerfG sogar eine dahingehende Pflicht zur richterlichen

lich zwingend aus. Dagegen bestehen erhebliche Zweifel an der Vereinbarkeit der strikten Ablehnung der Horizontalwirkung mit dem Gewaltenteilungsgrundsatz in seiner grundgesetzlichen Ausprägung.

II. Verfassungsrechtliches Demokratieprinzip

Zwingende staatsorganisationsrechtliche Grenzen der Horizontalwirkungskonstruktionen könnten sich auch aus dem grundgesetzlichen[178] Demokratieprinzip ergeben. In Abgrenzung zum Gewaltenteilungsgrundsatz steht insoweit in Frage, ob bestimmte Horizontalwirkungskonstruktionen die grundgesetzlich zwingenden Untergrenzen demokratischer Legitimation der Ausübung von Staatsgewalt unterschreiten, insbesondere wiederum durch die gerichtliche Realisierung der Grundrechtswirkung zwischen Privaten.

1. Repräsentative Demokratie und Grundgesetz

Gemäß Art. 20 Abs. 2 Satz 1 GG geht „alle Staatsgewalt […] vom Volke aus“. Das Volk, der *demos*, ist also die ausschließliche Quelle staatlicher Herrschaftsgewalt. Aus ihr muss sich jegliche staatliche Machtausübung herleiten, nur in Rückführung auf sie ist hoheitliches Handeln zu rechtfertigen. Dabei verdeutlicht Art. 20 Abs. 2 GG indes, dass das Volk nicht nur Quelle, sondern auch Träger und Inhaber der Staatsgewalt ist: „Das Volk herrscht nicht nur, es regiert auch.“[179] Es ist als alleiniger Souverän[180] nicht nur der Ursprung politischer Herrschaftsgewalt, sondern es muss diese auch aktuell innehaben und aktuell ausüben. Satz 2 des Art. 20 Abs. 2 GG ordnet dies explizit an, indem er festlegt, dass das Volk die Staatsgewalt durch die Legislative, Exekutive und Judikative realisiert. Dies bedeutet insbesondere, dass diese Ausübung durch die Organe

---

Rechtsfortbildung zur Realisierung der Grundrechte im Horizontalverhältnis an. In ähnliche Richtung auch bereits E 66, 116 (138) [1984] – Springer/Wallraff.

[178] Auch hier geht es lediglich um die zwingenden staatsorganisationsrechtlichen Grenzen, die sich dem grundgesetzlichen Demokratieprinzip entnehmen lassen. Zur Ideengeschichte des Demokratieprinzips siehe *A. Bleckmann*, Vom Sinn und Zweck des Demokratieprinzips – Ein Beitrag zur teleologischen Auslegung des Staatsorganisationsrechts, 1998, S. 11–95.

[179] *E.-W. Böckenförde*, Demokratie als Verfassungsprinzip, in: J. Isensee/P. Kirchhof (Hrsg.), Handbuch des Staatsrechts, 3. Aufl. 2004, Bd. II, § 24, S. 429, 433, Rn. 8.

[180] Zu den widerstreitenden verfassungstheoretischen Konzeptionen der Volkssouveränität zwischen individualistischen Ansätzen *Locke*'scher Prägung und kollektivistischen Ansätzen im Anschluss an *Rousseau* siehe *E.-W. Böckenförde*, Demokratie als Verfassungsprinzip, in: J. Isensee/P. Kirchhof (Hrsg.), Handbuch des Staatsrechts, 3. Aufl. 2004, Bd. II, § 24, S. 429, 431, Rn. 3. Kritisch zur rousseauistischen Tradition *M. Kriele*, Das demokratische Prinzip im Grundgesetz, VVDStRL 1971, Bd. 29, 46, 53 ff. Zur ideengeschichtlichen Genealogie des Souveränitätskonzepts aus theologischer Terminologie siehe grundlegend *C. Schmitt*, Politische Theologie, 2. Aufl. 1934, S. 49 ff.

der drei Gewalten stets an das Volk als den Inhaber der gesamten Staatsgewalt rückführbar sein und sich diesem gegenüber verantworten muss.[181] Dem liegt der Gedanke der demokratischen Selbstbestimmung[182] zugrunde: Es muss das Volk sein, von dem sich die Staatsgewalt ableitet und es muss das Volk sein, das sie stets aktuell innehat – d.h. sie darf nicht von ihrer Rückbindung und Verantwortlichkeit gegenüber dem Volk autonomisiert werden.[183] Der „Verantwortungszusammenhang" zwischen Volk und ausgeübter Staatsgewalt muss also stets aktuell bestehen.[184]

Daraus ergibt sich die Frage nach den Formen demokratischer Legitimation, um diese aktuelle Verbindung mit und Verantwortlichkeit gegenüber dem Volk zu gewährleisten. Zwei Formen stehen insoweit zunächst im Vordergrund: die organisatorisch-personelle und die sachlich-inhaltliche Legitimation.[185] Ergänzend und flankierend verweist die so genannte funktionell-institutionelle Legitimation auf die spezifische funktionelle Kompetenzzuordnung der Organe der Gesetzgebung, vollziehenden Gewalt und Rechtsprechung. Teilweise wird angezweifelt, ob es die funktionell-institutionelle Ausgestaltung bestimmter Träger von Staatsgewalt als solche vermöge, die Legitimation in organisatorisch-personeller und sachlich-inhaltlicher Hinsicht zu ersetzen oder auch nur zu ergänzen.[186] Wenn das Grundgesetz die Ausübung der vom Volk ausgehenden Staatsgewalt in Art. 20 Abs. 2 GG explizit den drei Gewalten überantwortet und wenn es sodann diesen einzelnen Gewalten bestimmte Funktionen und Kom-

---

[181] Vgl. BVerfGE 83, 60 (71 f.) [1990] – Ausländerwahlrecht Hamburg; E 93, 37 (66) [1995] – Mitbestimmungsgesetz Schleswig-Holstein; siehe auch *A. Voßkuhle/G. Sydow*, Die demokratische Legitimation des Richters, JuristenZeitung 2002, 673, 675.

[182] Vgl. *C. Möllers*, Gewaltengliederung – Legitimation und Dogmatik um nationalen und internationalen Rechtsvergleich, 2005, S. 32; *A. Tschentscher*, Demokratische Legitimation der Dritten Gewalt, 2006, S. 25–27. Zum „[i]n der Idee der Demokratie angelegt[en] […] Spannungsverhältnis von kollektiver Selbstregierung und individueller Selbstbestimmung" siehe *M. Nettesheim*, Demokratisierung der Europäischen Union und Europäisierung der Demokratietheorie – Wechselwirkungen bei der Herausbildung eines europäischen Demokratieprinzips, in: H. Bauer/P. M. Huber/K.-P. Sommermann (Hrsg.), Demokratie in Europa, 2005, 143, 152–154.

[183] Siehe auch *E.-W. Böckenförde*, Demokratie als Verfassungsprinzip, in: J. Isensee/P. Kirchhof (Hrsg.), Handbuch des Staatsrechts, 3. Aufl. 2004, Bd. II, § 24, S. 429, 436, Rn. 11.

[184] Vgl. grundlegend BVerfGE 44, 125 (142) [1977] – Öffentlichkeitsarbeit der Bundesregierung. Dazu auch ausführlich *U. Volkmann*, in: Berliner Kommentar zum Grundgesetz, Stand: April 2018, Art. 20 (Demokratieprinzip)/Rn. 27 ff. m. w. N.

[185] Vgl. *B. Grzeszick*, in: Maunz/Dürig, Grundgesetz – Kommentar, 84. Ergänzungslieferung, August 2018, Art. 20 II./Rn. 120–124.

[186] So im Ergebnis offenbar beispielsweise *A. Voßkuhle/G. Sydow*, Die demokratische Legitimation des Richters, JuristenZeitung 2002, 673, 676; *E.-W. Böckenförde*, Demokratie als Verfassungsprinzip, in: J. Isensee/P. Kirchhof (Hrsg.), Handbuch des Staatsrechts, 3. Aufl. 2004, Bd. II, § 24, S. 429, 438, Rn. 15; *A. Tschentscher*, Demokratische Legitimation der Dritten Gewalt, 2006, S. 59; *H. Dreier*, in: Ders. (Hrsg.), Grundgesetz Kommentar, Bd. 2, 3. Aufl. 2015, Art. 20 (Demokratie)/Rn. 110 (siehe indessen auf der anderen Seite Rn. 114, 130 und speziell für die Rechtsprechung Rn. 141); *e contrario* auch BVerfGE 107, 59 (87 f.) [2002] – Lippeverband.

petenzen zuweist, so kann man indessen schwerlich leugnen, dass diese grundgesetzliche Zuweisung für die verfassungsrechtlich erforderliche demokratische Legitimation von Relevanz sein muss. Jedenfalls vermögen es spezifische im Grundgesetz verankerte funktionelle Zuweisungen und Besonderheiten – dies gilt, wie sogleich noch zu erörtern ist, insbesondere für die Rechtsprechung –, Unterschiede in der konkreten Ausgestaltung demokratischer Legitimation einer bestimmten Ausübung von Staatsgewalt bis zu einem gewissen Grade zu rechtfertigen.[187]

Organisatorisch-personelle und sachlich-inhaltliche Legitimation stehen überdies in einem komplementären Verhältnis zueinander. Ein Mehr der einen Legitimationsform vermag es, ein Weniger der anderen auszugleichen.[188] Entscheidend ist ihr Zusammenwirken im Hinblick auf eine hinreichend effektive demokratische Legitimation der konkreten Ausübung von Staatsgewalt.[189] Das BVerfG formuliert dies folgendermaßen: „Aus verfassungsrechtlicher Sicht entscheidend ist nicht die Form der demokratischen Legitimation staatlichen Handelns, sondern deren Effektivität; notwendig ist ein bestimmtes Legitimationsniveau."[190]

---

[187] In ähnliche Richtung auch *K. Rennert*, Legitimation und Legitimität des Richters, JuristenZeitung 2015, 529, 532ff.; *Payandeh*, Judikative Rechtserzeugung – Theorie, Dogmatik und Methodik der Wirkungen von Präjudizien, 2017, S. 229ff. sowie ansatzweise auch *H. Dreier*, in: Ders. (Hrsg.), Grundgesetz Kommentar, Bd. 2, 3. Aufl. 2015, Art. 20 (Demokratie)/Rn. 141.

[188] Nach verbreiteter Auffassung soll es sogar möglich sein, dass die eine Legitimationsform das vollständige Ausfallen der anderen Legitimationsform kompensiert, „solange insgesamt ein ausreichendes Legitimationsniveau gewährleistet ist." *A. Voßkuhle/G. Sydow*, Die demokratische Legitimation des Richters, JuristenZeitung 2002, 673, 675; *B. Grzeszick*, in: Maunz/Dürig, Grundgesetz – Kommentar, 84. Ergänzungslieferung, August 2018, Art. 20 II./Rn. 130; *M. Jestaedt*, Demokratieprinzip und Kondominialverwaltung – Entscheidungsteilhabe Privater an der öffentlichen Verwaltung auf dem Prüfstand des Verfassungsprinzips Demokratie, 1993, S. 281ff.; *V. Mehde*, Neues Steuerungsmodell und Demokratieprinzip, 2000, S. 197ff. A.A. *W. Kluth*, Funktionale Selbstverwaltung: Verfassungsrechtlicher Status – verfassungsrechtlicher Schutz, 1997, S. 358f.; wohl auch *W. Kahl*, Hochschulräte – Demokratieprinzip – Selbstverwaltung. Unter besonderer Berücksichtigung des Aufsichtsratsmodells in Baden-Württemberg, Archiv des öffentlichen Rechts 2005, Bd. 130, 225, 237. Für die Zulässigkeit eines vollständigen Ausgleichs der einen durch die andere Legitimationsform spricht, dass beide gleichen Ursprungs sind, nämlich in Art. 20 Abs. 2 GG wurzeln, und dass diese Vorschrift sowohl ihrem Wortlaut („geht ... aus") als auch ihrem *telos* nach für das Ergebnis einer effektiven Legitimation streitet und nicht für das Primat der einen über eine andere Legitimationsform.

[189] Vgl. dazu ausführlich *E.T. Emde*, Die demokratische Legitimation der funktionalen Selbstverwaltung: eine verfassungsrechtliche Studie anhand der Kammern, der Sozialversicherungsträger und der Bundesanstalt für Arbeit, 1991, S. 327ff.

[190] BVerfGE 83, 60 (72) [1990] – Ausländerwahlrecht Hamburg; wortwörtlich auch E 93, 37 (67) [1995] – Mitbestimmungsgesetz Schleswig-Holstein und E 107, 59 (87) [2002] – Lippeverband. Siehe aus jüngerer Zeit ähnlich auch beispielsweise E 130, 76 (124) [2012]; E 136, 194 (261) [2014].

Demokratische Legitimation in organisatorisch-personeller Form[191] erfordert eine ungebrochene personelle Verbindung zwischen demjenigen Hoheitsträger, der die spezifische Staatsgewalt ausübt, und dem Volk als Quelle, Träger und Inhaber der Staatsgewalt. Diese muss vom Volk „ausgehen" und sich deshalb von dem besonderen Organ z.B. der Rechtsprechung auf dieses zurückführen lassen, indem sich jeder Teil dieser Verbindungslinie ebenfalls personell auf den *demos* als Souverän rückzubeziehen vermag. *Kriele*,[192] *Herzog*[193] und ausführlich *Böckenförde*[194] haben in den 1970er Jahren dieses Konzept der personellen „Legitimationskette" entwickelt, das seitdem auch wörtlich Eingang in die Rechtsprechung des BVerfG gefunden hat.[195] Danach ist es nicht erforderlich, dass der Staatsgewalt ausübende Hoheitsträger unmittelbar vom Volk gewählt worden ist und somit unmittelbar personell auf dieses rückführbar ist. Dies gilt unter dem Grundgesetz ausschließlich für die Gesetzgebung. Dass Art. 20 Abs. 2 Satz 2 GG ausdrücklich anerkennt, dass die demokratische Ausübung von Staatsgewalt auch durch andere Hoheitsträger als Organe der Legislative ausgeübt werden kann, unterstreicht, dass demokratische Legitimation nicht stets unmittelbare personelle Rückkoppelung an das Volk erfordert. Entscheidend ist stattdessen, dass die Legitimationskette nicht „durch das Dazwischentreten eines nicht oder nicht hinreichend demokratisch legitimierten Organs" durchbrochen wird.[196]

Sachlich-inhaltliche Legitimation bedeutet die materielle Rückbindung an den Willen des Volkes. Dies geschieht einerseits durch Dezision des *demos* selbst, in Form von Wahlen und – erheblich seltener – Abstimmungen. Andererseits in höherer Frequenz und jedenfalls teilweise mit größerer zeitlicher Kontinuität in Form der Dezision der Volksvertretung, die sich insbesondere im formellen Par-

[191] Kritisch zu dieser Legitimationsform jüngst *A. Kley*, Kontexte der Demokratie: Herrschaftsausübung in Arbeitsteilung, VVDStRL 2018, Bd. 77, 125, 139–148, der auch darauf hinweist, dass es das BVerfG in seiner jüngeren Rechtsprechung teilweise vermeidet, auf die Argumentation der personellen Legitimationskette zurückzugreifen (z.B. BVerfGE 130, 318 [2012] – Stabilisierungsmechanismusgesetz und E 134, 366 [2014] – OMT I), vgl. ebenda, S. 146f.; siehe auch *U. Volkmann*, in: Berliner Kommentar zum Grundgesetz, Stand: April 2018, Art. 20 (Demokratieprinzip)/Rn. 47.

[192] *M. Kriele*, Das demokratische Prinzip im Grundgesetz, VVDStRL 1971, Bd. 29, 46, 63.

[193] *R. Herzog*, Allgemeine Staatslehre, 1971, S. 210ff.

[194] *E.-W. Böckenförde*, Verfassungsfragen der Richterwahl – Dargestellt anhand der Gesetzesentwürfe zur Einführung der Richterwahl in Nordrhein-Westfalen, 1. Aufl. 1974, S. 73ff.

[195] Vgl. BVerfGE 93, 37 (67) [1995] – Mitbestimmungsgesetz Schleswig-Holstein: „Uneingeschränkte personelle Legitimation besitzt ein Amtsträger dann, wenn er verfassungsgemäß sein Amt im Wege einer Wahl durch das Volk oder das Parlament oder dadurch erhalten hat, daß er durch einen seinerseits personell legitimierten, unter Verantwortung gegenüber dem Parlament handelnden Amtsträger oder mit dessen Zustimmung bestellt worden ist (ununterbrochene *Legitimationskette*)." (meine Hervorhebung); siehe auch ähnlich schon früher E 83, 60 (72f.) [1990] – Ausländerwahlrecht Hamburg und bereits ansatzweise E 77, 1 (40) [1987] – Neue Heimat sowie auch E 107, 59 (87) [2002] – Lippeverband.

[196] *E.-W. Böckenförde*, Verfassungsfragen der Richterwahl – Dargestellt anhand der Gesetzesentwürfe zur Einführung der Richterwahl in Nordrhein-Westfalen, 1. Aufl. 1974, S. 74.

lamentsgesetz kristallisiert.[197] Dieses unterwirft sodann die Entscheidungen von Exekutive und Judikative seinem Vorrang, seinem Vorbehalt und seiner Bindung, vgl. Art. 20 Abs. 3 und zusätzlich Art. 97 Abs. 1 GG für die Rechtsprechung.[198] So verstanden ist das Gesetz mithin Herzstück demokratischer Herrschaft: Das Volk wählt das Parlament als Volksvertretung, dieses beschließt im parlamentarischen Verfahren nach öffentlicher Debatte das Gesetz als Produkt des demokratisch-politischen Prozesses, aufgrund dessen wiederum Verwaltung und Gerichte Entscheidungen über die Rechtsverhältnisse der Einzelnen als Teil des Volkes treffen.[199] Kurzum: Gesetzesbindung ist demokratisches Gebot, Achtung dieser Bindung ist Grundlage demokratischer Legitimation der vollziehenden Gewalt und der Rechtsprechung.

Steht angesichts der Realisierung der Horizontalwirkung nach den meisten Ansätzen durch die Rechtsprechung deren demokratische Legitimation hier im Fokus,[200] offenbaren sich unweigerlich mehrere Herausforderungen ihrer Begründung sowohl in personell-organisatorischer als auch in sachlich-inhaltlicher

---

[197] Vgl. *M. Kriele*, Das demokratische Prinzip im Grundgesetz, VVDStRL 1971, Bd. 29, 46, 63f.; *M. Jestaedt*, Demokratieprinzip und Kondominialverwaltung – Entscheidungsteilhabe Privater an der öffentlichen Verwaltung auf dem Prüfstand des Verfassungsprinzips Demokratie, 1993, S. 272f.; *A. Voßkuhle/G. Sydow*, Die demokratische Legitimation des Richters, JuristenZeitung 2002, 673, 678; *E.-W. Böckenförde*, Demokratie als Verfassungsprinzip, in: J. Isensee/P. Kirchhof (Hrsg.), Handbuch des Staatsrechts, 3. Aufl. 2004, Bd. II, § 24, S. 429, 441f., Rn. 21f.; *W. Kahl*, Hochschulräte – Demokratieprinzip – Selbstverwaltung. Unter besonderer Berücksichtigung des Aufsichtsratsmodells in Baden-Württemberg, Archiv des öffentlichen Rechts 2005, Bd. 130, 225, 242; *C. Sennekamp*, Alle Staatsgewalt geht vom Volke aus! – Demokratieprinzip und Selbstverwaltung der Justiz, Neue Zeitschrift für Verwaltungsrecht 2010, 213, 215; *Payandeh*, Judikative Rechtserzeugung – Theorie, Dogmatik und Methodik der Wirkungen von Präjudizien, 2017, S. 227f.

[198] Das Konzept der Legitimationskette spielt auch insofern eine Rolle: Die inhaltliche Rückversicherung bezüglich des Volkswillens vollzieht sich ebenfalls kettenartig vom Volk über das Parlament zu den Organen der anderen Gewalten, die in ihrem Handeln an das Parlamentsgesetz gebunden sind. Vgl. dazu *A. Tschentscher*, Demokratische Legitimation der Dritten Gewalt, 2006, S. 55.

[199] Vgl. dazu nur *P. Badura*, Die parlamentarische Demokratie, in: J. Isensee/P. Kirchhof (Hrsg.), Handbuch des Staatsrechts, 3. Aufl. 2004, Bd. II, § 25, S. 497, 520, 532; *U. Di Fabio*, Gewaltenteilung, in: J. Isensee/P. Kirchhof (Hrsg.), Handbuch des Staatsrechts, 3. Aufl. 2004, Bd. II, § 27, S. 613, 637; *C. Hillgruber*, Grundrechtsschranken, in: J. Isensee/P. Kirchhof (Hrsg.), Handbuch des Staatsrechts, 3. Aufl. 2011, Bd. IX, § 201, S. 1033, 1045; *U. Volkmann*, in: Berliner Kommentar zum Grundgesetz, Stand: April 2018, Art. 20 (Demokratieprinzip)/Rn. 24. Grundlegend bereits für die Weimarer Verfassung *H. Heller*, Der Begriff des Gesetzes in der Reichsverfassung, VVDStRL 1928, Bd. 4, 98, 121.

[200] Anzumerken ist, dass das BVerfG Fragen richterlicher Rechtsfortbildung in der Vergangenheit ausschließlich (z.B. BVerfGE 34, 269 (286f.) [1973] – Soraya; E 84, 212 (226f.) [1991] – Aussperrung) und auch in jüngerer und jüngster Zeit weiterhin wesentlich (BVerfGE 128, 193 (206ff.) [2011] – Dreiteilungsmethode; E 132, 99 (127ff.) [2012] – Gesamtanalogie Delisting) als Frage der dem Rechtsstaatsprinzip zugeordneten Gewaltenteilung diskutiert hat (so auch *H. Dreier*, in: Ders. (Hrsg.), Grundgesetz Kommentar, Bd. 2, 3. Aufl. 2015, Art. 20 (Demokratie)/Rn. 141) und insoweit die folgende Diskussion nur in begrenztem Maße zu informieren vermag.

Hinsicht. Personell besteht eine Verbindungslinie zum Volk zwar dadurch, dass die Richterinnen und Richter von demokratisch legitimierten Hoheitsträgern und nach Verfahren ernannt werden, die ihrerseits demokratischer Legitimation genügen.[201] Jedoch ist diese personelle Rückkoppelung durch ihre Einmaligkeit limitiert. Sie erfolgt nicht, wie beispielsweise hinsichtlich der Legislative und (abgestuft) der Exekutive, in demokratische Verantwortlichkeit vermittelnder Periodizität, sondern im Wege der Singularität der Ernennung auf Lebenszeit bzw. für eine einmalige Amtszeit,[202] vgl. Art. 97 Abs. 2 GG sowie Art. 94 Abs. 2 Satz 1 GG i. V. m. §§ 4 Abs. 1 und 2 BVerfGG. Inhaltlich ist die Richterin zwar an das Gesetz als Emanation des Volkswillens gebunden. Sie genießt aber in ihren Entscheidungen Unabhängigkeit und ist gerade nicht den Weisungen derjenigen Organe unterworfen, von denen sie ihre personelle demokratische Legitimation ableitet, ja sie kann nur in strikt begrenzten Ausnahmefällen ihres Postens enthoben werden, vgl. Art. 97 Abs. 1 und 2 GG. Die begrenzte Determinationskraft des notwendig sprachlich explizierten Volkswillens in gesetzlicher Form wurde bereits erwähnt.[203]

2. *Horizontalwirkung und Legitimationskette*

Hier ist indessen nicht die demokratische Legitimation der Rechtsprechung bzw. der Rechtsprechungstätigkeit in ihrer Gesamtheit zu erörtern.[204] Vielmehr stehen lediglich die zwingenden Untergrenzen demokratischer Legitimation nach dem Grundgesetz hinsichtlich der verschiedenen Gruppen dogmatischer Konstruktionen der Horizontalwirkung in Frage. Da Elemente einer organisatorisch-personellen Legitimation zwar existent, aber aufgrund der richterlichen Unabhän-

---

[201] Vgl. zu den Maßstäben ausführlich und grundlegend *E.-W. Böckenförde*, Verfassungsfragen der Richterwahl – Dargestellt anhand der Gesetzesentwürfe zur Einführung der Richterwahl in Nordrhein-Westfalen, 1. Aufl. 1974, S. 71–86; siehe auch *Payandeh*, Judikative Rechtserzeugung – Theorie, Dogmatik und Methodik der Wirkungen von Präjudizien, 2017, S. 228; *B. Grzeszick*, in: Maunz/Dürig, Grundgesetz – Kommentar, 84. Ergänzungslieferung, August 2018, Art. 20 II./Rn. 239. Für die Wahl der Richterinnen und Richter des BVerfG ergibt sich die organisatorisch-personelle Legitimation im Sinne einer ununterbrochenen Legitimationskette beispielsweise daraus, dass diese nach Art. 94 Abs. 1 Satz 2 GG, §§ 5 ff. BVerfGG zur einen Hälfte vom Bundestag, zur anderen Hälfte vom Bundesrat gewählt werden, wobei sich die Mitglieder des Bundesrats aus den Regierungen der Länder zusammensetzen (vgl. Art. 51 Abs. 1 GG), die wiederum von den jeweiligen Landesparlamenten gewählt werden.

[202] So auch *C. Sennekamp*, Alle Staatsgewalt geht vom Volke aus! – Demokratieprinzip und Selbstverwaltung der Justiz, Neue Zeitschrift für Verwaltungsrecht 2010, 213, 214 f.

[203] Siehe oben I.3.b).

[204] Vgl. dazu ausführlich *F. Wittreck*, Die Verwaltung der Dritten Gewalt, 2006, S. 114–174; siehe auch *B. Grzeszick*, in: Maunz/Dürig, Grundgesetz – Kommentar, 84. Ergänzungslieferung, August 2018, Art. 20 II./Rn. 235–247; *C. D. Classen*, Demokratische Legitimation im offenen Rechtsstaat – Zur Beeinflussung des Demokratieprinzips durch Rechtsstaatlichkeit und internationale Offenheit, 2009, S. 19–22; *A. Voßkuhle/G. Sydow*, Die demokratische Legitimation des Richters, JuristenZeitung 2002, 673 ff.

gigkeit und Singularität der Ernennung schwach sind, muss sich das minimal erforderliche Legitimationsniveau insoweit vorwiegend aus sachlich-inhaltlichen Elementen ergeben.[205] Dieser Unterabschnitt fokussiert dabei Fragen der Legitimationsvermittlung durch die ungebrochene Verbindungslinie von richterlicher (Horizontalwirkungs-)Entscheidung und Volkswillen und dabei insbesondere des erforderlichen Legitimationsniveaus durch die Nähe zum Volkswillen. Unterabschnitt 3 widmet sich dagegen der Vermittlung demokratischer Legimation durch Gesetzesbindung mit Blick auf die Horizontalwirkungskonstruktionen: Wo zieht das Grundgesetz zwingende Grenzen, wenn sich einzelne Ansätze vom Gesetz als Produkt repräsentativ-demokratischer Willensbildung entfernen?

Wie sich in Abschnitt I im Rahmen der Untersuchung zwingender staatsorganisationsrechtlicher Grenzen des grundgesetzlichen Gewaltenteilungsgrundsatzes ergeben hat, ähneln sich insoweit die meisten Ansätze,[206] die Horizontalwirkung auch gerichtlich realisieren wollen. Sie erfordern letztlich, entweder das einfache Recht grundrechtskonform auszulegen, oder, wenn eine solche Auslegung nicht möglich ist, den höherrangigen grundrechtlichen Anspruch der fraglichen Partei neben oder gar entgegen dem Norminhalt des einfachen Rechts nichtsdestoweniger zur Geltung zu bringen. Diese Gemeinsamkeiten der genannten Ansätze haben auch hinsichtlich des verfassungsrechtlichen Demokratieprinzips Relevanz. Dies überdies auch deshalb, weil maßgeblich ist, dass ein bestimmtes demokratisches Legitimationsniveau erreicht wird. Folglich kommt es auf das Ergebnis der Ansätze an, das sich auch hinsichtlich der einstufigen Anwendung insoweit ähnelt, als alle Ansätze mit Ausnahme der strikten Ablehnung letztlich zu einem grundrechtlichen Anspruch einer der Parteien des Rechtsstreits führt, den die zum Streitentscheid berufenen Gerichte erfüllen müssen.

Zunächst gilt, dass auch hinsichtlich des verfassungsrechtlichen Demokratieprinzips das *Tschentscher*'sche Modell der potentiellen Kontrolle richterlicher Entscheidungen durch das Parlament[207] richterlich realisierter Horizontalwirkung nur in sehr eingeschränktem Maße demokratische Legimation zu vermitteln mag. Es wurde bereits hinsichtlich des Gewaltenteilungsgrundsatzes angerissen:[208] Das Argument, eine hinreichende legitimatorische Verbindungslinie vom Volkswillen zur richterlichen Entscheidung lasse sich deshalb ziehen, weil der Gesetzgeber stets durch Gesetzesänderung kontrollierend auf die Rechtsprechung einwirken könne (sog. „potentielle Kontrolle"),[209] verliert im Falle der Horizontalwirkung an Durchschlagskraft. Verlangt der grundrechtliche An-

[205] Mit im Ergebnis ähnlichem Befund auch *A. Tschentscher*, Demokratische Legitimation der Dritten Gewalt, 2006, S. 266 hinsichtlich der demokratischen Legitimation der Rechtsprechung allgemein.

[206] Mit Ausnahme der einstufigen Anwendung.

[207] Vgl. *A. Tschentscher*, Demokratische Legitimation der Dritten Gewalt, 2006, S. 125ff., 225, 265, 266.

[208] Siehe oben I.2.

[209] Ähnlich im Ansatz auch BVerfGE 132, 99 (127) [2012] – Gesamtanalogie Delisting.

spruch der A nach Erfüllung, so kann der Gesetzgeber diesen Normbefehl mit Verfassungsrang jedenfalls nicht einfachrechtlich korrigieren – weder im konkreten Streitfall noch abstrakt-generell und für nachfolgende gleichgelagerte Konstellationen. Geht es um den Menschenwürdekern der betroffenen Grundrechtsnormen, nicht einmal durch Verfassungsänderung, vgl. Art. 79 Abs. 3 GG. Richterlich realisierte Horizontalwirkung präformiert das einfache Recht oder verlangt in Ausnahmefällen dessen Aufhebung oder sogar dessen Beiseitetreten. Für eine potentielle gesetzgeberische Kontrolle, die eine Legitimationskette zum Volkswillen über das Parlament als dessen Wächter und Mittler schmiedet, bleibt deshalb nur ein begrenzter Raum.

Man mag allerdings insgesamt Zweifel daran hegen, ob die Rückführung auf parlamentarische Kontrolle demokratisch-legitimatorisch überhaupt ein maßgebliches Argument zu sein vermag. *Mattias Kumm* hat dieses Legitimationskonzept einer scharfen und luziden Kritik unterzogen.[210] Gründe man die eigene Gedankenführung auf Repräsentation als legitimatorischen Link, so müsse man eingestehen, dass diese ein graduelles Konzept sei. Eine Legitimationskette in einer repräsentativen Demokratie bedeute nicht nur, dass die unteren Glieder der Kette ihre Legitimation von den oberen Gliedern der Kette ableiteten, sondern auch, dass bereits der Startpunkt der Legitimationskette, das Parlament, seine Legitimation lediglich nur ableite. Das Volk treffe die jeweiligen sozio-politischen, sozio-ökonomischen etc. Steuerungsentscheidungen in einer repräsentativen Demokratie nicht selbst, sondern wähle eine Volksvertretung, die ein Mandat habe, das Volk zu repräsentieren und zwar in seinem Interesse, aber treuhänderisch und folglich mit selbständiger Entscheidungsgewalt. Der Volkswille breche sich in Entscheidungen der Volksvertretung wie bei jedem anderen Glied der Legitimationskette ebenfalls nur indirekt Bahn. Vergleiche man somit die demokratische Legitimation von Gerichten mit derjenigen der Gesetzgebung, so gelte: „The core difference is the directness of the link between authoritative decision-making and the electorate."[211] Ist der Unterschied daher ein gradueller, d. h. richtet sich lediglich danach, wie weit das Glied in der Kette von der Legitimationsquelle entfernt ist, ist laut *Kumm* eine Argumentation unplausibel, die eine Gefahr des demokratischen Prozesses heraufbeschwört, wenn die Judikative zusätzlich mit oder anstelle der Legislative politische Fragen (mit) entscheidet:

„[I]t is utterly implausible to claim that through ordinary legislative procedures ‚the people themselves' decide political questions, whereas decisions of duly appointed judges are cast as platonic guardians imposing their will on the people. [...] The rhetoric of ‚the peo-

[210] *M. Kumm*, Institutionalising Socratic Contestation: The Rationalist Human Rights Paradigm, Legitimate Authority and the Point of Judicial Review, European Journal of Legal Studies 2007, Bd. 1, 153.

[211] Ebenda, 173.

ple themselves' sabotages clear thinking. There are no plausible reasons to identify ‚the people' with the voice of one institution, even when that institution is a Parliament."[212]

Kumm weist damit zwar auf die Schwächen hin, die einem allzu schnellen Rückschluss von Entscheidungen der Institution Volksvertretung auf ein Monopol oder jedenfalls Primat demokratischer Legitimation inhärent sind. Allerdings räumt der erhellende Hinweis auf die graduelle Natur demokratischer Repräsentation nicht sämtliche legitimatorische Vorbehalte aus. Denn nicht nur scheint *Kumms* Überlegungen eine fragwürdige Unterscheidung von Bildung und Ermittlung des Volkswillens zu Grunde zu liegen.[213] Es bleibt jedenfalls auch dessen unbesehen die Position in der Legitimationskette von Relevanz, insbesondere wenn die demokratische Legitimation der Gerichte in ihrer repräsentativen Form ganz oder teilweise in der Legitimation des Gesetzgebers gründet. Überdies ist es gerade ein Charakteristikum der (Verfassungs-)Gerichtsbarkeit, dass sie eben nicht in gleichem Maße den Schwankungen des Volkswillens unterworfen ist wie die jedes Mal erneut zur Wahl gestellte Volksvertretung – und dass die Richter als Kehrseite Unabhängigkeit genießen, vgl. Art. 97 Abs. 1 und 2 GG. Sie sind nicht weisungsgebunden und können auch nicht abgewählt werden, wenn ihre politischen Steuerungsentscheidungen dem Volkswillen widersprechen.

Mit Blick auf eine kettenartige Verbindung zum Volkswillen gelingt die demokratische Legitimation richterlich realisierter Horizontalwirkung demnach nur in geringem Maße. Die organisatorisch-personelle Legitimationsform der demokratischen Legitimationskette führt also hier nicht weiter. Ob damit das grundgesetzlich erforderliche Legitimationsniveau zwingend unterschritten ist, ist indessen noch keineswegs gesagt. Fraglich erscheint im Weiteren, inwieweit insbesondere die richterliche Bindung an das im parlamentarischen Verfahren zustande gekommene Gesetz der Horizontalwirkung durch Rechtsprechung sachlich-inhaltliche Legitimationsgrenzen zieht.

3. Parlamentarisches Gesetz, Richterrecht und demokratische Legitimation

a) Repräsentation, Deliberation und Grundgesetz

Die Gesetzesbindung des Richters ist der zentrale Pfeiler, der dessen sachlich-inhaltiche Legitimation stützt.[214] Nicht nur Art. 97 Abs. 1 GG betont diese im Zusammenspiel mit der richterlichen Unabhängigkeit. Auch Art. 20 Abs. 3 GG postuliert die Bindung des Richters an das Gesetz in unmittelbarem Gefolge des

---

[212] Ebenda, 174.

[213] Siehe dazu, vor allem zur Konzeption *Carl Schmitts*, unten Kap. 6, A.I.2.b).

[214] Zu weiteren Aspekten der sachlich-inhaltlichen Legitimation siehe *F. Wittreck*, Die Verwaltung der Dritten Gewalt, 2006, S. 132ff.; siehe auch *A. Voßkuhle/G. Sydow*, Die demokratische Legitimation des Richters, JuristenZeitung 2002, 673, 678–680.

Art. 20 Abs. 2 Satz 2 GG: Rechtsprechung als durch die Gesetzesbindung des Richters an den Volkswillen rückgekoppelte und somit demokratisch legitimierte Ausübung von Staatsgewalt.[215] Aus verfassungs- und demokratietheoretischer Sicht – häufig diskurstheoretisch inspiriert[216] – wird nicht selten gefordert, dass die Integrität des demokratisch-politischen Prozesses nicht angetastet werden dürfe.[217] In diesem Zusammenhang wird auch argumentiert, dass die richterliche Gesetzesbindung gerade deshalb besondere demokratische Legitimation vermittele, weil sie das Produkt eines parlamentarischen Verfahrens sei, das durch seine Öffentlichkeit insbesondere im Vergleich zum gerichtlichen Verfahren erheblich besser gewährleiste, den Volkswillen zugleich umzusetzen und aktuelle Rückkoppelung an diesen Willen zu gewährleisten.[218] Auch wenn dies demokratietheoretisch zunächst einmal ansprechend klingt, so sollte man sich doch rückversichern, inwieweit ein derartiges Verständnis im Grundgesetz als

---

[215] Vgl. auch *E.-W. Böckenförde*, Demokratie als Verfassungsprinzip, in: J. Isensee/P. Kirchhof (Hrsg.), Handbuch des Staatsrechts, 3. Aufl. 2004, Bd. II, § 24, S. 429, 442, Rn. 22 und 444, Rn. 24; *M. Kriele*, Das demokratische Prinzip im Grundgesetz, VVDStRL 1971, Bd. 29, 46, 64; *K. F. Gärditz*, in: Berliner Kommentar zum Grundgesetz, Art. 20 (Rechtsstaatsprinzip)/Rn. 176.

[216] Vgl. *J. Habermas*, Faktizität und Geltung, 1992, S. 324 ff., 349 ff., 367 ff., auch bereits 187 f.; vgl. auch *ders.*, Theorie des kommunikativen Handelns, 1981, 2 Bd. Zu *Habermas*' Rechtstheorie siehe *T. Lieber*, Diskursive Vernunft und formelle Gleichheit: Zu Demokratie, Gewaltenteilung und Rechtsanwendung in der Rechtstheorie von Jürgen Habermas, 2007. Ansätze auch bei *A. Tschentscher*, Demokratische Legitimation der Dritten Gewalt, 2006, S. 123–125.

[217] So insbesondere für die US-amerikanische Verfassungstheorie grundlegend *J. H. Ely*, Democracy and Distrust – A Theory of Judicial Review, 1980; vgl. auch *W. Brugger*, Demokratie, Freiheit, Gleichheit – Studien zum Verfassungsrecht der USA, 2002, S. 139. Zur Übertragbarkeit dieser Theorie auf den deutschen Kontext *siehe C. Möllers*, Legalität, Legitimität und Legitimation des BVerfG, in: *M. Jestaedt/O. Lepsius/C. Möllers/C. Schönberger*, Das entgrenzte Gericht – Eine kritische Bilanz nach sechzig Jahren BVerfG, 2011, S. 281, 333–338. *Elys* Theorie unterscheidet sich aber von der *Habermas*'schen Diskurstheorie darin, wie *Habermas* selbst unterstreicht, dass *Elys* Theorie der repräsentativen Verstärkung auch auf materielle Verfassungsprinzipien wie beispielsweise das Gerechtigkeitsprinzip zurückgreift, vgl. *J. Habermas*, Faktizität und Geltung, 1992, S. 323. Auf den Unterschied zu *Kelsen*, der auf das Verfahren der politischen Willensbildung anstelle materieller Gehalte setzt (vgl. insbesondere *H. Kelsen*, Vom Wesen und Wert der Demokratie, 2. Aufl. 1929, S. 119), weist *Horst Dreier* hin (*H. Dreier*, Rechtslehre, Staatssoziologie und Demokratietheorie bei Hans Kelsen, 1986, S. 261 f., Fn. 65): „[F]ür Habermas liefert die Idee des rationalen herrschaftsfreien Diskurses die Möglichkeit, eine kognitivistische Ethik aufzubauen, für Kelsen stellt sich das Problem der Partizipation an letztlich immer irrationalen Wertentscheidungen, die durch den Konsens aller ihren dezisionistischen Charakter nicht verlieren, dar. Für Habermas verbürgt der Konsens die inhaltliche Richtigkeit, für Kelsen mildert Partizipation die Heteronomie ein wenig ab." Insoweit besteht wiederum die Gemeinsamkeit von *Habermas* und *Ely* und unterscheiden sich beide von *Kelsen*: Für beide bedeutet das Verfahren der Willensbildung im demokratisch-politischen Prozess einen Wert an sich, auf dem ihre jeweilige Theorie fußt.

[218] Vgl. stellvertretend *C. Gusy*, Parlamentarischer Gesetzgeber und Bundesverfassungsgericht, 1985, S. 110; *C. Seiler*, Der einheitliche Parlamentsvorbehalt, 2000, S. 86. Vgl. auch *H. Schulze-Fielitz*, Theorie und Praxis parlamentarischer Gesetzgebung – besonders des 9. Deutschen Bundestages (1980–1983), 1988, S. 176; *U. Volkmann*, in: Berliner Kommentar zum Grundgesetz, Stand: April 2018, Art. 20 (Demokratieprinzip)/Rn. 42, 47.

zwingendes Postulat Niederschlag gefunden hat – und wo diese Forderung sich vom positiven Recht entfernt. Zum positiv-rechtlichen Befund lässt sich sagen: Aus prozeduraler Sicht darf der demokratische Prozess in seinem Vollzug durch „Wahlen und Abstimmungen" nicht gestört oder behindert werden und die demokratische Willensbildung muss sich tatsächlich und effektiv über das Vehikel der Wahl (und deutlich seltener: der Abstimmung) realisieren, Art. 20 Abs. 2 Satz 2 GG.[219] Materiell – und daher hier vor allem von Interesse – verwirklicht sich die Integrität des demokratisch-politischen Prozesses im Verhältnis zur Rechtsprechung nach den Vorschriften des Grundgesetzes exakt im Wege der richterlichen Gesetzesbindung: Das Volk wählt die Volksvertretung, diese beschließt Gesetze, die den repräsentierten Volkswillen kanalisieren, und die Rechtsprechung entscheidet konkrete Rechtsstreite in Bindung an diese Gesetze. Nicht weniger, aber auch nicht mehr, ergibt sich insoweit aus dem Grundgesetz, vgl. Art. 20 Abs. 2 Satz 2, Abs. 3, Art. 70ff., Art. 97 Abs. 1 GG.

b) Parlamentarisches Gesetz, Horizontalwirkungskonstruktionen und prekäre demokratische Legitimation?

Aber auch ohne deliberativ-diskurstheoretische Aufladung erscheint die richterlich realisierte Horizontalwirkung im Hinblick auf die sachlich-inhaltliche demokratische Legitimation durch Bindung der Richterin an das parlamentarische Gesetz prekär: Zum einen ist die gesetzliche Determinationskraft angesichts der Erkenntnisse moderner Sprachphilosophie und Hermeneutik ohnehin begrenzt.[220] Zum anderen stellt sich die Frage, wie sich die Gesetzesbindung als Postulat der parlamentarischen Demokratie des Grundgesetzes mit der gegebenenfalls weitreichenden grundrechtlich inspirierten richterlichen Rechtsfortbildung vereinbaren lässt, welche einzelne Horizontalwirkungskonstruktionen provozieren. Dies erfordert folglich einen genaueren Blick auf die diversen dogmatischen Ansätze von der strikten Ablehnung bis hin zur zweistufigen Anwendung.

Die meisten staatsgerichteten Ansätze scheinen zunächst eine bessere Rückbindung an das Gesetz als Produkt parlamentarisch-repräsentativer Willensbildung zu versprechen. Die strikte Ablehnung hat insoweit keine Probleme, fixiert sie doch ausschließlich das Gesetz – scheitert aber an der grundgesetzlich unverrückbar geforderten Bindung auch der Legislative an die Grundrechte, vgl. Art. 1 Abs. 3, Art. 20 Abs. 3 sowie auch Art. 100 Abs. 1 Satz 1 GG.[221]

---

[219] Vgl. auch *K. Stern*, Das Staatsrecht der Bundesrepublik Deutschland, Bd. I, 2. Aufl. 1984, S. 606ff.

[220] Vgl. oben I.3.b). Siehe auch *H. Dreier*, in: Ders. (Hrsg.), Grundgesetz Kommentar, Bd. 2, 3. Aufl. 2015, Art. 20 (Demokratie)/Rn. 141; *K. Rennert*, Legitimation und Legitimität des Richters, JuristenZeitung 2015, 529, 531.

[221] Vgl. dazu oben I.3.c) und B.III.

Die abgeschwächte Ablehnung vermittelt zunächst den Eindruck einer Ideallösung aus der Perspektive sachlich-inhaltlticher demokratischer Legitimation: Der Gesetzgeber – und nur er – sorgt für die Realisierung der Grundrechte Privater. Allerdings führen gerichtliche Grundrechtsbindung nach Art. 1 Abs. 3 GG sowie die verfügbaren Verfahren der konkreten Normenkontrolle und der Urteilsverfassungsbeschwerde gem. Art. 100 Abs. 1 Satz 1 und Art. 93 Abs. 1 Nr. 4a GG unter dem Grundgesetz dazu, dass sich abgeschwächte Ablehnungsansätze letztlich Verantwortungs-, vor allem Auslegungsansätzen annähern.[222]

Letztere wiederum versprechen zwar dem Namen nach eine Orientierung an der parlamentarischen gesetzgeberischen Entscheidung, welche sie aber nicht stets einzuhalten vermögen. Denn – dies gilt für Auslegungsansätze ebenso wie für die Figuren der normalen Grundrechtsfunktionen und überdies auch für die Zurechnungskonstruktionen – sie führen letztlich zu einem grundrechtlichen Anspruch gegen den Staat, wenn die Abwägung der jeweiligen Grundrechtspositionen der Privaten A und B einen solchen für eine der beiden Parteien des Rechtsstreits ergibt. Dieser grundrechtliche Anspruch richtet sich also regelmäßig an das den Privatrechtsstreit entscheidende Gericht und verlangt als höherrangiges Verfassungsrecht gegenüber dem einfachen Gesetzesrecht nach Erfüllung. Das Gericht muss das einfache Recht anhand dieses grundrechtlichen Anspruches auslegen. Ist eine entsprechende Auslegung möglich, ist diese zu wählen. Ist sie nicht möglich, bleibt es indes beim grundrechtlichen Anspruch, den die Gerichte nach Art. 1 Abs. 3 GG zu erfüllen verpflichtet sind. Dies bedingt im Ergebnis weit reichende richterliche Rechtsfortbildung in Form faktisch gesetzesgleich wirkender judikativer Normkreation, die auch *praeter* oder *contra legem* nicht ausgeschlossen ist.[223] Wiederum sei verwiesen auf die Rechtsprechung des BVerfG. In seinem Urteil zur Vaterschaftsanfechtung des Scheinvaters aus dem Jahre 2015 bestätigt das Gericht: „Je schwerer der verfassungsrechtliche Gehalt der gestärkten Position wiegt, umso klarer ist eine entsprechende Lösung dem Gericht wie dem Gesetzgeber durch die Verfassung vorgezeichnet und umso weiter kann die Befugnis der Gerichte reichen, diese Position im Wege der Rechtsfortbildung – auch unter Belastung einer gegenläufigen, aber schwächeren Rechtsposition – durchzusetzen […].“[224] Mit anderen Worten, ergibt die Abwägung ein Überwiegen der Grundrechtsinteressen einer Partei und verleiht ihr somit einen grundrechtlichen Anspruch gegen den Staat, diese Interessen

[222] Vgl. dazu zusammenfassend oben Kap. 3, D.IV.

[223] Vgl. dazu oben I.3.c), Kap. 3, E.I.1. und unten Kap. 6, E.III.

[224] BVerfGE 138, 377 (393) [2015]. Vgl. auch bereits S. 392: „Soweit die vom Gericht im Wege der Rechtsfortbildung gewählte Lösung dazu dient, der Verfassung, insbesondere verfassungsmäßigen Rechten des Einzelnen, zum Durchbruch zu verhelfen, sind die Grenzen richterlicher Rechtsfortbildung weiter, da insoweit eine auch den Gesetzgeber treffende Vorgabe der höherrangigen Verfassung konkretisiert wird […].“

realisiert zu sehen, dann reicht auch die Kompetenz zur richterlichen Rechtsfortbildung weit – auch wenn dies zu Lasten des Gesetzes als Kristallisation der sachlich-inhaltlichen demokratischen Legitimation geht. Scheitert eine Interpretation des einfachen Rechts im Wege der etablierten Auslegungs*canones*,[225] so löst sich dieser grundrechtliche Anspruch nicht auf, sondern fordert von der Richterin weiterhin seine Erfüllung ein – mittels richterlicher Rechtsfortbildung.

Die Anwendungskonstruktionen verstehen diesen als unmittelbaren grundrechtlichen Anspruch gegen den anderen Privaten. Die richterlich geschaffene (Einzelfall-)Norm, die daraus resultiert, ist also von Verfassungsrang. Im Falle der zweistufigen Anwendung besteht, ebenso wie im Falle der einstufigen Anwendung, stets der unmittelbare grundrechtliche Anspruch von A gegen B (oder B gegen A) als Abwägungsergebnis ihrer wechselseitigen direkt anwendbaren Grundrechtspositionen. Dieser Anspruch steht aber unter dem Vorbehalt möglicher grundrechtskonformer Auslegung. Bei der einstufigen Anwendung bestimmt dahingegen der unmittelbare grundrechtliche Anspruch sofort und stets das Rechtsverhältnis, ohne dass ihm eine Mediatisierung durch das einfache Recht vorgeschaltet ist.

Sämtliche Horizontalwirkungskonstruktionen mit Ausnahme der strikten Ablehnung resultieren demnach letztlich in einen grundrechtlichen Anspruch einer der beiden Parteien des Privatrechtsstreits, dem die Gerichte aufgrund ihrer Grundrechtsbindung Vorrang gegenüber dem einfachen Recht einräumen müssen. Dies kann letztlich nach allen diesen dogmatischen Ansätzen zu Richterrecht *praeter* oder gar *contra legem* führen. Doch die entscheidende Frage lautet hier wiederum: ist dadurch das grundgesetzlich geforderte Mindestmaß demokratischer Legitimation zwingend unterschritten?

c) Gesetzesbindung, Demokratie und (großzügiges) Grundgesetz

Die Antwort auf diese Frage liegt dabei nicht in einem diskurstheoretisch aufgeladenen[226] Verständnis der Rechtsprechung als argumentativ-diskursive Repräsentation,[227] die danach in begrenztem Maße auch zur Rechtsschöpfung

---

[225] Im Gegenteil: Wie sich im sechsten Kapitel noch zeigen wird, sind Intensität und Umfang richterlicher gesetzesgleich wirkender Normkreation im Falle der Verantwortungsansätze sogar potentiell größer als hinsichtlich der Anwendungskonstruktionen, vgl. zusammenfassend unten Kap. 6, E.III.

[226] Vgl. *R. Alexy*, Theorie der juristischen Argumentation – Die Theorie des rationalen Diskurses als Theorie der juristischen Begründung, 1978; *ders.*, Theorie der Grundrechte, 1986, S. 493–521; vgl. auch *ders.*, Verfassungsrecht und einfaches Recht – Verfassungsgerichtsbarkeit und Fachgerichtsbarkeit, in: VVDStRL 2002, Bd. 61, 1, 19–27. Kritisch dazu *J. Habermas*, Faktizität und Geltung, 1992, S. 285 f. Für einen Überblick des Einflusses von *Habermas* auf *Alexy* siehe *T. Lieber*, Diskursive Vernunft und formelle Gleichheit: Zu Demokratie, Gewaltenteilung und Rechtsanwendung in der Rechtstheorie von Jürgen Habermas, 2007, S. 237, 239–259.

[227] Vgl. *R. Alexy*, Grundrechte, Demokratie und Repräsentation, Der Staat 2015, Bd. 54, 201, 210 ff.; siehe auch bereits *ders.*, Balancing, constitutional review, and representation, In-

demokratisch legitimiert sei. Sie ist vielmehr wiederum unmittelbar im Anschluss an und in Auslegung der grundgesetzlich positivierten Vorschriften zu entwickeln. Art. 93 Abs. 2 und Art. 100 Abs. 1 GG vermitteln der Rechtsprechung – monopolisiert beim BVerfG – unzweifelhaft die Kompetenz „negativer Gesetzgebung" (*Kelsen*)[228]: Mit der Verfassung und insbesondere mit den Grundrechten unvereinbare Gesetze hat das BVerfG, jedenfalls nach den staatsgerichteten Ansätzen, für nichtig zu erklären. Eine derartige Entscheidung des Gerichts hat selbst wiederum Gesetzeskraft, vgl. § 31 Abs. 2 Satz 1 GG. Gleiches gilt für im Rahmen des Verfassungsbeschwerdeverfahrens für verfassungswidrig erklärte Gesetze, vgl. Art. 93 Abs. 1 Nr. 4a GG und § 31 Abs. 1 Satz 2 BVerfGG. Die Kompetenz zur Gesetzesdestruktion begründet für sich genommen zwar noch keine Kompetenz zur Normkreation, verweist indessen auf im positiven Verfassungsrecht angelegte Grenzen der richterlichen Gesetzesbindung auch nach den staatsgerichteten Ansätzen. Dass Art. 20 Abs. 3 GG die Quellen richterlicher Rechtserkenntnis neben dem „Gesetz" um nicht positiviertes „Recht" erweitert, schließt richterliche Rechtsfortbildung anhand der Horizontalwirkung jedenfalls nicht aus – ist aber für sich genommen noch kein suffizientes Argument gegen eine Verletzung des verfassungsrechtlichen Demokratieprinzips.

---

ternational Journal of Constitutional Law 2005, Bd. 3, 572, 578–581. Nach diesem diskurstheoretischen Verständnis (vgl. insbesondere *J. Habermas*, Faktizität und Geltung, 1992, S. 187 f.) hat Repräsentation im demokratisch-politischen Prozess sowohl dezisionistisch-volitativen als auch argumentativ-diskursiven Charakter. Laut *Alexy* ist nunmehr die Letztentscheidung in Grundrechtsfragen durch ein Verfassungsgericht ein Fall der argumentativ-diskursiven Repräsentation und damit demokratisch legitim. Eine solche argumentativ-diskursive Repräsentation setze zwei Dinge voraus: bestmögliche Argumentation und hinreichende Akzeptanz durch den *demos*. Das eine hält *Alexy* jedenfalls für möglich – seiner Auffassung nach ist die Verfassungsgerichtsbarkeit „unser bestes Mittel, dem diskursiv Notwendigen näher zu kommen." (*R. Alexy*, Grundrechte, Demokratie und Repräsentation, Der Staat 2015, Bd. 54, 201, 212) Das andere, die hinreichende Akzeptanz der verfassungsgerichtlichen Argumentation durch das Volk, sei eine soziologisch-empirische Kategorie, die permanenter Bestätigung bedürfe. Diese Argumentation beruht nicht nur auf der sehr fragwürdigen Annahme, dass diskursiv exklusive Gerichtsverfahren und -entscheidung einen idealen Diskurs darstellen bzw. ermöglichen. Zudem ist damit noch recht wenig dazu gesagt, warum der Verfassungsgerichtsbarkeit, die nur die argumentativ-diskursive Seite der Repräsentation erfüllt, in Grundrechtsfragen – und insbesondere in Horizontalwirkungsfragen – regelmäßig das letzte Wort gegenüber dem Gesetzgeber in der Gestalt der Volksvertretung gebühren soll, obwohl dieser beide Elemente der Repräsentation in sich vereinigt (ähnlich auch *M. Kumm*, Alexy's Theory of Constitutional Rights and the Problem of Judicial Review, in: M. Klatt (Hrsg.), Institutionalized Reason: The Jurisprudence of Robert Alexy, 2012, 201, 212. Zur Teilnahme der Parlamente am verfassungsrechtlichen Diskurs siehe auch *A. Stone Sweet*, Governing with Judges – Constitutional Politics in Europe, 2000, S. 73 ff., 103–105).

[228] Grundlegend *H. Kelsen*, Wesen und Entwicklung der Staatsgerichtsbarkeit, in: R. C. van Ooyen (Hrsg.), *H. Kelsen*: Wer soll Hüter der Verfassung sein? – Abhandlungen zur Theorie der Verfassungsgerichtsbarkeit in der pluralistischen, parlamentarischen Demokratie, 2008, 1, 56; *H. Kelsen*, Wer soll Hüter der Verfassung sein?, in: R. C. van Ooyen (Hrsg.), *H. Kelsen*: Wer soll Hüter der Verfassung sein? – Abhandlungen zur Theorie der Verfassungsgerichtsbarkeit in der pluralistischen, parlamentarischen Demokratie, 2008, 58, 78 f.

Hinsichtlich des Richterrechts *praeter legem* ergibt sich ein solches stattdessen aus dem Zusammenspiel von Art. 1 Abs. 3 und Art. 93 Abs. 1 Nr. 4a mit Art. 20 Abs. 2 und 3 sowie Art. 97 Abs. 1 GG. Die Vorschrift des Art. 1 Abs. 3 GG unterwirft die Gerichte den Grundrechten und unterstreicht den Vorrang der Grundrechte als höherrangiges Verfassungsrecht gegenüber dem einfachen Recht. Der grundrechtliche Anspruch der A – als Abwägungsresultat der Horizontalwirkungsprüfung nach den allermeisten[229] Ansätzen außer der strikten Ablehnung – verlangt nach Erfüllung durch die Gerichte, auch wenn das einfache (Privat-)Recht sich nicht entsprechend auslegen lässt. Dies gilt auch im Falle der Anwendungskonstruktionen, wenn es zu einem gerichtlichen Rechtsstreit kommt, da Art. 1 Abs. 3 GG die Gerichte als staatliche Hoheitsträger auch dann an die Grundrechte bindet, wenn sie lediglich angerufen werden, um den unmittelbaren grundrechtlichen Anspruch der A gegen B durchzusetzen. Art. 93 Abs. 1 Nr. 4a GG gibt jedem Grundrechtsträger die Möglichkeit, Grundrechtsverletzungen „durch die öffentliche Gewalt" im Wege der Verfassungsbeschwerde vor dem BVerfG zu rügen. Dies gilt auch für Akte der Fachgerichte. Das Grundgesetz bindet die Fachgerichte an die Grundrechte als höherrangiges Recht und etabliert ein verfassungsgerichtliches Verfahren, um die Fachgerichte sanktionieren zu können, wenn sie diese Grundrechtsbindung missachten. Mithin erscheint es jedenfalls nicht ausgeschlossen, dass das Grundgesetz eine richterliche Rechtsfortbildung in Erfüllung dieser richterlichen Grundrechtsbindung als demokratisch legitime Ausübung von Staatsgewalt im Sinne des Art. 20 Abs. 2 Satz 2 GG anerkennt.

Die Anwendungskonstruktionen ermöglichen überdies unter Umständen auch ein *contra legem*-Judizieren der Gerichte. Art. 100 Abs. 1 i.V.m. Art. 20 Abs. 3 und Art. 97 Abs. 1 GG sprechen gegen fachrichterliche Rechtsfortbildung *contra legem* aufgrund der staatsgerichteten Ansätze.[230] Wie zuvor dargelegt,[231] gilt dies indes nicht zwingend für die Anwendungskonstruktionen. Denn es lässt sich argumentieren, dass es nach diesen Ansätzen „auf die Gültigkeit" der fraglichen einfachrechtlichen Privatrechtsnorm i.S.d. Art. 100 Abs. 1 Satz 1 GG nicht „ankommt". Der unmittelbare grundrechtliche Anspruch der A gegen B (oder des B gegen A) als Ergebnis des Ausgleichs ihrer reflexiven Grundrechtspositionen determiniert bereits das Rechtsverhältnis A-B als höherrangige Rechtsnorm, sodass die einfachrechtliche Vorschrift unangewendet bleibt.[232]

[229] Im Falle der state action-Doktrin findet keine Abwägung statt, sondern es besteht lediglich der Anspruch der A, vgl. oben Kap. 2, B.III.3. und Kap. 3, C.III.2.

[230] Staatsgerichtete Ansätze können zwar eine Rechtsfortbildung *contra legem* grundrechtlich fordern, wenn nämlich das Abwägungsresultat einen grundrechtlichen Anspruch einer privaten Streitpartei gegen den Staat (das Gericht) darstellt. Einem solchen Richterrecht *contra legem* aufgrund staatsgerichteter Ansätze stehen aber Art. 100 Abs. 1 i.V.m. Art. 20 Abs. 3 und Art. 97 Abs. 1 GG entgegen.

[231] Vgl. oben I.3.c).

[232] Vgl. ebenda.

Die grundgesetzlich etablierte richterliche Gesetzesbindung ist auch Ausdruck der Normenhierarchie.[233] Die Grundrechtsnormen sind als Teil des positiven Rechts „Gesetz" im Sinne von Art. 20 Abs. 3 und Art. 97 Abs. 1 GG. Art. 1 Abs. 3 GG bestätigt ihren Vorrang vor dem normhierarchisch niedrigeren einfachen Recht. Auch unter diesem Aspekt erscheint es nicht unzulässig, dass die Anwendungskonstruktionen gegebenenfalls das einfache Recht zugunsten der höherrangigen Grundrechtsbestimmungen beiseite lassen. Die Rückkoppelung an das Volk im Sinne der Gesetzesbindung ist zwar hier schwächer, weil die Grundrechtsnormen im Vergleich zum einfachen Recht einer Änderung nur unter qualifizierten Anforderungen zugänglich sind, vgl. Art. 79 Abs. 2 GG. Sie sind aber nichtsdestoweniger ebenso wie einfache Gesetze Emanationen des Volkswillens[234] und jenseits der Grenzen des Art. 79 Abs. 3 GG auch dem demokratischen Willensbildungsprozess unterworfen. Deshalb erscheint es durchaus möglich, auch insofern eine nach dem Grundgesetz suffiziente demokratische Legitimation zu begründen. Die grundgesetzliche Untergrenze demokratischer Legitimation ist somit auch im Falle richterlicher Rechtsfortbildung durch Horizontalwirkung nicht zwingend unterschritten, auch nicht bezüglich der ein- und zweistufigen Anwendung.[235]

4. Fazit

Es lässt sich also auch hier festhalten, dass die richterlich realisierte Horizontalwirkung unter dem Grundgesetz nicht zwingend ausgeschlossen ist. Auch wenn insbesondere die richterliche Rechtsfortbildung anhand der Horizontalwirkung – die sämtliche Ansätze mit Ausnahme der strikten Ablehnung zur Folge haben können – die Untergrenzen grundgesetzlich vorgeschriebener demokratischer Legitimation ausreizt, bestehen plausible Argumente, die eine solche immerhin als vertretbar zu rechtfertigen vermögen. Dies gilt auch für Anwendungskonstruktionen.

---

[233] Vgl. z.B. *G. Robbers*, in: Bonner Kommentar zum Grundgesetz, Stand: April 2018, Art. 20/Rn. 2105.

[234] Vgl. nur die Präambel des Grundgesetzes: „Im Bewußtsein seiner Verantwortung vor Gott und den Menschen, von dem Willen beseelt, als gleichberechtigtes Glied in einem vereinten Europa dem Frieden der Welt zu dienen, *hat sich das Deutsche Volk kraft seiner verfassungsgebenden Gewalt dieses Grundgesetz gegeben.*" (Meine Hervorhebung).

[235] Ferner gilt wiederum das bereits zum Gewaltenteilungsgrundsatz Gesagte entsprechend, vgl. oben I.3.c): Hält man ein *contra legem*-Judizieren nach den Anwendungskonstruktionen für zwingend ausgeschlossen, bedeutet dies nur, dass sodann auch nach den Anwendungskonstruktionen eine konkrete Normenkontrolle nach Art. 100 Abs. 1 Satz 1 GG erforderlich wird – nicht aber, dass die Anwendungskonstruktionen verfassungsrechtlich unzulässig würden.

III. Verfassungsrechtliches Rechtsstaatsprinzip

Der „Rechtsstaat" ist ein Großbegriff der Staatslehre.[236] Entsprechend zeichnet sich auch das verfassungsrechtliche Rechtsstaatsprinzip – als juristische Domestizierung des staats- und verfassungstheoretischen Diskurses[237] – durch eine beachtliche thematische Weite, manche meinen gar Uferlosigkeit,[238] aus. Die Bandbreite reicht von Gewaltenteilungsgrundsatz und Gesetzesbindung über Rechtssicherheit und Bestimmheitsgebot bis hin zu Willkürverbot, Verhältnismäßigkeit und materiale Gerechtigkeit, um nur einige Beispiele zu nennen.[239] Aus der thematischen Fülle verbleiben jedoch von Interesse für diese hiesige Untersuchung lediglich noch Fragen der Rechtssicherheit und des Vertrauensschutzes: Zentrale staatsorganisatorische Bewertungsmaßstäbe wie Gewaltenteilungsgrundsatz und Gesetzesbindung, -vorrang und -vorbehalt waren bereits wesentlicher Gegenstand der Erörterungen in den Abschnitten I und II.

1. Rechtsstaat, Rechtssicherheit und Grundgesetz

Im Wortlaut des Grundgesetzes finden Rechtsstaat und Rechtsstaatsprinzip nur einen geringen Niederschlag. Art. 28 Abs. 1 Satz 1 GG verwendet den Rechts-

[236] Rechtsvergleichend haben die Parallelbegriffe der „rule of law" (siehe dazu nur *B. Z. Tamanaha*, On the Rule of Law – History, Politics, Theory, 2004) bzw. des „État de droit" (vgl. dazu *L. Favoreu et al.*, Droit Constitutionnel, 19. Aufl. 2017, S. 37ff.) erhebliche Schnittmengen und gemeinsame Wurzeln mit dem Rechtsstaatsbegriff, unterscheiden sich jedoch z.T. in ihrem materiellen Gehalt, in ihrer Zielrichtung und auch in ihrer Bedeutung für den verfassungstheoretischen bzw. -rechtlichen Diskurs in den jeweiligen Staaten. Zur Migration dieser „spezifisch deutschen[n] Wortprägung" (*K. Stern*, Das Staatsrecht der Bundesrepublik Deutschland, Bd. I, 2. Aufl. 1984, S. 764) des „Rechtsstaats" u.a. ins spanische und portugiesische Recht siehe *G. Robbers*, in: Bonner Kommentar zum Grundgesetz, Stand: April 2018, Art. 20/Rn. 1759.

[237] Für einen Überblick über Dogmen- und Ideengeschichte siehe *K. Sobota*, Das Prinzip Rechtsstaat – Verfassungs- und verwaltungsrechtliche Aspekte, 1997, S. 263–396; siehe auch *K. Stern*, Das Staatsrecht der Bundesrepublik Deutschland, Bd. I, 2. Aufl. 1984, S. 764–776; *E. Schmidt-Aßmann*, Der Rechtsstaat, in: J. Isensee/P. Kirchhof (Hrsg.), Handbuch des Staatsrechts, 3. Aufl. 2004, Bd. II, § 24, S. 541, 547–551, Rn. 10–16. Im deutschen Diskurs sind insbesondere die Namen *Robert von Mohl* (vgl. insbesondere *R. v. Mohl*, Die Polizeiwissenschaft nach den Grundsätzen des Rechtsstaates, 3 Bde., 1. Aufl. 1832–1834), *Friedrich Julius Stahl* (vgl. insbesondere *F. J. Stahl*, Die Philosphie des Rechts nach geschichtlicher Anscht, 3 Bde., 1. Aufl. 1830–1837) und *Rudolf von Gneist* (vgl. insbesondere *R. v. Gneist*, Der Rechtsstaat und die Verwaltungsgerichte in Deutschland, 1. Aufl. 1872) als Vordenker zu nennen.

[238] Für eine „Reduktion des Rechtsstaatsprinzips" plädiert *P. Kunig*, Das Rechtsstaatsprinzip – Überlegungen zu seiner Bedeutung für das Verfassungsrecht der Bundesrepublik Deutschland, 1986, S. 457ff.

[239] *G. Robbers*, in: Bonner Kommentar zum Grundgesetz, Stand: April 2018, Art. 20/Rn. 1808–3014 zählt 18 „Eigengehalte des Rechtsstaatsprinzips" auf; *K.A. Schachtschneider*, Prinzipien des Rechtsstaats, 2006, S. 28ff. nennt 17 „Prinzipien des Rechtsstaats"; *K. Sobota*, Das Prinzip Rechtsstaat – Verfassungs- und verwaltungsrechtliche Aspekte, 1997, S. 27ff., 471ff. kommt sogar auf 25 „Normen, die als Rechtsstaatselemente gelten" und nicht weniger als 142 einzelne „Rechtsstaatselemente".

staatsbegriff, ohne ihn zu definieren oder weiter zu erläutern, sondern versieht ihn lediglich mit den Adjektiven „republikanisch[ ], demokratisch[ ] und sozial[ ]". Art. 23 Abs. 1 Satz 1 GG spricht von „rechtsstaatlichen" im Verbund mit „demokratischen, [...] sozialen und föderativen Grundsätzen". Erschöpft sich darin der Ertrag des positiven Verfassungstextes, so herrscht doch einhellige Auffassung in Lehre und Rechtsprechung, dass der normative Ertrag des Rechtsstaatsprinzips unter dem Grundgesetz damit noch nicht erschöpft ist. Es entpuppt sich somit als ein im Wesentlichen ungeschriebener Verfassungsgrundsatz, der indessen in einer Vielzahl von Vorschriften des Grundgesetzes impliziten Ausdruck gefunden hat.[240] Das gilt auch für seine spezifischen Ausprägungen in der Form von Rechtssicherheit und Vertrauensschutz. Obwohl grundgesetzliche „Grundentscheidung"[241], finden sie keine ausdrückliche Erwähnung im geschriebenen Verfassungstext. Die mangelnde textliche Verankerung führt zu einem Paradoxon: Rechtssicherheit soll das „Gerechtigkeitspostulat" der Verlässlichkeit der Rechtsordnung verwirklichen,[242] ist aber nicht textlich konturiert und läuft durch die sich daraus ergebende notwendige Geschmeidigkeit in den Händen des sie interpretatorisch ausgestaltetenden Richters[243] als Verfassungsgrundsatz Gefahr, ihrem eigenen Normgehalt zu widersprechen. Rechtssicherheit bleibt mithin in einem gewissen Maße normativ unsicher.

Allerdings lassen sich Rechtssicherheit und Vertrauensschutz an den positiven Verfassungstext rückkoppeln – und werden vom BVerfG auch in ständiger Rechtsprechung entsprechend konturiert. Funktion des Rechts in einem freiheitlichen Staat ist „die Stabilisierung normativer Erwartungen durch Regulierung ihrer zeitlichen, sachlichen und sozialen Generalisierung."[244] Das Grundgesetz ordnet die Gesetzesbindung u. a. der Gerichte an und verpflichtet diese auf die Grund-

---

[240] Vgl. z. B. *B. Grzeszick*, in: Maunz/Dürig, Grundgesetz – Kommentar, 84. Ergänzungslieferung, August 2018, Art. 20 VIII./Rn. 22 ff. Aus der Rechtsprechung des BVerfG vgl. nur grundlegend BVerfGE 2, 380 (403) [1953] – Haftentschädigung (stRspr): „Dabei ist zu berücksichtigen, daß das Verfassungsrecht nicht nur aus den einzelnen Sätzen der geschriebenen Verfassung besteht, sondern auch aus gewissen sie verbindenden, innerlich zusammenhaltenden allgemeinen Grundsätzen und Leitideen, die der Verfassungsgesetzgeber, weil sie das vorverfassungsmäßige Gesamtbild geprägt haben, von dem er ausgegangen ist, nicht in einem besonderen Rechtssatz konkretisiert hat. Zu diesen Leitideen, die auch den Landesgesetzgeber unmittelbar binden, gehört das Rechtsstaatsprinzip; das ergibt sich aus einer Zusammenschau der Bestimmungen des Art. 20 Abs. 3 GG über die Bindung der Einzelgewalten und der Art. 1 Abs. 3, 19 Abs. 4, 28 Abs. 1 Satz 1 GG sowie aus der Gesamtkonzeption des Grundgesetzes."

[241] BVerfGE 3, 225 (237) [1953] – Gleichbehandlung.

[242] Ebenda.

[243] Vgl. z. B. BVerfGE 7, 89 (92 f.) [1957], wonach das Rechtsstaatsprinzip „keine in allen Einzelheiten eindeutig bestimmten Gebote oder Verbote von Verfassungsrang [enthalte], sondern [...] ein Verfassungsgrundsatz [sei], der der Konkretisierung je nach den sachlichen Gegebenheiten" bedürfe. Ähnlich auch BVerfGE 65, 283 (290 f.) [1983].

[244] *N. Luhmann*, Das Recht der Gesellschaft, 6. Aufl. 2013, S. 131; siehe auch bereits *ders.*, Rechtssoziologie, 2. Aufl. 1983, S. 40.

rechte, vgl. Art. 1 Abs. 3, Art. 20 Abs. 3, Art. 97 Abs. 1 GG. Daraus lässt sich schließen, dass die Gerichte die ihnen vorgelegten Streitfragen aufgrund vorhersehbarer rechtlicher Maßstäbe und anhand etablierter Methoden zu entscheiden haben.[245]

Das Recht soll somit äußere und innere Sicherheit vermitteln. Es soll den Einzelnen sowie auch die Gesellschaft schützen (äußere Sicherheit). Es soll – auch und gerade zur Gewährleistung äußerer Sicherheit – überdies selbst als sicher gelten (innere Sicherheit).[246] Rechtssicherheit, in diesem letzteren Sinne verstanden als Sicherheit des Rechts, setzt demnach insbesondere die drei „Strukturelemente" Erkennbarkeit, Verlässlichkeit und Berechenbarkeit voraus.[247] Dies ist eine zentrale Forderung des Rechtsstaats, nämlich, dass die Einzelne wie auch die Gesellschaft in ihrer Gesamtheit erkennen können, welche Regeln gelten, und dass sich die Einzelne darauf verlassen kann, dass sie, wenn sie diese befolgt bzw. berücksichtigt, gegenüber dem Staat als auch gegenüber anderen Privaten sanktionslos, berechenbar und sozial effektiv operieren kann.[248] Denn Recht beansprucht soziale Autorität und kann diese nur beanspruchen, wenn einigermaßen sicher ist, was es verlangt und was es ermöglicht. Dies ist ein „entscheidender Unterschied" des Rechts beispielsweise zur ebenfalls sprachbasierten Literatur.[249] Zugleich ermöglicht Rechtssicherheit auch Freiheit, indem sie „die Rahmenbedingungen des Lebens" sichert, ohne die eine Teilnahme an Wirtschaft und Gesellschaft nicht möglich ist.[250]

Im Verhältnis von Rechtssicherheit und Vertrauensschutz zeichnet sich erstere als objektives Prinzip, letzterer durch seinen subjektiv-rechtlichen Cha-

[245] Vgl. aus der Rechtsprechung des Gerichts in Horizontalwirkungskonstellationen z.B. BVerfGE 34, 269 (284) [1973] – Soraya; E 84, 212 (227f.) [1991] – Aussperrung; E 132, 99 (127f.) [2012] – Gesamtanalogie Delisting. Vgl. auch allgemein *E. Schmidt-Aßmann*, Der Rechtsstaat, in: J. Isensee/P. Kirchhof (Hrsg.), Handbuch des Staatsrechts, 3. Aufl. 2004, Bd. II, §24, S. 541, 587, Rn. 81: „Rechtssicherheit (ex ante) als Vorhersehbarkeit staatlicher Entscheidungen [...] verlangt eine greifbare Maßstabsbildung und die Meßbarkeit innerhalb der Rechtsordnung."

[246] Vgl. *I. Augsberg*, Die Lesbarkeit des Rechts – Texttheoretische Lektionen für eine postmoderne juristische Methodologie, 2009, S. 49.

[247] *A. v. Arnauld*, Rechtssicherheit – Perspektivische Annäherungen an eine *idée directrice* des Rechts, 2006, S. 104–109.

[248] Vgl. ebenda, S. 105.

[249] *I. Augsberg*, Die Lesbarkeit des Rechts – Texttheoretische Lektionen für eine postmoderne juristische Methodologie, 2009, S. 49.

[250] Aus der Rechtsprechung des BVerfG vgl. z.B. BVerfGE 60, 253 (268) [1982] – Anwaltsverschulden und E 63, 343 (357) [1982] – Rechtshilfevertrag. Vgl. auch *J. Rawls*, A Theory of Justice, 1971, S. 235: „A legal system is a coercive order of public rules addressed to rational persons for the purpose of regulating their conduct and providing the framework for social cooperation. When these rules are just they establish a basis for legitimate expectations. They constitute grounds upon which persons can rely on one another and rightly object when their expectations are not fulfilled. If the bases of these claims are unsure, so are the boundaries of men's liberties."

rakter aus.[251] Erstere ist überindividuell, letzterer individuell fokussiert.[252] Der Vertrauensschutz ist so verstanden „Reflexwirkung der Rechtssicherheit für den Bürger. Nur wenn und soweit aus Gründen der Rechtssicherheit eine Aufhebung oder Abänderung von Staatsakten ausgeschlossen ist, kann ein korrespondierendes Vertrauen des Bürgers entstehen. Der Vertrauensschutz ist also Wirkung und nicht Ursache rechtsstaatlicher Rechtssicherheit."[253] Dogmatisch verankert in den Grundrechten[254] stellt der subjektiv-rechtliche Anspruch auf Vertrauensschutz vier Voraussetzungen auf: (1) Eine bestehende Vertrauensgrundlage, etwa in Form einer Situation oder eines Rechtssatzes. (2) Das tatsächliche Vertrauen des Betroffenen in den Fortbestand der Vertrauensgrundlage. (3) Tatsächliche Dispositionen, die der Betroffene aufgrund seines Vertrauens in den Fortbestand der Vertrauensgrundlage getroffen hat, die er ohne dieses Vertrauen nicht getroffen hätte. (4) Die Schutzwürdigkeit dieses Vertrauens.[255]

2. *Rechtssicherheit, Vertrauensschutz und Horizontalwirkung*

Nun stellt richterlich realisierte Horizontalwirkung die rechtsstaatlichen Gebote der Rechtssicherheit und des Vertrauensschutzes durchaus unter Spannung.[256] Besteht beispielsweise eine etablierte Rechtsprechung des BGH, Angehörigenbürgschaften auch bei erheblicher finanzieller Überforderung der Bürgen zu

[251] Vgl. ausführlich *K.-A. Schwarz*, Vertrauensschutz als Verfassungsprinzip – Eine Analyse des nationalen Rechts, des Gemeinschaftsrechts und der Beziehungen zwischen beiden Rechtskreisen, 2002, S. 39ff., 230ff.; siehe auch *B. Weber-Dürler*, Vertrauensschutz im öffentlichen Recht, 1983, S. 48; *K. Sobota*, Das Prinzip Rechtsstaat – Verfassungs- und verwaltungsrechtliche Aspekte, 1997, S. 160; *A. v. Arnauld*, Rechtssicherheit – Perspektivische Annäherungen an eine *idée directrice* des Rechts, 2006, S. 152f.

[252] Den individuellen und subjektiv-rechtlichen Charakter betont bereits *M. Rümelin*, Die Rechtssicherheit, 1924, S. 17ff. für die Weimarer Zeit. In Ansätzen, allerdings mit deutlich stärker objektiv-rechtlichem Fokus, auch *S. Brassloff*, Die Rechtssicherheit – Eine Studie aus dem Gebiete der allgemeinen Rechtslehre, 1928.

[253] *D. Merten*, Bestandskraft von Verwaltungsakten, Neue Juristische Wochenschrift 1983, 1993, 1994; zustimmend *A. v. Arnauld*, Rechtssicherheit – Perspektivische Annäherungen an eine *idée directrice* des Rechts, 2006, S. 155f. Siehe auch *K. Vogel*, Rechtssicherheit und Rückwirkung zwischen Vernunftrecht und Verfassungsrecht, JuristenZeitung 1988, 833, 834.

[254] Aus der Rechtsprechung des BVerfG vgl. nur stellvertretend BVerfGE 45, 142 (168) [1977] – stRspr. Siehe auch *H.-J. Blanke*, Vertrauensschutz im deutschen und europäischen Verwaltungsrecht, 2000, S. 51ff.; *K.-A. Schwarz*, Vertrauensschutz als Verfassungsprinzip – Eine Analyse des nationalen Rechts, des Gemeinschaftsrechts und der Beziehungen zwischen beiden Rechtskreisen, 2002, S. 254: „Vertrauensschutz ist Grundrechtsschutz."

[255] Vgl. *K.A. Schwarz*, Vertrauensschutz als Verfassungsprinzip – Eine Analyse des nationalen Rechts, des Gemeinschaftsrechts und der Beziehungen zwischen beiden Rechtskreisen, 2002, S. 295ff.; zusammenfassend *G. Robbers*, in: Bonner Kommentar zum Grundgesetz, Stand: April 2018, Art. 20/Rn. 2552. Aus der Rechtsprechung des BVerfG vgl. z.B. BVerfGE 74, 129 (152ff.) [1987].

[256] So auch *S. Oeter*, „Drittwirkung" der Grundrechte und die Autonomie des Privatrechts – Ein Beitrag zu den funktionell-rechtlichen Dimensionen der Drittwirkungsdebatte, Archiv des öffentlichen Rechts 1994, Bd. 119, 529, 561.

goutieren, so mag es dem Vertrauen des Bürgschaftsgläubigers entgegenlaufen, wenn sodann das BVerfG die Privatautonomie in die entgegengesetzte Richtung wendet als die Fachgerichte und daraus die Unwirksamkeit des Bürgschaftsversprechens wegen Sittenwidrigkeit ableitet.[257] Noch problematischer ist insoweit eine richterliche Rechtsfortbildung *praeter* oder *contra legem*. Während im Bürgschaftsbeschluss die Rechtsfolge der Unwirksamkeit interpretatorisch durchaus *lege artis* aus dem ohnehin sehr weiten Tatbestand der „guten Sitten" in § 138 Abs. 1 BGB entwickelt werden kann, scheitert eine Auslegung anhand der überkommenen *canones* im letzteren Fall. Hier steht nicht nur die Vorhersehbarkeit der Rechtslage, sondern auch methodische Vorhersehbarkeit in Frage. Diese Herausforderungen treten bezüglich richterlich realisierter Horizontalwirkung noch zusätzlich zu den ohnehin bestehenden Friktionen hinzu, die Erkenntnisse der Linguistik und Sprachphilosophie[258] sowie die Weite grundrechtlicher Tatbestände[259] ohnehin mit Blick auf Rechtssicherheit und Vertrauensschutz verursachen.

Betrachtet man die zuvor genannten vier Voraussetzungen des subjektivrechtlichen Vertrauensschutztatbestandes, so besteht die Vertrauensgrundlage in der Form eines Rechtssatzes durch die Rechtslage, die das einfache Recht bzw. eine etablierte Interpretation desselben durch die Fachgerichte bereithält. Das Rechtsverhältnis von A und B ist durch ein einfachrechtliches Anspruch-Pflichten-Verhältnis gekennzeichnet, das B einen Anspruch gegenüber der A verleiht und umgekehrt A dazu verpflichtet, den Anspruch des B zu erfüllen. Im privatwirtschaftlichen Verkehr handeln die einzelnen Akteure in der Regel mit Blick auf bestimmte rechtliche Erwartungen, beispielsweise hinsichtlich der Wirksamkeit eines Rechtsverhältnisses, das aufgrund einfachen Rechts Gültigkeit beansprucht, und treffen daher entsprechende Dispositionen gerade im Vertrauen auf die durch das einfache Recht angeordnete Wirksamkeit.[260] Aufgrund der richterlichen Gesetzesbindung ist ein solches Vertrauen, dass ein aufgrund einfachen Rechts wirksames Anspruch-Pflichten-Verhältnis gerichtlich durchsetzbar ist – sowohl im Sinne des zusprechenden Urteils als auch im Wege der Vollstreckung –, in der Regel seitens der Parteien auch tatsächlich vorhanden und erscheint überdies schutzwürdig. Man kann erwarten, dass der an das einfache Recht gebundene Richter dieses auch befolgt und entsprechend feststellt, dass A gegenüber B zur Handlung *h* verpflichtet ist.

Ob ein solches Vertrauen allerdings tatsächlich schutzwürdig ist und inwiefern das Vorgesagte zur zwingenden Unterschreitung staatsorganisationsrechtlicher

---

[257] Vgl. BVerfGE 89, 214 (231 ff.) [1993] – Angehörigenbürgschaft.

[258] Siehe oben I.3.b).

[259] Vgl. dazu auch *W. Höfling*, Offene Grundrechtsinterpretation – Grundrechtsauslegung zwischen amtlichem Interpretationsmonopol und privater Konkretisierungskompetenz, 1987, S. 80–82.

[260] Vgl. auch BVerfGE 60, 253 (268) [1982] – Anwaltsverschulden.

Untergrenzen führt, wird noch sogleich zu erörtern sein. Zuvor gilt es zu klären, ob Rechtssicherheit und Vertrauensschutz durch die einzelnen Ansätze, die Horizontalwirkung gerichtlich realisieren, in unterschiedlichem Maße beeinträchtigt werden.

Zunächst scheinen die Figuren der normalen Grundrechtsfunktionen ein größeres Maß an Vorhersehbarkeit richterlicher Entscheidungen und daher an Rechtssicherheit zu versprechen. Nicht im Wege nebulöser Auslegung, sondern anhand der hergebrachten, klaren dichotomen Unterscheidung von Eingriff und Schutzpflicht soll sich die Horizontalwirkung ergeben. Eine solche Schneidigkeit offenbart sich allerdings schnell als zu hochgesteckte Erwartung, wenn man den Blick über das retrospektiv betrachtete richterliche Verhalten hinaus auf die Einzelheiten der Horizontalwirkungsprüfung richtet. Denn auch die Figuren der normalen Grundrechtsfunktionen – ob ausschließlich abwehrrechtlich, ausschließlich im Wege der Schutzpflicht oder wie bei *Canaris* differenzierend konstruiert[261] – münden in die Abwägung der Grundrechtspositionen von A und B und entsprechend letztlich in ein Abwägungsresultat, das sich als grundrechtlicher Anspruch von A oder B – nach diesen Ansätzen gegen den Staat – reformuliert.[262] Dieser grundrechtliche Anspruch verlangt nach Erfüllung und stellt die Gerichte vor die Aufgabe, diesen mit ihrer Bindung an das einfache Privatrecht nach Art. 20 Abs. 3, 97 Abs. 1 GG möglichst in Einklang zu bringen. Er mündet somit in der Regel in eine verfassungskonforme Auslegung der Vorschriften des einfachen Rechts, verlangt aber im Ausnahmefall nach einer richterlichen Rechtsfortbildung, wenn eine verfassungskonforme Auslegung scheitert. Der grundrechtliche Anspruch – hier gegen den Staat – steht in der Normenhierarchie über dem einfachen Recht und die Gerichte sind überdies nach Art. 1 Abs. 3 GG an die Grundrechte gebunden. Insoweit besteht kein Unterschied zu den Auslegungs-[263] oder den Zurechnungsansätzen[264] – stets steht am Ende ein grundrechtlicher Anspruch der A, der nach Erfüllung durch die Gerichte verlangt.

Anwendungskonstruktionen begründen ein grundrechtliches Anspruch-Pflichten-Verhältnis A-B, sodass hier nicht der Staat, sondern unmittelbar B an die Grundrechte der A gebunden ist. Bedient sich aber A notwendigerweise der Gerichte zu Realisierung ihres Anspruchs, so unterliegen diese wiederum der Bindung an die Grundrechte gemäß Art. 1 Abs. 3 und Art. 20 Abs. 3 GG und müssen folglich ebenfalls im Rahmen der Anwendungskonstruktionen dem grundrechtlichen Anspruch der A Vorzug gegenüber dem einfachen Recht geben – entweder sofort nach der einstufigen Anwendung oder nach gescheiterter grundrechtskonformer Auslegung gemäß der zweistufigen Anwendung.

---

[261] Siehe oben Kap. 3, B.II.1.

[262] Siehe zu alledem oben Kap. 2, B.III.2. und Kap. 3, B.II.4.b).

[263] Vgl. oben Kap. 3, B.II.4.b).

[264] Vgl. oben Kap. 2, B.III.3. und Kap. 2, C.III.2.

Einen Zugewinn an Rechtssicherheit und Vertrauensschutz scheint es zu versprechen, wenn – wie im Falle der verfassungskonformen Auslegung plus – eine richterliche Rechtsfortbildung anhand der Horizontalwirkung praktisch ausgeschlossen sein soll.[265] Durch die zwei vorgelagerten Schritte, die grundrechtswidrige Normen destruieren bzw. die Erfüllung grundrechtlicher Schutzpflichten vom Gesetzgeber einfordern, soll für eine Normkreation durch die Gerichte im dritten Schritt so gut wie kein Raum verbleiben. Anders als im Falle der Figuren der normalen Grundrechtsfunktionen soll sich die Schutzverpflichtung nicht an die Gerichte, sondern an den Gesetzgeber richten, dessen Unterlassen die Gerichte lediglich feststellen.[266] Allerdings ist dies eher ein mit Blick auf den Gewaltenteilungsgrundsatz als hinsichtlich der Rechtssicherheit bedeutsamer Unterschied. Dem Gesetzgeber verbleibt so zwar ein höheres Maß an regulativer Flexibilität und Selbstbehauptung. Dass das einfachrechtliche Anspruch-Pflichten-Verhältnis grundrechtlich modifiziert oder gar neu gestaltet wird und dass insoweit die tatbestandliche Weite der Grundrechte und die nur eingeschränkte Determinierbarkeit der Abwägung der diversen Grundrechtspositionen den Gerichten erheblichen Spielraum lässt, bleibt jedoch unverändert.

Bestehen somit hinsichtlich aller Ansätze, die Horizontalwirkung (jedenfalls auch)[267] durch die Gerichte verwirklichen, im Wesentlichen die gleichen Bedenken hinsichtlich Rechtssicherheit und Vertrauensschutz, so schließen diese Grundsätze jedoch keine dieser Horizontalwirkungskonstruktionen staatsorganisationsrechtlich zwingend aus. Dabei ist jedoch zu differenzieren. Handelt es sich um eine Konstellation wie im Bürgschaftsbeschluss,[268] d. h. dass die zentrale Frage um die Auslegung eines weiten einfachrechtlichen Tatbestandes, insbesondere einer Generalklausel wie §§ 138 Abs. 1 oder 242 BGB, kreist, so fehlt es hinsichtlich des Vertrauensschutzes bereits an einem schutzwürdigen Vertrauen oder gar bereits an einer geeigneten Vertrauensgrundlage.[269] Denn die tatbestandliche Weite der einfachrechtlichen Vorschrift lässt eine Vielzahl von Interpretationen zu: Warum soll sie einer grundrechtlich geprägten Auslegung gerade verschlossen sein, bzw. warum soll hinsichtlich einer derart weiten Klausel des einfachen Rechts ein größeres Vertrauen bestehen als mit Blick auf eine direkte

[265] Zur Skepsis, ob ein solcher Ausschluss richterlicher Rechtsfortbildung jedenfalls nach der Rechtsprechung des BVerfG darstellbar ist, siehe indes oben Kap. 4, C.I.

[266] Vgl. dazu oben Kap. 4, B.II. und III. sowie zur dort geäußerten Skepsis, ob diese Konstruktion im Wesentlichen ohne richterliche Rechtsfortbildung auskommt, oben Kap. 4, C.I.

[267] Insbesondere sind die Anwendungskonstruktionen nicht staatsgerichtet und gelten daher nicht nur, weil staatliche Gerichte involviert sind, sondern sind nicht prozessakzessorisch und entfalten somit Wirkung auch ohne dass ein Gerichtsverfahren angestrengt wird. Vielmehr ist ein Gerichtsverfahren im Falle der Anwendungskonstruktionen nicht konstitutiv für die Horizontalwirkung, sondern lediglich zur Durchsetzung der bereits unmittelbar zwischen Privaten bestehenden grundrechtlichen Ansprüche erforderlich. Siehe dazu oben Kap. 2, B.III.1. Kap. 3, E.I.1.

[268] BVerfGE 89, 214 [1993].

[269] Zu den Voraussetzungen siehe oben 1.

Applizierung der Grundrechte im Privatrechtsverhältnis? Vor allem Generalklauseln enthalten überdies häufig wertende Begriffe („gute Sitten", „Treu und Glauben"). Dass die Gerichte im Rahmen der meisten Ansätze mit Ausnahme der einstufigen Anwendung diese wertenden Rechtsnormen von höchstem Rang bei der Interpretation einfachrechtlicher Wertungsbegriffe heranziehen, vermag kaum zu überraschen. Es wäre eher umgekehrt erstaunlich, wenn die Auslegung einfachrechtlicher Begriffe mit stark normativer Zielrichtung die obersten Freiheits- und Gleichheitsrechte der Rechtsordnung ignorierte. Dass sich eine Rechtsprechung zu ändern vermag, insbesondere wenn das BVerfG mit der Frage noch nicht befasst war und die Möglichkeit einer Urteilsverfassungsbeschwerde im Anschluss an eine höchstrichterliche Entscheidung stets im Raum steht, spricht ebenfalls gegen ein schutzwürdiges Vertrauen in einer solchen Konstellation – zumal die richterliche Unabhängigkeit (Art. 97 Abs. 1 GG) jedenfalls gegen eine strikte richterliche Präjudizienbindung streitet.[270]

Aber auch mit Blick auf durch die Horizontalwirkung determinierte richterliche Entscheidungen *praeter* oder gar *contra legem*, insbesondere im Falle der Anwendungskonstruktionen, fehlt es in der Regel an einem schutzwürdigen Vertrauen. Die Schutzwürdigkeit des Vertrauens ist im Wesentlichen im Wege einer Verhältnismäßigkeitsprüfung[271] zu ermitteln.[272] Da die dogmatische Quelle des Grundsatzes des Vertrauensschutzes aus den Grundrechten entspringt, sind insoweit die widerstreitenden Grundrechtspositionen abzuwägen. Denn dem grundrechtlich sanktionierten Vertrauensschutzinteresse des B steht in einer Horizontalwirkungskonstellation als gegenläufige schutzwürdige verfassungsrechtliche Position das grundrechtliche Interesse der A gegenüber, das die staatlichen Gerichte als Counterpart in die Verhältnismäßigkeitsprüfung einzustellen haben. Diese Abwägung repräsentiert indessen exakt das Prüfprogramm im Rahmen der Horizontalwirkungskonstruktionen[273]: Die Grundrechte von A und B werden vom Gericht gegeneinander in Abwägung gebracht. Das Resultat der Abwägung erfordert in Ausnahmefällen wie gesagt eine richterliche Entscheidung jenseits des Gesetzes. Das Gericht hat in diesen Fällen also bereits eine Abwägung der widerstreitenden Grundrechtspositionen vollzogen und ist

[270] Differenzierend und für eine jedenfalls regelmäßige Präjudizienbindung argumentierend allerdings *M. Payandeh*, Judikative Rechtserzeugung – Theorie, Dogmatik und Methodik der Wirkungen von Präjudizien, 2017, S. 204 ff.

[271] *K.F. Gärditz*, in: Berliner Kommentar zum Grundgesetz, Art. 20 (Rechtsstaatsprinzip)/ Rn. 207 argumentiert umgekehrt, dass deshalb der subjektiv-rechtliche Vertrauensschutz nicht im Rechtsstaatsprinzip, sondern im Verhältnismäßigkeitsgrundsatz zu verankern sei, welchen er wieder als selbständiges Prinzip neben dem Rechtsstaatsprinzip einordnet. Diese Unterscheidung ist indes für die hiesige Frage im Ergebnis nicht von Bedeutung.

[272] Siehe dazu, zum Teil auch kritisch, und m. w. N. in der Rechtsprechung des BVerfG *K.-A. Schwarz*, Vertrauensschutz als Verfassungsprinzip – Eine Analyse des nationalen Rechts, des Gemeinschaftsrechts und der Beziehungen zwischen beiden Rechtskreisen, 2002, S. 310 ff.

[273] Eine Ausnahme stellt wiederum die US state action-Doktrin dar, die keine Abwägung gegenläufiger Grundrechtspositionen kennt. Vgl. dazu oben Kap. 3, C.III.1.

zu dem Ergebnis gelangt, dass – beispielsweise – die Grundrechte der A überwiegen. Der daraus resultierende grundrechtliche Anspruch der A lässt sich auch nicht im Wege der Auslegung des einfachen Rechts herbeiführen, sodass somit nach den meisten, und nicht nur nach den Anwendungskonstruktionen eine richterliche Entscheidung über das per Gesetz Mögliche hinaus angezeigt ist. In dieser Konstellation wird das Gericht hinsichtlich einer Vertrauensschutzprüfung, die ebenfalls eine solche Abwägung erfordert, in der Regel zu dem gleichen Ergebnis wie im Rahmen der Horizontalwirkungsprüfung kommen, will es nicht seiner vorherigen Argumentation widersprechen. Vielmehr lassen sich stattdessen Aspekte des Vertrauensschutzes bereits im Rahmen der Verhältnismäßigkeitsprüfung in die Abwägung einstellen und damit berücksichtigen, bevor das Gericht mit dem Abwägungsergebnis einen grundrechtlichen Anspruch der A formuliert, den es im Ausnahmefall, nämlich wenn die Grenzen der Auslegung erreicht sind, auch per richterrechtlicher Rechtsfortbildung realisieren muss.

Dies gilt letztlich auch für die Anwendungskonstruktionen. Diese führen zwar im Vergleich zu den staatsgerichteten Ansätzen in der Tat insofern zu einem geringeren Maß an Rechtssicherheit als sie gegebenenfalls einen Anspruch anhand der unmittelbar zwischen Privaten anwendbaren Grundrechte auch *contra legem* zuzusprechen vermögen. Daraus folgt, dass die Nichtanwendung einer den Grundrechten entgegenstehenden Gesetzesnorm nicht mehr beim BVerfG monopolisiert ist,[274] sondern dass Fachgerichte über die Nichtanwendung faktisch selbst entscheiden können, indem sie die vorrangigen Grundrechtsbestimmungen direkt im Privatrechtsverhältnis anstelle der einfachrechtlichen Vorschrift applizieren. Potentiell voneinander abweichende Ergebnisse sind die Folge dessen sowie eine lediglich nur *inter partes*-Wirkung – und nicht wie bezüglich der Nichterklärung durch das BVerfG, eine *erga omnes*-Wirkung.[275] Allerdings wird man auch hier, wie zuvor, im Rahmen der wiederum maßgeblichen Verhältnismäßigkeitsprüfung regelmäßig dazu kommen, dass den grundrechtlichen Ansprüchen der A gegen B (oder des B gegen A) der Vorzug zu geben ist. Jedenfalls sind Vertrauensschutzerwägungen auch hier am besten in die Verhältnismäßigkeitskeitsprüfung der Grundrechtspositionen von A und B einzustellen, anstelle bereits Anwendungsansätze als solche auszuschließen.

Mit Blick auf Fragen der Rechtssicherheit auch in ihrer objektiv-rechtlichen Dimension lässt sich wiederum auf Art. 1 Abs. 3 und Art. 20 Abs. 3 GG verweisen. Grundrechtsbindung und Grundrechtsvorrang, so kann man argumentieren, verpflichten die Gerichte, dem grundrechtlichen Anspruch der

[274] Wie dies hinsichtlich der staatsgerichteten Konstruktionen nach Art. 93 Abs. 1 Nr. 2, Art. 100 Abs. 1 Satz 1 GG der Fall ist.

[275] Vgl. § 31 Abs. 2 BVerfGG.

A stattzugeben. Art. 79 Abs. 3 GG räumt Art. 1 Abs. 3 GG und Art. 20 Abs. 3 GG besonderen verfassungsrechtlichen Rang ein. Dies streitet ebenso jedenfalls gegen einen zwingenden staatsorganisationsrechtlichen Ausschluss der Horizontalwirkungskonstruktionen aufgrund des Grundsatzes der Rechtssicherheit.

D. Fazit

Zusammenfassend lassen sich zwei wesentliche Erkenntnisse festhalten. Erstens hat sich keine Horizontalwirkungskonstruktion als zwingend mit dem staatsorganisationsrechtlichen Teil des Grundgesetzes unvereinbar erwiesen, die Horizontalwirkung auch richterlich realisiert. Lediglich die strikte Ablehnung richterlich realisierter Horizontalwirkung[276] ist an die Grenzen des grundgesetzlichen Gewaltenteilungsgrundsatzes und der richterlichen Grundrechtsbindung gestoßen.[277] Auch Anwendungskonstruktionen, die ein unmittelbares grundrechtliches Anspruch-Pflichten-Verhältnis zwischen Privaten begründen, sind staatsorganisationsrechtlich nicht zwingend ausgeschlossen. Dies gilt auch und entgegen der weiterhin vorherrschenden Auffassung in der Literatur hinsichtlich Art. 1 Abs. 3 GG.[278]

Zweitens hat die Untersuchung der Lösungsansätze der Horizontalwirkung bezüglich verfassungsrechtlichem Gewaltenteilungsgrundsatz, Demokratie- und Rechtsstaatsprinzip offenbart, dass – mit Ausnahme wiederum der strikten Ablehnung – die Horizontalwirkungskonstruktionen allesamt im Wesentlichen ähnliche Probleme aufwerfen, die sich indes wiederum sämtlich als überwindbar heraustellen. Alle diese Ansätze formulieren letztlich einen grundrechtlichen Anspruch eines Privaten als Resultat der Grundrechtsprüfung. Die daraus gegebenenfalls resultierende richterliche Entscheidung jenseits des gesetzlich Möglichen ist mithin kein Alleinstellungsmerkmal der Anwendungskonstruktionen, sondern notwendige Folge aller Ansätze mit Ausnahme der strikten Ablehnung. Ein Unterscheid zwischen Anwendungs- und anderen, staatsgerichteten Horizontalwirkungskonstruktionen besteht allerdings in dem Beiseiteschieben einfachrechtlicher Vorschriften, bei der einstufigen Anwendung stets, bei der zweistufigen Anwendung im Falle von dem grundrechtlichen Abwägungsergebnis entgegenstehenden einfachrechtlichen Vorschriften, soweit diese nicht diesem Abwägungsergebnis entsprechend ausgelegt werden. Indessen hat sich auch dies als nicht zwingend unvereinbar mit dem verfassungsrechtlichen Gewaltenteilungs-, Demokratie- und Rechtsstaatsprinzip herausgestellt.

---

[276] Vgl. oben Kap. 2, B.III.4.
[277] Siehe dazu oben B.III. und C.I.4.
[278] Siehe dazu oben B.IV.

Die insoweit zentrale Bindung der Gerichte an das „Gesetz“ i.S.d. Art. 20 Abs. 3 und Art. 97 Abs. 1 GG schließt auch die Grundrechte als so verstandene „Gesetze“ mit ein. Die Grundrechte genießen Vorrang vor dem einfachen Recht, vgl. Art. 1 Abs. 3 i.V.m. Art. 20 Abs. 3 GG. Somit lässt sich argumentieren, dass sich auch die richterliche Entscheidung *contra legem* aufgrund der Anwendungskonstruktionen, die ihrerseits verfassungsrechtlichen Rang genießt, mit den staatsorganisationsrechtlichen Vorgaben des Grundgesetzes vereinbaren lässt. Inwieweit sich dagegen aus demokratietheoretischer Sicht Einwände gegen Anwendungs- und andere Horizontalwirkungskonstruktionen ergeben, wird unter anderem Gegenstand des nächsten Kapitels sein.

6. Kapitel

Horizontalwirkung und Selbstbestimmung – Ethik, Demokratietheorie und Anwendungspraxis

Das sechste Kapitel dringt zu den beiden weiteren Elementen der Tiefenstruktur der Horizontalwirkung[1] vor. Ethik und Demokratietheorie – oder konkreter: personale und politische Autonomie – sind keine harten normativen Bewertungskriterien wie das positive Staatsorganisationsrecht im fünften Kapitel. Sie erlauben es indessen gerade deshalb, innerhalb des (verfassungs-) rechtlich Möglichen, die Horizontalwirkungskonstruktionen zu evaluieren und der Horizontalwirkung dadurch auf den Grund zu gehen. Sie können somit Aussagen treffen, welcher Lösungsansatz – gegebenenfalls in welcher Konstellation und bezüglich welchen Grundrechts – vorzuziehen ist. Darüber hinaus erweisen sie sich aber auch als wichtige Faktoren, die den Ausgleich widerstreitender Grundrechtspositionen im Einzelfall beeinflussen (zu alledem B.–D., zusammenfassend E.). Dazu müssen allerdings zunächst Kriterien und damit Konzeptionen personaler und politischer Autonomie herausgearbeitet werden (A.I.), anhand derer die weitere Bewertung sodann vollzogen wird. Zum Zwecke der Bewertung, die anhand konkreter Fälle aus der Rechtsprechung von BVerfG, BGH und BAG geschieht, identifiziere ich drei Großthemen der Horizontalwirkung (siehe dazu auch A.II.): Privatautonomie und wirtschaftliche Selbstbestimmung (B.), Öffentlichkeit und öffentlicher Diskurs (C.) sowie Identität und selbstbestimmte Lebensführung (D.). Unterkapitel E fasst die Erkenntnisse dieses Kapitels zusammen (E.I.–III.), wonach die zweistufige Anwendung die vorzugswüdige Horizontalwirkungskonstruktion darstellt (E.IV.).

[1] Zum Begriff siehe oben Kap. 3, E.II.

A. Selbstbestimmung und drei Großthemen der Horizontalwirkung

I. Selbstbestimmung – personale und politische Autonomie

1. Individuell-personale Autonomie – Ethik

Selbstbestimmung – im Sinne der Autonomie der Person – ist ein zentraler Begriff der Ethik als Teilgebiet der praktischen Philosophie. Was macht es aus, dass eine Person selbstbestimmt handelt und als eine solche selbstbestimmt handelnde Person verstanden werden kann? Es geht also um Selbstbestimmung, um personale Autonomie, im Sinne einer Gestaltung des guten Lebens.

a) Autonomie zwischen Willkür und sozialem Selbst

Das hier bestehende, letztlich rechtswissenschaftliche, Interesse an Fragen personaler Autonomie bezieht sich primär auf einzelne autonome Handlungen, also auf die so genannte lokale[2] oder episodische[3] Autonomie und weniger auf die globale oder programmatische Autonomie, die danach fragt, ob eine Person in ihrem Lebensentwurf und ihrer Lebensgestaltung insgesamt als autonom zu betrachten ist.[4]

Die Beantwortung der Frage, wie die praktische Philosophie den Begriff der personalen Autonomie versteht und ausgestaltet, verläuft entlang der Kampflinien eines kantianisch-hegelianischen[5] Antagonismus:[6] Die Bestimmung des Selbst beginnt mit dem Verständnis des Selbst. Hält man das Individuum im Ausgangspunkt für ein eigenständiges, zunächst für sich stehendes Wesen und entwickelt von dieser Warte aus eine Theorie seiner Selbstbestimmung? Oder betrachtet man das Individuum bereits initial als soziales Wesen, dessen Selbstbestimmung nur im Kontext seiner Einbettung im Zusammleben mit Dritten zu

---

[2] Vgl. zum Begriff *M. Betzler*, Einleitung: Begriff, Konzeptionen und Kontexte der Autonomie, in: Dies. (Hrsg.), Autonomie der Person, 2013, 7, 10.

[3] So die von *D. T. Meyers*, Personale Autonomie ohne Transzendenz, in: M. Betzler (Hrsg.), Autonomie der Person, 2013, 149, 152 verwendete Terminologie.

[4] Vgl. ebenda: „Bei dieser Form der Autonomie geht es weniger um die Frage, ‚was man zu einem bestimmten Zeitpunkt wirklich tun möchte‘, sondern eher darum zu überlegen, ‚wie man sein Leben eigentlich führen will.‘“

[5] Die Begriffe „kantianisch“ und „hegelianisch“ sind hier archetypisch als Bezeichnungen für Denkschulen im Anschluss an Interpretationen der Werke *Kants* und *Hegels* gemeint, die nicht notwendiger Weise mit den den konkreten Aussagen und Intentionen dieser beiden Autoren identisch sein müssen.

[6] Zur Ideengeschichte der Autonomie bis *Kant* siehe ausführlich *J. B. Schneewind*, The Invention of Autonomy, 1988. Zu *Hegels* Konzeption des sozialen Selbsts siehe ausführlich *R. B. Pippin*, Hegel's Practical Philosophy – Rational Agency as Ethical Life, 2008, S. 147ff.; siehe auch *D. Loick*, Jurisdismus – Konturen einer kritischen Theorie des Rechts, 2017, S. 28ff.; *A. Honneth*, Das Recht der Freiheit – Grundriß einer demokratischen Sittlichkeit, 2011, S. 82ff.

ermitteln ist? Intuitiv erscheint eine Präferenz für die kantianische Perspektive, geht es doch bei personaler Autonomie bereits etymologisch betrachtet darum, dass sich der Einzelne selbst (*autos*) das Gesetz (*nomos*) seines Handelns gibt. Das Selbst, das Individuum, steht hier für sich genommen im Mittelpunkt. Dritte wirken dagegen auf das Individuum ein und mögen durch ihre Einwirkung das selbstbestimmte Handeln des Individuums gerade beeinträchtigen, sind also, in dieser ersten intuitiven Annäherung an den Autonomiebegriff, potentielle Faktoren nicht für Auto-, sondern vielmehr für Heteronomie.

Personale Autonomie als kantianische Selbstgesetzgebung fokussiert die „Willkür"[7], also den „Eigenwillen"[8] des Individuums, nach freiem Belieben zu handeln,[9] als maßgebliches Kriterium für autonomes, selbstbestimmtes Handeln. Entscheidend sind die Freiheit der Willensbildung und die Fähigkeit, entsprechend dieses frei gebildeten Willens zu handeln.[10] Das Paradigmatische der *Kant*'schen Philosophie für die an sie anschließenden Konzepte personaler Autonomie reicht aber über die Fokussierung der „Willkür" hinaus. In dieser Tradition stehende Autonomietheorien sind prozedural, subjektivistisch und konstruieren Freiheit im Wesentlichen als negativ-abwehrend. Prozedural – und eben nicht substanziell – sind solche Autonomietheorien deshalb, weil für sie nicht maßgebend ist, welchen Inhalt der Wille hat, sondern lediglich wie, d.h. nach bestimmten Verfahrensvoraussetzungen, der fragliche Wille der Person gebildet wurde. Es kommt nicht darauf an, was gewollt wird, sondern wie gewollt wird.[11] Um formale, nicht um materiale Kriterien der Bewertung geht es: Autonom ist, wer einen Willen auf eine bestimmte Art und Weise bildet, unabhängig von der Qualität des Willens und der Qualität der zur Verfügung stehenden Optionen anlässlich der Willensbildung.[12] Ferner sind solche Autonomietheorien subjektivistisch, indem sie ausschließlich die Binnenperspektive des Individuums

---

[7] Zum Begriff siehe *I. Kant*, Die Metaphysik der Sitten, Werkausgabe in sechs Bänden (hrsgg. v. *W. Weischedel*), Bd. IV, S. 303, 317–319 (AB 5–7).

[8] *C. Menke*, Kritik der Rechte, 2015, S. 197ff.

[9] Vgl. *I. Kant*, Die Metaphysik der Sitten, Werkausgabe in sechs Bänden (hrsgg. v. *W. Weischedel*), Bd. IV, S. 303, 317 (AB 5).

[10] Die von *Kant* fokussierte ist eine moralische Autonomie im Sinne einer Selbstgesetzgebung durch allgemeingültige Handlungsprinzipien, vgl. *I. Kant*, Grundlegung zur Metaphysik der Sitten, in: Gesammelte Schriften, Ausgabe der Preussischen Akademie der Wissenschaften (AA), Bd. 4, S. 440ff. Hier steht indes nicht die moralische, sondern die personale Autonomie im Fokus der Betrachtung. Zur Unterscheidung von moralischer und personaler Autonomie siehe *J. Waldron*, Moral Autonomy and Personal Autonomy, in: J. Christman/J. Anderson (Hrsg.), Autonomy and the Challenges to Liberalism – New Essays, 2005, 307ff.

[11] Vgl. *B. Rössler*, Autonomie – Ein Versuch über das gelungene Leben, 2017, S. 52.

[12] Das Paradigma formaler Theorien ist *Kants* kategorischer Imperativ: „Handle nur nach derjenigen Maxime, durch die du zugleich wollen kannst, dass sie ein allgemeines Gesetz werde." (*I. Kant*, Grundlegung zur Metaphysik der Sitten, in: Gesammelte Schriften, Ausgabe der Preussischen Akademie der Wissenschaften (AA), Bd. 4, S. 421): Nicht was ich tue, welche Werte ich meinem Handeln zugrunde lege (so die in Opposition zu *Kant* entwickelte materiale Werttheorie, vgl. nur *M. Scheler*, Der Formalismus in der Ethik und die materiale Wertethik,

selbst für die Beurteilung der Autonomie entscheidend halten, nicht dagegen, ob es Dritte für selbstbestimmt halten oder nicht.[13] Schließlich geht mit der Konzeptualisierung des Individuums als eigenständiges, für sich stehendes, Selbst und der sich daraus ergebenden Fokussierung seines Willens ein Verständnis vorwiegend negativer Freiheit einher.[14] Freiheit ist danach Freiheit *von*, nämlich Freiheit von Hindernissen.[15] Das Individuum ist frei, wenn es seiner „Willkür" entsprechend handeln kann, ohne dass ihm durch den Staat oder durch Dritte dabei Hindernisse bereitet werden.[16]

Unter diesen Vorzeichen stehen in der Autonomiediskussion der vergangenen Jahrzehnte die internalistischen Autonomietheorien im Anschluss insbesondere an *Harry G. Frankfurt*[17] und *Gerald Dworkin*[18] als prominenteste und wirkmächtigste Vertreter dieser Ansicht. Ausgehend vom Willen der fraglichen Person als maßgebliches Kriterium der Autonomie fordern sie – ganz im formal-prozeduralen Sinne – eine bestimmte Willensstruktur in Form eines hierarischen Modells. Autonom ist, wer nicht nur etwas will, sondern wer den Willen bilden kann, etwas zu wollen. *Frankfurt* wählt dafür die Bezeichnung „Volitionen zweiter Stufe": Auf der ersten Stufe steht der Wille, z. B. ein Eis zu essen. Diesen Willen zu bilden, macht mich danach noch nicht autonom, sondern erst auf zweiter Stufe der Wille, aufgrund „reflektierende[r] Selbstbewertung", diesen Willen auch zu haben oder nicht zu haben.[19] So kann ich zwar Verlangen verspüren, jetzt ein Eis zu essen (Wille erster Stufe), jedoch den Willen bilden, diesem Verlangen nicht nachzugeben, weil ich sogleich 10 km joggen und dies mit leerem Magen tun möchte oder weil ich grundsätzlich auf meine Figur achten will (Volition zweiter Stufe). Autonomie ist danach gleichbedeutend mit

---

4. Aufl. 1954), sondern wie ich etwas tue, nach welchem Procedere ich mein Handeln bestimme, ist entscheidend.

[13] Vgl. *B. Rössler*, Autonomie – Ein Versuch über das gelungene Leben, 2017, S. 104.

[14] Zur differenzierten *Kant*'schen Konzeption, der nicht nur äußere, sondern auch innere Freiheit, also Freiheit des Willens fordert, siehe indes *A. Honneth*, Das Recht der Freiheit – Grundriß einer demokratischen Sittlichkeit, 2011, S. 62–65, 67.

[15] Vgl. klassisch und grundlegend *T. Hobbes*, Leviathan oder Stoff, Form und Gewalt eines kirchlichen und bürgerlichen Staates, 1984 (Deutsche Ausgabe Suhrkamp; englische Originalausgabe von 1651), S. 163; vgl. auch das „harm principle" *John Stuart Mills*, siehe *J. S. Mill*, On Liberty, 2. Aufl. 1860, S. 22, das die Folge des Abwehrverständnisses in der Beziehung zu Dritten weiterdenkt, dabei allerdings durchaus auch eine positiv-freiheitlicher Stoßrichtung aufweist, vgl. *A. Honneth*, Das Recht der Freiheit – Grundriß einer demokratischen Sittlichkeit, 2011, S. 75 f.

[16] Vgl. dazu wirkmächtig in den Debatten seit der zweiten Hälfte des 20. Jahrhunderts: *I. Berlin*, Two Concepts of Liberty, in: *Ders.*, Four Essays on Liberty, 1. Aufl. 1969, 118, 122 ff.

[17] *H. G. Frankfurt*, Willensfreiheit und der Begriff der Person, in: M. Betzler (Hrsg.), Autonomie der Person, 2013, 37 ff.

[18] *G. Dworkin*, The Concept of Autonomy, Grazer Philosophische Studien 1981, Bd. 12, 203 ff.; siehe auch, erweitert und modifiziert *ders.*, The Theory and Practice of Autonomy, 1988, Kap. 1, insbesondere S. 13–20.

[19] *H. G. Frankfurt*, Willensfreiheit und der Begriff der Person, in: M. Betzler (Hrsg.), Autonomie der Person, 2013, 37, 39, 42 ff.

Willensfreiheit, verstanden als die Fähigkeit, einen Willen zu wollen oder nicht zu wollen. Ich bin selbstbestimmt, wenn ich meine Wünsche bewerten kann, unabhängig davon, ob ich im Einzelnen die Fähigkeit besitze, dieser Bewertung entsprechend zu handeln.[20]

Sowohl logisch als auch epistemisch lässt sich dieser strikte Internalismus kritisieren. Ein derart zweistufiges Modell wirft zunächst die Frage auf, warum auf der zweiten Stufe Schluss sein soll: Warum bedürfen die „Volitionen zweiter Stufe" nicht ihrerseits einer weiteren willentlichen Autorisierung? Muss man nicht auch wollen, den Willen ein Eis zu essen zu wollen oder nicht zu wollen – und müsste nicht dieses Wollen wiederum durch eine Volition nochmals höherer Stufe abgesichert sein und so fort? Ein solcher infiniter Regress erscheint zwangsläufig zu drohen, solange man allein den Willen oder die Wünsche der Person fokussiert.[21] Dem hat *Frankfurt* selbst entgegengehalten, dass sich auf der zweiten Stufe die Person „entschieden" mit ihren Wünschen erster Stufe identifiziere und diese Entschlossenheit „den ganzen potenziell endlosen Raum höherer Stufen" „durchhall[e]".[22] Diese Lösung ist indessen lediglich eine Problemverlagerung. Das Regressproblem wird zu einem Anfangsproblem, denn es erscheint sodann beliebig, warum ausgerechnet und nur auf der zweiten Stufe eine solche Entschlossenheit oder Entschiedenheit vorliegen soll, nicht aber bereits auf der ersten Stufe.[23]

Der wichtigste Einwand führt jedoch zurück zum Ausgangspunkt des kantianisch-hegelianischen Antagonismus: Ist die Modellierung des Individuums als atomistische Monade[24] unabhängig von jeglicher sozialer Beziehung – jedenfalls als gedankliche Prämisse – adäquat für eine Theorie personaler Autonomie? *Hegel* setzt bekanntlich *Kants* individualistischer eine soziale Konzeption des Selbst entgegen: Der Einzelne ist immer bereits soziales Wesen und kann daher Freiheit nicht von, sondern nur in Gesellschaft, Selbstbestimmung nicht in Abgrenzung, sondern nur in Beziehung zu anderen realisieren. Er ist, so *Hegel*, im

---

[20] Vgl. auch *M. Betzler*, Einleitung: Begriff, Konzeptionen und Kontexte der Autonomie, in: Dies. (Hrsg.), Autonomie der Person, 2013, 7, 18.

[21] Vgl. ebenda, 18 f.; vgl. auch *J. Christman*, Autonomie und die Vorgeschichte der Person, in: M. Betzler (Hrsg.), Autonomie der Person, 2013, 109, 114, vorwiegend zu *Gerald Dworkins* zweistufigem Modell (vgl. *G. Dworkin*, The Concept of Autonomy, Grazer Philosophische Studien 1981, Bd. 12, 203 ff.).

[22] *H. G. Frankfurt*, Willensfreiheit und der Begriff der Person, in: M. Betzler (Hrsg.), Autonomie der Person, 2013, 37, 47.

[23] Vgl. *M. Betzler*, Einleitung: Begriff, Konzeptionen und Kontexte der Autonomie, in: Dies. (Hrsg.), Autonomie der Person, 2013, 7, 19.

[24] Wie *B. Rössler*, Autonomie – Ein Versuch über das gelungene Leben, 2017, S. 329 indes richterweise hervorhebt, dachte *Kant* nicht „vollkommen monologisch" (so aber *A. Honneth*, Das Recht der Freiheit – Grundriß einer demokratischen Sittlichkeit, 2011), sondern war sich der sozialen Situiertheit des Selbst durchaus bewusst – zog allerdings nicht die entsprechenden Konsequenzen, die *Hegels* Philosophie und an diese anschließende Positionen stattdessen konsequent verfolgen.

„Anderen bei sich selbst"; indem er „das Andere als Anderes betrachtet, hat [er] darin erst sein Selbstgefühl."[25] Sozialität hat also eine „konstitutive[ ] Bedeutung [...] für die menschliche Subjektivität"[26] und daraus ergeben sich für an *Hegel* anschließende Autonomietheorien substanzielle, objektive bzw. inter-subjektive, positiv-freiheitliche und somit externalistische Autonomieverständnisse.

Handelt A autonom, wenn er seiner eigenen Versklavung zustimmt, ist B autonom, wenn sie sich in einer patriarchialischen Gesellschaft eine Rolle als unterwürfige Ehefrau wünscht, die jenseits des häuslichen Bereichs keine selbständigen Entscheidungen treffen darf?[27] Externalistische Autonomieverständnisse verneinen diese Frage und verweisen auf die sozialen Umstände, die A und B dazu veranlasst haben, zu wollen, was sie wollen. Mithin kann es danach nicht rein formal darum gehen, wie gewollt wird, sondern der Inhalt des Willens, einschließlich etwaiger äußerer direkter oder indirekter Manipulationen des Willens, tritt ins Rampenlicht. Wenn A oder B von früher Kindheit an vermittelt wird, dass die ihnen gemäße Rolle diejenige des Sklaven/der unterwürfigen Ehefrau ist, dann kann dies nach den externalistischen Ansichten nicht unberücksichtigt bleiben, selbst wenn A/B diese Rollen aufgrund Volitionen zweiter Stufe wählen.[28]

Überdies kann Autonomie danach auch nicht unabhängig davon konzipiert werden, welche tatsächlichen Handlungsoptionen dem Einzelnen zur Verfügung stehen. In „The Morality of Freedom"[29] beschreibt *Joseph Raz* das Vorhandensein einer „adequate range of choices"[30] als zentrales Element der Autonomie des Einzelnen. Die Freiheit von Hindernissen ist insoweit ungenügend,[31] wie er am Beispiel eines Menschen verdeutlicht, der in eine Grube fällt und den Rest seines Lebens – vom Staat und Dritten unbehelligt – lediglich wählen kann, ob er schläft, isst[32] oder die Wand anstarrt. Der Einzelne muss stattdessen über adäquate Handlungsoptionen verfügen, um als autonom bezeichnet werden zu können. Dies bedeutet ein anderes Freiheitsverständnis als die bloße Abwesenheit von Hindernissen, sondern erfordert, dass ihm bestimmte Handlungsoptionen gewährleistet, also unter Umständen erst geschaffen werden müssen. So verstandene positive Freiheit ist nach *Raz* „an essential ingredient and a nec-

---

[25] *G. W. F. Hegel*, Grundlinien der Philosophie des Rechts, Werke, Bd. 7, 1. Aufl. 1821 (Nachdruck 1986), § 7, S. 57.

[26] *D. Loick*, Jurisdismus – Konturen einer kritischen Theorie des Rechts, 2017, S. 29.

[27] Beispiele aus *M. A. L. Oshana*, Personale Autonomie und das soziale Umfeld, in: M. Betzler (Hrsg.), Autonomie der Person, 2013, 196, 203–209.

[28] Vgl. *M. Betzler*, Einleitung: Begriff, Konzeptionen und Kontexte der Autonomie, in: Dies. (Hrsg.), Autonomie der Person, 2013, 7, 19f.

[29] *J. Raz*, The Morality of Freedom, 1986.

[30] Ebenda, S. 371, 373.

[31] Vgl. auch ebenda, S. 420f.

[32] Siehe ebenda, S. 373: „There is just enough ready food to keep him alive [...]."

essary condition of the autonomous life."[33] Die Garantie einer solchen „Freiheit *um zu*" setzt allerdings andere als rein subjektive Bewertungskriterien voraus, sondern muss auf objektive,[34] jedenfalls inter-subjektive Bewertung durch Dritte rekurrieren.[35]

Doch so verstandene externalistische Autonomiekonzeptionen, die äußere, soziale Bedingungen für die Autonomie des Individuums für maßgeblich halten, sehen sich ihrerseits Kritik ausgesetzt. Denn, wie bereits eingangs erwähnt, mögen äußere Bedingungen zwar einerseits konstitutiv für personale Selbstbestimmung sein, andererseits sind es aber exakt solche externen, außerhalb des Individuums liegenden Einflüsse, die sich invasiv auf seine Willensbildung und Willensrealisierung, auf sein Handeln und sein Denken auswirken. Das ist zwar *per se* kein Argument gegen externalistische Perspektiven, sondern wird von diesen ja gerade berücksichtigt. Allerdings, geht man über das Individuum hinaus und versteht es als sozial eingebettet,[36] so fällt es schwer, zwischen für die personale Autonomie sozial konstitutiven und sozial invasiven Bedingungen zu unterscheiden, zumal ein und dieselbe Bedingung sowohl konstitutive als auch invasive Elemente aufweisen kann.

Noch erheblicher ist jedoch, dass externalistische Autonomietheorien, weil sie substanzieller Natur sind und daher ein Minimum an jedenfalls inter-subjektiven Bewertungskriterien erfordern, sehr voraussetzungsvoll sind.[37] Letztlich geht es also um „Werte", die indes ihrer Natur nach gerade nicht objektiver, sondern subjektiver Natur sind, sodass die Gefahr droht, einen bestimmten Wertekanon zu oktroyieren, der Pluralismus, Freiheit und personale Selbstbestimmung somit letztlich gerade nicht garantiert, sondern untergräbt.[38] Eine Autonomiekonzeption, die die Einwände der Externalisten ernst nimmt, damit aber nicht die Pluralismus und Freiheit sicherenden Elemente kantianisch in-

[33] Vgl. ebenda, S. 408f.

[34] Siehe dazu *B. Berofsky*, Die Befreiungstheorie der Autonomie: Objektivität, in: M. Betzler (Hrsg.), Autonomie der Person, 2013, 171ff.

[35] Siehe *B. Rössler*, Autonomie – Ein Versuch über das gelungene Leben, 2017, S. 108–124; vgl. auch *M. Betzler*, Einleitung: Begriff, Konzeptionen und Kontexte der Autonomie, in: Dies. (Hrsg.), Autonomie der Person, 2013, 7, 28–31.

[36] So für die deutsche Rechtswissenschaft nach 1945 grundlegend *N. Luhmann*, Grundrechte als Institution – Ein Beitrag zur politischen Soziologie, 1. Aufl. 1965, S. 61f.: „Der Mensch gewinnt seine Individualität als Persönlichkeit nur im sozialen Verkehr, indem auf seine Selbstdarstellung, sei es durch Konsens, sei es durch Dissens, eingegangen wird." (Zitat ohne Fußnoten); siehe auch *D. Suhr*, Entfaltung der Menschen durch die Menschen – Zur Grundrechtsdogmatik der Persönlichkeitsentfaltung, der Ausübungsgemeinschaften und des Eigentums, 1976, S. 88ff.; sowie bereits *J. M. Wintrich*, Zur Problematik der Grundrechte, 1957, S. 7.

[37] Vgl. *B. Rössler*, Autonomie – Ein Versuch über das gelungene Leben, 2017, S. 365.

[38] Diese Perversion befürchtet *Isaiah Berlin* mit Blick auf Konzeptionen positiver Freiheit, vgl. *I. Berlin*, Two Concepts of Liberty, in: *Ders.*, Four Essays on Liberty, 1. Aufl. 1969, 118, 145ff. und propagiert deshalb bekannter Maßen einen ausschließlich negativen Freiheitsbegriff, ebenda, 171. Siehe dazu auch unten E.II.

spirierter internalistischer Autonomieverständnisse eliminieren will, muss sich daher zwischen externalistischen und internalistischen Extremen verorten.[39]

b) Autonomie als Authentizität und Kontrolle

Die aktuelle Autonomiediskussion in der praktischen Philosophie identifiziert zwei zentrale Elemente des Autonomiebegriffs: Authentizität[40] und Kontrolle.[41] In der prägnanten Formulierung von *Monika Betzler* bezeichnen diese „die Fähigkeit, man selbst zu sein" (Authentizität) und „man selbst zu bleiben" (Kontrolle).[42] Entlang der Fronten zwischen Internalisten und Externalisten und entsprechend den diversen Spielarten in einzelnen Ansichten verläuft auch die konkrete inhaltliche Bestimmung dieser beider Autonomiebedingungen sowie die stärkere Betonung – in einer Spanne bis hin zur Ausschließlichkeit – entweder der einen oder der anderen Bedingung.[43] Die hier vertretene Auffassung konzeptualisiert Authenitzität und Kontrolle als notwendige und hinreichende Voraussetzungen von Autonomie. Ich bin autonom, wenn ich Herr meiner selbst (Authentizität) und Autor meines Tuns bin (Kontrolle).[44]

Diese in dieser Form noch sehr vagen Beschreibungen von Authentizität und Kontrolle sagen allerdings für sich genommen noch recht wenig aus über

---

[39] In diese Richtung auch *M. Nettesheim*, „Leben in Würde": Art. 1 Abs. 1 GG als Grundrecht hinter den Grundrechten, JuristenZeitung 2019, 1, 5.

[40] In der älteren Debatte wurde Authentizität zum Teil als Gegenbegriff der Autonomie konzipiert (vgl. z.B. *C. Taylor*, Die Politik der Anerkennung, in: Ders. (Hrsg.), Multikulturalismus und die Politik der Anerkennung, 1993, 11, 13–27), was indes in der Regel damit zusammenhing, dass diese Ansichten Autonomie ausschließlich moralisch und nicht, wie hier, personal verstanden, vgl. dazu *B. Rössler*, Der Wert des Privaten, 2001, S. 109ff.; siehe auch *dies.*, Autonomie – Ein Versuch über das gelungene Leben, 2017, S. 266f.; vgl. überdies *A. Honneth*, Das Recht der Freiheit – Grundriß einer demokratischen Sittlichkeit, 2011, S. 70–72.

[41] Vgl. z.B. *M. Betzler*, Einleitung: Begriff, Konzeptionen und Kontexte der Autonomie, in: Dies. (Hrsg.), Autonomie der Person, 2013, 7, 12–15; *J. Christman/J. Anderson*, Introduction, in: Dies. (Hrsg.), Autonomy and the Challenges to Liberalism – New Essays, 2005, 1, 3 (die von „authenticity" und „competency" sprechen, hinsichtlich letzterer aber das meinen, was im Folgenden als Kontrollbedingung der personalen Autonomie entwickelt wird); ähnlich ebenso im Ergebnis, jedoch wiederum mit anderer Terminologie *D. T. Meyers*, Self, Society and Personal Choice, 1989, S. 76ff.

[42] *M. Betzler*, Einleitung: Begriff, Konzeptionen und Kontexte der Autonomie, in: Dies. (Hrsg.), Autonomie der Person, 2013, 7, 14. Ähnlich auch *G. Britz*, Freie Entfaltung durch Selbstdarstellung – Eine Rekonstruktion des allgemeinen Persönlichkeitsrechts aus Art. 2 I GG, 2007, S. 9–11, wenn auch mit anderer Terminologie („Selbstreflexivität", d.h. Authentizität und „Verhaltensfreiheit", d.h. Kontrolle).

[43] Als Beispiele für die Bandbreite von strikten Internalisten, vermittelnden Ansichten bis hin zu strikten Externalisten siehe die für die aktuelle Autonomiedebatte representativen Aufsätze von *Harry G. Frankfurt*, *Gary Watson*, *Michael Bratman*, *John Christman*, *Paul Benson*, *Diana Tietjens Meyers*, *Bernard Beresofsky* und *Mariana Oshana* in: M. Betzler (Hrsg.), Autonomie der Person, 2013.

[44] *M. Betzler*, Einleitung: Begriff, Konzeptionen und Kontexte der Autonomie, in: Dies. (Hrsg.), Autonomie der Person, 2013, 7, 15.

die Verortung auf der Skala internalistisch-externalistisch und bedürfen somit der genaueren inhaltlichen Ausgestaltung. Zunächst zur Authentizität: diese erfordert Identifikation[45] mit den eigenen Vorhaben und Überzeugungen im Sinne einer „Treue zu sich selbst".[46] Die Basis für das Handeln muss die eigene – eben authentische – sein und darf gerade nicht eine fremde[47] und damit eine solche sein, die tatsächlich ein anderer beherrscht. Es müssen eigene Gründe sein, aus denen ich handele, nicht fremde. Dies ist potentiell sehr voraussetzungsvoll und bedarf daher der Qualifizierung.[48] Zunächst muss man sich nicht ständig seiner Wünsche, seiner Vorhaben und Überzeugungen gewahr sein. Es genügt die hypothetische Identifizierung mit diesen[49] und es genügt entsprechend, dass man die generelle Fähigkeit zu grundsätzlicher reflektierender Selbstbewertung besitzt, nicht dass man hinsichtlich jeder Handlung selbstbewertend reflektiert.[50] Ferner ist weder umfassende und jederzeitige sondern nur grundsätzliche psychische Herrschaft über das eigene Selbst sowie auch nicht die umfassende und jederzeitige Absenz von psychischen Ambivalenzen – solange diese nicht das Denken und Handeln der fraglichen Person wesenlich bestimmen – erforderlich.[51]

Eigene Gründe, Wünsche, Vorhaben und Überzeugungen, um die es danach bei der Authentizität geht, führen demnach zurück auf den Willen der Person, genauer gesagt auf ihre Willensbildung. Nicht authentisch ist eine Handlung somit, wenn die Integrität der Willensbildung, welche zu den besagten Gründen, Wünschen, Vorhaben oder Überzeugungen der Person führt, welche wiederum Basis ihres Handelns ist, in einem bestimmten Maße gestört ist. Ist die Willensbildung der A durch äußere Faktoren, insbesondere durch Dritte,

---

[45] Dazu grundlegend *G. Dworkin*, The Concept of Autonomy, Grazer Philosophische Studien 1981, Bd. 12, 203 ff.

[46] Vgl. *B. Rössler*, Autonomie – Ein Versuch über das gelungene Leben, 2017, S. 265 f.; *M. Betzler*, Einleitung: Begriff, Konzeptionen und Kontexte der Autonomie, in: Dies. (Hrsg.), Autonomie der Person, 2013, 7, 13.

[47] Im Sinne einer entfremdeten, d. h. Entfremdung ist insoweit der Gegenbegriff zu Authentitzität, vgl. *B. Rössler*, Autonomie – Ein Versuch über das gelungene Leben, 2017, S. 257 ff.

[48] Kritisch zu Authentizität als Bedingung für Autonomie insgesamt *M. A. L. Oshana*, Autonomy and Self-Identity, in: J. Christman/J. Anderson (Hrsg.), Autonomy and the Challenges to Liberalism – New Essays, 2005, 77, 86 ff.

[49] Vgl. *B. Rössler*, Der Wert des Privaten, 2001, S. 107 f.: „[W]ürde ich jetzt darauf reflektieren, ob ich dies tatsächlich möchte, ob ich tatsächlich hinter dieser Handlung stehe, ob ich tatsächlich mich als eine Person verstehen will, die dies und dies tut, dann müsste die Antwort darauf entweder ‚ja' sein oder zu einem geänderten Handlungsverlauf führen."

[50] Vgl. z. B. *H. G. Frankfurt*, Willensfreiheit und der Begriff der Person, in: M. Betzler (Hrsg.), Autonomie der Person, 2013, 37, 38; *J. Christman*, Autonomie und die Vorgeschichte der Person, in: M. Betzler (Hrsg.), Autonomie der Person, 2013, 109, 120–123; *M. A. L. Oshana*, Personale Autonomie und das soziale Umfeld, in: M. Betzler (Hrsg.), Autonomie der Person, 2013, 196, 212; *B. Rössler*, Der Wert des Privaten, 2001, S. 104, 108.

[51] Siehe dazu ausführlich *B. Rössler*, Autonomie – Ein Versuch über das gelungene Leben, 2017, Kap. 2 (zu Ambivalenzen) und Kap. 4 (zur Herrschaft über das eigene Selbst).

manipuliert – Drogeneinfluss, politische Indoktrination, starke emotionale Abhängigkeit – fehlt es ihr hinsichtlich der fraglichen Handlung an Authentizität und entsprechend an einer notwendigen Autonomiebedingung.[52]

Bezieht sich danach Authentizität auf die Integrität der Willensbildung, fokussiert Kontrolle als zweite Autonomiebedingung die Anforderungen an die Willensrealisierung. Kontrolle setzt Autorenschaft voraus. Dies bedeutet zunächst, dass A grundsätzlich selbst entscheiden muss, Handlung *h* auszuführen und dass sie dies auch selbst tut. Nicht nur das Resultat, dass Handlung *h* ausgeführt wird, sondern auch die Entscheidung und Realisierung seitens A sind grundsätzlich[53] von Bedeutung.[54] Ferner bedeutet Kontrolle auch Selbstkontrolle. Eine Handlung, die A triebhaft und nicht aufgrund kognitiv eigenständiger Entscheidung – wiederum hypothetisch, d. h. es kommt auch hier auf die Fähigkeit zur kritischen Selbstbewertung an – vollzogen hat, wird von ihr nicht kontrolliert und ist folglich nicht autonom.

Kontrolle als Willensrealisierung soll hier indes auch als Kontrolle der Möglichkeiten dieser Willensrealisierung verstanden werden: Fehlt es A an gewissen Handlungsoptionen, fehlt es ihr an Kontrolle darüber, ihren authentisch gebildeten Willen in eine autonome Handlung zu kanalisieren. Das hier gewählte Autonomieverständnis ist also insoweit substanzieller, externalistischer Natur.[55] Es fehlt A an Autonomie, weil es ihr an Kontrolle darüber fehlt, eine Handlung zu wählen, die ihren Willen angemessen in die Tat umsetzt: Kann sie, wie der *Raz*'sche „man in the pit“ nur dazwischen wählen, zu essen, zu schlafen oder die Wand anzustarren, dann ist sie nicht autonom bzw. ihre Handlung zu essen, zu schlafen oder die Wand anzustarren, ist nicht autonom nach diesem Verständnis. Allerdings ist auch hier wiederum darauf zu achten, dass dieses Kriterium angemessener Handlungsoptionen nicht zu voraussetzungsvoll wird. Deshalb

---

[52] Vgl. dazu *J. Christman*, Autonomie und die Vorgeschichte der Person, in: M. Betzler (Hrsg.), Autonomie der Person, 2013, 109, 124 f.

[53] Ausnahmen, in denen nichtsdestoweniger von (indirekter) Kontrolle gesprochen werden kann, können indes vielfältiger Natur sein, man denke vor allem an Ausführung durch Stellvertreter oder Erfüllungsgehilfen.

[54] Vgl. *T. M. Scanlon*, The Significance of Choice, in: S. M. McMurrin (Hrsg.), The Tanner Lectures on Human Values, Bd. 8, 1988, 149, 180: „I want to make the choice myself because the result will then indicate the importance I attach to the occasion. […] I want to choose the furniture for my own apartment, pick out the pictures for the walls, and even write my own lectures despite the fact that these things might be done better by a decorator, art expert, or talented graduate student. For better or worse, I want these things to be produced by and reflect my own taste, imagination, and powers of discrimination and analysis. I feel the same way, even more strongly, about important decisions affecting my life in larger terms: what career to follow, where to work, how to live.“ Siehe auch *B. Rössler*, Autonomie – Ein Versuch über das gelungene Leben, 2017, S. 245.

[55] Vgl. *J. Raz*, The Morality of Freedom, 1986, S. 371, 373; *M. A. L. Oshana*, Personale Autonomie und das soziale Umfeld, in: M. Betzler (Hrsg.), Autonomie der Person, 2013, 196, 213 f.; *B. Rössler*, Autonomie – Ein Versuch über das gelungene Leben, 2017, S. 250, 336.

müssen die Handlungsoptionen, anders als bei *Raz*, nicht selbst moralisch sein.[56] Vielmehr ist es ausreichend, dass „gute“ bzw. „sinnvolle“ Handlungsoptionen in dem Sinne zu Verfügung stehen, dass alle Optionen zu einer Wahl führen, die selbst nicht wiederum die Autonomie der die Handlung wählenden Person signifikant verkürzt,[57] die zu wählende Option muss real verfügbar sein und sie muss der Person eine reale Möglichkeit geben, ihren Willen umzusetzen.[58]

Angesichts der sozialen Situiertheit der Person können indessen die zur Verfügung stehenden realen Handlungsoptionen auch zurück auf die Authentizität reflektieren. *John Elster* hat dies in dem Begriff der „sour grapes“ unter Bezugnahme auf den Fuchs in der Fabel kristallisiert, der keine Trauben essen darf und sich sodann selbst einredet, dass er sie gar nicht möchte, weil sie sauer und deshalb ungenießbar seien, sodass es auch gar keinen Grund gebe, sie essen zu wollen.[59] Dies lässt sich auch so wenden, dass A, wenn ihr keine sinnvollen Optionen im obigen Sinne zur Verfügung stehen, bereits ihre Willensbildung an die Umstände adaptiert. Solche Umstände können sowohl allgemeiner sozialer Natur (z. B.: als Frau in einer patriarchalischen Gesellschaft will sie gar nicht erst einen eigenen Beruf ausüben) oder solche des konkreten Einzelfalles sein (z. B.: sie will gar keine „sauren Trauben“ essen). Die Parameter der Kontrollbedingung wirken also insoweit bereits auf die Authentizitätsbedingung zurück, sodass bei unkritischer Betrachtung beide Autonomiebedingungen erfüllt wären – der Fuchs will keine Trauben und wählt deshalb, sie nicht zu essen; A will keinen Beruf ausüben und wählt deshalb, ausschließlich Hausfrau und Mutter zu sein. Im Rahmen der nachfolgenden Diskussion der drei Großthemen der Horizontalwirkung gilt es, auch diesem „sour grapes“-Phänomen Beachtung zu schenken.

c) Autonomie und Horizontalwirkung

Nach dem Vorgesagten lässt sich Autonomie nach dem hiesigen Verständnis und für die Zwecke der weiteren Untersuchung in den nachfolgenden Unterkapiteln auf zwei Kriterien zuspitzen. A handelt danach autonom, wenn bezüg-

[56] Vgl. *J. Raz*, The Morality of Freedom, 1986, S. 417. *Raz* versucht dies zwar wiederum dadurch abzufedern, dass er für einen moralischen Pluralismus plädiert, vgl. ebenda, S. 399. Dazu indes wiederum kritisch *B. Rössler*, Autonomie – Ein Versuch über das gelungene Leben, 2017, S. 248–250.

[57] *M. A. L. Oshana*, Personale Autonomie und das soziale Umfeld, in: M. Betzler (Hrsg.), Autonomie der Person, 2013, 196, 213 f.

[58] Vgl. *B. Rössler*, Autonomie – Ein Versuch über das gelungene Leben, 2017, S. 250, 336, 365 („gute[ ] mögliche[ ] Optionen“, „sinnvolle Optionen“, „auf soziale Realisierungsbedingungen angewiesen“); auch *M. A. L. Oshana*, Personale Autonomie und das soziale Umfeld, in: M. Betzler (Hrsg.), Autonomie der Person, 2013, 196, 214: „[D]ie Optionen [müssen] ‚real‘ sein – eine Person muss tatsächlich hoffen können, sie auch verwirklichen zu können […].“

[59] Vgl. *J. Elster*, „Sour Grapes“ – Utilitarialism and the Genesis of Wants, in: J. Christman (Hrsg.), The Inner Citadel – Essays on Individual Autonomy, 1989, 170 ff.; siehe außerdem ausführlich und grundlegend *ders.*, Sour Grapes – Studies in the Subversion of Rationality, 1983.

lich ihrer Handlung sowohl die Authentizitäts- als auch die Kontrollbedingung erfüllt sind. Erstere bezieht sich auf die Willensbildung, letztere bezieht sich auf die Willensdurchsetzung. Fragen hypothetischer Identifikation, psychischer Herrschaft über das Selbst und psychischer Ambivalenz, so bedeutsam ihre Klärung für die philosophische Autonomiedebatte auch ist, treten dabei für die hiesige Betrachtung in den Hintergrund – es wird vorausgesetzt, dass die entsprechenden, oben angerissenen Voraussetzungen insoweit in der Regel erfüllt sind.

Deshalb lässt sich für die nachfolgende Bewertung der verschiedenen Horizontalwirkungskonstruktionen *erstens* das Authentizitätskriterum der Autonomie darauf kondensieren, dass dieses voraussetzt, dass die Willensbildung der A nicht Einflüssen ausgesetzt sein darf, die ein bestimmtes Maß an Manipulation ebendieser Willensbildung überschreiten. Ähnlich treten Fragen der Selbstkontrolle im Rahmen der Kontrollbedingung der Autonomie für die hiesige Untersuchung in den Hintergrund. Somit kann man *zweitens* die Kontrollbedingung der Autonomie in folgende Kriterien kristallisieren: A muss selbst ihren Willen realisieren können (sie muss Autorin[60] der vorgenommenen Handlung sein) und es muss ihr möglich sein, zwischen einer gewissen Anzahl an real zur Verfügung stehenden Handlungsoptionen zu wählen und zwar *zum einen* mit Blick auf sinnvolle Handlungsoptionen in der konkreten Einzelfallsituation (A muss die reale Möglichkeit haben, ihren Willen umzusetzen) und *zum anderen* mit Blick auf sinnvolle Handlungsoptionen in der Zukunft (A muss mit der Wahl, die sie treffen kann, eine autonome Lebensführung in der Zukunft möglich bleiben; woran es fehlt, wenn sie nur zwischen Optionen wählen kann, die ihre Autonomie hinsichtlich zukünftiger Handlungen signifikant verkürzen).

Sowohl hinsichtlich der Authentizitäts- (wann ist das „bestimmte Maß“ der Manipulation überschritten?) als auch hinsichtlich der Kontrollbedingung (u. a. wie groß muss die „gewisse Anzahl real zur Verfügung stehender Handlungsoptionen“ sein, wann wird die Autonomie bezüglich zukünftiger Handlungen „signifikant verkürzt“?) werden also normative Kriterien eingeführt, die weiterer Konkretisierung bedürfen. Dies soll in den nachfolgenden Unterkapiteln anhand konkreter Fallbeispiele, insbesondere aus der Rechtsprechung von BVerfG, BGH und BAG, geschehen.

Abschließend lässt sich das hier entfaltete Autonomieverständnis als ein solches identifizieren, das internalistisch den Willen der Person in den Vordergrund stellt – Authentizität als Willensbildung, Kontrolle als Willensdurchsetzung – und daher im Ansatz zunächst prozedurale Maßstäbe anlegt. Es ist darüber hinaus externalistisch informiert und fordert substanziell, dass von personaler Autonomie nur gesprochen werden kann, wenn der Person – auch –

[60] Wie oben b) dargelegt, kann sich solche Autorenschaft sowohl in Form direkter Handlungsausführung oder indirekt durch Kontrolle des/der Handelnden gestalten.

sinnvolle Handlungsoptionen zur Verfügung stehen, stellt jedoch keine allzu hohen substanziellen Anforderungen an die Qualität dieser Handlungsoptionen.

2. *Kollektiv-politische Autonomie – Demokratietheorie*

Autonomie hat neben der soeben *sub* 1. diskutierten individuell-personalen noch eine weitere, kollektiv-politische Dimension. Diese krisallisiert sich in der modernen politischen Philosophie vor allem in der Demokratietheorie.[61] Als Großbegriff der politischen Philosophie kommt Demokratie – und entsprechend Demokratietheorie – in schier unüberaschaubaren Iterationen daher.[62] Im Folgenden stehen deshalb topisch vier Aspekte moderner Demokratietheorie im Mittelpunkt der Erörterungen, die sowohl zentral für die Konzeption von Demokratie als Selbstbestimmung als auch für Fragen der Horizontalwirkung von besonderer Relevanz sind. Diese vier Aspekte, die durch diverse theoretische Ansätze hindurchschneiden, lassen sich auf die folgenden Gegensatzpaare zuspitzen: Individuum vs. Gemeinschaft (a)); input vs. output (b)); Judikative vs. Legislative (c)); Partizipation vs. Repräsentation (d)). Aus diesen vier Aspekten lassen sich Kriterien für die Bewertung der Horizontalwirkungskonstruktionen destillieren (e)).

a) Zwischen Individuum und Gemeinschaft

Die beiden Dimensionen der Selbstbestimmung – individuell-personale und kollektiv-politische – stehen in einem potentiellen Spannungsverhältnis zueinander.[63] Was die Einzelne selbstbestimmt für gut, richtig etc. erachtet und wonach sie entsprechend handeln will, kann dem entgegenlaufen, was die politische Gemeinschaft durch selbstbestimmte Entscheidung für maßgeblich erachtet. Mein – aus meiner Sicht – dringend benötigter Anbau meines Hauses kann beispielsweise bauplanungs- oder bauordnungsrechtlichen Vorschriften zuwider laufen, die im Wege des demokratischen Prozesses durch die Legislative als

[61] Zur ideengeschichtlichen Entwicklung, im Zuge derer im 19. Jahrhundert der Republik- durch den Demokratiebegriff verdrängt wurde, siehe *M. A. Wiegand*, Demokratie und Republik – Historizität und Normativität zweier Grundbegriffe des Verfassungsstaates, 2017, S. 49 ff.

[62] Für einen Überblick über diverse Demokratietheorien seit der Antike siehe nur *M. G. Schmidt*, Demokratietheorie – Eine Einführung, 5. Aufl. 2010; *P. Massing*, Demokratie-Theorien: von der Antike bis zur Gegenwart – Texte und Interpretationen, 2. Aufl. 2003. Für Demokratietheorien des 20. und 21. Jahrhunderts siehe *O. W. Lembcke/C. Ritzi/G. S. Schaal* (Hrsg.), Zeitgenössische Demokratietheorie – Band 1: Normative Demokratietheorien, 2012; *O. W. Lembcke/C. Ritzi/G. S. Schaal* (Hrsg.), Zeitgenössische Demokratietheorie – Band 2: Empirische Demokratietheorien, 2016; siehe auch *F. Cheneval*, Demokratietheorien – zur Einführung, 2015.

[63] Vgl. dazu *C. Möllers*, Die drei Gewalten, 2008, S. 71 ff.; siehe auch *J. Isensee*, Grundrechte und Demokratie – Die polare Legitimation im grundgesetzlichen Gemeinwesen, 1981.

Volksvertretung in Gesetze gegegossen worden sind. Juristisch betrachtet geht es also um das Spannungsverhältnis zwischen individuell-personale Selbstbestimmung absichernden Individualrechten (insbesondere Grundrechten) und kollektiv-selbstbestimmten Entscheidungen der *polis*, also in der Regel demokratisch legitimierter Gesetzgebung, die nicht nur die Interessen Einzelner, sondern der Gesamtheit der Mitglieder der politischen Gemeinschaft zu berücksichtigen hat.

Liberale Demokratietheorie konstruiert Demokratie – in Antizipation dieses potentiellen Spannungsverhältnisses – als Herrschaftsform des selbstbestimmten Zusammenlebens von Freien und Gleichen durch institutionell eingebettete und abgesicherte Mehrheitsentscheidungen. Gleiche Freiheit und frei verfolgbare formale Gleichbehandlung sind ihre Grundvoraussetzungen. Als klassischer Ausdruck zeitgenössischer Liberalismuskonzeptionen gilt *John Rawls* Gerechtigkeitstheorie.[64] Kantianisch-prozeduralistisch krisallisiert *Rawls* auf kontraktualistischer Grundlage Gerechtigkeit in zwei Prinzipien, die universale Gültigkeit beanspruchen sollen: Das Gleichheitsprinzip, wonach jedem die gleichen Grundrechte zukommen, und das Differenzprinzip, wonach Bedingungen fairer Chancengleichheit bestehen und Ungleichheiten, wenn sie auftreten, so beschaffen sein müssen, dass sie den am wenigsten Begünstigten den optimalen Vorteil ermöglichen.[65] *Rawls* Argumentation zur Begründung dieser beiden Prinzipien fasst *Axel Honneth* folgendermaßen zusammen:

> „Die normative Rechtfertigung der beiden Grundsätze, des Gleichheits- und des Differenzprinzips, war in der Form der Konstruktion einer vertragsrechtlichen Ausgangssituation gedacht, in der bereits Bedingungen der Fairneß als vorausgesetzt gelten konnten: unter den fiktiven Bedingungen eines Urzustandes, in dem die zweckrational orientierten Subjektive sich unter einem Schleier der Unkenntnis [im englischen Original heißt es bei *Rawls*: ‚veil of ignorance'; gängiger ist im Deutschen die Übersetzung: ‚Schleier des Nichtwissens'; A. K.] über ihre tatsächlichen Begabungen und zukünftigen Positionen darüber beraten, auf welche Organisationsform von Gesellschaft sie sich vertraglich einigen sollen, würden sie sich mit hoher Wahrscheinlichkeit auf jene beiden zuvor ausgezeichneten Grundsätze festlegen."[66]

In einem idealisierten Zustand, der „original position",[67] in der ihre Sozialisation, ihr Geschlecht, ihre Überzeugungen, ihre Erfahrungen und ihre (Macht-) Stellung in der Gesellschaft weggedacht werden, würden sich nach *Rawls* die

[64] Grundlegend *J. Rawls*, A Theory of Justice, 1971; siehe auch *ders.*, Political Liberalism, 1993.

[65] Vgl. dazu *J. Rawls*, Gerechtigkeit als Fairneß: politisch und nicht metaphysisch, in: A. Honneth (Hrsg.), Kommunitarismus – Eine Debatte über die moralischen Grundlagen moderner Gesellschaften, 1993, 36, 41; siehe auch *U. Bohmann/H. Rosa*, Das Gute und das Rechte – Die kommunitaristischen Demokratietheorien, in: O.W. Lembcke/C. Ritzi/G.S. Schaal (Hrsg.), Zeitgenössische Demokratietheorie, Bd. 1: Normative Demokratietheorien, 2012, 127, 131.

[66] *A. Honneth*, Einleitung, in: Ders. (Hrsg.), Kommunitarismus – Eine Debatte über die moralischen Grundlagen moderner Gesellschaften, 1993, 7, 9.

[67] Vgl. *J. Rawls*, A Theory of Justice, 1971, S. 118ff.

einzelnen Mitglieder der Gemeinschaft mithin jeweils vertraglich auf diese beiden Prinzipien als konstitutierende Pfeiler der Gesellschaft einigen. Die Gerechtigkeitskonzeption ist somit, es wurde bereits angedeutet, universal und prozeduralistisch. Sie beansprucht allgemeine Gültigkeit und realisiert Moral nicht über inhaltliche Werte, sondern im Wege zu beachtender Verfahren. Folge dieser Liberaliskonzeption für die Organisation des Gemeinwesens ist die Verpflichtung des Staates auf inhaltiche Neutralität.

Hier setzt die kommunitaristische Kritik des Liberalismus an. Der Mensch sei laut *Michael Sandel*, der 1982 die kommunitaristische Kritik des *Rawls*'schen Liberalismus anstieß, soziales Wesen. Er könne entsprechend nur als ein solches, also eben nicht als Kunstwesen einer „original position“, gedacht werden: „[W]e are conditioned beings ‚all the way down‘. There is no point of exemption, no transcendental subject capable of standing outside society or outside experience.“[68] Denke man den Menschen jedoch richtigerweise nur einschließlich seines sozialen und moralischen Gepäcks, könne die Gemeinschaft nicht wertneutral, also nicht nur mit einem Fokus auf das „Richtige“, organisiert werden, sondern müsse sich vielmehr auch inhaltlich positionieren, also das „Gute“ anstreben.[69] Allerdings läuft eine zu starke Betonung eines ethischen *telos* – hier verlaufen die Diskussionslinien in ähnlicher Weise wie hinsichtlich der personalen Autonomie – Gefahr, individuelle Freiheit zu unterminieren und jedenfalls der kollektiv-politischen Selbstbestimmung als sekundär unterzuordnen.[70] Majoritärer Werteoktroi und „Tugendterror“[71] sind die potentiellen Kehrseiten einer substanziellen Gerechtigkeitskonzeption.

---

[68] *M. Sandel*, Liberalism and the Limits of Justice, 1. Aufl. 1982, S. 11. Vgl. die sehr ähnliche Formulierung in BVerfGE 141, 186 (202) [2016] – isolierte Vaterschaftsanfechtung: „[K]ein Mensch [vermag] seine Individualität unabhängig von äußeren Gegebenheiten und Zugehörigkeiten zu entwicklen.“

[69] Vgl. ebenda, S. 178; *M. Sandel*, Democracy's Discontent – America in Search for a Public Philosophy, 1996, S. 11 ff.; siehe auch, *ders.*, Die verfahrensrechtliche Republik und das ungebundene Selbst, in: A. Honneth (Hrsg.), Kommunitarismus – Eine Debatte über die moralischen Grundlagen moderner Gesellschaften, 1993, 18 ff.

[70] Zumal das Bild eines atomistischen Subjekts, das vor allem *Sandel John Rawls'* Liberalismus unterstellen will, jedenfalls nicht in dieser extremen und unterkomplexen Form auf *Rawls* Schriften seit den 1980er Jahren zutrifft, vgl. dazu *A. Honneth*, Einleitung, in: Ders. (Hrsg.), Kommunitarismus – Eine Debatte über die moralischen Grundlagen moderner Gesellschaften, 1993, 7, 10 f.; *J. Rawls*, Gerechtigkeit als Fairneß: politisch und nicht metaphysisch, in: A. Honneth (Hrsg.), Kommunitarismus – Eine Debatte über die moralischen Grundlagen moderner Gesellschaften, 1993, 36 ff.; siehe auch die Kritik bei *M. Walzer*, Die kommunitaristische Kritik am Liberalismus, in: A. Honneth (Hrsg.), Kommunitarismus – Eine Debatte über die moralischen Grundlagen moderner Gesellschaften, 1993, 157, 162 ff.

[71] Vgl. *M. Haus*, Kommunitarismus – Einführung und Analyse, 2003, S. 21 unter Verweis auf *Amitai Etzionis* Vorschläge der öffentlichen Anprangerung von Straftätern, siehe *A. Etzioni*, Die Entdeckung des Gemeinwesens – Ansprüche, Verantwortlichkeiten und das Programm des Kommunitarismus, 1995, S. 165.

Eine kommunitaristisch informierte liberale[72] Demokratietheorie offeriert dagegen *Michael Walzer*.[73] Seine Liberalismuskonzeption wendet sich gegen eine „strikte Theorie des Liberalismus“[74], die stets auf Wertneutralität des politischen Gemeinwesens pocht. Liberalismus ist für *Walzer* in seiner Essenz eine „Kunst der Trennung“[75]. Er schlägt einen „Liberalismus 2“ vor, der es der selbstbestimmten demokratischen Entscheidung der *polis* überlässt, ob sie eine ethisch neutrale oder ethisch imprägnierte – in Rechtsnormen geronnene – Politik wählt.[76]

In der Quintessenz gilt es also, die soziale Situiertheit des Subjekts demokratietheoretisch zu berücksichtigen, ohne den liberalen Ansatz von Demokratie als kollektiv-politischer Selbstbestimmung Freier und Gleicher aufzugeben.

b) Zwischen Verfahren und Inhalt

Der Antagonismus von Prozess und Substanz, der sich im ersten *topos* hinsichtlich des Verhältnisses von individueller und kollektiver Selbstbestimmung manifestiert hat, charakterisiert auch einen zweiten zentralen Aspekt demokratischer Autonomie: Soll Demokratie als Volksherrschaft ihren Fokus auf das Verfahren oder vielmehr auf den Inhalt, also das Ergebnis der Willensbildung legen? Ist es für demokratische Selbstbestimmung wichtiger (oder allein maßgeblich), dass der Volkswille realisiert wird oder vielmehr, wie sich dieser konstituiert? Den

---

[72] *Otto Kallscheuer* bezeichnet *Walzers* politische Philosophie beispielsweise als „kommunitaristischen Liberalismus“, vgl. *O. Kallscheuer*, Nachwort: Michael Walzers kommunitaristischer Liberalismus oder die Kraft der inneren Oppostion, in: *M. Walzer*, Kritik und Gemeinsinn – Drei Wege der Gesellschaftskritik, 1990, 126ff. Zur problematischen Verortung Walzers in einem in der Debatte häufig übertriebenen Antagonismus zwischen Liberalismus und Kommunitarismus siehe *U. Bohmann/H. Rosa*, Das Gute und das Rechte – Die kommunitaristischen Demokratietheorien, in: O.W. Lembcke/C. Ritzi/G.S. Schaal (Hrsg.), Zeitgenössische Demokratietheorie, Bd. 1: Normative Demokratietheorien, 2012, 127, 137 sowie *M. Haus*, Kommunitarismus – Einführung und Analyse, 2003, S. 80.

[73] Für einen Überblick über seine politische Philosophie insgesamt siehe *M. Haus*, Die politische Philosophie Michael Walzers, 2000; *ders*., Komplexe Gleichheit – Wie egalitär ist Walzers Gerechtigkeitstheorie?, in: M. Knoll/M. Spieker (Hrsg.), Michael Walzer. Sphären der Gerechtigkeit – Ein kooperativer Kommentar, 2014, 27ff. Siehe auch *Michael Walzers* wohl einflussreichstes Werk: *M. Walzer*, Spheres of Justice – A Defence of Pluralism and Equality, 1983. Spezifisch zu *Walzers* Demokratietheorie siehe *H. Buchstein/R. Schmalz-Bruns*, Gerechtigkeit als Demokratie – Zur Politischen Philosophie von Michael Walzer, Politische Vierteljahresschrift 1992, Jg. 33, Heft 3, 375ff.

[74] *M. Nettesheim*, Liberaler Verfassungsstaat und gutes Leben – Über verfassungsrechtliche Grenzen ethisch imprägnierter Gesetzgebung, 2017, S. 40.

[75] Vgl. *M. Walzer*, Liberalismus und die Kunst der Trennung, in: *Ders*., Zivile Gesellschaft und amerikanische Demokratie, 1996, 38.

[76] Vgl. *M. Walzer*, in: A. Gutmann (Hrsg.), Charles Taylor: Multiculturalism – Examining the Politics of Recognition, 1994, 99ff. (vgl. S. 100: „Liberalism 2 is optional, and one of the options is Liberalism 1 [d.h. ein strikt wertneutraler Liberalismus].“

Inhalt, also den Volkswillen als output[77] („government for the people“[78]) zu fokussieren, setzt voraus, dass sich dieser überhaupt ermitteln lässt bzw. als politisch relevante Kategorie überhaupt existiert. In diesem Fall böte sich eine knappe Demokratiedefintion an: „Demokratie ist die Regierung des Volkes.“[79] *Carl Schmitt* hat bekanntlich ein derartiges rein substanzielles Demokratieverständnis propagiert. Entscheidend in der Demokratie sei der „wahre[ ] Wille[ ] des Volkes“[80]. Dieser sei nicht durch bestimmte, vor allem Mehrheitsverfahren, zu ermitteln, die bestenfalls eine Fiktion des wahren Volkswillens sein könnten. Vielmehr setze Demokratie als Volksherrschaft durch einen einheitlichen Willen „substanzielle Gleichheit“[81] der Staatsbürger, kurz deren „Homogenität“, also „nationale“ (gemeint ist vor allem auch: ethnische) Homogenität, voraus.[82] Demokratie erfordere somit die „Identiät von Regierenden und Regierten.“[83] Seien diese Homogenitätsvoraussetzungen erfüllt, ergebe sich der Volkswille quasi „naturhaft“[84] als das, was die homogene Gruppe der substanziell gleichen Staatsbürger wirklich wolle, unabhängig davon, wie das tatsächliche Meinungsbild in Mehrheiten und Minderheiten aufgeteilt sei: „die Minderheit kann den wahren Willen des Volkes haben.“[85] Ohne auf die Zirkularität dieser Argumentation im Einzelnen einzugehen, ist bekannt, wohin dies führen kann. *Schmitt* benennt es selbt: „Diktatur [sei] nicht der Gegensatz zu Demokratie“, sondern vermöge diese stattdessen voll zu realisieren, nicht zuletzt weil „die politische Macht den Willen des Volkes, aus dem sie hervorgehen soll, selber erst bilden“ könne.[86] In der Diktatur könne der „wahre Volkswille“ per Akklamation zum Ausdruck kommen, sodass „diktatorische und zäsaristische Methoden [...] unmittelbare Äußerungen demokratischer Substanz und Kraft sein können.“[87]

Ein ähnlicher Rekurs auf den wahren Volkswillen als Zentrum der Demokratiekonzeption findet sich auch bereits bei *Rousseau*, auf den *Schmitt* sich ausdrück-

---

[77] Begriffsprägend: *F. W. Scharpf*, Demokratietheorie zwischen Utopie und Anpassung, 1970, S. 21.

[78] *A. Lincoln*, The Gettysburg Address, A Speech on the Occasion of the Dedication of the National Cemetery in Gettysburg, Pennsylvania November 19, 1863.

[79] *F. Cheneval*, Demokratietheorien – zur Einführung, 2015, S. 21.

[80] *C. Schmitt*, Die geistesgeschichtliche Lage des heutigen Parlamentarismus, 10. Aufl. 2017 (1. Aufl. 1923), S. 36; vgl. auch *ders.*, Verfassungslehre, 4. Aufl. 1954 (unveränderte Auflage der Originalausgabe von 1928), S. 229 („wahre[r] und bessere[r] Wille“).

[81] *C. Schmitt*, Verfassungslehre, 4. Aufl. 1954 (unveränderte Auflage der Originalausgabe von 1928), S. 228.

[82] *C. Schmitt*, Die geistesgeschichtliche Lage des heutigen Parlamentarismus, 10. Aufl. 2017 (1. Aufl. 1923), S. 13 f.; *ders.*, Verfassungslehre, 4. Aufl. 1954 (unveränderte Auflage der Originalausgabe von 1928), S. 229, 231.

[83] *C. Schmitt*, Die geistesgeschichtliche Lage des heutigen Parlamentarismus, 10. Aufl. 2017 (1. Aufl. 1923), S. 20.

[84] Ebenda.

[85] Ebenda, S. 36.

[86] Ebenda, S. 37 f.

[87] Ebenda, S. 23.

lich beruft.[88] Die im Naturzustand freien Individuen schließen nach *Rousseau* einen Gesellschaftsvertrag als „Entäußerungsvertrag“[89]. Sie begeben sich damit ihrer ursprünglichen Freiheit, erhalten aber dafür den gleichen Status als zugleich berechtigte und verpflichtete Teilhaber und Subjekte der politischen Herrschaft.[90] Allerdings entäußert sich nur der Einzelne, nicht das Volk selbst. Dieses bleibt Inhaber der Souveränität, wobei diese eine „unveräußerliche, nicht delegierbare, unteilbare, absolute“ ist.[91] Dafür, dass der Einzelne sich seiner natürlichen Freiheit begibt, wird er gleich berechtigter Teil des Souveräns Volk. Er wird durch den Gesellschaftsvertrag zwar „als Glied des Souveräns gegenüber dem Einzelnen und als Glied des Staates gegenüber dem Souverän“ verpflichtet,[92] erlangt aber für die Preisgabe seiner natürlichen Freiheit bürgerliche und „sittliche“ Freiheit, womit er erst „zum wirklichen Herrn seiner selbst“ wird.[93] Im Gegenzug muss er sich dem Gemeinwillen, der *volonté générale* unterwerfen. Diese *volonté générale* ist mehr als die Summe der Einzelwillen der Staatsbürger (*volonté des tous*) und somit nicht im Mehrheitsverfahren zu ermitteln, sondern als wahrer Volkswille einheitlich und unteilbar.[94] Es geht also um das Wahre, Richtige und Beste für das Volk und für den Einzelnen als Teil des Volkes. Das ist nicht nur hoch idealisiert[95] und verweigert der Demokratie jegliches Diskurselement, sondern führt potentiell in das Gegenteil von dem, was *Rousseaus* ursprüngliches Anliegen ist („Der Mensch ist frei und überall ist er in Ketten“[96]), nämlich in Unfreiheit: Der Einzelne muss sich dem Gemeinwillen beugen und wenn die Mehrheit der *volonté de tous* etwas anderes will, irrt sie sich eben.

Dies führt zurück zu *Schmitt*, der genau darauf abzielt: Liberalismus sei nicht nur kein notwendiges Element der Demokratie, er konstruiert diesen vielmehr

---

[88] Ebenda, S. 19 f., 34.; *C. Schmitt*, Verfassungslehre, 4. Aufl. 1954 (unveränderte Auflage der Originalausgabe von 1928), S. 229 f.

[89] *W. Kersting*, Vom Vertragsstaat zur Tugendrepublik. Die politische Philosophie Jean-Jacques Rousseaus, in: Ders. (Hrsg.), Die Republik der Tugend. Jean-Jacques Rosseaus Staatsverständnis, 2003, 11, 17.

[90] Vgl. *J.-J. Rousseau*, Vom Gesellschaftsvertrag oder Die Grundsätze des Staatsrechtes, 1762 (übersetzt und herausgegeben von Hans Brockard, 1986), Buch I, 6. Kapitel.

[91] *M. G. Schmidt*, Demokratietheorie – Eine Einführung, 5. Aufl. 2010, S. 83.

[92] *J.-J. Rousseau*, Vom Gesellschaftsvertrag oder Die Grundsätze des Staatsrechtes, 1762 (übersetzt und herausgegeben von Hans Brockard, 1986), Buch I, 7. Kapitel.

[93] Ebenda, Buch I, 8. Kapitel.

[94] Vgl. ebenda, Buch II, 3. Kapitel sowie IV. Buch, 1. Kapitel. Siehe auch *W. Kersting*, Gesellschaftsvertrag, Volkssouveränität und „volonté générale“. Das systematische Zentrum der politischen Philosophie Jean-Jacques Rousseaus, in: Ders. (Hrsg.), Die Republik der Tugend. Jean-Jacques Rosseaus Staatsverständnis, 2003, 81 ff.

[95] In der Tat hat *Rousseau* nach eigener Auffassung in der Realität des 18. Jahrhunderts kein Gemeinwesen vorgefunden, das den von ihm aufgestellen Bedingungen entsprechen könnte und somit *in praxi* andere Regierungsformen vorgeschlagen, vgl. dazu *M. G. Schmidt*, Demokratietheorie – Eine Einführung, 5. Aufl. 2010, S. 91 f.

[96] *J.-J. Rousseau*, Vom Gesellschaftsvertrag oder Die Grundsätze des Staatsrechtes, 1762 (übersetzt und herausgegeben von Hans Brockard, 1986), Buch I, 1. Kapitel.

als Gegenspieler der Volksherrschaft.[97] Deshalb wird für ihn repräsentative Demokratie, die in Form des Parlamentarismus auf Mehrheitsentscheidungen setzt, suspekt, ja geradezu antidemokratisch.[98] Das führt indes, wie gezeigt, einerseits in die Unfreiheit und beruht andererseits auf der fragwürdigen Prämisse, dass sich ein „wahrer Volkswille" tatsächlich ermitteln lasse. Indes kann es nicht um Ermittlung, sondern nur um Bildung des Volkswillens gehen. Dieser bildet sich durch Verfahren, übrigens unabhängig davon, ob diese direkt- oder indirekt-demokratischer Natur sind: Auch die Volksabstimmung ist nur eine Momentaufnahme des Meinungsbildes derjenigen, die sich an der Abstimmung beteiligen und nicht der genuine „Wille des Volkes".[99] Repräsentative Demokratie ist daher keine „Notlösung"[100], sondern vollwertiges und vorzugswürdiges Verfahren zur Bildung des Volkswillens als output des demokratisch-politischen Prozesses. Das dabei zugrunde gelegte Mehrheitsprinzip ist insoweit gerade Ausdruck der Gedanken der Gleichheit und Selbstbestimmung als Pfeiler der Demokratie:[101] Die Minderheit kann die Mehrheitsentscheidung akzeptieren, weil jede Stimme gleich viel zählt, weil aufgrund des gleichen Verfahrens die Minderheit bei der nächsten Wahl zur Mehrheit werden kann und weil folglich jede und jeder – quasi „symmetrisch"[102] – anerkennt, dass jede Stimme gleich viel zählt, dass mithin jedes Mitglied der Gemeinschaft politisch gleich, d. h. auch gleichwertig, ist.

Jedoch offenbart sich hierin ein weiteres Spannungsverhältnis. Sobald die parlamentarisch-repräsentative als liberale Demokratie konstruiert wird, stellt sich die Frage, ob allein prozedurale Sicherungsmechanismen ausreichen. Eine Tyrannei der Mehrheit[103] kann insbesondere strukturelle Minderheiten dauerhaft benachteiligen und in jedem Fall die individuellen Freiheiten des Einzelnen regelmäßig gegenüber den Interessen der Mehrheit hintenanstellen. Selbst nach eigenem Verständnis strikt wertrelativistische Demokratietheorien wie diejenige *Kelsens* kommen folglich nicht ohne Ergänzung prozeduralistischer Demokratiekonzeptionen durch substanzielle Kriterien aus.[104] In Bezug auf den

---

[97] Vgl. *C. Schmitt*, Die geistesgeschichtliche Lage des heutigen Parlamentarismus, 10. Aufl. 2017 (1. Aufl. 1923), S. 13.

[98] Vgl. ebenda, S. 41–62.

[99] Vgl. *A. Thiele*, Verlustdemokratie – Die drei Verlustebenen der Demokratie, 2016, S. 50 ff. Siehe dazu auch *C. Gusy*, Demokratische Repräsentation, Zeitschrift für Politik 1989, Bd. 36, 264, 268 f., 280.

[100] *H. Pünder*, Wahlrecht und Parlamentsrecht als Gelingensbedingungen repräsentativer Demokratie, VVDStRL 2012, Bd. 72, 190, 196.

[101] Vgl. *W. Heun*, Das Mehrheitsprinzip in der Demokratie. Grundlagen – Struktur – Begrenzungen, 1983, S. 261.

[102] *F. Cheneval*, Demokratietheorien – zur Einführung, 2015, S. 77.

[103] Vgl. dazu ausführlich *L. Guinier*, Tyranny of the Majority – Fundamental Fairness in Representative Democracy, 1994.

[104] Bei *Kelsen* ist dies die Freiheit als „Basiswert der Demokratie" (*H. Dreier*, Rechtslehre, Staatssoziologie und Demokratietheorie bei Hans Kelsen, 1986, S. 252): Eine „certain restriction of the power of government" sei „the fundamental principle of the [sic] political liberalism", wovon wiederum „[m]odern democracy cannot be separated." Siehe *H. Kelsen*, Foundations

Schutz der Minderheit im demokratischen Mehrheitsverfahren fungieren vor allem individuelle Freiheits- und Gleichheitsrechte als derartige substanzielle Komplementäre. Indes, sind derartige Grundrechte dem demokratischen Prozess – jedenfalls grundsätzlich – entzogen, stellt sich die Frage, wer darüber entscheidet, wann die von ihnen gezogenen Grenzen überschritten sind und wie dies wiederum mit der Integrität des demokratisch-politischen Prozesses in Einklang zu bringen ist. Diese „counter-majoritarian difficulty“[105] führt direkt zum dritten hier relevanten demokratietheoretischen *topos*.

c) Zwischen Gericht und Gesetzgeber

Das Spannungsverhältnis kristallisiert sich hier somit institutionell im Verhältnis von Gesetzgeber und Gerichten. Einige kontraktualistische Theorien, wie *Ingeborg Maus*' radikaldemokratischer Ansatz, der sich vor allem auf *Kant* und *Rousseau* stützt,[106] betrachten justiziable Grundrechte und insbesondere die Einrichtung einer Verfassungsgerichtsbarkeit[107] als illegitime Beschränkungen der Volkssouveränität. Substanzielle Grenzen der in einfache Gesetze geronnenen demokratischen Mehrheitsentscheidungen durch verfassungsgerichtlich interpretierte Grundrechte „refeudalisierten“ politische Herrschaftsausübung.[108] Nicht das Volk, sondern das Recht (und damit seine Interpreten) werde(n) souverän. Dies gelte insbesondere für objektiv-rechtliche Verständnisse der Grundrechte. Diese ermöglichten es den Gerichten, die gesamte Rechtsordnung an den Grundrechten zu messen und sogar dem Gesetzgeber vorzuschreiben, was Inhalt bestimmter Rechtsnormen zu sein habe,[109] was allerdings aufgrund der kasuistischen Entscheidungsform der Judikative von Fall zu Fall abgewogen und entsprechend fluide werde.[110] Dagegen soll Volkssouveränität nach *Maus*' Kantinterpretation die „freie und gleiche Partizipation an der Gesetzesentstehung“[111]

---

of Democracy, Ethics 1955, Bd. 66, 1, 27; vgl. auch ähnlich *ders.*, Vom Wesen und Wert der Demokratie, 2. Aufl. 1929, S. 10f.

[105] Vgl. *A. Bickel*, The Least Dangerous Branch, 2. Aufl. 1986, S. 16: „The root difficulty is that judicial review is a counter-majoritarian force in our system.“

[106] Siehe grundlegend *I. Maus*, Zur Aufklärung der Demokratietheorie – Rechts- und demokratietheoretische Überlegungen im Anschluß an Kant, 1994, insbesondere S. 298–307; *dies.*, Über Volkssouveränität – Elemente einer Demokratietheorie, 2011, insbesondere S. 57–72.

[107] Im weiteren Sinne und somit nicht nur als spezialisierte Verfassungsgerichtsbarkeit, sondern als judikative Kompetenz, unabhängig von der Gerichtsorganisation, letztverbindlich über die Auslegung der Grundrechte entscheiden zu können.

[108] *I. Maus*, Zur Aufklärung der Demokratietheorie – Rechts- und demokratietheoretische Überlegungen im Anschluß an Kant, 1994, S. 32ff., s. auch S. 235ff.

[109] Ebenda, S. 306; *I. Maus*, Über Volkssouveränität – Elemente einer Demokratietheorie, 2011, S. 57f. (jeweils unter ausdrücklicher Bezugnahme auf das Lüth-Urteil, BVerfGE 7, 198 [1958]).

[110] *I. Maus*, Über Volkssouveränität – Elemente einer Demokratietheorie, 2011, S. 68.

[111] *I. Maus*, Zur Aufklärung der Demokratietheorie – Rechts- und demokratietheoretische Überlegungen im Anschluß an Kant, 1994, S. 304.

bedeuten, was erfordere, dass das Gemeinwohlverständnis nur ein prozedurales sein könne:

„Die Allgemeinheit materieller Interessen existiert nicht a priori, sondern kann nur in Verfahren erarbeitet werden, deren abstrakte und interessenferne Struktur ihrerseits auf Allgemeinheit hin angelegt ist. Nur indem die abstrakte Allgemeinheit von Entscheidungsprozessen mittels formellem Recht gegenüber der inhaltlichen Allgemeinheit ihrer möglichen Ergebnisse ausdifferenziert wird, können sie der Idee nach letztere gewährleisten."[112]

Demokratie als Volkssouveränität setzt danach also voraus, dass der Einzelne als „Aktivbürger"[113] seine Rechte wahrnimmt, indem er an ihrer Entstehung selbst teilhat und dass er folglich nur solchem Recht unterworfen ist, das auf diesem Wege entstanden ist. Die Konsequenz ist eine strikte Gewaltenteilung, welche die Gesetzgebung dem Volk (bzw. in der repräsentativen Demokratie: der Volksvertretung) vorbehält und deshalb jegliche Form von Usurpation der Legislativfunktion durch die Gerichte ablehnt, welche u.a. in der Grundrechtsjudikatur, insbesondere in richterlicher Rechtsfortbildung anhand der Grundrechte, zu sehen ist.[114]

Auch andere Theorieansätze sehen judizielle Beschränkungen des demokratisch-politischen Prozesses kritisch. In seinem rechtstheoretischen Hauptwerk „Faktizität und Geltung" stellt *Jürgen Habermas* in Auseinandersetzung mit *Ronald Dworkins*[115] Rechtstheorie[116] und im Anschluss an seine eigene Diskurstheorie[117] der „monologischen" Entscheidungsfindung des Richters die kommunikative Argumentationspraxis des demokratisch-politischen Prozesses gegenüber.[118] „Normen und Wertentscheidungen" müssten hier verhandelt und festgelegt werden, entscheidend sei es daher, eine „von allem Substantiellen gereinigte Kommunikationsstruktur" zu schaffen,[119] mit anderen Worten – und die *Habermas*'schen Idealisierungen seiner Diskursethik hier außen vor lassend – (auch) die Integrität des demokratisch-politischen Prozesses zu gewährleisten.

---

[112] Ebenda, S. 275.

[113] Ebenda, S. 299.

[114] *I. Maus*, Über Volkssouveränität – Elemente einer Demokratietheorie, 2011, S. 50. Noch zugespitzter formuliert *Maus* auf S. 363, das Grundgesetz mit seiner Einrichtung einer starken Verfassungsgerichtsbarkeit und justiziablen Grundrechten setze „die Grundrechte als Waffe gegen das Prinzip der Volkssouveränität" ein.

[115] *J. Habermas*, Faktizität und Geltung, 1992, S. 259ff., 272ff.

[116] Für umfassende Darstellungen und kritische Reflexionen der Rechtstheorie *Dworkins* siehe *C. Bittner*, Recht als interpretative Praxis. Zu Ronald Dworkins allgemeiner Theorie des Rechts, 1988; *S. Guest*, Ronald Dworkin – Jurists: Profiles in Legal Theory, 1992; *ders.*, How to Criticize Ronald Dworkin's Theory of Law, Analysis 2009, Bd. 69, 352; *A. Hunt* (Hrsg.), Reading Dworkin Critically, 1992.

[117] Vgl. insbesondere sein diskurstheoretisches Hauptwerk: *J. Habermas*, Theorie des kommunikativen Handelns, 1981, 2 Bd.

[118] *J. Habermas*, Faktizität und Geltung, 1992, S. 272ff., insbesondere S. 279f.

[119] Ebenda, S. 280.

Nach *Michael Walzer* gewährleistet der Gesetzgebungsprozess die Partizipation der Mitglieder der *polis* jedenfalls in der Regel erheblich besser als die (Verfassungs-)Rechtsprechung: „The legislature is, if not the reality, then at least the effective representation of the people assembled to rule themselves."[120] Die Rolle der Judikative hat danach eine zurückgenommene zu sein. *Judicial restraint* anstelle von sozialer Transformation durch Rechtsprechung, insbesondere durch Grundrechtejudikatur, sei grundsätzlich angezeigt, denn:[121] „The more rights the judges award to the people as individuals, the less free the people are as decision-making bodies."[122] Richterlicher Aktivismus steht damit diesem demokratietheoretischen Verständnis entgegen, weil sich Gerichte dabei diejenige „Interpretation" im Sinne *Walzers*[123] und damit die Normgenese anmaßen, die zuvörderst dem demokratisch-politischen Prozess vorbehalten bleiben soll. Dies gilt somit insbesondere für richterliche Rechtsfortbildung anhand von Grundrechten mit Verfassungs-, d.h. mit hierarchischem Vorrangstatus gegenüber dem einfachen Recht.[124] Die Rechtsprechung könne nicht durch Auslegung oder Fortbildung von Grundrechten eigenständig soziale Transformation betreiben – insbesondere in Entgegensetzung zu im demokratisch-politischen Prozess getroffenen Entscheidungen.[125]

Auf der anderen Seite soll Grundrechtsjudikatur laut *Walzer* im Anschluss an *John Hart Ely* dann ihren Platz haben, wenn sie der Fortifizierung des demokratisch-politischen Prozesses diene.[126] So will *Elys* Theorie repräsentativer Verstärkung[127] die Aufgabe der Verfassungsgerichtsbarkeit im Wesentlichen darauf beschränken, „gegen Versuche von Insidern, die Möglichkeiten politischen Wandels langfristig abzuschneiden, [zu] intervenieren und durch schlichte Feindschaft ausgeschlossene Minderheiten mit vollen partizipativen Rechten

---

[120] *M. Walzer*, Philosophy and Democracy, Political Theory 1981, Bd. 9, Heft 3, 379, 391.

[121] Ebenda, 390ff., 396ff. Siehe auch *M. Haus*, Die politische Philosophie Michael Walzers, 2000, S. 177ff.; *U. Bohmann/H. Rosa*, Das Gute und das Rechte – Die kommunitaristischen Demokratietheorien, in: O.W. Lembcke/C. Ritzi/G.S. Schaal (Hrsg.), Zeitgenössische Demokratietheorie, Bd. 1: Normative Demokratietheorien, 2012, 127, 137.

[122] *M. Walzer*, Philosophy and Democracy, Political Theory 1981, Bd. 9, Heft 3, 379, 391.

[123] Vgl. *M. Walzer*, Interpretation and Social Criticism, in: S. M. McMurrin (Hrsg.), The Tanner Lectures on Human Values, Bd. VIII, 1988, 1ff. sowie unten d).

[124] Vgl. auch *M. Haus*, Die politische Philosophie Michael Walzers, 2000, S. 177.

[125] Vgl. dazu *M. Walzer*, Constitutional Rights and the Shape of Civil Society, in: R.E. Calvert (Hrsg.), The Constitution of the People – Reflections on Citizens and Civil Society, 1991, 113ff.

[126] Vgl. *M. Walzer*, Philosophy and Democracy, Political Theory 1981, Bd. 9, Heft 3, 379, 399.

[127] Vgl. grundlegend *J.H. Ely*, Democracy and Distrust – A Theory of Judicial Review, 1980. Zur Einordnung Elys in die US-amerikanische verfassungstheoretische Diskussion siehe *U. Haltern*, Verfassungsgerichtsbarkeit, Demokratie und Mißtrauen – Das Bundesverfassungsgericht in einer Verfassungstheorie zwischen Populismus und Progressivismus, 1998, 241ff., 256ff.

[zu] versehen."[128] Mit anderen Worten, dieser „participation-oriented, representation-reinforcing approach to judicial review"[129] erlaubt nur dann einen verfassungsgerichtlichen Eingriff in den politischen Prozess, wenn dieser Eingriff gerade dazu dienen soll, die Teilhabe am politischen Prozess, insbesondere für ausgegrenzte Minderheiten,[130] zu gewährleisten.[131] Allerdings basiert *Elys* Theorie repräsentativer Verstärkung auf Annahmen zur US-Bundesverfassung als wesentlich prozedurale Prinzipien normierende Ordnung und zur epistemologischen Identifizier- und Trennbarkeit von prozeduralen und substanziellen Verfassungsprinzipien.[132] Diese Prämissen werden bereits in der amerikanischen Verfassungstheorie erheblich in Zweifel gezogen.[133] In jedem Fall sind sie jedoch spezifisch für die Verfassungsordnung der USA und können für das zweifelsohne wesentlich auch substanzielle Prinzipien normierende Grundgesetz nicht oder jedenfalls nicht ohne grundlegende Modifikationen der Theorie gelten.

Ronald Dworkin plädiert dagegen vehement für die demokratische Legitimität einer umfassenden grundrechtlichen *judicial review*:

> „[D]ecisions about rights against the majority are not issues that in fairness ought to be left to the majority. […] [T]o make the majority judge in its own cause seems inconsistent and unjust."[134]

Denn eine der zentralen Funktionen der mit Verfassungsrang ausgestalteten Grundrechte sei es, besonders wichtige Rechtspositionen jedenfalls teilweise der Disposition der demokratischen Mehrheit zu entziehen. So verstanden sei Minderheitenschutz als ein wesentliches Element einer liberalen Demokratietheorie

---

[128] *M. Haus*, Die politische Philosophie Michael Walzers, 2000, S. 179f.

[129] *J. H. Ely*, Democracy and Distrust – A Theory of Judicial Review, 1980, S. 87.

[130] Vgl. *United States v. Carolene Products Co.*, 304 U.S. 144, 152, Fn. 4 (1938) („prejudice against discrete and insular minorities").

[131] Siehe dazu, einschließlich der in der amerikanischen Verfassungstheorie gegen *Elys* Konzeption vorgebrachten Einwände *W. Brugger*, Grundrechte und Verfassungsgerichtsbarkeit in den Vereinigten Staaten von Amerika, 1987, S. 363–379; *ders.*, Demokratie, Freiheit, Gleichheit – Studien zum Verfassungsrecht der USA, 2002, S. 139–142.

[132] Vgl. *J. H. Ely*, Democracy and Distrust – A Theory of Judicial Review, 1980, S. 88ff., insbesondere S. 92: „[M]y claim is […] that the original Consitution was principally, indeed I would say overwhelmingly, dedicated to concerns of process and structure and not to the identification and preservation of specific substantive values."

[133] Vgl. nur die luzide Kritik bei *R. Dworkin*, The Forum of Principle, in: *Ders.*, A Matter of Principle, 1985, 33, 57ff. (urspürglich erschienen als: *R. Dworkin*, The Forum of Principle, New York University Law Review 1981, Bd. 56, 469, 500ff.) sowie bei *C. Sunstein*, The Partial Constitution, 1993, S. 104. Für eine Übersicht über die zentralen Kritikpunkte siehe auch *W. Brugger*, Grundrechte und Verfassungsgerichtsbarkeit in den Vereinigten Staaten von Amerika, 1987, S. 372–379.

[134] *R. Dworkin*, Taking Rights Seriously, 1977, S. 142; siehe auch *ders.*, Freedom's Law: The Moral Reading of the American Constitution, 1996, S. 25; ebenso auch *R. Alexy*, Theorie der Grundrechte, 1986, S. 521. Kritisch dazu *J. Waldron*, Law and Disagreement, 1999, S. 211ff., 282ff.; *ders.*, The Core of the Case Against Judicial Review, Yale Law Journal 2005–2006, Bd. 115, 1346, 1400f.

auch und insbesondere der Verfassungsgerichtsbarkeit überantwortet.[135] Übernehmen Grundrechte – auch – die Funktion gesellschaftspolitischer Steuerung, dienen sie – auch – dem Schutz sonst gesellschaftlich marginalisierter Personen oder Personengruppen und sind sie justiziabel und mit Verfassungsrang ausgestattet, so müssen sie laut *Dworkin* Wirkung entfalten, indem – auch – die Gerichte ihnen Geltung verschaffen. Indessen hat *Ran Hirschl* überzeugend darauf hingewiesen, dass das Argument, Verfassungsgerichtsbarkeit diene Minderheitenschutz, eine empirische Behauptung enthält, die *in concreto* zu beweisen ist. Diese Behauptung könne indes nicht in allen Fällen verifiziert werden. Vielmehr nennt *Hirschl* Beispiele aus Israel, Kanada, Neuseeland und Südafrika, wo Verfassungsgerichtsbarkeit nicht immer Minderheitenschutz gefördert hat, sondern vielmehr zum Teil auch Wertvorstellungen der Mehrheit in ganz erheblichem Maße und zum Teil zu Lasten der Minderheit(en) perpetuiert hat.[136]

Minderheitenschutz ist somit zwar ein potentielles Korrektiv des auf Mehrheitsentscheid beruhenden demokratisch-politischen Prozesses. Einen vollständigen Ersatz für die legitimatorische Kraft dieses Prozesses kann seine Wahrnehmung durch die Gerichte allerdings nicht leisten. Ein umfassender Grundrechtsschutz durch die Gerichte, der insbesondere auch grundrechtlich inspirierte richterliche Rechtsfortbildung begünstigt, bleibt also demokratietheoretisch prekär.

d) Zwischen Teilhabe und Stellvertretung

Die Bedeutung des demokratisch-politischen Prozesses für die kollektiv-politische Selbstbestimmung führt zu der Frage, in welcher Form die Mitglieder der *polis* an diesem Prozess partizipieren sollen. Demokratische Gleichheit bedeutet jedenfalls, dass jeder/jedem grundsätzlich die gleichen Rechte und Möglichkeiten zur Partizipation zustehen. In einer repräsentativen Demokratie gestaltet sich diese Partizipation formal durch das gleiche Recht aller Staatsbürgerinnen und Staatsbürger zur Teilnahme an Wahlen von politischen Repräsentanten, die stellvertretend für sie über die Regeln entscheiden, die für alle gelten. Indes, wenn selbst die Staatsrechtslehrervereinigung – wie der Titel ihrer Tagung im Jahre 2012 suggeriert – die repräsentative Demokratie potentiell in der Krise sieht,[137] liegt es nahe zu fragen, wie Partizipation konzipiert werden muss, um den Anforderungen demokratischer Legitimität zu genügen.

---

[135] Siehe dazu auch, mit weiteren Differenzierungen *N. Petersen*, Verhältnismäßigkeit als Rationalitätskontrolle – Eine rechtsempirische Studie verfassungsrechtlicher Rechtsprechung zu den Freiheitsgrundrechten, 2014, S. 34–40.

[136] Siehe *R. Hirschl*, Towards Juristocracy – The Origins and Consequences of the New Constitutionalism, 2004, S. 50–99.

[137] Vgl. VVDStRL 2013, Bd. 72, Repräsentative Demokratie in der Krise?, Referate und Diskussionen auf der Tagung der Vereinigung der Deutschen Staatsrechtslehrer in Kiel vom 3. bis 6. Oktober 2012.

Für *Maus* bedeutet Partizipation vor allem Partizipation an der Gesetzgebung, nicht Selbstregierung und -verwaltung des Volkes.[138] Auch wenn sie eine Präferenz für direktdemokratische Partizipationsformen erkennen lässt, geht es ihr doch vor allem darum, dass dem Volk die Normkreation vorbehalten bleibt und nicht einer bestimmte (Richter-)Elite. Wie sich die Willensbildung des Volkes konstituiert, rückt dabei eher in den Hintergrund.[139]

Eine erheblich größere Rolle spielt die Frage nach der Form der Partizipation in der Liberalismus-Kommunitarismus-Debatte und hier insbesondere im Werk *Michael Walzers*. Freiheit und Gleichheit im demokratisch-politischen Prozess sollen durch die Bürger als Mitglieder der *polis* auf der Basis einer bestimmten gesellschaftskritischen moralphilosophischen Erkenntnismethode zu realisieren sein,[140] die *Walzer* „Interpretation" nennt. Diese kontrastiert er mit zwei weiteren Erkenntnispfaden, der „Entdeckung" und der „Erfindung". Ein Entdecker fördere von einer höheren, d. h. nicht menschlichen, Instanz geschaffene Moralgesetze zutage, also beispielsweise göttliche Gesetze oder Naturrecht.[141] Der Erfinder konstruiere seine Theorie selbt. Er entdecke nichts, was außerweltlich geschaffen wurde,[142] er als Mensch kreiere selbst, wie wir die Welt sehen (sollen) und welche Normen für uns gelten.[143] Doch der Erfinder erschaffe, so *Walzer*, seine Theorie in Distanz zur Welt, aus der Perspektive eines Beobachters, behaupte universellen Geltungsanspruch seiner Theorie und der aus dieser gewonnenen Normen und setze, weil er sich von der Welt distanziere, idealisierte Bedingungen voraus.[144] Da solche idealisierten Bedingungen in der realen Welt jedoch nicht existierten – „[w]e have to start from where we are"[145] – könnten die Normen, die wir uns setzen, nur durch „immanent critique", durch

[138] Siehe *F. Weber*, Selbstbestimmung durch Teilhabe – Theorie der partizipativen Demokratie, in: O. W. Lembcke/C. Ritzi/G. S. Schaal (Hrsg.), Zeitgenössische Demokratietheorie, Bd. 1: Normative Demokratietheorien, 2012, 223, 234; vgl. auch *I. Maus*, Zur Aufklärung der Demokratietheorie – Rechts- und demokratietheoretische Überlegungen im Anschluß an Kant, 1994, S. 200–202, 223, 299.

[139] Vgl. *I. Maus*, Zur Aufklärung der Demokratietheorie – Rechts- und demokratietheoretische Überlegungen im Anschluß an Kant, 1994, S. 196 ff., 222 ff. sowie oben c).

[140] Vgl. *U. Bohmann/H. Rosa*, Das Gute und das Rechte – Die kommunitaristischen Demokratietheorien, in: O. W. Lembcke/C. Ritzi/G. S. Schaal (Hrsg.), Zeitgenössische Demokratietheorie, Bd. 1: Normative Demokratietheorien, 2012, 127, 139 f.

[141] Vgl. *M. Walzer*, Interpretation and Social Criticism, in: S. M. McMurrin (Hrsg.), The Tanner Lectures on Human Values, Bd. VIII, 1988, 1, 4 ff. *Walzer* zählt hierzu auch den Utilitarismus, jedenfalls denjenigen *Bentham*'scher Prägung, ebenda, 8: „Bentham obviously believed that he had discovered objective truth […]."

[142] Ebenda, 10: „[T]here is no pre-existent design, no divine or natural blueprint to guide us."

[143] Für Walzer sind insbesondere die Gerechtigkeitstheorie *John Rawls*' oder die Diskursethik *Jürgen Habermas*' Beispiele für derartige „Erfindungen", vgl. *M. Walzer*, Interpretation and Social Criticism, in: S. M. McMurrin (Hrsg.), The Tanner Lectures on Human Values, Bd. VIII, 1988, 1, 11.

[144] Ebenda, 14, 43 ff.

[145] Ebenda, 16.

„criticism from within“[146], gewonnen werden. Diese Erkenntnismethode nennt *Walzer* diejenige der „Interpretation“. Wir starten mit unserer Interpretation nicht von einem neutralen Ort aus, wir sind soziale, sozial situierte Wesen: „where we are is always *someplace of value* […].“[147] Interpretation erfolgt somit aus der Teilnehmer-, nicht der Beobachterperspektive. Sie ist moralische Argumentation zur Erzeugung der in einer politischen Gemeinschaft maßgeblichen Normen „innerhalb der normativen Infrastruktur [der] existierenden Moral.“[148]

Für die Ausgestaltung der Partizipation im demokratischen Prozess bedeute dies, dass die maßgeblichen Regeln des Zusammenlebens der *polis*, im Wesentlichen also die Gesetze, durch die Bürger selbst im Wege der Interpretation hervorzubringen seien: „Demokratie wird zur Bedingung der Möglichkeit einer im Medium von Interpretation geleisteten Normgenese.“[149] Diese Normgenese erfolge durch den demokratisch-politischen Prozess, also in einer repräsentativen Demokratie zunächst durch Wahlen und politische Deliberation im Rahmen des Gesetzgebungsprozesses, müsse aber durch möglichst weitgehende Einbindung jedes einzelnen Bürgers und jeder einzelnen Bürgerin in den politischen Deliberationsprozess und durch Formen der aktiven Partizipation angereichert werden. Durch die größtmögliche Partizipation aller Mitglieder der *polis* werden diese nach *Walzer* zu „citizens/politicians“,[150] also zu aktiven Teilnehmern der Interpretation der moralischen und – nach Durchlaufen des demokratischen Prozesses – der rechtlichen Normen der politischen Gemeinschaft.[151]

Zu einem ähnlichen Ergebnis gelangen andere Theorienansätze, wie diejenigen *Cass Sunsteins* und *Frank Michelmans*, die das deliberative Element der Demokratie in den Mittelpunkt rücken.[152] Debatte, Argumentation, kurz: politische Deliberation sind hiernach das Herzstück einer Demokratie. Die Rechtsnormen, die das Zusammenleben der Menschen regeln, müssen im argumentativen Austausch ermittelt und entschieden werden. Werden bestimmte Präferenzen fest-

---

[146] Beide Zitat ebenda, 56.

[147] Ebenda, 16 (Hervorhebung im Original).

[148] *H. Buchstein/R. Schmalz-Bruns*, Gerechtigkeit als Demokratie – Zur Politischen Philosophie von Michael Walzer, Politische Vierteljahresschrift 1992, Jg. 33, Heft 3, 375, 382.

[149] Ebenda, 386.

[150] *M. Walzer*, Spheres of Justice – A Defence of Pluralism and Equality, 1983, S. 308.

[151] Zu beachten gilt indes, dass *Walzer* die Partizipation am politischen Prozess in erheblichem Maße jedenfalls auch (vgl. den Raum für individuelle Partizipation, den *M. Walzer*, Spheres of Justice – A Defence of Pluralism and Equality, 1983, S. 308–310 zulässt) Gruppen überantworten will (vgl. *M. Haus*, Die politische Philosophie Michael Walzers, 2000, S. 171), denen das Grundgesetz – von Parteien einmal abgesehen – nur wenig Raum gibt (siehe dazu *M. Nettesheim*, Liberaler Verfassungsstaat und gutes Leben – Über verfassungsrechtliche Grenzen ethisch imprägnierter Gesetzgebung, 2017, S. 30, Fn. 33).

[152] In *E. Richter*, Inklusion von Freien und Gleichen – Zur republikanischen Demokratietheorie, in: O.W. Lembcke/C. Ritzi/G.S. Schaal (Hrsg.), Zeitgenössische Demokratietheorie, Bd. 1: Normative Demokratietheorien, 2012, 157 werden ihre Theorien als „republikanisch“ gekennzeichnet. Allerdings erkennt auch *Richter* die Deliberation als zentrales Element dieser Theorien, vgl. ebenda S. 159, 163, 166, 170ff.

gelegt, muss dies begründet werden, weil sie nicht vorgegeben sind, sondern dem *demos* zur Debatte stehen: „Preferences are not static; they are subject of conversation and debate. People must justify social outcomes by references to reason."[153] Eine so gestaltete Deliberation als Merkmal der Demokratie setzt Partizipation und „Inklusion" voraus,[154] jedenfalls wenn man von der politischen Gleichheit aller Staatsbürgerinnen und Staatsbürger ausgeht.[155] Dies erfordert es, alle diese, einschließlich Mitglieder politischer, ethnischer, religiöser und sonstiger Minderheiten so weit wie möglich in diesen Deliberationsprozess als Aktivbürger[156] einzubinden.[157] Zugleich bedeutet es aber auch ein *Prä* der Deliberation vor staatlicher Regulierung: Deliberation als möglichst alle Bürgerinnen und Bürger einschließender, also inklusiver Prozess muss danach der Entscheidung über die für sie geltenden Rechtsnormen vorausgehen.[158]

e) Demokratietheorie und Horizontalwirkung

In welchen Kriterien für die nachfolgende Bewertung der Horizontalwirkungskonstruktionen kristallisieren sich nunmehr die soeben angestellten Erwägungen? Horizontalwirkung bedeutet Wirkung der Grundrechte im Verhältnis zwischen Privaten und dabei nach den meisten Lösungsansätzen Realisierung dieser Wirkung auch durch Gerichte. Grundrechte beeinflussen dabei – direkt oder indirekt – das Rechtsverhältnis A-B entgegen oder in Ergänzung oder Modifikation des einfachen Rechts. Deshalb steht *erstens* im Weiteren zunächst im Vordergrund, inwieweit die jeweiligen Horizontalwirkungskonstruktionen die zentralen Legitimationsquellen kollektiv-politischer Selbstbestimmung, die Integrität des demokratisch-politischen Prozesses und die parlamentarische Gesetzgebung als zentrales Produkt prozeduralisierter Repräsentation, beeinträchtigen oder fördern.

Grundrechte stellen diesem Prozess substanzielle Kriterien entgegen, die *zweitens* in zwei Aspekte demokratischer Selbstbestimmung münden: Minderheitenschutz und demokratischen output. Wie sehr ermöglichen die einzelnen dogmatischen Lösungsansätze der Horizontalwirkung den Schutz politischer und gesellschaftlicher Minderheiten bzw. den Schutz des Individuums vor über-

---

[153] *C. Sunstein*, The Partial Constitution, 1993, S. 135.

[154] Ebenda; *F. I. Michelman*, Law's Republic, Yale Law Journal 1988, Bd. 97, 1493, 1529.

[155] Siehe *C. Sunstein*, Beyond the Republican Revival, Yale Law Journal 1988, Bd. 97, 1539, 1552: „Political equality, in republican terms, is understood as a requirement that all individuals and groups have access to the political process; large disparities in political influence are disfavored."

[156] Siehe *F. I. Michelman*, Law's Republic, Yale Law Journal 1988, Bd. 97, 1493, 1518: „Citizenship stands for freedom as activity [...]."

[157] Vgl. *E. Richter*, Inklusion von Freien und Gleichen – Zur republikanischen Demokratietheorie, in: O. W. Lembcke/C. Ritzi/G. S. Schaal (Hrsg.), Zeitgenössische Demokratietheorie, Bd. 1: Normative Demokratietheorien, 2012, 157, 169f.

[158] Vgl. ebenda, 174.

griffigen Entscheidungen zugunsten des Gemeinwohls? Welche Ansätze basieren auf einem substanziellen Verständnis demokratischer Selbstbestimmung, das losgelöst vom Procedere der Mehrheitsentscheidung danach fragt, was dem Willen des Volkes objektiv am besten entspricht?

Infolgedessen haben die verschiedenen dogmatischen Konstruktionen der Wirkung der Grundrechte im Privatrechtsverhältnis *drittens* auch Auswirkungen auf die Formen und Möglichkeiten der Mitwirkung des Einzelnen an der Normgenese – im Kollektiv oder als Individuum. Welcher Ansatz fördert, welcher behindert die diversen Spielarten der Partizipation am demokratisch-politischen Prozess?

Schließlich – und dies schlägt den Bogen zur personalen Autonomie – gilt es *viertens* zu erörtern, wie die Ansätze im Widerstreit zwischen kollektiv-politischer und individuell-personaler Selbstbestimmung autonomes Handeln des Einzelnen in Relation zum Staat konstruieren. Je nachdem, ob sie auf die Möglichkeit des Individuums zur Verfolgung eigener Rechtspositionen setzen oder die Horizontalwirkung durch den Staat mediatisieren, hat dies Auswirkungen auf das Verhältnis von Individuum und Gemeinschaft ebenso wie auf das Maß aktueller Freiheit des Einzelnen gegenüber dem Staat.

Die Diskussion und Bewertung der Horizontalwirkungskonstruktionen hinsichtlich dieser vier Kriterien erfolgt im Weiteren wiederum anhand konkreter Fallbeispiele, v.a. aus der Rechtsprechung von BVerfG, BGH und BAG.

II. Drei Großthemen

Ein Boykottaufruf gegen einen Film[159]; ein Flashmob auf einem privaten Grundstück ohne Zustimmung des Eigentümers[160]; eine Bürgschaft der mittellosen Tochter über einen hohen Betrag zur Sicherung des Darlehens ihres Vaters[161]; die detaillierte Schilderung des Intimlebens mit der früheren Partnerin in einem Roman[162]; ein Stadionverbot für einen Fußballfan[163]: Die Bandbreite an Themen und Konstellationen, hinsichtlich derer Horizontalwirkungsfragen auftreten, ist schier unendlich. Es lassen sich jedoch Gruppen gemeinsamer Themen und/oder Konstellationen identifizieren, die herausgehobene Prominenz im gesellschaftlichen Leben und/oder in der Rechtsprechung genießen. Um im Weiteren Fragen von Horizontalwirkung und Selbstbestimmung zu reflektieren, wähle ich nachfolgend drei derartige Großthemen der Horizontalwirkung, die man

[159] BVerfGE 7, 198 [1958] – Lüth.
[160] BVerfG(K), Beschl. v. 18.7.2015, 1 BvQ 25/15 – Bierdosenflashmob.
[161] BVerfGE 89, 214 [1993] – Angehörigenbürgschaft.
[162] BVerfGE 119, 1 [2007] – Esra.
[163] BVerfGE 148, 267 [2018] – Stadionverbot.

unter folgenden Stichworten zusammenfassen kann: Privatautonomie, öffentlicher Diskurs und Identität.

Im Themenkomplex Privatautonomie und wirtschaftliche Selbstbestimmung (B.) werden die grundrechtlichen Grenzen wirtschaftlicher, insbesondere konsensualer wirtschaftlicher Betätigung ausgelotet. Wann erlauben die Grundrechte die Loslösung von einem Vertragsversprechen? Wie weit reicht die Freiheit, meine Rechtsbeziehungen mit Dritten zu gestalten, wenn diese durch diese Rechtsgestaltung dazu veranlasst werden, wichtige Lebensentscheidungen nicht oder entgegen ihren Willen zu treffen? Wie weit reicht meine Freiheit, meine Meinung kund zu tun, wenn sie wirtschaftlichen Interessen Dritter zuwider läuft?

Die letzte dieser Fragen deutet bereits auf das zweite Großthema der Horizontalwirkung: Öffentlichkeit und öffentlicher Diskurs (C.). Eine moderne Demokratie ist schwer vorstellbar ohne sie. Doch der Meinungskampf *coram publico* mündet häufig in Beeinträchtigungen der persönlichen Ehre der Adressaten oder der kollateral durch die jeweilige Äußerung Betroffenen. Hinzu tritt das Faktum moderner Kommunikation, die zunehmend in von privaten Unternehmen geschaffenenen Kommmunikationsräumen stattfindet. Hierbei nimmt der Betreiber des Internetportals oder der -plattform *de facto* eine Regulierungsposition ein, wonach er das Verhalten der Nutzer untereinander steuert und gegebenenfalls sanktioniert. Ferner bedeutet Öffentlichkeit auch mediale Öffentlichkeit, die ein Interesse am Privatleben insbesondere Prominenter Personen hat, welche wiederum ihre Privatheit zu schützen bedacht sind.

Schließlich ist Identitätssuche und Identitätsverwirklichung eines der zentralen gesellschaftlichen Themen des 21. Jahrhunderts:[164] „Was für ein Mensch bin ich, was für ein Mensch will ich sein?"[165] – diese von *Ernst Tugendhat* formulierte, die qualitative Identität[166] kristallisierende Frage bezieht sich auf religiös-weltanschauliche Überzeugung und Lebensgestaltung ebenso wie auf die Entscheidung, mit wem man zusammenleben, gegebenenfalls auch verheiratet sein möchte, oder zu wissen, wer meine Eltern, wer meine Kinder sind bzw. ob ich der Vater des Kindes bin oder ein Anderer (D.).

Alle diese Großthemen betreffen sowohl personale als auch politische Selbstbestimmung. Der zweite Teil der *Tugenhat*'schen Identitätsfrage zeigt bereits den unmittelbaren Nexus von Identität und personaler Autonomie auf: die

---

[164] Vgl. dazu *M. Nettesheim*, Liberaler Verfassungsstaat und gutes Leben – Über verfassungsrechtliche Grenzen ethisch imprägnierter Gesetzgebung, 2017, S. 71.

[165] *E. Tugendhat*, Selbstbewusstsein und Selbstbestimmung – Sprachanalytische Interpretationen, 1979, S. 289.

[166] Zur Unterscheidung von qualitiativer und numerischer Identität vgl. nur *M. Schütze*, Subjektive Rechte und personale Identität – Die Anwendung subjektiver Rechte bei Immanuel Kant, Carl Schmitt, Hans Kelsen und Hermann Heller, 2004, S. 16ff.

„Fluidität des Möglichen“[167] der modernen, pluralen Gesellschaft ermächtigt den Menschen und fordert ihn zugleich heraus, eigene Entscheidungen über seine Lebensgestaltung zu treffen. Diese können allerdings jederzeit mit anderen Lebensentwürfen Dritter in Konflikt geraten. Im Wirtschaftsleben kollidieren selbstbestimmte Lebensführung und ökonomische Interessen nicht nur, wenn beispielsweise eine Arbeitnehmerin ihren Glauben auch am Arbeitsplatz bekennen möchte, sondern bereits immer dann, wenn eine wirtschaftliche Betätigung Interessen Dritter beeinträchtigt, welche diese für ihre Lebensgestaltung als konstitutiv betrachten. Umgekehrt stellt sich die Frage, inwieweit privater Aktionismus zuzulassen ist, der sich gegen ihrer Art nach grundsätzlich legale unternehmerische Tätigkeit richtet. Öffentliche Meinungsbekundung stellt überdies zwar einerseits zweifelsohne selbstbestimmtes Verhalten dar, kann aber eine Person bloßstellen oder herabsetzen und damit im Gegenzug deren autonome Lebensführung beeinträchtigen. Schließlich haben alle drei Großthemen erhebliche Relevanz hinsichtlich politischer Autonomie, sei es – wie v.a., aber nicht nur, im Rahmen des öffentlichen Diskurses – mit Blick auf demokratische Partizipation, sei es mit Blick auf richterliche Kompetenzusurpation und andere Beeinträchtigungen der Integrität des demokratisch-politischen Prozesses, sei es mit Blick auf die Frage, wie individuelle und kollektive Interessen auszubalancieren sind.

Die drei Großthemen sind indessen an dieser Stelle nicht Selbstzweck, sondern Vehikel. Sie dienen der Erörterung der übergeordneten Frage dieses Kapitels, welche Horizontalwirkungskonstruktionen personale und politische Selbstbestimmung am besten fördern und somit der letztlichen Frage, welcher der staatsorganisationsrechtlich möglichen Ansätze vorzuziehen ist (siehe zusammenfassend unten E.II.–IV.). Die Antwort kann dabei nicht nur für die ethische Bewertung anders ausfallen als für die demokratietheoretische, sondern sie kann sich auch bezüglich bestimmter Themenfelder und Grundrechte bzw. Grundrechtskonstellationen unterscheiden. Ferner geht es mir um Erkenntnisse für die konkrete Anwendungspraxis. Zum einen werden sich die Horizontalwirkungskonstruktionen in vielen Fällen als ergebnisäquivalent erweisen.[168] Hierbei vermögen Kriterien personaler und/oder politischer Autonomie, Anhaltspunkte für eine überzeugende Auflösung der grundrechtlichen Konfliktlage zu liefern – insbesondere im Rahmen der Prüfung der Verhältnismäßigkeit im engeren Sinne. Dies folgt nicht zuletzt bereits aus einer der wesentlichen Einsichten von Kapitel 3, dass zentraler Gegenstand der Horizontalwirkung die Abgrenzung widerstreitender individueller Autonomiesphären in einem demokratisch konstituierten Gemeinwesen ist.[169] Zum anderen wird es sich

[167] *M. Nettesheim*, Liberaler Verfassungsstaat und gutes Leben – Über verfassungsrechtliche Grenzen ethisch imprägnierter Gesetzgebung, 2017, S. 70.

[168] Siehe z.B. unten B.I.2.a).

[169] Siehe oben Kap. 3, E.II.2.c).

herausstellen, dass einzelne Ansätze in der Anwendungspraxis auch dort Grundrechtsschutz versprechen, wo andere Ansätze Grundrechtswirkung zwischen Privaten aufgrund ihrer spezifischen dogmatischen Konstruktion nicht zu verschaffen vermögen. Auch diesen praktischen Einsichten dient dieses Kapitel (siehe unten E.I.).

B. Privatautonomie und wirtschaftliche Selbstbestimmung

Drei Themenfelder aus der Rechtsprechung von BVerfG, BGH und BAG will ich unter dem Rubrum von Privatautonomie und wirtschaftlicher Selbstbestimmung fokussieren: ökonomisch-soziale Machtasymmetrien (I.), wirtschaftliche Selbstbestimmung und familiäre Identität (II.) sowie wirtschaftliche Betätigung und öffentliche Debatte (III.).

I. Ökonomisch-soziale Machtasymmetrien

1. Selbstbestimmung und Vertragsgerechtigkeit

Es ist ein, wenn nicht gar *das* Ewigkeitsthema des Privatrechts: Was bedeutet und wo verlaufen die Grenzen der Privatautonomie?[170] Privatrechtsdogmatisch

[170] Die Literatur zur Privatautonomie ist Legion. Für nur einige wenige Beispiele aus diesem und dem vergangenen Jahrhundert siehe: für den Privatrechtsdiskurs bis heute prägend *W. Flume*, Rechtsgeschäft und Privatautonomie, in: Festschrift zum hundertjährigen Bestehen des Deutschen Juristentages, 1960, Bd. 1, 135; *ders.*, Allgemeiner Teil des Bürgerlichen Rechts, Bd. 2 – Das Rechtsgeschäft, 4. Aufl. 1992, S. 1 ff. Vor 1945 vor allem: *A. Manigk*, Die Privatautonomie im Aufbau der Rechtsquellen, 1935; *E. v. Hippel*, Das Problem der rechtsgeschäftlichen Privatautonomie – Beiträge zu einem Natürlichen System des privaten Verkehrsrechts und zur Erforschung der Rechtstheorie des 19. Jahrhunderts, 1936; *W. Schmidt-Rimpler*, Grundfragen einer Erneuerung des Vertragsrechts, Archiv für die civilistische Praxis 1941, Bd. 147, 130 (ergänzend nach 1945 *ders.*, Zum Vertragsproblem, in: F. Baur/J. Esser/F. Kübler/E. Steindorff (Hrsg.), Funktionswandel der Privatrechtsinstitutionen – Festschrift für Ludwig Raiser zum 70. Geburtstag, 1974, 3). Nach 1945: *L. Raiser*, Vertragsfreiheit heute, JuristenZeitung 1958, 1; *ders.*, Vertragsfreiheit und Vertragsfunktion, in: Festschrift zum hundertjährigen Bestehen des Deutschen Juristentages, 1960, Bd. 1, 101; *E.-J. Mestmäcker*, Über die normative Kraft privatrechtlicher Verträge, JuristenZeitung 1964, 441; *F. Bydlinski*, Privatautonomie und objektive Grundlagen des verpflichtenden Rechtsgeschäfts, 1967; *M. Wolf*, Rechtsgeschäftliche Entscheidungsfreiheit und vertraglicher Interessenausgleich, 1970; *H. P. Westermann*, Sonderprivatrechtliche Sozialmodelle und das allgemeine Privatrecht, Archiv für die civilistische Praxis 1978, Bd. 178, 150; *G. Hönn*, Kompensation gestörter Vertragsfreiheit, 1982; *H. Reichold*, Von der „Sozialautonomie" zurück zur Privatautonomie – Möglichkeiten und Grenzen einer Privatrechtsgesellschaft heute, Jahrbuch Junger Zivilrechtswissenschaftler 1992, Bd. 3, 63; *R. Singer*, Selbstbestimmung und Verkehrsschutz im Recht der Willenserklärungen, 1995; *W. Zöllner*, Regelungsspielräume im Schuldvertragsrecht, Archiv für die civilistische Praxis 1996, Bd. 196, 1; *J. Busche*, Privatautonomie und Kontrahierungszwang, 1999; *C.-W. Canaris*, Wandlungen des Schuldvertragsrechts – Tendenzen zur „Materialisierung", Archiv für die civilistische Praxis

kann man für das Vertragsrecht auf folgende Fragen zuspitzen: Gibt es und wo verlaufen die Grenzen der Gültigkeit privatrechtlicher Verträge jenseits von Willensmängeln i.S.d. §§ 118 ff. BGB? Kann man sich vom Vertragsversprechen ohne Sanktion lösen, kann eine solche Abrede also unwirksam sein, auch wenn man sie bewusst und willentlich eingegangen ist? Diese Frage hat eine soziologische Kehrseite. Auf die gesellschaftlichen Beziehungen der Privatrechtssubjekte gewendet lautet sie umformuliert: Unter welchen Umständen müssen asymmetrische, vor allem ökonomische und soziale, Machtverhältnisse zwischen den Parteien eines Vertrages ausgeglichen werden und führen gegebenenfalls bis hin zur Unwirksamkeit des ohne Willensmängel wie Irrtum oder Drohung abgeschlossenen Vertrages?

Unter dem Stichwort der „Vertragsgerechtigkeit"[171] streitet sich die Privatrechtslehre seit Jahrhunderten darüber, welche Anforderungen an den Vertrag bzw. umgekehrt an die Störung der Vertragsparität zu stellen sind, um Wirksamkeit bzw. Unwirksamkeit des Vertrages angesichts derartiger sozial-ökonomischer Machtgefälle anzunehmen. Die Fronten bewegen sich entlang der Trennlinie von prozeduraler oder formaler Vertragsgerechtigkeit einer- und substanzieller oder materieller Vertragsgerechtigkeit andererseits – dem privat-

---

2000, Bd. 200, 273; *M. Becker*, Der unfaire Vertrag – Verfassungsrechtlicher Rahmen in privatrechtlicher Ausfüllung, 2003; *E. Picker*, Die Privatrechtsgesellschaft und ihr Privatrecht: Zur wachsenden Freiheitsbedrohung im Recht und durch Recht, in: K. Riesenhuber (Hrsg.), Privatrechtsgesellschaft: Entwicklung, Stand und Verfassung des Privatrechts, 2007, 207; *M.-P. Weller*, Die Vertragstreue: Vertragsbindung – Naturalerfüllungsgrundsatz – Leistungstreue, 2009; *M. Grünberger*, Personale Gleichheit – Der Grundsatz der Gleichbehandlung im Zivilrecht, 2013; *K. U. Schmolke*, Grenzen der Selbstbindung im Privatrecht – Rechtspaternalismus und Verhaltensökonomik im Familien-, Gesellschafts- und Verbraucherrecht, 2014; *A. Hellgardt*, Regulierung im Privatrecht, 2016. Aus dem öffentlichen Recht aus jüngerer Zeit siehe nur: *K. Hesse*, Verfassungsrecht und Privatrecht, 1988; *W. Höfling*, Vertragsfreiheit – Eine grundrechtsdogmatische Studie, 1991; *J. Isensee*, Vertragsfreiheit im Griff der Grundrechte – Inhaltskontrolle von Verträgen am Maßstab der Verfassung, in: Festschrift für Bernhard Großfeld zum 65. Geburtstag, 1999, 485; *M. Cornils*, Die Ausgestaltung der Grundrechte – Untersuchungen zur Grundrechtsbindung des Ausgestaltungsgesetzgebers, 2005, S. 165–248; *M. Jestaedt*, Diskriminierungsschutz und Privatautonomie, VVDStRL 2005, Bd. 64, 298; *G. Britz*, Diskriminierungsschutz und Privatautonomie, VVDStRL 2005, Bd. 64, 355; *C. Bumke*, Privatautonomie – Grundelement privatrechtlicher Ordnungsbildung im demokratischen Verfassungsstaat, in: Ders./A. Röthel (Hrsg.), Autonomie im Recht, 2017, 69.

[171] Vgl. nur *F. Bydlinski*, Privatautonomie und objektive Grundlagen des verpflichtenden Rechtsgeschäfts, S. 53 ff., 103 ff., 151 ff.; *J. Oechsler*, Gerechtigkeit im modernen Austauschvertrag – Die theoretischen Grundlagen der Vertragsgerechtigkeit und ihr praktischer Einfluß auf Auslegung, Ergänzung und Inhaltskontrolle des Vertrages, 1997, S. 8 ff.; *T. Barnert*, Die formelle Vertragsethik des BGB im Spannungsverhältnis zum Sonderprivatrecht und zur judikativen Kompensation der Vertragsdisparität, 1999, S. 28 ff.; *M.-P. Weller*, Die Vertragstreue: Vertragsbindung – Naturalerfüllungsgrundsatz – Leistungstreue, 2009, S. 282 ff.; *A. Bergmann*, Die Rechtsfolgen des ungerechten Vertrages – Die Grundlegung einer Lehre der materiellen Vertragsgerechtigkeit, 2014, S. 1 ff.

rechtswissenschaftlichen Widerhall[172] des in Unterkapitel A dargelegten Theorienstreits in der Ethik.[173] Es geht also auch hier um die zentrale Frage: Kommt es substanziell-materiell darauf an, was gewollt wird, oder prozedural-formal nur darauf, wie gewollt wird? Genügt es für die Wirksamkeit eines Vertrages, wenn die Integrität der Willensbildung gewahrt ist oder müssen zusätzlich noch weitere inhaltliche Elemente hinzutreten (z. B. faire Balance zwischen Leistung und Gegenleistung, sozial-ökonomische Gleichordnung der Vertragspartner, Sozialadäquanz des Vertragsinhalts etc.)?

Deutlich tritt das materielle Gerechtigkeitspostulat z. B. bei *Ludwig Raiser* zutage.[174] Vertragsfreiheit sei sozial determiniert: „Freiheit steht unter dem Gebot der Gerechtigkeit"[175], konkret also der Sozialadäquanz. Auf der anderen Seite des Spektrums soll sich nach *Wolfgang Zöllner* und anderen[176] die im Vertragsschluss zwischen Privaten inhärente Selbstbestimmung bereits grundsätzlich aus der formalen Gleichordnung der Privatrechtssubjekte und ihrer Willensausübung ergeben. Ein Vertrag sei somit jenseits der Willensmängel i. S. d. §§ 118 ff. BGB nur in seltenen Extremfällen unwirksam, nicht aber, wenn in einem sozialen oder ökonomischen Machtgefälle der schwächere Teil bewusst und willentlich einen für ihn ungünstigen Vertrag geschlossen habe.[177]

Häufig tritt allerdings zum Vorschein, dass – wie auch im praktisch-philosophischen Diskurs – die Linie prozedural/substanziell bzw. formal/materiell nicht vollkommen trennscharf gezogen werden kann. *Walter Schmidt-Rimpler* beispielsweise will davon ausgehen, dass einem Vertragsschluss grundsätzlich eine „Richtigkeitsgewähr" oder jedenfalls eine „Richtigkeitswahrscheinlichkeit" innewohne, dass demnach der Vertrag, weil von zwei grundsätzlich gleichgeordneten Privatrechtssubjekten ohne Willensmängel geschlossen, auch ein

[172] Die privatrechtliche Diskussion reicht dabei selbstverständlich teilweise erheblich weiter zurück als der kantianisch-hegelianische Antagonismus in der Ethik – mindestens nämlich bis zur Zeit Diokletians um 300 n. Chr., vgl. dazu *E. Koch*, Vertragsgerechtigkeit – Rechtshistorische Betrachtungen, in: Festschrift für Rainer Kanzleiter zum 70. Geburtstag, 2010, 237 ff. Zur Geschichte der Lehre vom *iustum pretium* und der *laesio enormis* siehe auch *T. Finkenauer*, Zur Renaissance der *laesio enormis* beim Kaufvertrag, in: L. Aderhold/B. Grunewald/D. Klingberg/W. G. Paefgen (Hrsg.), Festschrift für Harm Peter Westermann zum 70. Geburtstag, 2008, 183, 185 ff.

[173] Siehe oben A.I.1.a).

[174] Vgl. *L. Raiser*, Vertragsfreiheit heute, JuristenZeitung 1958, 1; *ders.*, Vertragsfreiheit und Vertragsfunktion, in: Festschrift zum hundertjährigen Bestehen des Deutschen Juristentages, 1960, Bd. 1, 101.

[175] *L. Raiser*, Vertragsfreiheit heute, JuristenZeitung 1958, 1, 3.

[176] Z. B. aus dem öffentlichen Recht *J. Isensee*, Vertragsfreiheit im Griff der Grundrechte – Inhaltskontrolle von Verträgen am Maßstab der Verfassung, in: Festschrift für Bernhard Großfeld zum 65. Geburtstag, 1999, 485, 503–509.

[177] *W. Zöllner*, Regelungsspielräume im Schuldvertragsrecht, Archiv für die civilistische Praxis 1996, Bd. 196, 1, 25 ff.

sozial und ökonomisch adäquates Austauschverhältnis repräsentiere.[178] Die starke Vermutung soll somit für die „Vertragsgerechtigkeit" und somit für die grundsätzliche Wirksamkeit eines Vertrages trotz wirtschaftlicher oder gesellschaftlicher Machtasymmetrie sprechen. Er geht also einerseits von der Prämisse aus, dass ein „richtiger" Vertragsinhalt erforderlich ist, will aber diese Richtigkeit vor allem prozedural, nämlich durch Aushandeln, hergestellt wissen.[179]

Werner Flume[180] und andere[181] lehnen *Schmidt-Rimplers* Ansatz ab und wollen vielmehr darauf abstellen, dass die Kontrahierenden mit dem Vertragsschluss ihre Privatautonomie im Wege von Selbstbestimmung durch rechtliche Selbstgestaltung ausüben. „Die willentliche Entscheidung gilt, weil sie gewollt ist und der Wille des einzelnen als solcher respektiert wird [...]: stat pro ratione voluntas."[182] Dabei ist das Resultat nach *Schmidt-Rimpler* und nach *W. Flume* in der Regel ähnlich: Eine starke Vermutung spricht für die Gültigkeit des Vertrages. Nach *W. Flume* kann jedoch ein Vertrag ebenfalls jenseits der Fälle der §§ 118 ff. BGB unwirksam sein, nämlich wenn es dem Vertragschließenden an Selbstbestimmung mangele, seine Zustimmung zum Vertrag mithin wesentlich fremdbestimmt sei.[183] Dies sei zwar auch bei ökonomischem oder sozialem Machtungleichgewicht die Ausnahme, da regelmäßig „die wirtschaftliche Macht des an sich Stärkeren durch den Markt aufgehoben" werde,[184] und man kann diese Ausnahme prozedural erfassen (der Willensbildungsprozess sei in solchen Fällen gestört). Aber es lässt sich nicht leugnen, dass *W. Flumes* Abstellen auf „ungleiche Machtverteilung", „einseitige Machtlage", „faktische Monopolstellung" etc.[185] als Kriterien, die in Ausnahmefällen Vertragsunwirksamkeit rechtfertigen sollen, sich damit letztlich doch in Richtung inhaltlicher Gesichtspunkte bewegt: Die Wirksamkeit des Vertrages begründet sich aus der

---

[178] *W. Schmidt-Rimpler*, Grundfragen einer Erneuerung des Vertragsrechts, Archiv für die civilistische Praxis 1941, Bd. 147, 130, 149 ff., 157 ff.; *ders.*, Zum Vertragsproblem, in: Festschrift für Ludwig Raiser zum 70. Geburtstag, 1974, 3, 8, 12.

[179] Ähnlich auch *C.-W. Canaris*, Wandlungen des Schuldvertragsrechts – Tendenzen zur „Materialisierung", Archiv für die civilistische Praxis 2000, Bd. 200, 273, 284.

[180] *W. Flume*, Allgemeiner Teil des Bürgerlichen Rechts, Bd. 2 – Das Rechtsgeschäft, 4. Aufl. 1992, S. 7 f.; siehe auch bereits *ders.*, Rechtsgeschäft und Privatautonomie, in: Festschrift zum hundertjährigen Bestehen des Deutschen Juristentages, 1960, Bd. 1, 135, 143.

[181] Vgl. nur z. B. *C.-W. Canaris*, Die Bedeutung der iustitia distributiva im deutschen Vertragsrecht, 1997, S. 48 f. m. w. N.; *T. Finkenauer*, Zur Renaissance der *laesio enormis* beim Kaufvertrag, in: L. Aderhold/B. Grunewald/D. Klingberg/W. G. Paefgen (Hrsg.), Festschrift für Harm Peter Westermann zum 70. Geburtstag, 2008, 183, 203 ff. m. w. N. und unter ausdrücklichem Verweis auf *W. Flume* auf S. 207.

[182] *W. Flume*, Rechtsgeschäft und Privatautonomie, in: Festschrift zum hundertjährigen Bestehen des Deutschen Juristentages, 1960, Bd. 1, 135, 141.

[183] *W. Flume*, Allgemeiner Teil des Bürgerlichen Rechts, Bd. 2 – Das Rechtsgeschäft, 4. Aufl. 1992, S. 10.

[184] Ebenda.

[185] *W. Flume*, Rechtsgeschäft und Privatautonomie, in: Festschrift zum hundertjährigen Bestehen des Deutschen Juristentages, 1960, Bd. 1, 135, 143 f.

Selbstbestimmung der Vertragschließenden. An Selbstbestimmung fehlt es und führt entsprechend ausnahmsweise zu Vertragsunwirksamkeit, wenn unter bestimmten Umständen das Machtverhältnis der Parteien erheblich gestört ist.[186]

Letztlich ist somit die Selbstbestimmung der Kontrahierenden *basso continuo* all solcher Positionen zu Privatautonomie und Vertragsgerechtigkeit, einschließlich derjenigen *Schmidt-Rimplers*[187]. Die im Einzelnen sehr unterschiedlichen Ansichten stehen allesamt unter der Prämisse, dass der Vertrag als wesentliche rechtliche Ausdrucksform der Privatautonomie die Selbstbestimmung der Vertragschließenden als Basis seiner Wirksamkeit anerkennt. Was Selbstbestimmung dabei im Einzelnen erfordert und wann sie derart mit Mängeln behaftet ist, dass dies die Wirksamkeit des Vertrages beeinträchtigt, wird demnach zur zentralen Frage.

2. *Der generöse Gesetzgeber*

Die Frage nach individuell-personaler (Privat-)Autonomie ist verknüpft mit derjenigen nach kollektiv-politischer Autonomie und dabei vor allem der Frage, was gesetzgeberische Entscheidungen als Resultat des politisch-demokratischen Prozesses regeln und was sie zulassen. Im Weiteren sollen daher zwei Konstellationen für die folgende Erörterung der Horizontalwirkungskonstruktionen im Falle ökonomisch-sozialer Machtasymmetrien als Problem der Privatautonomie unterschieden werden: den generösen und den absenten Gesetzgeber. Der nächste Unterabschnitt wird sich Konstellationen widmen, in denen entweder keine gesetzlichen Vorschriften existieren, die als Grundlage für einen Aus-

[186] Dies steht auch hinter der Kritik bei *W. Zöllner*, Regelungsspielräume im Schuldvertragsrecht, Archiv für die civilistische Praxis 1996, Bd. 196, 1, 25 ff.

[187] Zwar verleugnet *Schmidt-Rimpler* in seinem berühmten Gutachten für die Akademie für Deutsches Recht von 1941 – opportunistisch im Sinne der nationalsozialistischen Ideologie – Privatautonomie und Liberalismus (vgl. *W. Schmidt-Rimpler*, Grundfragen einer Erneuerung des Vertragsrechts, Archiv für die civilistische Praxis 1941, Bd. 147, 130, 159). Allerdings ist seine Studie meines Erachtens als Versuch zu lesen, der zeitgenössischen nationalsozialistischen Lehre von der „Richtigkeit des Vertrages", nach der ein Vertrag nur wirksam sei, wenn er im Sinne der völkisch-nationalsozialistischen Ideologie „richtig" sei, eine grundsätzliche Vermutung zugunsten der Wirksamkeit von selbstbestimmt geschlossenen Verträgen entgegenzusetzen, allerdings innerhalb des dominanten „Richtigkeits"-Diskurses der nationalsozialistischen Rechtswisseschaft. Entsprechend nennt er als „Ziel" der Untersuchung, „zu prüfen, inwieweit eine richtige Gemeinschaftsordnung auf volksgenossische Initiative und Gestaltung gegründet werden kann, welche Wege dabei eingeschlagen werden können und welcher von ihnen für unsere Gemeinschaft ein richtiges Ergebnis am sichersten verbürgt" (ebenda, 132). Seine Antwort ist aber im Ergebnis eine solche ganz im Sinne des Paradigmas der Privatautonomie: Ein zwischen selbstbestimmt handelnden Privatrechtssubjekten geschlossener Vertrag ist wegen ihrer gleichgeordneten Selbstbestimmung in aller Regel wirksam und deshalb „richtig". In dieser historisch kontextualisierten Lesart des vielzitierten *Schmidt-Rimpler*'schen Aufsatzes von 1941 wird die Lehre von der „Richtigkeitsgewähr" zum Versuch, von innen heraus ein konventionelles Verständnis der Privatautonomie durch Adaptierung und Re-Interpretation eines nationalsozialistischen Labels zu konservieren.

gleich der Machtasymmetrie herangezogen werden können, oder in denen die existierenden Vorschriften einem derartigen Ausgleich zuwiderlaufen (absenter Gesetzgeber, unten 3.). Anders als in einer solchen *praeter* oder *contra legem*-Situation beschäftigt sich hingegen der hiesige Unterabschnitt mit Konstellationen, in denen der Gesetzgeber insbesondere in Form von Generalklauseln (v. a. §§ 138 Abs. 1, 242 BGB) und sonstigen Vorschriften mit unbestimmten oder weiten Rechtsbegriffen Eintrittsstellen bereithält, die derartige Belange gesetzlich zu kanalisieren vermögen (generöser Gesetzgeber). Jeweils dienen Fälle aus der Rechtsprechung des BVerfG sowie des BGH und des BAG als Diskussionsgrundlage für die Bewertung der Horizontalwirkungskonstruktionen aus ethischer und demokratietheoretischer Perspektive.

a) Prüfung der Horizontalwirkungskonstruktionen: Ergebnisäquivalenz und Autonomieverständnis

Ob Handelsvertreter-,[188] Bürgschafts-,[189] Ehe-,[190] Künstler-[191] oder Übersetzerwerkverträge,[192] um nur einige Beispiele aus der Rechtsprechung des BVerfG aus jüngerer Zeit herauszugreifen: stets steht hier in Frage, ob ein ohne Willensmängel aber zwischen sozial und ökonomisch unterschiedlich starken Parteien geschlossener Vertrag unter bestimmten Bedingungen nach § 138 Abs. 1 BGB nichtig ist – und bzw. inwiefern sich dies aus den Grundrechten begründen lässt. Als Grundlage der Prüfung der Horizontalwirkungskonstruktionen soll der Sachverhalt der Handelsvertreterentscheidung[193] des BVerfG dienen.

Um das Ergebnis vorwegzunehmen: alle Ansätze sind ergebnisäquivalent.[194] Wenn im Weiteren Sachverhalt und Lösung nach den diversen Ansätzen vergleichsweise ausführlich dargestellt werden, hat dies die beiden folgenden Gründe. Erstens steht die Prüfung der Horizontalwirkungskonstruktionen an dieser Stelle stellvertretend für die zahlreichen Konstellationen auch in den anderen in weiteren Abschnitten zu erörternden thematischen Kontexten, in denen zivilrechtliche Generalklauseln oder ähnlich weite Tatbestände von Relevanz sind.

---

[188] BVerfGE 81, 242 [1990] – Handelsvertreter; siehe auch BGH, Urt. v. 6.10.1983, I ZR 127/81 – Handelsvertreter.

[189] BVerfGE 89, 214 [1993] – Angehörigenbürgschaft; siehe auch BGH, Urt. v. 16.3.1989, IX ZR 171/88 – Angehörigenbürgschaft.

[190] BVerfGE 103, 89 [2001] – Ehevertrag Unterhaltsverzicht; siehe auch OLG Stuttgart, Urt. v. 28.11.1991, 16 UF 280/91 – Unterhaltsverzichtsvertrag.

[191] BVerfG(K), Beschl. v. 27.7.2005, 1 BvR 2501/04 – Künstlervertrag Xavier Naidoo.

[192] BVerfGE 134, 204 [2013] – Werkverwertungsverträge.

[193] Vgl. BVerfGE 81, 242 [1990].

[194] Ich verstehe den Begriff der Ergebnisäquivalenz im Sinne *Alexys*: „Zwei juristische Konstruktionen sind ergebnisäquivalent, wenn jedes Ergebnis, das im Rahmen der einen erzielt werden kann, auch im Rahmen der anderen erzielt werden kann." (*R. Alexy*, Theorie der Grundrechte, 1986, S. 483).

Zweitens wird der Sachverhalt der Handelsvertreterentscheidung im Folgenden noch von Bedeutung sein.[195]

Zunächst nunmehr zum Sachverhalt: § 90a HGB erlaubt unter bestimmten Formerfordernissen die Vereinbarung eines Wettbewerbsverbots für Handelsvertreter von längstens zwei Jahren. § 90a Abs. 2 Satz 2 HGB a. F. legte fest, dass ein Handelsvertreter keinen Anspruch auf eine Entschädigung für das Wettbewerbsverbot habe, wenn der Unternehmer den Handelsvertretervertrag wegen schuldhaften Verhaltens des Handelsvertreters kündige. A arbeitete von 1977 bis 1979 als Handelsvertreter für die Sektkellerei- und Vertriebsgesellschaft B. § 13 des Handelsvertretervertrages zwischen A und B enthielt ein Wettbewerbsverbot von zwei Jahren nach Auflösung des Vertrages, das A jede Tätigkeit für ein Konkurrenzunternehmen versagte, gleich ob in selbständiger oder in angestellter Tätigkeit, ihm aber als Ausgleich eine Entschädigung für das Wettbewerbsverbot im Falle einer Kündigung durch die Klägerin aufgrund schuldhaften Verhaltens des A absprach. A kündigte zunächst den Handelsvertretervertrag mit B zum 31.12.1979 und schloss noch im November 1979 mit einem Konkurrenzunternehmen einen Vertrag als Handelsvertreter mit Wirkung zum 1.1.1980. A zog jedoch die Kündigung gegenüber B am 4.12.1979 zurück und unterschrieb eine Vereinbarung, wonach er unter Erhalt einer Provision Verkaufsleiter eines Tochterunternehmens der B werden sollte. Trotzdem nahm er am 2.1.1980 zugleich seine Tätigkeit bei dem Konkurrenzunternehmen auf. Daraufhin kündigte B am 7.1.1980 den Vertrag mit A. B verklagte A auf Wettbewerbsunterlassung.

Nach der strikten Ablehnung spielen die Grundrechte im Privatrechtsverhältnis A-B weder direkt noch indirekt eine Rolle.[196] Allerdings lässt sich zugunsten (oder gegen) eine „Sittenwidrigkeit" i. S. d. § 138 Abs. 1 BGB auch ohne Rückgriff auf die Grundrechte argumentieren, je nachdem, wie bedeutsam man die Auswirkungen einer etwaigen Machtasymmetrie zwischen den Vertragsparteien auf den Vertragsschluss betrachtet. Konstruktionen abgeschwächter Ablehnung gelangen zur verfassungskonformen Auslegung des § 138 Abs. 1 BGB, indem im Rahmen der Prüfung einer etwaigen Vorlage zur konkreten Normenkontrolle nach Art. 100 Abs. 1 Satz 1 GG die Grundrechte auch bei der Auslegung und Anwendung des einfachen Rechts Berücksichtigung finden müssen, um einer Verfassungswidrigkeit der fraglichen einfachrechtlichen Vorschriften vorzubeugen.[197] Der Ausgang der Verhältnismäßigkeitsprüfung der widerstreitenden grundrechtlichen Positionen, hier insbesondere der Berufsfreiheit des A (Art. 12 Abs. 1 GG) und der Privatautonomie der B (Art. 2 Abs. 1 GG), die sodann zu erfolgen hat, hängt maßgeblich von der Gewichtung der Grundrechtspositionen von A und B ab.

---

[195] Siehe sogleich unten b).

[196] Vgl. oben Kap. 2, B.III.4.

[197] Vgl. oben Kap. 2, B.III.4. und Kap. 3, D.IV. sowie E.I.6.

Bei genauerer Betrachtung gilt dies letztlich auch für nahezu[198] alle weiteren Horizontalwirkungs-, einschließlich der Anwendungskonstruktionen. Rechnet man wie *Schwabe* et al. privates Verhalten dem Staat zu, weil er für die Gestaltung der Rechtsordnung und für den Urteilsspruch seiner Gerichte nach Art. 1 Abs. 3 GG verantwortlich ist,[199] stehen hier jeweils (potentielle) staatliche Eingriffe in die jeweiligen Grundrechtspositionen von A (Art. 12 Abs. 1 GG) und B (Art. 2 Abs. 1 GG) in Frage. Die staatlichen Gerichte müssen bei der Prüfung dieser jeweiligen (potentiellen) Eingriffe die Grundrechtspositionen von A und B im Wege der Verhältnismäßigkeitsprüfung ausgleichen. Wiederum kommt es wesentlich darauf an, wie man die Positionen von A und B im Einzelfall gewichtet. Sodann ist § 138 Abs. 1 BGB diesem Abwägungsergebnis entsprechend auszulegen.[200] Verantwortungskonstruktionen gehen auch von einer staatlichen Verantwortung aus, die Grundrechte der Beteiligten des Zivilprozesses zu wahren, rechnen indes das private Verhalten der Streitparteien nicht dem Staat zu, sondern sehen den Staat in Form der staatlichen Gerichte lediglich in der Pflicht, anlässlich eines staatlichen Gerichtsverfahrens die Grundrechte der Prozessparteien nicht unverhältnismäßig zu beschränken.[201] Ob in Form der Figuren der normalen Grundrechtsfunktionen,[202] der Auslegungsansätze[203] oder der im vierten Kapitel rekonstruierten verfassungskonformen Auslegung plus der neueren Rechtsprechung des BVerfG,[204] jeweils sind die Gerichte aufgerufen, die Grundrechte von A und B im Wege der Verhältnismäßigkeitsprüfung in Ausgleich zu bringen und das einfache Recht, hier also § 138 Abs. 1 BGB („Sittenwidrigkeit"), diesem Abwägungsergebnis entsprechend auszulegen.

Schließlich gilt für die Anwendungskonstruktionen, sowohl in der einstufigen als auch in der zweistufigen Iteration:[205] Zwar besteht hiernach ein unmittelbares grundrechtliches Rechtsverhältnis zwischen A und B, in dem sich ihre Grundrechte direkt als Anspruch-Pflichten-Verhältnis gegenüberstehen. Jedoch führt auch dies zu einer Verhältnismäßigkeitsprüfung der Grundrechte von A und B,

---

[198] Die state action-Doktrin als Variante der Zurechnungskonstruktionen wertet privates als staatliches, hier gerichtliches Verhalten. Vorliegend handelt es sich um eine Eingriffskonstellation, da im Sachverhalt die Fachgerichte (LG, OLG, BGH) aufgrund § 13 des Handelsvertretervertrages zugunsten der B als Klägerin entscheiden. Dies stellt einen Eingriff in Art. 12 Abs. 1 GG des A dar, also ein staatliches Verhalten (state action) durch Gerichtsurteil. Grundrechte der Gegenseite sind nach der state action-Doktrin nicht in Form einer Verhältnismäßigkeitsprüfung zu berücksichtigen, sodass hier ein Grundrechtsverstoß zulasten des A zu bejahen ist. § 138 Abs. 1 BGB („Sittenwidrigkeit") ist durch die Gerichte daher entsprechend zugunsten des A auszulegen. Siehe zu alledem oben Kap. 2, B.III.3. und Kap. 3, C.I. und III.2.

[199] Siehe oben Kap. 2, B.III.3. und Kap. 3, C.II. und III.2.

[200] Vgl. *J. Schwabe*, Die sogenannte Drittwirkung der Grundrechte, 1971, S. 63, 109 ff.

[201] Vgl. oben Kap. 2, B.III.2. und Kap. 3, B.I. und II.

[202] Vgl. oben Kap. 3, B.II.4.b).

[203] Vgl. oben Kap. 3, B.I.6.b).

[204] Vgl. oben Kap. 4, B.

[205] Vgl. oben Kap. 2, B.III.1.

deren Ergebnis von der Gewichtung ihrer Grundrechtspositionen abhängt. Folgt man dem BVerfG und lässt die Abwägung zugunsten des A ausfallen, ergibt sich ein unmittelbarer grundrechtlicher Anspruch des A gegen B, dass diese § 13 des Handelsvertretervertrages nicht geltend machen kann bzw. dass die Entschädigung durch A gefordert werden kann. Daraus ließe sich gegebenenfalls die Nichtigkeit des § 13 des Handelsvertretervertrages ableiten. Allerdings bleibt unklar, woraus sich diese Rechtsfolge ergibt, da streng genommen das einfache Recht hier hinter dem hierarchisch vorrangigen grundrechtlichen Anspruch zurücktritt. Nach *Nipperdey* und *Leisner* ist der unmittelbare grundrechtliche Anspruch in das Privatrecht zu integrieren,[206] sodass man hier wohl argumentieren müsste, dass der Vorrang der Grundrechtsbestimmungen gegenüber dem einfachen Recht nur hinsichtlich des Tatbestandes gilt, dass aber bezüglich der Rechtsfolge auf das einfache Recht – hier also § 138 Abs. 1 BGB: Nichtigkeit – zurückgegriffen werden soll. Die zweistufige Anwendung vermeidet diese Unklarheiten, indem sie zwar ein unmittelbares grundrechtliches Rechtsverhältnis A-B annimmt – auch kommt es wiederum auf die Gewichtung der Grundrechtspositionen im Rahmen der Verhältnismäßigkeitsprüfung an. Allerdings realisiert dieser Ansatz das Abwägungsergebnis, so weit dies möglich ist, im Wege der verfassungskonformen Auslegung des einfachen Rechts, also hier wiederum von § 138 Abs. 1 BGB.

Es zeigt sich also: Nach allen Ansätzen lässt sich insoweit – also in der Konstellation des generösen Gesetzgebers – das gleiche Ergebnis erzielen. Entscheidend ist vorliegend somit nicht die dogmatische Konstruktion, sondern die Gewichtung der Grundrechtspositionen von A und B im Rahmen der Verhältnismäßigkeitsprüfung. Dies führt zurück auf die eingangs *sub* 1. dargestellte Problematik, wie man Selbstbestimmung versteht und unter welchen Umständen eine solche fehlt. Denn genau diese – letztlich außerrechtliche, nämlich ethische – Frage beeinflusst maßgeblich die Gewichtung widerstreitender Interessen eines zweiseitigen Vertrages, in denen der eine dem anderen ökonomisch und sozial überlegen ist.

Das BVerfG stellt hier – terminologisch an *Werner Flume* angelehnt – darauf ab, ob „die Bedingungen freier Selbstbestimmung tatsächlich gegeben sind“, woran es fehle, wenn „einer der Vertragsteile ein so starkes Übergewicht [habe], daß er vertragliche Regelungen faktisch einseitig setzen“ könne, weil es an einem „annähernden Kräftegleichgewicht der Beteiligten“ fehle. Dies bedeute nicht Selbst-, sondern „Fremdbestimmung“.[207] Im Bürgschaftsfall ergänzte das Ge-

[206] Vgl. oben Kap. 3, A.III., IV. und VIII.3. Siehe *L. Enneccerus/H. C. Nipperdey*, Allgemeiner Teil des Bürgerlichen Rechts, 1. Halbband: Allgemeine Lehren, Personen, Rechtsobjekte, 15. Aufl. 1959, S. 95; *H.-C. Nipperdey*, Gleicher Lohn der Frau für gleiche Leistung – Ein Beitrag zur Auslegung der Grundrechte, Recht der Arbeit 1950, 121, 125; *W. Leisner*, Grundrechte und Privatrecht, 1960, S. 377.

[207] Alle Zitate BVerfGE 81, 242 (255) [1990] – Handelsvertreter.

richt diese Kriterien um den *topos* der „strukturellen Unterlegenheit" eines Vertragsteils,[208] den es auch in der Folgerechtsprechung[209] aufgriff. „Strukturelle Unterlegenheit" und die Verkehrung einer „Selbstbestimmung in eine Fremdbestimmung"[210] durch die vertragliche Vereinbarung sind somit die zentralen Maßstäbe, anhand denen das BVerfG bestimmt, ob den Interessen des einen Teils an der Wirksamkeit (im Beispiel der Handelsvertreterentscheidung: B) oder des anderen Teils an der Unwirksamkeit des Vertrages (im Beispiel der Handelsvertreterentscheidung: A) Vorzug zu geben ist.

Bei einem Blick in die einschlägige Rechtsprechung des BGH sticht hervor, dass in vielen Fällen, in denen das BVerfG das Überwiegen der Interessen des schwächeren Vertragsteils bejahte, der Gerichtshof dagegen zur Wirksamkeit des Vertrages gelangte. Dies gilt nicht nur für solche Fälle, in denen der BGH von einer Grundrechtsprüfung absah,[211] sondern auch in solchen Entscheidungen, in denen er sich des wesentlich gleichen Ansatzes (Auslegung) bediente wie das BVerfG und selbst in solchen Fällen, in denen er die Entscheidungsmaßstäbe des BVerfG („Vertragsungleichgewicht", „Selbstbestimmung" vs. „Fremdbestimmung") verwendete. So vollzog der Erste Senat des BGH in seinem Urteil vom 6.10.1983, das der Handelsvertreterentscheidung des BVerfG zugrunde lag, eine ausdrücklich als „mittelbare Drittwirkung" bezeichnete verfassungskonforme Auslegung des § 90a Abs. 2. 2 Satz 2 HGB a. F., gelangte aber – allerdings ohne Rückgriff auf den *topos* Selbst-/Fremdbestimmung – zum gegenteiligen Ergebnis wie sodann das BVerfG.[212] In einer Entscheidung aus dem Jahre 2004 orientierte sich der Gerichtshof in einem Fall mit ähnlichem Sachverhalt[213] an den im Jahr 2001 vom BVerfG[214] aufgestellten Kriterien zur Inhaltskontrolle von Eheverträgen.[215] Obwohl die Ehefrau im Zeitpunkt der Ehe und Schwangerschaft über kein geregeltes Einkommen, der Ehemann aber über einen Monatsverdienst von durchschnittlich 27.000 DM (Stand: 2001) verfügte, hielt der BGH den im Ehevertrag vereinbarten Unterhaltsverzicht der Ehefrau für wirksam. Um ein erhebliches Vertragsungleichgewicht, eine Verkehrung einer „Selbst-

[208] BVerfGE 89, 214 (233) [1993] – Angehörigenbürgschaft.

[209] Vgl. z. B. BVerfGE 103, 89 (102) [2001] – Unterhaltsverzichtsvertrag; E 134, 204 (223) [2013] – Werkverwertungsverträge; BVerfGE 148, 267 (282, 284) [2018] – Stadionverbot; BVerfG, Beschl. v. 6.6.2018, 1 BvL 7/14 und 1 BvR 1375/14 – Kettenbefristungen nach § 14 II 2 TzBfG, Rn. 41, 46, 61 f. Siehe auch BVerfG 114, 73 (90) [2005] – Lebensversicherung.

[210] Z. B. BVerfGE 89, 214 (233) [1993] – Angehörigenbürgschaft; E 103, 89 (101) [2001] – Unterhaltsverzichtsvertrag; BVerfG(K), Beschl. v. 27.7.2005, 1 BvR 2501/04 – Künstlervertrag Xavier Naidoo, Rn. 26; BVerfG(K), Beschl. v. 17.7.2013, 1 BvR 3167/08 – vertraglich vereinbarte Auskunftspflicht des Versicherten, Rn. 20.

[211] So z. B. BGH, Urt. v. 16.3.1989, IX ZR 171/88 – Angehörigenbürgschaft.

[212] BGH, Urt. v. 6.10.1983, I ZR 127/81 – Handelsvertreter, Rn. 29.

[213] BGHZ 158, 81 [2004] – Inhaltskontrolle von Eheverträgen.

[214] BVerfGE 103, 89 (100 ff.) [2001] – Unterhaltsverzichtsvertrag.

[215] BGHZ 158, 81 (88 ff.) [2004] – Inhaltskontrolle von Eheverträgen.

bestimmung in eine Fremdbestimmung" und eine „evident einseitige Lastenverteilung" – der BGH prüfte mithin in der Essenz die Kriterien des BVerfG – handelte es sich laut Senat vorliegend nicht.[216]

Man kann somit festhalten: Die Horizontalwirkungskonstruktionen unterscheiden sich in den hier erörterten Fallkonstellationen im Ergebnis so gut wie nicht. Oder anders gewendet: Mit allen dogmatischen Ansätzen lassen sich viele Ergebnisse begründen – das Ergebnis hängt dabei nicht maßgeblich von einem bestimmten Ansatz ab. Entscheidend ist vielmehr die Gewichtung der Grundrechtspositionen der sich gegenüberstehenden privaten Vertragsparteien. Entscheidend für diese Gewichtung wiederum ist, so tritt hier deutlich hervor, das zugrunde gelegte Verständnis der Privat- also personalen Autonomie. Dies bestätigt auch die Diskussion der einschlägigen privatrechtstheoretischen und privatrechtsdogmatischen Literatur. Im Mittelpunkt steht jeweils „Selbstbestimmung" – nur wird selten offengelegt, wie das philosophische Fundament im Einzelnen gestaltet sein soll, auf das sich das jeweilige Autonomieverständnis gründet, und wie man den gewählten Theorienansatz begründet.[217] Der Gegensatz „Selbstbestimmung"/„Fremdbestimmung" oder die „strukturelle Unterlegenheit" – also die nach dem BVerfG maßgeblichen Kriterien – sind insofern wenig hilfreich: Was selbst- und entsprechend was fremdbestimmtes Handeln ausmacht, will man ja gerade erst erörtern; die „strukturelle Unterlegenheit" ist bestenfalls ein Indikator mangelnder Autonomie, aber nicht mehr. Ob man diese Kriterien befürwortet[218] oder stattdessen behauptet, diese führten zu „Infantilisierung"[219] des anderen Vertragsteils oder zur Begünstigung eines „April-April-Syndroms"[220], weil der Handelsvertreter/die Bürgin etc. nichtsdestoweniger selbstbestimmt bleibe: die entscheidende Frage nach Verständnis und dogmatisch brauchbaren Kriterien der „Selbstbestimmung" bleibt unbeantwortet.

---

[216] BGHZ 158, 81 (88f., 99) [2004] – Inhaltskontrolle von Eheverträgen.

[217] Siehe oben 1.

[218] So z.B. einer der Protagonisten der dominanten Privatautonomiekonzeption: *W. Flume*, Rechtsgeschäft und Privatautonomie, in: Festschrift zum hundertjährigen Bestehen des Deutschen Juristentages, 1960, Bd. 1, 135, 143–145; *ders.*, Allgemeiner Teil des Bürgerlichen Rechts, Bd. 2 – Das Rechtsgeschäft, 4. Aufl. 1992, S. 10; jüngst auch *C. Bumke*, Privatautonomie – Grundelement privatrechtlicher Ordnungsbildung im demokratischen Verfassungsstaat, in: Ders./A. Röthel (Hrsg.), Autonomie im Recht, 2017, 69, 89. Rechtsvergleichend siehe auch *C. Mak*, Fundamental Rights in European Contract Law – A Comparison of the Impact of Fundamental Rights on Contractual Relationships in Germany, the Netherlands, Italy and England, 2008, S. 301f.

[219] *O. Depenheuer*, Vertragsfreiheit und grundrechtliche Schutzpflichten. Grund, Grenzen und Konsequenzen staatlicher Eingriffe in die Privatautonomie, Thüringer Verwaltungsblätter 1996, 270, 272f. Vgl. auch *J. Isensee*, Vertragsfreiheit im Griff der Grundrechte – Inhaltskontrolle von Verträgen am Maßstab der Verfassung, in: Festschrift für Bernhard Großfeld zum 65. Geburtstag, 1999, 485, 487f.

[220] *W. Zöllner*, Regelungsspielräume im Schuldvertragsrecht, Archiv für die civilistische Praxis 1996, Bd. 196, 1, 31.

b) Vorzugswürdige Kriterien: Authentizität und Kontrolle

Stattdessen kann man meines Erachtens mit dem zuvor in Unterkapitel A entwickelten Verständnis personaler Autonomie, das ich in den Kriterien der Authentizität und Kontrolle kondensiert und konkretisiert habe,[221] deutlich aussagekräftiger entscheiden, ob die jeweilige Vereinbarung die Selbstbestimmung eines Vertragsteils derart beeinträchtigt, dass dies die vertragliche Unwirksamkeit rechtfertigt. Ich will dies hier anhand des Vergleichs der Bürgschafts- und der Handelsvertreterentscheidung darstellen und werde in Abschnitt II anhand von Beispielsfällen aus dem Spannungsfeld Privatautonomie und Familie nochmals darauf zurückkommen.

Zur Erinnerung: Authentizität und Kontrolle als konstitutive kumulative Bedingungen personaler Autonomie setzen nach der hier vertretenen Konzeption voraus, dass man Herr seiner selbst (Authentizität) und Autor seines Handelns ist (Kontrolle), stellen somit Anforderungen an Willensbildung und Willensausübung.[222] Legt man diese Maßstäbe zunächst zur Bewertung des Sachverhalts im Bürgschaftsfall (Verfahren 1 BvR 567/89)[223] an, so ist bereits die Authentizität der Tochter, also ihre Willensbildung, erheblich beeinträchtigt. Denn die 21-Jährige, die in einem engen familiären und emotionalen Näheverhältnis zu ihrem Vater steht, wird durch die Aufforderung zur Bürgschaftsübernahme vor die Wahl gestellt, sich entweder potentiell erheblich und dauerhaft zu verschulden (dazu gleich) oder ihren Vater, der bis dahin emotional und finanziell für sie gesorgt hat, massiv zu enttäuschen, indem durch ihre Weigerung, sich für ihn zu verbürgen, seine geschäftlichen Ziele mangels Bankkredits durchkreuzt werden. Diese emotionale Zwangslage veranlasst sie, die potentiell ruinöse Bürgschaft i.H.v. 100.000 DM zu übernehmen. Angesichts dieser Manipulation ihres Willens durch Vater und Bank verliert sie ihre „Treue zu sich selbst",[224] nämlich die Fähigkeit, aufgrund eigenen Entschlusses eine selbständige Entscheidung über ihre Lebensgestaltung zu treffen. Die Basis für das Handeln der Tochter ist – auch wenn keine Willensmängel i. S. d. §§ 118 ff. BGB vorliegen – eben nicht mehr ihre eigene. Durch die Manipulation ihres Willens aufgrund ihrer emotionalen Beziehung zum Vater, von Vater und Bank bewusst und willentlich zur Beeinflussung ihres Willens eingesetzt, wird diese Basis eine fremde und damit gerade nicht mehr authentische.[225]

Aber auch die Kontrollbedingung der Tochter ist erheblich beeinträchtigt, wonach ihr sinnvolle Handlungsoptionen sowohl in der konkreten Ent-

[221] Siehe oben A.I.1., zusammenfassend c).

[222] Vgl. *M. Betzler*, Einleitung: Begriff, Konzeptionen und Kontexte der Autonomie, in: Dies. (Hrsg.), Autonomie der Person, 2013, 7, 15 und oben A.I.1.b).

[223] Siehe dazu BVerfGE 89, 214 (218–221) [1993] – Angehörigenbürgschaft.

[224] Vgl. *B. Rössler*, Autonomie – Ein Versuch über das gelungene Leben, 2017, S. 265 f.

[225] Vgl. *J. Christman*, Autonomie und die Vorgeschichte der Person, in: M. Betzler (Hrsg.), Autonomie der Person, 2013, 109, 124 f.

scheidungssituation des Vertragsschlusses als auch in der Zukunft verbleiben müssen.[226] Zwar hat sie auf den ersten Blick durchaus die Handlungsoption, die Bürgschaft nicht einzugehen. Dass sie dahingegen die Bürgschaft vereinbart, darin allein sehen einige Autoren bereits den Nachweis einer freien Willensentscheidung, welche die Wirksamkeit der Vereinbarung rechtfertigte.[227] Allerdings, ist es tatsächlich eine reale Handlungsoption, dass die 21-jährige, mittellose, vom Vater bis dahin finanziell unterstützte Tochter sich der Bürgschaftsübernahme für ihren Vater verweigert? Bereits daran mag man zweifeln. Meines Erachtens zeigen sich hier die Auswirkungen des „sour grapes"-Phänomens:[228] Die Tochter hat kaum eine andere Wahl als die Bürgschaft zugunsten des Vaters abzuschließen und adaptiert insoweit bereits auf Authentizitätsebene ihren – manipulierten – Willen an dieses faktisch alternativlose Szenario.[229] Eine Bürgschaft von 100.000 DM einzugehen, ohne über irgendwelche nennenswerte finanzielle Mittel oder Rücklagen zu verfügen, ist fraglos eine „sour grape". Diese schmeckt der Tochter nur deshalb (d.h. sie erklärt ihren Willen, die Bürgschaftsverpflichtung einzugehen), weil eine andere Entscheidung faktisch nicht in Frage kommt.

Maßgeblich für die erhebliche Beeinträchtigung der Kontrollbedingung ist darüber hinaus, dass die Tochter durch die Bürgschaft sich sinnvoller Handlungsoptionen für die Zukunft beraubt. Nach *Mariana Oshana* ist die gewählte Handlungsoption nur „sinnvoll", wenn ihre Wahl nicht selbst wiederum die eigene Autonomie und damit insbesondere das Vorhandensein zukünftiger realer Handlungsoptionen siginifikant verkürzt.[230] Eine Person, die keine finanziellen Mittel hat und sodann 100.000 DM abzahlen muss, weil sie eine Bürgschaft eingegangen ist, lebt aller Voraussicht nach über Jahre am absoluten Existenz-

---

[226] Vgl. zusammenfassend oben A.I.1.c).

[227] Z.B. *W. Zöllner*, Regelungsspielräume im Schuldvertragsrecht, Archiv für die civilistische Praxis 1996, Bd. 196, 1, 32: „Kommt es zum Vertragsschluß, ist dies Ausübung von Selbstbestimmung und ist der Vertrag als Regelung für beide Teile selbstbestimmt, auch wenn beide oder einer von ihnen gegenüber seinen ursprünglichen Vorstellungen zu ungünstigeren Konditionen abgeschlossen hat."

[228] Vgl. dazu *J. Elster*, „Sour Grapes" – Utilitarialism and the Genesis of Wants, in: J. Christman (Hrsg.), The Inner Citadel – Essays on Individual Autonomy, 1989, 170ff.

[229] *Jon Elster* spricht insoweit von „adaptive preference formation", vgl. ebenda, 172. Ähnlich kann man im „Xavier Naidoo"-Fall (vgl. BVerfG(K), Beschl. v. 27.7.2005, 1 BvR 2501/04) argumentieren, dass ein junger Künstler – jedenfalls im Prä-Youtube-Zeitalter – keine andere Wahl hatte, als einen Knebelvertrag mit einem Tonträgerunternehmen abzuschließen. Deshalb „wollte" er den ungünstigen Vertrag zwar vereinbaren, aber mangels Alternativen (die Alternative wäre nämlich, keinen Plattenvertrag zu haben, da alle Tonträgerunternehmen jungen Künstlern ähnlich ungünstige Verträge anbieten) bleibt ihm keine andere Option als der Verzehr dieser sauren Traube.

[230] Vgl. *M.A.L. Oshana*, Personale Autonomie und das soziale Umfeld, in: M. Betzler (Hrsg.), Autonomie der Person, 2013, 196, 213: „Wenn eine Person sich nur für Nicht-Autonomie entscheiden kann, so ist ihre Auswahl einfach nicht groß genug. Der Person muss daher die Option offen stehen, sich nicht zu unterwerfen."

minimum und muss gegebenenfalls einer beruflichen Tätigkeit nachgehen, die nicht ihrer Wahl entspricht, aber ein – ggf. kurzfristig – höheres Einkommen verspricht, um ihre Schulden aus der Bürgschaft möglichst rasch zu tilgen. Dieser Aspekt wiegt umso schwerer im Falle einer 21-Jährigen, die wesentliche berufliche Entscheidungen noch vor sich hat.

Alle diese Erwägungen zusammengenommen, lässt sich nach dem hier entwickelten Autonomieverständnis meiner Auffassung nach im Bürgschaftsfall nicht davon sprechen, dass die Tochter nach der Vereinbarung der Bürgschaft über ein ausreichendes Maß an Selbstbestimmung verfügt. Ist, wie zuvor *sub* 1. und 2.a) herausgearbeitet, das maßgebliche Kriterium für die Abwägung der Grundrechtspositionen von A (Tochter) und B (Bank) die Selbstbestimmung der Kontrahierenden, so ist hier zugunsten der A zu entscheiden, weil sie gerade nicht selbstbestimmt handelte.

Wie verhält es sich indes im Handelsvertreterfall?[231] Hinsichtlich der Authentizitätsbedingung bestehen keine Anzeichen, dass die Willensbildung des Handelsvertreters A durch Abschluss des Handelsvertretervertrages mit B erheblich beeinträchtigt wurde. In einem Arbeitsverhältnis existiert zwischen Arbeitgeber und Arbeitnehmer zwar häufig ein Verhandlungsungleichgewicht zugunsten des Arbeitgebers. Allerdings ist der Handelsvertreter nach § 84 Abs. 1 BGB nicht Arbeitnehmer, sondern „selbständig" für den Unternehmer tätig. Im hiesigen Sachverhalt manifestiert sich überdies die durchaus starke Verhandlungsposition des Handelsvertreters A. Schließlich konnte er seinen Vertrag mit B kündigen, einen neuen Vertrag mit einem Konkurrenzunternehmen abschließen und erhielt daraufhin ein verbessertes Vertragsangebot von B, das er auch annahm, ohne aber wiederum seinen Vertrag mit dem Konkurrenzunternehmen aufzulösen.[232] A hatte somit eine ganze Reihe an Alternativen, einschließlich einer besseren Position bei B. Der Handelsvertretervertrag zwang ihn durchaus nicht dazu, den neuen Vertrag mit B abzuschließen und zugleich an dem Vertrag mit dem Konkurrenzunternehmen festzuhalten. Der insoweit gefasste Wille ist gänzlich sein eigener – er ist insofern treu zu sich selbst,[233] wenn auch durchaus nicht treu zu dem Unternehmer, für den er tätig war. Ähnlich verhält es sich hinsichtlich der Kontrollbedingung: § 13 des Handelsvertretervertrages (und § 90a Abs. 2 Satz 2 HGB a. F.) verkürzt zwar durch den Wegfall der Entschädigung potentiell seine Handlungsoptionen. Aber diese negative Konsequenz des Vertrages knüpft an das selbstbestimmte, schuldhafte Verhalten des A an. Dieses ist im Fall sogar noch amplifiziert, da A anscheinend davon ausging, bei zwei in Konkurrenz zueinander stehenden Unternehmen gleichzeitig

---

[231] Zum Sachverhalt siehe ausführlich oben a).

[232] Vgl. dazu BVerfGE 81, 242 (246) [1990] – Handelsvertreter.

[233] Vgl. *B. Rössler*, Autonomie – Ein Versuch über das gelungene Leben, 2017, S. 265 f.; *M. Betzler*, Einleitung: Begriff, Konzeptionen und Kontexte der Autonomie, in: Dies. (Hrsg.), Autonomie der Person, 2013, 7, 13.

beschäftigt sein zu können, obwohl B ihm die verbesserte Position gerade offenbar deshalb anbot, um ihn zu einem Verbleib bei B und zum Verzicht auf die Tätigkeit bei einem Konkurrenzunternehmen zu veranlassen. Hier ist die personale Autonomie des Handelsvertreters keineswegs erheblich beeinträchtigt, sodass anders als im Bürgschaftsfall die Abwägung zugunsten der Sektkellerei B hätte ausfallen müssen.

Abschließend lässt sich also insoweit festhalten, dass die hier vorgeschlagenen Kriterien zur Beurteilung, ob die Kontrahierenden selbstbestimmt handelten, klarere, philosophisch fundiertere und vor allem auch dogmatisch praktikable Maßstäbe aufstellen, um zu entscheiden, wie die Verhältnismäßigkeitsprüfung zwischen den Grundrechtspositionen von A und B auszufallen hat. BVerfG, BGH und Literatur fokussieren letztlich ebenfalls die Selbstbestimmung als entscheidenden Abwägungsfaktor. Sie bieten allerdings weder eindeutige und handhabbare Kriterien an, noch offenbaren sie ihr zugrunde gelegtes ethisches Verständnis oder erläutern es. Dabei ist gerade dieses Verständnis entscheidend dafür, wie das Ergebnis der Verhältnismäßigkeitsprüfung ausfällt.

c) Anwendung und Kontrolle

Damit verbleiben noch die ethischen und demokratietheoretischen Bewertungen der Horizontalwirkungskonstruktionen in den Fällen des generösen Gesetzgebers. Da in diesen Fällen alle Ansätze ergebnisäquivalent sind,[234] genügen an dieser Stelle jeweils einige wenige – allerdings signifikante – Bemerkungen. Betrachtet man die jeweiligen dogmatischen Konstruktionen, fällt mit Blick auf die Kontrollbedingung der Autonomie auf, dass die staatsgerichteten Ansätze, wenn sie eine grundrechtliche Realisierung nicht gänzlich ablehnen, diese in die Hand des Staates legen. Entweder wird die private Handlung per Zurechnungsakt zur staatlichen Handlung oder es sollen die Gerichte jedenfalls ihre aus Art. 1 Abs. 3 GG fließende grundrechtliche Verantwortungspflicht bei der Entscheidung über die private, einfachrechtliche Anspruch-Pflichten-Beziehung A-B wahrnehmen.[235] Stets bedarf es der Mediatisierung durch den Staat: Ohne Staat keine Horizontalwirkung. Erst wenn der Staat involviert wird, also nach den Verantwortungskonstruktionen erst, wenn es zu einem Verfahren vor staatlichen Gerichten kommt, sind Grundrechte von Relevanz.[236] Sieht man Selbstbestimmung als wesentliches Kriterium für den Ausgang der Verhältnismäßigkeitsprüfung an, so führen die staatsgerichteten Ansätze zu einer Art *contradictio in adiecto*. Es soll um Selbstbestimmung gehen, die Realisierung dieser Selbstbestimmung ist aber fremdbestimmt: Nur über den Staat als Mittler kann der Private seinen Willen realisieren. Die Anwendungskonstruktionen

---

[234] Siehe oben a).
[235] Siehe dazu oben Kap. 2, B.III.2.–4.
[236] Siehe dazu oben Kap. 3, E.I.2.

gehen dagegen von einem unmittelbaren grundrechtlichen Anspruch-Pflichten-Verhältnis aus, das unabhängig von staatlicher Involvierung und folglich insbesondere unabhängig von der Einleitung eines Gerichtsverfahrens besteht. Ein solches ist zwar ebenfalls nach den Anwendungsansätzen letztlich in der Regel erforderlich, um – durch das Urteil tituliert – rechtmäßig den fraglichen Anspruch gegen den Willen des Anspruchsgegners durchsetzen zu können. Dies ändert aber nichts daran, dass der grundrechtliche Anspruch hier bereits unmittelbar zwischen den Privaten und unabhängig davon existiert, ob der Anspruchsinhaber den Weg zu den staatlichen Gerichten einschlägt. Dies ist nicht nur eine dogmatische Spitzfindigkeit, sondern von realer Bedeutung. Denn die wenigsten Rechtsbeziehungen gelangen tatsächlich vor Gericht. Die Inhaberschaft eines grundrechtlichen Anspruchs unmittelbar gegen den anderen Privaten ist somit relevant, weil sie den anderen Teil zur Erfüllung des Anspruchs auch ohne Gang vor Gericht veranlassen kann und weil sie im Rahmen einer außergerichtlichen Einigung die Verhandlungsposition des Anspruchsinhabers stärkt. Nur durch die Anwendungskonstruktionen ist A also tatsächlich Autorin[237] ihres Tuns im Sinne der Kontrollbedingung – im Falle der staatsgerichteten Konstruktionen verbleibt stets ein Element der Fremdbestimmung, indem A auf die Mediatisierung durch den Staat angewiesen bleibt, um ihrem Willen entsprechend handeln, also beispielsweise ihren Anspruch gegen B durchsetzen zu können.[238]

d) „Strukturelle Unterlegenheit" zwischen Gerichten und Gesetzgeber

Demokratietheoretisch lässt sich hier bemerken, dass das BVerfG durch sein Kriterium der „strukturellen Unterlegenheit"[239] eine Absicht abstrakt-genereller Regulierung derartiger typischer Machtasymmetrien[240] erkennen lässt, die dem Gesetzgeber vorbehalten bleiben sollte. Das BVerfG spricht beispielsweise im Bürgschaftsbeschluss davon, dass es insbesondere in „typisierbaren Fallgestaltung[en]" zu einer Korrektur der vertraglichen Vereinbarung aufgerufen sei.[241] Jedenfalls für Demokratietheorien wie denjenigen *Maus'* oder *Walzers*,[242] die demokratische Legitimation vor allem in der im politischen Prozess ka-

---

237 Vgl. *M. Betzler*, Einleitung: Begriff, Konzeptionen und Kontexte der Autonomie, in: Dies. (Hrsg.), Autonomie der Person, 2013, 7, 15.

238 Siehe zu alledem auch unten E.II.

239 Vgl. BVerfGE 89, 214 (233) [1993] – Angehörigenbürgschaft; E 103, 89 (101) [2001] – Unterhaltsverzichtsvertrag; BVerfG(K), Beschl. v. 27.7.2005, 1 BvR 2501/04 – Künstlervertrag Xavier Naidoo, Rn. 26; BVerfG(K), Beschl. v. 17.7.2013, 1 BvR 3167/08 – vertraglich vereinbarte Auskunftspflicht des Versicherten, Rn. 20; siehe auch BVerfGE 148, 267 (282, 284) [2018] – Stadionverbot. Siehe auch oben a).

240 Vgl. auch BVerfGE 134, 204 (223) [2013] – Werkverwertungsverträge („typischerweise unterlegen").

241 BVerfGE 89, 214 (232) [1993] – Angehörigenbürgschaft.

242 Siehe dazu oben A.I.2.c).

nalisierten politischen Selbstbestimmung der „Aktivbürger“[243] sehen, ist eine derartige Rechtsprechung, wenn nicht gar jegliche verfassungsgerichtliche Grundrechtsjudikatur,[244] problematisch.[245] Das Minderheitenschutz-Argument *Ronald Dworkins*[246] rechtfertigt meines Erachtens hier lediglich entweder eine Einzelfallkorrektur oder eine ausnahmsweise judikative Intervention in Fällen gänzlicher gesetzgeberischer Untätigkeit. Um erstere geht es allerdings gerade nicht, wenn man auf „typische Fallgestaltung[en]“ abstellen will; für den Verdacht letzterer gibt es angesichts umfangreicher gesetzgeberischer Tätigkeit in derartigen Situationen typischer Machtgefälle wie dem Verbraucherschutz-, Miet- oder Arbeitsrecht keine Anhaltspunkte. Sobald sich Gerichte, einschließlich des BVerfG, anmaßen, typische Fallkonstellationen regulieren zu wollen, ist es um ihre demokratische Legitimation schlecht bestellt. Dagegen ist gegen eine Korrektur vertaglicher Vereinbarung im Einzelfall, welche die personale Autonomie eines Kontrahenten erheblich beeinträchtigt, demokratietheoretisch deutlich weniger einzuwenden, auch wenn sie auf grundrechtlicher Argumentation beruht. Dies gilt nicht zuletzt angesichts der Tatsache, dass der Gesetzgeber hier den Gerichten bewusst beträchtlichen Spielraum lässt, indem er in § 138 Abs. 1 BGB eine Generalklausel normiert hat, aufgrund derer privatrechtliche Vereinbarungen für nichtig erklärt werden können. Diese Großzügigkeit des Gesetzgebers macht jedenfalls die judikative Einzelfallkorrektur aufgrund der Horizontalwirkung der Grundrechte demokratisch legitim. Dieses Argument gilt indes nicht für die einstufige Anwendung.[247]

3. Der absente Gesetzgeber

In den zuvor erörterten Fällen ging es um die (Un-)Wirksamkeit einer privatrechtlichen Vereinbarung und es existierte eine einfachrechtliche Generalklausel, mit der man die Nichtigkeit dieser Vereinbarung begründen konnte. Wie verhält es sich indessen mit Blick auf die demokratietheoretische Bewertung der Horizontalwirkungskonstruktionen, wenn nicht lediglich die Feststellung der Nichtigkeit einer vertraglichen Vereinbarung begehrt wird und wenn eine einfachrechtliche Norm fehlt, auf die man das Begehren stützen kann? Wie ist es, wenn das Begehren gar dem einfachen Recht widerspricht? Zwei Beispiele sollen hier wiederum als Diskussionsgrundlage dienen.

---

[243] *I. Maus*, Zur Aufklärung der Demokratietheorie – Rechts- und demokratietheoretische Überlegungen im Anschluß an Kant, 1994, S. 275.

[244] So in der Tat die Auffassung *Ingeborg Maus*’, siehe ebenda, S. 32ff., 235ff., 306; *dies.*, Über Volkssouveränität – Elemente einer Demokratietheorie, 2011, S. 57f.

[245] Vgl. auch *M. Walzer*, Philosophy and Democracy, Political Theory 1981, Bd. 9, Heft 3, 379, 390ff.

[246] Vgl. *R. Dworkin*, Taking Rights Seriously, 1977, S. 142; siehe auch *ders.*, Freedom’s Law: The Moral Reading of the American Constitution, 1996, S. 25. Siehe auch oben A.I.2.c).

[247] Zur demokratietheoretischen Problematik der Anwendungsansätze siehe unten 3.c).

In einer Entscheidung des BVerfG aus dem Jahr 2005 stand zur Debatte, ob ein Lebensversicherer verpflichtet war, dem Versicherten in transparenter Weise Auskunft über die vom Versicherungsunternehmen erzielten Überschüsse zu erteilen, damit der Versicherte nachvollziehen konnte, wie die Höhe seiner Überschussbeteiligung aus der Lebensversicherung berechnet wurde.[248] In einem anderen Fall, dessen Entscheidung am 6. Juni 2018 veröffentlicht wurde,[249] hatte sich das Gericht mit einer Verfassungsbeschwerde und einer konkreten Normenkontrolle wegen der gesetzlichen Beschränkung der Befristung von Arbeitsverhältnissen ohne Sachgrund nach § 14 Abs. 2 Satz 2 TzBfG zu beschäftigen. Dieser lautet: „Eine Befristung nach Satz 1 [also eine sachgrundlose Befristung; A. K.] ist nicht zulässig, wenn mit demselben Arbeitgeber bereits zuvor ein befristetes oder unbefristetes Arbeitsverhältnis bestanden hat.“ Das BVerfG stand somit vor der Frage, wie § 14 Abs. 2 Satz 2 TzBfG auszulegen ist: (1) dahingehend, dass die sachgrundlose Befristung auf die erstmalige Beschäftigung beim jeweiligen Vertragsarbeitgeber beschränkt ist, mithin ein erneutes Arbeitsverhältnis beim gleichen Arbeitgeber nicht sachgrundlos befristet werden kann (so das ArbG Braunschweig in seiner Vorlage nach Art. 100 Abs. 1 Satz 1 GG)[250]. Oder (2) ist § 14 Abs. 2 Satz 2 TzBfG dahingehend zu interpretieren, dass die Vertragsparteien nach einer gewissen zeitlichen Unterbrechung (z. B. von drei Jahren) erneut einen sachgrundlos befristeten Arbeitsvertrag schließen können (so das BAG in der Entscheidung, gegen die sich die Verfassungsbeschwerde richtete)? Im Fall von Variante (1) stellt sich die Frage, ob § 14 Abs. 2 Satz 2 TzBfG mit Art. 12 Abs. 1 und Art. 2 Abs. 1 GG vereinbar ist. Variante (2) ist laut BAG die notwendige Folge einer verfassungskonformen Auslegung der Vorschrift anhand Art. 12 Abs. 1 und Art. 2 Abs. 1 GG, ohne die die Vorschrift als verfassungswidrig einzustufen wäre.[251] Denn ein lebenslanges Vorbeschäftigungsverbot als arbeitsrechtliches Einstellungshindernis stelle einen unverhältnismäßigen Eingriff in die Freiheit der Berufsausübung und Berufswahl sowie die Privatautonomie der betroffenen Arbeitnehmer dar.[252]

a) Horizontalwirkung praeter und contra legem

In seiner Entscheidung vom 6. Juni 2018 hielt das BVerfG die verfassungskonforme Auslegung des § 14 Abs. 2 Satz 2 TzBfG durch das BAG für verfassungswidrig. Entgegen dem Wortlaut und dem klar erkennbaren gesetzgeberischen Willen eine Karenzzeit von drei Jahren richterlich rechtsfortbildend zu begründen, stelle eine Kompetenzüberschreitung des BAG dar und verstoße so-

---

[248] Vgl. BVerfGE 114, 73 [2005] – Lebensversicherung.
[249] Vgl. BVerfG, Beschl. v. 6.6.2018, 1 BvL 7/14 und 1 BvR 1375/14.
[250] Vgl. ebenda, Rn. 10–17.
[251] Vgl. ebenda, Rn. 18–20, 37 ff.
[252] Vgl. dazu grundlegend BAGE 139, 213 (221 ff.) [2011].

mit gegen Art. 20 Abs. 3 i.V.m. Art. 2 Abs. 1 GG.[253] Zu der Frage der Auskunftspflicht des Versicherungsnehmers entschied das Gericht, der Versicherte habe einen Schutzanspruch gegen den Staat, dass dieser ihm ermögliche, transparent über die Berechnungsgrundlage der Überschussbeteiligung informiert zu werden. Der Gesetzgeber sei verpflichtet, eine entsprechende einfachgesetzliche Norm zu schaffen.[254]

Spielt man die Lösung dieser beiden Fälle nach den Horizontalwirkungskonstruktionen durch, scheint sich hier ein anderes Bild zu ergeben als zuvor. Ablehnungsansätze müssen in letzterem Fall mangels Existenz einer gesetzlichen Vorschrift dazu kommen, einen Auskunftsanspruch des Versicherten zu verneinen.[255] In ersterem Fall könnte § 14 Abs. 2 Satz 2 TzBfG nach dem Ansatz abgeschwächter Ablehnung nicht im Sinne des BAG verfassungskonform ausgelegt werden und wäre konsequenter Weise nichtig.[256] Die Anwendungsansätze (einstufig und zweistufig) verlangen nach der Realisierung des grundrechtlichen Anspruchs auch *praeter* oder *contra legem*, weil dieser als höherrangiges Recht entgegenstehendes einfaches Recht beiseite drängt oder fehlendes einfaches Recht ersetzt.[257] Es ergibt sich daher zunächst folgendes Bild: Ablehnungskonstruktionen bleiben impotent, Anwendungskonstruktionen ignorieren den Gesetzgeber, Verantwortungskonstruktionen wie der vom BVerfG gewählte Ansatz realisieren dagegen Grundrechtsschutz, ohne den Kompetenzbereich des Gesetzgebers zu usurpieren.

Allerdings bekommt dieses Bild Risse, wenn man sich zunächst vergegenwärtigt, dass nur die verfassungskonforme Auslegung plus die Gerichte darin stark begrenzen will, die Horizontalwirkung im Wege richterlicher Rechtsfortbildung umzusetzen.[258] Denn die Auslegungskonstruktionen und die Figuren normaler Grundrechtsfunktionen sehen die Gerichte in der Verantwortung, die staatliche Verantwortungspflicht zu realisieren, die Grundrechte der Streitpar-

---

[253] Vgl. BVerfG, Beschl. v. 6.6.2018, 1 BvL 7/14 und 1 BvR 1375/14, Rn. 76ff.

[254] BVerfGE 114, 73 (97ff.) [2005] – Lebensversicherung.

[255] Nach vorzugswürdiger Auffassung kann ein gesetzgeberisches Unterlassen nicht im Wege von Art. 100 Abs. 1 Satz 1 GG geltend gemacht werden (abgeschwächte Anlehnung). Vgl. *M. Ruffert*, Vorrang der Verfassung und Eigenständigkeit des Privatrechts, 2001, S. 226f.; *H.-G. Dederer*, in: Maunz/Dürig, Grundgesetz – Kommentar, 84. Ergänzungslieferung, August 2018, Art. 100/Rn. 83; *C.D. Classen*, Gesetzesvorbehalt und Dritte Gewalt – Zur demokratischen Legitimation der Rechtsprechung, JuristenZeitung 2003, 696, 698. Bejahend dagegen z.B. *G. Hermes*, Verfassungsrecht und einfaches Recht – Verfassungsgerichtsbarkeit und Fachgerichtsbarkeit, VVDStRL 2002, Bd. 61, 119, 142; *S. Oeter*, „Drittwirkung“ der Grundrechte und die Autonomie des Privatrechts – Ein Beitrag zu den funktionell-rechtlichen Dimensionen der Drittwirkungsdebatte, Archiv des öffentlichen Rechts 1994, Bd. 119, 529, 548; *C. Hillgruber*, Richterliche Rechtsfortbildung als Verfassungsproblem, JuristenZeitung 1996, 118, 120.

[256] Entsprechend auch die Auffassung des ArbG Braunschweigs im Vorlagebeschluss, siehe BVerfG, Beschl. v. 6.6.2018, 1 BvL 7/14 und 1 BvR 1375/14, Rn. 17.

[257] Vgl. oben Kap. 3, A. VIII.2. und 3.

[258] Vgl. oben Kap. 4, B., siehe auch C.I. zu den Zweifeln, ob dies realisierbar ist.

teien nicht unverhältnismäßig zu beschränken. Der grundrechtliche Anspruch z.B. der A gegen den Staat – als Resultat der Verhältnismäßigkeitsprüfung – die Berechnungsgrundlagen für die Überschussbeteiligung zu erfahren, verlangt nach Erfüllung. Konstruiert man die Verantwortungspflicht primär als eine solche der Gerichte, liegt es nicht fern, ihnen auch die Realisierung in die Hand zu geben, wenn das einfache Recht an seine Grenzen stößt. Dass dies keineswegs eine abwegige Argumentation ist, zeigt ein genauerer Blick auf die beiden als Beispiel dienenden Entscheidungen.

In einem sehr ähnlich gelagerten Fall wie BVerfGE 114, 73 [2005], über den das Gericht im Jahr 2006 zu entscheiden hatte, goutierte das BVerfG die grundrechtlich begründete ergänzende Auslegung des Versicherungsvertrages trotz fehlender gesetzlicher Regelung durch den BGH – eine richterliche Rechtsfortbildung – und sah darin die Erfüllung der staatlichen Schutzpflicht.[259] In seinem Beschluss vom 6. Juni 2018 erklärte das BVerfG die richterliche Rechtsfortbildung einer dreijährigen Karenzzeit wie erwähnt zwar für unzulässig. Zugleich entschied es aber, im Einzelfall sei eine verfassungskonforme Auslegung des § 14 Abs. 2 Satz 2 TzBfG, dass eine Ausnahme vom lebenslangen Vorbeschäftigungsverbot möglich sei, nicht nur zulässig, sondern gar grundrechtlich geboten: „Die Fachgerichte können und müssen in derartigen Fällen durch verfassungskonforme Auslegung den Anwendungsbereich von § 14 Abs. 2 Satz 2 TzBfG einschränken."[260] Da dies nach dem BVerfG auch Fälle erfassen soll, in denen die „Vorbeschäftigung sehr lang zurück liegt"[261], will das Gericht somit im Einzelfall doch eine Karenzzeit zulassen, die es als allgemeine Regelung in Form der Rechtsfortbildung durch das BAG (drei Jahre Karenzzeit) ausschloss.[262] Indem es einerseits eine solche verfassungskonforme Auslegung im Einzelfall gar für grundrechtlich geboten hielt, auf der anderen Seite aber betonte, der Gesetzgeber habe tatsächlich nur eine einmalige sachgrundlose Befristung zulassen wollen,[263] scheint das Gericht – allerdings nur für den Einzelfall, nicht in Form abstrakt-genereller Regelung – die gerichtliche Realisierung der Horizontalwirkung auch *contra legem* zu befürworten.[264] Dies unterscheidet sich insoweit kaum mehr vom Lösungsweg der Anwendungskonstruktionen.[265] So verwundert es unter diesen Gesichtspunkten kaum, dass das BVerfG in seinem Urteil vom 11. April

[259] Vgl. BVerfG(K), Beschl. v. 15.2.2006, 1 BvR 1317/96 – Lebensversicherungsprämie, Rn. 71 ff.

[260] Vgl. BVerfG, Beschl. v. 6.6.2018, 1 BvL 7/14 und 1 BvR 1375/14, Rn. 63.

[261] Ebenda.

[262] Ebenda, Rn. 76 ff.

[263] Ebenda, Rn. 76, 81 ff.

[264] In ähnliche Richtung auch *S. Kamanabrou*, Anmerkung zu BVerfG, Beschluss v. 6.6. 2018 – A BvL 7/14, 1 BvR 1375/14, JuristenZeitung 2018, 886, 887 f., die sogar so weit geht, diese „einschränkende verfassungskonforme Auslegung" als richterlicher Rechtsfortbildung einzuordnen.

[265] Siehe dazu auch sogleich unten c) sowie zusammenfassend E.III.

2018 zur Rechtmäßigkeit eines Stadionverbots für einen Fußballfan die grundrechtliche Verantwortungspflicht der Fachgerichte folgendermaßen beschrieb:

> „Maßgeblich ist insoweit nicht, ob die Zivilgerichte sich für ihre Wertungen *unmittelbar auf die Grundrechte selbst berufen* oder deren Wertungen mittels einfachrechtlicher Erwägungen und unter Rückgriff auf Auslegungsgrundsätze des Zivilrechts zur Geltung bringen und damit die Rechtsordnung für die weitere Entwicklung offener halten. *Entscheidend ist allein, dass den grundrechtlichen Wertungen im Ergebnis hinreichend Rechnung getragen wird.*“[266]

Entscheidend ist demnach, dass die Gerichte ihrer grundrechtlichen Verantwortungspflicht gegenüber den Privaten nachkommen, wenn sie über deren Privatrechtsverhältnis urteilen. Ist es nicht möglich, diese Verantwortungspflicht durch verfassungskonforme Auslegung zu erfüllen, erfordert sie eben, dass sich die Gerichte „unmittelbar auf die Grundrechte selbst berufen“. Auch wenn Art. 100 Abs. 1 Satz 1 GG nach den Verantwortungskonstruktionen eine grundrechtlich inspirierte richterliche Rechtsfortbildung *contra legem* eigentlich ausschließt, lässt sich angesichts der hier diskutierten Beispiele der Druck nicht leugnen, der (Fach-)Gerichte auch in diesem Fall dazu tendieren lässt, dem nach Erfüllung verlangenden grundrechtlichen Anspruch richterrechtlich zur Realisierung zu verhelfen.[267]

b) Nochmals: Anwendung und Kontrolle

Aus der Perspektive der personalen Autonomie wird im Fall des absenten Gesetzgebers die Diskrepanz zwischen staatsgerichteten und Anwendungsansätzen hinsichtlich der Kontrollbedingung nochmals deutlicher. In der *praeter legem*-Konstellation der Entscheidung des BVerfG zur Auskunftspflicht von Lebensversicherern aus dem Jahre 2005 muss nach der verfassungskonformen Auslegung plus – und so auch die Entscheidung des BVerfG – der Gesetzgeber tätig werden, um dem Versicherten seinen grundrechtlich[268] geforderten Auskunftsanspruch zu verschaffen. Mit anderen Worten: nicht nur muss sich der Versicherte des Staates als Mittler (fremdbestimmt) bedienen, um mehr Selbstbestimmung zu erhalten. Diese Mittelung erfolgt in zwei Schritten, erstens durch gerichtliche Feststellung der Schutzpflicht, zweitens durch gesetzgeberischen Erlass von Vorschriften, welche die Schutzpflicht umsetzen. Hinzu kommt, dass im zweiten Schritt – genau das ist ja der Clou der verfassungskonformen Auslegung plus – dem Gesetzgeber Gestaltungsspielraum bleibt, wie er im Detail den Auskunftsanspruch ausgestaltet. Der Einfluss auf die Realisierung des Auskunftsanspruchs ist mithin dem Anspruchsinhaber fast gänzlich aus der Hand

---

266 BVerfGE 148, 267 (285) [2018] – Stadionverbot (meine Hervorhebungen).

267 Vgl. dazu auch oben Kap. 5, C.I.3.c).

268 Laut BVerfG aus Privatautonomie (Art. 2 Abs. 1 GG) und Eigentumsfreiheit (Art. 14 Abs. 1 GG), vgl. BVerfGE 114, 73 (89ff.) [2005] – Lebensversicherung.

genommen und in die Hände des Staates gelegt. Der Versicherer hat nach der verfassungskonformen Auslegung plus im Rechtsverhältnis zum Versicherten die Auskunft rechtmäßig verweigert und kann dies auch so lange rechtmäßig tun, bis der Gesetzgeber eine Vorschrift geschaffen hat, die den Versicherer zur Auskunft verpflichtet. Denn es ist danach nur der Staat, der den Grundrechten zuwider gehandelt hat, indem er nicht ermöglicht hat, dass der Versicherte vom Versicherer Auskunft erhält. Im Kontrast dazu ist es dem Versicherten als Anspruchsinhaber durch die Anwendungskonstruktionen selbst überlassen, seinen bereits ohne staatliche Involvierung unmittelbar gegen den Versicherer bestehenden grundrechtlichen Anspruch zu realisieren. Dieser Anspruch existiert, auch wenn es nicht zu einem Gerichtsverfahren kommt. Nur wenn sich der Versicherer weigert, den grundrechtlichen Anspruch des Versicherten zu erfüllen, muss letzterer die staatlichen Gerichte bemühen.

c) Zügellose Anwendung?

Demokratietheoretisch scheint diese verbesserte personale Autonomie im Wege stärkerer Kontrolle durch den Einzelnen mittels der Anwendungskonstruktionen auf Kosten des demokratisch-politischen Prozesses und des Gesetzgebers als Realisator dieses Prozesses zu gehen.[269] Beispielsweise nach *Michael Walzer* ist es problematisch, wenn die Gerichte *praeter* oder gar *contra legem* Privaten unmittelbare grundrechtliche Ansprüche gegen andere Private zusprechen und sich somit exakt diejenige „Interpretation"[270], nämlich Regulierung der Rechtsbeziehungen zwischen Privaten anmaßen, die dem Gesetzgeber als „effective representation of the people assembled to rule themselves"[271] übertragen sein soll. Mit Blick auf *John Hart Elys* „representation-reinforcing"-Modell[272] könnte man überlegen, dieses hier zu adaptieren und auf Fälle erheblicher sozialer und ökonomischer Machtasymmetrien zu übertragen. Ob jedoch die „schwächeren" Versicherten oder Arbeitnehmer einer „small and insular minority" vergleichbar wären, die es auch unter Durchbrechung des demokratisch-politischen Prozesses zu schützen gälte, erscheint äußerst zweifelhaft. Denn hier sind wesentlich unterschiedliche historische, rechtskulturelle und normtextliche Kontexte am Werk als hinsichtlich der Prämissen *Elys* für das US-amerikanische Verfassungsrecht.[273]

---

[269] In diese Richtung auch jüngst *S. Muckel*, Wandel des Verhältnisses von Staat und Gesellschaft – Folgen für Grundrechtstheorie und -dogmatik, in: VVDStRL 2020, Bd. 79, 245, 283.

[270] Vgl. dazu ausführlich *M. Walzer*, Interpretation and Social Criticism, in: S. M. McMurrin (Hrsg.), The Tanner Lectures on Human Values, Bd. VIII, 1988, 1 ff. Siehe zur Erläuterung auch oben A.I.2.d).

[271] *M. Walzer*, Philosophy and Democracy, Political Theory 1981, Bd. 9, Heft 3, 379, 391.

[272] Vgl. dazu *J. H. Ely*, Democracy and Distrust – A Theory of Judicial Review, 1980, S. 73 ff. *Walzer* übernimmt im Wesentlichen *Elys* Theorie, vgl. *M. Walzer*, Philosophy and Democracy, Political Theory 1981, Bd. 9, Heft 3, 379, 399; *M. Haus*, Die politische Philosophie Michael Walzers, 2000, S. 179 f.

[273] Vgl. dazu auch oben A.I.2.c).

Ingeborg Maus verwahrt sich ebenfalls gegen eine Ursurpation der Legislativfunktion durch Gerichte, insbesondere durch grundrechtlich inspirierte richterliche Rechtsfortbildung. Dadurch würden „die Grundrechte als Waffe gegen das Prinzip der Volkssouveränität“[274] umfunktioniert. Kaum anders erscheint das Verdikt nach *Jürgen Habermas*, der die kommunikative Argumentationspraxis des demokratisch-politischen Prozesses dem „Monologismus“ richterlicher Entscheidungsfindung entgegensetzt.[275]

Indessen muss man sich zunächst vergegenwärtigen, dass das Urteil dieser Autoren hinsichtlich der staatsgerichteten Lösungsansätze der Horizontalwirkung kaum besser ausfällt. So haben sich sowohl *Maus* als auch *Habermas* ausdrücklich negativ zur objektiv-rechtlichen Dimension der Grundrechte, ja gar generell zur Einrichtung einer Verfassungsgerichtsbarkeit eingelassen.[276] Ihre Kritik trifft somit beispielsweise auch den Lösungsweg der verfassungskonformen Auslegung plus, den Gesetzgeber grundrechtlich zum Tätigwerden zu verpflichten. Jedoch könnte man wenigstens argumentieren, die Problematik sei im Falle der Anwendungskonstruktionen eklatanter, da sie den Gesetzgeber gar nicht involvierten. Dass der Gesetzgeber indes nach den Anwendungskonstruktionen in der *praeter* oder *contra legem*-Konstellation keine große Rolle spielt, ist zwar unbestreitbar. Trotzdem kann man bezweifeln, dass selbst nach den genannten prozeduralen Demokratietheorien die Lösung der Anwendungskonstruktionen demokratietheoretisch prekärer ist als diejenige der Verantwortungskonstruktionen, einschließlich der verfassungskonformen Auslegung plus.

Die Erörterungen *sub* a) haben bestätigt, dass Verantwortungsansätze in erheblichem Maße richterliche Rechtsfortbildung begünstigen, wodurch sie trotz des sich aus Art. 100 Abs. 1 Satz 1 GG ergebenden Verbots nicht nur zum *praeter legem*-, sondern auch zum *contra legem*-Judizieren tendieren. Richterliche Entscheidungen kreieren stets Normen, deren Geltung jedoch zunächst normtheoretisch betrachtet auf das *inter partes*-Verhältnis begrenzt ist. Es ist indes möglich, dass in ständiger Rechtsprechung praktiziertes Richterrecht faktisch gesetzesähnlich wirkt, also wie eine abstrakt-generelle Regelung.[277] Meines Erachtens ist die Gefahr einer demokratietheoretisch besonders prekären faktischen Kreation einer abstrakt-generellen Norm durch die Fachgerichte im Falle der Verantwortungskonstruktionen deutlich größer als im Falle der Anwendungskonstruktionen. Denn zwar entscheiden Gerichte auch hiernach über konkrete Rechtsverhältnisse und somit zunächst einmal nur *inter partes*. Ist

[274] *I. Maus*, Über Volkssouveränität – Elemente einer Demokratietheorie, 2011, S. 363. Siehe auch ebenda, S. 50.

[275] Vgl. *J. Habermas*, Faktizität und Geltung, 1992, S. 279f.

[276] Vgl. ebenda, S. 272ff.; *I. Maus*, Über Volkssouveränität – Elemente einer Demokratietheorie, 2011, S. 50, 57; *dies.*, Zur Aufklärung der Demokratietheorie – Rechts- und demokratietheoretische Überlegungen im Anschluß an Kant, 1994, S. 32ff., s. auch S. 235ff.

[277] Vgl. zu alledem oben Kap. 5, C.I.3.a). m.w.N.

aber der Staat durch seine Gerichte der Vermittler der Grundrechtswirkung, so liegt es nahe, eine faktisch wie ein Gesetz wirkende Norm richterrechtlich zu schaffen. Denn das Grundrechtsverhältnis ist nicht ein einzelfallspezifisches zwischen den Privaten A und B, sondern ein solches A-Staat und B-Staat. Der Staat – durch die staatlichen Gerichte – wird sich regelmäßig in vergleichbaren Grundrechtsverhältnissen gegenüber C, D, E, F etc. wiederfinden, sodass bereits das staatliche Gleichbehandlungsgebot aus Art. 3 Abs. 1 i. V. m. Art. 1 Abs. 3 GG die Gerichte dazu drängt, eine faktisch abstrakt-generell wirkende Norm zu etablieren. Die Prozessgeschichte der Entscheidung des BVerfG vom 6. Juni 2018[278] zur erneuten sachgrundlosen Befristung des Anstellungsvertrags beim selben Arbeitgeber *contra* § 14 Abs. 2 Satz 2 TzBfG ist ein gutes Beispiel:[279] Das BAG hatte in ständiger Rechtsprechung auf der Grundlage von Art. 12 Abs. 1 GG in § 14 Abs. 2 Satz 2 TzBfG entgegen dessen Wortlaut und *telos* per richterlicher Rechtsfortbildung eine dreijährige Karenzzeit hineingelesen. Dieses auf eine grundrechtliche Verantwortungspflicht gestützte Richterrecht wirkte *faktisch* als ob § 14 Abs. 2 Satz 2 TzBfG dies wortwörtlich anordnete. Einen „*de facto* gesetzesgleichen Charakter"[280] hatte ferner beispielsweise auch die „Herrenreiter"/ „Soraya"-Rechtsprechung[281] zum immateriellen Schadenersatz bei Persönlichkeitsrechtsverletzungen *contra* § 253 BGB a. F.

Nach der ein- oder zweistufigen Anwendung[282] entspringt z. B. der Anspruch auf eine Ausnahme vom Verbot der erneuten sachgrundlosen Befristung eines Anstellungsvertrags beim selben Arbeitgeber nach § 14 Abs. 2 Satz 2 TzBfG oder der Auskunftsanspruch des Versicherten gegen den Versicherer im Sachverhalt nach BVerfGE 114, 73 [2005] unmittelbar aus den Grundrechten – als Resultat des Ausgleichs ihrer jeweiligen Grundrechtspositionen. Dieser unmittelbare grundrechtliche Anspruch ist spezifisch für die konkrete Anspruch-Pflichten-Konstellation, z. B. zwischen dem einzelnen Versicherten und dem einzelnen Versicherer im konkreten Einzelfall. Entsprechend lässt sich argumentieren, dass nach den Anwendungskonstruktionen in der *praeter* und *contra legem*-Konstellation zwar im konkreten Einzelfall ein unmittelbarer grundrechtlicher Anspruch A-B besteht, den die Gerichte anerkennen. Weil sich dieser Anspruch aber gerade aus der spezifischen Einzelfallabwägung[283] der sich unmittelbar gegenüberstehenden spezifischen Grundrechte von A und B im spezifischen

[278] BVerfG, Beschl. v. 6.6.2018, 1 BvL 7/14 und 1 BvR 1375/14.

[279] Siehe bereits oben a).

[280] *T. Barczak*, Richterrecht – Vervollkommnung des Rechtsstaats oder Verkehrung in einen Richterstaat?, Ad Legendum 2016, 101, 104.

[281] Vgl. BGHZ 26, 349 [1958] – Herrenreiter; BVerfGE 34, 269 [1973] – Soraya. Siehe dazu auch unten C.II. und oben Kap. 5, C.I.3.c).

[282] Die sich in den *praeter* und *contra legem*-Konstellationen nicht unterscheiden, vgl. oben Kap. 2, B.III.1.

[283] Zur Verhältnismäßigkeitsprüfung im Rahmen der (zweistufigen) Anwendung siehe im Einzelnen auch unten Kap. 7, C.

Einzelfall ergibt, kann durch die judikative Anerkennung des Anspruchs im Einzelfall regelmäßig gerade nicht beansprucht werden, dass ein solcher Anspruch nun für – beispielsweise – alle Versicherten und alle Versicherer gelten soll. In einem neuen Sachverhalt muss sich ein grundrechtlicher Anspruch erst wiederum aus der Prüfung der neuen, ihrerseits spezifischen konkreten Sachverhalts- und Grundrechtskonstellation von C und D ergeben. Wenn aber A, B, C und D jeweils gegenüber dem Staat Ansprüche haben, liegt es dagegen nahe, die Lösung für das Rechtsverhältnis A-B auf die Lösung der Rechtsverhältnisse C-D, E-F etc. zu übertragen. Die richterliche Rechtsfortbildung der Verantwortungskonstruktionen läuft somit größere Gefahr, sich quasi-gesetzliche Normsetzung anzumaßen und ist damit demokratietheoretisch prekärer.

Richtig verstanden führen die Anwendungskonstruktionen demnach hingegen in der Regel lediglich zu einer auf dem spezifischen grundrechtlichen Anspruch-Pflichten-Verhältnis A-B basierenden Einzelfallentscheidung *inter partes*. Deshalb lässt sich ferner argumentieren, dass die verfassungskonforme Auslegung plus, wenn sie beispielsweise den Gesetzgeber zur Gesetzgebung zwingt, den demokratisch-politischen Prozess ebenfalls stärker beeinträchtigt als ein unmittelbarer grundrechtlicher Anspruch, der nur fordert, den konkreten Einzelfall zu regeln, anstelle eine abstrakt-generelle Norm aufzustellen. Denn das BVerfG verpflichtet beispielsweise in E 114, 73 [2005] den Gesetzgeber dazu, dem Schutzanspruch des Versicherten gegen den Staat durch Schaffung einer abstrakt-generell geltenden Auskunftspflicht des Versicherers nachzukommen. Zwar kann der Gesetzgeber dies als Gelegenheit nutzen, das Versicherungsrecht in Teilen oder sogar umfassend zu reformieren und er genießt auch hinsichtlich der konkreten Ausgestaltung des Auskunftsanspruches Flexibilität. Realisieren muss er aber den materiellen Gehalt dieses Anspruches in jedem Fall und er muss dies in Form einer gesetzlichen Norm, die nicht nur für den Versicherten und den Versicherer im Ausgangsfall, sondern für alle Versicherten und alle Versicherer gilt.

Allerdings hat die verfassungskonforme Auslegung plus damit gegenüber den Anwendungskonstruktionen den Vorteil, dass sie Rechtssicherheit schafft, indem der Gesetzgeber eine geschriebene und klar konturierte Rechtsnorm erlässt. Die Einzelfallentscheidung nach den Anwendungskonstruktionen variiert notwendigerweise von Fall zu Fall, abhängig von den betroffenen Grundrechten beider Seiten und von den Umständen des jeweiligen Sachverhalts. Deshalb bleibt nicht nur schwerer vorherzusagen, wann das Gericht in einem spezifischen Einzelfall beispielsweise einen Auskunftsanspruch des Versicherten bejaht und wann es ihn verneint. Auch der Umfang und die konkreten Voraussetzungen des Auskunftsanspruches, einschließlich etwaiger Verfahrensvorschriften, bleiben zwangsläufig unkonturiert, weil der Anspruch eben nicht abstrakt-generell, sondern nur für den Einzelfall entwickelt wird.[284]

---

[284] Vgl. hierzu auch unten Kap. 7, D.II.

4. *Fazit*

Machtasymmetrien formal gleichgeordneter Privater sind die Sollbruchstelle der Privatautonomie. Wie sich gezeigt hat, ist das Ergebnis weniger von der gewählten Horizontalwirkungskonstruktion, sondern vielmehr von der zugrunde gelegten Autonomiekonzeption abhängig.[285] Die hier vorgeschlagenen Kriterien bringen gegenüber den wenig weiterführenden *topoi* „strukturelle Unterlegenheit“ und „Selbst- vs. Fremdbestimmung“ einen Gewinn nicht nur an philosophischer Fundiertheit, sondern auch an dogmatischer Präzision, wie der Vergleich der Bürgschafts- mit der Handelsvertreterentscheidung illustriert hat.[286] Fehlt es an einer gesetzlichen Norm oder steht diese einem ethisch geforderten Ausgleich zugunsten der schwächeren Seite entgegen, erscheint die Lösung der Anwendungskonstruktionen zunächst mit Blick auf die Integrität des demokratisch-politischen Prozesses demokratietheoretisch besonders prekär. Allerdings lässt sich ihr Regelungsgehalt *praeter* oder *contra legem* eindämmen. Er bleibt in deutlich stärkerem Maß auf den konkreten Einzelfall beschränkt als im Falle der Verantwortungsansätze. Dies entschärft die demokratietheoretische Prekarität der Anwendungskonstruktionen erheblich. Problematisch bleibt dagegen eine mit den Anwendungskonstruktionen in der *praeter* und *contra legem*-Konstellation einhergehende gewisse Rechtsunsicherheit.[287]

II. Familie, Ehe, Erbe: wirtschaftliche Selbstbestimmung und Identität

Die beiden verbleibenden Abschnitte dieses Unterkapitels adressieren thematische Schnittstellen von Fragen der Privatautonomie und wirtschaftlicher Selbstbestimmung mit den beiden anderen Großthemen der Horizontalwirkung, Identität (II.) und öffentlichem Diskurs (III.). Es sollen hier somit Maßstäbe identifiziert werden für die Gewichtung der Grundrechtspositionen anhand individuell-personaler und kollektiv-politischer Selbstbestimmung. Während der folgende Abschnitt grundrechtliche Spannungslagen von öffentlichen Meinungsäußerungen und wirtschaftlicher Betätigung diskutiert, widmet sich dieser Abschnitt einer spezifischen Konfliktlage personaler Autonomie, nämlich wenn privatautonome Handlungen den anderen Teil zu einem bestimmten Verhalten veranlassen sollen, das seine familiäre Identität betrifft. Die Analyse wird sich dabei allein auf die ethische Bewertung des grundrechtlichen Spannungsverhältnisses zwischen der Privatautonomie aus Art. 2 Abs. 1 GG, einschließlich der Testierfreiheit aus Art. 14 Abs. 1 Satz 1 GG, einerseits und andererseits dem Recht, über Partnerwahl bei der Ehe oder über den Kinderwunsch frei ent-

[285] Vgl. oben 1. und 2.a).
[286] Vgl. oben 2.b).
[287] Vgl. zu alledem oben 3.c).

scheiden zu können, vgl. Art. 6 Abs. 1, 2 Abs. 1 GG, beschränken. Auch hier sollen zwei Entscheidungen zur Illustration genügen.

Der erste Fall, der sowohl den BGH als auch das BVerfG beschäftigte, betraf die so genannte „Ebenbürtigkeitsklausel" im Erbvertrag des Fürstenhauses der Hohenzollern.[288] Nach dieser Klausel im 1938 geschlossenen Erbvertrag, den der Großvater des Beschwerdeführers mit seinen Söhnen vereinbarte, waren nur diejenigen ältesten männlichen Nachkommen im Sinne der Erbfolge erbberechtigt, die eine „ebenbürtige" Ehe, also eine Ehe mit einer Partnerin aus dem Hochadel eingingen. Die Ehe des Beschwerdeführers war nicht „ebenbürtig" im Sinne des Erbvertrages. Als der Vater des Beschwerdeführers 1994 verstarb, beantragte der Beschwerdeführer als ältester männlicher Nachkomme die Erteilung eines Erbscheins zur Bestätigung, dass er alleiniger Erbe geworden sei. Dagegen ging der im Falle der Wirksamkeit der Ebenbürtigkeitsklausel zum Alleinerben Berechtigte, der Neffe des Beschwerdeführers, rechtlich vor. Der BGH hielt die Ebenbürtigkeitsklausel letztinstanzlich für wirksam. Das vom Beschwerdeführer angerufene BVerfG sah seine Verfassungsbeschwerde dagegen als begründet an. Im zweiten Fall[289] lebten A und B seit 1977 in Partnerschaft und waren sich zunächst einig, dass aus der Beziehung keine Kinder hervorgehen sollten und dass A deshalb empfängnisverhütende Mittel einnehmen sollte. Ende 1980 setzte A diese Mittel ab, allerdings ohne dies B mitzuteilen. Im März 1981 erfuhr B von der Schwangerschaft der A und beendete daraufhin die Beziehung. Im November 1981 wurde das gemeinsame Kind geboren. In Frage stand, ob B die A wegen abredewidrig abgesetzter Empfängnisverhütung auf Schadenersatz für den aufgrund gesetzlicher Verpflichtung zu zahlenden Kindesunterhalt entweder aus Vertrag oder nach §§ 823, 826 i. V. m. § 241 BGB in Anspruch nehmen konnte. Der BGH verneinte dies.

Jeweils steht hier die Authentizitätsbedingung personaler Autonomie im Fokus. Die zwei vertraglichen bzw. vertragsähnlichen Abreden – der Erbvertrag und die Vereinbarung, zu verhüten – stellen die jeweils Betroffenen vor eine Wahl: X erhältst Du nur, wenn Du Y tust. Das Erbe kannst Du nur antreten, wenn Du eine „ebenbürtige" Gattin wählst, die Partnerschaft gibt es nur zu dem Preis, dass daraus keine Kinder hervorgehen. Damit ist es offensichtlich, was das Ziel der jeweiligen Abrede ist: Der Wille und als Folge des Willens das Handeln des/der Betroffenen soll derart beeinflusst werden, dass zwischen zwei für ihn/sie wichtigen Dingen eine Alternativität hergestellt wird, damit eine der beiden Alternativen verhindert werden soll (nicht „ebenbürtige" Ehe/Schwangerschaft). Derart abstrakt formuliert, so mag man nun einwenden, ist dies nicht stets das Charakteristikum einer vertraglichen Vereinbarung? Selbstverständlich würde ich gerne mein Geld behalten und zugleich ein Grundstück erhalten, aber ich

[288] Vgl. BGHZ 140, 118 [1998]; BVerfG(K), Beschl. v. 22.3.2004, 1 BvR 2248/01.
[289] Vgl. BGHZ 97, 372 [1986].

muss mich entscheiden: entweder Geld behalten oder Grundstück erhalten, dafür aber mit dem Geld bezahlen – technisch gesprochen, mich zur Zahlung des Kaufpreises zu verpflichten, sodass sich die Gegenseite zur Übergabe und Übereignung (Auflassung und Eintragung in das Grundbuch) verpflichtet, vgl. § 433 Abs. 1 und 2 sowie §§ 873, 925 BGB.

Die Willensmanipulation muss somit, um signifikant die Authentizitätsbedingung der personalen Autonomie zu beeinträchtigen, eine besondere Qualität haben. Die „Identifikation" mit der eigenen Entscheidung muss erheblich in Frage gestellt sein.[290] Dies erfordert zweierlei. Zum einen muss die Betroffene durch die Abrede vor eine Wahl gestellt worden sein, die zwei zuvor nicht notwendig miteinander verbundene Dinge X und Y, die sie beide begehrt, in ein Entweder-Oder-Verhältnis bringt, mit dem Ziel, ihren Willen im Sinne von Alternative X zu beeinflussen. Zum anderen muss aber noch maßgeblich hinzutreten, dass es sich bei der Wahl zwischen Alternative X und Alternative Y um eine für die Identität der Betroffenen wesentliche Frage handelt. Dass die Wahl, mit wem man potentiell den Rest seines Lebens als Partner/-in in ehelicher Verbindung zusammenleben und ob man ein Kind zeugen möchte, für die Identität der betroffenen Person wesentlich ist, wird hier unterstellt.

Die erst durch den Erbvertrag hergestellte Alternativität zwischen Erbe sowie Fortsetzung der Familientradition einer- und der Wahl der Ehepartnerin andererseits setzt den/die Betroffene/n laut BVerfG einem „unzumutbaren Druck" aus.[291] Gleiches muss auch für die Alternativität zwischen Partnerschaft und Schwangerschaft in Form einer entsprechenden Abrede gelten. Der/Die Betroffene soll sich für eine Ehe mit einer Dame aus dem Hochadel bzw. gegen ihren Kinderwunsch entscheiden, obwohl die freie Wahl des Ehegatten bzw., ob man Kinder haben möchte, konstitutiv ist für ihre Identität. Ein entsprechend gefasster Wille im Sinne des Zieles der Abrede ist nicht mehr ihr eigener, sondern ein fremder, nämlich derjenige des Erblassers bzw. des Partners. Wichtig ist, in beiden ausgewählten Fällen jedoch zu beachten, dass hier jeweils dem Druck widerstanden und gerade nicht die von der anderen Seite intendierte Alternative gewählt wurde. Der Sohn des Erblassers ging trotzdem eine nicht „ebenbürtige" Ehe ein. A setzte trotzdem ihre Pille ab und wurde schwanger. Dass beide dem „unzumutbaren Druck" widerstanden, macht diesen Druck nicht zumutbar. Entscheidend für die erhebliche Beeinträchtigung der Authentizitätsbedingung ist demzufolge nicht, ob die Willensmanipulation tatsächlich erfolgreich, sondern bereits dass sie durch die Vereinbarung intendiert war.

---

[290] Vgl. *G. Dworkin*, The Concept of Autonomy, Grazer Philosophische Studien 1981, Bd. 12, 203 ff.

[291] BVerfG(K), Beschl. v. 22.3.2004, 1 BvR 2248/01, Rn. 41.

III. Wirtschaftliche Betätigung und öffentliche Debatte

Handeln zu ökonomischen Zwecken ist wesentlicher Ausdruck privatautonomen Verhaltens. Ein solches bewegt sich regelmäßig im öffentlichen Raum.[292] Sobald nun allerdings eine wirtschaftliche Tätigkeit in diesen hineintritt, entstehen Kommunikationspotentiale: Menschen äußern sich zu einer ökonomischen Betätigung, zugleich begegnet uns diese tagtäglich und geradezu allgegenwärtig in Form von Werbung, welche wiederum ihrerseits Reaktionen der potentiellen Adressaten evoziert. In einen Antagonismus treten wirtschaftliche Selbstbestimmung und öffentliche Debatte jedenfalls potentiell dann, wenn bestimmte Meinungsäußerungen über ein Produkt, ein Unternehmen, kurzum eine bestimmte wirtschaftliche Betätigung, gerade mit dem Ziel getätigt werden, diese Betätigung zu unterbinden, einzudämmen oder jedenfalls zu sanktionieren. Ferner stellt sich auf der anderen Seite die Frage, in welchem Umfang Werbung, als eine typische Form kommerziellen Verhaltens, wenn sie kontroverse Reaktionen in der Öffentlichkeit auslöst, ihrerseits wiederum den Schutz der Kommunikationsfreiheiten genießt.

Auch in diesem Abschnitt steht dabei nicht die Bewertung der Horizontalwirkungskonstruktionen als solcher im Fokus. Vielmehr sollen hier ebenso wie *sub* II. lediglich Kriterien der individuell-personalen und kollektiv-politischen Selbstbestimmung – und ihrer Wechselwirkung – herausgearbeitet werden, welche das Ergebnis der Abwägung der verschiedenen Grundrechtspositionen beeinflussen. Zwei Fallgruppen werden dazu aus der Rechtsprechung von BGH und BVerfG ausgewählt, geschäftsschädigende Äußerungen (1.) sowie Werbung und ihre Grenzen (2.).

1. Geschäftsschädigende Äußerungen

A ist der Auffassung, B solle bestimmte Fernsehsender nicht in der Zeitschrift des B bewerben und ruft deshalb zum Boykott dieser Zeitschrift auf;[293] C bezeichnet die Milchprodukte der D öffentlich als „Gen-Milch“, weil D gentechnisch verändertes Futtermittel an seine Milchkühe verfüttert;[294] E sendet einen Fernsehbericht über die Zustände der Tierhaltung in den Betrieben der F, der auf Filmaterial beruht, das durch widerrechtlichen Zutritt zu den Betriebsstätten der F entstanden ist;[295] G betreibt ein Internetbewertungsportal für Ärzte, in das

---

[292] Zum historischen Zusammenhang von Privatautonomie, wirtschaftlicher Betätigung, Markt und Öffentlichkeit siehe *J. Habermas*, Strukturwandel der Öffentlichkeit – Untersuchungen zu einer Kategorie der bürgerlichen Gesellschaft, 6. Aufl. 1999 (Suhrkamp-Ausgabe; erstmals erschienen bei Luchterhand, 1962), S. 142–148.

[293] Vgl. BVerfGE 25, 256 [1969] – Blinkfüer.

[294] Vgl. BVerfG(K), Beschl. v. 8.9.2010, 1 BvR 1890/08 – Genmilch.

[295] Vgl. BGH, Urt.v. 10.4.2018, VI ZR 396/16 – Videoaufnahmen Tierhaltung.

negative Bewertungen der Ärztin H gegen ihren Willen eingestellt werden.[296] Jeweils tätigt die eine Seite Äußerungen oder ermöglicht diese, welche sich kritisch mit der wirtschaftlichen Tätigkeit der anderen Seite auseinandersetzen. Derartige Meinungsäußerungen betätigen nicht nur die individuelle Freiheit des Äußernden. Die Garantie ihrer grundsätzlich freien Betätigung soll vielmehr laut der ständigen Rechtsprechung des BVerfG für die liberale Demokratie des Grundgesetzes „schlechthin konstituierend“[297] sein. Daher geht das Spannungsverhältnis hier über die Kollision widerstreitender Individualrechtspositionen hinaus. Vielmehr treffen individuell-personale und kollektiv-politische Autonomie aufeinander. Denn das Interesse am Schutz einer Meinungsäußerung überschreitet die Individualsphäre A-B bis G-H jedenfalls dann, wenn man ihr Bedeutung auch für das Ent- und Bestehen eines öffentlichen Kommunikationsraumes beimisst, ohne den jedenfalls eine liberale, auch prozedural verstandene Demokratie als Volksherrschaft schwerlich funktionieren kann.[298]

Zunächst steht somit die Frage im Raum, wie Konfliktlagen aufzulösen sind, die neben dem Aufeinandertreffen unterschiedlicher Individualinteressen im Sinne personaler Selbstbestimmung auch eine Dimension politischer Selbstbestimmung aufweisen. Vergleichsweise einfach ist es, wenn eine Äußerung getätigt wird, um eine andere Betätigung der Meinungsäußerung zu unterbinden und wenn dies durch den Einsatz ökonomischer Machtmittel geschieht. So verhielt es sich in „Blinkfüer“ (oben Konstellation A-B). Unabhängig davon, ob man es dogmatisch für schlüssiger hält, hier bereits den Schutzbereich der Meinungsfreiheit der A zu verneinen oder die Frage auf der Ebene der Verhältnismäßigkeit zu adressieren: Wer eine „marktbeherrschende“, „monopolartige Stellung“ bzw. „Machtposition“[299] bewusst einsetzt, um seinen Boykottaufruf gegenüber einer Konkurrenzzeitschrift zu effektuieren, die ihrerseits lediglich von ihrer Meinungs- und Pressefreiheit Gebrauch gemacht hat, dessen Grundrechte müssen im Horizontalverhältnis zurücktreten.[300]

---

[296] Vgl. z. B. BGH, Urt.v. 20.2.2018, VI ZR 30/17 – Arztbewertungsportal im Internet IV.

[297] Ständige Rechtsprechung seit BVerfGE 7, 198 (208) [1958] – Lüth.

[298] Anders verhält es sich, wenn man ein antiliberales, substanzielles Demokratieverständnis beispielsweise im Sinne *Carl Schmitts* zugrunde legt, siehe dazu oben A.I.2.b). Geht es um den „wahren Willen des Volkes“, so sind keine prozeduralen, periodischen Verfahren zur Bildung des Volkswillens erforderlich, ja sie sind sogar schädlich, vgl. *C. Schmitt*, Die geistesgeschichtliche Lage des heutigen Parlamentarismus, 10. Aufl. 2017 (1. Aufl. 1923), S. 36; vgl. auch *ders.*, Verfassungslehre, 4. Aufl. 1954 (unveränderte Auflage der Originalausgabe von 1928), S. 229 („wahre[r] und bessere[r] Wille“). Entsprechend weniger bedeutsam wird es, die öffentliche Debatte zu ermöglichen und zu erhalten, und entsprechend stärker kann diese im Interesse des „wahren Volkswillens“ eingeschränkt oder gar gänzlich unterbunden werden.

[299] BVerfGE 25, 256 (266) [1969] – Blinkfüer.

[300] Hier ist überdies wiederum insbesondere die Kontrollbedingung der personalen Autonomie Blinkfüers durch das Verhalten der Springer-Verlagsgruppe ganz erheblich betroffen, vgl. zu derartigen Bewertungen hinsichtlich personaler Autonomie oben I.2.b) und II.

Soweit derartige Machtasymmetrien nicht instrumentalisiert werden, um das mit der Meinungsäußerung verfolgte Ziel zu erreichen, ist die Spannungslage zwischen Meinungsäußerungsfreiheit (Art. 5 Abs. 1 Satz 1 GG) und der Freiheit wirtschaftlicher Betätigung (Art. 12 Abs. 1 GG und Art. 2 Abs. 1) regelmäßig zugunsten ersterer aufzulösen. Denn Meinungsäußerungen verfolgen nicht nur individuelle Interessen. Regelmäßig ermöglichen sie zum einen die demokratische Willensbildung, die sich im demokratisch-politischen Prozess in periodischen Wahlen und – seltener – Abstimmungen kanalisiert, vgl. Art. 20 Abs. 2 Satz 2 GG. Sie ermöglichen darüber hinaus aber zum anderen auch die Partizipation der Mitglieder des *demos* als „Aktivbürger"[301] bzw. als „citizens/politicians"[302] an der politischen Willensbildung jenseits von vergleichsweise seltenen Parlamentswahlen und Plebisziten, indem sie Zustimmung oder Ablehnung gegenüber dem Verhalten politischer Repräsentanten bekunden oder diese auf bestimmte soziale, wirtschaftliche etc. Probleme hinweisen. Daraus rechtfertigt sich eine auch von der Rechtsprechung anerkannte grundsätzliche „Vermutung zugunsten der freien Rede", jedenfalls soweit sie „einen Beitrag zur öffentlichen Meinungsbildung" leistet.[303]

Im „Gen-Milch"-Fall klagte die Beschwerdeführerin (oben D) auf Unterlassung der Bezeichnung „Gen-Milch" durch C wegen unwahrer Tatsachenbehauptung gemäß § 1004 Abs. 1 Satz 2 BGB i. V. m. §§ 823 Abs. 1, 824 BGB. Die Klage der D scheiterte letztinstanzlich vor dem BGH. Das BVerfG hielt die Verfassungsbeschwerde der D für unbegründet. Die Bezeichnung „Gen-Milch" stelle keine unwahre Tatsachenbehauptung dar, sondern sei als – auch von Dritten als solches erkennbares – Werturteil im Sinne einer Bewertung des Geschäftsgebarens der D zu verstehen, das den Schutz von Art. 5 Abs. 1 Satz 1 GG und letztlich auch Vorrang gegenüber den auf Art. 12 Abs. 1 GG gestützten Interessen der Freiheit unternehmerischen Handelns Ds genieße.[304] Das BVerfG stellte somit klar, dass die wirtschaftliche Betätigung eines Unternehmens nicht vor negativen Werturteilen geschützt ist, insbesondere wenn sie wie hier das Geschäftsgebaren des Unternehmens sowie legitime öffentliche Anliegen (Gesundheit, Umweltschutz, etc.) betreffen. Wirtschaftliche Tätigkeit in der öffentlichen, gesellschaftlichen Sphäre muss demnach Bewertungen Dritter grundsätzlich hinnehmen, die bestimmte Aspekte dieser Betätigung nicht goutieren. Stellt man ein Produkt in den öffentlichen Raum, muss es sich auch der öffentlichen Debatte stellen.

---

[301] *I. Maus*, Zur Aufklärung der Demokratietheorie – Rechts- und demokratietheoretische Überlegungen im Anschluß an Kant, 1994, S. 275. Vgl. auch *F. I. Michelman*, Law's Republic, Yale Law Journal 1988, Bd. 97, 1493, 1518: „Citizenship stands for freedom as activity […]."

[302] *M. Walzer*, Spheres of Justice – A Defence of Pluralism and Equality, 1983, S. 308.

[303] So kürzlich z. B. BVerfG(K), Beschl. v. 10.3.2016, 1 BvR 2844/13 – Kachelmann, Rn. 29; vgl. auch bereits wörtlich BVerfGE 7, 198 (212) [1958] – Lüth; BVerfGE 61, 1 (11) [1982] – CSU als ‚NPD Europas'.

[304] Vgl. BVerfG(K), Beschl. v. 8.9.2010, 1 BvR 1890/08 – Genmilch, Rn. 19 ff.

Dies gilt auch, so der BGH in einem Urteil vom 10. April 2018, wenn die Informationen, auf denen das in der Äußerung zum Ausdruck kommende Werturteil basiert, durch widerrechtliches Verhalten erlangt wurden, jedenfalls solange die Äußernde nicht selbst widerrechtlich gehandelt habe. Im zugrunde liegenden Sachverhalt waren Tierschützer in den Betrieb der F eingedrungen und hatten die problematischen Bedingungen per Video festgehalten, unter denen die Tiere gehalten wurden, obwohl F damit warb, landwirtschaftliche Bio-Produkte herzustellen und zu vertreiben. Der Fernsehsender E hatte Ausschnitte aus dem Video in seinem kritischen Bericht über die Tierhaltung in den Betrieben der F zur Veranschaulichung in einer Reportage verwendet.[305] Insbesondere weil der Bericht des E mit der Tierhaltung in landwirtschaftlichen Großbetrieben eine Problematik von „hohe[m] Gewicht" betreffe, handele es sich um „einen Beitrag zum geistigen Meinungskampf in einer die Öffentlichkeit wesentlich berührenden Frage".[306] Die Presse nehme als „Wachhund der Öffentlichkeit" eine „im demokratischen Rechtsstaat [...] wichtige Aufgabe wahr", indem „sie die Bevölkerung über Themen von allgemeinem Interesse" informiere.[307] Demgegenüber müssten die wirtschaftlichen Interessen der F zurücktreten, zumal sie „als Vermarkterin von Bio-Produkten" auftrete und sich deshalb „eine kritische Auseinandersetzung mit der Frage gefallen lassen [müsse], ob sie den von ihr öffentlich und werbewirksam erhobenen Anspruch auch erfüllt."[308]

Instruktiv ist schließlich die Rechtsprechung des BGH zum Arztbewertungsportal „jameda" (oben Konstellation G-H).[309] Denn dort tritt hinsichtlich des ermöglichenden Effekts von Meinungsäußerungen für demokratische Partizipation und Deliberation nochmals amplifizierend der Umstand hinzu, dass derartige digitale Bewertungsplattformen einen neuen Kommunikationsraum erst schaffen, der zuvor nicht bestand. Stets stand hier in Streit, ob bzw. inwieweit der betroffene Arzt/die betroffene Ärztin die Löschung ihres Profils von der Betreiberin des Portals nach § 35 Abs. 2 i. V. m. § 29 BDSG sowie nach §§ 823 Abs. 2, 1004 BGB analog i. V. m. § 4 Abs. 1 BDSG verlangen konnte, die Veröffentlichung eines neuen Profils und Bewertungen auf der Website des Portals zu unterlassen. Solange die Bewertungsdaten frei zugänglich seien und die betroffenen Ärztinnen und Ärzte nach einem einheitlichen und nachvollziehbaren System bewertet würden, diene eine damit gewährleistete Informationsplattform der „Transparenz im Gesundheitswesen"[310] und erfülle damit eine

---

[305] Vgl. dazu BGH, Urt. v. 10.4.2018, VI ZR 396/16 – Videoaufnahmen Tierhaltung, Rn. 2 und 3.

[306] Ebenda, Rn. 28.

[307] Ebenda, Rn. 31.

[308] Ebenda, Rn. 33.

[309] Vgl. insbesondere BGHZ 202, 242 [2014]; BGHZ 209, 139 [2017]; BGH, Urt.v. 20.2. 2018, VI ZR 30/17.

[310] BGHZ 202, 242 (255) [2014] – Arztbewertungsportal im Internet II.

„gesellschaftlich gewünschte Funktion“[311]. Anders, so folgerte der BGH in konsequenter Weise, verhalte es sich stattdessen, wenn die Betreiberin des Portals den gegen ihren Willen aufgenommen Ärztinnen und Ärzten gegen Entgelt anbiete, ihr Profil mit einem Photo und zusätzlichen Informationen zu versehen. Auf einem solchen entgeltlichen „Premium-Paket“-Profil wurden im fraglichen Sachverhalt, anders als bei denjenigen, die kein Entgelt entrichten, keine Bewertungen von konkurrierenden Ärztinnen und Ärzten angezeigt.[312] Indem die Portalbetreiberin durch das „Premium-Paket“ unterschiedliche Bedingungen für Bewertungen und Information gegen Entgelt schaffe, begebe sie sich ihrer „Stellung als ‚neutraler‘ Informationsmittler“, indem sie „durch die Art der Werbung, die sie Ärzten auf ihrem an potentielle Patienten gerichteten Bewertungsportal anbietet, einzelnen Ärzten verdeckte Vorteile“ verschaffe.[313]

Diese Argumentation überzeugt. Die gesellschaftliche Funktion, eine Informationsplattform zu schaffen, welche Meinungsaustausch zum Zwecke der Information, Partizipation und Deliberation ermöglicht, erfüllt ein Bewertungsportal gerade nicht, wenn es gegen Entgelt die Erfolgsbedingungen der zu bewertenden Ärztinnen und Ärzte verbessert. Entsprechend weniger fallen hier die Interessen der Portalbetreiberin ins Gewicht, sodass der BGH vorliegend richtigerweise den Interessen der betroffenen Ärztin den Vorzug gab.[314]

2. *Werbung und ihre Grenzen*

Öffentlicher Diskurs und wirtschaftliche Betätigung müssen indessen nicht notwendigerweise in einem Kollisionsverhältnis zueinander stehen. Ein und dasselbe Verhalten kann sowohl ökonomische als auch Zwecke der Meinungsäußerung verfolgen. Das Paradebeispiel aus der Rechtsprechung des BVerfG und BGH sind die Benetton-Fälle zur Schockwerbung.[315] Werbung ist kommerzielle Tätigkeit *par excellence*, bedient sich aber zugleich dem Mittel der Kommunikation und vermag dadurch einen erheblichen diskursiven Einfluss zu entwickeln. Das Magazin „Stern“ veröffentlichte in den 1990er Jahren Werbeanzeigen des Textilunternehmens Benetton, die (1) eine auf einem Ölteppich schwimmende ölverschmierte Ente; (2) schwer arbeitende Kinder der Dritten Welt; (3) ein nacktes menschliches Hinterteil, auf das die Worte „H.I.V. POSITIVE“ aufgestempelt waren, abbildeten, jeweils lediglich mit dem Schriftzug „United Colors of Benetton“ am Bildrand versehen. Die Klägerin verlangte im

[311] BGHZ 209, 139 (153) [2017] – Arztbewertungsportal im Internet III.
[312] Vgl. BGH, Urt.v. 20.2.2018, VI ZR 30/17 – Arztbewertungsportal im Internet IV, Rn. 2–4.
[313] Ebenda, Rn. 17.
[314] Vgl. ebenda, Rn. 19.
[315] Vgl. BVerfGE 102, 347 [2000] – Benetton I; BGH, Urt. v. 6.7.1995, I ZR 180/94 – Benetton I (HIV Positive); BGH, Urt. v. 6.7.1995, I ZR 110/93 – Benetton I (Kinderarbeit); BVerfGE 107, 275 [2003] – Benetton II; BGHZ 149, 247 [2001] – Benetton II.

Ausgangsverfahren von der Herausgeberin des „Stern", gestützt auf § 1 UWG, es zu unterlassen, die Werbeanzeigen zu veröffentlichen.

Der BGH sprach den Werbeanzeigen aufgrund ihrer kommerziellen Zielrichtung das Potenzial ab, einen wesentlichen Beitrag zur öffentlichen Meinungsbildung zu leisten, da sie lediglich bezweckten, „beim Verbraucher eine mit dem werbenden Unternehmen solidarisierende Gefühlslage zu schaffen, die der Steigerung des Ansehens des Unternehmens diene und damit letztlich zu kommerziellen Zwecken eingesetzt werde."[316] Das BVerfG widersprach dieser Auffassung. Es betonte nicht nur, dass eine kommerzielle Zielrichtung im individuellen Interesse einen überindividuell bedeutsamen Diskursbeitrag durch die Werbeanzeige nicht ausschließe,[317] sich mithin „Sozialkritik und Werbezweck"[318] nicht widersprächen. Darüber hinaus unterstrich das Gericht auch, dass, so zum Beispiel im Fall „H. I. V. POSITIVE", die Abbildung des abgestempelten Gesäßes auch derart gedeutet werden könne, dass hier auf den kritikwürdigen Zustand der Ausgrenzung H. I. V.-Infizierter in provokanter Weise hingewiesen werden solle.[319]

IV. Fazit

Nicht die einzelne Horizontalwirkungskonstruktion, sondern die Autonomiekonzeption hat sich in diesem Themenkomplex der wirtschaftlichen Selbstbestimmung als entscheidend für das Ergebnis des Ausgleichs konkreter Grundrechtskonflikte erwiesen. Dabei emergieren die Autonomiebedingungen der Kontrolle und Authentizität als philosophisch fundierte und dogmatisch handhabbare Kriterien. Sie sind insoweit zur Behandlung ökonomisch-sozialer Machtasymmetrien den von der Rechtsprechung vorgeschlagenen *topoi* der „Selbst-"/„Fremdbestimmung" bzw. der „strukturellen Unter-/Überlegenheit" vorzuziehen.[320] Das Gleiche gilt auch für Kollisionen wirtschaftlicher Selbstbestimmung mit Fragen familiärer Identität oder des öffentlichen Diskurses.[321] So wird die differenziertere Bewertung der spezifischen Sachverhaltskonstellationen mit Blick auf die personale Autonomie ebenso möglich wie die differenziertere Auflösung der Konfliktlage individuell-personaler mit kollektiv-politischen Autonomieinteressen.

---

[316] So die Wiedergabe der Argumentation des BGH in BVerfGE 102, 347 (349, 366) [2000] – Benetton I. Vgl. auch BGH, Urt. v. 6.7.1995, I ZR 180/94 – Benetton I (HIV Positive), Rn. 11; BGH, Urt. v. 6.7.1995, I ZR 110/93 – Benetton I (Kinderarbeit), Rn. 23.

[317] BVerfGE 102, 347 (359) [2000] – Benetton I.

[318] BVerfGE 107, 275 (283) [2003] – Benetton II.

[319] Vgl. BVerfGE 102, 347 (368) [2000] – Benetton I.

[320] Vgl. oben I.2.a) und b).

[321] Vgl. oben II. und III.

Die Unterscheidung der einzelnen Horizontalwirkungskonstruktionen wird damit aber keineswegs obsolet. Anders als Anwendungs- bedeuten staatsgerichtete Ansätze Fremdbestimmung durch den Staat, nicht Selbstbestimmung der Einzelnen, weil sie die Grundrechtsinhaberschaft staatlich mediatisieren.[322] Ferner hat sich gezeigt, dass Anwendungsansätze nur auf den ersten Blick demokratietheoretisch prekärer erscheinen als die von der vorherrschenden Auffassung favorisierten Verantwortungskonstruktionen. Denn letztere bergen die größere Gefahr faktisch abstrakt-generell wirkender richterlicher Rechtsfortbildung, welche in der Praxis selbst in der *contra legem*-Konstellation trotz Art. 100 Abs. 1 Satz 1 GG nicht ausgeschlossen scheint.[323]

C. Öffentlichkeit und öffentlicher Diskurs

Die Bewertung der Horizontalwirkungskonstruktionen anhand personaler und politischer Autonomie setzt sich fort in Bezug auf ein zweites Großthema der Horizontalwirkung: Öffentlichkeit und öffentlicher Diskurs. Aspekte öffentlicher Kommunikation stehen im Fokus von Abschnitt I. Hierbei stellt vor allem der Diskurs in privat geschaffenen und regulierten, sozial-medialen Kommunikationsräumen (Twitter etc.) vor Herausforderungen – nicht zuletzt auch deshalb, weil es sich hier um ein mehrpoliges Grundrechtsverhältnis handelt. Abschnitte II und III beleuchten das Spannungsfeld von Öffentlichkeit und Privatheit.

I. Öffentlicher Meinungsaustausch

Ein freier, öffentlicher Diskurs ist für eine liberale Demokratie essentiell. Zugleich führt er aber unweigerlich zu einem Spannungsverhältnis der freien Rede mit dem allgemeinen Persönlichkeitsrecht, insbesondere der persönlichen Ehre. Starke Polemik bis hin zu herabsetzenden Meinungsbekundungen vermag überdies, einen konstruktiven öffentlichen Diskurs zu konterkarieren. Horizontalwirkung dient der Auflösung dieser potentiellen Konfliktsituation, die öffentlichem Meinungsaustausch inhärent ist. Dabei kann eine Kollision der Interessen der Äußernden und der Adressatin der Äußerung sowohl einer bi- als auch einer tripolaren Konstellation entspringen. Bezeichnet A den B auf offener Straße in einer Diskussion als Idioten, ist die – (grund-)rechtliche – Konstellation eine andere als wenn er diese Äußerung auf Twitter tätigt. Letztere (2.) unterscheiden sich von bipolaren Situationen (1.), indem ein Medium zwischen Äußernden

[322] Vgl. oben I.2.c) und 3.b).
[323] Vgl. oben I.3.c).

und Adressatin der Äußerung tritt, das die Äußerung vermittelt und in ihrer Wirkung häufig amplifiziert bzw. indem dieser Mittler eine Plattform überhaupt erst schafft, die Zugang zu bestimmten Informationen oder Äußerungen ermöglicht. Darüber hinaus können Beiträge zur öffentlichen Debatte auch in künstlerischer Form erfolgen. Diesbezüglich stellt sich neben den Grenzen provokanter und gerade auf die Ehre bestimmter Personen gerichteter Kunst auch die Frage, inwieweit der Künstler sein Werk der Auseinandersetzung im öffentlichen Raum, insbesondere durch andere Künstler, entziehen kann (3.).

1. Öffentliche Meinungsäußerungen und persönliche Ehre

Ob ein Fernsehjournalist einem Schriftsteller Äußerungen in den Mund legt,[324] ein Politiker die Veröffentlichung eines Buches verhindern will, weil ihm darin enge Kontakte zur DDR-Staatssicherheit unterstellt werden,[325] eine Werbekampagne einer Tierschutzorganisation Fleisch aus Massentierhaltung als „Holocaust auf Ihrem Teller“ bezeichnet[326] oder ob ein ehemaliger Fernsehmoderator sich gegen die Behauptung seiner früheren Geliebten in der Boulevardpresse wendet, die ihn trotz gerichtlichen Freispruchs der Vergewaltigung bezichtigt[327] – in allen diesen im Einzelnen sehr unterschiedlichen Sachverhalten treten die Meinungsäußerungsfreiheit[328] des/der Äußernden und die persönliche Ehre der Betroffenen der Äußerung potentiell in Konflikt. Einfachrechtlich stehen hier regelmäßig Schadenersatz- und Unterlassungsansprüche aus §§ 823 Abs. 1 und 2 BGB (gegebenenfalls i. V. m. §§ 185 ff. StGB), 826 BGB und analog 1004 Abs. 1 BGB in Streit. Wie auch hinsichtlich der *sub* B.I.2. diskutierten Konstellationen ist es hier ebenfalls – mit Ausnahme der einstufigen Anwendung – möglich, grundrechtliche Horizontalwirkung im Wege der Interpretation von Generalklauseln bzw. weiten Tatbeständen zu realisieren und dabei jeweils das gleiche Ergebnis zu erzielen.[329]

Allerdings, betrachtet man hier und in weiteren ähnlich gelagerten Fällen die Entscheidungen des BGH genauer, sticht ins Auge, dass der Gerichtshof in Konfliktlagen von persönlicher Ehre und Meinungsfreiheit – jedenfalls implizit – regelmäßig davon auszugehen scheint, dass zwischen Äußerndem und Betroffenem ein unmittelbares grundrechtliches Rechtsverhältnis besteht. Im Soraya-Urteil von 1964 sah er beispielsweise „in der Wiedergabe des erdichteten

[324] Vgl. BVerfGE 54, 208 [1980] – Böll/Walden.

[325] Vgl. BVerfG(K), Beschl. v. 17.12.1999, 1 BvR 1611/99 – Unterlassungsklage Buchveröffentlichung Gysi.

[326] Vgl. BVerfG(K), Beschl. v. 20.2.2009, 1 BvR 2266/04 – Peta/Holocaust-Werbekampagne.

[327] Vgl. BVerfG(K), Beschl. v. 10.3.2016, 1 BvR 2844/13 – Kachelmann.

[328] Beachte aber, dass im Fall „Böll/Walden“ das BVerfG zu dem Ergebnis gelangte, dass die unrichtige Wiedergabe der Äußerungen Bölls durch Walden nicht in den Schutzbereich des Art. 5 Abs. 1 Satz 1 GG fielen, vgl. BVerfGE 54, 208 (219 ff.) [1980] – Böll/Walden.

[329] Siehe dazu insbesondere oben B.I.2.a).

Interviews im ‚Neuen Blatt' eine rechtswidrige Verletzung des Persönlichkeitsrechts der Klägerin."[330] In seinem Urteil zum bereits erwähnten Fall „Böll/ Walden" aus dem Jahre 1978 bezeichnete der BGH das allgemeine Persönlichkeitsrecht und die Meinungsfreiheit als „gleichrangige Verfassungswerte in einer Spannungslage."[331] Im ersten Benetton-Urteil, in dem es um Schockwerbung des Bekleidungsunternehmens Benetton ging, entschied der BGH 1995, „daß die Werbeanzeige [...] in grober Weise gegen die Grundsätze der Wahrung der Menschenwürde verstößt [...]."[332] Ob dies frühe Entscheidungen aus den späten 1950er Jahren,[333] Urteile aus den 1970er Jahren[334] oder auch Entscheidungen seit den 1990er Jahren betrifft,[335] stets sieht der BGH in diesen Entscheidungen die Grundrechtsverletzung nicht in einem staatlichen Tun oder Unterlassen – z.B. der unterinstanzlichen Gerichtsentscheidungen –, sondern im Verhalten der anderen Seite des Privatrechtsstreits selbst. Nach den staatsgerichteten, einschließlich den Verantwortungsansätzen kann jedoch privates Verhalten mangels Grundrechtsverhältnisses zwischen Privaten in kein Grundrecht eingreifen. Dies kann nur der Staat und entsprechend auch nur staatliches Verhalten, beispielsweise der Richter, der nach den Verantwortungskonstruktionen bei der Bewertung privaten Verhaltens die Grundrechte beider Seiten des Rechtsstreits nicht in angemessener Weise berücksichtigt. Angesichts der Regelmäßigkeit, mit welcher der BGH derartige Formulierungen wählt, die nur einem unmittelbaren Grundrechtsverhältnis zwischen Privaten angemessen sind, fällt es schwer, dies als vereinzelte Fälle mangelnder dogmatischer Präzision abzutun. Eine demokratietheoretische Bewertung liefert überdies Argumente für einen Rückgriff auf die Anwendungskonstruktionen, um das grundrechtliche Spannungsverhältnis aufzulösen, das der öffentliche Diskurs bedingt.

Zunächst unterstreichen Anwendungskonstruktionen den Individualrechtsschutz. Sie legen dem jeweiligen Privaten A einen unmittelbaren grundrechtlichen Anspruch gegen den anderen Privaten B in die Hand, der unabhängig

---

[330] BGH, Urt. v. 8.12.1964, IV ZR 201/63 – Soraya, Rn. 36.

[331] BGH, Urt. v. 30.5.1978, VI ZR 117/76 – Böll/Walden, Rn. 17.

[332] BGH, Urt. v. 6.7.1995, I ZR 180/94 – Benetton I (HIV Positive), Rn. 12f.

[333] Z.B. BGHZ 31, 308 (312f.) [1959] – Pressebericht Ausschluss Burschenschaftler.

[334] Z.B. BGHZ 65, 320 (330ff.) [1975] – Stiftung Warentest; BGHZ 66, 182 (186f.) [1976] – Fernsehkritik; BGH, Urt. v. 30.5.1978, VI ZR 117/76 – Böll/Walden, Rn. 17; BGHZ 73, 120 (124ff.) [1978] – Abhöraffäre Kohl; BGHZ 75, 160 (164ff.) [1979] – Holocaustleugnung.

[335] Z.B. BGHZ 128, 1 (9ff.) [1994] – Caroline von Monaco; BGHZ 131, 332 (337ff.) [1995] – Caroline von Monaco Paparazzi-Fotos; BGHZ 139, 95 (101ff., 106ff.) [1998] – Stolpe IM; BGHZ 151, 26 (30ff.) [2002] – Marlene Dietrich BILD-Zeitung; BGHZ 156, 206 (210ff.) [2003] – Fotomontage Ron Sommer; BGHZ 160, 298 (304ff.) [2004] – Kind Caroline von Monaco; BGHZ 161, 266 (268ff.) [2004] – Protest vor Abtreibungspraxis; BGHZ 171, 275 (279ff.) [2007] – Caroline von Monaco Skiurlaub; BGHZ 178, 213 (216ff.) [2008] – Bildberichterstattung Fernsehmoderator Gefängnis; BGHZ 180, 114 (118ff.) [2009] – Berichterstattung Enkel Fürst von Monaco; BGHZ 202, 242 (250ff.) [2014] – Arztbewertungsportal im Internet; BGHZ 206, 290 (297ff.) [2015] – Löschung von Behauptungen im Internet; BGHZ 206, 347 (356ff.) [2015] – Recht auf ungestörte kindgemäße Entwicklung.

davon besteht, ob sich ein Gericht des Falles annimmt oder der Staat sonst involviert ist. A ist Inhaber eines grundrechtlichen Anspruchs gegen B und kann somit von B aufgrund dieses Anspruches beispielsweise die Unterlassung einer rufschädigenden Äußerung verlangen. Ihm ist damit ein Mehr an Kontrolle im Sinne personaler Autonomie gegeben als es die staatsgerichteten Konstruktionen der Horizontalwirkung vermögen.[336] Diese Stärkung der Individualrechtsposition des A lässt sich demokratietheoretisch über substanzielle Demokratieverständnisse beispielsweise *Ronald Dworkins* oder auch *John Rawls* rechtfertigen, die gerade in einem starken Individualrechtsschutz, der auch gerichtlich realisierbar ist, eine wesentliche inhaltliche Voraussetzung einer liberalen Demokratie sehen.[337] Anders dagegen verhält es sich nach der substanziellen Demokratietheorie *Carl Schmitts*. Zwar könnte man einen starken Individualrechtsschutz auch gegen die prozedurale Mehrheit als den „wahren Willen des Volkes“[338], als eine *volonté générale* im Sinne *Rousseaus*,[339] durchaus argumentativ begründen. *Schmitts* Demokratietheorie ist indessen antiliberal. Sie unterwirft Individualrechte den Interessen des Kollektivs (Volk) und überantwortet die Realisierung der Verfassungsordnung nicht judikativem Urteilen, sondern exekutiver Dezision.[340] Deshalb bleibt insgesamt nach *Schmitts* Demokratietheorie für gerichtlich realisierte Horizontalwirkung[341] und entsprechend auch für die Individualrechte nochmals besonders stärkende Anwendungskonstruktionen wenig Raum.

Ein wesentliches legitimatorisches Element der Demokratie ist es ferner, Partizipation und Deliberation zu ermöglichen. Wie bereits erwähnt, rekurriert das BVerfG entsprechend auf den „geistigen Meinungskampf“ als für die freiheitliche Demokratie „schlechthin konstituierend“.[342] Sofern man verfassungsgericht-

---

[336] Siehe dazu bereits oben B.I.2.c) und 3.b) sowie unten E.II.

[337] Vgl. *R. Dworkin*, Taking Rights Seriously, 1977, S. 142; *ders.*, Freedom's Law: The Moral Reading of the American Constitution, 1996, S. 25. Vgl. auch *J. Rawls*, A Theory of Justice, 1971, S. 60ff. (vgl. das erste „principle of justice“) und 195ff.

[338] Vgl. *C. Schmitt*, Die geistesgeschichtliche Lage des heutigen Parlamentarismus, 10. Aufl. 2017 (1. Aufl. 1923), S. 36; vgl. auch *ders.*, Verfassungslehre, 4. Aufl. 1954 (unveränderte Auflage der Originalausgabe von 1928), S. 229 („wahre[r] und bessere[r] Wille“).

[339] Siehe dazu und auch zum Einfluss *Rousseaus* auf *Schmitt* oben A.I.2.b).

[340] Vgl. *C. Schmitt*, Der Hüter der Verfassung, 1931, S. 22, 132–159. Contra aus der Weimarer Zeit bekanntlich *H. Kelsen*, Wer soll Hüter der Verfassung sein?, 1931; *ders.*, Wesen und Entwicklung der Staatsgerichtsbarkeit, VVDStRL 1929, Bd. 5, 30. Zur Kelsen-Schmitt-Debatte siehe auch hierzu *O. W. Lembcke*, Hüter der Verfassung, 2007 mit vielen weiteren Nachweisen. Eine Zusammenfassung der Argumente von *Hans Kelsen* und *Carl Schmitt* findet sich auf S. 17–27.

[341] Und generell für Horizontalwirkung oder überhaupt für effektiven Grundrechtsschutz des Individuums.

[342] BVerfGE 7, 198 (208, 212) [1958] – Lüth (stRspr, vgl. nur *U. Di Fabio*, in: Maunz/Dürig, Grundgesetz – Kommentar, 84. Ergänzungslieferung, August 2018, Art. 2 Abs. 1/Rn. 244; *C. Grabenwarter*, in: Maunz/Dürig, Grundgesetz – Kommentar, 84. Ergänzungslieferung, August 2018, Art. 5 Abs. 1/Rn. 162).

lichem Grundrechtsschutz nicht generell feindlich gegenüber steht,[343] erscheint es partizipatorisch effektiver, wenn der Meinungskampf mithilfe unmittelbarer grundrechtlicher Rechtsverhältnisse zwischen Äußernder A und Adressatin der Äußerung B geführt werden kann. Denn ohne solche direkten grundrechtlichen Rechtsbeziehungen findet ein solcher Meinungskampf grundrechtlich gesehen überhaupt nicht statt. Es bestehen danach nur jeweils zwischen A und dem Staat sowie zwischen dem Staat und B grundrechtliche Rechtsverhältnisse. Was A zu B sagt, ist dann grundrechtlich betrachtet ein *nullum*, obwohl doch gerade zwischen diesen beiden der „geistige Meinungskampf" ausgetragen werden soll. Überdies findet nach den staatsgerichteten Ansätzen[344] die grundrechtlich geschützte – und bestenfalls nur staatlich vermittelte – „Partizipation" von A und B am öffentlichen Diskurs, wie bereits mehrfach erläutert, nur und erst dann statt, wenn es zu einem gerichtlichen Verfahren kommt. Grundrechtlich geschützte Teilhabe am geistigen Meinungskampf als konstitutive Bedingung der „freiheitlich-demokratische[n] Staatsordnung"[345] soll somit ihrerseits konstitutiv davon abhängen, ob ein Gerichtsprozess eingeleitet wird. Die Anwendungsansätze vermeiden dieses Kuriosum.

2. *Informationszugang, Informationsplattformen und Privatheit*

Kommunikation – insbesondere wenn es um streitige Äußerungen geht, welche die Ehre einer Person betreffen – vollzieht sich nicht nur unmittelbar zwischen A und B, sondern ist häufig vermittelt durch ein Medium. Es handelt sich also regelmäßig um eine Dreieckskonstellation, in der ein Privater eine Kommunikationsplattform schafft, auf welcher ein zweiter Privater eine Äußerung tätigt, die einen dritten Privaten in seinen Grundrechten, insbesondere in seinem Persönlichkeitsrecht aus Art. 2 Abs. 1 (gegebenenfalls i. V. m. Art. 1 Abs. 1) GG betrifft. Im Internetzeitalter sind derartige Mittler regelmäßig nicht nur klassische Medien wie Printmedien, Rundfunk und Fernsehen, sondern vor allem soziale Medien und sonstige Internet-Intermediäre wie soziale Netzwerke (Facebook), Mikrobloggingdienste (Twitter) oder Suchmaschinen (Google). Es macht naturgemäß einen Unterschied, auch für die Breitenwirkung einer Äußerung, ob ich etwas auf offener Straße einem begrenzten Personenkreis oder per Twitter potentiell der ganzen Welt mitteile. Doch Medien amplifizieren nicht nur die Wirkung einer Äußerung, sie können den Zugang zu bestimmten Informationen bzw. bestimmte Formen und Räume der Kommunikation auch erst eröffnen. In dieser Funktion kommt ihnen potentiell erhebliche Bedeutung in der modernen Demokratie zu. So gewähren Internet-Suchmaschinen einen Zugang zu Informationen, die

---

[343] Vgl. aber die oben A.I.2.c) und d) dargestellten Theorien von *Maus* und *Walzer*.

[344] Mit der Ausnahme des Ansatzes *Schwabes*, der auch gesetzgeberisches Unterlassen stets dem Staat als grundrechtlich relevantes Verhalten zurechnen will, vgl. oben Kap. 2, C.II.

[345] BVerfGE 7, 198 (208) [1958] – Lüth.

Grundlage der öffentlichen Meinungsbildung und somit des öffentlichen Diskurses sind, ohne den eine parlamentarische Demokratie schwerlich existieren kann.[346] Dieser ermöglichenden Funktion stehen indes erhebliche Bedrohungspotentiale gegenüber. Verletzt eine Äußerung die persönliche Ehre des Adressaten der Äußerung, so amplifizieren Internet-Intermediäre diese Verletzung, indem sie das Publikum erheblich vergrößern (Twitter, Facebook). Sie schaffen aber auch neue Formen von Eingriffen, indem sie beispielsweise Informationen und Archive dauerhaft online zur Verfügung stellen, die eine soziale Rehabilitierung bestimmter Personen erschweren,[347] oder durch algorithmenbasierte Suchfunktionen eine Person diffamieren.[348]

a) Wer ist Störer? Staatsrichtung und Anwendung

Der Adressat herabsetzender Äußerungen o.ä. wehrt sich regelmäßig gegen die Äußerung bzw. die mediale Vermittlung der Äußerung oder sonstigen Diffamierung, indem er deren Unterlassung, Löschung etc. verlangt. Einfachrechtlicher Zugang ist hier vor allem § 1004 Abs. 1 BGB analog sowie, sollen bestimmte Daten gelöscht werden, §§ 35, 29 BDSG. Gemeinsam ist diesen einfachrechtlichen Ansprüchen vor allem zweierlei. Entscheidendes Tatbestandsmerkmal ist erstens jeweils ein unbestimmter Rechtsbegriff – „Beeinträchtigung" i.S.v. § 1004 Abs. 1 Satz 2 BGB analog; „schutzwürdiges Interesse" i.S.d. § 29 Abs. 2 BDSG. Zweitens ist es jeweils erforderlich, einen Störer zu identifizieren. Die unbestimmten Rechtsbegriffe in §§ 1004 Abs. 1 Satz 2 BGB analog, 29 Abs. 2 BDSG ermöglichen, wie bereits in insoweit vergleichbar gelagerten Fällen angemerkt (Stichwort generöser Gesetzgeber),[349] eine grundsätzlich ergebnisäquivalente und in ihrer dogmatischen Konstruktion nach den meisten Horizontalwirkungsansätzen – mit der Ausnahme der einstufigen Anwendung – sehr ähnliche Lösung.

Probleme bereitet es dagegen einigen Horizontalwirkungskonstruktionen, den richtigen Störer zu identifizieren. Die Störerauswahl ist schon der Natur der Sache nach im Falle von Internet-Intermediären problematisch, da diese häufig nicht selbst die beanstandete Äußerung etc. tätigen. Sie stellen nur das Portal zur Verfügung, auf dem Nutzer Handlungen vornehmen, die andere Nutzer oder Dritte in ihren Grundrechten beeinträchtigen. Trotzdem will man vom

---

[346] Vgl. dazu z.B. die Einlassungen von BGH und EuGH in den Fällen „Google Autocomplete" und „Google Spain": BGHZ 197, 213 (222, 224) [2013] – Google Autocomplete; EuGH, Urt. v. 13.5.2014, Rs. C-131/12, Rn. 81, 97f. – Google Spain.

[347] Vgl. aus der Rechtsprechung z.B. BGHZ 183, 353 [2009] – Onlinearchiv Sedlmeyr-Mord; EuGH, Urt. v. 13.5.2014, Rs. C-131/12 – Google Spain. Aus dem Prä-Internetzeitalter vgl. auch mit ähnlicher Problemlage BVerfGE 35, 202 [1973] – Lebach (ähnlich aus neuerer Zeit auch: BVerfG(K), Beschl. v. 29.8.2007, 1 BvR 1223/07 et al. – Contergan-Fernsehfilm).

[348] Vgl. z.B. BGHZ 197, 213 (222, 224) [2013] – Google Autocomplete.

[349] Vgl. oben B.I.2.a) oder auch in diesem Unterkapitel oben 1.

Portalbetreiber die Löschung bestimmter Daten, Texte o.ä. verlangen und muss deshalb dessen Störereigenschaft belegen. So muss bespielsweise eine Lehrerin, die die Löschung schlechter Bewertungen auf einem Lehrerbewertungspotal („www.spickmich.de") begehrt, die Störereigenschaft dieses Portals darlegen.[350] Sollen überdies auch die Grundrechte der Beteiligten Berücksichtigung finden, kristallisiert sich an der Frage, wer Störer ist, die Prekarität derjenigen staatsgerichteten Horizontalwirkungskonstruktionen, die Grundrechtswirkung im Wege eines staatlichen Eingriffs (oder einer staatlichen Schutzpflichtbeeinträchtigung) konstruieren wollen.[351] Dies sei anhand des Sachverhalts erläutert, der dem Urteil des BGH in der Sache „Google Autocomplete" zugunde lag.[352] Allerdings ist diese Problematik kein exklusives Phänomen der Kommunikation im Internet, sondern gilt auch für Meinungsäußerungen sonstiger Art[353] bzw. darüber hinaus stets, wenn das einfache Recht verlangt, einen Störer zu identizieren.

A stellte fest, dass bei Eingabe seines Namens bei der Internet-Suchmaschine Google durch die so genannte Autocomplete-Funktion als Suchvorschlag sein Name in Kombination mit den automatisch generierten Begriffen „Scientology" und „Betrug" angezeigt wurde. Er nahm Google auf Unterlassung nach §§ 823 Abs. 1, § 1004 BGB i. V. m. Art. 1 Abs. 1 und Art. 2 Abs. 1 GG in Anspruch. Der BGH sah hier die maßgebliche Störung in der Unterlassung Googles, „keine hinreichenden Vorkehrungen getroffen zu haben, um zu verhindern, dass die von der Software generierten Suchvorschläge Rechte Dritter verletzen."[354]

Störer ist, wer stört. Die Störereigenschaft ist somit akzessorisch zur Störung, also zum störenden Verhalten – hier nach BGH in Form eines Unterlassens. Sieht man die für die Horizontalwirkung erforderliche Grundrechtsbeeinträchtigung in einem staatlichen Verhalten, beispielsweise der Nichtberücksichtigung der grundrechtlichen Interessen des A aus Art. 2 Abs. 1 i. V. m. Art. 1 Abs. 1 GG, geht die Störung vom Staat aus. Die grundrechtliche „sonstige Beeinträchtigung" i. S. d. § 1004 Abs. 1 Satz 2 BGB ist also eine staatliche. Jedenfalls die Zurechnungskonstruktionen verstricken sich an dieser Stelle in dogmatische Widersprüche. Einerseits argumentieren sie, hier handele der Staat grundrechtsbeeinträchtigend. Zugleich wollen sie aber den Privaten (hier: Google) haften lassen, obwohl konsequenter Weise der Staat als Handelnder Störer sein und entsprechend haften müsste.[355]

---

[350] Vgl. BGHZ 181, 328 [2009].

[351] Vgl. dazu oben Kap. 3, E.I.5.

[352] Vgl. BGHZ 197, 213 [2013].

[353] Vgl. z. B. die bereits oben in Unterabschnitt B.III.2. in anderem Zusammenhang diskutierten Benetton-Fälle: BVerfGE 102, 347 [2000] – Benetton I; BGH, Urt. v. 6.7.1995, I ZR 180/94 – Benetton I (HIV Positive); BGH, Urt. v. 6.7.1995, I ZR 110/93 – Benetton I (Kinderarbeit); BVerfGE 107, 275 [2003] – Benetton II; BGHZ 149, 247 [2001] – Benetton II.

[354] BGHZ 197, 213 (223) [2013].

[355] Vgl. dazu ausführlich oben Kap. 3, E.I.5.

Dieses Beispiel veranschaulicht, dass in derartigen Fällen auch die Unterscheidung zwischen Zurechnungskonstruktionen und der Verantwortungskonstruktion der normalen Grundrechtsfunktionen prekär wird. Zwar wertet diese Variante der Verantwortungsansätze anders als die Zurechnungsansätze privates nicht normativ als staatliches Verhalten, sondern prüft lediglich die grundrechtliche Verantwortungspflicht des Staates anlässlich privaten Verhaltens, hier also dem Unterlassen Googles, seine Autocomplete-Funktion so zu gestalten, dass die Rechte des A nicht verletzt werden. Allerdings muss es auch bei den Figuren der normalen Grundrechtsfunktionen hinsichtlich der Grundrechtsverletzung als solcher auf das staatliche und nicht auf das private Verhalten ankommen, um überhaupt einen staatlichen grundrechtsrelevanten Eingriff oder ein staatliches grundrechtsrelevantes Unterlassen zu begründen. Wessen Verhalten hier stört und wer entsprechend Störer ist, wird unklar, da die Störung ja gerade letztlich in der Grundrechtsbeeinträchtigung liegen soll.

Die Anwendungskonstruktionen haben diese Probleme nicht. Sie richten den grundrechtlichen Anspruch direkt gegen den Privaten (im Beispiel: Google), der eine direkte Folge dessen Verhaltens (hier: Unterlassens) ist. Allerdings illustrieren dieser und andere ähnlich gelagerte Fälle, in denen beispielsweise die Löschung von Äußerungen auf einem Internetportal gemäß §§ 35, 29 BDSG verlangt wird,[356] den Unterschied zwischen der einstufigen und der zweistufigen Anwendung. Die einstufige Anwendung ignoriert, denkt man sie dogmatisch konsequent zu Ende, das einfache Recht. Zwar wollen u. a. *Nipperdey* und *Leisner* den grundrechtlichen Anspruch in das einfache Recht integrieren.[357] Es bleibt aber unklar, wie eine solche „Integration“ aussehen soll, insbesondere ob sie die teilweise, z. B. in §§ 32 ff. BDSG, im Einzelnen sehr ausdifferenzierten Rechtsfolgen adaptierte – und auf welcher dogmatischen Grundlage? – und ob sie die einfachrechtlichen Haftungsprivilegien, z. B. des § 10 TMG, berücksichtigten. Die zweistufige Anwendung vermeidet die zuvor erläuterten Konstruktionsprobleme einiger staatsgerichteter Konstruktionen. Sie vermeidet aber zugleich die ungeklärte Frage der einstufigen Anwendung, wie die unmittelbare Geltung der Grundrechte in das einfache Privatrecht zu integrieren sein soll, ohne einerseits dessen im demokratisch-politischen Prozess entwickelten differenzierten Regelungen beiseite zu schieben und ohne andererseits nicht doch, wie es die zweistufige Anwendung tut, zunächst in eine verfassungskonforme Auslegung und Anwendung des einfachen Rechts zu münden.

[356] Vgl. auch die oben in Unterabschnitt B.III.1. behandelten Entscheidungen des BGH zu Arztbewertungsportalen, insbesondere BGHZ 202, 242 [2014]; BGHZ 209, 139 [2017]; BGH, Urt.v. 20.2.2018, VI ZR 30/17.

[357] Vgl. dazu oben Kap. 2, A.III.–V.

b) Herabsetzung 2.0: Internet-Intermediäre und öffentlicher Diskurs

Am 1. Januar 2018 kommentierte die AfD-Politikerin Beatrix von Storch auf ihrem Twitter-Account eine Grußbotschaft der Kölner Polizei, welche per Twitter auch in arabischer Sprache ein frohes neues Jahr wünschte: „Meinen Sie, die barbarischen, muslimischen, gruppenvergewaltigen Männerhorden zu besänftigen?" Twitter löschte diesen Tweet und sperrte von Storchs Twitter-Account vorübergehend.[358] Löschung von Einträgen und Sperrung von Accounts haben Internet-Intermediäre wie Twitter oder Facebook im Falle herabsetzender Äußerungen bereits in der Vergangenheit ab und an vorgenommen. Sie sind die Reaktion auf die Schattenseiten einer offenen Diskussionsplattform mit potentiell grenzenlosem Adressatenkreis. Zugleich verdeutlichen derartige Fälle die komplexe (Grund-)Rechtskonstellation im Dreieck zwischen (z.B.) Äußernder, Internet-Intermediär und Adressaten bzw. Betroffenen der Äußerung.

Seit dem 1. Januar 2018 gilt das Netzwerkdurchsetzungsgesetz (NetzDG), das diese Problemlage zu adressieren sucht.[359] Der Tweet Beatrix von Storchs war einer der ersten Fälle, den ein Internet-Intermediär nach den Vorgaben des NetzDG behandelte. § 3 NetzDG erlegt Twitter & Co. auf, Verfahren zur Prüfung „rechtswidriger Inhalte" (definiert in § 1 Abs. 3 NetzDG) vorzuhalten und unter anderem „offensichtlich rechtswidrige Inhalte" innerhalb von 24 Stunden nach Eingang einer Beschwerde über den fraglichen Tweet etc. zu löschen, vgl. § 3 Abs. 2 Nr. 2 NetzDG. „Rechtswidrige Inhalte" i.S.d. § 1 Abs. 3 NetzDG betreffen unter anderem das Verbreiten von Propagandamitteln oder Symbolen verfassungswidriger Organisationen (§§ 86, 86a StGB), Aufrufe und Absprachen zur Bildung krimineller oder terroristischer Vereinigungen (§§ 129 bis 129b StGB), Volksverhetzung (§ 130 StGB), aber auch Straftaten gegen die persönliche Ehre (§§ 185 bis 187 StGB).

Strafrechtliche Normen, die unter anderem, wie die §§ 185ff. StGB, auch die Grundrechte Dritter schützen sollen, werden nach der Intention des Gesetzes somit von Privaten, nämlich den Internet-Intermediären, appliziert und somit zuvor auch interpretiert. Diese private Regulierung ist Gegenstand umfassender Kritik aus der Literatur.[360] In der Tat, wenn ein öffentlicher Diskurs für

---

[358] Vgl. „Von Storch und Weidel sehen sich als Zensuropfer", Frankfurter Allgemeine Zeitung vom 2.1.2018.

[359] Zur AGB-Kontrolle bei der Vertragsgestaltung der Nutzung sozialer Netzwerke jenseits des NetzDG siehe *C. König*, Vertragliche Gestaltung der Meinungsfreiheit in sozialen Netzwerken, Archiv für die civlistische Praxis 2019, Bd. 219, 611, 618ff.

[360] *Z.B. N. Guggenberger*, Das Netzwerkdurchsetzungsgesetz in der Anwendung, Neue Juristische Wochenschrift 2017, 2577, 2582; *J. Wimmers/B. Heymann*, Zum Referentenentwurf eines Netzwerkdurchsetzungsgesetzes (NetzDG) – eine kritische Stellungnahme, AfP – Zeitschrift für das gesamte Medienrecht, 2017, 93, 97; *M. Schröder*, Private statt administrative Durchsetzung des öffentlichen Rechts?, Die Verwaltung 2017, 309, 330f. Zur Problematik bereits vor Inkrafttreten des NetzDG siehe *W. Hoffmann-Riem*, Verhaltenssteuerung durch Al-

eine liberale Demokratie essentiell ist, warum wollen wir seine Regulierung auf der wohl wichtigsten Kommunikationsplattform des 21. Jahrhunderts Privaten überlassen? Ist eine solche Privatisierung der Rechtsdurchsetzung mit Blick auf Art. 20 Abs. 2 GG demokratisch hinreichend legitimiert? Die Bedenken sind erheblich, nur muss man sich folgendes vor Augen führen. Die private Regulierung des öffentlichen Diskurses ist keine Erfindung des NetzDG. Vielmehr versucht das NetzDG – wie erfolgreich, darüber kann man streiten – das Faktum privater Regulierung des öffentlichen Diskurses seinerseits staatlich zu regulieren. Denn, worauf beispielsweise *Andrej Lang* treffend hinweist, das Phänomen von „private governance“[361] durch Internet-Intermediäre besteht, sobald diese eine Kommunikationsplattform einrichten und verwalten.[362] Bereits vor Inkrafttreten des NetzDG haben Facebook, Twitter, Youtube etc. in tausenden von Fällen Inhalte gelöscht und Accounts gesperrt.[363]

Inwieweit ist die hier beschriebene negative Kehrseite der privaten Kreation und Regulierung eines Kommunikationsraumes eine Frage der Horizontalwirkung der Grundrechte? Zunächst ersetzt bzw. ergänzt das NetzDG bereits bestehende (zivilrechtliche) Ansprüche aus § 1004 BGB, §§ 32 ff. i. V. m. 29 BDSG auf Unterlassung, Löschung etc. desjenigen, dessen Ehre oder sonstige Persönlichkeitsrechte durch die fragliche Äußerung auf Twitter, Facebook et al. verletzt wurde. So kann nach § 3 Abs. 1 NetzDG jeder Nutzer einer Plattform eine Beschwerde gegen einen Post, Tweet etc. erheben, unabhängig davon, ob seine eigenen Rechte betroffen sind.[364] In der Realität, so die durchaus zutreffende und insofern pragmatische Prämisse des NetzDG, ist es in der großen Mehrheit der Fälle der Internet-Intermediär selbst, der letztlich entscheidet, ob ein Inhalt gelöscht und/oder ein Account gesperrt wird. Eine Kontrolle der Entscheidungen der Internet-Intermediäre durch das Bundesamt für Justiz als

---

gorithmen – Eine Herausforderung für das Recht, Archiv des öffentlichen Rechts 2017, Bd. 142, 1, 38.

[361] Vgl. dazu in diesem Zusammenhang instruktiv: *J. M. Balkin*, Free Speech in the Algorithmic Society: Big Data, Private Governance, and New School Speech Regulation, University of California Davis Law Review 2018, Bd. 51, 1149, 1172 ff.

[362] Vgl. *A. Lang*, Netzwerkdurchsetzungsgesetz und Meinungsfreiheit – Zur Regulierung privater Internet-Intermediäre bei der Bekämpfung von Hassrede, Archiv des öffentlichen Rechts 2018, Bd. 143, 220, 237 ff.

[363] Ebenda, 238 m. w. N. Vgl. auch die Zahlen bei *B. Raue*, Meinungsfreiheit in sozialen Netzwerken – Ansprüche von Nutzern sozialer Netzwerke gegen die Löschung ihrer Beiträge, JuristenZeitung 2018, 961.

[364] Vgl. dazu *N. Guggenberger*, Das Netzwerkdurchsetzungsgesetz in der Anwendung, Neue Juristische Wochenschrift 2017, 2577, 2580. Bemerkenswert ist auf der anderen Seite, dass § 3 Abs. 1 Satz 2 GG das Beschwerderecht auf Nutzer der Dienste des jeweiligen Internet-Intermediärs beschränkt. Damit sind subjektive Rechtsbeeinträchtigung und Beschwerderecht gänzlich entkoppelt, da offenbar Personen, die keine „Nutzer“ der Plattform sind, keine Beschwerde nach § 3 NetzDG erheben und somit auch nicht das Verfahren i. S. d. § 3 Abs. 2 ff. NetzDG in Gang setzen können, auch wenn ihre eigenen Rechte durch den fraglichen Inhalt unmittelbar betroffen sind, vgl. ebenda, 2581.

zuständige Verwaltungsbehörde oder durch gerichtliche Entscheidung[365] bleibt statistisch gesehen die seltene Ausnahme.[366]

Angesichts der raren Involvierung des Staates fragt sich mithin, inwieweit eine Grundrechtswirkung auch dann besteht, wenn es nicht zu einem Gerichtsverfahren kommt, sondern nur der Internet-Intermediär über die Löschung, Sperrung etc. entscheidet. Die Antwort hängt von der jeweiligen Horizontalwirkungskonstruktion ab. Für die staatsgerichteten Ansätze[367] muss sie meines Erachtens lauten: Es kann keine Horizontalwirkung entstehen, zwischen Nutzer und Internet-Intermediär wirken Grundrechte hier nicht, auch nicht „mittelbar". Denn der Staat bleibt hier außen vor. Richtig ist zwar, dass der Internet-Intermediär staatlich erlassenes Recht anwendet (NetzDG und vermittelt durch dieses das StGB). Aber dies vermag als solches noch keine Horizontalwirkung zu begründen. Insbesondere die Verantwortungskonstruktionen sind hier eindeutig. Horizontalwirkung entsteht nicht dadurch, dass Private staatliches Recht anwenden, sei es dispositives, z.B. §§ 765 ff. BGB, oder zwingendes Recht, z.B. §§ 549 ff. BGB. Erforderlich ist, dass Träger staatlicher Hoheitsgewalt, regelmäßig Gerichte, über ein Privatrechtsverhältnis entscheiden. Dabei müssen sie ihrer Verantwortungspflicht nachkommen, anlässlich dieser Entscheidung über die private Rechtsbeziehung A-B weder die Grundrechte der A noch die Grundrechte des B unverhältnismäßig zu beeinträchtigen.[368] Kommt es aber erst gar nicht zu einem Gerichtsverfahren, fehlt es auch an einer Horizontalwirkung. Wenn argumentiert wird, die Wirkung der Grundrechte ergebe sich aus der Verantwortung des Staates, ein Verfahren bereit zu halten,[369] das den Grundrechtsschutz der Nutzer garantieren solle, und dies begründe eine „mittelbare Drittwirkung",[370] wird das Vorgesagte verkannt.[371] Dass der Gesetzgeber aufgrund der Grundrechte die Pflicht hat, ein Gesetz in bestimmter Weise auszugestalten,

---

[365] § 4 Abs. 5 NetzDG sieht zusätzlich ein Vorabentscheidungsverfahren vor, wonach die Verwaltungsbehörde, bevor sie ein Bußgeld wegen nicht enfernter oder gesperrter rechtswidriger Inhalte i.S.d. § 1 Abs. 3 NetzDG verhängen kann, zunächst eine Entscheidung des AG Bonn einholen muss.

[366] *A. Lang*, Netzwerkdurchsetzungsgesetz und Meinungsfreiheit – Zur Regulierung privater Internet-Intermediäre bei der Bekämpfung von Hassrede, Archiv des öffentlichen Rechts 2018, Bd. 143, 220, 239 weist darauf hin, dass allein bei Facebook täglich ca. eine Million Nutzerbeschwerden oder Meldungen eingehen. Prominente Ausnahme aus der Rechtsprechung des BVerfG: BVerfG (K), Beschl. v. 22.5.2019, 1 BvQ 42/19 – III.Weg/Facebook.

[367] Wohl mit der Ausnahme des *Schwabe*'schen Ansatzes, der ein grundrechtlich relevantes staatliches Verhalten bereits in jeder Nichtregulierung zu Ungunsten von Grundrechtsträgern sehen will, vgl. oben Kap. 3, C.II.

[368] Vgl. oben Kap. 2, B.III.2. und Kap. 3, B.

[369] So *A. Lang*, Netzwerkdurchsetzungsgesetz und Meinungsfreiheit – Zur Regulierung privater Internet-Intermediäre bei der Bekämpfung von Hassrede, Archiv des öffentlichen Rechts 2018, Bd. 143, 220, 227 ff.

[370] Ebenda, 243 f.

[371] So ebenfalls *B. Raue*, Meinungsfreiheit in sozialen Netzwerken – Ansprüche von Nutzern sozialer Netzwerke gegen die Löschung ihrer Beiträge, JuristenZeitung 2018, 961, 965.

bedeutet nicht, dass bereits die Gesetzesanwendung durch einen Privaten zur Grundrechtswirkung zwischen anderen Privaten führt.

Zu einer Horizontalwirkung gelangt man hingegen, wenn man davon ausgeht, dass auch zwischen Privaten unmittelbare Grundrechtsverhältnisse bestehen können. Denn nur dann wirken ihre Grundrechte auch unabhängig von der Einleitung eines Gerichtsverfahrens oder sonstiger staatlicher Involvierung zwischen Internet-Intermediär und Nutzer. Staatsgerichtete Konstruktionen müssen dagegen zu dem Schluss kommen, dass Grundrechte hier keine Rolle spielen – jedenfalls nicht über das hinaus, was der Gesetzgeber dem einfachen Recht bereits eingeschrieben hat. Eine Auslegung des einfachen Rechts anhand der Grundrechte scheidet folglich aus. Nach den staatsgerichteten Ansätzen könnte der Nutzer gegenüber der Entscheidung des Internet-Intermediärs nur auf einem Wege Grundrechtsschutz erlangen: Der Gesetzgeber müsste sämtliche Entscheidungen darüber, ob ein Post/Tweet etc. veröffentlicht werden darf oder gelöscht werden muss, staatlichen Behörden überantworten. Dies bedeutete indes die umfassende staatliche Regulierung sozial-medialer Kommunikation. Die Freiheitseinbußen mit Blick auf Meinungs- (Art. 5 Abs. 1 GG) und unternehmerische Freiheit (Art. 12 Abs. 1 GG) sowie die grundrechtlich geschützte Privatautonomie (Art. 2 Abs. 1 GG) wären insoweit enorm.[372] Jenseits einer solchen veritablen Verstaatlichung sozialer Medien versprechen hier mithin nur die Anwendungskontruktionen hinreichenden Grundrechtsschutz.

Ferner streitet die Bewertung der Horizontalwirkungskonstruktionen in dieser Konstellation anhand des hiesigen Verständnisses personaler Autonomie[373] ebenfalls für die Anwendungsansätze. Privater Regulierung durch Internet-Intermediäre ist das Risiko inhärent, sowohl zu einem so genannten „overblocking“ als auch zu einem so genannten „underblocking“ zu führen. Bei ersterem werden zu viele Inhalte gelöscht oder gesperrt, in letzterem Fall zu wenige. Ersteres ist problematisch für den Schutz der Meinungsfreiheit der Autoren der Inhalte und für den öffentlichen Diskurs insgesamt. Letzteres ist problematisch für den Schutz der Persönlichkeitsrechte der Adressaten und sonstigen Betroffenen der Inhalte sowie ebenfalls für den öffentlichen Diskurs. Jeweils – das NetzDG scheint eher ein „overblocking“ zu begünstigen[374] – nimmt aber ein Compliance-Modell privater Regulierung die Kontrolle über die Realisierung der grundrechtlichen Interessen der Nutzer aus deren Händen und überantwortet sie den Internet-Intermediären. Letztere entscheiden wie erwähnt in den

[372] Siehe dazu auch unten E.II.

[373] Siehe dazu oben A.I.1.

[374] Vgl. statt vieler *B. Holznagel*, Das Compliance-System des Entwurfs des Netzwerkdurchsetzungsgesetzes, Zeitschrift für Urheber- und Medienrecht 2017, 615, 623. Allerdings zeigen erste Statistiken, dass die Besorgnis sich nicht bewahrheitet hat, das NetzDG würde dazu führen, dass in den meisten Beschwerdefällen die Inhalte auch geblockt würden, siehe „Was das NetzDG mit Deutschland macht“, Süddeutsche Zeitung vom 27.7.2018.

allermeisten Fällen faktisch als letzte Instanz über Löschung und Sperrung von Inhalten. Wie ebenfalls erwähnt, müssen staatsgerichtete Horizontalwirkungskonstruktionen, insbesondere von der vorherrschenden Auffassung bevorzugte Verantwortungsansätze, notwendig zu dem Ergebnis gelangen, dass in diesen Fällen Grundrechte zwischen Nutzer und Internet-Intermediären nicht wirken, auch nicht „mittelbar".

Ein höheres Maß an Kontrolle als eine konstitutive Bedingung personaler Autonomie[375] erlangen die Nutzer dagegen, wenn sie mit dem Internet-Intermediär in einem unmittelbaren grundrechtlichen Rechtsverhältnis stehen. Denn erstens erhöht diese grundrechtliche Bewehrung, selbst wenn es zu keinem Gerichtsverfahren kommt, das Schutzniveau der Nutzerinteressen. Die Drohung einer grundrechtlich fortifizierten Rechtsposition steigert das Risiko des Internet-Intermediärs, in einem Prozess zu unterliegen, und hält ihn somit in verstärktem Maße dazu an, die Interessen der jeweiligen Nutzer zu wahren. Zweitens steigt die Kontrolle seitens der Nutzer dadurch, dass sie selbst Inhaber eines grundrechtlichen Anspruchs unmittelbar gegen den Portalbetreiber sind und nicht, auch wenn es zu einem Gerichtsverfahren kommt, fremdbestimmt dem Staat die Realisierung ihrer grundrechtlichen Interessen gegenüber Twitter & Co. überlassen müssen. Drittens lässt sich auch schließlich nicht einwenden, der Mangel an Kontrolle sei kein anderer als wenn der Staat die Regulierung übernähme, da auch in diesem Fall die Realisierung seiner Interessen nicht dem Nutzer selbst, sondern dem Staat überantwortet sei. Denn die Anwendungskonstruktionen vermitteln ja gerade ein Mehr an Kontrolle, indem sie des Staates als Mittler der Grundrechtswirkung nicht bedürfen. Ähnliche Erwägungen, insbesondere dass die Nutzer sonst in den meisten Fällen grundrechtlich schutzlos gestellt wären, mag den BGH dazu veranlasst haben, auch in Entscheidungen zu Unterlassungs-, Löschungs- und Sperrungsbegehren gegen Internetportale, -plattformen und -suchmaschinen häufig implizit von einem unmittelbaren Grundrechtsverhältnis zwischen den Parteien auszugehen.[376]

3. *Kunst und öffentliche Debatte*

Kunst wirkt in den Sozialbereich hinein und kann somit eine öffentliche Debatte auslösen oder sogar gerade darauf abzielen, eine solche Debatte auszulösen. Sie bedient sich dabei häufig auch des Mittels, bestimmte Personen, regelmäßig

---

[375] Siehe dazu oben A.I.1.b).

[376] Siehe z.B. BGHZ 197, 213 (219) [2013] – Google Autocomplete-Funktion; BGHZ 202, 242 (250ff.) [2014] – Arztbewertungsportal im Internet; BGHZ 206, 290 (297ff.) [2015] – Löschung von Behauptungen im Internet. Vgl. aber auf der anderen Seite BGHZ 208, 84 (86f.) [2015] – Störerhaftung Accessprovider (allerdings ging es hier nicht um ein Konfliktverhältnis von Meinungsäußerungsfreiheit und Ehrschutz, sondern um Schutz von Urheberrechten (Art. 14 Abs. 1 GG) im Falle des so genannten „filesharing" im Internet).

solche, die im öffentlichen Leben stehen, zu adressieren und zum Gegenstand des Kunstwerks zu machen. Das BVerfG hatte einige solcher Fälle zu behandeln. In seinem Roman „Mephisto" legte Klaus Mann der Figur des Protagonisten Henrik Höfgen erkennbar die Biographie des bekannten Schauspielers Gustaf Gründgens zugrunde und zeichnete ein kritisches und detailgetreues Bild dessen Verstrickung in den Kunstbetrieb des Dritten Reiches.[377] Der für seine konservativen Positionen und polemischen Zuspitzungen bekannte verstorbene CSU-Politiker Franz Josef Strauß war Gegenstand diverser kritischer und auf Provokation angelegter Kunstwerke wie Theaterperformances (anachronistischer Zug)[378] und Karikaturen (Darstellung als kopulierendes Schwein)[379]. Derartige Fälle, wie beispielsweise auch das „Schmähgedicht" des Fernsehsatirikers Jan Böhmermann auf den türkischen Präsidenten Recip Tayyib Erdoğan,[380] ähneln in ihrer Konfliktlage erheblich den zuvor, vor allem *sub* 1., diskutierten Konstellationen. Sie bewehren das spezifische Kommunikationsmedium künstlerischen Ausdrucks indes mit Art. 5 Abs. 3 GG anstelle von Art. 5 Abs. 1 GG. Ähnlich seiner Rechtsprechung zur Meinungsfreiheit hat die vom BVerfG propagierte „kunstspezifische Betrachtung" die Funktion einer Vermutungsregel zugunsten der Kunstfreiheit.[381]

An dieser Stelle will ich stattdessen einen anderen Aspekt des Themenkomplexes „Kunst und öffentliche Debatte" in den Mittelpunkt rücken, der vor allem das Spannungsfeld von individuellen und überindividuellen Interessen[382] betrifft. Ein Kunstwerk entfaltet seine Wirkung erst durch Eintritt in und Rezeption durch die Sozialwelt. Tritt es in diese ein, verselbständigt sich seine Wirkung, es evoziert Reaktionen des Publikums und inspiriert gegebenenfalls andere Künstler zur Schaffung eigener, neuer Kunstwerke. Dabei stellt sich die Frage, inwieweit die Künstlerin des Ursprungswerks bzw. ihre Rechtsnachfolger Wirkbereich und Rezeption eines Werkes oder ihres Gesamtwerks zu kontrollieren vermögen. Auf individuell-grundrechtlicher Ebene stehen sich hier regelmäßig urheberrechtliche Interessen (bewehrt durch Art. 14 Abs. 1 GG und Art. 2 Abs. 1 GG) und die Freiheit künstlerischer Betätigung gegenüber, welche von Art. 5 Abs. 3 GG geschützt ist. Bereits mehrfach haben wir beobachtet, dass regelmäßig weniger die Horizontalwirkungskonstruktion, sondern vielmehr die Gewichtung der Grundrechtspositionen im Rahmen der Verhältnismäßigkeitsprüfung entscheidend ist für das Ergebnis. Angesichts dieser Beobachtung lassen

[377] Siehe BVerfGE 30, 173 [1971] – Mephisto; siehe auch den z. T. vergleichbar gelagerten Fall BVerfGE 119, 1 [2007] – Esra.

[378] Siehe BVerfGE 67, 213 [1984] – anachronistischer Zug.

[379] Siehe BVerfGE 75, 369 [1987] – Strauß-Karikatur.

[380] Siehe dazu HansOLG Hamburg, Urt. v. 15.5.2018, 7 U 34/17.

[381] Vgl. z.B. BVerfG (K), Beschl. v. 29.6.2000, 1 BvR 825/98 – Germania 3, Rn. 22ff.; BVerfGE 119, 1 (28) [2007] – Esra; BVerfGE 142, 74 (102) [2016] – Sampling. Zu der parallelen Vermutungsregel bei der Meinungsfreiheit siehe oben 1.

[382] Vgl. dazu allgemein oben A.I.2. a).

sich aus der Rechtsprechung von BGH und BVerfG Erkenntnisse herausfiltern, um der Spannungslage zwischen individuellen und überindividuellen Interessen zu begegnen.

So wehrte sich im Fall „Germania 3“ der Inhaber der Werkrechte Bertolt Brechts gegen Vervielfältigung und Verbreitung eines Theaterstücks Heiner Müllers („Germania 3“), das Passagen aus dem Werk Bertolt Brechts enthält. Das Zitat sei ohne Zustimmung erfolgt, sodass das Klagebegehren nach § 97 i. V. m. §§ 15 I, 16, 17 UrhG begründet sei. Die Voraussetzungen der §§ 51 und 24 UrhG, die eine Verwendung auch ohne Zustimmung zuließen, so der Kläger, seien im Fall nicht gegeben. Das OLG München folgte dieser Argumentation letztinstanzlich.[383] Das BVerfG hielt die Verfassungsbeschwerde der Beschwerdeführerin, der Rechtsnachfolgerin Heiner Müllers, indessen für begründet. Der Kunstfreiheit der Beschwerdeführerin sei hier gegenüber den Grundrechten des Klägers der Vorrang einzuräumen.[384] Ein Kunstwerk, so das BVerfG, sei nicht nur eine urheberrechtliche Rechtsposition, sondern wirke in den öffentlichen Raum hinein:

> „Dabei ist grundlegend zu beachten, dass *mit der Veröffentlichung ein Werk nicht mehr allein seinem Inhaber zur Verfügung steht.* Vielmehr tritt es bestimmungsgemäß in den gesellschaftlichen Raum und kann damit zu einem eigenständigen, das kulturelle und geistige Bild der Zeit mitbestimmenden Faktor werden. Es löst sich mit der Zeit von der privatrechtlichen Verfügbarkeit und wird *geistiges und kulturelles Allgemeingut* [...].[385]

Die für die Wirkung des Kunstwerks konstitutive Veröffentlichung transformiert es danach zugleich. Es wird kritisiert und rezipiert und kann dabei auch zum Anknüpfungspunkt für weitere künsterlische Auseinandersetzungen werden. Als „geistiges und kulturelles Allgemeingut“ gehört das Werk, so das BVerfG, nicht mehr nur allein dem Inhaber der Werkrechte, sondern auch der Allgemeinheit, indem diese sich mit ihm auseinandersetzen und auf es – auch und gerade in künsterlischer Form – Bezug nehmen kann. Ähnlich entschied das Gericht auch im Sampling-Urteil vom Mai 2016.[386] In Frage stand die Zulässigkeit der Verwendung von Tonausschnitten aus einem Musikstück in einem anderen Musikstück im Wege des so genannten „looping“ (Sampling) ohne Zustimmung des Werkautors. Unter Bezugnahme auf Art. 14 Abs. 2 GG unterstrich das Gericht:

> „Da [das Werk] sich mit der Zeit von der privatrechtlichen Verfügbarkeit löst und *geistiges und kulturelles Allgemeingut* wird, muss der Urheber hinnehmen, dass es stärker als Anknüpfungspunkt für eine künstlerische Auseinandersetzung dient. [...] Hierin drückt sich die *Sozialbindung des geistigen Eigentums* gemäß Art. 14 Abs. 2 GG aus [...].“[387]

---

[383] Vgl. OLG München, Urt. v. 26.3.1998, 29 U 5758/97 – Germania 3.

[384] Vgl. BVerfG (K), Beschl. v. 29.6.2000, 1 BvR 825/98 – Germania 3.

[385] Vgl. BVerfG (K), Beschl. v. 29.6.2000, 1 BvR 825/98 – Germania 3, Rn. 23 (meine Hervorhebungen). Ähnlich auch bereits BVerfGE 79, 29 (42) [1988].

[386] BVerfGE 142, 74 [2016] – Sampling.

[387] Ebenda, 103.

Der gesellschaftliche Status als „geistiges und kulturelles Allgemeingut" versagt es insbesondere den Rechtsnachfolgern von Künstlerpersönlichkeiten, die Rezeption nicht nur einzelner Kunstwerke, sondern auch ihres Lebens und Werks zu unterbinden oder zu kontrollieren. In einem Fall aus dem Jahre 2006 verlangten die Erben des 1991 verstorbenen Schauspielers Klaus Kinski vom Beklagten Schadenersatz aus § 823 Abs. 1 i. V. m. § 12 BGB i. V. m. Art. 1 Abs. 1 GG, weil der Beklagte eine Website unter der Domain „kinski-klaus.de" ohne ihre Zustimmung eingerichtet hatte, um eine Ausstellung zu Leben und Werk Kinskis zu bewerben.[388] Nach dem BGH genießt die Rezeption von und die Debatte über verstorbene bekannte Künstlerpersönlichkeiten in Form der Art. 5 Abs. 1 und 3 GG grundsätzlich Vorrang gegenüber dem postmortalen Persönlichkeitsrecht der Erben: „Die Befugnisse des Erben aus den vermögensrechtlichen Bestandteilen des postmortalen Persönlichkeitsrechts [...] sollen es dem Erben nicht ermöglichen, die öffentliche Auseinandersetzung mit Leben und Werk des Verstorbenen zu kontrollieren oder gar zu steuern."[389]

Eine Grenze ziehen die Gerichte jedoch dann, wenn es nicht um die Begrenzung des Wirkbereichs durch den Künstler oder seine Rechtsnachfolger geht, sondern wenn das Kunstwerk nicht prominente Personen ohne bestimmten Anlass und ohne ihre Zustimmung zum Gegenstand nimmt. In dem einem Kammerbeschluss des BVerfG vom Februar 2018 zugrunde liegenden Sachverhalt verlangte die auf einer Photographie ohne ihre Zustimmung abgebildete Klägerin, die Verbreitung der Photographie zu unterlassen. Die Photographie war Teil einer Ausstellung, in der Straßenszenen einer stark frequentierten Berliner Straße im Stadtteil Charlottenburg dargestellt wurden. Die Klägerin ist auf der großformatigen Photographie (120x140 cm) mit gut erkennbarem Gesicht abgebildet und nimmt etwa ein Drittel des Bildes ein. Das BVerfG hielt die Verfassungsbeschwerde des Photographen für unbegründet. Eine derart individualisierte Abbildung der Klägerin als Zentrum des Kunstwerkes, aufgenommen in dem grundsätzlich anonymen Umfeld einer belebten Straße einer Großstadt ohne ihre Zustimmung, beeinträchtige ihr Persönlichkeitsrecht in unverhältnismäßiger Weise.[390] Das Gericht betonte indes auch, dass diese Einzelfallentscheidung nicht als eine grundsätzliche Beschränkung der Kunstform der Straßenphotographie zu verstehen sei. Vielmehr müsse diesem Genre Raum bleiben. Eine weniger stark fokussierte Abbildung von Passanten in einer Straßenszene könne somit durchaus grundrechtlich zulässig sein.[391]

---

[388] BGHZ 169, 193 [2006] – kinski-klaus.de.

[389] Ebenda, 197.

[390] Vgl. BVerfG(K), Beschl. v. 8.2.2018, 1 BvR 2112/15 – Ausstellung Straßenphotographie.

[391] Vgl. ebenda, Rn. 24. Vgl. auch ähnlich BVerfGE 142, 74 (107) [2016] – Sampling, wo das Gericht betonte, dass urheberrechtlicher Schutz nicht dazu führen könne, den „Einsatz dieses Gestaltungsmittels [des Samplings] auch dort unzumutbar zu erschweren, wo es stilprägend ist."

Diese Rechtsprechung trifft mithin im Spannungsverhältnis der Individualinteressen der Künstler und ihrer Rechtsnachfolger mit den (auch) überindividuellen Interessen am Erhalt des Werkes als Allgemeingut eine bemerkenswerte grundsätzliche Entscheidung zugunsten letzterer.

II. Herrenreiter, Prinzessinnen, Filmstars: Prominente und Medienberichterstattung

Prominente stehen im Scheinwerferlicht der Öffentlichkeit. Es besteht ein Interesse jedenfalls von Teilen der Bevölkerung an ihrem Leben und ihrem Verhalten sowie ein kommerzielles Interesse von Medienseite an Berichterstattung über ihr Leben und Verhalten. Kommerzielles Interesse veranlasst auch ihre Vereinnahmung zum Zwecke der Werbung für bestimmte Produkte und Dienstleistungen. Weil das Berichten über und das Werben mit Prominenten profitabel ist, geschieht es nicht selten gegen ihren Willen. Der Schutz ihrer Persönlichkeitsrechte umfasst Ehre und Privatheit ebenso wie – gegebenenfalls postmortale – kommerzielle Verwertungsrechte.[392] Werden diese Aspekte des allgemeinen Persönlichkeitsrechts verletzt, sucht sich der oder die Betroffene mit Klagen auf Unterlassung oder Schadenersatz zur Wehr zu setzen. Den Grundrechtspositionen Prominenter stehen publizistische (Art. 5 Abs. 1 GG) und kommerzielle (Art. 12 Abs. 1 GG) Interessen der Medien oder Werbenden gegenüber. In der Praxis treten diese Positionen insbesondere in Widerstreit, wenn Unterlassung von Wort- und Bildberichterstattung oder (immaterieller) Schadenersatz verlangt werden.

Entscheidungen zu Unterlassungsklagen von Prominenten wegen Wort- und Bildberichterstattung gegen ihren Willen und entsprechend zu der dabei auftretenden grundrechtlichen Konfliktlage zwischen allgemeinem Persönlichkeitsrecht und Meinungs-, Presse- und Rundfunkfreiheit finden sich in der Judikatur von BGH und BVerfG in großer Zahl.[393] Aus dogmatischer Sicht ähneln diese den *sub* I.1. erörterten Fällen. Auch hier sieht das einfache Recht mit

[392] Maßstabsetzend: BGHZ 143, 214 [1999] – Marlene Dietrich.

[393] Im Folgenden eine – nicht abschließende – Liste von Entscheidungen aus den vergangenen fünfundzwanzig Jahren: BGHZ 128, 1 [1994] – Caroline von Monaco; BVerfGE 97, 125 [1998] – Caroline I; BVerfGE 101, 361 [1999] – Caroline II; BVerfGE 120, 180 [2008] – Caroline III; BGHZ 171, 275 [2007] – Caroline von Monaco Skiurlaub; BVerfG(K), Beschl. v. 8.12.2011, 1 BvR 927/08 – Caroline Wortberichterstattung Skiurlaub; BVerfG(K), Beschl. v. 26.4.2001, 1 BvR 758/97 et al. – Fotos Ernst-August von Hannover; BGHZ 180, 114 [2009] – Berichterstattung Enkel Fürst von Monaco; BVerfG(K), Beschl. v. 26.8.2003, 1 BvR 2243/02 – Interview Schröder Haartönung; BVerfG(K), Beschl. v. 14.2.2005, 1 BvR 240/04 – Fotomontage Ron Sommer; BVerfG(K), Beschl. v. 25.1.2012, 1 BvR 2499/09 et al. – Berichterstattung Ochsenknecht-Söhne; BVerfG(K), Beschl. v. 28.7.2016, 1 BvR 335/14 et al. – Berichterstattung über Kinder Prominenter; BGHZ 198, 346 [2013] – Adoptivtochter Jauch; BVerfG(K), Beschl. v. 7.2.2018, 1 BvR 442/15 – Jauch; BGHZ 178, 213 [2008] – Bildberichterstattung Kachelmann

den maßgeblichen §§ 823 Abs. 1, 1004 Abs. 1 Satz 2 BGB analog, §§ 22f. KUG unbestimmte Rechtsbegriffe vor. Auch hier lässt sich nach allen Horizontalwirkungskonstruktionen Ergebnisäquivalenz erzielen.[394] Bemerkenswert ist an dieser Stelle, dass sich in der Rechtsprechung des BGH ebenfalls in diesen Konstellationen wiederum die Tendenz erkennen lässt, implizit von einem unmittelbaren grundrechtlichen Rechtsverhältnis zwischen den Streitparteien auszugehen.[395]

Dogmatisch prekärer ist jedoch die Situation in der Konstellation nicht des generösen, sondern des absenten Gesetzgebers.[396] Diese ergab sich in der Rechtsprechung von BVerfG und BGH häufig in Fällen, in denen Persönlichkeitsrechte Prominenter von Dritten aus wirtschaftlichen Motiven verletzt wurden und sich die Frage stellte, ob und in welcher Form die Verletzten Schadenersatz verlangen konnten. Dabei sind zwei Rechtsprechungsstränge zu unterscheiden. Zunächst solche Fälle (z.B. „Herrenreiter“[397], „Soraya“[398]), in denen die Betroffenen Schadenersatz wegen Persönlichkeitsrechtsverletzung, also immateriellen Schadenersatz verlangten. Zum anderen Sachverhalte, in denen sich die Frage stellte, ob das Persönlichkeitsrecht auch kommerzielle Vermarktungsrechte an der Person des oder der Prominenten schütze und ob ein solcher materieller Schadenersatzanspruch auch den Erben dieser Person zustehe (z.B. „Paul Dahlke“[399], „Marlene Dietrich“[400]). Gemein ist jedoch beiden Gruppen von Entscheidungen, dass hier jeweils das einfache Recht nicht weiter half, weil keine einfachrechtliche Vorschrift existierte, auf die man die fraglichen Schadenersatzansprüche hätte stützen können.

Ausgangspunkt beider Rechtsprechungsstränge ist die Anerkennung des allgemeinen Persönlichkeitsrechts im Privatrecht in „Schacht-Leserbrief“[401] – einer Entscheidung, die, wie im dritten Kapitel ausgeführt,[402] das allgemeine Persönlichkeitsrecht aus Art. 2 Abs. 1, Art. 1 Abs. 1 GG als „auch [...] privates,

---

Gefängnis; BVerfG(K), Beschl. v. 10.3.2016, 1 BvR 2844/13 – Kachelmann Interview Geliebte; BVerfG(K), Beschl. v. 9.2.2017, 1 BvR 967/15 – Kachelmann Photo.

[394] Siehe dazu oben I.1. sowie auch bereits ähnlich B.I.2.a).

[395] Z.B. BGHZ 131, 332 (337ff.) [1995] – Caroline von Monaco Paparazzi-Fotos; BGHZ 139, 95 (101ff., 106ff.) [1998] – Stolpe IM; BGHZ 156, 206 (210ff.) [2003] – Fotomontage Ron Sommer; BGHZ 160, 298 (304ff.) [2004] – Kind Caroline von Monaco; BGHZ 171, 275 (279ff.) [2007] – Caroline von Monaco Skiurlaub; BGHZ 178, 213 (216ff.) [2008] – Bildberichterstattung Fernsehmoderator Gefängnis; BGHZ 180, 114 (118ff.) [2009] – Berichterstattung Enkel Fürst von Monaco.

[396] Zu den Begriffen oben B.I.2. und 3.

[397] BGHZ 26, 349 [1958].

[398] BGH, Urt. v. 8.12.1964, IV ZR 201/63 und BVerfGE 34, 269 [1973].

[399] BGHZ 20, 345 [1956].

[400] BGHZ 143, 214 [1999]. Vgl. auch ähnlich BVerfG(K), Beschl. v. 22.8.2006, 1 BvR 1168/04 – Marlene Dietrich „Blauer Engel“.

[401] BGHZ 13, 334 [1954].

[402] Vgl. oben Kap. 3, A.II.2.

von jedermann zu achtendes Recht“[403] und somit dessen unmittelbare Geltung zwischen Privaten anerkannt hatte.[404] Während der Gerichtshof sich in den Folgeentscheidungen weniger zur unmittelbaren Geltung einließ, diente die grundrechtliche Argumentation sowohl hinsichtlich der Frage des immateriellen Schadenersatzes als auch mit Blick auf materiellen Schadenersatz wegen Verletzung der kommerziellen Seite des allgemeinen Persönlichkeitsrechts als Basis richterlicher Rechtsfortbildung.[405]

Spielt man die verschiedenen Horizontalwirkungskonstruktionen hier dogmatisch durch, so gelangen zunächst die strikte Ablehnung sowie eine Übertragung der state action-Doktrin auf das deutsche Recht zur Verweigerung etwaiger Schadenersatzansprüche. Gleiches gilt auch für die abgeschwächte Ablehnung. Denn es fehlt an einfachrechtlichen Vorschriften, auf welche die Schadenersatzansprüche gestützt bzw. welche im Wege der Prüfung einer etwaigen Vorlage nach Art. 100 Abs. 1 Satz 1 GG verfassungskonform ausgelegt werden könnten.[406] Zurechnungskonstruktionen im Anschluss an *Schwabe* ebenso wie die Figuren der normalen Grundrechtsfunktionen, die Auslegungs- und die Anwendungskonstruktionen[407] laufen alle auf eine Verhältnismäßigkeitsprüfung der widerstreitenden Grundrechte hinaus. Kommt man im Rahmen dieser Prüfung zu dem Ergebnis, dass die Position des Inhabers/der Inhaberin des Persönlichkeitsrechts überwiegt, steht jeweils ein grundrechtlicher Anspruch desselben/derselben im Raum. Entweder richtet er sich an die staatlichen Gerichte, oder er richtet sich direkt an die private Gegenseite. Jeweils müssen indes die staatlichen Gerichte diesen Anspruch realisieren. Dies gilt auch für die Auslegungskonstruktionen und für die Figuren der normalen Grundrechtsfunktionen[408]: Liegt die Realisierung der grundrechtlichen Verantwortungspflicht in den Händen der Gerichte, so ist es nur konsequent, wenn der grundrechtliche Anspruch als Ergebnis der Verhältnismäßigkeitsprüfung von den Gerichten durchgeführt wird. Dies gilt angesichts dieses höherrangigen und daher nach Erfüllung verlangenden grundrechtlichen Anspruchs auch für Fälle jenseits des gesetzlich Möglichen,

---

[403] Ebenda, 338.

[404] Noch eindeutiger drei Jahre später in BGHZ 24, 72 (76) [1957]: Das allgemeine Persönlichkeitsrecht gewährleiste „ein Grundrecht […], das sich nicht nur gegen den Staat und seine Organe richtet, sondern auch im Privatrechtsverkehr gegenüber jedermann gilt.“

[405] Z.B. BGHZ 20, 345 (350f.) [1956] – Paul Dahlke (mit Zitat und Diskussion von BGHZ 13, 334 [1954] – Schacht-Leserbrief auf S. 351); BGHZ 26, 349 (353ff.) [1958] – Herrenreiter (mit Zitat und Diskussion von BGHZ 13, 334 [1954] – Schacht-Leserbrief und BGHZ 24, 72 (76) [1957] auf S. 354).

[406] Vgl. ähnlich oben B.I.3.a). Siehe auch oben Kap. 2, B.III.4. und Kap. 3, E.I.6.

[407] Mangels einfachrechtlicher Vorschriften, die verfassungskonform ausgelegt werden könnten, greift hier auch die zweistufige Anwendung auf den unmittelbaren grundrechtlichen Anspruch gegen den anderen Privaten zurück, vgl. oben Kap. 2, B.III.1. und Kap. 3, A.VIII.2.

[408] Vgl. auch oben B.I.3.a).

schließt also auch ein Judizieren *praeter* und sogar *contra legem* nicht aus.[409] Und in der Tat, sowohl die „Herrenreiter"/„Soraya"- als auch die „Paul Dahlke"/ „Marlene Dietrich"-Rechtsprechung bestätigen dies.

Im Falle von „Herrenreiter"/„Soraya" war ähnlich der Konstellation der in Unterabschnitt B.I.3. diskutierten BVerfG-Entscheidung vom 6. Juni 2018[410] ein gesetzgeberischer Wille erkennbar, dass die fragliche Vorschrift (hier: § 253 BGB a. F.; dort: § 14 Abs. 2 Satz 2 TzBfG) das fragliche Begehren (hier: immateriellen Schadenersatz; dort: Ausnahme vom Verbot der sachgrundlosen Kettenbefristung) nicht unterstützen könne. Hält man die fragwürdige Argumentation des BVerfG hierzu in „Soraya" für nicht überzeugend,[411] handelte es sich wohl auch bei der „Herrenreiter"/„Soraya"-Rechtsprechung um eine richterliche Rechtsfortbildung *contra legem*. In jedem Fall veranlasste der grundrechtliche Anspruch als Folge der Verhältnismäßigkeitsprüfung den BGH hier zur (jedenfalls *de facto*) Kreation einer abstrakt-generellen Norm, die sich im einfachen Recht nicht findet. Ähnliches – hier aber ein Fall der Rechtsfortbildung *praeter legem* – gilt auch für die „Paul Dahlke"/„Marlene Dietrich"-Rechtsprechung.[412] Jeweils akzeptierte das BVerfG diese judikative Kreation einer faktisch gesetzesgleich wirkenden Norm.[413] Wie auch die Erörterung der Fälle „Lebensversicherung"[414] und „§ 14 Abs. 2 Satz 2 TzBfG"[415] in Unterkapitel B illustriert hat,[416] bricht sich der grundrechtliche Anspruch folglich Bahn, wenn man im Sinne der Auslegungsansätze und der Figuren der normalen Grundrechtsfunktionen in den Gerichten die zentral Verantwortlichen dafür sieht, die Horizontalwirkung der Grundrechte zu realisieren.

Zu einem anderen Weg soll nur die Konstruktion der verfassungskonformen Auslegung plus gelangen, die hier stattdessen dem Gesetzgeber eine Schutzpflicht auferlegen und damit dessen Kompetenz zur Normkreation wahren will. Wie dargelegt kann man Zweifel haben, ob sich die Rechtsprechung des BVerfG tendenziell in diese Richtung bewegt,[417] insbesondere angesichts der

---

[409] Siehe dazu oben B.I.3.a) und c). Vgl. überdies BVerfGE 148, 267 (285) [2018] – Stadionverbot: „Maßgeblich ist insoweit nicht, ob die Zivilgerichte sich für ihre Wertungen *unmittelbar auf die Grundrechte selbst berufen* oder deren Wertungen mittels einfachrechtlicher Erwägungen und unter Rückgriff auf Auslegungsgrundsätze des Zivilrechts zur Geltung bringen und damit die Rechtsordnung für die weitere Entwicklung offener halten. *Entscheidend ist allein, dass den grundrechtlichen Wertungen im Ergebnis hinreichend Rechnung getragen wird.*" (Meine Hervorhebungen).

[410] BVerfG, Beschl. v. 6.6.2018, 1 BvL 7/14 und 1 BvR 1375/14.

[411] Zur Kritik siehe oben Kap. 4, C.I.

[412] Vgl. BGHZ 20, 345 (350 ff.) [1956] – Paul Dahlke; BGHZ 143, 214 (221 ff.) [1999] – Marlene Dietrich.

[413] Vgl. BVerfGE 34, 269 (287 ff.) [1973] – Soraya; BVerfG(K), Beschl. v. 22.8.2006, 1 BvR 1168/04, Rn. 32 ff. – Marlene Dietrich „Blauer Engel".

[414] Vgl. BVerfGE 114, 73 [2005] – Lebensversicherung.

[415] Vgl. BVerfG, Beschl. v. 6.6.2018, 1 BvL 7/14 und 1 BvR 1375/14.

[416] Siehe oben B.I.3.c).

[417] Vgl. dazu oben Kap. 4, C.I.

nennenswerten Abweichungen, einschließlich der *sub* B.I.3.a) und c) diskutierten Fälle. Einstufige und zweistufige Anwendung richten den grundrechtlichen Anspruch (auf Schadenersatz) unmittelbar gegen den anderen Privaten, was vor Gericht den Richter dazu zwingt, diesen Anspruch zuzusprechen. Allerdings lässt sich hier aus demokratietheoretischer Sicht die Intensität dieser judikativen Kompetenzusurpation im Vergleich zur Lösung des BGH und BVerfG in „Herrenreiter"/„Soraya" und „Paul Dahlke"/„Marlene Dietrich" abmildern: Der grundrechtliche Anspruch ist das Ergebnis der spezifischen Verhältnismäßigkeitsprüfung im jeweiligen Einzelfall aufgrund der dabei bestehenden spezifischen grundrechtlichen Interessen und ist daher auf eine Wirkung *inter partes* beschränkt. Dies mag zwar Orientierungswirkung für ähnlich gelagerte Fälle haben, unterscheidet sich jedoch in Umfang und Wirkung von einer faktischen richterlichen Kreation einer abstrakt-generell wirkenden Norm.[418] Ferner lässt sich angesichts dieser Beschränkung auf den Einzelfall und die somit stets erforderlich bleibende exakte Einzelfallprüfung argumentieren, dass die Intrusion in den demokratisch-politischen Prozess damit geringer ist als wenn das Gericht dem Gesetzgeber den Erlass einer einfachrechtlichen Norm, gegebenenfalls mit sehr konkreten Vorgaben zu Inhalt und Verfahren, vorschreibt. Der Vorzug der Lösung der verfassungskonformen Auslegung plus liegt allerdings darin, dass sie zu einer ausdrücklich formulierte Gesetzesnorm führt und damit ein höheres Maß an Rechtsklarheit und -sicherheit schafft.[419]

III. Überwachung am Arbeitsplatz

Abschnitt I. behandelte diskursive Konfliktlagen im öffentlichen Raum. Abschnitt II. widmete sich Spannungslagen von öffentlichem Raum und der Privatheit von Personen, die im Scheinwerferlicht der öffentlichen Aufmerksamkeit stehen. Abschließend für dieses Unterkapitel nimmt der hiesige Abschnitt die Privatheit[420] nicht-prominenter Personen in den Blick und fokussiert dabei die zunehmend auch in der Rechtsprechung bedeutsame Fallgruppe der Überwachung von Arbeitnehmern durch den Arbeitgeber. Die jüngere Rechtsprechung des BAG weist eine beachtliche Anzahl solcher Entscheidungen auf, die thematisch auch Bezug zu Fragen wirtschaftlicher Selbstbestimmung im Sinne von Unterkapitel B aufweisen. In diesen Entscheidungen entsteht eine potentielle Konfliktlage zwischen dem Persönlichkeitsrecht der Arbeitnehmer

---

[418] Vgl. *T. Barczak*, Richterrecht – Vervollkommnung des Rechtsstaats oder Verkehrung in einen Richterstaat?, Ad Legendum 2016, 101, 104.

[419] Siehe auch oben B.I.3.c).

[420] Zu grundrechtstheoretischen und grundrechtsdogmatischen Fragen des Schutzes der Privatheit allgemein siehe auch grundlegend *M. Nettesheim*, Grundrechtsschutz der Privatheit, VVDStRL 2011, Bd. 70, 7 ff.

und den von Art. 12 Abs. 1 GG geschützten unternehmerischen Interessen des Arbeitgebers, indem der Arbeitgeber das Verhalten seiner Beschäftigten insbesondere durch den Einsatz technischer Mittel kontrolliert.[421]

Die Rechtsprechung des BAG in diesen Fällen illustriert hervorragend die Widersprüche der fachgerichtlichen Rechtsprechung im Umgang mit den Horizontalwirkungskonstruktionen. Zur Veranschaulichung soll der Sachverhalt der Entscheidung BAGE 156, 370 [2016] dienen: In Streit stand, wie in den meisten dieser Fälle, die Wirksamkeit einer außerordentlichen Kündigung. Die beklagte Arbeitgeberin betreibt Filialen des Lebensmitteleinzelhandels. Im Rahmen einer Inventur stellte sie das Fehlen erheblicher Mengen diverser Produkte fest und richtete daraufhin mit Zustimmung des Betriebsrats eine verdeckte Videoüberwachung ein. Zusätzlich wurde die Filiale auch offen videoüberwacht. Mithilfe der verdeckten Videoüberwachung wurde die Klägerin überführt, worauf die Beklagte ihr Arbeitsverhältnis außerordentlich kündigte. Dagegen wandte sich die Klägerin. Die Videoaufzeichnungen könnten wegen des Verstoßes gegen ihr allgemeines Persönlichkeitsrecht nicht als Beweismittel eingebracht werden.

Das BAG erörterte mithin in dieser Entscheidung und in den anderen Fällen, ob aus einer etwaigen Persönlichkeitsrechtsverletzung ein Beweisverwertungsverbot folge. Zunächst prüfte das Gericht hier einen „Eingriff[ ] der Beklagten in das Recht auf informationelle Selbstbestimmung der Klägerin sowie ihr Recht am eigenen Bild als Ausprägungen des allgemeinen Persönlichkeitsrechts aus Art. 1 Abs. 1 i.V.m. Art. 2 Abs. 1 GG“[422]. Nach den staatsgerichteten, insbesondere den Verantwortungskonstruktionen, kann nur der Staat in die Grundrechte Privater eingreifen, mangels eines unmittelbaren grundrechtlichen Rechtsverhältnisses nicht aber der andere Private. *E contrario* legt dies nahe, dass das BAG hierbei einen Anwendungsansatz wählte. Im Anschluss an diese Passage prüfte es allerdings, ob es durch die Verwertung des Videos im Beweisverfahren als staatlicher Hoheitsträger aufgrund seiner Grundrechtsbindung nach Art. 1 Abs. 3 GG selbst das Persönlichkeitsrecht der Klägerin verletzte, was stattdessen auf eine Zurechnungs- oder Verantwortungskonstruktion schließen lässt.[423] Auf S. 376 sprach das BAG sodann davon, dass „die verdeckte Videoüberwachung [durch die Beklagte] in das allgemeine Persönlichkeitsrecht der Klägerin“ eingriff (Anwendungskonstruktion), ging aber dabei davon aus, dass ein Gericht eine etwaige Grundrechtsverletzung durch „die verdeckte Videoüberwachung

[421] Vgl. BAGE 130, 347 [2009] – Geheimes Mithören von Telefongesprächen; BAGE 156, 370 [2016] – Videoüberwachung am Arbeitsplatz; BAGE 157, 69 [2016] – Videoüberwachung am Arbeitsplatz; BAGE 159, 278 [2017] – Überwachung Arbeitnehmer durch Detektei; BAGE 159, 380 [2017] – Überwachung durch Software Keylogger. Siehe auch BAGE 111, 173 [2004] zu § 75 Abs. 1 Satz 1 BetrVG, der einfachgesetzlich zur Beachtung des allgemeinen Persönlichkeitsrechts aufruft.

[422] BAGE 156, 370 (373) [2016] – Videoüberwachung am Arbeitsplatz.

[423] Ebenda, 374.

des Kassenbereichs“ (also durch die Beklagte) „perpetuier[en] oder vertief[en]“ könne, womit gar eine Parallelität von Anwendungs- und Verantwortungskonstruktionen suggeriert wird. Ähnlich widersprüchliche Aussagen finden sich auch in den anderen Urteilen.[424] Dies offenbart nicht nur fehlende dogmatische Präzision, sondern zeigt meines Erachtens, wie schwer sich die Fachgerichte jedenfalls bei Beeinträchtigungen des allgemeinen Persönlichkeitsrechts mit der konsequenten Applizierung staatsgerichteter Ansätze tun, wonach ein Privater mangels unmittelbaren Grundrechtsverhältnisses nicht in die Grundrechte eines anderen Privaten eingreifen kann.

IV. Fazit

Die Erkenntnisse aus Unterkapitel B zur personal sowie politisch autonomen Vorzugswürdigkeit der Anwendungskonstruktionen gegenüber staatsgerichteten Ansätzen haben sich in Bezug auf das Großthema „Öffentlichkeit und öffentlicher Diskurs“ bestätigt.[425] Ein unmittelbares Grundrechtsverhältnis zwischen Privaten ermöglicht überdies, so veranschaulicht das Beispiel privater Regulierung des öffentlichen Diskurses durch Internet-Intermediäre, Grundrechtsschutz auch in solchen Konstellationen, in denen es in der Praxis selten bis nie zu einem Gerichtsverfahren oder sonstiger staatlicher Involvierung kommt. Die staatsgerichteten Konstruktionen müssen hier Horizontalwirkung versagen, was auch vor dem Hintergrund problematisch ist, dass das BVerfG auf der anderen Seite dem grundrechtlich bewehrten öffentlichen Meinungskampf zwischen Privaten eine zentrale Stellung in der grundgesetzlichen Demokratie einräumt.[426] Die ein- und zweistufige Anwendung vermag deshalb auch aus partizipatorischer Sicht zu punkten.[427] Insofern ist die Beobachtung von Interesse, dass die Rechtsprechung von BGH und BAG häufig rhetorisch wie dogmatisch

[424] Z.B. BAGE 157, 69 [2016] – Videoüberwachung am Arbeitsplatz (einerseits Verantwortungspflicht des Gerichts, nicht durch Beweisverwertung in APR des Klägers einzugreifen (S. 73; siehe auch S. 79: Verwertung durch Gericht als Eingriff in APR), andererseits Prüfung ob „Herstellung der Videoaufzeichnungen [durch die Bekl.] das Recht des Klägers [...] aus Art. 1 Abs. 1 i.V.m. Art. 2 Abs. 1 GG verletzt“ habe (S. 74; siehe auch S. 75 oben: „Eingriffe in das Recht der Arbeitnehmer am eigenen Bild durch verdeckte Videoüberwachung“ und S. 77: „Die Videoüberwachung erweist sich nicht aus anderen Gründen als unverhältnismäßig.“ sowie S. 78, Rn. 30 und 31)); BAGE 159, 278 [2017] – Überwachung Arbeitnehmer durch Detektei (einerseits Eingriff in APR durch Verwertung durch Gericht (S. 282, Rn. 21), andererseits Eingriff in APR durch von Bekl. veranlasste Observation (S. 283, Rn. 24; siehe auch S. 287, Rn. 32)); BAGE 159, 380 [2017] – Überwachung durch Software Keylogger (zunächst Verantwortungskonstruktionen (Auslegung, vgl. „verfassungskonforme Auslegung des Prozessrechts“, S. 384, Rn. 16), sodann aber Abstellen auf „Datenerhebung durch den Keylogger“ seitens der Beklagten als Eingriff in APR des Klägers (S. 386f., Rn. 21–27)).

[425] Vgl. oben I.2.b) und II.

[426] Vgl. oben I.2.b).

[427] Vgl. oben I.1.

zwischen Verantwortungs- und Anwendungsansätzen changieren.[428] Schließlich lassen sich grundrechts- bzw. kollisionslagenspezifische Präferenzen bei der Gewichtung der widerstreitenden Grundrechtspositionen im Spannungsfeld von individuellen und überindiviudellen Interessen ermitteln. So emergiert beispielsweise im Verhältnis zwischen Persönlichkeits- und Verwertungsrechten von Künstlern und ihren Nachkommen einer- und der insbesondere künstlerischen Rezeption der Kunstwerke und Künstlerpersönlichkeiten andererseits ein grundsätzliches *Prä* zugunsten letzterer: Sobald ein Kunstwerk in den Wirkbereich entlassen wird, entzieht es sich jedenfalls teilweise der Rezeptionskontrolle der Inhaber der Werkrechte.[429]

D. Identität und selbstbestimmte Lebensführung

Identität und selbstbestimmte Lebensführung markiert das dritte hier ausgewählte Großthema der Horizontalwirkung. Fragen religiöser Identität in der Arbeitswelt veranschaulichen dabei zugleich einen weiteren Aspekt privater Regulierung durch abstrakt-generelle Unternehmensrichtlinien (I. und II.). Abschnitt III nimmt mehrpolige Grundrechtsverhältnisse am Beispiel familiärer Identität, insbesondere der Herkunft und Abstammung, in den Blick.

I. Kopftuch am Arbeitsplatz – neutrale Arbeitswelt?

Nach welchen religiösen Glaubenssätzen eine Person ihr Leben gestaltet, anhand welcher weltanschaulicher Prämissen sie ihr Handeln ausrichtet und dass sie ihre entsprechenden Überzeugungen vom *forum internum* in das *forum externum* transportieren und somit in der Außenwelt praktizieren kann, ist wesentlicher Bestandteil ihrer qualitativen Identität.[430] Sobald Religion und Weltanschauung indes die geistig-emotionale Innenwelt verlassen und nach außen treten, treffen sie auf Interessen Dritter, seien es andere derartige Überzeugungen – oder andere Interpretationen der gleichen Überzeugung –, seien es sonstige Bedürfnisse und Ziele vor allem sozialer oder ökonomischer Natur. Insbesondere in der Arbeitswelt kann ein Interesse des Arbeitgebers bestehen, Ausübung und Bekundung religiös-weltanschaulicher Überzeugungen zu regulieren.[431] Dabei

---

[428] Vgl. oben I.1. und III.

[429] Vgl. oben I.3.

[430] Siehe dazu auch oben A.II.

[431] Zur abstrakt-generellen Rechtsetzung durch Private für andere Private siehe monographisch nur aus öffentlich-rechtlicher Sicht *F. Kirchhof*, Private Rechtsetzung, 1987; aus privatrechtlicher Sicht *G. Bachmann*, Private Ordnung – Grundlagen ziviler Regelsetzung, 2006.

kann der Arbeitgeber sowohl an einem Ausschluss religiös-weltanschaulicher Symbole und Praktiken am Arbeitsplatz interessiert sein, als auch daran, die Einhaltung bestimmter Glaubenssätze von seinen Mitarbeitern gerade zu fordern, insbesondere im Falle der Beschäftigung bei kirchlichen Trägern. In erstem Fall geht es um Neutralität (dazu in diesem Abschnitt), in letzterem Fall um positive Verpflichtung auf die Praxis bestimmter Glaubenssätze (dazu unten II.), stets jedoch um privatrechtliche Regulierung des Verhaltens der Arbeitnehmer. Mithin spielen hier jeweils grundrechtlich bewehrte Aspekte personaler Autonomie eine wichtige Rolle, nicht nur mit Blick auf die Identität – religiöse (Art. 4 GG, beide Abschnitte) oder familiäre (Art. 6 GG, siehe unten II.) – der Arbeitnehmer, sondern auf Seiten der Arbeitgeber auch die Privatautonomie, Art. 2 Abs. 1 GG, sowie die unternehmerische Freiheit (Art. 12 Abs. 1 GG, dieser Abschnitt) bzw. das Selbstbestimmungsrecht von Religionsgemeinschaften (Art. 4 i. V. m. Art. 140 GG, 137 Abs. 3 WRV, siehe unten II.).

Ein anschauliches Beispiel für die grundrechtliche Konfliktlage jenseits des in Abschnitt II zu behandelnden Sonderfalls kirchlicher Arbeitgeber stellen Entscheidungen zu Arbeitnehmerinnen muslimischen Glaubens dar, die am Arbeitsplatz aus Glaubensgründen ein Kopftuch tragen. Sowohl BAG,[432] BVerfG,[433] EuGH[434] als auch ausländische Gerichte[435] hatten in jüngerer Zeit über derartige Fälle zu urteilen. Jeweils verlangte der Arbeitgeber von der betroffenen Arbeitnehmerin, das Kopftuch abzulegen, weil dies gegen die Kleiderordnung des Unternehmens verstoße. Da sie dies verweigerte, wurde ihr Arbeitsverhältnis ordentlich gekündigt, wogegen sie wiederum vor Gericht vorging.[436] Nach deutschem Recht steht in derartigen Fällen in Streit, ob die Kündigung i. S. d. § 1 Abs. 2 KSchG „sozial gerechtfertigt“ war. Ferner ist zu fragen, ob der Arbeitgeber sein Weisungsrecht nach §§ 315 Abs. 1, 242 BGB nach „billigem Ermessen“ und nach „Treu und Glauben“ ausgeübt hat bzw. ob der Grund für das Kopftuchverbot am Arbeitsplatz nach § 8 Abs. 1 AGG „wegen der Art der auszuübenden Tätigkeit oder der Bedingungen ihrer Ausübung eine wesentliche und entscheidende berufliche Anforderung darstellt, sofern der Zweck rechtmäßig und die Anforderung angemessen ist.“ Stets haben die Gerichte also unbe-

---

[432] BAGE 103, 111 [2002].

[433] BVerfG(K), Beschl. v. 30.7.2003, 1 BvR 792/03.

[434] EuGH, Urt. v. 14.3.2017, C-157/15 – Achbita; EuGH, Urt. v. 14.3.2017, C-188/15 – Bougnaoui.

[435] Z. B. US Supreme Court, *Equal Employment Opportunity Commission v. Abercrombie & Fitch Stores Inc.*, 135 S.Ct. 2028 (2015). Für weitere Beispiele aus der Rechtsprechung britischer und französischer Gerichte siehe *A. Steinbach*, Religion und Neutralität im privaten Arbeitsverhältnis, Der Staat 2017, Bd. 56, 621, 628–631.

[436] Mit der Ausnahme von US Supreme Court, *Equal Employment Opportunity Commission v. Abercrombie & Fitch Stores Inc.*, 135 S.Ct. 2028 (2015), wo sich die Klägerin, Samantha Elauf, dagegen wehrte, dass sie wegen der Weigerung, ihr Kopftuch abzulegen, vom Bekleidungsunternehmen Abercrombie & Fitch nicht als Verkäuferin eingestellt wurde.

stimmte Rechtsbegriffe auszulegen („sozial gerechtfertigt", „billiges Ermessen", „wesentliche und entscheidende berufliche Anforderung", „angemessen"). Wie bereits mehrfach erörtert, sind in derartigen Fällen des generösen Gesetzgebers die Horizontalwirkungskonstruktionen ergebnisäquivalent. Nicht der gewählte Ansatz, sondern vielmehr die Gewichtung der Grundrechtspositionen im Rahmen der Verhältnismäßigkeitsprüfung ist für den Ausgang dieser Horizontalwirkungskonstellation maßgeblich.[437]

Ähnlich den in Unterkapitel B erörterten Fällen ökonomisch-sozialer Machtasymmetrien,[438] mit denen hier thematische Überschneidungen existieren, stehen somit außerjuristische Autonomiekonzeptionen im Fokus, vorliegend sowohl individuell-personaler als auch kollektiv-politischer Selbstbestimmung. Die religiöse Identität der Arbeitnehmerin und entsprechend ihre Autonomie, ihre Lebensführung an dieser Identität auszurichten, kristallisieren sich nach deutschem Recht in Art. 4 Abs. 1 und 2 GG sowie mit Blick auf die Arbeitswelt auch in Art. 12 Abs. 1 GG. Dem stehen Privatautonomie und unternehmerische Freiheit des Arbeitgebers gemäß Art. 2 Abs. 1 und 12 Abs. 1 GG gegenüber. Dieser hat ein Interesse, das Unternehmen, einschließlich der Arbeitsprozesse und Kleiderordnung, nach eigenen Vorstellungen im Sinne des jeweiligen Unternehmensziels zu führen. Dazu kann gehören, als allgemeine Unternehmenspolitik in allen Arbeitsverträgen mit den Mitarbeitern religiös-weltanschauliche Neutralität dahingehend zu vereinbaren, dass den Arbeitnehmern das Tragen von entsprechenden Symbolen sowie sonstige Formen der Bekundung derartiger Überzeugungen während der Arbeitszeit – sowohl unternehmensintern als auch im Außenkontakt – untersagt ist.

In seinen beiden Entscheidungen vom 14. März 2017 differenzierte der EuGH exakt an diesem Punkt. In der Sache „Achbita" sah die für alle Arbeitnehmer geltende Arbeitsordnung des betroffenen Unternehmens eine Neutralitätspolitik vor, wonach Arbeitnehmerinnen und Arbeitnehmer am Arbeitsplatz keine sichtbaren Zeichen politischer, philosophischer, religiöser oder weltanschaulicher Überzeugung tragen oder sonst zum Ausdruck bringen durften. In „Bougnaoui" fehlte es an einer allgemeinen, vertraglich vereinbarten Neutralitätspolitik, vielmehr reagierte hier der Arbeitgeber auf die Beschwerden von Kunden, die sich am Kopftuch Frau Bougnaouis stießen. Jeweils ging es im Vorabentscheidungsverfahren vor dem EuGH um die Auslegung von Art. 4 der Antidiskriminierungsrichtlinie 2000/78, auf dem beispielsweise auch § 8 AGG basiert. Der EuGH entschied in „Achbita" zugunsten des Arbeitgebers, in „Bougnaoui" zugunsten der Arbeitnehmerin. Die Tatbestandsvoraussetzung der „wesentliche[n] und entscheidende[n] berufliche[n] Anforderung" in Art. 4 Abs. 1 der Richtlinie sei so zu verstehen, dass diese nur solche Anforderungen

---

[437] Siehe z.B. oben B.I.2.a).

[438] Siehe z.B. oben B.I.

erfasse, die „objektiv vorgegeben" seien. Gerechtfertigt sei also ein Kopftuchverbot aufgrund einer allgemeinen Unternehmenspolitik der Neutralität, nicht aber aufgrund lediglich subjektiver Erwägungen wie dem Willen des Arbeitgebers, Kundenwünschen zu entsprechen.[439]

Zunächst lässt sich aus demokratietheoretischer Perspektive Skepsis ob der Privilegierung abstrakt-genereller, privat verordneter religös-weltanschaulicher Neutralität äußern.[440] Sie ermöglicht eine faktische Laizität der Arbeitswelt, indem sie privaten Unternehmen die Autorität zugesteht, das gesellschaftliche und wirtschaftliche Leben durch Neutralitätsvorgaben zu regulieren. Derartige potentiell sehr weit reichende Regulierungsentscheidungen, die erheblich die Grundrechte der Arbeitnehmer, namentlich Art. 4 Abs. 1 und Art. 12 Abs. 1 GG, betreffen, muss man für legitimatorisch defizitär jedenfalls dann halten, wenn man demokratietheoretisch an den demokratisch-politischen Prozess anknüpft.[441]

Aus der Perspektive individuell-personaler Selbstbestimmung kollidieren hier autonomiebewehrte Positionen von Arbeitgeber und Arbeitnehmerin. Hinsichtlich beider Seiten ist vorwiegend die Kontrollbedingung der Autonomie betroffen. Die Willensbildung (Authentizität) bleibt intakt. Dagegen steht die Willensrealisierung in Frage, wenn – aus Sicht der Arbeitnehmerin – der Glaube über innere Überzeugungen hinaus nach außen getragen werden und bekannt werden soll oder – aus Sicht des Arbeitgebers – wenn Neutralität zu einer allgemeinen Unternehmenspolitik und entsprechend im jeweiligen Arbeitsvertrag vereinbart werden soll.[442] Das Verbot, bei der Arbeit ein Kopftuch zu tragen, ob als individuelle Anweisung oder als Teil einer abstrakt-generellen Neutralitätspolitik des Arbeitgebers, nimmt der muslimischen Arbeitnehmerin die reale Möglichkeit, ihr Leben ihrem Willen entsprechend anhand derjenigen Glaubenssätze des Islam auszurichten,[443] die ihrer Auffassung nach von ihr das Tragen des Kopftuchs außerhalb des privaten Bereichs verlangen: Eine Arbeitnehmerin verbringt mindestens die Hälfte des Tages bei der Arbeit. Kann sie dort ihren Glauben nicht so praktizieren, wie er es ihrer Auffassung nach von ihr verlangt, wird sie dazu gezwungen, einen signifikanten Teil ihrer Lebenszeit gegen ein Glaubensgebot zu verstoßen, das wichtig, wenn nicht gar zentral für ihre religiöse Identität ist.

---

[439] Vgl. EuGH, Urt. v. 14.3.2017, C-188/15, Rn. 40 – Bougnaoui.

[440] Siehe dazu auch *A. Steinbach*, Religion und Neutralität im privaten Arbeitsverhältnis, Der Staat 2017, Bd. 56, 621, 644.

[441] Vgl. oben A.I.2.b) und c).

[442] Vgl. oben A.I.1.b).

[443] Vgl. auch BAGE 103, 111 (121) [2002]: Art. 4 Abs. 1 und 2 GG gewährleiste das „Recht des einzelnen, sein gesamtes Verhalten an den Lehren seines Glaubens auszurichten und seiner inneren Glaubensüberzeugung gemäß zu handeln."

Inwieweit eine derart erhebliche Beeinträchtigung der Kontrollbedingung der Autonomie trotzdem gerechtfertigt werden kann, hängt von der Bedeutung ab, den das Verbot für die Autonomie des Arbeitgebers hat. Dabei wird zunächst deutlich, dass das Kriterium des EuGH, ob es sich um einen einzelne Weisung (unzulässig) oder eine allgemeine Arbeitsregelung handelt (zulässig), für sich genommen nicht ausreichen kann.[444] Denn aus Sicht der betroffenen Arbeitnehmerin ist es einerlei, ob ihr aufgrund einer Einzelweisung oder einer allgemeinen Neutralitätspolitik untersagt wird, ein Kopftuch zu tragen: ihre Autonomie wird in letzterem Fall nicht weniger signifikant verkürzt. Lässt man den Sonderfall der Beschäftigungsverhältnisse bei Religionsgemeinschaften hier außer Betracht,[445] kommt es sonst vielmehr entscheidend darauf an, ob das Unternehmensimage oder die Art der in Frage stehenden Tätigkeit eine religiös-weltanschauliche Neutralität oder jedenfalls den Verzicht auf das Tragen religiöser Symbole erfordert.

Mit Blick auf bestimmte Tätigkeiten kann das Ablegen des Kopftuchs, sowie jeglicher anderer Kopfbedeckungen, beispielsweise aus Gründen der technischen Sicherheit für die Ausübungen einer bestimmten Tätigkeit notwendig sein. Über Sicherheitserfordernisse hinaus kann sicherlich z. B. eine Frau, die als Haarmodell für einen Shampoohersteller arbeitet, nicht die Fortsetzung ihrer Tätigkeit verlangen, wenn sich ihre Einstellung zu ihrem muslimischen Glauben ändert und sie es nunmehr als zwingendes religiöses Gebot ansieht, ihre Haare in der Öffentlichkeit vollständig mit einem Kopftuch zu bedecken. Jenseits dieser bereits seltenen – im letzteren Beispiel gar skurrilen – Fälle kann nicht jedes Unternehmensinteresse eine Neutralitätspolitik rechtfertigen. Ein solches zu definieren und sodann zu verfolgen, ist zwar Ausdruck personaler Autonomie und grundrechtlich von Art. 2 Abs. 1 und Art. 12 Abs. 1 GG geschützt. Aber allein dass ein Unternehmen ein abstraktes Interesse daran hat, das Risiko zu minimieren, dass andere Arbeitnehmer oder Kunden an bestimmten religiösen Symbolen Anstoß nehmen, vermag angesichts der massiven Beeinträchtigung der Kontrollbedingung der Autonomie der Arbeitnehmerin nicht zu rechtfertigen, ihr das Tragen eines Kopftuchs zu verbieten – auch wenn das Verbot Teil einer abstrakt-generellen unternehmerischen Neutralitätspolitik ist.

Entscheidend ist demnach nicht, dass eine bestimmte Unternehmenspolitik betrieben wird, sondern vielmehr, dass das Unternehmensziel darauf gerichtet ist (subjektives Element), ein bestimmtes Unternehmensimage zu projizieren, welches eine religiös-weltanschauliche Neutralität gerade erfordert (objektives Element). Entsprechend greift es zum einen zu kurz, wenn BAG und BVerfG *e contrario* anzudeuten scheinen, dass „wirtschaftliche Nachteile" unter gewissen

---

[444] So aber EuGH, Urt. v. 14.3.2017, C-157/15, Rn. 37 ff. – Achbita; EuGH, Urt. v. 14.3.2017, C-188/15, Rn. 40 – Bougnaoui.

[445] Dazu, allerdings mit teilweise anderer grundrechtlicher Konfliktlage, sogleich unten II.

Umständen ein Kopftuchverbot (oder eine allgemeine Neutralitätspolitik) rechtfertigen können sollen.[446] Der wirtschaftliche Nachteil muss stattdessen spezifisch daraus folgen, dass das Tragen des Kopftuchs die vom Unternehmensimage geforderte Neutralität beeinträchtigt.[447] Zum anderen ist es ebenfalls nicht ausreichend, dass bestimmte Kundenpräferenzen bestehen, beispielsweise nicht mit einer Kopftuch tragenden Servicemitarbeiterin des Unternehmens in Kontakt zu kommen.[448] Denn nur dann, wenn das Unternehmensimage eine religiös-weltanschauliche Neutralität gerade erfordert, sind die Handlungsoptionen des Arbeitgebers derart signifikant verkürzt, dass im Gegenzug gerechtfertigt werden kann, die Kontrollbedingung der Autonomie der Arbeitnehmerin hinsichtlich ihrer religiösen Identität ganz erheblich zu beeinträchtigen. Dies wird selten zu bejahen sein und erteilt somit privat angeordneter Neutralitätspolitik in der Regel eine Absage.

Es gibt meines Erachtens abschließend gute Gründe, private Regulierung hier grundsätzlich kritischer zu sehen als im Falle der NetzDG-Konstellation.[449] Denn anders als dort geht es hier erstens nicht um Regulierung eines erst durch private Kreation der Internet-Intermediäre geschaffenen Kommunikationsraums, der den öffentlichen Diskurs potenziell zu fördern vermag. Zweitens handelt es sich hier auch nicht um eine Regulierung vieler entgegengesetzter privater Einzelinteressen durch einen privaten Dritten in einer tripolaren, sondern um eine einseitige Regulierung in der bipolaren Konstellation von Arbeitgeber und Arbeitnehmer. Vor allem ist aber drittens die faktische Situation eine völlig andere, da hier die gerichtliche Überprüfung jedes Einzelfalls jedenfalls potenziell möglich erscheint. Dagegen erfordert die überwältigende Anzahl der Konfliktkonstellationen im Rahmen des öffentlichen Diskurses auf sozialen Netzwerken und anderen Internetplattformen realistischer Weise die private Streitentscheidung durch den Internet-Intermediär.

---

[446] Vgl. BAGE 103, 111 (122) [2002]; BVerfG(K), Beschl. v. 30.7.2003, 1 BvR 792/03, Rn. 24.

[447] Vgl. auch EGMR, *Eweida v. United Kingdom*, Urt. v. 15.1.2013, App. No. 48420/10, Rn. 94 („There was no evidence that the wearing of other [...] items of religious clothing [...] had any negative impact on British Airways' brand or image.").

[448] Vgl. auch EuGH, Urt. v. 14.3.2017, C-188/15, Rn. 40 – Bougnaoui; siehe auch *A. K. Mangold/M. Payandeh*, Diskriminierungsschutz und unternehmerische Freiheit im Unionsrecht. Anmerkungen zu den Urteilen des EuGH v. 14.3.2017 in den Rs. C-157/15 (Achbita) und C-188/15 (Bougnaoui), Europarecht 2017, 700, 721, die kritisieren, dass der EUGH nicht ausschließe, „dass die Berücksichtigung von Kundenerwartungen jenseits von Art. 4 Abs. 1 der Rahmenrichtlinie als rechtfertigender Gesichtspunkt einbezogen wird." Anders *A. Steinbach*, Religion und Neutralität im privaten Arbeitsverhältnis, Der Staat 2017, Bd. 56, 621, 636 („ein ‚Sonderopfer' des Unternehmens ist nicht gerechtfertigt.").

[449] Vgl. oben C.I.2.b).

II. Religiöse Arbeitswelt – selbstbestimmte Lebensführung und kirchliches Selbstbestimmungsrecht

1. Religionsgemeinschaften, Selbstbestimmungsrecht und nicht-staatliche Regulierung

Das deutsche Staatskirchenrecht transformiert Religionsgemeinschaften und ihre Einrichtungen in juristische Zwitterwesen. Insbesondere die katholische und evangelische Kirche sind Körperschaften des öffentlichen Rechts, vgl. Art. 140 GG i.V.m. Art. 137 Abs. 5 WRV, d.h. sie genießen die Rechte, die mit dem Körperschaftsstatus einhergehen wie Dienstherrnfähigkeit, Rechtsetzungsgewalt und Widmungsrecht.[450] Auf der anderen Seite sind sie jedoch nicht wie ein Träger der öffentlichen Gewalt (nur) grundrechtsverpflichtet, sondern genießen auch grundrechtliche und sonstige Privilegierungen. Dazu zählen nicht nur die Religionsfreiheit des Art. 4 GG, sondern vor allem auch das Selbstbestimmungsrecht der Religionsgemeinschaften, das Art. 140 GG i.V.m. Art. 137 Abs. 3 WRV gewährleistet. Die beiden großen christlichen Kirchen, auf die ich mich im Weiteren beschränken werde, genießen danach nicht nur den Schutz vor staatlichen Eingriffen, sondern werden vom Staat auch insoweit besonders privilegiert, als ihnen ein Bereich des gesellschaftlichen Lebens zugestanden wird, innerhalb dessen sie weitgehend frei von staatlichen Einflüssen die Rechtsbeziehungen zu anderen nicht-staatlichen Akteuren regeln können. Art. 137 Abs. 3 WRV spricht dahingehend davon, dass die Kirchen „ihre eigenen Angelegenheiten selbständig innerhalb der Schranken der für alle geltenden Gesetze“ „ordnen und verwalten“.[451] Neben innerkirchlichen Angelegenheiten wie Lehre und Kultus, Verfassung und Organisation oder der Ausbildung der Geistlichen betrifft dies auch Tätigkeiten der Kirchen, die in den gesellschaftlichen Bereich hineinreichen wie beispielsweise die Aktivitäten der Caritas oder des Diakonischen Werkes.[452]

In letzterem Fall, welcher den Hintergrund der im Folgenden zu erörternden Entscheidungen bildet, agieren die kirchlichen Träger zwar grundsätzlich nicht in öffentlich-rechtlicher, sondern in privater Eigenschaft und bedienen sich beispielsweise des staatlichen Arbeitsrechts zur Regelung der Arbeitsver-

---

[450] Vgl. dazu z.B. *P. Unruh*, Religionsverfassungsrecht, 4. Aufl. 2018, S. 192ff.; *P. Kirchhof*, Die Kirchen und Religionsgemeinschaften als Körperschaften des öffentlichen Rechts, in: J. Listl/D. Pirson (Hrsg.), Handbuch des Staatskirchenrechts der Bundesrepublik Deutschland, Band 1, 2. Aufl. 1994, 651ff.

[451] Siehe dazu *S. Korioth*, in: Maunz/Dürig, Grundgesetz – Kommentar, 84. Ergänzungslieferung, August 2018, WRV Art. 137/Rn. 23ff.; *K. Hesse*, Das Selbstbestimmungsrecht der Kirchen und Religionsgemeinschaften, in: J. Listl/D. Pirson (Hrsg.), Handbuch des Staatskirchenrechts der Bundesrepublik Deutschland, Band 1, 2. Aufl. 1994, 521ff.

[452] Siehe dazu *P. Unruh*, Religionsverfassungsrecht, 4. Aufl. 2018, S. 111ff.

hältnisse mit ihren Angestellten.[453] Sie „ordnen" die Rechtsbeziehungen zu ihren Arbeitnehmern jedoch insofern privilegiert durch das kirchliche Selbstbestimmungsrecht nach Art. 137 Abs. 3 WRV, als sie abstrakt-generelle Regelungen erlassen können, beispielsweise die „Grundordnung des kirchlichen Dienstes im Rahmen kirchlicher Arbeitsverhältnisse" der katholischen Kirche.[454] In einer solchen Grundordnung werden nicht-geistliche Arbeitnehmer kirchlicher Einrichtungen und Träger auf die Achtung der zentralen Lehren und Handlungsgebote z.B. der katholischen Kirche verpflichtet. Es handelt sich dabei sozusagen um das spiegelverkehrte Äquivalent der unternehmerischen Neutralitätspolitik, die in Abschnitt I diskutiert wurde: Nicht-staatliche Akteure verpflichten ihre Arbeitnehmer auf die Einhaltung abstrakt-genereller Regelungen als Teil des Arbeitsvertrages, wonach letztere hinsichtlich religiös-weltanschaulicher Fragen ein bestimmtes Verhalten zeigen müssen. Der Unterschied ist hier allerdings, dass nicht Neutralität, sondern im Gegenteil Loyalität gegenüber bestimmten religiösen Überzeugungen und Verhaltensgeboten bzw. -verboten verlangt wird. Dies betrifft unter anderem die Identifikation mit den Lehren der Kirche und dem christlichen Glauben sowie – und dies war Gegenstand eines Falles, der BAG, BVerfG und EuGH beschäftigte[455] – die Achtung bestimmter Ge- und Verbote wie beispielsweise des Verbots der Wiederheirat.

Die potentielle Konfliktlage mit den Grundrechten der Arbeitnehmer tritt dabei nochmals prononcierter zutage als in den Fällen unternehmerischer Neutralitätspolitik. Denn von den Arbeitnehmern wird hier nicht nur ein Unterlassen, sondern stattdessen verlangt, sowohl im *forum internum* als auch im *forum externum* bestimmte religiöse Lehren zu achten und bestimmte religiöse Ge- und Verbote in ihrer Lebenswelt zu praktizieren. Auf der anderen Seite einigen sie sich indessen privatautonom mit kirchlichen Trägern, für diese zu arbeiten, obwohl in der Regel in dem jeweiligen Berufsfeld problemlos auch eine Tätigkeit bei einer nicht-kirchlichen Einrichtung möglich wäre, ohne dass dies ihre Berufs- und Karrierechancen signifikant beeinträchtigte.[456]

Wie zuvor dreht sich die einfachrechtliche Problematik um die Zulässigkeit einer Kündigung nach § 1 Abs. 2 KSchG wegen Verstoßes gegen die vom Ar-

---

[453] Vgl. *U. Korstock*, Arbeitsrechtliche Streitigkeiten – Individualarbeitsrecht, in: H. Reichold/U. Korstock (Hrsg.), Das Arbeits- und Tarifrecht der katholischen Kirche – Praxishandbuch für Kirche und Caritas, 2014, S. 61/Rn. 1; *P. Unruh*, Religionsverfassungsrecht, 4. Aufl. 2018, S. 126f.; siehe auch BVerfGE 70, 138 (165) [1985] – katholischer Arzt: „Bedienen sich die Kirchen wie jedermann der Privatautonomie zur Begründung von Arbeitsverhältnissen, so findet auf diese das staatliche Arbeitsrecht Anwendung. Das ist die schlichte Folge einer Rechtswahl." Zum Spannungsverhältnis zwischen kirchlichem Sendungsauftrag und staatlichem Arbeitsrecht siehe auch *M. Droege*, Der religionsverfassungsrechtliche Tendenzschutz im Arbeitsrecht, in: G. Klinkhammer/T. Frick (Hrsg.), Religionen und Recht, Marburg 2002, 203ff.

[454] So z.B. in BVerfGE 137, 273 (278) [2014] – katholischer Chefarzt.

[455] BAGE 139, 144 [2011]; BVerfGE 137, 273 [2014]; EuGH, Urt. v. 11.9.2018 – „IR", Rs. C-68/17.

[456] Siehe zu diesem Punkt auch sogleich unten 2.

beitgeber aufgestellten abstrakt-generellen Regeln. § 9 AGG erlaubt Religionsgemeinschaften abweichend von § 8 AGG, bestimmte religiöse Anforderungen aufzustellen, „wenn eine bestimmte Religion oder Weltanschauung unter Beachtung des Selbstverständnisses der jeweiligen Religionsgemeinschaft oder Vereinigung im Hinblick auf ihr Selbstbestimmungsrecht oder nach der Art der Tätigkeit eine gerechtfertigte berufliche Anforderung darstellt." Hinsichtlich der Horizontalwirkung deutscher Grundrechte gilt somit auch hier auf den ersten Blick: Die Konstruktionen sind ergebnisäquivalent, entscheidend ist die Gewichtung der Grundrechtspositionen im Rahmen der Verhältnismäßigkeitsprüfung.

2. *Kirchliche Selbstbestimmung und personale Autonomie*

An dieser Stelle öffnet sich allerdings eine Kluft zwischen der jüngeren Rechtsprechung des BVerfG und derjenigen des EuGH.[457] In seiner Entscheidung vom 22. Oktober 2014[458] zu den Loyalitätspflichten des Chefarztes eines Krankenhauses in Trägerschaft der katholischen Kirche, der entgegen der Grundordnung der katholischen Kirche erneut heiratete, unterstrich das BVerfG die aus dem kirchlichen Selbstbestimmungsrecht folgende Modifizierung der Verhältnismäßigkeitsprüfung zwischen den Grundrechten des Arztes aus Art. 6 Abs. 1 und 12 Abs. 1 GG und des katholischen Trägerverbandes nach Art. 4 Abs. 1 und 2 i. V. m. Art. 140 GG, Art. 137 Abs. 3 WRV. Die Prüfung sei in zwei Stufen zu unterteilen. Auf der ersten Prüfungsstufe sei unter anderem zu eruieren, ob der kirchliche Träger plausibel dargelegt habe, dass die fragliche Loyalitätsobliegenheit für die fragliche Tätigkeit nach dem kirchlichen Selbstverständnis von Bedeutung sei. Ist dies der Fall, „darf der Staat das so umschriebene glaubensdefinierte Selbstverständnis der Kirche nicht nur nicht unberücksichtigt lassen; er hat es vielmehr seinen Wertungen und Entscheidungen zugrunde zu legen, so lange es nicht in Widerspruch zu grundlegenden verfassungsrechtlichen Gewährleistungen steht [...]."[459] Der Prüfungsmaßstab ist also hier – nach Auffassung des BVerfG als notwendige Konsequenz des kirchlichen Selbstbestimmungsrechts[460] – auf eine Plausibilitätskontrolle beschränkt. Auf der zweiten Prüfungsstufe erfolgt sodann eine „offene[ ] Gesamtabwägung" der „Selbstbestimmung der Kirchen" mit „den Interessen und Grundrechten der Ar-

[457] Sowie derjenigen des EGMR, vgl. *M. L. Fremuth*, Das letzte Amen ist noch nicht gesprochen – Zum kirchlichen Selbstbestimmungs- und Arbeitsrecht im grund- und menschenrechtlichen Mehrebenensystem, Europäische Zeitschrift für Wirtschaftsrecht 2018, 723, 725 ff.

[458] BVerfGE 137, 273 [2014].

[459] Ebenda, 316. Siehe auch bereits BVerfGE 70, 138 (168) [1985] in einem ähnlich gelagerten Fall eines bei einem katholischen Krankenhaus angestellten Arztes, der sich mit der Unterzeichnung einer Stellungnahme gegen die Position der katholischen Kirche zur Abtreibung stellte.

[460] Vgl. BVerfGE 137, 273 (315) [2014].

beitnehmer",[461] wobei die Plausibilität der Bedeutung der Loyalitätsobliegenheit für das kirchliche Selbstbestimmungsrecht hier nunmehr vorauszusetzen ist. Das Gericht stellt hierbei als wesentliche Abwägungsfaktoren insbesondere darauf ab, ob die mit dem Arbeitsverhältnis eingegangene in Streit stehende Loyalitätsobliegenheit für den Arbeitnehmer hinreichend bestimmt und vorhersehbar war.[462]

Der EuGH verweigert dagegen aus europarechtlicher Sicht den Kirchen das Privileg eines verringerten Prüfungsmaßstabs. Der Nexus zwischen Loyalitätsobliegenheit und kirchlichem Selbstbestimmungsrecht mit Blick auf die in Frage stehende Tätigkeit müsse „Gegenstand einer wirksamen gerichtlichen Kontrolle" und entsprechend grundsätzlich vollumfänglich überprüfbar sein.[463] Dies betraf in den beiden relevanten Urteilen des Gerichtshofs aus dem Jahre 2018[464] die Auslegung von Art. 4 Abs. 2 der Richtlinie 2000/78 und somit indirekt die Auslegung des auf dieser Richtlinie basierenden § 9 Abs. 1 AGG als anwendbare Vorschrift deutschen Rechts. Die anschließende Verhältnismäßigkeitsprüfung zwischen den europäischen Grundrechten von Arbeitgeber und Arbeitnehmer[465] stand daher nicht unter der Prämisse des eingeschränkten Prüfungsmaßstabs der Plausibilität des beschriebenen Nexus.[466]

Nähert man sich der Fragestellung, wie die Rechtspositionen von Arbeitgeber und Arbeitnehmer hier auszugleichen sind, aus dem Blickwinkel personaler Autonomie, so scheint zunächst aus Sicht des Chefarztes eine ähnliche Situation zu bestehen wie im Falle der Erbunwürdigkeitsklausel im Erbvertrag des Hauses Hohenzollern.[467] Wie dort werden zwei zuvor unverbundene Dinge in ein Alternativitätsverhältnis gestellt (Erbe oder Heirat mit der Frau seiner Wahl; Arbeitsplatz oder Wiederheirat). Jeweils geht es um für den Betroffenen wichtige Interessen und jeweils versucht ein anderer nicht-staatlicher Akteur mit privatrechtlichen Instrumenten das Verhalten des Betroffenen zu steuern und ihn zu einem Verhalten zu veranlassen, das seine Identität erheblich betrifft (Ehe mit der Frau seiner Wahl). Dies legt die Vermutung nahe, dass auch

---

[461] Ebenda, 317.

[462] Ebenda, 318.

[463] EuGH, Urt. v. 17.4.2018, Rs. C-414/16 – „Egenberger", Rn. 59; EuGH, Urt. v. 11.9. 2018 – „IR", Rs. C-68/17, Rn. 61.

[464] EuGH, Urt. v. 17.4.2018, Rs. C-414/16 – „Egenberger"; EuGH, Urt. v. 11.9.2018 – „IR", Rs. C-68/17.

[465] Der EuGH gelangt hier zur Verhältnismäßigkeitsprüfung über den Weg einer zweistufigen Anwendung der EU-Grundrechte, vgl. EuGH, Urt. v. 17.4.2018, Rs. C-414/16 – „Egenberger", Rn. 71 ff. Siehe dazu ausführlich oben Kap. 3, A.VI.3.

[466] Vgl. EuGH, Urt. v. 17.4.2018, Rs. C-414/16 – „Egenberger", Rn. 80. Zustimmend *C. D. Classen*, Das kirchliche Arbeitsrecht unter europäischem Druck? Anmerkungen zu den Urteilen des EuGH (jeweils GK) vom 17.04.2018 in der Rs. C-414/16 (Egenberger) und vom 11.09.2018 in der Rs. C-68/17 (IR), Europarecht 2018, Bd. 53, 752, 762.

[467] Vgl. BGHZ 140, 118 [1998]; BVerfG(K), Beschl. v. 22.3.2004, 1 BvR 2248/01. Siehe dazu oben B.II.

im Falle des Chefarztes die Authentizitätsbedingung der Autonomie erheblich beeinträchtigt sei.

Allerdings – und darauf weist beispielsweise das BVerfG mehrfach hin[468] – ist dieser freiwillig einen Arbeitsvertrag mit einem kirchlichen Arbeitgeber eingegangen, wissend um die Loyalitätspflichten, die damit verbunden waren. Auf der Grundlage der Sachverhaltsinformationen ist nicht ersichtlich, dass er dazu faktisch gezwungen gewesen wäre, beispielsweise weil in seiner Profession nur oder ganz überwiegend Stellen bei kirchlichen Einrichtungen angeboten würden. Vielmehr war er selbst katholischer Konfession und identifizierte sich sowohl im Zeitpunkt des Vertragsschlusses als auch im Zeitpunkt der Kündigung durch den Arbeitgeber wegen seiner Wiederheirat grundsätzlich mit den Lehren der katholischen Kirche.[469] Der Hohenzollernerbe wurde ohne eigenes Zutun vor die Wahl zwischen zwei für ihn wichtigen Interessen gestellt. Der Chefarzt unterwarf sich dagegen wissentlich und willentlich den Bedingungen eines Arbeitsverhältnisses, das ihm die Wiederheirat versagte. Seine Authentizität im Sinne einer erheblichen Beeinflussung seiner Willensbildung[470] ist dabei nicht wesentlich berührt.

Anders verhält es sich jedoch hinsichtlich der Kontrollbedingung der Autonomie. Zwar hatte der Chefarzt im Moment des Vertragsschlusses zweifelsohne die sinnvolle Handlungsoption, das Arbeitsverhältnis mit dem kirchlichen Träger nicht einzugehen und sich auf diese Weise auch nicht den Loyalitätsobliegenheiten zu unterwerfen. Anzunehmen, seine personale Autonomie sei bereits deshalb nicht beeinträchtigt, weil er sich privatautonom für den Vertragsschluss entschieden hat,[471] griffe allerdings zu kurz. Wie zuvor unter anderem hinsichtlich des Bürgschaftsfalles diskutiert,[472] erfordert die Kontrollbedingung nicht nur sinnvolle Handlungsoptionen in der konkreten Entscheidungssituation, sondern durch die Entscheidung – hier den Vertragsschluss – darf die Autonomie des Kontrahenten auch hinsichtlich künftiger Handlungen nicht in signifikantem Maße verkürzt werden.[473] Wen man heiratet, auch wenn es bereits die zweite Ehe ist (oder die dritte etc.), ist eine Entscheidung, die zentral ist für die eigene Lebensführung und somit für die Frage: „Was für ein Mensch bin ich und was für ein Mensch will ich sein?“[474] Wer die Hoheit über diese Ent-

[468] Vgl. BVerfGE 137, 273 (318, 344) [2014] („freiwillige Entscheidung“, „Freiwilligkeit“).

[469] Vgl. ebenda, 281 ff.

[470] Zu den Voraussetzungen der Authentizität nach dem hier vertretenen Verständnis siehe oben A.I.1.b) und c).

[471] Vgl. so aber BVerfGE 137, 273 (318 ff., 344) [2014].

[472] Siehe oben B.I.2.b).

[473] Vgl. *M. A. L. Oshana*, Personale Autonomie und das soziale Umfeld, in: M. Betzler (Hrsg.), Autonomie der Person, 2013, 196, 213: „Wenn eine Person sich nur für Nicht-Autonomie entscheiden kann, so ist ihre Auswahl einfach nicht groß genug. Der Person muss daher die Option offen stehen, sich nicht zu unterwerfen.“ Siehe auch oben A.I.1.b) und c).

[474] *E. Tugendhat*, Selbstbewusstsein und Selbstbestimmung – Sprachanalytische Interpretationen, 1979, S. 289.

scheidung aufgibt, entäußert sich der Kontrolle über diesen zentralen Aspekt seiner Identität.

Eine derart signifikante Autonomieverkürzung kann meines Erachtens nur dadurch gerechtfertigt werden, dass diese zwingend erforderlich ist für die Interessen, d.h. für die Autonomie der Gegenseite. Ist die Einhaltung der fraglichen Loyalitätsobliegenheit lediglich von untergeordneter Bedeutung für das kirchliche Selbstbestimmungsrecht, dann erscheint es nicht einsichtig, wie im Widerstreit der Interessen beider Seiten zugunsten dieser und zulasten der signifikanten Autonomieverkürzung entschieden werden könnte.

Wir kehren damit zurück zum Ausgangspunkt der unterschiedlichen Prüfungsmaßstäbe von BVerfG und EuGH. Mit Blick auf Art. 140 GG i.V.m. Art. 137 Abs. 3 WRV ist die Beschränkung der Prüfung auf eine Plausibilitätskontrolle naheliegend und verfassungsrechtlich gut vertretbar. Aus Gesichtspunkten personaler Autonomie kommen indessen Zweifel auf. Denn es mag aus kirchlicher Sicht plausibel sein, dass ein wiederverheirateter Chefarzt einer Klinik in katholischer Trägerschaft bereits das kirchliche Selbstverständnis und die kirchliche Selbstbestimmung erschüttert. Aus Sicht eines vernünftigen Dritten wird man indes wohl kaum sagen können, dass dadurch die Glaubwürdigkeit und der Sendungsauftrag der Kirche oder ihrer Einrichtungen fundamental in Frage gestellt ist. Dies wird durch die Tatsache bestätigt, dass, wie das BAG in seinem Urteil bemerkte, katholische Träger in manchen anderen Fällen der Wiederheirat von bei ihnen beschäftigten Ärzten keine Kündigungen ausgesprochen haben.[475] In jedem Fall wird hier aber die selbstbestimmte Entscheidung des Chefarztes über einen zentralen Aspekt seiner Identität – mit wem will ich als Ehepartner mein Leben verbringen? – unmöglich. Dies steht in einem deutlichen Missverhältnis zu der objektiv für die fragliche Tätigkeit und das kirchliche Selbstverständnis nur untergeordneten Bedeutung der Wiederheirat eines Chefarztes eines katholischen Krankenhauses.[476]

---

[475] Vgl. BAGE 139, 144 (154f.) [2011].

[476] Anders verhält es sich, wenn die Gewichte auf beiden Seiten unterschiedlich verteilt sind. So überzeugt es mit Blick auf die Kontrollbedingung der Autonomie, dass das BAG die Kündigung eines beim Caritasverband angestellten Sozialpädagogen für zulässig erachtete, nachdem dieser aus der katholischen Kirche ausgetreten war, vgl. BAGE 145, 90 (99) [2013]. Die fragliche Verpflichtung in § 4 Abs. 3 der „Richtlinien für Arbeitsverträge in den Einrichtung des Deutschen Caritasverbandes" (AVR) bestimmte, dass der Mitarbeiter „seine persönliche Lebensführung nach der Glaubens- und Sittenlehre sowie den übrigen Normen der katholischen Kirche" auszurichten habe. Es erscheint mit Blick auf kirchliches Selbstverständnis und kirchliche Selbstbestimmung jedenfalls naheliegend, dass eine Person, die für den katholischen Caritasverband arbeitet, die Lehren der katholischen Kirche aber ablehnt, diesen nicht mehr entsprechend zu repräsentieren vermag. Ferner ging es auf Seiten des Mitarbeiters lediglich um die abstrakte Beachtung der Glaubens- und Sittenlehre der katholischen Kirche und nicht um ein konkretes Verbot eines für die persönliche Identität zentralen Verhaltens (wie der Wiederheirat).

3. Verantwortung oder Anwendung?

Nach alledem lässt sich abschließend nun doch ein Unterschied jedenfalls zwischen Verantwortungs- und Anwendungskonstruktionen der Horizontalwirkung ausmachen. Das BAG ist der Auffassung, eine unmittelbare Grundrechtsgeltung zwischen Arbeitnehmer und kirchlichem Arbeitgeber „ginge über die von Art. 1 Abs. 3 GG für die staatliche Gewalt angeordnete Grundrechtsbindung noch hinaus, da sie bereits den Schutzbereich des Selbstbestimmungsrechts [des kirchlichen Arbeitgebers] als solchen begrenzte."[477] Ich halte dies für wenig überzeugend. Die unmittelbare Geltung der Grundrechte zwischen Privaten kann zwar letztendlich zu einem grundrechtlichen Anspruch der Privaten A gegen den Privaten B führen. Dies ist aber nicht der Anfang, sondern das Ende der Grundrechtsprüfung. Bei dieser bleibt der Schutzbereich der sich gegenüberstehenden Grundrechte intakt. Auf der Ebene der Verhältnismäßigkeit werden die konfligierenden Positionen gegeneinander abgewogen und erst sodann das Ergebnis der Verhältnismäßigkeitsprüfung festgehalten. Dieses kann einen grundrechtlichen Anspruch gegen A oder B bedeuten, kann aber auch einen solchen gerade ablehnen.[478]

Allerdings ist es richtig, dass sich im Falle des Selbstbestimmungsrechts von Religionsgemeinschaften ein spezifischer Unterschied zwischen Verantwortung und Anwendung offenbart. Verantwortungsansätze basieren auf der Prämisse, dass staatliche Hoheitsträger, namentlich die Gerichte, wenn sie über einen Rechtsstreit entscheiden, die Verantwortung tragen, die Grundrechte beider privater Seiten nicht unverhältnismäßig zu beeinträchtigen.[479] Wenn eines dieser Grundrechte – wie das in Zusammenspiel mit Art. 4 GG versubjektivierte[480] kirchliche Selbstbestimmungsrecht – vom Staat verlangt, einem Grundrechtsträger einen Bereich zu garantieren, innerhalb dessen er weitgehend frei von staatlichem Einfluss die Rechtsbeziehungen zu anderen Grundrechtsträgern regeln kann, dann muss sich diese Pflicht selbstverständlich auch niederschlagen, wenn der Staat seiner Verantwortung nachkommt, die Grundrechte Privater in

[477] BAGE 145, 90 (99) [2013] – Kündigung wegen Kirchenaustritts; ähnlich auch bereits BAG NZA 2013, 448, 461 f. Im Jahr 2000 (BVerfGE 102, 370 (392) [2000] – Zeugen Jehovas) hielt das BVerfG apodiktisch fest: „Die korporierten Religionsgemeinschaften sind – soweit sie außerhalb des ihnen übertragenen Bereichs hoheitlicher Befugnisse handeln – an die einzelnen Grundrechte nicht unmittelbar gebunden." In BVerfGE 137, 273 (344) [2014] betonte das Gericht, die Grundrechte hätten „im Wege mittelbarer Drittwirkung bei der Auslegung von § 1 Abs. 2 KSchG Berücksichtigung zu finden." Eine vergleichbare Stellungnahme wie diejenige des BAG in seiner jüngsten Rechtsprechung findet sich indes nicht.

[478] Siehe dazu einerseits oben Kap. 3, E.I.2. und unten Kap. 7, C.

[479] Vgl. oben Kap. 2, B.III.2.

[480] Siehe dazu *S. Korioth*, in: Maunz/Dürig, Grundgesetz – Kommentar, 84. Ergänzungslieferung, August 2018, WRV Art. 137/Rn. 22 m. w. N.

Einklang zu bringen.[481] Insoweit, so wurde auch oben gezeigt, ist es konsistent, wenn das BVerfG die Verhältnismäßigkeitsprüfung modifiziert und als erste Stufe eine Plausibilitätskontrolle und somit einen zurückgenommenen Prüfungsmaßstab zugunsten der Religionsgemeinschaften annimmt. Denn die Institutsgarantie des kirchlichen Selbstbestimmungsrechts richtet sich direkt an den Staat, sodass staatliche Gerichte dieses Selbstbestimmungsrecht achten müssen, wenn man Horizontalwirkung über ihre Verantwortungspflicht konstruiert.

Die Anwendungskonstruktionen bedürfen des Staates dagegen nicht, um zur Grundrechtswirkung zwischen Privaten – bzw. anderen nicht-staatlichen Akteuren, die sich privatrechtlicher Handlungsformen bedienen – zu gelangen. Die Grundrechte gelten unmittelbar zwischen dem Arbeitnehmer und dem kirchlichen Träger, ohne dass für ihre Wirkung der Staat, beispielsweise durch Einleitung eines Zivilprozesses vor staatlichen Gerichten, involviert sein muss. Zwar müssen beide Seiten vor Gericht ziehen, wenn sich die jeweils andere Seite weigert, dem grundrechtlichen Anspruch Folge zu leisten. Aber das Gericht diskutiert dabei wiederum das unmittelbare grundrechtliche Rechtsverhältnis. Im Rahmen der Verhältnismäßigkeit prüft es also den Ausgleich der korrespondierenden Grundrechte beider Seiten. Insoweit spielt aber das staatlich garantierte Institut des Art. 140 GG i. V. m. Art. 137 Abs. 3 WRV keine Rolle. Der kirchliche Arbeitgeber kann von seinem Arbeitnehmer nicht Einrichtung und Achtung eines Instituts wie des kirchlichen Selbstbestimmungsrechts bzw. dessen Versubjektivierung i. V. m. Art. 4 GG verlangen, das nur der Staat, nicht aber Private gewährleisten können.

Wie stark das kirchliche Selbstbestimmungsrecht hier durchschlägt, hängt daher davon ab, ob man eine Anwendungs- oder ein Verantwortungskonstruktion der Horizontalwirkung wählt. Man kann mit dem BVerfG und BAG einen Verantwortungsansatz präferieren, weil man aus der Existenz von Art. 140 GG i. V. m. Art. 137 Abs. 3 GG eine Privilegierung von Religionsgemeinschaften auch in den Rechtsbeziehungen zwischen nicht-staatlichen Akteuren ableitet. Dies ist aus historischer Sicht[482] und angesichts der vom Grundgesetzgeber bewusst gewählten außergewöhnlichen Konstruktion des Art. 140 GG nicht fernliegend, allerdings auch nicht zwingend. Aus der Perspektive personaler Autonomie spricht allerdings einiges dafür, die Anwendungskonstruktionen gerade deshalb zu bevorzugen, weil diese dem kirchlichen Selbstbestimmungsrecht im Verhältnis zwischen Privaten nicht die gleiche Prominenz einräumen wie im Verhältnis zum Staat. Denn wie gezeigt[483] führt die auf Art. 140 GG

[481] Vgl. BVerfGE 137, 273 (316) [2014], wo das Gericht ausdrücklich betont, der Staat habe das Selbstbestimmungsrecht „seinen Wertungen und Entscheidungen zugrunde zu legen".

[482] Vgl. dazu nur *K. Hesse*, Das Selbstbestimmungsrecht der Kirchen und Religionsgemeinschaften, in: J. Listl/D. Pirson (Hrsg.), Handbuch des Staatskirchenrechts der Bundesrepublik Deutschland, Band 1, 2. Aufl. 1994, 521 ff.

[483] Vgl. oben 2.

i.V.m. Art. 137 Abs. 3 GG gestützte – und für sich genommen konsistente – Privilegierung des kirchlichen Arbeitgebers durch die Plausibilitätskontrolle dazu, dass die Kontrollbedingung der Autonomie des Arbeitnehmers auch dann massiv beschränkt werden kann, wenn Selbstverständnis und Selbstbestimmung des kirchlichen Arbeitnehmers aus Sicht eines vernünftigen Dritten nur sehr peripher berührt sind.

III. Abstammung, Herkunft und familiäre Identität

Ein wichtiger Aspekt der Identität ist die familiäre. Herkunft, Nachkommen, Umgang mit den Kindern: Woher ich komme, wer von mir abstammt und ob ich meine Kinder sehen und ihr Aufwachsen und ihre Erziehung begleiten kann, dies sind identitär zentrale Fragen. Das BVerfG hat sich dazu mehrfach eingelassen. Die Kenntnis des leiblichen Vaters durch das Kind, die Kenntnis des leiblichen Kindes durch den Vater, die Kenntnis des leiblichen Vaters durch den Scheinvater, die Feststellung der eigenen Vaterschaft oder die Anfechtung der Vaterschaft des rechtlichen Vaters durch den mutmaßlichen biologischen Vater sind Beispiele für Verlangen, die das Gericht beschäftigten.[484] Die grundrechtlichen Positionen, die sich in derartigen Fällen gegenüberstehen, sind vielzählig – nicht zuletzt deshalb, weil häufig mehrpolige Grundrechtslagen entstehen, so zum Beispiel zwischen Kind, Mutter, rechtlichem und biologischem Vater im Falle der Vaterschaftsanfechtung durch den mutmaßlichen leiblichen Vater. Die maßgeblichen Grundrechte betreffen einerseits das allgemeine Persönlichkeitsrecht, Art. 2 Abs. 1, gegebenenfalls i.V.m. Art. 1 Abs. 1 GG, andererseits das Familien- und Elternrecht aus Art. 6 Abs. 1 und 2 GG. Auch hier sind zunächst wiederum die Grenzen richterlicher Rechtsfortbildung und entsprechend die demokratietheoretische Bewertung der Horizontalwirkungskonstruktionen zu diskutieren (1.). Vor allem werfen derartige drei- oder mehrseitige Grundrechtskonstellationen im Verhältnis von (mindestens) Vater-Mutter-Kind jedoch Fragen individuell-personaler Autonomie auf, die es als letztlich entscheidende Kriterien im Rahmen der Gewichtung der Grundrechtspositionen zu erörtern gilt[485] (2.). Die Mehrpoligkeit der Grundrechtsverhältnisse veranlasst hier schließlich den Staat zur Einrichtung bestimmter Verfahren wie zum Beispiel

[484] Vgl. nur aus den vergangenen zwanzig Jahren: BVerfGE 96, 56 [1997] – Vaterschaftsauskunft; BVerfGE 108, 82 [2003] – biologischer Vater; BVerfGE 117, 202 [2007] – Vaterschaftsfeststellung; BVerfGE 121, 69 [2008] – elterliche Erziehungspflicht; BVerfGE 127, 132 [2010] – Elternrecht des Vaters; BVerfG(K), Beschl. v. 19.11.2014, 1 BvR 2843/14; BVerfGE 138, 377 [2015] – mutmaßlicher Vater; BVerfGE 141, 186 [2016] – Abstammungsauskunft.

[485] Vgl. zur spezifischen Frage der Eltern-Kind-Zuordnung aus rechtsvergleichender Sicht ausführlich *H. v. Scheliha*, Familiäre Autonomie und autonome Familie – Die Selbstbestimmung bei der rechtlichen Eltern-Kind-Zuordnung im deutsch-französischen Vergleich, 2019, insbes. S. 366ff.

dem Vaterschaftsanfechtungs- bzw. -feststellungsverfahren. Die Anwendungsansätze gelangen insofern an ihre Grenzen (3.).

1. Nochmals: Richterliche Rechtsfortbildung und Horizontalwirkung

Vaterschafts- und Unterhaltskonstellationen veranlassen Gerichte – wohl aufgrund der scharfen, oft mehrpoligen Spannungslage zwischen allgemeinen Persönlichkeits- und Elternrechten – häufig zu grundrechtlich begründeter Kreativität. Die daraus resultierende gerichtliche Kompetenzerweiterung wirft demokratietheoretische Fragen auf. Die unterschiedlichen Horizontalwirkungskonstruktionen sind insoweit ebenfalls unterschiedlich prekär. Das haben bereits die vorherigen Unterkapitel ausgeführt.[486] Diese Beobachtungen bestätigen sich auch hinsichtlich der Identitätsthematik in den hiesigen Fällen. Ich beschränke mich auf eine kurze Illustration anhand von drei instruktiven Entscheidungen des BVerfG aus den Jahren 2010[487], 2015[488] und 2016[489].

In seinem Urteil vom 24. Februar 2015 hatte das Gericht darüber zu entscheiden, ob der Scheinvater nach erfolgreicher Vaterschaftsanfechtung gegen die Mutter einen Auskunftsanspruch gegenüber der Mutter über die Person des mutmaßlichen biologischen Vaters hatte, um gegen letzteren Regressansprüche aus § 1607 Abs. 3 BGB wegen ungerechtfertigt gezahlten Unterhalts geltend machen zu können.[490] Ein solcher Anspruch erforderte notwendiger Weise, dass die Mutter alle ihre Sexualkontakte während der Empfängniszeit hätte offenlegen müssen. Der BGH hatte einen derartigen Anspruch in Entscheidungen aus den Jahren 2011 und 2013 bejaht und aus § 1353 Abs. 1 i.V.m. § 242 BGB abgeleitet.[491] Das BVerfG sah hier die Grenzen richterlicher Rechtsfortbildung überschritten. Im Rahmen der Abwägung der grundrechtlichen Interessen von Scheinvater und Mutter sowie dritten potentiellen Vätern überwiege insbesondere das allgemeine Persönlichkeitsrecht der Mutter, keinen Einblick in ihr Intimleben geben zu müssen.[492]

Diese Entscheidung bestätigt zwei bereits zuvor getroffene Beobachtungen. Erstens ist hier das Ergebnis der Verhältnismäßigkeitsprüfung und somit die Gewichtung der Grundrechtspositionen der Parteien wichtiger als die Horizontalwirkungskonstruktion: Entscheidend ist, wie die Abwägung ausfällt. Geht sie zugunsten der Mutter aus, kann man selbst aufgrund der einstufigen Anwendung keinen Anspruch des Scheinvaters begründen. Hält man umgekehrt die

[486] Vgl. oben B.I.3. und C.II.

[487] BVerfGE 127, 132 [2010] – Elternrecht des Vaters.

[488] BVerfGE 138, 377 [2015] – mutmaßlicher Vater.

[489] BVerfGE 141, 186 [2016] – Abstammungsauskunft.

[490] Vgl. BVerfGE 138, 377 (378) [2015] – mutmaßlicher Vater.

[491] Vgl. BGHZ 191, 259 [2011] – Auskunftsanspruch Scheinvater; BGHZ 196, 207 [2013] – Schadenersatzanspruch Scheinvater.

[492] Vgl. BVerfGE 138, 377 (393 ff.) [2015] – mutmaßlicher Vater.

Position des Scheinvaters für stärker, dann gelangen auch die staatsgerichteten Ansätze zu einem Auskunftsanspruch. Die entgegengesetzten Entscheidungen von BGH und BVerfG repräsentieren diese unterschiedlichen Präferenzen, die wesentlich vom jeweiligen Autonomieverständnis abhängen, was *sub* 2. noch zu erörtern sein wird. Zweitens zeigt dies ferner, dass auch die meisten staatsgerichteten Ansätze auf eine richterliche Rechtsfortbildung anhand der Grundrechte drängen, sodass aus Sicht der Integrität des demokratisch-politischen Prozesses demokratietheoretisch kein nennenswerter Unterschied selbst zur einstufigen Anwendung besteht. Haben Gerichte die Verantwortung, die Grundrechte der beiden Seiten des Privatrechtsstreits zu achten und überwiegt die Position der einen die Position des anderen, dann trifft sie die Pflicht, diese überwiegende Grundrechtsposition zu realisieren. Erfordert dies einen Anspruch, den das einfache Recht nicht hergibt, verflüchtigt sich dadurch nach diesen Konstruktionen keineswegs die gerichtliche Pflicht, den Grundrechten der einen Seite zur Geltung zu verhelfen. Dies unterscheidet sich insoweit kaum von der ein- oder zweistufigen Anwendung.

Obwohl eine Situation des absenten anstelle des generösen Gesetzgebers, lässt sich Ähnliches auch zu der Entscheidung des BVerfG vom 19. April 2016[493] sagen. Hier verlangte die 1950 geborene Tochter aufgrund des neu geschaffenen § 1598a BGB von ihrem mutmaßlichen leiblichen Vater die Einwilligung in einen Vaterschaftstest (DNA-Gutachten). § 1598a Abs. 1 BGB nennt aber als anspruchsverpflichteten Vater nur den rechtlichen, nicht den mutmaßlichen leiblichen Vater. Das BVerfG lehnte einen derartigen Anspruch aus Grundrechten *praeter legem* (bzw. eine entsprechende gesetzgeberische Pflicht, einen solchen Anspruch zu schaffen) mit der Begründung ab, dass die Rechte der Tochter die Rechte des Vaters nicht überwögen.[494] Wiederum ist das Abwägungsergebnis entscheidend und wiederum erscheinen auch bei anderem Ausgang der Verhältnismäßigkeitsprüfung die staatsgerichteten, insbesondere die Verantwortungs-, gegenüber den Anwendungskonstruktionen demokratietheoretisch nicht vorzugswürdig. Denn gerichtliche grundrechtliche Verantwortung tendiert wie erwähnt zu faktisch gesetzesähnlicher richterlicher Normkreation.

Anders als Konstellationen des generösen und absenten Gesetzgebers standen in dem Urteil des BVerfG vom 21. Juli 2010 die Vorschriften der §§ 1626a Abs. 1 Nr. 1, 1672 Abs. 1 BGB a.F. nach der Auffassung des Gerichts dem Elternrecht des Vaters eines nichtehelichen Kindes aus Art. 6 Abs. 2 GG entgegen, der ohne Zustimmung der Mutter das Sorgerecht beanspruchte. Hier können staatsgerichtete Ansätze, streng genommen, nicht *contra legem* dem Anspruch des Vaters stattgeben, da es auf die „Gültigkeit“ der §§ 1626a Abs. 1 Nr. 1, 1672

[493] BVerfGE 141, 186 [2016] – Abstammungsauskunft.
[494] BVerfGE 141, 186 (216ff.) [2016] – Abstammungsauskunft.

Abs. 1 BGB a.F. nach Art. 100 Abs. 1 Satz 1 GG „ankommt".[495] Die Kompetenz, darüber zu entscheiden, ob die Gesetzesnormen nicht zur Anwendung kommen (weil sie nichtig sind), liegt danach alleine beim BVerfG. Dies gilt, so lässt sich argumentieren, nicht für die Anwendungskonstruktionen. Gelten Grundrechte unmittelbar zwischen den Privaten A und B, so „kommt" es zur Bestimmung des Rechtsverhältnisses A-B auf diese als höherrangiges Recht „bei der Entscheidung an[ ]" und eben nicht auf die einfachrechtlichen Vorschriften. Art. 100 Abs. 1 Satz 1 GG ist somit nicht einschlägig.[496] Wenn Anwendungskonstruktionen daher in solchen Fällen den Gerichten erlauben, das einfache Recht zu ignorieren, kann man dies als erhebliche Missachtung des demokratisch-politischen Prozesses deuten, auch wenn sich dies verfassungsrechtlich über Art. 20 Abs. 3 GG begründen lässt.[497]

Allerdings ermöglichen es Anwendungs- meines Erachtens besser als Verantwortungskonstruktionen, die Kreation einer faktisch abstrakt-generell wirkenden Norm einzudämmen.[498] Denn hier ist das Gericht stärker auf die konkrete Grundrechtskonstellation *inter partes* fokussiert. Der etwaige grundrechtliche Anspruch z.B. von A gegen B ist spezifisch für und nur für diese Einzelfallkonstellation, da er sich ausschließlich aus dem Ausgleich der widerstreitenden Grundrechtspositionen im Einzelfall ergibt. Damit besteht nach den Anwendungskonstruktionen die erheblich geringere Gefahr einer Apotheose der richterlichen Entscheidung zu einer faktisch gesetzesähnlich, also abstrakt-generell wirkenden Norm als nach den Verantwortungsansätzen. Bei letzteren richtet sich der grundrechtliche Anspruch gegen den Staat, der in jedem Prozess die Verantwortung trägt, die Grundrechte der Streitparteien zu wahren.

Ferner lässt es sich nicht sagen, dass eine gerichtliche Verpflichtung des Gesetzgebers zur Kreation eines entsprechenden einfachrechtlichen Anspruchs den demokratisch-politischen Prozess weniger beeinträchtigt als ein nur für den Einzelfall zugesprochener Anspruch gegen den anderen Privaten unmittelbar aus den Grundrechten. Der Weg über Art. 100 Abs. 1 Satz 1 GG bedeutet „negative Gesetzgebung" (*Kelsen*[499]) der Gerichte. Man mag bezweifeln, ob es weniger einscheidend für den demokratisch-politischen Prozess und die Kompetenzen des Gesetzgebers ist, eine einfachrechtliche Vorschrift ganz aufzuheben als sie im Einzelfall unangewendet zu lassen. Die negative Gesetzgebungskompetenz von

[495] Wie die Beispiele *sub* B.I.a) und C.II. indes illustrieren, besteht angesichts des nach Erfüllung verlangenden grundrechtlichen Anspruchs gegen den Staat auch bei den Verantwortungskonstruktionen die Tendenz, dass die Fachgerichte ohne den Umweg über Art. 100 Abs. 1 Satz 1 GG *contra legem* judizieren.

[496] Vgl. oben Kap. 5, C.I.3.c) und II.3.

[497] Vgl. oben Kap. 5, C.II.3.

[498] Siehe ausführlicher oben B.I.3.c).

[499] *H. Kelsen*, Wesen und Entwicklung der Staatsgerichtsbarkeit, in: R. C. van Ooyen (Hrsg.), *H. Kelsen*: Wer soll Hüter der Verfassung sein? – Abhandlungen zur Theorie der Verfassungsgerichtsbarkeit in der pluralistischen, parlamentarischen Demokratie, 2008, 1, 56.

Verfassungsgerichten ist jedenfalls ein zentraler Kritikpunkt beispielsweise in der Demokratietheorie *Ingeborg Maus'*.[500] Sicherlich schafft es indessen größere Rechtssicherheit, abstrakt-generell zu wissen, dass eine Gesetzesnorm nicht anwendbar – weil nichtig – ist, als von Einzelfall zu Einzelfall zu prüfen, ob das jeweilige Grundrechtsverhältnis A-B es erfordert, die Vorschrift *inter partes* nicht anzuwenden.[501]

2. Vater, Mutter, Kind: Identität und Autonomie

Wie insbesondere die soeben besprochenen Entscheidungen des BVerfG aus den Jahren 2015 und 2016 illustriert haben, ist auch hier die Gewichtung der Grundrechtspositionen im Rahmen der Verhältnismäßigkeitsprüfung entscheidend für den Ausgang einer Horizontalwirkungskonstellation. BVerfG und BGH haben sich hier jeweils gleicher Horizontalwirkungskonstruktionen bedient, jeweils entschied das BVerfG indes anders als der BGH. Wie auch an anderer Stelle herausgearbeitet, hat die vom jeweiligen Gericht zugrunde gelegte Autonomiekonzeption Einfluss auf diese Gewichtung. Dies liegt insbesondere hinsichtlich familiärer Identität nahe. So ist es beispielsweise für (Schein-)Vater und Kind für eine selbstbestimmte Lebensführung von Bedeutung zu wissen, wer der Vater des Kindes ist.[502] Auf der anderen Seite ist die personale Autonomie der Mutter erheblich betroffen, wenn sie ihr Intimleben preisgeben muss, damit der biologische Vater ausfindig gemacht werden kann.[503]

Bewertet man in BVerfGE 138, 377 [2015] und 141, 186 [2016] die Situation der Beteiligten anhand von Authentizitäts- und Kontrollbedingung der Autonomie, so decken sich die Ergebnisse mit den Abwägungsergebnissen des BVerfG. Kann eine Frau vom Scheinvater des Kindes dazu gezwungen werden, Anzahl und Identität ihrer Sexualpartner in der zeitlichen Nähe des Empfängniszeitpunkts zu nennen (Konstellation des BVerfGE 138, 377 [2015]), so ist sie der Kontrolle über ihre Lebensführung und insbesondere über ihr Intimleben als eines wesentlichen Teils derselben in ganz erheblicher Hinsicht enthoben. Ihr Intimleben einschließlich ihreres Sexualverhaltens ist zentraler Aspekt ihrer Identität. Muss sie dieses entgegen ihren Willen offenlegen, dann verliert sie nicht nur die Autorenschaft über ihre Lebensführung im Moment der Offenlegung, sondern sieht sich auch in der Zukunft Bewertungen ihrer Lebensgestaltung ausgesetzt, die auf einer Offenbarung basieren, die sie selbst ablehnt. Darüber

---

[500] Vgl. z. B. *I. Maus*, Zur Aufklärung der Demokratietheorie – Rechts- und demokratietheoretische Überlegungen im Anschluß an Kant, 1994, S. 298 ff.

[501] Siehe dazu noch unten Kap. 7, D.II.

[502] Vgl. Sachverhalt in BVerfGE 141, 186 (189 ff.) [2016] – Abstammungsauskunft; siehe auch Sachverhalt in BVerfGE 138, 377 (379 ff.) [2015] – mutmaßlicher Vater.

[503] Vgl. Sachverhalt in BVerfGE 138, 377 (379 ff.) [2015] – mutmaßlicher Vater.

hinaus, darauf weist auch das BVerfG hin,[504] ist mit der Auskunft nicht nur sie, sondern es sind auch ihre Sexualpartner in ihrem Intimleben betroffen, deren Beziehungs- und Sexualleben ebenfalls gegen oder jedenfalls ohne ihren Willen offenbart wird, was für sie ebenfalls soziale und/oder familiäre Konsequenzen haben kann. Demgegenüber nimmt sich die Kontrollbeeinträchtigung des Scheinvaters vergleichsweise gering aus. Zwar kann er ohne Auskunftsanspruch den tatsächlichen Vater für die Vergangenheit nicht in Regress nehmen, weil er dessen Identität nicht erfährt. Diese Konsequenzen betreffen jedoch nicht seine Intimsphäre, sie richten sich nur auf die Vergangenheit (die zu Unrecht gezahlten Unterhaltsansprüche) und betreffen nur ihn selbst und nicht Dritte. Die Interessen der Mutter überwiegen deshalb aus Sicht personaler Autonomie die Interessen des Scheinvaters. Das BVerfG kam zu dem gleichen Ergebnis.[505]

Auch hinsichtlich des Sachverhalts in BVerfGE 141, 186 [2016] bestätigt die Autonomiebewertung das Ergebnis des BVerfG. Denn ebenso wie das Gericht wird man hier feststellen müssen, dass weder die Interessen der Tochter noch des mutmaßlichen biologischen Vaters eindeutig überwiegen.[506] Ohne Mitwirkung des mutmaßlichen Vaters an einem DNA-Test weiß die Tochter nicht sicher, wer ihr Vater ist. Sie verliert somit die Möglichkeit, zu erfahren, von wem sie abstammt und mit wem sie (väterlicherseits) verwandt ist, wer also ihr zweiter Elternteil ist, kurz: Ein zentraler Aspekt ihrer Identität bleibt durch die Weigerung des mutmaßlichen Vaters im Dunkeln. Diese Weigerung stellt jedoch ihrerseits nicht ein skurriles Verhalten dar, sondern berührt ebenfalls die Kontrollbedingung der Autonomie. Kontrolle bedeutet nämlich auch, dass jemandem in einer für die Identität derart wichtigen Frage wie der Vaterschaft kein Wissen aufgezwungen wird, dessen Kenntnis er sich nicht aussetzen will. Wichtiger ist allerdings, dass hier ebenso wie in BVerfGE 138, 377 [2015] auch Drittinteressen, nämlich vor allem diejenigen der Angehörigen des mutmaßlichen Vaters, betroffen sind. In einer derartigen Pattsituation – beide Interessen wiegen ungefähr gleich stark – hat die verfassungskonforme Auslegung plus den Vorteil, dass sie in derartigen Fällen, anders als die Anwendungskonstruktionen, die Entscheidung dem demokratisch-politischen Prozess überantwortet und auf den Einschätzungsspielraum des Gesetzgebers verweist.[507]

3. Der notwendige Staat: Mehrpolige Rechtsverhältnisse und Verfahren

Dieses Kapitel, wie der Großteil der Arbeit, betrachtete vorwiegend Horizontalwirkungssituationen, in denen A von B etwas verlangt und sich sodann die Frage stellt, inwieweit Grundrechte für dieses private Rechtsverhältnis von Relevanz

[504] Vgl. ebenda, 394.
[505] Vgl. BVerfGE 138, 377 (393 ff.) [2015] – mutmaßlicher Vater.
[506] Vgl. auch BVerfGE 141, 186 (217 f.) [2016] – Abstammungsauskunft.
[507] Vgl. dazu auch ebenda, 216 ff.

sind. Die in diesem Abschnitt diskutierten Konstellationen zeichnen sich stattdessen dadurch aus, dass es sich nicht um zweipolige, sondern vorwiegend um Rechtsbeziehungen handelt, an denen mindestens drei oder mehr Private beteiligt sind. Wenn der biologische Vater die Vaterschaft des rechtlichen Vaters anfechten möchte, ist damit nicht nur letzterer betroffen, sondern es sind darüber hinaus auch die Interessen der Mutter und des Kindes von Bedeutung.[508] Holt der rechtliche Vater ohne Zustimmung und Kenntnis der Mutter ein DNA-Gutachten ein, ob er auch der leibliche Vater des Kindes ist, so besteht jedenfalls eine Dreieckskonstellation zwischen Vater-Mutter und Kind.[509] Will eine Frau ihren mutmaßlichen Vater zu einem Vaterschaftstest zwingen, so berührt sie damit auch die Interessen seiner Angehörigen.[510] Verlangt der Scheinvater von der Mutter des Kindes Auskunft darüber, wer als biologischer Vater statt seiner in Betracht kommt, um bei diesem Unterhaltsregress zu nehmen, spielen neben der Vater-Mutter-Kind-Beziehung auch die Interessen mutmaßlicher biologischer Väter eine Rolle.[511] Familienrechtliche Verhältnisse, insbesondere solche Vaterschaft und Kindesunterhalt betreffend, stellen typische Beispiele für Rechtsbeziehungen dar, die nicht nur jeweils zwischen zwei, sondern zwischen allen Privatrechtssubjekten untereinander bestehen.

Das Privatrecht löst Fälle derartiger Mehrpoligkeit in der Regel durch Privatrechtsgesetzgebung, also dadurch, dass der Gesetzgeber bestimmte Mechanismen und Verfahren zur Auflösung der mehrpoligen Konfliktlage bereitstellt, wie beispielsweise hinsichtlich der Gesamtschuld nach §§ 421 ff. BGB. In ähnlicher Weise sehen die §§ 1591 ff. BGB zur Klärung der Abstammung bestimmte Verfahrensvorschriften vor (insbesondere §§ 1598a ff. BGB, um die Rechte der Betroffenen (Schein-)Vater, Mutter, Kind, mutmaßlicher biologischer Vater) im Rahmen eines möglichst geordneten und ausgeglichenen Verfahrens zu wahren.[512] Der Gesetzgeber, also der Staat, sorgt hier für einen Ausgleich der (grund-)rechtlichen Interessen der Beteiligten, indem er versucht, im Wege bestimmter rechtlicher Mechanismen und/oder Verfahren die sowohl jeweils zwischen zwei Beteiligten als auch zwischen allen Beteiligten untereinander bestehenden Interessen zu bündeln und dabei in Einklang zu bringen. Folglich offenbart sich hier ein deutlicher Unterschied zwischen staatsgerichteten und Anwenwendungskonstruktionen der Horizontalwirkung. Denn auch wenn man über die einfachrechtlichen Vorschriften hinaus eine Grundrechtswirkung beispielsweise durch Verantwortung staatlicher Gerichte zu Berücksichtigung der

[508] Vgl. BVerfGE 108, 82 [2003] – biologischer Vater.

[509] Vgl. BVerfGE 117, 202 [2007] – Vaterschaftsfeststellung.

[510] Vgl. BVerfGE 141, 186 (217 f.) [2016] – Abstammungsauskunft.

[511] Vgl. BVerfGE 138, 377 (393 ff.) [2015] – mutmaßlicher Vater.

[512] Für Literatur zum Abstammungsrecht aus jüngster Zeit siehe nur stellvertretend: *P. M. Reuß*, Theorie eines Elternschaftsrechts, 2018, insbesondere S. 470 ff.; *N. U. Vollersen*, Begriff und System des deutschen Abstammungsrechts, 2012 sowie *I. Plettenberg*, Vater, Vater, Mutter, Kind – Ein Plädoyer für die rechtliche Mehrvaterschaft, 2016.

grundrechtlichen Interessen der betroffenen Privaten konstruiert – solange die Realisierung der Horizontalwirkung dem Staat überantwortet ist und solange direkte Grundrechtsverhältnisse jeweils nur zwischen Privaten und dem Staat bestehen, fällt die Bündelung der grundrechtlichen Interessen aller Betroffenen vergleichsweise leicht. Der Staat – insbesondere durch die Gerichte – bringt in einer Gesamtabwägung seine jeweiligen grundrechtlichen Pflichten gegenüber dem jeweiligen Grundrechtsträger in Einklang mit seinen grundrechtlichen Pflichten gegenüber den anderen Grundrechtsträgern, die am Rechtsstreit beteiligt oder deren Rechte durch die Entscheidung erheblich betroffen sind.

Diese Option steht nicht zur Verfügung, wenn unmittelbare grundrechtliche Rechtsbeziehungen zwischen Privaten existieren. Wenn A und B jeweils grundrechtliche Ansprüche gegeneinander haben, so ist im Grundsatz klar, dass sie in Ausgleich gebracht werden müssen, indem die korrespondierenden grundrechtlichen Rechte und Pflichten gegeneinander abzuwägen sind.[513] Tritt aber C hinzu, wird die Sache deutlich komplizierter. Denn C hat mit A und mit B jeweils eine solche grundrechtliche Rechte-Pflichten-Beziehung wie sie auch A und B miteinander haben. Handelt C, betrifft dies die (Grund-)Rechte von A und B. Verlangt C von A ein bestimmtes Tun, das auch die Interessen des B betrifft, so besteht nichtsdestoweniger zunächst im Verhältnis A-C ein grundrechtliches Rechtsverhältnis notwendigerweise nur zwischen A und C. Wie und ob grundrechtliche Interessen des B dabei Berücksichtigung finden können, wenn die Verhältnismäßigkeit in der *inter partes*-Beziehung A-C zu prüfen ist, erweist sich als problematisch. Dieses Problem lässt sich zwar beispielsweise durch Miteinbeziehung jedenfalls der Grundrechte derjenigen Personen adressieren, deren Rechtsposition durch die Entscheidung im Rechtsverhältnis A-C unmittelbar verändert wird (hier B). Dies erfordert, dass auch die unmittelbaren Grundrechtslagen A-B und B-C bei der Verhältnismäßgkeitsprüfung A-C in die Abwägung eingestellt werden, indem diese Grundrechtslagen wiederum ihrerseits einer Verhältnismäßigkeitsprüfung unterzogen werden und sodann eine Gesamtbetrachtung erfolgt. Bereits in dieser Dreierbeziehung ist eine solche Prüfung somit äußerst komplex. Diese Komplexität potenziert sich jeweils, wenn D, E, F etc. hinzutreten. Hier zeigt sich also: Die Lösung mehrpoliger (Grund-)Rechtsverhältnisse mag zwar im Wege der Anwendungsansätze nicht dogmatisch unmöglich zu konstruieren sein. Wenn der Staat, insbesondere im Falle der Verantwortungskonstruktionen, die Beziehungen zwischen A, B, C et al. als jeweils einzig Grundrechtsverpflichteter zu bündeln vermag, sprechen für solche staatsgerichteten Horizontalwirkungsansätze jedenfalls aber Argumente der Praktikabilität.

Dabei sind jedoch gleich zwei Einschränkungen zu machen. Zum einen ist zu beachten, dass dieses Problem nur dann voll virulent wird, wenn es um den

[513] Siehe dazu im Einzelnen unten Kap. 7, C.

Ausgleich der Interessen von mindestens drei jeweils gleichgeordneten Privaten geht. Kann ein Dritter anderen Privaten Rechte einräumen oder entziehen, so zum Beispiel wenn der Internet-Intermediär eine private Kommunikationsplattform wie Twitter selbst kreiert,[514] ist er den anderen Privaten gegenüber in einer privilegierten, nämlich faktischen Regulierungsposition. Dass der Internet-Intermediär bei der Entscheidung über die Löschung eines Tweets des A, der B beleidigt, auch die Interessen des B zu berücksichtigen hat, sich somit aber auch im unmittelbaren Grundrechtsverhältnis zu A darauf berufen kann, dass er den Tweet zum Schutz des B löschte, liegt auf der Hand. Außerdem setzen staatsgerichtete Konstruktionen zum anderen voraus, dass der Zugang zu Gericht potentiell stets zur Verfügung steht. Ist dies, im Anschluss an das Beispiel der Internet-Intermediäre, faktisch jedenfalls in der überwältigen Mehrzahl der Horizontalwirkungskonstellationen ausgeschlossen, versagt eine staatlich mediatisierte Grundrechtswirkung zwischen Privaten.[515]

Mit Ausnahme dieser Fälle erscheinen daher Verantwortungskonstruktionen in der Regel jedenfalls praktikabler als Anwendungskonstruktionen, wenn mehrpolige Rechtsbeziehungungen zwischen Privaten zu adressieren sind. In einer besonderen Konstellation der Mehrpoligkeit sind sie indes nicht nur praktikabler, sondern bieten eine konsistente Lösung dort an, wo Anwendungskonstruktionen an ihre Grenzen stoßen: nämlich wenn ein Privater seine Rechte erst durch Einrichtung und Zugang zu staatlich geschaffenen rechtliche Mechanismen und Verfahren realisieren kann. Ein *case in point* sind die bereits zuvor erwähnten Vaterschaftsfeststellungs- und -anfechtungsverfahren. Dies sei anhand des Sachverhalts illustriert, welcher dem Urteil des BVerfG vom 9. April 2003 zugrunde lag.[516] Nach damaliger Rechtslage konnte der biologische Vater die Vaterschaft des rechtlichen Vaters nicht selbständig anfechten. Anfechtungsberechtigt waren gemäß § 1600 Abs. 1 BGB a. F. nur der rechtliche Vater, die Mutter und das Kind. Der Beschwerdeführer als biologischer Vater forderte, selbst die Vaterschaft anfechten zu können.

Das Anfechtungsverfahren ist ein staatlich geschaffenes Procedere, das dazu dient, die Interessen der Betroffenen in Ausgleich zu bringen. Verantwortungskonstruktionen können insoweit der Frage nachgehen, ob der Staat seine Verantwortungspflicht ausreichend wahrgenommen hat, die Grundrechte der Betroffenen zu berücksichtigen und auszugleichen. Kommt man mit dem BVerfG zu dem Ergebnis, dass die Grundrechtspositionen des biologischen Vaters jedenfalls insoweit überwiegen als ihm eine Anfechtungsmöglichkeit eingeräumt werden muss, so gelangt man zum einen zur Nichtigkeit des § 1600 Abs. 1 BGB a. F. Zum anderen folgt daraus, dass der Staat auch dem biologischen Vater

[514] Siehe dazu oben C.I.2.b).
[515] Vgl. ebenda.
[516] Vgl. BVerfGE 108, 82 [2003] – biologischer Vater.

den Zugang zum Anfechtungsverfahren ermöglichen muss[517] – jedenfalls die verfassungskonforme Auslegung plus will die Umsetzung dieser Schutzpflicht dem Gesetzgeber vorbehalten. Die Kompetenz, eine solche Schutzpflicht festzustellen, liegt dabei ausschließlich beim BVerfG im Rahmen einer Verfassungsbeschwerde.[518] Stets ist der Adressat der Grundrechtsverpflichtung der Staat, der es im Beispielsfall versäumt hatte, seiner Verantwortungspflicht gegenüber dem biologischen Vater nachzukommen und ihm die Möglichkeit der selbständigen Anfechtung zu gewähren. Verantwortungskonstruktionen wie die verfassungskonforme Auslegung plus können somit problemlos die Horizontalwirkungsprüfung bei derartigen staatlich vorgehaltenen Verfahren zum Ausgleich mehrpoliger Rechtsbeziehungen konstruieren.

Bestehen jedoch unmittelbare Grundrechtsverhältnisse zwischen den Betroffenen, so wird die Prüfung der Grundrechte von biologischem Vater, Mutter, rechtlichem Vater und Kind jeweils untereinander und insgesamt nicht nur äußerst komplex und unübersichtlich. Vielmehr verlangt der biologische Vater mit dem Anfechtungsrecht etwas, was ihm die anderen Privaten nicht selbst einräumen können. Er kann nicht von der Mutter, dem rechtlichen Vater oder dem Kind verlangen, dass er selbst Berechtigter eines vom Staat eingerichteten Verfahrens wird.[519] Ein Verfahren wie dasjenige der Vaterschaftsanfechtung kann nur der Staat selbst zur Verfügung stellen und daher kann auch nur dieser dem biologischen Vater hier einen Anfechtungsanspruch einräumen. Mit anderen Worten, mit Anwendungsansätzen kommt man hier nicht weiter, weil ein Privater das Anspruchsbegehren des biologischen Vaters nicht erfüllen kann. Dies vermag nur der Staat. Dementsprechend lässt sich bezüglich der Bewertung der Horizontalwirkungskonstruktionen das Fazit ziehen, dass Verantwortungs- jedenfalls dort Anwendungsansätzen vorzuziehen sind, wo im Falle mehrpoliger Rechtsbeziehungen der Staat zu deren Ausgleich bestimmte Verfahren vorhält und der Anspruchsteller den Zugang zu diesen Verfahren begehrt, welchen ihm das einfache Recht nicht zugesteht. Denn dann handelt es sich tatsächlich um eine reine Bürger-Staat-Relation: Der Bürger verfolgt zwar letztlich ein privatrechtliches Ziel gegenüber anderen Privaten, im Beispielsfall den Umgang mit dem Kind.[520] Sein unmittelbar verfolgtes Begehren bezieht sich aber auf Zugang zu einem Verfahren, das der Staat geschaffen hat und das nur er und kein Privater kontrolliert, sodass Private selbst als unmittelbare (grundrechtliche) Anspruchsverpflichtete das Begehren nicht erfüllen können.

---

[517] Vgl. ebenda, 121.

[518] Vgl. zu alledem oben Kap. 3, B.II.1. sowie IV.1. und 2.

[519] Man könnte zwar wohl beispielsweise an einen Anspruch gegen die Mutter denken, dass diese die Anfechtung erklären muss. Unabhängig davon, wie eine solche Anspruchskonstruktion juristisch zu bewerten wäre, verschafft sie dem biologischen Vater allerdings kein eigenes subjektives Anfechtungsrecht jenseits der in § 1600 Abs. 1 BGB a. F. genannten Personen. Ein solches erhält er nur, wenn das Gesetz auch ihn zum Anfechtungsberechtigten erklärt.

[520] Vgl. BVerfGE 108, 82 (88) [2003] – biologischer Vater.

IV. Fazit

Bei mehrpoligen Grundrechtsbeziehungen stoßen die Anwendungskonstruktionen folglich an ihre Grenzen. Insbesondere wenn Teilhabe an einem staatlich erst geschaffenen Verfahren gefordert wird, das die Grundrechtspositionen Mehrerer miteinander ausgleichen soll, ist staatsgerichtete Verantwortung und nicht privatgerichtete Anwendung der Ansatz der Wahl.[521] Jenseits dieser spezifischen Konstellation bleibt es aber grundsätzlich bei den auch bereits in den vorangegangenen Unterkapiteln herausgearbeiteten Vorzügen der Anwendungsansätze.

Private Regulierung religiös-weltanschaulichen Verhaltens der Arbeitnehmer durch den Arbeitgeber hat sich ferner sowohl aus politisch- als auch aus personalautonomer Perpektive als problematisch herausgestellt. Dies gilt sowohl, wenn der Arbeitgeber der Arbeitnehmerin eine bestimmte religiös-weltanschauliche Neutralität als auch wenn er dem Arbeitnehmer eine bestimmte religiös-weltanschauliche Loyalität abverlangt.[522] Wiederum erweisen sich hier die personalen Autonomiebedingungen der Authentizität und Kontrolle als dogmatisch belastbare Kriterien.[523]

E. Horizontalwirkung und Selbstbestimmung: Bilanz und Fazit

Nach den vorangegangen Unterkapiteln ist deutlich geworden: Unter dem Gesichtspunkt personaler und politischer Autonomie streiten die besseren Argumente grundsätzlich für die zweistufige Anwendung. Allerdings ergibt sich ein differenziertes Bild, dessen Konturen ich an dieser Stelle mit Blick auf die tatsächliche Anwendungspraxis der Horizontalwirkung (I.) sowie die ethische (II.) und demokratietheoretische (III.) Bewertung der diversen dogmatischen Lösungsansätze nochmals schärfen möchte. Am Ende steht ein grundsätzliches Plädoyer für die zweistufige Anwendung (IV.), allerdings mit Abstufungen hinsichtlich bestimmter Grundrechtslagen und Sachverhaltskonstellationen.

I. Horizontalwirkungspraxis

Sechs praktische Beobachtungen lassen sich aus der Diskussion der Rechtsprechung zu den drei Großthemen der Horizontalwirkung extrapolieren. Die

[521] Vgl. zuvor III.3.

[522] Vgl. oben I. und II.

[523] Vgl. oben I. und II.2. Im kirchlichen Arbeitsrecht hat sich sogar ergeben, dass die Wahl einer bestimmten Horizontalwirkungskonstruktion das Ergebnis der Gewichtung der Grundrechtspositionen beeinflussen kann, da davon abhängt, inwieweit Art. 140 GG i. V. m. Art. 137 Abs. 3 WRV zum Tragen kommt, vgl. oben II.3.

Praxis der Fachgerichte offenbarte *erstens* Tendenzen zugunsten bestimmter Horizontalwirkungskonstruktionen bezüglich bestimmter Grundrechte bzw. hinsichtlich bestimmter grundrechtlicher Konfliktlagen. Diskutieren BGH und/oder BAG die Grundrechte des Art. 5 GG oder Aspekte des allgemeinen Persönlichkeitsrechts bzw. Kollisionen derselben, dann formulieren sie häufig den Grundrechtseingriff als einen solchen durch eine Handlung eines Privaten und wägen sodann die Grundrechtspositionen beider Seiten ab.[524] Dies legt eine implizite Präferenz für einen Anwendungsansatz nahe, da staatsgerichtete Horizontalwirkungskonstruktionen mangels unmittelbarer Grundrechtsbeziehung zwischen Privaten im Verhalten eines Privaten selbst keine Grundrechtsbeeinträchtigung sehen können, sondern diese über ein staatliches Verhalten konstruieren müssen.[525] Auf der anderen Seite wählen Fachgerichte regelmäßig Auslegungsansätze, wenn sie sich beispielsweise mit Fragen der grundrechtlichen Vertrags- (Art. 2 Abs. 1 GG) oder unternehmerischen Freiheit (Art. 12 Abs. 1 GG) befassen.[526] Die Fachgerichte scheinen somit – jedenfalls implizit – hinsichtlich mancher Grundrechte bereits von einem unmittelbaren Grundrechtsverhältnis zwischen Privaten auszugehen.

Zweitens hat sich indessen bestätigt, dass die diversen dogmatischen Konstruktionen zur Lösung der Horizontalwirkungsproblematik häufig ergebnisäquivalent sind.[527] Mit Anwendungsansätzen lässt sich insoweit das gleiche Resultat erzielen wie mit Verantwortungskonstruktionen, Zurechnungslösungen oder der abgeschwächten Ablehnung. Damit ist einerseits der vorherrschenden Auffassung der Wind aus den Segeln genommen, die sich gegen die Geltung der Grundrechte unmittelbar zwischen Privaten wendet. Wenn sich indes mit den Anwendungskonstruktionen zum gleichen Ergebnis kommen lässt wie mit den herrschenden Verantwortungsansätzen, so entschärfen sich zwar einerseits die Behauptungen, ein unmittelbares Grundrechtsverhältnis zwischen Privaten bedeute Unfreiheit und das Ende der Privatautonomie. Andererseits drängt der Befund einer häufigen Ergebnisäquivalenz allerdings die Frage auf, ob Unterscheidung und Bewertung der dogmatischen Konstruktionen sich sodann nicht in ein Glasperlenspiel auflöst. Wenn alles mit allem möglich ist, wozu noch unterscheiden und nach dem vorzugswürdigen Ansatz suchen? Bei genauerer Betrachtung offenbart sich jedoch: Nicht in allen Fällen sind die diversen Ansätze ergebnisäquivalent und in jedem Fall spielen die Tiefenstrukturelemente der Horizontalwirkung eine signifikante Rolle, die sich von Ansatz zu Ansatz unterscheidet und somit in der tatsächlichen Anwendungspraxis ebenso wie dogmatisch und theoretisch zu Unterschieden zwischen den Ansätzen führt.

---

[524] Vgl. oben C.I.1., II. und III.
[525] Siehe dazu oben Kap. 2, B.II. und III.
[526] Vgl. z. B. oben B.I.2.a) und II.
[527] Vgl. z. B. oben B.I.2.a), C.I.2.a), II. und D.I.

So hat sich zunächst *drittens* ein Unterschied zwischen den von mir so genannten Konstellationen des generösen und des absenten Gesetzgebers ergeben.[528] Existiert keine interpretierbare Gesetzesnorm oder steht eine Gesetzesnorm einer Auslegung anhand des Abwägungsergebnisses der Grundrechtsprüfung entgegen (absenter Gesetzgeber), so untersagen Art. 100 Abs. 1 Satz 1 i. V. m. Art. 20 Abs. 3 und Art. 97 Abs. 1 GG den staatsgerichteten Ansätzen ein *contra legem*-Judizieren, das nach den Anwendungskonstruktionen hingegen möglich bleibt.[529] Allerdings hat die Rechtsprechungsanalyse dieses Kapitels zugleich ergeben, dass jedenfalls die Verantwortungsansätze nichtsdestoweniger zu *contra legem*-Entscheidungen anhand der Grundrechte tendieren.[530] Die daraus resultierende faktisch abstrakt-generell wirkende richterliche Normkreation – so hat sich ebenfalls gezeigt[531] und wird die Bilanz der demokratietheoretischen Bewertung in Abschnitt III noch ausführen – unterscheidet sich jedoch von den Konsequenzen der Anwendungskonstruktionen. Lässt das einfache Recht hingegen im Wege von Generalklauseln oder sonstigen unbestimmten Rechtsbegriffen eine große Bandbreite an Interpretationen zu (generöser Gesetzgeber), so ist es in der Tat hinsichtlich Endresultat, Dogmatik und Demokratietheorie von untergeordneter Bedeutung, welche Horizontalwirkungskonstruktion man wählt. Stattdessen ist bei der Gewichtung der widerstreitenden Grundrechtspositionen im Rahmen der Verhältnismäßigkeit wesentlich, welches Verständnis personaler Autonomie man zugrunde legt.

Entsprechend bedeutsam ist mithin die *vierte* Beobachtung. Denn es ließ sich herausarbeiten, dass die hier zugrunde gelegte Autonomiekonzeption nicht nur einen Gewinn an philosophischer Fundierung, sondern auch an dogmatischer Schärfung verspricht. Dies gilt auch über die Fälle des generösen Gesetzgebers hinaus. Die Kriterien der Authentizität und Kontrolle haben präzisere Kriterien als die wenig aussagekräftigen Maßstäbe des BVerfG („Selbstbestimmung" vs. „Fremdbestimmung"; „strukturelle Unterlegenheit") geliefert. Dies hat sich vor allem auch deshalb als bedeutsam erwiesen, weil die Erörterung der drei Großthemen, wie erwähnt, nicht nur hinsichtlich wirtschaftlicher Selbstbestimmung offenlegt, dass jedenfalls in der Konstellation des generösen Gesetzgebers regelmäßig die zugrundegelegte Autonomiekonzeption die Verhältnismäßigkeitsprüfung entscheidet.[532]

In manchen Konstellationen stellen sich schließlich bestimmte dogmatische Lösungsansätze als anwendungspraktisch vorzugswürdig oder gar konstruktionell notwendig dar. So stoßen *fünftens* hinsichtlich mehrpoliger, d. h. Grundrechtsbeziehungen zwischen mehr als zwei Seiten die Anwendungskonstruk-

[528] Zu den Begriffen siehe oben B.I.2.
[529] Vgl. oben Kap. 5, C.I.3.c) und II.3.c).
[530] Vgl. z. B. oben B.I.3.a), C.II. und D.III.1.
[531] Vgl. ebenda.
[532] Vgl. z. B. oben B.I.2.a) und b), C.I.1., D.I.

tionen an ihre Grenzen. Bestehen Rechtsverhältnisse beispielsweise zwischen A-B, A-C und B-C (z. B. Vater, Mutter, Kind), dann erweisen sich Verantwortungsansätze zunächst als dogmatisch praktikabler. Wo Anwendungsansätze Grundrechtsverhältnisse zwischen allen Beteiligten einzeln prüfen müssen und sich sodann schwertun, einen Gesamtausgleich zwischen allen Beteiligten untereinander zu konstruieren, haben Verantwortungsansätze erheblich weniger Probleme. Sie bündeln die jeweilige grundrechtliche Verantwortungspflicht beim Staat im Verhältnis A-Staat, B-Staat, C-Staat. Deshalb liegt es auf der Hand, dass die Verantwortungspflicht, die Grundrechte der Beteiligten nicht unverhältnismäßig zu beeinträchtigen, selbstverständlich auch miteinschließt, deren jeweilige grundrechtliche Ansprüche gegen den Staat im Kollisionsfalle auszugleichen.[533] Ist dies noch ein Gebot der Praktikabilität, wird eine staatsgerichtet konstruierte Horizontalwirkung indes gar notwendig, wenn der Private Zugang zu oder Einrichtung von staatlichen Verfahren verlangt, welche dazu dienen, mehrpolige Grundrechtsbeziehungen auszugleichen. Bestimmte familienrechtliche Konstellationen sind hier exemplarisch. Verlangt der (mutmaßliche) biologische Vater, die Vaterschaft des rechtlichen Vaters für das Kind anfechten zu können, so kann kein Privater (weder der rechtliche Vater, noch die Mutter oder das Kind) diesen Anspruch erfüllen. Ein Anspruch gegen einen Privaten, auch wenn er grundrechtlich bewehrt ist, hilft hier nicht weiter. Richtet also erst der Staat ein Verfahren oder einen sonstigen Mechanismus ein, um die (Grund-)Rechtspositionen verschiedener Privater in Einklang zu bringen, können Anwendungskonstruktionen diese Horizontalwirkungskonstellation nicht abbilden. Staatsgerichtete, insbesondere Verantwortungskonstruktionen, erweisen sich dabei als vorzugswürdig.[534]

Auf der anderen Seite existieren *sechstens* zunehmend Horizontalwirkungskonstellationen, in denen staatliche Involvierung, vor allem in Form von (staatlichen) Gerichtsverfahren, faktisch selten oder gar in der Regel ausgeschlossen ist. Dies betrifft insbesondere Fälle privater Regulierung wie beispielsweise der Diskurskontrolle durch Internet-Intermediäre auf digitalen Diskussionsforen und sozialen Medien. Bleibt hier der Staat grundsätzlich als Regulator außen vor und ist es tatsächlich selten und unwahrscheinlich, dass es im Einzelfall zu einem Gerichtsverfahren kommt, sind z. B. die Nutzer der Internetplattform ohne Grundrechtsschutz. Dies ist deshalb besonders prekär, weil u. a. mit der persönlichen Ehre und der Meinungsfreiheit wichtige Grundrechtsinteressen berührt sind. Muss man Horizontalwirkung dagegen nicht über den Staat als Mittler konstruieren, sondern bejaht wie die Anwendungskonstruktionen ein unmittelbares grundrechtliches Rechtsverhältnis zwischen Privaten, so löst sich

[533] Vgl. oben D.III.3.
[534] Vgl. ebenda.

dieses Problem.[535] Dies gilt auch – wie im Beispiel der privaten Regulierung durch Internet-Intermediäre – für mehrpolige Rechtsbeziehungen, in denen es unwahrscheinlich oder äußerst selten ist, dass die Parteien ihren Rechtsstreit vor Gericht austragen.[536]

II. Horizontalwirkungskonstruktionen und individuell-personale Autonomie

Das Verständnis personaler Autonomie, das ich in diesem Kapitel entfaltet habe, ist ein solches positiver Freiheit. Nicht nur Freiheit *von*, sondern auch Freiheit *um zu*. Das Individuum soll nicht nur in Ruhe gelassen werden, sondern es soll über sinnvolle Handlungsoptionen verfügen können.[537] *Dürig* dagegen, so wurde Beginn des dritten Kapitels dargelegt,[538] ist angetreten – und die überwiegende Mehrheit in Literatur und Praxis ist ihm darin gefolgt –, die Privatautonomie auf der Folie einer grundsätzlich (staats-)abwehrenden Grundrechtskonzeption zu entfalten und zu verteidigen.[539] Das BVerfG folgt ihm seit dem Lüth-Urteil in ständiger Rechtsprechung, indem es – ideengeschichtlich zu undifferenziert[540] – das Paradigma negativer Freiheit als das klassische Grundrechtsverständnis und somit als Ausgangspunkt der Debatte ausgibt.[541] Die Eigenständigkeit des Privatrechts als rechtlicher Ausdruck der grundsätzlichen Unberührtheit einer privaten Freiheitssphäre vor einer „Verstaatlichung"[542] zu schützen, ist ein zentrales Anliegen dieser vorherrschenden Auffassung, die folglich Hand in Hand mit der Dichotomie von Staat und Gesellschaft geht. Diese Ansicht kristallisiert sich im *mainstream* des Horizontalwirkungsdiskurses in den Verantwortungskonstruktionen.[543] Dies spiegelt sich in der politischen Theorie in modernen Liberalismuskonzeptionen wie derjenigen *Isaiah Berlins*,

---

[535] Vgl. oben C.I.2.b). Siehe dort auch zur einzigen Alternative umfassender staatlicher Regulierung, die allerdings sodann ganz erhebliche Freiheitseinbußen nach sich zöge.

[536] Vgl. ebenda.

[537] Siehe oben A.I.1.

[538] Vgl. dazu oben Kap. 3, A.I. und B.I.1.

[539] Vgl. *G. Dürig*, Grundrechte und Zivilrechtsprechung, in: Festschrift zum 75. Geburtstag von Hans Nawiasky, 1956, 157ff. Siehe dazu auch oben Kap. 3, A.I. und B.I.1.

[540] Vgl. dazu *D. Grimm*, Rückkehr zum liberalen Grundrechtsverständnis?, in: *Ders.*, Die Zukunft der Verfassung I, 1991, 221, 225f.; vgl. nunmehr auch *ders.*, Verfassung und Privatrecht im 19. Jahrhundert, 2017, S. 39ff.

[541] Vgl. nur BVerfGE 7, 198 (204) [1958] – Lüth: „Ohne Zweifel sind die Grundrechte in erster Linie dazu bestimmt, die Freiheitssphäre des einzelnen vor Eingriffen der öffentlichen Gewalt zu sichern; sie sind Abwehrrechte des Bürgers gegen den Staat." (stRspr.).

[542] *G. Dürig*, Grundrechte und Zivilrechtsprechung, in: Festschrift zum 75. Geburtstag von Hans Nawiasky, 1956, 157, 184.

[543] Vgl. oben Kap. 3, B. Dies gilt auch und insbesondere für *Canaris* und seine Gefolgschaft, vgl. nur *C.-W. Canaris*, Grundrechte und Privatrecht, 1999, S. 47 („Prinzip vom Vorrang der Gesellschaft gegenüber dem Staat") und oben Kap. 3, B.II.1.

welcher bekanntermaßen argumentierte, positive Freiheit führe unweigerlich in die Unfreiheit.[544] Denn kollektive Entscheidungen darüber, was „sinnvolle“, „richtige“, „gute“ etc. Mindestbedingungen oder -voraussetzungen der Freiheit seien, mündeten stets letztlich in den Zwang des Individuums zum „Guten“, „Richtigen“ etc., das zu wollen sei, unabhängig davon, ob es tatsächlich gewollt werde.[545] „The wider the area of non-interference the wider my freedom“[546] – derartig verstandene negative Freiheit sei deshalb zu bevorzugen.

Indes ist *Berlins* Charakterisierung positiver Freiheit als zwangsläufige individuelle Unfreiheit „karikaturistisch“[547]: Ja, im Extrem kann positive Freiheit in der Tat zu Tugendterror, Tyrannei und Gängelung führen. Allerdings ist jedes Gemeinwesen mit der Herausforderung konfrontiert, kollektive mit individuellen und individuelle Interessen untereinander in Einklang zu bringen. Ein solcher Balanceakt zwischen individuell-personaler und kollektiv-politischer Autonomie ist unumgänglich.[548] Jedenfalls in einem demokratisch-rechtsstaatlichen Gemeinwesen vollzieht sich die Selbstbestimmung des *demos* durch Wahlen und Abstimmungen und achtet Rechte politischer Minderheiten ebenso wie diejenigen von Individuen. Materielle und prozedurale Garantien sind somit grundsätzlich geeignet, ungezügelte Kollektiventscheidungen im Sinne eines „wahren“ Volkswillens[549] oder einer *volonté générale*[550] zu verhindern.[551]

Überdies ist Freiheit *von* nicht konstruierbar ohne ein Verständnis von Freiheit *um zu*. Da Menschen keine atomistischen Monaden sind, muss es zwangsläufig zur Kollision negativer Freiheiten kommen.[552] Ihr Ausgleich erfordert eine „Hin-

---

[544] Nicht vor dem Erfahrungshorizont des Totalitarismus des 20. Jahrhunderts, sondern des komplexen Regulierungsstaats des frühen 21. Jahrhunderts beschreibt *Wolfgang Kersting* die zentrale Problematik positiver Freiheit als „ausufernde[ ] staatliche[ ] Benevolenz“, vgl. *W. Kersting*, Der liberale Liberalismus – Notwendige Abgrenzungen, 2006, S. 24.

[545] Vgl. *I. Berlin*, Two Concepts of Liberty, in: *Ders.*, Four Essays on Liberty, 1. Aufl. 1969, 118, 134, 150ff.; vgl. dazu auch *B. Rössler*, Autonomie – Ein Versuch über das gelungene Leben, 2017, S. 37f.

[546] *I. Berlin*, Two Concepts of Liberty, in: *Ders.*, Four Essays on Liberty, 1. Aufl. 1969, 118, 123.

[547] *C. Taylor*, Negative Freiheit? Zur Kritik des neuzeitlichen Individualismus, 1. Aufl. 1988, S. 118, 120.

[548] Vgl. dazu oben A.I.2.a).

[549] Vgl. *C. Schmitt*, Die geistesgeschichtliche Lage des heutigen Parlamentarismus, 10. Aufl. 2017 (1. Aufl. 1923), S. 36; vgl. auch *ders.*, Verfassungslehre, 4. Aufl. 1954 (unveränderte Auflage der Originalausgabe von 1928), S. 229 („wahre[r] und bessere[r] Wille“).

[550] Vgl. *J.-J. Rousseau*, Vom Gesellschaftsvertrag oder Die Grundsätze des Staatsrechtes, 1762 (übersetzt und herausgegeben von Hans Brockard, 1986), insbesondere Buch II, 3. Kapitel und Buch IV, 1. Kapitel.

[551] Vgl. dazu auch oben A.I.2.b).

[552] Vgl. dazu auch *G. C. MacCallum*, Negative and Positive Freedom, The Philosophical Review 1967, Bd. 76, 312, 314: Freiheitsgegenstand des einen ist zugleich Freiheitshindernis des anderen; Freiheit hat stets ein abwehrendes und ein ermöglichendes Element. Siehe dazu ausführlicher auch unten Kap. 7, B.II.

tergrundkonzeption“[553], was einen schwerwiegenden und was einen weniger schwerwiegenden Freiheitseingriff bedeutet und welche der beiden Freiheiten im konkreten Einzelfall der Vorrang einzuräumen ist. Dies führt zurück auf die Anfangs- und Grundbedingungen von Freiheit und deshalb auf ihre positiven Voraussetzungen und nicht nur auf ihre negativen Hindernisse.[554] Entsprechend ist es, auf das Verhältnis von Individuum und Staat bzw. Gesellschaft und Staat gewendet, eine Illusion anzunehmen, dass Abwehrrechte nur ein staatliches Unterlassen und nicht auch staatliches Tun, also nur negatives und nicht auch positives Verhalten erfordern.[555] Am offensichtlichsten ist dies bei normgeprägten Grundrechten, die ohne staatliche Regulierung gar nicht denkbar sind, weil sie erst durch diese geschaffen und umschrieben werden. Jedoch auch das Vertragsrecht, die Domäne der Privatautonomie, ist auf staatliche Rechtsetzung und vor allem auf Mechanismen und Institutionen der Rechtsdurchsetzung (insbesondere Gerichte und Vollstreckungsbehörden) angewiesen.[556] Rechtsetzung und Rechtsdurchsetzung durch staatliche Organe ist wiederum nur möglich, wenn diese ausreichend finanziell ausgestattet werden, und verlangt somit ebenfalls nach positivem staatlichem Handeln, um die „Kosten der Freiheit“[557] zu decken. Demgemäß ist eine Autonomiekonzeption unmöglich, die staatliche und gesellschaftliche Sphäre hermetisch trennen will. Wenn nämlich auch der Bereich der Austauschgerechtigkeit staatlich verfasst ist, ist er nicht unabhängig von (staatlichen) Entscheidungen distributiver Gerechtigkeit,[558] sondern setzt diese voraus.[559] Denn erst auf der Grundlage einer (staatlichen) Verteilungsentscheidung ist ein staatlich verfasstes Austauschverhältnis überhaupt denkbar: „Am Grunde jeder kommutativen liegt eine distributive Gerechtigkeitsfrage“[560].

---

[553] *C. Taylor*, Negative Freiheit? Zur Kritik des neuzeitlichen Individualismus, 1. Aufl. 1988, S. 118, 130. Siehe auch S. 128 („Hintergundverständnis“).

[554] Vgl. auch *B. Rössler*, Autonomie – Ein Versuch über das gelungene Leben, 2017, S. 38.

[555] Zur Kritik einer naiven Tun/Unterlassen-Dichotomie siehe auch oben Kap. 3, B.II.4.a).

[556] Vgl. auch *C. Sunstein*, State Action is Always Present, Chicago Journal of International Law 2002, Bd. 3, 465, 466; siehe auch *C. Unseld*, Zur Bedeutung der Horizontalwirkung von EU-Grundrechten, 2018, S. 233f.

[557] Siehe dazu *T. Wischmeyer*, Die Kosten der Freiheit – Grundrechtsschutz und Haushaltsautonomie, 2015.

[558] Zur auf *Aristoteles* zurückgehenden Unterscheidung von *iustitia distributiva* und *iustitia commutativa* siehe stellvertretend *S. Arnold*, Vertrag und Verteilung, 2014, S. 26–54; *C.-W. Canaris*, Die Bedeutung der iustitia distributiva im deutschen Vertragsrecht, 1997, S. 10–15; *J. Gordley*, Equality in Exchange, California Law Review 1981, Bd. 69, 1587, 1588–1590; *M. Auer*, Der privatrechtliche Diskurs der Moderne, 2014, S. 66.

[559] Grundlegend *R. L. Hale*, Coercion and Distribution in a Supposedly Non-Coercive State, Political Science Quarterly 1923, Bd. 38, 470ff. Siehe auch *S. Arnold*, Vertrag und Verteilung, 2014, S. 108–125, insbesondere 117–125; *W. Lucy*, Private and Public: Some Banalities About a Platitude, in: C. Amlaigh/C. Michelon/N. Walker (Hrsg.), After Public Law, 2013, 56, 66.

[560] *M. Auer*, Der privatrechtliche Diskurs der Moderne, 2014, S. 69. Anders dagegen aus neuerer Zeit wirkmächtig das Werk *Ernest Weinribs*, stellvertretend: *E. Weinrib*, The Idea of Private Law, 2012, insbesondere Kap. 3; *ders.*, Corrective Justice, 2012; *ders.*, Private Law and Public Right, University of Toronto Law Journal 2011, Bd. 61, 191ff. Für die Grundlagen von

Unter dem Grundgesetz wird sie durch die staatliche Rechtsordnung beantwortet und ausgestaltet.

Vor dem Hintergrund des Vorgesagten erweisen sich zentrale Prämissen der Verantwortungskonstruktionen als widersprüchlich. Diese Ansätze treten an im Dienste der Privatautonomie und der Staatsfreiheit, entpuppen sich jedoch als staatsnah und autonomiehindernd. Ich will dies in drei miteinander verknüpften Argumentationssträngen entfalten.

Erstens basieren Verantwortungskonstruktionen – ob Auslegung, normale Grundrechtsfunktionen oder verfassungskonforme Auslegung plus – auf der Prämisse der Konstitutionalisierung[561] der Rechtsordnung durch die Grundrechte. Die Rechtsprechung des BVerfG, allen voran Elfes-,[562] Lüth-[563] und Apothekenurteil,[564] hat das gesamte einfache Recht der Grundrechtsprüfung und damit der Prüfungskompetenz des BVerfG unterworfen.[565] Unter einer solchen „total constitution" (*Kumm*) stoßen das Verfassungsrecht und namentlich die Grundrechte in alle Lebensbereiche hinein.[566] Wenn der Staat, vor allem durch die Gerichte, die Verantwortung trägt, die Grundrechte der Beteiligten des Privatrechtstreits nicht unverhältnismäßig zu beeinträchtigen, dann muss sich das einfache Recht – und damit natürlich auch das zwischen den Parteien dispositiv vereinbarte Recht – dieser Prämisse – und damit im Kollisionsfalle dem Verfassungsrecht – beugen.

Von der Staatsfreiheit der Verantwortungskonstruktionen bleibt bereits daher nicht mehr viel übrig. Liberalismuskritiker der zeitgenössischen Rechtsphilosophie wie *Christoph Menke* und *Daniel Loick* arbeiten entsprechend *zweitens* anhand einer Lektüre der Werke von Denkern wie *Hegel* und *Marx* sowie *Durk-*

Weinribs Theorie in der *Kant*'schen Moralphilosophie vgl. neben den genannten Werken grundlegend *E. Weinrib*, Law as a Kantian Idea of Reason, Columbia Law Review 1987, Bd. 87, 472ff.

561 Vgl. nur *G. F. Schuppert/C. Bumke*, Die Konstitutionalisierung der Rechtsordnung: Überlegungen zum Verhältnis von verfassungsrechtlicher Ausstrahlungswirkung und Eigenständigkeit des „einfachen" Rechts, 2000; *R. Wahl*, Konstitutionalisierung – Leitbegriff oder Allerweltsbegriff?, in: Festschrift für Winfried Brohm zum 70. Geburtstag, 2002, 191ff.; *H. D. Jarass*, Die Konstitutionalisierung des Rechts, insb. Durch Grundrechte, in: F. Wittreck (Hrsg.), 60 Jahre Grundgesetz – Verfassung mit Zukunft!?, 2010, 47ff.; vgl. auch *M. Stolleis*, Geschichte des öffentlichen Rechts in Deutschland – Vierter Band: Staats- und Verwaltungsrechtswissenschaft in West und Ost 1945–1990, 2012, S. 226ff.

562 BVerfGE 6, 32 [1957].

563 BVerfGE 7, 198 [1958].

564 BVerfGE 7, 377 [1958].

565 Vgl. dazu nur *M. Jestaedt*, Phänomen Bundesverfassungsgericht – Was das Gericht zu dem macht, was es ist, in: *Ders./O. Lepsius/C. Möllers/C. Schönberger*, Das entgrenzte Gericht – Eine kritische Bilanz nach sechzig Jahren BVerfG, 2011, 77, 120ff.; *O. Lepsius*, Die maßstabsetzende Gewalt, in: *M. Jestaedt/O. Lepsius/C. Möllers/C. Schönberger*, Das entgrenzte Gericht – Eine kritische Bilanz nach sechzig Jahren BVerfG, 2011, 159, 182ff.

566 *M. Kumm*, Who is Afraid of the Total Constitution? Constitutional Rights as Principles and the Constitutionalization of Private Law, German Law Journal 2006, Bd. 7, 341, insbesondere 352ff.

heim und *Foucault* das Paradoxon des klassischen Liberalismus heraus:[567] Er konstruiert und postuliert negative Freiheit als Staatsfreiheit, bedarf jedoch des Staates, um sie zu realisieren.[568] Je mehr (Grund-)Rechte der Einzelne erhält, desto mehr ist er darauf angewiesen, dass der Staat diese vor Zugriffen Dritter schützt und dass der Staat ihre Durchsetzung im Rahmen der gerichtlichen Streitbeilegung und anschließenden Vollstreckung ermöglicht. Kurzum: „Der imperiale Staat wird so zum funktionalen Erfordernis."[569] Er wird erforderlich, um die auf ihre „Willkür"[570] fokussierten Individuen miteinander zu verklammern, ihre Rechtskonflikte auszugleichen und ihnen zur Verwirklichung ihrer Rechte gegenüber anderen Individuen zu verhelfen. Für den Staat bedeutet das also „eine immer weitere Expansion des Regierens durch Rechte."[571] Die staatsgerichteten Horizontalwirkungs-, allen voran die Verantwortungskonstruktionen, sind geradezu mustergültige Exemplare einer derartigen „Gouvernementalität" (*Foucault*)[572]: Grundrechtswirkung zwischen Privaten ist nur möglich, wenn der Staat involviert ist. Ist er absent, gelangt beispielsweise nach den Verantwortungskonstruktionen der Rechtsstreit zwischen A und B nicht vor ein Gericht, können sie sich auch nicht wechselseitig auf ihre jeweiligen Grundrechte berufen. Staatliche Involvierung ist konstitutiv für Grundrechtsschutz, ja für die Existenz eines Grundrechtsverhältnisses.

Diese vollständige Etatisierung eigentlich staatsfrei intendierter Grundrechtsbeziehungen durch die staatsgerichteten Horizontalwirkungskonstruktionen resultiert *drittens* aus Sicht nunmehr der personalen Autonomie ebenfalls in ein Paradoxon: Selbstbestimmung soll nur fremdbestimmt, nämlich über den Staat als Mittler, zu haben sein.[573] Die unmittelbare Grundrechtsgeltung zwischen

[567] Vgl. *D. Loick*, Jurisdismus – Konturen einer kritischen Theorie des Rechts, 2017, S. 140ff., 166ff.; *C. Menke*, Kritik der Rechte, 2015, S. 244ff.

[568] Vgl., bezogen auf den klassischen Liberalismus und auf den Aspekt bürgerlicher Öffentlichkeit, auch bereits *J. Habermas*, Strukturwandel der Öffentlichkeit – Untersuchungen zu einer Kategorie der bürgerlichen Gesellschaft, 6. Aufl. 1999 (Suhrkamp-Ausgabe; erstmals erschienen bei Luchterhand, 1962), S. 160: „[Es] tritt der Widerspruch der im bürgerlichen Rechtsstaat institutionalisierten Öffentlichkeit hervor: mit Hilfe ihres Prinzips, das der eigenen Idee zufolge aller Herrschaft entgegengesetzt ist, war eine politische Ordnung begründet, deren gesellschaftliche Basis Herrschaft nun doch nicht überflüssig machte."

[569] *D. Loick*, Jurisdismus – Konturen einer kritischen Theorie des Rechts, 2017, S. 141.

[570] Siehe dazu oben A.I.1.a).

[571] *C. Menke*, Kritik der Rechte, 2015, S. 245.

[572] Vgl. *Foucaults* Vorlesungen zur Governementalität am Collège de France 1978/1979, insbesondere *M. Foucault*, Die Geburt der Biopolitik – Geschichte der Gouvernementalität II, 2004 (Suhrkamp, übers. v. Jürgen Schröder).

[573] Dies illustriert eindrücklich die einzige Alternative, die jenseits von Anwendungskonstruktionen Grundrechtsschutz im Falle sozialer Medien ermöglicht. Da es in Fällen privater Regulierung privat geschaffener Kommunikationsräume wie Twitter oder Facebook selten bis nie zu einem gerichtlichen Verfahren kommt, genießen die Nutzer hier gegenüber den Regulierungsentscheidungen des privaten Internet-Intermediärs nur auf zwei Wegen Grundrechtsschutz (siehe dazu oben C.I.2.b)): Entweder, wenn die Grundrechte unmittelbar zwischen Privaten gelten. Oder durch umfassende staatliche Regulierung. Dazu müssten aller-

Privaten bietet dagegen einen Ausweg aus diesem Widerspruch, jedenfalls unter Zugrundelegung des hier entfalteten Verständnisses personaler Autonomie unter der Prämisse nicht nur abwehrender, sondern auch ermöglichender Freiheit. Die Private A ist danach selbst Inhaberin eines grundrechtlichen Anspruchs gegen den Privaten B. Ihr Recht, ihr Anspruch gegen B besteht unabhängig davon, ob und inwieweit der Staat involviert ist und somit insbesondere unabhängig von einem Gerichtsverfahren. Nicht das Gericht führt die Existenz eines grundrechtlichen Anspruches herbei und verpflichtet den B zu einem bestimmten Tun oder Unterlassen. A ist als Anspruchsberechtigte unmittelbar gegenüber B vielmehr selbst „Autorin"[574] ihres Tuns im Sinne der Kontrollbedingung personaler Autonomie.[575]

Dieser Unterschied zwischen Anwendungs- und staatsgerichteten Lösungsansätzen der Horizontalwirkungsproblematik behält seine eminente Bedeutung auch angesichts der Tatsache, dass man selbstverständlich ebenso als Inhaberin eines unmittelbaren grundrechtlichen Anspruchs gegen den anderen Privaten vor staatliche Gerichte ziehen muss, wenn dieser die Erfüllung verweigert. Das staatliche Rechtsprechungs- und Vollstreckungsmonopol nivelliert diesen für die personale Autonomie relevanten Unterschied auch in praktischer Hinsicht nicht. Wenn A sich unmittelbar gegenüber B auf ihre Grundrechte berufen kann, kontrolliert sie diesen grundrechtlichen Anspruch unabhängig von staatlicher Involvierung. Dies erleichtert zum einen die Begründung, warum die Grundrechte auch dann wirken, wenn der Privatrechtsstreit vor privaten Schiedsgerichten oder ausländischen Gerichten geführt wird.[576] Vor allem ist dies allerdings zum anderen dann relevant, wenn es nicht zu einem Prozess kommt. Denn in diesem Fall fortifizieren unmittelbare grundrechtliche Ansprüche die Rechtsstellung der Anspruchsinhaberin. In außergerichtlichen Verhandlungen hat sie Rechtspositionen von Verfassungsrang und damit eine stärkere Verhandlungsposition. Jenseits konkreter Verhandlungssituationen bedeuten Anwendungskonstruktionen überdies, dass ihre Ansprüche auch in solchen Konstellationen grundrechtlich bewehrt sind, in denen der Gang vor Gericht statistisch gesehen selten ist oder faktisch so gut wie nicht stattfindet. Vor allem Fälle privater Re-

---

dings staatliche Behörden über die Veröffentlichung und Löschung jedes einzelnen Posts auf sozialen Medien entscheiden. Dies ist der imperiale Staat *par excellence*: Grundrechtsschutz der Nutzer ist hierbei nur um den hohen Preis massiver Freiheits- und somit Autonomieeinbußen durch umfassende staatliche Regulierung des öffentlichen Meinungsaustausches und unternehmerischer Tätigkeit zu haben. Dass dies einen Autonomiegewinn verspricht, wird man wohl kaum behaupten wollen.

[574] Vgl. *M. Betzler*, Einleitung: Begriff, Konzeptionen und Kontexte der Autonomie, in: Dies. (Hrsg.), Autonomie der Person, 2013, 7, 15.

[575] Vgl. dazu oben B.I.2.c) und 3.b).

[576] Wobei sich auch nach den staatsgerichteten Konstruktionen in diesen Konstellationen mit einem gewissen Argumentationsaufwand Horizontalwirkung dogmatisch kohärent und konsistent verteidigen lässt, vgl. dazu oben Kap. 3, E.I.1.

gulierung, insbesondere solche eines privat geschaffenen aber öffentlich zugänglichen Kommunikationsraumes durch Internet-Intermediäre, verdeutlichen dies. Angesichts der enormen Vielzahl derartiger privater Regulierungsentscheidungen mit Grundrechtsrelevanz und angesichts ihrer oftmals vergleichsweise geringen Einzelbedeutung im Verhältnis zum Zeit- und Kostenaufwand eines Gerichtsverfahrens erscheint es keine valide Option, Grundrechtsschutz trotzdem notwendig an die Einleitung eines Prozesses zu knüpfen.[577] Unabhängig von solchen oder vergleichbaren Konstellationen wird ohnehin in den meisten Fällen die Anrufung des Richters die Ausnahme sein und nicht die Regel. Dass A sich dabei nach den Anwendungsansätzen stets auf ihre Grundrechte gegenüber B berufen kann und nicht nur im Ausnahmefall eines Gerichtsverfahrens, stärkt die Kontrollbedingung ihrer personalen Autonomie nicht nur symbolisch, sondern auch tatsächlich.[578]

III. Horizontalwirkungskonstruktionen und kollektiv-politische Autonomie

Die Bilanz zur demokratietheoretischen Bewertung der Horizontalwirkungskonstruktionen fällt differenziert aus. Hinsichtlich Partizipation als legitimitätsstiftendes Demokratieelement lässt sich die Beobachtung zu Sachverhaltskonstellationen des öffentlichen Diskurses[579] themenübergreifend verallgemeinern. Justiziable Grundrechte, die es Privaten erlauben, sich jedenfalls vor Gericht auf Grundrechtswirkung untereinander zu berufen, werden von Vertretern partizipatorischer Demokratietheorien generell skeptisch betrachtet.[580] Dies spräche insoweit für die strikte Ablehnung, die jedoch nach deutschem Verfassungsrecht nicht haltbar ist.[581] Die abgeschwächte Ablehnung läuft im Ergebnis auf eine Auslegungskonstruktion hinaus[582] und muss sich deshalb ähnliche Kritik gefallen lassen wie die anderen Ansätze, die eine gerichtlich realisierte Horizontalwirkung der Grundrechte zulassen. Unter derartigen Konstruktionen sprechen indes gute Argumente dafür, dass die Anwendung demokratische Partizipation vergleichsweise am besten fördert. Denn jedenfalls im politischen Meinungskampf erscheint es partizipatorisch effektiver, wenn die privaten Kontrahenten untereinander unmittelbar grundrechtlich bewehrt sind.

---

577 Vgl. dazu oben C.I.2.b).

578 Vgl. dazu oben I. sowie C.I.2.b).

579 Vgl. dazu oben B.III.1. und 2. sowie C.I.1.

580 Vgl. z.B. *I. Maus*, Zur Aufklärung der Demokratietheorie – Rechts- und demokratietheoretische Überlegungen im Anschluß an Kant, 1994, S. 32ff., 235ff., 306; *dies.*, Über Volkssouveränität – Elemente einer Demokratietheorie, 2011, S. 57f.; *M. Walzer*, Philosophy and Democracy, Political Theory 1981, Bd. 9, Heft 3, 379, 390ff. Siehe auch oben B.I.2.c) und d).

581 Vgl. dazu zusammenfassend oben Kap. 5, D.

582 Vgl. dazu bereits oben Kap. 3, D. IV.

Ist dies nicht der Fall, wie dies die staatsgerichteten Ansätze vertreten, existiert ein Meinungskampf unter Privaten grundrechtlich überhaupt nicht. Dabei soll dieser doch nicht nur im Verhältnis Staat-Bürger, sondern auch und vor allem innerhalb der Gesellschaft unter den Bürgern untereinander stattfinden. Warum diese laut BVerfG konstitutive Bedingung der liberalen Demokratie ihrerseits konstitutiv von staatlicher Mediatisierung abhängen soll, ist wenig einsichtig und stellt überdies die Legitimationsbegründung auf den Kopf, wonach die demokratische Staatsgewalt (auch) aus der möglichen Teilhabe am öffentlichen Diskurs legitimiert ist und nicht umgekehrt. Den Widerspruch v.a. der Verantwortungskonstruktionen, dass grundrechtlich geschützte Partizipation am „geistigen Meinungskampf" nur vor Gericht zu haben ist, weil sonst die Grundrechte zwischen den Kontrahenten untereinander nicht gälten, vermeiden die Anwendungsansätze.

Diese unmittelbare grundrechtliche Bewehrung im Verhältnis zu anderen Bürgern, den die Anwendung bedeutet, findet ferner Resonanz in einem substanziellen Demokratieverständnis. Minderheiten- und Individualrechtsschutz fällt besonders stark aus, wenn diese auch innerhalb der Gesellschaft unmittelbar ihre Grundrechte geltend machen können und dadurch einen gegenüber dem einfachen Recht höherrangigen Anspruch direkt gegen einen anderen Privaten erhalten (soweit dies die Abwägung der widerstreitenden Grundrechtspositionen ergibt).[583] Die Gefahr mancher substanzieller Demokratietheorien, wie vor allem derjenigen *Schmitts* oder *Rousseaus*, in Unfreiheit und Diktatur zu münden,[584] ist hier verringert, weil Anwendungskonstruktionen die Rechtsposition von Individuen und Minderheiten gegenüber dem Kollektiv grundrechtlich – potentiell[585] – fortifizieren.

Unmittelbare grundrechtliche Rechtsverhältnisse zwischen Privaten drohen hingegen demokratietheoretisch mit Blick auf die Integrität des politischen Prozesses besonders prekär zu werden. Grundrechte setzen dem Gesetzgeber Grenzen. Grundrechtswirkung zwischen Privaten bedeutet, dass im Wege des einfachen Gesetzgebungsverfahrens nichts beschlossen werden kann, was grundrechtlichen Ansprüchen entgegenläuft. Auf den ersten Blick scheint dies hinsichtlich der Anwendungskonstruktionen noch einmal vehementer zu gelten als hinsichtlich staatsgerichteter Ansätze, weil unmittelbare Grundrechtsgeltung das einfache Recht beiseite zu drängen vermag. Allerdings hat die Diskussion der Konstellationen des generösen und absenten Gesetzgebers[586] ergeben, dass jedenfalls den Auslegungskonstruktionen und den Figuren der

---

[583] Vgl. dazu oben A.I.2.b) und C.I.1.

[584] Vgl. dazu oben A.I.2.b).

[585] Ob dies tatsächlich der Fall ist, ist empirisch zu ermitteln, siehe dazu Siehe *R. Hirschl*, Towards Juristocracy – The Origins and Consequences of the New Constitutionalism, 2004, S. 50–99 sowie oben A.I.2.c).

[586] Vgl. oben B.I.2. und 3. sowie C.II. und D.III.1.

normalen Grundrechtsfunktionen inhärent ist, richterliche Rechtsfortbildung anhand der Grundrechte zu befördern. Die Rechtsprechung der Fachgerichte und des BVerfG hat dies eindrucksvoll bestätigt,[587] man denke beispielsweise nur an die „Herrenreiter"/„Soraya"- und „Paul Dahlke"/„Marlene Dietrich"-Rechtsprechung.[588] Dies verwundert bei genauerem Hinsehen nicht, konstruieren diese Ansätze doch Horizontalwirkung dadurch, dass sie die Gerichte in die Verantwortung nehmen wollen, im Privatrechtsstreit die Grundrechte der Privaten nicht unverhältnismäßig zu beeinträchtigen. Der grundrechtliche Anspruch des Einzelnen gegen den Staat (das Gericht) als Resultat des staatlichen Ausgleichs der Grundrechtspositionen der Privaten besteht auch dann fort, wenn das einfache Recht sich nicht entsprechend auslegen lässt, und verlangt somit geradezu nach richterlicher Rechtsfortbildung. Nur die verfassungskonforme Auslegung plus will im Falle des absenten Gesetzgebers eine klare Grenze ziehen und verlangt anstelle richterlicher Rechtsfortbildung ein Tätigwerden des Gesetzgebers.[589]

Die einstufige Anwendung fokussiert den grundrechtlichen Anspruch und ist daher nicht auf das einfache Recht angewiesen. Dies lässt sich verfassungsrechtlich begründen,[590] ist aber demokratietheoretisch problematisch, weil die in Ausübung politischer Autonomie getroffene gesetzgeberische Entscheidung der Volksvertretung weitgehend ignoriert wird.[591] Die zweistufige Anwendung begegnet diesen Bedenken jedenfalls soweit einfachrechtliche Vorschriften existieren, die sich anhand der Grundrechte auslegen lassen. Nur in der *praeter* und *contra legem*-Situation ist direkt auf einen etwaigen grundrechtlichen Anspruch der A gegen B zurückzugreifen.[592]

Es wurde allerdings dargelegt, dass die Gefahr, dass die Gerichte Normen kreieren, die faktisch wie ein Gesetz wirken, bezüglich der Verantwortungsgrößer ist als hinsichtlich der Anwendungsansätze. In ersterem Fall entsteht Richterrecht lediglich aus dem spezifischen Grundrechtsverhältnis A-B, in letzterem Fall hingegen aus der grundrechtlichen Verantwortungspflicht des Staates, der grundrechtlicher Anspruchsgegner nicht nur im spezifischen Rechtsverhältnis A-B, sondern gegenüber jeder privaten Prozesspartei (C, D, E, F etc.) ist.[593]

---

[587] Vgl. dazu die oben unter B.I.3.a) sowie C.II. und D.III.1. zitierte Rechtsprechung.

[588] Siehe dazu oben C.II.

[589] Vgl. oben Kap. 4, B. sowie C.I. zu den Vorbehalten, inwieweit ihr dies zu gelingen vermag.

[590] Vgl. oben Kap. 5, C.I.4. und II.3.

[591] Oben C.I.2.a) habe ich dargelegt, dass der Vorschlag insbesondere *Nipperdeys* und *Leisners*, den unmittelbaren grundrechtlichen Anspruch in das einfache Recht zu integrieren, entweder nicht praktikabel ist oder im Ergebnis auf eine zweistufige Anwendung hinausläuft, welche die Ansätze *Nipperdeys* und *Leisners* jedoch ganz offenbar nicht anstreben.

[592] Vgl. oben Kap. 2, B.III.1. und Kap. 3, A.VIII.2.

[593] Vgl. dazu ausführlich oben B.I.3.c).

In diesem Unterschied liegt Potential. *Oliver Lepsius* und andere haben die Maßstabsbildung durch das BVerfG, gegenüber welcher auch BGH und BAG nicht abgeneigt sind, kritisiert, weil sie die richterlichen normativen Aussagen vom Kontext des konkreten Einzelfalles ablöse, in dem sie entwickelt worden seien.[594] Eine solche dekontextualisierte Maßstabsbildung liegt auch nach den Verantwortungskonstruktionen nahe, wenn die Wahrscheinlichkeit der Verallgemeinerung und Abstraktion vom Einzelfall dadurch steigt, dass der grundrechtliche Anspruchsgegner stets derselbe ist, nämlich der Staat. Der Fokus auf das konkrete Grundrechtsverhältnis A-B ermöglicht hingegen eine *Re*kontextualisierung. Denn Gerichte müssen, wollen sie auf frühere Judikate Bezug nehmen, in diesem Fall präzise darlegen, warum diese Urteile mit anderen unmittelbaren Grundrechtsverhältnissen C-D, E-F etc. vergleichbar und instruktiv für die Entscheidung der *inter partes*-Relation A-B und ihrem spezifischen Grundrechtsverhältnis ist. „Kettenverweise"[595] und pauschale Bezugnahmen auf aus einem Einzelfall gewonnene abstrakte Rechtssätze sind unzulässig, wenn die Aussage eines früheren Urteils auf eine bestimmte Einzelfallkonstellation der Grundrechtsbeziehungen unmittelbar zwischen C und D etc. beschränkt ist. Argumentativ und dogmatisch allein überzeugend ist hier, die frühere Entscheidung genau zu kontextualisieren. Es ist also insbesondere zu prüfen, ob die gesellschaftlichen, wirtschaftlichen, politischen oder sonstigen Grundannahmen und -bedingungen, die der Entscheidung zugrunde lagen, auch für die hiesige Entscheidung gelten und v. a. ob „der seinerzeit entschiedene Sachverhalt mit der jetzt zu entscheidenden Konstellation vergleichbar ist. Nur bei einer Sachverhaltsanalogie darf die analoge Anwendung der normativen Aussage unterstellt werden, denn die Norm wurde ja zur Behebung eines bestimmten Sachproblems gebildet. Man fragt also: Ist der Interessenkonflikt identisch? Haben sich die Rahmenbedingungen verändert?"[596] Ein präzises *distinguishing* der Fachgerichte ist also gefordert.[597] Eine so verstandene Rekontextualisierung aufgrund einzelfallbezogener Sachverhaltsbetrachtung und Differenzierung anhand des spezifischen *inter partes*-Grundrechtsverhältnisses wirkt zurück auf das Verhält-

---

594 Vgl. *O. Lepsius*, Die maßstabsetzende Gewalt, in: *M. Jestaedt/O. Lepsius/C. Möllers/C. Schönberger*, Das entgrenzte Gericht – Eine kritische Bilanz nach sechzig Jahren BVerfG, 2011, 159, ähnlich auch *C. Schönberger*, Richterliche Rechtsfindung und Auslegung gerichtlicher Entscheidungen, VVDStRL 2012, Bd. 71, 296, 321–324; *M. Hailbronner*, Traditions and Transformations – The Rise of German Constitutionalism, 2015, S. 114–117.

595 *O. Lepsius*, Die maßstabsetzende Gewalt, in: *M. Jestaedt/O. Lepsius/C. Möllers/C. Schönberger*, Das entgrenzte Gericht – Eine kritische Bilanz nach sechzig Jahren BVerfG, 2011, 159, 201.

596 Ebenda, 238, vgl. auch 259–262.

597 Vgl. hierzu aus Sicht des common law instruktiv *N. Duxbury*, The Nature and Authority of Precedent, 2008, S. 113ff. Grundsätzlich zum *distinguishing* auch *M. Payandeh*, Judikative Rechtserzeugung – Theorie, Dogmatik und Methodik der Wirkungen von Präjudizien, 2017, S. 460ff., zur Übertragung auf die deutsche Rechtsordnung S. 470–472.

nis von Verfassungs- und Fachgerichtsbarkeit, auch mit Blick auf Aspekte der Rechtssicherheit.[598]

Derart durch *inter partes*-Wirkung und Rekontextualisierung eingehegt erscheint die Bedrohung richterlicher Usurpation des demokratisch-politischen Prozesses im Falle der Anwendungskonstruktionen gar erheblich geringer als bei den dogmatischen Figuren der Auslegung und der normalen Grundrechtsfunktionen. Schließlich lässt sich sogar hinsichtlich der verfassungskonformen Auslegung plus die Frage stellen, ob es weniger übergriffig ist, den Gesetzgeber zur Gesetzgebung zu zwingen oder eine Gesetzesvorschrift für nichtig zu erklären, als mit der zweistufigen Anwendung lediglich im Einzelfall unter Verweis auf ein unmittelbares Grundrechtsverhältnis einen Anspruch *praeter* oder *contra legem* zu bejahen.[599]

IV. Fazit: Plädoyer für die zweistufige Anwendung

Ich resümiere: Wenn in mehrpoligen Grundrechtsbeziehungen Zugang zu oder Bereitstellung eines staatlich vorgehaltenen Verfahrens begehrt wird, helfen Anwendungskonstruktionen nicht weiter. Von dieser spezifischen Konstellation einmal abgesehen zeigt sich in der Bilanz ethischer, demokratietheoretischer und anwendungspraktischer Bewertung der Horizontalwirkungskonstruktionen meines Erachtens der Vorzug der zweistufigen Anwendung. Sie ist aus Sicht personaler Autonomie gegenüber allen staatsgerichteten Ansätzen zu präferieren, da diese den Staat bemühen müssen, um überhaupt zu einer Grundrechtswirkung zu gelangen. Anwendungskonstruktionen legen die Kontrolle über die Grundrechtsberechtigung in die Hand des Einzelnen. Demokratietheoretisch betrachtet verschafft die Anwendung nicht nur effektivere Partizipation am geistigen Meinungskampf, sondern verringert – richtig verstanden[600] – im Vergleich zu insbesondere den Verantwortungskonstruktionen auch die Gefahr grundrechtlich begründeter richterlicher Kreation faktisch abstrakt-generell wirkender Normen und wahrt somit die Integrität des demokratisch-politischen Prozesses besser als die Lösungsansätze der Auslegung und der normalen Grundrechtsfunktionen. Die verfassungskonforme Auslegung plus verweist zwar konsequent auf den Gesetzgeber, wenn das einfache Recht eine verfassungskonforme Auslegung nicht hergibt. Jedoch verpflichtet sie in diesen Fällen den Gesetzgeber zur Normkreation bzw. ordnet Normdestruktion an. Damit greift sie ebenfalls erheblich in den Gesetzgebungsprozess ein. Ferner hat sie hinsichtlich der Kontrollbedingung der personalen Autonomie die gleichen Probleme

---

[598] Kapitel 7 erörtert dies unter Berücksichtigung der Erkenntnisse aus dem dritten und vierten Kapitel.Vgl. unten Kapitel 7, E.I.

[599] Vgl. dazu zusammenfassend und mit Beispielen auch oben B.I.3.c).

[600] Siehe zuvor oben III. sowie B.I.3.c), C.II. und D.III.1.

wie alle staatsgerichteten Horizontalwirkungskonstruktionen. Schließlich greift die zweistufige im Gegensatz zur einstufigen Anwendung auf den unmittelbaren grundrechtlichen Anspruch A-B nur zurück, wenn eine verfassungskonforme Auslegung des einfachen Rechts scheitert. Dadurch respektiert sie grundsätzlich die gesetzgeberische Entscheidung und begegnet bereits damit demokratietheoretischen Einwänden gegen ein unmittelbares Grundrechtsverhältnis zwischen Privaten.

7. Kapitel

Horizontalwirkung durch zweistufige Anwendung – Erwiderungen auf offene Fragen

Die zweistufige Anwendung ist somit meines Erachtens die vorzugswürdige Horizontalwirkungskonstruktion. Diese Präferenz provoziert jedoch eine Reihe von Fragen, welche die vorangegangenen Kapitel zwar teilweise im Vorübergehen bereits diskutiert haben, hinsichtlich derer sie aber eine zufriedenstellende Antwort jedenfalls noch schuldig geblieben sind. Dass sie bis hierin nicht ausführlich adressiert wurden, war der Tatsache geschuldet, dass der Fokus dieser Arbeit auf Vergleich und Bewertung der Horizontalwirkungskonstruktionen lag, dass es mir also vorwiegend darum ging zu zeigen, dass die zweistufige Anwendung staatsgerichteten Ansätzen vorzuziehen ist. Doch das „Ob" einer Konstruktion führt notwendig zu den Fragen nach deren „Wie". Dieses abschließende Kapitel widmet sich diesen. Es beschränkt sich auf die folgenden vier: Welches ist der Geltungsgrund für die Grundrechte zwischen Privaten unter dem Grundgesetz, insbesondere: lässt sich eine dogmatische, gar eine positiv-rechtliche Basis für die (zweistufige) Anwendung finden (A.)? Welche Grundrechte können unmittelbar zwischen Privaten angewendet werden, insbesondere: gilt die zweistufige Anwendung auch für Art. 3 GG (B.)? Wie sind Grundrechtskollisionen auszugleichen, insbesondere: gilt der Verhältnismäßigkeitsgrundsatz auch für die zweistufige Anwendung und wenn ja, wie ist er gegebenenfalls zu modifizieren (C.)? Schließlich, was bedeutet diese Horizontalwirkungskonstruktion für das Verhältnis von Fach- und Verfassungsgerichtsbarkeit, insbesondere: welche Auswirkungen hat die zweistufige Anwendung für die Zuständigkeit des BVerfG, für die Kompetenzbeziehung zwischen BVerfG und Fachgerichten und bezüglich den Anforderungen an die Rechtssicherheit (D.)?

Alle diese Fragen harren noch einer Antwort. Ich will sie in Auseinandersetzung mit dem Stadionverbotsbeschluss des BVerfG vom 11. April 2018[1] adressieren. Einige Kommentatoren sehen in dieser Entscheidung ein implizites Plädoyer des Gerichts für einen Anwendungsansatz,[2] was die obigen Erwägungen

---

[1] BVerfGE 148, 267 [2018] – Stadionverbot.

[2] Vgl. z. B. *A. Hellgardt*, Wer hat Angst vor der unmittelbaren Drittwirkung? Die Konsequenzen der Stadionverbot-Entscheidung des BVerfG für die deutsche Grundrechtsdogmatik, JuristenZeitung 2018, 901 ff.; *F. Michl*, Situativ staatsgleiche Grundrechtsbindung privater Akteure – Zugleich Besprechung von BVerfG, Beschluss vom 11.4.2018 – 1 BvR 3080/09, JuristenZeitung 2018, 910 ff.

zugunsten der zweistufigen Anwendung durch verfassungsgerichtliche Praxis nobilitieren würde. Wie bereits in Kapitel 4 erörtert, bleibt der Text der Entscheidungsbegründung im Stadionverbotsbeschluss indes ambig.[3] Das BVerfG changiert rhetorisch zwischen Verantwortung und Anwendung.[4] Was es tut, lässt sich in den Grenzen einer Auslegungskonstruktion beschreiben, seine Worte sprechen aber an einigen prominenten Stellen die Sprache unmittelbarer Geltung. Unabhängig davon, auf welche Seite man sich letztlich schlagen mag: nähme man an, das Gericht habe im Beschluss vom 11. April 2018 tatsächlich den Paradigmenwechsel zu einem generellen oder jedenfalls einem situativ einschlägigen[5] Anwendungsansatz eingeläutet, stellen sich mehrere dogmatische Anschlussfragen, welche das Gericht nicht oder jedenfalls nicht auf zufriedenstellende Art und Weise beantwortet. Sie betreffen die dogmatische Basis der unmittelbaren Grundrechtsgeltung, welche Grundrechtsnormen an dieser teilzuhaben vermögen, wie ein Ausgleich zwischen widerstreitenden Grundrechtspositionen zu erzielen ist und welche Auswirkungen die Anwendung der Grundrechte zwischen Privaten auf das Verhältnis des BVerfG zur Fachgerichtsbarkeit hat – mit anderen Worten also die bereits zuvor formulierten und sogleich *sub* A. bis D. zu adressierenden Fragen. Das Beispiel des Stadionbeschlusses soll diese im Weiteren, soweit möglich, erörtern. Auf diesem Wege entfalten die folgenden Abschnitte zugleich eine Kritik dieser Entscheidung.

A. Warum gelten die Grundrechte zwischen Privaten?

Das deutsche Verfassungsrecht schließt eine Anwendungskonstruktion – und insbesondere einen Ansatz zweistufiger Anwendung – nicht aus. Vor allem aus Art. 1 Abs. 3 GG lassen sich keine zwingenden Ausschlussgründe ableiten.[6] Spricht somit in negativer Hinsicht verfassungsrechtlich nichts zwingend *gegen* eine zweistufige Anwendung, fragt sich, ob auch positiv eine dogmatische Begründung *für* sie auffindbar ist. *Nipperdey* und die ihm folgende Lehre der 1950er Jahre hatte bekanntlich auf ein Verständnis der Grundrechte als Werte

[3] Vgl. oben Kap. 4, C.II. Vgl. auch dort für eine Darstellung des der Entscheidung zugrunde liegenden Sachverhalts.

[4] Vgl. BVerfGE 148, 267 (284) [2018] – Stadionverbot (Anwendung), 285 (Verantwortung), 285 f. (Anwendung), 286 und 287 (Verantwortung), 287 (Anwendung).

[5] Vgl. insoweit ausführlich *F. Michl*, Situativ staatsgleiche Grundrechtsbindung privater Akteure – Zugleich Besprechung von BVerfG, Beschluss vom 11.4.2018 – 1 BvR 3080/09, JuristenZeitung 2018, 910, 913, der argumentiert, die Bezugnahme des BVerfG auf „spezifische Konstellationen" bedeute, dass das Gericht ein unmittelbares Grundrechtsverhältnis zwischen Privaten im Sinne staatsgleicher Grundrechtsbindung nur „situativ" also nur annehme, wenn es sich um eine „spezifische Konstellation" handele, wobei unklar bleibe, nach welchen Kriterien man eine solche bestimmen könne (vgl. ebenda, 916 f.). Siehe dazu auch unten C.II.

[6] Vgl. dazu oben Kap. 5, B.IV. sowie C.I.–III., zusammenfassend D.

bzw. als „Ordnungssätze für die gesamte Rechtsordnung" rekurriert.[7] Nun waren, ebenfalls bekanntermaßen, „Wertsystem" oder „Wertordnung" der Grundrechte, kurzum: ihr objektiv-rechtlicher Gehalt, auch der Ansatzpunkt der Positionen *Dürigs*[8] und des BVerfG im Lüth-Urteil[9]. Das BVerfG hält bis heute an der Figur der Grundrechte als „Werte" fest.[10] So auch im Stadionverbotsbeschluss, wo es in Rn. 32 heißt:

„Die Grundrechte entfalten [...] ihre Wirkung als verfassungsrechtliche *Wertentscheidungen* und strahlen als ‚Richtlinien' in das Zivilrecht ein [...]; die Rechtsprechung hat insoweit auch von den Grundrechten als einer ‚*objektiven Wertordnung*' gesprochen [...]."[11]

Ein Rückgriff auf das Wertverständnis der Grundrechte kann deshalb aus Sicht der Rechtsprechung des BVerfG einem Anwendungsansatz zwar nicht entgegengehalten werden. Ein solcher Wertrekurs ist jedoch – jedenfalls als dogmatische Grundlage der Horizontalwirkung – nicht nur methodisch prekär,[12] sondern für die Verantwortungskonstruktionen auch dogmatisch obsolet.[13] Die Bedeutung der „Werte" liegt an anderer Stelle.[14] Die Verantwortung des Staates, bei der gerichtlichen Entscheidung über ein Privatrechtsverhältnis die Grundrechte beider Parteien nicht unverhältnismäßig zu beeinträchtigen, kann in Art. 1 Abs. 3 GG fundiert werden. Eine entsprechende Rechtsprechungslinie lässt sich ebenfalls bis zum Lüth-Urteil zurückverfolgen.[15]

Wenn also nicht die Werte, was dann? Aus Art. 1 Abs. 3 GG ist zwar kein zwingendes Argument gegen die (zweistufige) Anwendung abzuleiten, jedoch

---

[7] Vgl. nur *L. Enneccerus/H. C. Nipperdey*, Allgemeiner Teil des Bürgerlichen Rechts, 1. Halbband: Allgemeine Lehren, Personen, Rechtsobjekte, 15. Aufl. 1959, S. 93. Siehe oben Kap. 3, A.III.

[8] *G. Dürig*, Grundrechte und Zivilrechtsprechung, in: Festschrift zum 75. Geburtstag von Hans Nawiasky, 1956, 157, 176.

[9] BVerfGE 7, 198 (205 f., 215, 220) [1958] – Lüth.

[10] Siehe dazu ausführlich oben Kap. 3, E.II.2.a).

[11] BVerfGE 148, 267 (280) [2018] – Stadionverbot (meine Hervorhebungen).

[12] Vgl. dazu nur *U. Di Fabio*, Grundrechte als Argument – Drittwirkungslehre und Wertordnungsidee, in: Festschrift für Roman Herzog zum 75. Geburtstag, 2009, 35–48; *H. Goerlich*, Wertordnung und Grundgesetz, 1973, S. 140 ff. („Arcanum der Verfassungsinterpretation"). Sowie bereits *E. Forsthoff*, Die Umbildung des Verfassungsgesetzes, in: Festschrift für Carl Schmitt zum 70. Geburtstag, 1959, S. 35 ff. (kritisch dazu *A. Hollerbach*, Auflösung der rechtsstaatlichen Verfassung? Zu Ernst Forsthoffs Abhandlung „Die Umbildung des Verfassungsgesetzes" in der Festschrift für Carl Schmitt, Archiv des öffentlichen Rechts 1960, Bd. 85, 241); *C. Schmitt*, Die Tyrannei der Werte, in: Säkularisation und Utopie – Ebracher Studien. Ernst Forsthoff zum 65. Geburtstag, 1967, 37 ff. Die in der Sache durchaus berechtigte Kritik *Forsthoffs* und *Schmitts* ist aus historischer Perspektive indessen *cum grano salis* zu lesen, siehe dazu *M. Stolleis*, Geschichte des öffentlichen Rechts in Deutschland – Dritter Band: Staats- und Verwaltungsrechtswissenschaft in Republik und Diktatur 1914–1945, 1999, S. 320–325, 360–363 und *B. Rüthers*, Rechtsordnung und Wertordnung – Zur Ethik und Ideologie im Recht, 1986, S. 26.

[13] Vgl. auch oben Kap. 3, E.I.3.

[14] Vgl. oben Kap. 3, E.II.2.c) sowie Kap. 6, insbesondere A.I.1. und zusammenfassend E.II.

[15] Vgl. BVerfGE 7, 198 (206 f.) [1958] – Lüth. Siehe dazu oben Kap. 3, E.I.3.

ebenso kein Argument für diese, spricht er doch nur von der Grundrechtsbindung der Staatsgewalt. Jenseits von Art. 9 Abs. 3 Satz 2 GG hält das Grundgesetz auch keine weitere positiv-rechtliche Vorschrift vor, auf welche sich eine Anwendungskonstruktion stützen ließe.

Der EuGH begründet die unmittelbare Geltung von Unionsgrundfreiheiten und nunmehr in „Egenberger" auch von (manchen) Unionsgrundrechten zwischen Privaten mit dem *effet utile* des EU-Rechts, also funktional-teleologisch.[16] Auch im Stadionverbotsbeschluss – sieht man in dieser Entscheidung jedenfalls eine teilweise Präferenz für einen Anwendungsansatz[17] – lässt es sich als funktionales Argument interpretieren, wenn das Gericht Private in „spezifischen Konstellationen" dem Gleichbehandlungsgrundsatz unterwerfen will. Denn es rekurriert dabei auf eine besondere „Entscheidungsmacht" des Stadionbetreibers aufgrund dessen Hausrechts und setzt diesen Fall in Bezug zu anderen Konstellationen „struktureller Überlegenheit" einer der beiden Seiten des Privatrechtsverhältnisses.[18] Derartige Ansätze, dort allerdings zu Freiheitsrechten, finden sich auch bereits in „Fraport" – wenn auch dort nur in einem *obiter dictum* – und in der Eilentscheidung zum Passauer Bierdosenflashmob.[19] Dahinter scheint die Überlegung zu stehen, dass das grundsätzliche Gleichordnungsverhältnis Privater durch erhebliche Diskrepanzen sozialer und ökonomischer Macht in eine faktische Schieflage gerate, die durch eine Grundrechtsbindung mächtiger Privater auszugleichen sei. Wie sinnvoll es ist, auf solche „spezifischen Konstellationen" abzustellen, sei an dieser Stelle zunächst beiseite gelassen.[20] Jedenfalls lässt sich insoweit argumentieren, dass das BVerfG methodisch ein funktionales Argument heranzieht: Ohne Anwendung kein adäquater Grundrechtsschutz (wenn auch nur in „spezifischen Konstellationen").

Eine solche funktionale Argumentation ist der Grundrechtsdogmatik nicht fremd. Die Figur der Schutzpflichten beruht im Wesentlichen auf einer solchen. Der Wertrekurs im ersten Abtreibungsurteil[21] führt ebensowenig weiter wie hinsichtlich der Horizontalwirkung.[22] Stellt man alternativ auf den „Staats-

[16] Siehe oben Kap. 3, A.VI.2. bis 4. und VIII.2.

[17] Die Begründung des Beschlusses ist jedenfalls ambig, siehe dazu zuvor oben A.

[18] BVerfGE 148, 267 (284) [2018] – Stadionverbot.

[19] Vgl. BVerfGE 128, 226 (248) [2011] – Fraport: „Private [können] – etwa im Wege der mittelbaren Drittwirkung – unbeschadet ihrer eigenen Grundrechte ähnlich oder auch genauso weit durch die Grundrechte in Pflicht genommen werden, insbesondere wenn sie in tatsächlicher Hinsicht in eine vergleichbare Pflichten- oder Garantenstellung hineinwachsen wie traditionell der Staat."; nahezu identisch auch BVerfG(K), Beschl. v. 18.7.2015, 1 BvQ 25/15, Rn. 6 – Bierdosenflashmob. Siehe überdies BVerfG, Beschl. v. 6.11.2019, 1 BvR 16/13, Rn. 88.

[20] Siehe dazu unten C.II. und D.

[21] Vgl. BVerfGE 39, 1 (42 ff.) [1975] – Schwangerschaftsabbruch I.

[22] Mit starker Polemik *J. Isensee*, Das Grundrecht als Abwehrrecht und als staatliche Schutzpflicht, in: Ders./P. Kirchhof (Hrsg.), Handbuch des Staatsrechts, Bd. IX, 3. Aufl. 2011, § 191/ Rn. 159, S. 487 („hermeneutischer Urschleim"). Kritisch auch beispielsweise *J. Dietlein*, Die Lehre von den grundrechtlichen Schutzpflichten, 1992, S. 59 ff.; *P. Unruh*, Zur Dogmatik der

zweck Sicherheit“[23] oder auf „die zentrale[ ] Funktion der Grundrechte als Domestizierung von Macht“[24] ab, so begründet man Schutzpflichten ebenfalls im Wesentlichen funktional,[25] zumal der positive Textbestand des Grundgesetzes kaum instruktiver ist als im Falle unmittelbarer Grundrechtsgeltung zwischen Privaten:[26] Nur einige vereinzelte Vorschriften nennen explizit die Schutzfunktion der Grundrechte (Art. 1 Abs. 1 Satz 2, Art. 6 Abs. 1, 2 und 4, Art. 16a Abs. 1 GG). Trotzdem ist diese inzwischen nahezu[27] allgemein anerkannt und die spärliche Erwähnung im Grundgesetz wird als Ausdruck eines allgemeinen Grundsatzes betrachtet und nicht als die Ausnahme von der Regel.[28]

Methodisch-hermeneutisch teilt eine solche funktionale Argumentation mit der Figur der „Wertordnung“ der Grundrechte allerdings das Problem aller meta-positiven Argumentation: es lässt sich viel mit ihr anstellen. Solange man sie aber hinsichtlich der Schutzgehalte der Grundrechte akzeptiert, kann man sie mit Blick auf die zweistufige Anwendung schwerlich ablehnen. Zumal die Begründung selbst sich jedenfalls teilweise übertragen lässt: „Domestizierung von Macht“ durch Grundrechte – genau dies scheint das BVerfG im Stadionverbotsbeschluss für die „spezifischen Konstellationen“ ebenfalls zu bezwecken. Darüber hinaus hat sich erwiesen, dass ein direktes Grundrechtsverhältnis zwischen Privaten einen umfassenden Grundrechtsschutz auch dort verspricht, wo staatliche Involvierung, insbesondere in Form eines staatlichen Gerichtsprozesses, *in praxi* selten oder unmöglich ist.[29] Dies betrifft vor allem Fälle privater Regulierung, so zum Beispiel die Diskursregeln innerhalb eines privat

---

grundrechtlichen Schutzpflichten, 1996, S. 50ff.; *G. Krings*, Grund und Grenzen grundrechtlicher Schutzansprüche – Die subjektiv-rechtliche Rekonstruktion der grundrechtlichen Schutzpflichten und ihre Auswirkung auf die verfassungsrechtliche Fundierung des Verbrauchervertragsrechts, 2003, S. 164ff.

[23] Vgl. *J. Isensee*, Das Grundrecht als Abwehrrecht und als staatliche Schutzpflicht, in: Ders./P. Kirchhof (Hrsg.), Handbuch des Staatsrechts, Bd. IX, 3. Aufl. 2011, § 191/Rn. 181ff., S. 497ff. Grundlegend *J. Isensee*, Das Grundrecht auf Sicherheit – Zu den Schutzpflichten des freiheitlichen Verfassungsstaates, 1983, S. 27ff. Wenn man darin nicht ihrerseits eine verdeckte Wertargumentation sieht, vgl. dazu oben Kap. 3, B.II.3.

[24] *M. Herdegen*, in: Maunz/Dürig, Grundgesetz – Kommentar, 84. Ergänzungslieferung, August 2018, Art. 1 Abs. 3/Rn. 22.

[25] Vgl. oben Kap. 3, B.II.3.

[26] Vgl. dazu auch oben Kap. 5, B.IV.

[27] Vgl. aber die so genannte abwehrrechtliche Sicht, z.B. *J. Schwabe*, Probleme der Grundrechtsdogmatik, 1977; *B. Schlink*, Freiheit durch Eingriffsabwehr – Rekonstruktion der klassischen Grundrechtsfunktion, EuGRZ 1984, 457; *G. Lübbe-Wolff*, Die Grundrechte als Eingriffsabwehrrechte, 1988; *R. Poscher*, Grundrechte als Abwehrrechte – Reflexive Regelung rechtlich geordneter Freiheit, 2003.

[28] Vgl. stellvertretend nur *G. Krings*, Grund und Grenzen grundrechtlicher Schutzansprüche – Die subjektiv-rechtliche Rekonstruktion der grundrechtlichen Schutzpflichten und ihre Auswirkung auf die verfassungsrechtliche Fundierung des Verbrauchervertragsrechts, 2003, S. 142ff., 170; *M. Herdegen*, in: Maunz/Dürig, Grundgesetz – Kommentar, 84. Ergänzungslieferung, August 2018, Art. 1 Abs. 3/Rn. 20ff.

[29] Vgl. zusammenfassend oben Kap. 6, E.II.

geschaffenen und im Wesentlichen privat regulierten Kommunikationsraumes wie den sozialen Medien oder anderen Internetforen und -plattformen.[30] Gerade vor dem Hintergrund stark zunehmender Digitalisierung privater Lebensbereiche erscheint es für einen umfassenden Grundrechtsschutz unerlässlich, sich auf eine Konstruktion der Grundrechtswirkung zwischen privaten Akteuren zu stützen, die nicht auf staatliche Mediatisierung, insbesondere durch Einleitung eines Gerichtsverfahrens, angewiesen ist.

Dass mit einer (zweistufigen) Anwendung notwendig ein signifikanter Freiheits- und somit Autonomieverlust einhergeht, diesem teleologischen Gegenargument habe ich in Kapitel 6 widersprochen.[31] Wann eine Freiheits- bzw. Autonomieverkürzung vorliegt,[32] hängt von der jeweils präferierten Freiheits- bzw. Autonomiekonzeption ab. Ich habe hier ein nicht nur prozedurales, sondern auch substanzielles Verständnis zugrunde gelegt, das insbesondere auch sinnvolle Handlungsoptionen für den Einzelnen fordert.[33] An diesen Maßstäben gemessen, fördert meines Erachtens die Anwendung personale Autonomie besser als staatsgerichtete Ansätze, weil sie nicht fremdbestimmt des Staates als Mittler bedarf.[34] Die Grundrechtsbindung Privater bedeutet darüber hinaus auch nicht Grundrechtsverpflichtung jedes Privaten in allen Fällen. Vielmehr entsteht ein grundrechtlicher Anspruch der A gegen B nur, wenn der Ausgleich ihrer widerstreitenden Grundrechtspositionen zu diesem Ergebnis führt. Häufig wird hingegen das Resultat der Abwägung sein, dass A keinen solchen Anspruch, beispielsweise auf Unwirksamkeit des Bürgschaftsvertrages oder auf Gleichbehandlung mit anderen Stadionbesuchern, hat.[35] Die Kriterien personaler Autonomie sind dabei bedeutsam für die Gewichtung der Grundrechtspositionen im Rahmen der Verhältnismäßigkeitsprüfung[36] und folglich dafür, ob A im konkreten Fall einen grundrechtlichen Anspruch gegen B innehat. Auf diese Weise kommt es keineswegs zur Verpflichtung „aller gegenüber allen“[37]. Die Kollisionsebene der widerstreitenden Grundrechte ist vielmehr der Ort, an dem zu entscheiden ist, wie weit die Freiheits- und Autonomiesphäre des

[30] Vgl. dazu oben Kap. 6, C.I.2.b). Die einzige Alternative hierzu wäre eine mit erheblichen Freiheitseinbußen verbundene umfassende Regulierung sozialer Medien durch staatliche Behörden.

[31] Vgl. vor allem oben zur Privatautonomie Kap. 6, B.I. sowie zusammenfassend E.II.

[32] Übrigens wurde auch der Schutzpflicht von ihren Kritikern bereits im ersten Urteil zum Schwangerschaftsabbruch vorgehalten, sie führe zu einer erheblichen Freiheitsverkürzung, siehe dazu nur das Sondervotum der Richterin *Rupp-v. Brünneck* und des Richters *Simon* in BVerfGE 39, 1 (68 ff.) [1975] – Schwangerschaftsabbruch I.

[33] Vgl. oben Kap. 6, A.I.1., zusammenfassend c).

[34] Vgl. zusammenfassend oben Kap. 6, E.II.

[35] Vgl. dazu auch oben Kap. 2, E.I.2.

[36] Siehe dazu auch unten D.

[37] So *T. Barczak*, Konstitutionalisierung der Privatrechtsordnung, in: F. Scheffczyk/K. Wolter (Hrsg.), Linien der Rechtsprechung des Bundesverfassungsgerichts – erörtert von den wissenschaftlichen Mitarbeiterinnen und Mitarbeitern, Bd. 4, 91, 101.

B zugunsten derjenigen der A zu beschränken ist – oder nicht.[38] Die Autonomiebedingungen der Authentizität und Kontrolle haben sich dabei nicht nur als philosophisch fundiert, sondern auch als dogmatisch operabel erwiesen.[39]

Es bleibt also festzuhalten: Im Gegensatz zu den Verantwortungs- und auch anderen staatsgerichteten Konstruktionen, die auf Art. 1 Abs. 3 GG verweisen können, hat die Anwendung keine starke positiv-rechtliche Verankerung im Verfassungstext selbst. Nur Art. 9 Abs. 3 Satz 2 GG statuiert ausdrücklich eine unmittelbare Grundrechtsgeltung zwischen Privaten. Indessen sprechen funktionale Erwägungen für die zweistufige Anwendung. Eine solche funktionale Begründung ist grundrechtsdogmatisch auch nicht unerhört, basiert doch die inzwischen nahezu universell anerkannte grundrechtliche Schutzpflichtendogmatik ebenfalls wesentlich auf funktional-teleologischer Argumentation.[40]

Indessen kann eine Grundrechtsnorm nur dann unmittelbar gegenüber einem anderen Privaten gelten, soweit die Verfassung dies nicht ausschließt. Ein allgemeiner Ausschluss der (zweistufigen) Anwendung lässt sich dem Grundgesetz, insbesondere Art. 1 Abs. 3 GG, wie gesagt nicht entnehmen. Allerdings ist darüber hinaus erforderlich, dass die jeweilige grundrechtliche Vorschrift ihrem Wesen nach nicht, wie beispielsweise Art. 16 und 16a GG, ausschließlich an den Staat gerichtet ist, sodass sie sich für eine unmittelbare Anwendung zwischen Privaten nicht eignet. Dies weist in das folgende Unterkapitel.

B. Welche Grundrechte gelten zwischen Privaten?

Die Antwort auf diese Frage muss zwischen Freiheits- (I.) und Gleichheitsrechten (II.) differenzieren.

I. Freiheitsrechte

Die meisten Freiheitsrechte sind offen formuliert und ihrem Wesen nach nicht notwendig allein an den Staat gerichtet: „Jeder hat das Recht auf freie Entfaltung seiner Persönlichkeit […]“ (Art. 2 Abs. 1 GG); „Die Freiheit der Person ist unverletzlich“ (Art. 2 Abs. 2 Satz 2 GG); „Die Freiheit des Glaubens, des Gewissens und die Freiheit des religiösen und weltanschaulichen Bekenntnisses sind unverletzlich.“ (Art. 4 Abs. 1 GG); „Jeder hat das Recht, seine Meinung in Wort, Schrift und Bild frei zu äußern und zu verbreiten und sich aus allgemein zugänglichen Quellen ungehindert zu unterrichten.“ (Art. 5 Abs. 1 Satz 1 GG);

---

[38] Siehe dazu auch sogleich unten B.II. und C.

[39] Vgl. zusammenfassend oben Kap. 6, E.II.

[40] Ich habe überdies dargelegt, wie die zweistufige Anwendung methodisch auf ein demokratietheoretisch akzeptables Maß zu zügeln ist, vgl. zusammenfassend oben Kap. 6, E.III.

„Kunst und Wissenschaft, Forschung und Lehre sind frei.“ (Art. 5 Abs. 3 GG); „Alle Deutschen haben das Recht, Beruf, Arbeitsplatz und Ausbildungsstätte frei zu wählen.“ (Art. 12 Abs. 1 GG). Dies gilt auch für Art. 10 Abs. 1 GG, dessen Eingriffe zwar historisch betrachtet regelmäßig vom Staat drohten, der aber ebenso sehr – und in Zeiten der Digitalisierung amplifiziert – von privater Seite beeinträchtigt werden kann. Ebenso können auch Private Leben und körperliche Unversehrtheit eines Anderen verletzen (Art. 2 Abs. 2 Satz 1 GG), Versammlungen auf privatem Grund unterbinden (Art. 8 Abs. 1 GG),[41] die Vereinigungsfreiheit konterkarieren (Art. 9 GG), einen anderen seiner Freizügigkeit berauben (Art. 11 Abs. 1 GG) oder widerrechtlich in eine Wohnung eindringen (Art. 13 Abs. 1 GG).

Auf der anderen Seite des Spektrums stehen solche Rechte, die unzweifelhaft nur vom Staat erfüllt werden können. Dazu zählen Art. 16, 16a und 17 GG, aber auch Art. 7 GG, der größtenteils das staatliche Schulwesen adressiert und lediglich in Abs. 4 und 5 private Schulen behandelt, dabei aber wiederum in ihrem Verhältnis zum Staat als korrespondierendes Recht zur staatlichen Schulaufsicht nach Abs. 1.[42] Auch die Verweise auf „Kriegsdienst“ in Art. 4 Abs. 3 GG und auf „Zensur“ in Art. 5 Abs. 1 Satz 3 GG sind wohl ihrer Art nach und mit Blick auf ihre Entstehungsgeschichte als ausschließlicher Schutz vor staatlichen Beeinträchtigungen zu interpretieren.[43] Alle diese Grundrechtsnormen können somit kein unmittelbares grundrechtliches Anspruch-Pflichten-Verhältnis zwischen Privaten begründen.

Gewisse Schwierigkeiten scheinen auf den ersten Blick dagegen Grundrechtstatbestände zu bereiten, die entweder ihrem Wortlaut nach im Wesentlichen nur Institutsgarantien aufstellen (Art. 5 Abs. 1 Satz 2, Art. 14 Abs. 1 Satz 1 GG) oder die explizit auf die staatliche Schutzaufgabe rekurrieren, wie dies Art. 6 Abs. 1 GG tut („Ehe und Familie stehen unter dem besonderen Schutze der staatlichen Ordnung“), aber auch Art. 1 Abs. 1 Satz 2 GG hinsichtlich der Menschenwürde. Allerdings herrscht zum einen nahezu Einhelligkeit, dass diese Grundrechtsbestimmungen dem Einzelnen auch subjektive Abwehrrechte (jedenfalls gegen den Staat) verleihen.[44] Zum anderen sind dem Wesen ihrer Gewährleis-

---

[41] Vgl. dazu BVerfG(K), Beschl. v. 18.7.2015, 1 BvQ 25/15 – Bierdosenflashmob. Monographisch zum Thema, wenn auch ablehnend gegenüber der unmittelbaren Geltung zwischen Privaten: *M. Scharlau*, Schutz vor Versammlungen auf privatem Grund – EMRK versus Grundgesetz, 2018.

[42] Vgl. dazu nur *P. Badura*, in: Maunz/Dürig, Grundgesetz – Kommentar, 84. Ergänzungslieferung, August 2018, Art. 7/Rn. 92 m. w. N.

[43] Vgl. stellvertretend *C. Starck*, in: v. Mangoldt/Klein/Starck, Grundgesetz – Kommentar, Bd. 1, 7. Aufl. 2018, Art. 4/Rn. 160 ff., 164 ff.; *C. Starck/A. Paulus*, in: v. Mangoldt/Klein/Starck, Grundgesetz – Kommentar, Bd. 1, 7. Aufl. 2018, Art. 5/Rn. 259 ff.

[44] Vgl. stellvertretend *P. Badura*, in: Maunz/Dürig, Grundgesetz – Kommentar, 84. Ergänzungslieferung, August 2018, Art. 6/Rn. 10; *C. Grabenwarter*, in: Maunz/Dürig, Grundgesetz – Kommentar, 84. Ergänzungslieferung, August 2018, Art. 5 Abs. 1/Rn. 336 ff.; *H.-J. Papier/*

tungsgehalte nach private Beeinträchtigungen der Presse- und Eigentumsfreiheit sowie der Menschenwürde oder der Eheschließungsfreiheit oder des Elternrechts keineswegs ausgeschlossen.[45] Deshalb ist auch insoweit eine unmittelbare Geltung zwischen Privaten möglich.

II. Gleichheitsrechte

Die Gleichheitsrechte, insbesondere der allgemeine Gleichheitssatz des Art. 3 Abs. 1 GG, sollen nach nahezu[46] einhelliger Auffassung dagegen unmöglich unmittelbare Geltung zwischen Privaten entfalten können.[47] Auch wenn die einfachgesetzlichen Gleichbehandlungsge- und Diskriminierungsverbote des europarechtlich indizierten AGG nach zunächst in teilweise schrillem Ton geführter Debatte[48] inzwischen zumindest weitgehend akzeptiert sind: die Gleichheitsrechte des Art. 3 GG selbst sollen nicht zwischen Privaten anwendbar sein. Denn dies bedeute schlicht das „Ende der Privatautonomie"[49]. Vertragsfreiheit sei die Freiheit zur Ungleichbehandlung: Wenn A mit B und C jeweils inhaltlich identische Verträge abschließt, aber mit B zu für ihn günstigeren Bedingungen als im Verhältnis mit C, dann ist dies Resultat seines Verhandlungsgeschicks und somit gerade der Inbegriff wirtschaftlicher Betätigung als Wesensmerkmal

F. Shirvani, in: Maunz/Dürig, Grundgesetz – Kommentar, 84. Ergänzungslieferung, August 2018, Art. 14/Rn. 112.

[45] Mit Blick auf den Wortlaut des Art. 6 Abs. 1 GG ließe sich „staatliche Ordnung" konsistent im Sinne der herrschenden Auffassung als „Rechtsordnung" interpretieren, was unmittelbar geltende Grundrechte somit ebenfalls umfasste.

[46] Die nennenswerte Ausnahme ist in jüngster Zeit vor allem *M. Grünberger*, Personale Gleichheit – Der Grundsatz der Gleichbehandlung im Zivilrecht, 2013, S. 870ff., 1018ff.

[47] Siehe nur stellvertretend, mit vielen weiteren Nachweisen aus dem Schrifttum: *F. Wollenschläger*, in: v. Mangoldt/Klein/Starck, Grundgesetz – Kommentar, Bd. 1, 7. Aufl. 2018, Art. 3 Abs. 1/Rn. 62; wohl auch, *e contrario*, *S. Baer/N. Markard*, in: v. Mangoldt/Klein/Starck, Grundgesetz – Kommentar, Bd. 1, 7. Aufl. 2018, Art. 3 Abs. 3/Rn. 415 (offener für eine unmittelbare Geltung der Gleichheitsrechte zwischen Privaten wohl noch *S. Baer*, „Ende der Privatautonomie" oder grundrechtlich fundierte Rechtsetzung? Die deutsche Debatte um das Antidiskriminierungsrecht, Zeitschrift für Rechtspolitik 2002, 290ff.); *J. Isensee*, Privatautonomie, in: Ders./P. Kirchhof (Hrsg.), Handbuch des Staatsrechts, 3. Aufl. 2009, Bd. VII, § 150/ Rn. 140; *M. Jestaedt*, Diskriminierungsschutz und Privatautonomie, VVDStRL 2005, Bd. 64, 298, 330ff. Kritisch auch *H. Reichold*, Sozialgerechtigkeit versus Vertragsgerechtigkeit – arbeitsrechtliche Erfahrungen mit Diskriminierungsregeln, JuristenZeitung 2004, 384, 390.

[48] *G. Britz*, Diskriminierungsschutz und Privatautonomie, VVDStRL 2005, Bd. 64, 355, 357ff. weist auf die „rhetorische Schärfe" der Debatte zu Beginn der 2000er Jahre hin. Kritisch auch *S. Baer*, „Ende der Privatautonomie" oder grundrechtlich fundierte Rechtsetzung? Die deutsche Debatte um das Antidiskriminierungsrecht, Zeitschrift für Rechtspolitik 2002, 290, 291.

[49] Zitat von *E. Picker*, Antidiskriminierungsgesetz – Der Anfang vom Ende der Privatautonomie?, JuristenZeitung 2002, 880, allerdings dort im Zusammenhang mit der Diskussion um die Entwürfe zum AGG.

der „Selbstgestaltung der Rechtsverhältnisse durch den einzelnen nach seinem Willen“[50]. Wenn ich alle meine Geschäftspartner gleich behandeln muss, dann stirbt meine Vertragsfreiheit und mit ihr das marktwirtschaftliche Wirtschaftssystem – so die Argumentation.[51] Gleich behandeln müsse nur der Staat, nicht Private. Dem Privatrechtsverhältnis sei das Gleichheitsgebot dagegen wesensfremd.

Zutreffend ist, dass Private nicht in gleicher Weise an Art. 3 GG – oder an eine andere Grundrechtsnorm – gebunden sein können wie der Staat. Der Staat ist nur grundrechtsverpflichtet. Private sind (jedenfalls auch) grundrechtsberechtigt. Versteht man das BVerfG im Stadionverbotsbeschluss dahingehend – und man kann es sicherlich so verstehen[52] –, dass in „spezifischen Konstellationen“ die Grundrechtsbindung Privater derjenigen des Staates „nahe oder auch gleich kommen“[53] kann, dann spricht sich das Gericht für eine „situativ staatsgleiche Grundrechtsbindung Privater“[54] aus: Der Stadionbetreiber dürfe ebenso wie der Staat den Fußballfan nicht ungleich gegenüber anderen Fußballfans behandeln und ihm daher nicht ohne sachlichen Grund und nur unter Beachtung bestimmter Verfahrenserfordernisse ein Hausverbot erteilen.[55] Diese Argumentation überzeugt nicht – weil Private (auch) Grundrechtsträger sind.

Nun habe ich bereits hinsichtlich der Freiheitsrechte vertreten, dass das Grundrecht der A den B auch nach der Konstruktion der zweistufigen Anwendung nicht stets und ohne Weiteres verpflichtet. Vielmehr hat A nur einen grundrechtlichen Anspruch gegen B, wenn der Ausgleich ihrer Grundrechts-

---

[50] *W. Flume*, Allgemeiner Teil des Bürgerlichen Rechts, Bd. 2 – Das Rechtsgeschäft, 4. Aufl. 1992, S. 1.

[51] Vgl. nur *J. Isensee*, Privatautonomie, in: Ders./P. Kirchhof (Hrsg.), Handbuch des Staatsrechts, 3. Aufl. 2009, Bd. VII, § 150/Rn. 140; jüngst auch *T. Barczak*, Konstitutionalisierung der Privatrechtsordnung, in: F. Scheffczyk/K. Wolter (Hrsg.), Linien der Rechtsprechung des Bundesverfassungsgerichts – erörtert von den wissenschaftlichen Mitarbeiterinnen und Mitarbeitern, Bd. 4, 91, 97 ff.

[52] So mit guten Argumenten *F. Michl*, Situativ staatsgleiche Grundrechtsbindung privater Akteure – Zugleich Besprechung von BVerfG, Beschluss vom 11.4.2018 – 1 BvR 3080/09, JuristenZeitung 2018, 910, 911 ff. Vgl. zu anderen Deutungsmöglichkeiten allerdings auch oben Kap. 4, C.II.

[53] So ausdrücklich BVerfGE 128, 226 (249) [2011] – Fraport; BVerfG(K), Beschl. v. 18.7.2015, 1 BvQ 25/15, Rn. 6 – Bierdosenflashmob.

[54] Begriff von *F. Michl*, Situativ staatsgleiche Grundrechtsbindung privater Akteure – Zugleich Besprechung von BVerfG, Beschluss vom 11.4.2018 – 1 BvR 3080/09, JuristenZeitung 2018, 910, 911 ff. Im Ergebnis ähnlich auch *M. Droege*, Grundrechtswirkung im öffentlichen Raum, Zeitschrift für das Recht der Non Profit Organisationen 2018, 241, 243 f. („staatsanalog“). Vgl. kürzlich auch BVerfG, Beschl. v. 6.11.2019, 1 BvR 16/13, Rn.: „Je nach Umständen, insbesondere wenn private Unternehmen in eine *staatsähnlich dominante Position* rücken oder etwa die Bereitstellung schon der Rahmenbedingungen öffentlicher Kommunikation selbst übernehmen, kann die *Grundrechtsbindung Privater einer Grundrechtsbindung des Staates im Ergebnis vielmehr nahe- oder auch gleichkommen.*“ (meine Hervorhebungen).

[55] Vgl. BVerfGE 148, 267 (287 ff.) [2018] – Stadionverbot.

positionen mit derjenigen des B einen solchen Anspruch ergibt.[56] Ohne darauf an dieser Stelle weiter eingehen zu müssen, zeigt sich bereits hieran, dass die obige Argumentation der vorherrschenden Auffassung jedenfalls insoweit unterkomplex ist, als sie meint, jede unmittelbare Geltung des Gleichheitssatzes eliminiere die Privatautonomie.[57] Die notwendige Kehrseite der obigen Prämisse, dass Private nicht wie der Staat an die Grundrechte gebunden sein können, weil sie (jedenfalls auch) Grundrechtsträger sind, ist, dass die Grundrechtsgeltung Privater, auch wenn man sie bejaht, eben nicht staatsgleich sein kann. Selbst wenn sie (auch) an die Grundrechte gebunden ist, bleibt die Private zugleich grundrechtsberechtigt, was der Staat nicht sein kann. Ihr Grundrechtsverhältnis zu anderen Privaten ist somit seiner Art nach ein anderes als das Grundrechtsverhältnis Privater-Staat. Es geht also darum, eine Lösung zu entwickeln, wie man Freiheits- und Gleichheitsbeeinträchtigungen Privater in Einklang bringt. Instruktiv für weitere Überlegungen hinsichtlich Gleichheitsrechten und Horizontalwirkung ist dabei die von *Michael Grünberger* vorgeschlagene Taxonomie, die zwischen drei Lösungsansätzen differenziert: Vorrang-, Tatbestands- und Rechtfertigungslösung.[58]

Die *Vorrang*lösung wählen diejenigen, die argumentieren, der Privatautonomie sei die Ungleichbehandlung „wesensimmanent"[59], der Gleichbehandlungsgrundsatz und die Diskriminierungsverbote des Art. 3 GG seien dagegen ihrem Wesen nach nur an den Staat gerichtet, kurz: also diejenigen, die eine Präponderanz der Freiheit gegenüber der Gleichheit propagieren.[60] Vor dem Hintergrund der in den vorangegangenen Kapiteln und auch zuvor *sub* B. angestellten Überlegungen kann dies nicht überzeugen. Diese will ich jedoch hier nicht wiederholen, sondern ergänzend zwei weitere Argumente vorbringen, die direkt diese Vorrangthese adressieren. Zunächst: Gleichheit legitimiert Freiheit: „Ohne die Rechtsgleichheit ist die Freiheit mancher nichts wert."[61]

[56] Vgl. dazu oben Kap. 3, E.I.2. sowie die Diskussionen der Anwendungskonstruktionen anhand von drei Großthemen der Horizontalwirkung in Kap. 6, z.B. Kap. 6, B.I.2.a). Siehe auch sogleich unten C.

[57] Ähnlich auch *R. Christensen/A. Fischer-Lescano*, Das Ganze des Rechts – Vom hierarchischen zum reflexiven Verständnis deutscher und europäischer Grundrechte, 2007, S. 275.

[58] *M. Grünberger*, Personale Gleichheit – Der Grundsatz der Gleichbehandlung im Zivilrecht, 2013, S. 807ff.

[59] *T. Barczak*, Konstitutionalisierung der Privatrechtsordnung, in: F. Scheffczyk/K. Wolter (Hrsg.), Linien der Rechtsprechung des Bundesverfassungsgerichts – erörtert von den wissenschaftlichen Mitarbeiterinnen und Mitarbeitern, Bd. 4, 91, 97.

[60] So grundlegend beispielsweise *E. Picker*, Die Privatrechtsgesellschaft und ihr Privatrecht: Zur wachsenden Freiheitsbedrohung im Recht und durch Recht, in: K. Riesenhuber (Hrsg.), Privatrechtsgesellschaft: Entwicklung, Stand und Verfassung des Privatrechts, 2007, 207, 211ff. Aus der verfassungsrechtlichen Literatur vgl. nur *M. Ruffert*, Vorrang der Verfassung und Eigenständigkeit des Privatrechts, 2001, S. 173ff.; *J. Isensee*, Privatautonomie, in: Ders./P. Kirchhof (Hrsg.), Handbuch des Staatsrechts, 3. Aufl. 2009, Bd. VII, § 150/Rn. 136ff.

[61] *M. Grünberger*, Personale Gleichheit – Der Grundsatz der Gleichbehandlung im Zivilrecht, 2013, S. 814. Vgl. auch *D. Suhr*, Gleiche Freiheit – Allgemeine Grundlagen und Re-

Die undifferenzierte These vom Vorrang der Freiheit vor der Gleichheit ist bereits deshalb fragwürdig.

Vor allem gilt jedoch: „Die“ Freiheit als Monolith gibt es nicht. Die Rechtsordnung hält lediglich ein Bündel an einzelnen Freiheiten vor. Freiheiten (im Plural) sind keine Ausschließlichkeitsbefugnisse, sondern verschiedene Freiheitssphären können sich überschneiden.[62] Eine Freiheit ist jeweils durch eine „triadische Relation“ (*MacCallum*) gekennzeichnet, nämlich durch einen konkreten Freiheitsgegenstand, einen konkreten Freiheitsträger und ein konkretes Freiheitshindernis.[63] Also zum Beispiel die Freiheit des Stadionbetreibers (Freiheitsträger), sein Hausrecht auszuüben (Freiheitsgegenstand), ohne dafür Sachgründe angeben oder Verfahrensanforderungen genügen zu müssen (Freiheitshindernis). Verschiedene Freiheiten als derartige triadische Relationen stehen zueinander im potentiellen Kollisionsverhältnis. Denn der Freiheitsgegenstand der A kann zugleich das Freiheitshindernis des B sein: Die Freiheit, meine Meinung über jemanden zu sagen, kann dessen persönliche Ehre beeinträchtigen. Die Freiheit, von meinen Angestellten die Einhaltung einer bestimmten Kleiderordnung zu verlangen, kann die Religionsausübung einer Mitarbeiterin beeinträchtigen, die deshalb ihr Kopftuch ablegen soll. Nicht anders ist es bei dem Aufeinandertreffen von Freiheits- und Gleichheitsrechten: Die Freiheit des Stadionbetreibers, nach seinem Belieben einem Fußballfan ein Stadionverbot zu erteilen, bedeutet dessen Ungleichbehandlung gegenüber anderen Fußballfans, die weiterhin Spiele besuchen dürfen. Ein abstraktes Vorrangverhältnis zu formulieren ist hier nicht möglich. Geklärt werden kann nur, ob der konkreten Freiheit der A zulasten derjenigen des B bzw. der konkreten Freiheit des C zulasten der Gleichbehandlung des D im Einzelfall Vorrang zukommt. Mithin im Verhältnis Freiheit-Gleichheit: nicht auf der luftigen Abstraktionsebene „Freiheit“ vs. „Gleichheit“, sondern auf der lokalen Ebene „der Abgrenzung

ziprozitätsdefizite in der Geldwirtschaft, 1. Aufl. 1988, S. 6: „So steckt in jeder Forderung nach Freiheit immer auch die Forderung danach, daß einem diese Freiheiten nicht wegen irgendwelcher individueller ‚Verschiedenheiten‘ genommen oder beschnitten werden.“

[62] Vgl. dazu *M. Auer*, Der privatrechtliche Diskurs der Moderne, 2014, S. 58, die dies anhand der Rechtstheorie *Hohfelds* (grundlegend: *W. N. Hohfeld*, Some Fundamental Legal Conceptions as Applied in Judicial Reasoning, Yale Law Journal 1913–1914, Bd. 23, 16, insbesondere 28–44) darstellt, wonach das Korrelat einer Freiheit eine Unterlassungspflicht/Nicht-Recht (*non-right*) ist und ihr Gegensatz eine Pflicht. Mithin muss aus einer Freiheit nicht notwendiger Weise ein pflichtenbewehrter Anspruch (*right* oder *claim*) folgen (vgl. dazu *J. W. Singer*, The Legal Rights Debate in Analytical Jurisprudence from Bentham to Hohfeld, Wisconsin Law Review 1982, 975, 993). Es wäre also ein Fehlschluss, immer dann ein Anspruchs-Recht zu vermuten, wo das bloße Gegenteil einer Pflicht, nämlich eine Freiheit, besteht. Deshalb sind Freiheiten, anders als Ansprüche, keine Ausschließlichkeitsbefugnisse. Siehe zur analytischen Rechtstheorie *Hohfelds* und zu der von ihm entwickelten Terminologie auch oben Kap. 2, C.I.

[63] Vgl. *G. C. MacCallum*, Negative and Positive Freedom, The Philosophical Review 1967, Bd. 76, 312, 314.

individueller Autonomiesphären", also der konkreten Freiheits- und Gleichbehandlungsinteressen, ist die Lösung zu suchen.[64]

Eine Möglichkeit, einen derartigen Ausgleich zwischen Freiheit und Gleichheitshindernis bzw. Gleichheit und Freiheitshindernis herzustellen, ist die *Tatbestand*slösung. Auf Tatbestands- bzw. grundrechtsdogmatisch gesprochen: auf Schutzbereichsebene wird nach einem Regel-/Ausnahmeverhältnis in bestimmten Fällen oder Sachbereichen dem Gleichheitsrecht Vorzug gegenüber dem Freiheitsrecht gegeben. Dies ist der Ansatz des BVerfG im Stadionverbotsbeschluss – sofern man diesen als eine (teilweise) Entscheidung zugunsten eines Anwendungsansatzes interpretiert: In der Regel kann ein Privater von einem anderen aufgrund Art. 3 Abs. 1 GG keine Gleichbehandlung verlangen. Das BVerfG formuliert es umgekehrt: „Ein allgemeiner Grundsatz, wonach private Vertragsbeziehungen jeweils den Rechtfertigungsanforderungen des Gleichbehandlungsgebots unterlägen, folgt demgegenüber aus Art. 3 Abs. 1 GG auch im Wege der mittelbaren Drittwirkung nicht."[65] Jedoch ausnahmsweise können sich „[g]leichheitsrechtliche Anforderungen für das Verhältnis zwischen Privaten [...] aus Art. 3 Abs. 1 GG [...] für spezifische Konstellationen ergeben."[66] In gleicher Weise verfuhr das BVerfG auch in Bezug auf das Freiheitsrecht der Privatautonomie (Art. 2 Abs. 1 GG), welches ebenfalls grundsätzlich nicht im Verhältnis zwischen Privaten Geltung entfalten könne, sondern wiederum nur „in spezifischen Konstellationen".[67]

Das Problem der Tatbestandslösung ist zunächst, dass unklar ist, wonach sich das Regel-/Ausnahmeverhältnis exakt bestimmt. Der Stadionverbotsbeschluss ist ein gutes Beispiel. Was eine „spezifische Konstellation" ausmacht, bleibt nebulös.[68] Allgemeine Kriterien bietet das Gericht nicht an. Lediglich im Hinblick auf die konkrete Sachverhaltskonstellation nimmt es Bezug auf „Veranstaltungen, die aufgrund eigener Entscheidung der Veranstalter einem großen Publikum ohne Ansehen der Person geöffnet werden und der für die Betroffenen in erheblichem Umfang über die Teilnahme am gesellschaftlichen Leben entscheidet."[69]

Überdies kann man bei genauerem Hinsehen bezweifeln, ob die Tatbestandslösung überhaupt als eigenständiges Lösungsmodell kategorisiert werden kann.

---

[64] Vgl. dazu auch *M. Grünberger*, Personale Gleichheit – Der Grundsatz der Gleichbehandlung im Zivilrecht, 2013, S. 812 ff.

[65] BVerfGE 148, 267 (283) [2018] – Stadionverbot.

[66] Ebenda.

[67] Vgl. ebenda, 282.

[68] Vgl. ebenda. Ebenso in der Folgerechtsprechung, vgl. BVerfG(K), Beschl. v. 22.5.2019, 1 BvQ 42/19, Rn. 15 – III. Weg/Facebook; BVerfG(K), Beschl. v. 27.8.2019, 1 BvR 879/12, Rn. 7 – Hausverbot für NPD-Vorsitzenden.

[69] Ebenda, Rn. 41. Kritisch dazu auch *F. Michl*, Situativ staatsgleiche Grundrechtsbindung privater Akteure – Zugleich Besprechung von BVerfG, Beschluss vom 11.4.2018 – 1 BvR 3080/09, JuristenZeitung 2018, 910, 916 f.

Vielmehr scheint sie im Endeffekt immer stets auf ein Vorrang- oder ein Rechtfertigungsmodell hinauszulaufen. Auf der einen Seite führt die Regel-/Ausnahme-Konstruktion zu einem „Alles oder Nichts"-Ansatz, der charakteristisch für die Vorranglösung ist. Die Tatbestandslösung muss dabei begründen, warum sie A bzw. B „alles" oder „nichts" zuspricht und kann dafür letztlich auf keine andere Argumentation zurückgreifen als auf diejenige der Vorranglösung, nämlich die Präponderanz „der" Freiheit gegenüber „der" Gleichheit.[70] Dies klingt wiederum auch im Stadionverbotsbeschluss an.[71] Auf der anderen Seite, will sie die binäre Ja/Nein-Lösung vermeiden, muss sie immer weitere (Unter-) Ausnahmen zulassen und mutiert sodann in einen gleitenden Ansatz, was im Ergebnis der *Rechtfertigungs*lösung gleichkommt.

Diese hat gegenüber Vorrang- und Tatbestandslösung deshalb den Vorteil der Flexibilität. Nicht Ja/Nein ist die Antwort, sondern ein „Rechtfertigungskontinuum" erlaubt eine graduelle Bandbreite von Ergebnissen, die von begründungsloser Ungleichbehandlung bis zu einem strikten Diskriminierungsverbot reichen können.[72] Dies ist nicht nur die notwendige Konsequenz aus der reflexiven Beziehung von Freiheit des Einen und Gleichheitshindernis der Anderen (oder umgekehrt), sondern damit zugleich Entgegnung auf die eingangs dargestellte Behauptung der vorherrschenden Auffassung, die unmittelbare Geltung von Art. 3 GG im Verhältnis zwischen Privaten zerstöre die Privatautonomie und müsse daher ausscheiden. Der flexible Ausgleich der verschiedenen Autonomiesphären im Einzelfall erlaubt nämlich selbstverständlich eine Lösung, wonach A den B im Privatrechtsverhältnis unter Umständen auch ungleich behandeln darf.[73] Denn wie oben dargelegt sind Anwendungsansätze auch hinsichtlich Kollisionen von Freiheit und Gleichheit so zu konstruieren, dass A erst und nur dann grundrechtlich verpflichtet wird, wenn der Ausgleich ihrer Grundrechtspositionen mit denjenigen des B im konkreten Einzelfall einen bestimmten Anspruch hervorbringt, dessen konkrete Ausgestaltung sich ebenfalls aus der „Abgrenzung individueller Autonomiesphären" in der spezifischen *inter partes*-

---

[70] Vgl. *M. Grünberger*, Personale Gleichheit – Der Grundsatz der Gleichbehandlung im Zivilrecht, 2013, S. 820.

[71] Vgl. BVerfGE 148, 267 (283) [2018] – Stadionverbot: „Grundsätzlich gehört es zur Freiheit jeder Person, nach eigenen Präferenzen darüber zu bestimmen, mit wem sie wann unter welchen Bedingungen welche Verträge abschließen und wie sie hierbei auch von ihrem Eigentum Gebrauch machen will. Diese Freiheit wird durch die Rechtsordnung und insbesondere durch das Zivilrecht näher ausgestaltet und vielfach begrenzt; dabei kann dieses auch von Verfassungs wegen spezifischen Anforderungen unterliegen. Ein allgemeiner Grundsatz, wonach private Vertragsbeziehungen jeweils den Rechtfertigungsanforderungen des Gleichbehandlungsgebots unterlägen, folgt demgegenüber aus Art. 3 Abs. 1 GG auch im Wege der mittelbaren Drittwirkung nicht."

[72] Vgl. ausführlich *M. Grünberger*, Personale Gleichheit – Der Grundsatz der Gleichbehandlung im Zivilrecht, 2013, S. 824ff., zusammenfassend S. 866ff.

[73] So im Ergebnis auch BVerfG(K), Beschl. v. 27.8.2019, 1 BvR 879/12, Rn. 6ff., wenn auch dort unter Verweis auf die „mittelbare Drittwirkung".

Beziehung ergibt. B muss A also auch nach den Anwendungsansätzen nicht stets gleich behandeln bzw. für eine Ungleichbehandlung einen sachlichen Grund angeben. Was bzw. ob er etwas tun muss oder nicht, ergibt sich erst aus dem wechselseitigen Ausgleich der widerstreitenden Grundrechtspositionen.[74] Dabei wird die Gewichtung der Grundrechtspositionen beider Seiten vom gewählten Autonomieverständnis beeinflusst.[75] Unterkapitel C diskutiert, wie ein solcher Ausgleich zwischen Freiheitsrechten untereinander bzw. zwischen Freiheits- und Gleichheitsrechten zu konstruieren ist. Dies betrifft vor allem die Frage, ob und in welcher Form man hierbei auf den Grundsatz der Verhältnismäßigkeit zurückgreifen kann.

C. (Wie) gilt der Verhältnismäßigkeitsgrundsatz?

Häufig liest man in der Literatur, dass selbst nach staatsgerichteten Horizontalwirkungskonstruktionen der Grundsatz der Verhältnismäßigkeit[76] nicht heran-

[74] Vgl. auch *M. Kumm*, Who is Afraid of the Total Constitution? Constitutional Rights as Principles and the Constitutionalization of Private Law, German Law Journal 2006, Bd. 7, 341, 362f.: „[W]hen applying constitutional rights to the private context the autonomy interests of the other party need to be taken into account when determining the limits of the rights. [...] The question asked when balancing competing rights between private individuals is one that concerns the delimitation of respective spheres of autonomy." In ähnliche Richtung auch *G. Britz*, Diskriminierungsschutz und Privatautonomie, VVDStRL 2005, Bd. 64, 355, 365ff. (wenn auch hier hinsichtlich einfachrechtlicher Diskriminierungsverbote). Deshalb trägt das Argument gegen die Horizontalwirkung des Art. 3 GG nicht, wonach „der Gleichheitssatz als Begründungsgebot einer Abwägung" nicht zugänglich sei (so *S. Boysen*, in: v. Münch/Kunig, Grundgesetz – Kommentar, Bd. 1, 6. Aufl. 2012, Art. 3/Rn. 50; vgl. auch *F. Michl*, Situativ staatsgleiche Grundrechtsbindung privater Akteure – Zugleich Besprechung von BVerfG, Beschluss vom 11.4.2018 – 1 BvR 3080/09, JuristenZeitung 2018, 910, 914).

[75] Wie bereits erwähnt haben sich die im sechsten Kapitel herausgearbeiten und anhand praktischer Fälle getesteten Kriterien der Authentizität und Kontrolle insoweit als hilfreich und praktikabel erwiesen, vgl. oben Kap. 6, A.I.1.b) und c) sowie E.I.

[76] Ob und wie der Verhältnismäßigkeitsgrundsatz auch im Privatrechtsverhältnis gilt, hat auch in jüngerer Zeit eine Vielzahl von Autoren beschäftigt. Vgl. auswahlweise nur *A. Tischbirek*, Die Verhältnismäßigkeitsprüfung – Methodenmigration zwischen öffentlichem Recht und Privatrecht, 2017; *L. Kähler*, Raum für Maßlosigkeit – Zu den Grenzen des Verhältnismäßigkeitsgrundsatzes im Privatrecht, in: M. Jestaedt/O. Lepsius (Hrsg.), Verhältnismäßigkeit, 2015, 210; *P. Derleder*, Die uneingelöste Grundrechtsbindung des Privatrechts, in: M. Jestaedt/O. Lepsius (Hrsg.), Verhältnismäßigkeit – Zur Tragfähigkeit eines verfassungsrechtlichen Schlüsselkonzeptes, 2015, 234; *M. Bieder*, Das ungeschriebene Verhältnismäßigkeitsprinzip als Schranke privater Rechtsausübung, 2007; siehe auch *H. Hanau*, Der Grundsatz der Verhältnismäßigkeit als Schranke privater Gestaltungsmacht, 2004. Zur Verhältnismäßigkeit als privatrechtlicher Grundsatz siehe auch *M. Stürner*, Der Grundsatz der Verhältnismäßigkeit im Schuldvertragsrecht, 2010. Grundlegend auch bereits *D. Medicus*, Der Grundsatz der Verhältnismäßigkeit im Privatrecht, Archiv für die civilistische Praxis 1992, Bd. 192, 35. Rechtsvergleichend siehe *H. Collins*, On the (In)compatibility of Human Rights Discourse and Private Law, in: H.-W. Micklitz (Hrsg.), Constitutionalization of European Private Law, 2014, 26, 49–51. Allgemein zum Verhältnismäßigkeitsgrundsatz, auch rechtsvergleichend, siehe *A. Barak*,

zuziehen sei, weil er nur die Staat-Bürger-Beziehung betreffe und nicht die Beziehung Privater untereinander.[77] Hier außen vor lassend, dass dies bereits deshalb widersprüchlich ist, weil nach staatsgerichteten Ansätzen doch ohnehin nur ein Grundrechtsverhältnis zwischen Staat und Privatem bestehen soll, sei zunächst noch einmal hervorgehoben,[78] was es dogmatisch bedeutet, dass sich bei der zweistufigen Anwendung wechselseitige grundrechtliche Anspruch-Pflichten-Verhältnisse gegenüberstehen. Danach ist A Inhaberin einer oder mehrerer Grundrechtspositionen gegenüber B und B ist Inhaber einer oder mehrerer Grundrechtspositionen gegenüber A. Weil der Freiheits-/Gleichheitsgegenstand der A das Freiheits-/Gleichheitshindernis des B darstellt[79] – und *vice versa* – kann aufgrund dieser Reflexivität ihrer Grundrechtspositionen weder A noch B *a priori* ein grundrechtlicher Erfüllungsanspruch gegen die/den Andere/n zustehen. Ein solcher Anspruch entsteht nur, falls der Ausgleich ihrer wechselseitigen Grundrechtspositionen diesen als Resultat ergibt. Ein solches Endresultat – Anspruch der A, Anspruch des B oder kein Anspruch – ist Folge einer Prüfung mehrerer gedanklicher Schritte (dazu sogleich). Nur dieses Endresultat, dieser Ausgleich zwischen wechselseitigen Grundrechtspositionen Privater, ermöglicht dementsprechend der einen Grundrechtsträgerin einen grundrechtlichen Erfüllungsanspruch gegen den anderen Grundrechtsträger. Nur dieses Endresultat stellt den grundrechtlichen Anspruch dar, den sie gegen den Anderen hat – oder nicht hat. Die Tatsache, dass A zunächst Inhaberin einer Grundrechtsposition ist, also z.B. ihre Meinung über B kund zu tun, verpflichtet B nicht als solche bereits zur Hinnahme dieser Meinungsäußerung. Denn B ist seinerseits Inhaber einer Grundrechtsposition – im Beispiel: seiner persönlichen Ehre. Beeinträchtigt die Freiheitsbetätigung der A (Meinungsäußerung) die Freiheitsposition des B (persönliche Ehre) als reflexives Grundrechtsverhältnis A-B, dann lässt sich *a priori* nicht sagen, welche Position Vorzug genießt und wer entsprechend einen grundrechtlichen Erfüllungsanspruch gegen die Gegenseite hat. Erst der Ausgleich ihrer widerstreitenden Grundrechtspositionen ergibt ein Endresultat – beispielsweise, dass A ihre Meinungsäußerung unterlassen oder dass B die Beeinträchtigung seiner Ehre hinnehmen muss.

Wie im Falle der Grundrechtsbeziehung Bürger-Staat verschaffen die Grundrechtsnormen somit zunächst lediglich *prima facie*-Positionen.[80] Ebenso wie dort

---

Proportionality – Constitutional Rights and Their Limitations, 2012. Zu den historischen Grundlagen siehe *B. Remmert*, Verfassungs- und verwaltungsrechtsgeschichtliche Grundlagen des Übermaßverbotes, 1995.

[77] Vgl. nur *T. Barczak*, Konstitutionalisierung der Privatrechtsordnung, in: F. Scheffczyk/K. Wolter (Hrsg.), Linien der Rechtsprechung des Bundesverfassungsgerichts – erörtert von den wissenschaftlichen Mitarbeiterinnen und Mitarbeitern, Bd. 4, 91, 115f. m.w.N.

[78] Siehe dazu bereits auch oben Kap. 3, E.I.2.

[79] Zur Terminologie und zur Bedeutung dieser Unterscheidung siehe *G.C. MacCallum*, Negative and Positive Freedom, The Philosophical Review 1967, Bd. 76, 312, 314ff.

[80] Vgl. dazu *R. Alexy*, Theorie der Grundrechte, 1986, S. 87ff.

erfordert ein Eingriff eine Rechtfertigung. Da jedoch nach der zweistufigen Anwendung Private nicht wie der Staat lediglich grundrechtsverpflichtet, sondern zugleich – reflexiv – grundrechtsberechtigt *und* grundrechtsverpflichtet sind, stehen sich deren Grundrechtspositionen unmittelbar gegenüber und verlangen nach einem Ausgleich[81]. Dieser Ausgleich kann in der Tat wegen dieser Reflexivität nicht gleicher Art sein wie im Staat-Bürger-Verhältnis. Unbesehen kann die zweistufige Anwendung den Verhältnismäßigkeitsgrundsatz mithin nicht übernehmen.[82] Nichtsdestoweniger bin ich der Auffassung, dass – mit gewissen Modifizierungen – wesentliche Elemente der Verhältnismäßigkeitsprüfung auch für den Ausgleich unmittelbar anwendbarer wechselseitiger Grundrechtspositionen Privater fruchtbar gemacht werden können.

Der erste notwendige und signifikante Unterschied zur Verhältnismäßigkeitsprüfung in der Staatsrichtung[83] ist bereits der „legitime Zweck". Der Staat ist nur grundrechtsverpflichtet und muss daher stets einen legitimen Zweck zur Rechtfertigung eines Grundrechtseingriffes präsentieren. Die Private A ist (auch) grundrechtsberechtigt. Greift ihr Verhalten in die Grundrechte des B ein, liegt der legitime Zweck ihres Handelns bereits in diesem Handeln selbst. Denn dieses stellt Grundrechtsbetätigung dar, nämlich mindestens der allgemeinen Handlungsfreiheit nach Art. 2 Abs. 1 GG. Zunächst ist deshalb zu prüfen, ob das Verhalten der A den Gewährleistungsgehalt der Grundrechte des B und wechselseitig das Verhalten des B die Grundrechte der A beeinträchtigt. Ist dies auf beiden Seiten nicht der Fall, besteht bereits *a priori* kein Anspruch der A oder des B. Dies ist möglich, beispielsweise wenn B durch die Äußerung der A nicht in seiner Ehre berührt ist, weil er nach der Beurteilung eines verständigen Zuhörers weder direkt noch mittelbar von der Äußerung betroffen war, oder wenn sich B zusammen mit Dritten auf dem Gelände der A mit Waffen versammeln möchte. Beeinträchtigt die jeweilige Grundrechtsbetätigung die reflexive Grundrechtsbetätigung der Gegenseite, so ist der „legitime Zweck" indiziert. Denn das Verhalten der einen Seite, das jeweils die Grundrechtsbetätigung der anderen Seite beeinträchtigt, ist ebenfalls grundrechtsbewehrt und wird seinerseits durch die Grundrechtsbetätigung der anderen Seite beeinträchtigt. Auf den Prüfungspunkt „legitimer Zweck" sollte man folglich hier verzichten.

---

[81] Ähnlich z. B. *W. Rüfner*, Grundrechtsadressaten, in: J. Isensee/P. Kirchhof (Hrsg.), Handbuch des Staatsrechts, 3. Aufl. 2011, Bd. IX, § 197, S. 793, 835 f./Rn. 108 und *M. Stürner*, Der Grundsatz der Verhältnismäßigkeit im Schuldvertragsrecht, 2010, S. 286 f., 330 („Ausgleich"), auch wenn sie dazu widersprüchlich auf der anderen Seite eine unmittelbare Grundrechtsgeltung zwischen Privaten verneinen.

[82] Vgl. aber *M. Grünberger*, Personale Gleichheit – Der Grundsatz der Gleichbehandlung im Zivilrecht, 2013, S. 829, der alle vier Elemente der Verhältnismäßigkeitsprüfung adaptieren will, wenn auch nicht ohne teilweise erhebliche Anpassungen.

[83] Vgl. dazu auch rechtsvergleichend und in globalen Zusammenhängen *J. Saurer*, Die Globalisierung des Verhältnismäßigkeitsgrundsatzes, Der Staat 2012, Bd. 51, 3, 13 ff.

Hat man festgestellt, ob das Verhalten von A und B wechselseitig ihre jeweiligen Grundrechte berührt, erfordert des Weiteren ihr reflexives Grundrechtsverhältnis, dass ein Ausgleich nur notwendig ist, wenn die jeweilige Handlung *h* auch die Verfolgung der grundrechtlichen Interessen des jeweiligen Grundrechtsträgers fördert. Nimmt man den Stadionverbotsbeschluss als Beispiel: Das Hausrecht und Sicherheitsinteresse als Ausfluss des Eigentumsrechts der Stadionbetreiberin wird nicht durch jede Ungleichbehandlung des Fußballfans gefördert. Lässt man ihn ins Stadion, zwingt ihn aber, eine Augenbinde zu tragen, damit er das Spiel nicht sieht, behandelt dies ihn ungleich gegenüber anderen Stadionbesuchern, trägt indes nicht zum Schutz der Eigentumsinteressen der Stadionbetreiberin aus Art. 14 Abs. 1 GG mit Blick auf ihr Hausrecht bei. Deshalb ist auch im Rahmen der zweistufigen Anwendung zu fordern, dass Private im reflexiven Grundrechtsverhältnis – d.h. bei ihrer Grundrechtsbetätigung in der Wechselbeziehung zur Grundrechtsbetätigung anderer Grundrechtsträger – den Rationalitätsstandard der Geeignetheit beachten müssen.[84]

Wie verhält es sich allerdings mit der Erforderlichkeit? Muss A gegenüber B (und B gegenüber A) das relativ mildeste Mittel zur Verfolgung ihrer grundrechtlichen Interessen wählen? Die Eigenart der Wechselseitigkeit ihrer Grundrechtsbeziehungen offenbart, dass bereits die Frage falsch gestellt ist. Denn die Wechselbezüglichkeit der gleichzeitigen Grundrechtsberechtigung und Grundrechtsverpflichtung von A und B bedeutet, dass man nicht einseitig prüfen kann, ob A gegenüber B das mildeste Mittel gewählt hat, weil sich die gleiche Frage auch umgekehrt im Verhältnis B-A stellt.[85] Ob eine bestimmte Handlung das mildeste Mittel zur Verfolgung der grundrechtlichen Interessen der A ist, ist nicht feststellbar ohne zugleich der Frage nachzugehen, ob umgekehrt diese Handlung auch das mildeste Mittel zur Verfolgung der grundrechtlichen Interessen des B darstellt. Dies führt aber unweigerlich in den Ausgleich der reflexiven Grundrechtspositionen. Somit ist die Erforderlichkeitsprüfung hier bereits deshalb obsolet, weil sie in wechselseitigen grundrechtlichen Anspruch-Pflichten-Verhältnissen notwendig einen Ausgleich dieser reflexiven Grundrechtspositionen erforderte. Entsprechend geht sie in der Angemessenheitsprüfung auf.

Diese Angemessenheits- als letzter Schritt der modifizierten Verhältnismäßigkeitsprüfung erfordert einen Ausgleich der Grundrechte von A und B. Die Figur

[84] Vgl. zur Geeignetheit als Ausdruck einer „rational connection" ausführlich *A. Barak*, Proportionality – Constitutional Rights and Their Limitations, 2012, S. 303ff. Dass die Geeignetheit im Erforderlichkeitstest aufgehen kann, ist zwar richtig (siehe ebenda, S. 315f.), setzt aber voraus, dass auch der Erforderlichkeitstest Anwendung findet. Dies verkennt *M. Stürner*, Der Grundsatz der Verhältnismäßigkeit im Schuldvertragsrecht, 2010, S. 325f., wenn er die Geeignetheitsprüfung bereits deshalb ablehnen will, weil die Erforderlichkeitsprüfung im Privatrecht keinen Raum habe.

[85] Ähnlich auch *M. Stürner*, Der Grundsatz der Verhältnismäßigkeit im Schuldvertragsrecht, 2010, S. 320.

der praktischen Konkordanz[86] korrespondiert hierbei mit der grundrechtlichen Reflexivität, die der zweistufigen Anwendung aneignet. Gerade wenn, wie hier, der Freiheitsgegenstand der A das Freiheitshindernis des B und der Freiheitsgegenstand des B das Freiheitshindernis der A bedeutet, bietet sich ein Ausgleich im Sinne einer bestmöglichen Förderung der widerstreitenden Grundrechtspositionen an. Insoweit entspricht dieses Optimierungsgebot gerade der spezifischen Konstellation einer unmittelbaren Geltung der Grundrechte zwischen Privaten.[87]

Die hierbei zu vollziehende Abwägung muss im konkreten Einzelfall die reflexiven Grundrechtspositionen in Ausgleich bringen, mit anderen Worten und in der Terminologie personaler Autonomie gesprochen: die spezifischen wechselseitigen Autonomiesphären abgrenzen. Dazu haben sich die Autonomiebedingungen der Authentizität und Kontrolle als praktisch instruktiv, dogmatisch operabel und philosophisch fundiert erwiesen.[88] Sie ermöglichen eine erheblich differenziertere Betrachtung und Bewertung als nichtssagende Verweise auf „Privatautonomie“ oder die *topoi* der „Selbst- vs. Fremdbestimmung“ bzw. der auch im Stadionverbotsbeschluss anklingenden[89] „strukturellen Unter-/Überlegenheit“, welche die Argumentation in Literatur und Rechtsprechung dominieren[90]. Sie können deshalb beispielsweise plausibel begründen, warum die Tochter im Bürgschaftsfall von ihrer Bürgschaft zu befreien war, der Handelsvertreter im Handelsvertreterbeschluss jedoch weiterhin aus dem Handelsvertretervertrag hätte verpflichtet bleiben müssen.[91]

Darüber hinaus hat das sechste Kapitel hinsichtlich der Abgrenzung bestimmter Autonomiesphären insbesondere im Verhältnis von individuell-per-

[86] Vgl. dazu grundlegend *R. Bäumelin*, Das Grundrecht der Gewissensfreiheit, VVDStRL 1970, Bd. 28, 3, 18 f.; *K. Hesse*, Grundzüge des Verfassungsrechts der Bundesrepublik Deutschland, 20. Aufl. 1995, Rn. 315–317.

[87] Vgl. auch *M. Stürner*, Der Grundsatz der Verhältnismäßigkeit im Schuldvertragsrecht, 2010, S. 333 ff., wenn auch wiederum unter Ablehnung der unmittelbaren Anwendung. Ähnlich gleichermaßen *W. Rüfner*, Grundrechtsadressaten, in: J. Isensee/P. Kirchhof (Hrsg.), Handbuch des Staatsrechts, 3. Aufl. 2011, Bd. IX, § 197, S. 793, 836/Rn. 109; *C. D. Classen*, Die Drittwirkung der Grundrechte in der Rechtsprechung des Bundesverfassungsgerichts, Archiv des öffentlichen Rechts 1997, Bd. 122, 65, 98. Ablehnend gegenüber der praktischen Konkordanz trotz Akzeptanz der unmittelbaren Geltung der Grundrechte zwischen Privaten dagegen *R. Christensen/A. Fischer-Lescano*, Das Ganze des Rechts – Vom hierarchischen zum reflexiven Verständnis deutscher und europäischer Grundrechte, 2007, S. 291 ff.

[88] Vgl. oben Kap. 6, A.I.1.b) und c), im Einzelnen B.–D. sowie zusammenfassend E.I.

[89] Vgl. BVerfGE 148, 267 (284) [2018] – Stadionverbot: „[Der Stadionbetreiber] darf seine hier aus dem Hausrecht – so wie in anderen Fällen möglicherweise aus einem Monopol oder aus *struktureller Überlegenheit* – resultierende Entscheidungsmacht nicht dazu nutzen, bestimmte Personen ohne sachlichen Grund von einem solchen Ereignis [wie Fußballspiele von deutschen Profimannschaften] auszuschließen.“ (Meine Hervorhebung).

[90] So jüngst auch *B. Raue*, Meinungsfreiheit in sozialen Netzwerken – Ansprüche von Nutzern sozialer Netzwerke gegen die Löschung ihrer Beiträge, JuristenZeitung 2018, 961, 965 f.

[91] Siehe dazu oben Kap. 6, B.I.2.b).

sonaler und kollektiv-politischer Autonomie mehrere Präferenzgrundsätze als Orientierungspunkte für die Abwägung herausgearbeitet. Beispiele sind unter anderem: die widerlegliche Vermutung zugunsten der Meinungsfreiheit, soweit sie einen Beitrag zur öffentlichen Meinungsbildung leistet, gegenüber der Freiheit zur wirtschaftlichen Betätigung[92]; der grundsätzliche Vorzug der Kunstfreiheit Dritter gegenüber den Rechten des Werkinhabers, wenn dieser mithilfe dieser Rechte versucht, die Rezeption des Werkes in der Öffentlichkeit zu kontrollieren[93]; oder die grundsätzliche Unzulässigkeit der Vereinbarung abstrakt-genereller privater Kleider- oder Verhaltenspflichten von Arbeitnehmern, welche deren weltanschaulich-religiöses Verhalten zu kontrollieren suchen[94]. Derartige Orientierungspunkte der Abgrenzung bestimmter Autonomiesphären entbinden indes nicht von der argumentativen Kleinarbeit im Einzelfall. Wesensmerkmal des reflexiven Grundrechtsverhältnisses zwischen Privaten ist es gerade, wie bereits mit Blick auf die demokratietheoretische Bewertung der zweistufigen Anwendung betont,[95] dass sich aus einer bestimmten *inter partes*-Beziehung ein bestimmter grundrechtlicher Anspruch ergibt. Dieser ist zunächst spezifisch für dieses einzelne reflexive Grundrechtsverhältnis. Was in diesem einzelnen Grundrechtsverhältnis gilt, ist nicht ohne Weiteres auf andere Grundrechtsverhältnisse zwischen anderen Privaten übertragbar. Bestimmte Orientierungspunkte der Angemessenheitsprüfung ersetzen daher nicht die argumentative Auseinandersetzung mit den Besonderheiten des Einzelfalls, sowohl hinsichtlich des Sachverhalts als auch hinsichtlich der konkreten grundrechtlichen Kollisionslage.

Das Vorgesagte lässt sich auch auf die Kollision zwischen Freiheits- und Gleichheitsrechten übertragen. Denn erstens ist die Reflexivität nicht nur für den Konflikt Freiheit-Freiheit, sondern auch für den Konflikt Freiheit-Gleichheit charakteristisch. Als Beispiel diene wiederum den Stadionverbotsbeschluss: Die Freiheit des Stadionbetreibers, einen Fußballfan nach seinem Belieben vom Besuch von Fußballspielen auszuschließen (Freiheitsgegenstand), bedeutet dass dieser gegenüber anderen Fußballfans ungleich behandelt wird, die weiterhin Spiele besuchen dürfen (Gleichheitshindernis).[96] Zweitens können auch hier Rationalitätsanforderungen an die Handlungen von Stadionbetreiber und Fußballfan insoweit gestellt werden, als sie die Verfolgung der grundrechtlichen Interessen (Hausverbot auf der einen, Gleichbehandlung auf der anderen Seite) fördern müssen. Drittens spricht auch der Optimierungscharakter der Angemessenheitsprüfung einschließlich der praktischen Konkordanz nicht gegen deren Anwendung auch auf die Kollisionslage Freiheit-Gleichheit. Denn wie der Stadionverbotsbeschluss illustriert, kann auch bei Gleichbehandlungsgeboten

[92] Vgl. oben Kap. 6, B.III.1.
[93] Vgl. oben Kap. 6, C.I.3.
[94] Vgl. oben Kap. 6, D.I. und II.2.
[95] Vgl. zusammenfassend oben Kap. 6, E.III.
[96] Vgl. BVerfGE 148, 267 [2018] – Stadionverbot sowie auch bereits oben B.II.

die Antwort graduell und muss nicht notwendiger Weise binär ausfallen.[97] Die Alternativen sind nicht nur Gleichbehandung oder Ungleichbehandlung. Das „Rechtfertigungskontinuum" kann vielmehr von begründungsloser Ungleichbehandlung über lediglicher Angabe eines vom ungleich Behandelnden selbst bestimmbaren Sachgrundes bis hin zur Begrenzung auf wenige spezifische zulässige Sachgründe, die Beachtung zusätzlicher Verfahrensanforderungen oder schließlich dem strikten Verbot jeglicher Ungleichbehandlung reichen – um nur einige Punkte auf der Skala zu markieren.[98] Auch das BVerfG orientiert in seiner jüngeren Rechtsprechung zu Art. 3 Abs. 1 GG im Staat-Bürger-Verhältnis die Rechtfertigungsprüfung zunehmend am Verhältnismäßigkeitsgrundsatz.[99] Im Stadionverbotsbeschluss könnte man den offenbar als Schutzbereichsausschluss intendierten Verweis auf die „spezifische Konstellation" stattdessen als einen Faktor – unter mehreren Faktoren – im Rahmen der Angemessenheitsprüfung berücksichtigen. Hierbei könnte man, in Anlehnung an die Aussagen des Gerichts, darauf abstellen, ob die Veranstaltung, hinsichtlich derer die Teilnahme ausgeschlossen wird, von besonderer Bedeutung für die „Teilnahme am öffentlichen Leben" ist[100] und ob der Ausschließende eine monopolartige Machtposition innehat, sodass der Ausschluss im Wesentlichen diese Form der

---

[97] Anders dagegen *F. Michl*, Situativ staatsgleiche Grundrechtsbindung privater Akteure – Zugleich Besprechung von BVerfG, Beschluss vom 11.4.2018 – 1 BvR 3080/09, JuristenZeitung 2018, 910, 915.

[98] Vgl. für derartige Beispiele *M. Grünberger*, Personale Gleichheit – Der Grundsatz der Gleichbehandlung im Zivilrecht, 2013, S. 824 ff., zusammenfassend S. 866 ff. Ein wesentlicher Faktor im Rahmen der Abwägung ist dabei insbesondere, ob durch die Ungleichbehandlung der Gebrauch von Freiheitsgrundrechten beeinträchtigt wird, vgl. ebenda, S. 832. Siehe auch BVerfGE 88, 87 (96) [1993] – Transsexuelle (stRspr); aus der Literatur stellvertretend *F. Wollenschläger*, in: v. Mangoldt/Klein/Starck, Grundgesetz – Kommentar, Bd. 1, 7. Aufl. 2018, Art. 3 Abs. 1/Rn. 146 ff. m. w. N.

[99] Aus der Rechtsprechung aus jüngerer Zeit vgl. nur BVerfGE 138, 136 (180) [2014] – Erbschaftssteuer („am Grundsatz der Verhältnismäßigkeit orientierter verfassungsrechtlicher Prüfungsmaßstab"). Vgl. dazu auch *G. Britz*, Der allgemeine Gleichheitssatz in der Rechtsprechung des BVerfG – Anforderungen an die Rechtfertigung von Ungleichbehandlungen durch Gesetz, Neue Juristische Wochenschrift 2014, 346 m. w. N. zur Reschtsprechung des Gerichts; *P. Kirchhof*, in: Maunz/Dürig, Grundgesetz – Kommentar, 84. Ergänzungslieferung, August 2018, Art. 3 Abs. 1/Rn. 240 ff. Mit grundsätzlich anderem Ansatz dagegen *F. Wollenschläger*, in: v. Mangoldt/Klein/Starck, Grundgesetz – Kommentar, Bd. 1, 7. Aufl. 2018, Art. 3 Abs. 1/Rn. 115, 127 ff.

[100] Den Aspekt des „öffentlichen Forums" (*public forum*, vgl. auch BVerfGE 128, 226 (267 f.) [2011] – Fraport; grundlegend US Supreme Court, *Reverend Mr. B. Elton Cox v. Louisiana*, 379 U. S. 536 (1965), dazu *H. Kalven, Jr.*, The Concept of the Public Forum: Cox v. Lousiana, The Supreme Court Review 1965, Bd. 6, 1 ff.; *R. C. Post*, Between Governance and Management: The History and Theory of the Public Forum, UCLA Law Review 1986–1987, Bd. 34, 1713 ff.) greift auch *B. Raue*, Meinungsfreiheit in sozialen Netzwerken – Ansprüche von Nutzern sozialer Netzwerke gegen die Löschung ihrer Beiträge, JuristenZeitung 2018, 961, 966 f. auf – allerdings wie das BVerfG im Stadionverbotsbeschluss als Argument für eine „Grundrechtsbindung" (ebenda, 966) Privater und nicht als Abwägungsfaktor.

Teilnahme am öffentlichen Leben (temporär) unmöglich macht oder stark erschwert.[101]

D. Konsequenzen für das Verhältnis von Verfassungs- und Fachgerichtsbarkeit?

I. Kompetenzverschiebung und Kompetenzabgrenzung

Die zweistufige Anwendung stärkt die Fachgerichte. Nach diesem Ansatz, der zunächst auf das einfache Recht verweist, führt die unmittelbare Geltung der Grundrechte zwischen Privaten zu einer Bedeutungsverschiebung vom BVerfG hin zu den einfachen Gerichten. Dies betrifft zunächst einmal die Reichweite der konkreten Normenkontrolle. In der hinsichtlich der Anwendungskonstruktionen vertretbaren Interpretation des Art. 100 Abs. 1 Satz 1 GG legen die Zivil- und Arbeitsgerichte dem BVerfG nicht vor, wenn in einem Verfahren zwischen Privaten eine einfachrechtliche Vorschrift nicht dem Abwägungsresultat der Grundrechte beider Parteien entspricht. Denn wenn die Grundrechte unmittelbar zwischen Privaten gelten, stellen sie die streitentscheidenden Normen dar. Auf sie – und nicht auf das einfache Recht – „kommt" es bei der Entscheidung vor Gericht i. S. d. Art. 100 Abs. 1 Satz 1 GG „an". Dies gilt auch für die zweistufige Anwendung, da diese ebenfalls stets von einem unmittelbaren grundrechtlichen Anspruch-Pflichten-Verhältnis zwischen Privaten ausgeht und da überdies in einer *contra legem*-Konstellation wie im Falle des Art. 100 Abs. 1 Satz 1 GG die verfassungskonforme Auslegung des einfachen Rechts (erste Stufe der zweistufigen Anwendung) gescheitert ist.[102]

Art. 100 Abs. 1 Satz 1 GG verliert danach jedoch keineswegs seine Bedeutung in anderen Fällen. Er bleibt vollumfänglich anwendbar (1) im Privatrechtsstreit vor Zivil- und Arbeitsgerichten, wenn die Vereinbarkeit mit anderen ver-

---

[101] Vgl. die im Einzelnen durchaus fragwürdigen, weil sehr unbestimmten (vgl. dazu auch *F. Michl*, Situativ staatsgleiche Grundrechtsbindung privater Akteure – Zugleich Besprechung von BVerfG, Beschluss vom 11.4.2018 – 1 BvR 3080/09, JuristenZeitung 2018, 910, 913, 916 f.) Kriterien des BVerfGE 148, 267 (283 f.) [2018] – Stadionverbot: „Maßgeblich für die mittelbare Drittwirkung des Gleichbehandlungsgebots ist dessen Charakter als einseitiger, auf das Hausrecht gestützter Ausschluss von Veranstaltungen, die aufgrund eigener Entscheidung der Veranstalter einem großen Publikum ohne Ansehen der Person geöffnet werden und der für die Betroffenen in erheblichem Umfang über die Teilnahme am gesellschaftlichen Leben entscheidet. [...] [Der Stadionbetreiber] darf seine hier aus dem Hausrecht – so wie in anderen Fällen möglicherweise aus einem *Monopol oder aus struktureller Überlegenheit* – resultierende Entscheidungsmacht nicht dazu nutzen, bestimmte Personen ohne sachlichen Grund von einem solchen Ereignis auszuschließen." (Meine Hervorhebung).

[102] Vgl. dazu oben Kap. 5, C.I.3.c). Wie dort betont, führt die gegenteilige Auffassung nicht zur Verfassungswidrigkeit von Anwendungskonstruktionen, sondern lediglich dazu, dass auch diese ein konkretes Normenkontrollverfahren nach Art. 100 Abs. 1 Satz 1 GG erforderten.

fassungsrechtlichen Vorschriften oder Prinzipien als den Grundrechten in Frage steht, (2) in allen Verfahren vor Zivil- und Arbeitsgerichten mit staatlicher Beteiligung (z.B. Staatshaftungsfälle, Fiskus als Prozesspartei) sowie (3) in allen Verfahren vor Straf-, Verwaltungs-, Sozial und Finanzgerichten. In einem Privatrechtsstreit zwischen Privaten, also vor den Zivil- und Arbeitsgerichten, büßt das BVerfG hingegen im Wesentlichen seine Kompetenz ein, im Rahmen des Vorlageverfahrens nach Art. 100 Abs. 1 Satz 1 GG über die Vereinbarkeit einfachen Rechts mit den Grundrechten zu entscheiden. Indes verliert das BVerfG dadurch nicht seine Letztentscheidungskompetenz darüber, ob die fraglichen einfachrechtlichen Vorschriften mit den Grundrechten vereinbar sind. Denn es bleibt weiterhin im Rahmen der Urteilsverfassungsbeschwerde zuständig festzustellen, ob das einfache Recht gegen die Grundrechte verstößt. Mithin ist den Parteien auch nicht die Möglichkeit genommen, sich gegen die einfachrechtliche Vorschrift selbst zu richten und somit eine Entscheidung zu erlangen, die über den Einzelfall – d.h. über die Entscheidung des spezifischen Grundrechtsverhältnisses *inter partes* – hinaus die Geltung dieser Vorschrift abstrakt-generell klärt. Dies ist im Gegensatz zum konkreten Normenkontrollverfahren bei der Verfassungsbeschwerde allerdings nur nach Erschöpfung des Rechtswegs möglich, vgl. § 90 Abs. 2 Satz 1 BVerfGG.[103]

Jenseits des Art. 100 Abs. 1 Satz 1 GG führt die zweistufige Anwendung aber auch zu einem generellen Bedeutungszuwachs der Fachgerichte gegenüber der Verfassungsgerichtsbarkeit. Denn die Grundrechtsprüfung wird dadurch zur fachgerichtlichen Normalität, Grundrechte werden fachgerichtlicher Alltag. Zivil- und Arbeitsgerichte haben sie im Privatrechtsverhältnis unmittelbar anzuwenden, entweder indem sie das einfache Recht verfassungskonform auslegen oder indem sie, scheitert dies, den Streit unmittelbar aufgrund des Resultats der Verhältnismäßigkeitsprüfung der Grundrechtspositionen der Privaten entscheiden. In Kapitel 3 hat sich die Relevanz der gewählten Horizontalwirkungskonstruktionen für die intra-institutionelle Interaktion zwischen Fach- und Verfassungsgerichtsbarkeit herausgestellt.[104] Allerdings bleibt wie erwähnt das BVerfG auch nach der zweistufigen Anwendung gem. Art. 93 Abs. 1 Nr. 4a GG, § 90 Abs. 1 BVerfGG zuständig, im Wege der Verfassungsbeschwerde zu überprüfen, ob das Fachgericht („öffentliche Gewalt") bei seiner Entscheidung über das Privatrechtsverhältnis A-B deren Grundrechte angemessen berücksichtigt hat. Dem BVerfG verbleibt also weiterhin die Kompetenz des letzten Wortes über die Grundrechtsinterpretation sowie – wie ebenfalls erwähnt – die alleinige Kompetenz, eine einfachrechtliche Vorschrift *erga omnes* für unvereinbar mit den Grundrechten zu erklären.

---

[103] Zur Bedeutung dessen für Fragen der Rechtssicherheit siehe sogleich unten II.

[104] Vgl. dazu oben Kap. 3, A.V. und VIII.1. und B.I.6.a).

Zugleich bietet die zweistufige Anwendung dabei auch eine Antwort auf die bis heute nicht zufriedenstellend geklärte Kompetenzabgrenzung zwischen Fach- und Verfassungsgerichtsbarkeit (Stichwort: „spezifisches Verfassungsrecht"). Nun ist hinlänglich bekannt, dass diese Abgrenzung in der Praxis schwer fällt.[105] Die vom BVerfG seit dem Patentbeschluss[106] etablierte Formel vom „spezifischen Verfassungsrecht"[107] hat dazu letztlich wenig Erhellendes beigetragen. Wie *Martin Düwel* anschaulich aufgezeigt hat, wird die Verflechtung von einfachem und Verfassungsrecht durch drei frühe Entwicklungen in der Rechtsprechung des BVerfG verstärkt.[108] Im Elfes-Urteil erklärte das BVerfG jedes menschliche Verhalten für jedenfalls gemäß Art. 2 Abs. 1 GG grundrechtsrelevant und versubjektivierte zugleich objektive Verfassungsverstöße, indem es zuließ, dass Beschwerdeführer im Rahmen der Verfassungsbeschwerde jeden Nichtigkeitsgrund der Grundrechtsschranke als eigene Rechtsverletzung rügen konnten.[109] „Lüth" etablierte den Gedanken der grundrechtsgeleiteten Interpretation des einfachen Rechts.[110] „Schließlich hat mit der verfassungsrechtlichen

[105] Vgl. zu diesem Thema stellvertretend nur *E. Schumann*, Verfassungs- und Menschenrechtsbeschwerde gegen richterliche Entscheidungen, 1963, S. 204ff.; *U. Steinwedel*, „Spezifisches Verfassungsrecht" und „einfaches Recht" – Der Prüfungsumfang des Bundesverfassungsgerichts bei Verfassungsbeschwerden gegen Gerichtsentscheidungen, 1976; *H.-J. Papier*, „Spezifisches Verfassungsrecht" und „einfaches Recht" als Argumentationsformel des Bundesverfassungsgerichts, in: C. Starck (Hrsg.), Bundesverfassungsgericht und Grundgesetz – Festgabe aus Anlaß des 25jährigen Bestehens des Bundesverfassungsgerichts, 1976, 432; *M. Bender*, Die Befugnis des Bundesverfassungsgerichts zur Prüfung gerichtlicher Entscheidungen – Zur Bedeutung der Grundrechte für die Rechtsanwendung, 1989; *A. Scherzberg*, Grundrechtsschutz und „Eingriffsintensität" – Das Ausmaß individueller Grundrechtsbetroffenheit als materiellrechtliche und kompetenzielle Determinante der verfassungsgerichtlichen Kontrolle der Fachgerichtsbarkeit im Rahmen der Urteilsverfassungsbeschwerde, 1989; *C. Starck*, Verfassungsgerichtsbarkeit und Fachgerichte, JuristenZeitung 1996, 1033; *J. Berkemann*, Das Bundesverfassungsgericht und „seine" Fachgerichtsbarkeiten – Auf der Suche nach Funktion und Methodik, Deutsches Verwaltungsblatt 1996, 1028; *J. Ipsen*, Verfassungsprivatrecht?, JuristenZeitung 2014, 157; vgl. auch die Referate von *Alexy*, *Hermes*, *Heun* und *Kunig* zum Thema „Verfassungsrecht und einfaches Recht – Verfassungsgerichtsbarkeit und Fachgerichtsbarkeit" auf der Staatsrechtslehrertagung im Jahr 2001, insbesondere *P. Kunig*, Verfassungsrecht und einfaches Recht – Verfassungsgerichtsbarkeit und Fachgerichtsbarkeit, VVDStRL 2002, 35. Siehe auch *H. Bethge*, in: Maunz/Schmidt-Bleibtreu/Klein/Bethge, Bundesverfassungsgerichtsgesetz – Kommentar, 52. EL September 2017, § 90/Rn. 279ff.

[106] *R. Herzog*, Das Bundesverfassungsgericht und die Anwendung einfachen Gesetzesrechts, 1991, S. 9–16 arbeitet indes die Genese der Formel heraus und zeigt auf, dass sich Ansätze bereits in früheren Entscheidungen finden lassen.

[107] BVerfGE 18, 85 (92) [1964] – Patentbeschluss. Ständige Rechtsprechung, vgl. nur bespielhaft aus den folgenden Jahrzehnten BVerfGE 30, 173 (188) [1971] – Mephisto; E 66, 116 (131) [1984] – Springer/Wallraff; E 81, 242 (253) [1990] – Handelsvertreter; E 112, 332 (358) [2005] – Pflichtteil; BVerfGE 142, 74 (101) [2016] – Sampling.

[108] Vgl. *M. Düwel*, Kontrollbefugnisse des Bundesverfassungsgerichts bei Verfassungsbeschwerden gegen gerichtliche Entscheidungen – Zu einem Kooperationsverhältnis von Fach- und Verfassungsgerichtsbarkeit, 2000, S. 29–43, zusammenfassend S. 292f.

[109] Vgl. BVerfGE 6, 32 [1957] – Elfes.

[110] Vgl. BVerfGE 7, 198 [1958] – Lüth.

Fundierung des Verhältnismäßigkeitsgrundsatzes eine Argumentationsfigur Eingang in das verfassungsgerichtliche Kontrollarsenal gefunden, die in ihrer methodischen Anwendung ebenfalls eine wertende Betrachtung des einfachen Rechts erforderlich macht."[111]

Das BVerfG ist – in den für Fragen der Horizontalwirkung relevanten Fällen – nur zuständig, wenn ein Privater darlegen kann, dass seine Grundrechte durch einen staatlichen Hoheitsträger („öffentliche Gewalt") beeinträchtigt wurden. Art. 93 Abs. 1 Nr. 4a GG, § 90 Abs. 1 BVerfGG erlauben in ihrer gegenwärtigen Ausprägung ihrem eindeutigen Wortlaut nach dem BVerfG deshalb nur eine staatsgerichtete Horizontalwirkungskonstruktion. Sollte das BVerfG im Stadionverbotsbeschluss tatsächlich einen Anwendungsansatz präferiert haben,[112] vernachlässigt die Entscheidungsbegründung diese Problematik.

Man kann dieser Frage aber folgendermaßen begegnen: Die Fachgerichte entscheiden die Horizontalwirkungskonstellation aufgrund der zweistufigen Anwendung. Im Stadionverbotsbeschluss hat das BVerfG angedeutet, dass die Fachgerichte in der Wahl der Horizontalwirkungskonstruktion frei sind, solange „den grundrechtlichen Wertungen im Ergebnis hinreichend Rechnung getragen" ist.[113] Das BVerfG überprüft die fachgerichtliche Entscheidung. Es kontrolliert, ob dieser Akt „öffentlicher Gewalt" die Grundrechte der Parteien des Privatrechtsstreits hinreichend berücksichtigt. Es folgt dabei also einem Verantwortungsansatz,[114] wonach lediglich retrospektiv geprüft wird, ob die vorherige Entscheidung die Grundrechte beider Seiten beachtet hat.[115] Es entscheidet nicht über das Privatrechtsverhältnis A-B und kann entsprechend auch nicht entscheiden, ob A ein grundrechtlicher Anspruch gegen B zusteht (oder umgekehrt). Dies bleibt Domäne der Fachgerichte. Deren Prüfungsgegenstand ist das Privatrechts- einschließlich des unmittelbaren Grundrechtsverhältnisses A-B.[116] Der Prüfungsgegenstand des BVerfG ist dagegen das mit der Verfassungsbeschwerde angegegriffene fachrichterliche Urteil. Wenn das BVerfG

[111] *M. Düwel*, Kontrollbefugnisse des Bundesverfassungsgerichts bei Verfassungsbeschwerden gegen gerichtliche Entscheidungen – Zu einem Kooperationsverhältnis von Fach- und Verfassungsgerichtsbarkeit, 2000, S. 292.

[112] So z.B. *A. Hellgardt*, Wer hat Angst vor der unmittelbaren Drittwirkung? Die Konsequenzen der Stadionverbot-Entscheidung des BVerfG für die deutsche Grundrechtsdogmatik, JuristenZeitung 2018, 901 ff.; *F. Michl*, Situativ staatsgleiche Grundrechtsbindung privater Akteure – Zugleich Besprechung von BVerfG, Beschluss vom 11.4.2018 – 1 BvR 3080/09, JuristenZeitung 2018, 910 ff. Vgl. indes zu den Gegenargumenten oben A.

[113] Vgl. BVerfGE 148, 267 (285) [2018] – Stadionverbot.

[114] Vgl. oben Kap. 2, B.III.2. und Kap. 3, B.

[115] Vgl. auch oben Kap. 4, B.IV.2.

[116] Dabei ist zu beachten, dass auch in Berufungs- und Revisionsverfahren der Prüfungsgegenstand das Privatrechtsverhältnis ist – dann im Rahmen des Prüfungsumfangs der Berufung oder Revision – und nicht die Kompetenzüberschreitung der Instanzgerichte. Vgl. z.B. arg. ex § 563 Abs. 3 ZPO sowie an § 557 Abs. 3 S. 1 und § 561 ZPO. Vgl. dazu *A. May*, Die Revision in den zivil- und verwaltungsgerichtlichen Verfahren, 1995, S. 18 f.; *L. Rosenberg/K.-H. Schwab/P. Gottwald*, Zivilprozessrecht, 18. Aufl. 2018, S. 830, 843 f.; *B. Rimmelspacher*, in: T. Rauscher/

indes dieses Urteil auf etwaige Grundrechtsverletzungen hin kontrolliert, ist es nicht daran gehindert, dessen Horizontalwirkungsprüfung nachzuvollziehen. Das BVerfG kann also prüfen, ob das Fachgericht im Wege der zweistufigen Anwendung den Grundrechten von A und B „hinreichend Rechnung getragen" hat. In diesem begrenzten Umfang, nämlich im Nachvollzug der Argumentation der fachgerichtlichen Entscheidung, kann die zweistufige Anwendung somit auch vor dem BVerfG eine Rolle spielen. Solange jedoch der Verfassungs- und der einfache Gesetzgeber den Wortlaut der Art. 93 Abs. 1 Nr. 4a GG, § 90 Abs. 1 BVerfGG nicht verändern, bleibt das Verfassungsgericht darauf beschränkt, eine Grundrechtsverletzung des Beschwerdeführers nur durch die staatliche Gewalt, also im Staat-Bürger-Verhältnis, zu eruieren.

Damit ist die Kompetenzabgrenzung zwischen BVerfG und Fachgerichten geschärft: Die Fachgerichte entscheiden über das Privatrechtsverhältnis und dabei über das unmittelbare Grundrechtsverhältnis zwischen Privaten im Wege der zweistufigen Anwendung. Das BVerfG entscheidet mittels eines Verantwortungsansatzes darüber, ob die Fachgerichte – durch ihre Entscheidung im Wege der zweistufigen Anwendung – die Grundrechte der Beschwerdeführerin verletzt haben, nicht aber über das Privatrechtsverhältnis selbst.[117]

II. Zweistufige Anwendung und Rechtssicherheit

Weitere Folge der zweistufigen Anwendung und der Kompetenzverschiebung vom BVerfG zu den Fachgerichten könnte allerdings ein potentiell geringeres Maß an Rechtssicherheit sein.[118] Die zweistufige Anwendung wählt das einfache Recht als Ausgangs- und Orientierungspunkt. Solange dieses verfassungskonform im Sinne des Abwägungsresultats der Grundrechtspositionen der Privaten

W. Krüper (Hrsg.), Münchener Kommentar zur Zivilprozessordnung, 2013, Bd. 2, vor § 511/ Rn. 3.

[117] Insofern sei eine – allerdings instruktive – Marginalie mit Blick auf den Stadionverbotsbeschluss erwähnt: Das Kriterium der „spezifischen Konstellation" (vgl. BVerfGE 148, 267 (282, 283) [2018] – Stadionverbot. Siehe dazu auch ausführlich oben Kap. 4, C.II.) kann man funktional als kompetenzabsicherndes Instrument des BVerfG deuten. Indem das Gericht postuliert, dass die Horizontalwirkung des allgemeinen Gleichheitssatzes (und der allgemeinen Handlungsfreiheit) erfordert, dass eine solche „spezifische Konstellation" existiert (vgl. BVerfG, a. a. O., Rn. 37f., 40f.), wahrt es seinen Einfluss auf die Rechtsprechung zur Grundrechtswirkung zwischen Privaten auch dann, wenn die Fachgerichte die Grundrechte unmittelbar im Privatrechtsverhältnis anwenden. Denn unter welchen Voraussetzungen eine „spezifische Konstellation" genau anzunehmen ist, lässt das Gericht offen. Damit behält es sich selbst die Letztentscheidung darüber vor, wann eine solche besteht und entsprechend wann jedenfalls Art. 3 Abs. 1 und Art. 2 Abs. 1 GG auch zwischen Privaten Wirkung (oder gar Geltung) entfalten. Dies bedeutet, ähnlich seiner Rechtsprechung zum „spezifischen Verfassungsrecht" mithin auch die Kompetenz-Kompetenz, über den Umfang seiner Zuständigkeiten gegenüber den Fachgerichten zu entscheiden.

[118] Vgl. dazu auch oben Kap. 6, B.I.3.c) und E.III.

ausgelegt werden kann, besteht hinsichtlich der Rechtssicherheit kein nennenswerter Unterschied zu den meisten staatsgerichteten Ansätzen, insbesondere den Verantwortungskonstruktionen. Sieht das einfache Recht weite Tatbestände, vor allem unbestimmte Rechtsbegriffe oder Generalklauseln vor, so fehlt es bereits an einem erforderlichen Vertrauenstatbestand, da hier der Gesetzgeber den Gerichten die Wertungsausfüllung gerade überantwortet.[119] Weiterhin, auch darauf wurde hingewiesen,[120] ist ebenfalls den Verantwortungskonstruktionen grundsätzlich zu eigen, die Erfüllung des grundrechtlichen Anspruchs der A/des B gegen den Staat wegen dessen normhierarchischen Vorrangs auch zu verlangen, wenn die verfassungskonforme Auslegung des einfachen Rechts scheitert. Nur die verfassungskonforme Auslegung plus soll hier richterlicher Rechtsfortbildung *praeter legem* anhand dieses grundrechtlichen Anspruches klare Grenzen setzen, indem sie stattdessen den Gesetzgeber zur Erfüllung seines grundrechtlichen Schutzauftrages verpflichtet.[121] In der *contra legem*-Konstellation ist den Gerichten jedoch nach allen Verantwortungskonstruktionen wegen Art. 100 Abs. 1 Satz 1 GG eigentlich[122] untersagt, den Rechtsstreit allein aufgrund des grundrechtlichen Anspruchs des Privaten gegen den Staat zu entscheiden. Jedenfalls hier besteht daher ein erheblicher Unterschied zur zweistufigen Anwendung, wonach[123] Art. 100 Abs. 1 Satz 1 GG nicht einschlägig ist.

Daraus folgt im Anschluss an das zuvor Gesagte, dass das BVerfG nicht mehr die Entscheidung über die Frage monopolisiert, ob eine bestimmte einfachrechtliche Vorschrift in einem konkreten Einzelfall Geltung entfaltet. Dies bedeutet wiederum, dass zunächst zwischen einzelnen Fach(Höchst-)Gerichten untereinander Unklarheit herrschen kann, ob diese Norm des einfachen Rechts nun im konkreten Fall gilt oder nicht. Denn nach der hier entwickelten Konstruktion trifft jedes Fachgericht zunächst eine selbständige Entscheidung über den Ausgleich der Grundrechtspositionen von A und B. Es trifft somit auch eine selbständige Entscheidung über das Endresultat dieses Ausgleichs. Dieses kann zu einem individuellen, nur *inter partes* wirkenden grundrechtlichen Anspruch führen, der sodann das entgegenstehende einfache Recht aufgrund seines Normvorrangs beiseite schiebt und damit das Privatrechtsverhältnis A-B in diesem Einzelfall determiniert. Dabei liegt es nicht fern, dass unterschiedliche Gerichte zu unterschiedlichen Abwägungsresultaten gelangen. Die Gefahr aus Perspektive der Rechtssicherheit wird damit offenbar: Das AG Braunschweig mag anders entscheiden als das LG Tübingen, das KG Berlin oder der BGH.

[119] Vgl. dazu oben Kap. 5, C.III.2.

[120] Vgl. v. a. oben Kap. 6, C.II. (mit den Beispielen der „Herrenreiter"/„Soraya" und „Paul Dahlke"/„Marlene Dietrich"-Rechtsprechung), E.III. sowie auch in diesem Kapitel oben A.

[121] Vgl. dazu oben Kap. 4, B. sowie C.I. zu den Vorbehalten gegenüber der Realisierbarkeit.

[122] Vgl. allerdings oben Kap. 4, C.I. sowie Kap. 6, B.I.3.a) und C.II. zu der Tendenz auch der Verantwortungskonstruktionen zu richterlicher Rechtsfortbildung *contra legem*.

[123] Siehe oben I. und auch bereits Kap. 5, B.IV.

Sogar die einzelnen Richterinnen/Kammern/Senate desselben Gerichts mögen in ihren Entscheidungen teilweise erheblich variieren. Wie kann A, wenn sie sich überlegt, gegen B vor Gericht zu ziehen, unter diesen Umständen eine auch nur halbwegs verlässliche Prognose abgeben, ob die Entscheidung zu ihren Gunsten ausgeht oder nicht? Besteht hier nicht die Gefahr vollkommener Rechtsunsicherheit, die gar bereits vor Entstehung eines Rechtsstreits die Privatrechtsakteure in ihren wirtschaftlichen Entscheidungen beeinflussen wird?[124]

Doch diese Perhorreszierung ist unangebracht. *Erstens* sprechen auch hinsichtlich der Rechtssicherheit keine zwingenden verfassungsrechtlichen Gründe gegen die zweistufige Anwendung, zumal Gesichtspunkte des Vertrauensschutzes als subjektiv-rechtliche Ausprägung der Rechtssicherheit auch im Rahmen der Verhältnismäßigkeitsprüfung Berücksichtigung finden können.[125] *Zweitens* beschränkt sich die Anzahl der Sachverhaltskonstellationen, in denen die zweistufige Anwendung potentiell größere Rechtsunsicherheit bedeutet, im Wesentlichen auf die vergleichsweise seltene *contra legem*-Konstellation bei nachkonstitutionellen Gesetzen.[126] *Drittens* kann man auch nach der zweistufigen Anwendung die abstrakt-generelle Geltung einer Vorschrift des einfachen Privatrechts feststellen lassen. Denn im Rahmen der Urteilsverfassungsbeschwerde bleibt selbstverständlich die Möglichkeit, auch die gesetzgeberische Norm anzugreifen und damit zu klären, ob sie auch *erga omnes* (nicht) gilt.[127] Die stets mögliche Urteilsverfassungsbeschwerde bedeutet überdies *viertens*, dass weiterhin eine zusätzliche Kontrollinstanz den Fachrichter diszipliniert und somit die Gefahr unkontrollierter fachrichterlicher Rechtsfortbildung verringert. *Fünftens* sind voneinander abweichende Entscheidungen kein singuläres Phänomen einer unmittelbaren Grundrechtsgeltung zwischen Privaten, sondern der Existenz einer Vielzahl zuständiger Spruchkörper stets immanent. Höchstgerichte haben die Aufgabe, hier für eine gewisse Vereinheitlichung zu sorgen. Zwar ist diese im Falle der zweistufigen Anwendung dadurch ja gerade erschwert, dass sie eine richterliche Kreation faktisch gesetzesgleich wirkender Normen eindämmt.[128] Aber obwohl eine (faktische) abstrakt-generelle Verallgemeinerung erheblich weniger wahrscheinlich ist als nach staatsgerichteten Ansätzen, weil das Gericht auf das spezifische Grundrechtsverhältnis angesichts der Sachverhaltsumstände des Einzelfalles besonders fokussiert ist: Auch hier ist es nichtsdestoweniger Aufgabe der Höchstgerichte, bestimmte Präferenzgrundsätze und Orientierungspunkte herauszuarbeiten, die insbesondere im Rahmen

---

[124] In diese Richtung z.B. *H.-J. Papier*, Drittwirkung der Grundrechte, in: D. Merten/H.-J. Papier (Hrsg.), Handbuch der Grundrechte, Bd. II, 2006, § 55, S. 1331, 1340/Rn. 20.

[125] Vgl. dazu oben Kap. 5, C.III.2.

[126] Im Vergleich zur verfassungskonformen Auslegung plus auch *praeter legem*-Konstellationen.

[127] Vgl. dazu zuvor oben I.

[128] Vgl. dazu oben Kap. 6, B.I.3.a) und zusammenfassend E.III.

der Verhältnismäßigkeitsprüfung von den unterinstanzlichen Gerichten berücksichtigt werden müssen.[129] Dabei wird letzteren eine präzise Arbeit am Sachverhalt abverlangt, wenn sie begründen wollen, dass ein spezifisches Grundrechtsverhältnis ebenso oder anders zu behandeln ist wie in einer Entscheidung eines Höchstgerichts, dem ein ähnlicher Sachverhalt zugrunde lag. Schließlich ist meines Erachtens *sechstens* die Autonomiebeeinträchtigung durch ein vergleichsweise geringes Weniger an Rechtssicherheit aufgewogen durch den Gewinn an personaler Autonomie, den die zweistufige Anwendung verspricht: Keine Selbstbestimmung nur durch fremdbestimmte staatliche Mediatisierung, sondern Kontrolle durch eigene unmittelbare Grundrechtsinhaberschaft.[130]

E. Fazit

Die vier Fragen zum „wie" der vorzugswürdigen zweistufigen Anwendung sind folgendermaßen zu beantworten: Der dogmatische Geltungsgrund der zweistufigen Anwendung kann sich *erstens* zwar nicht auf eine starke positivrechtliche Basis stützen. Er liegt vielmehr in einer funktionalen Argumentation, welche der Grundrechtsdogmatik indes keineswegs fremd ist (siehe grundrechtliche Schutzpflichten).[131] *Zweitens* gelten die meisten, jedoch nicht alle Freiheitsrechte zwischen Privaten. Hier ist eine differenzierte Betrachtung der einzelnen grundrechtlichen Vorschriften erforderlich, insbesondere mit Blick auf Wortlaut, Entstehungsgeschichte und *telos*. Ferner sprechen auch keine grundsätzlichen Argumente gegen die Geltung der Gleichheitsrechte zwischen Privaten.[132] Das reflexive Grundrechtsverhältnis A-B, das Folge der zweistufigen Anwendung ist, bedeutet, dass die Grundrechte im Verhältnis A-B nicht in gleicher Weise gelten können wie im Verhältnis A-Staat bzw. B-Staat. Ein grundrechtlicher Anspruch der A gegen B (oder umgekehrt) entsteht nur, falls der Ausgleich ihrer wechselseitigen Grundrechtspositionen von A und B einen solchen Anspruch ergibt. Dieser Ausgleich ist dabei *drittens* im Wege einer modifizierten Verhältnismäßigkeitsprüfung zu erzielen.[133] Schließlich bedeutet die zweistufige Anwendung *viertens* eine Kompetenzverschiebung vom BVerfG hin zu den Fachgerichten. Ein unvertretbares Maß an Rechtsunsicherheit droht daraus jedoch nicht.[134]

---

[129] Vgl. dazu zuvor oben C.
[130] Vgl. dazu zusammenfassend oben Kap. 6, E.II.
[131] Vgl. oben B.
[132] Vgl. oben C.
[133] Vgl. oben D.
[134] Vgl. oben E.

8. Kapitel

Horizontalwirkung im Vergleich – Schlussbetrachtung

Nach nahezu einhelliger Auffassung gelten die Grundrechte im deutschen Recht nur im Verhältnis zum Staat. Zwischen Privaten im Privatrechtsverhältnis können sie Wirkung nur staatlich mediatisiert entfalten. Am Ende des *Vergleichs der Horizontalwirkungskonstruktionen*, die diese Arbeit unternommen hat, steht jedoch ein anderes Ergebnis: Grundrechte können unter dem Grundgesetz auch zwischen Privaten gelten, indem sie zwischen ihnen eine unmittelbare grundrechtliche Anspruch-Pflichten-Relation begründen. Nach Vergleich und Bewertung diverser dogmatischer Lösungsansätze zur Wirkung der Grundrechte zwischen Privaten auf mehreren Vergleichsebenen – analytisch, dogmatisch, staatsorganisationsrechtlich, ethisch, demokratietheoretisch, anwendungspraktisch – plädiere ich im deutschen Recht für eine modifizierte Konstruktion unmittelbarer Geltung, die ich als zweistufige Anwendung bezeichne. Danach besteht stets ein unmittelbares Grundrechtsverhältnis zwischen den Privaten A und B. Ergibt der Ausgleich der widerstreitenden Grundrechtspositionen von A und B einen grundrechtlichen Anspruch zugunsten einer der beiden Parteien, so ist dieser zunächst im Wege verfassungskonformer Auslegung des einfachen Privatrechts zu realisieren (erste Stufe). Wenn eine solche verfassungskonforme Auslegung scheitert, bestimmt der grundrechtliche Anspruch A-B selbst deren Privatrechtsverhältnis (zweite Stufe).[1] Diese Konstruktion ist inspiriert von der neuesten Rechtsprechung des EuGH zur Horizontalwirkung der EU-Grundrechte.[2]

Diese Arbeit hat zunächst den analytischen Rahmen für Vergleich und Bewertung der Horizontalwirkungskonstruktionen definiert. Horizontalwirkung fungiert hierbei als Oberbegriff für sämtliche dogmatische Konstruktionen, die Grundrechtswirkung im Privatrechtsverhältnis auf irgendeine Weise herbeiführen – sei dies durch Grundrechtsentfaltung im Gesetz, im Wege richterlicher Verantwortung zur Achtung der Grundrechte der Streitparteien oder aufgrund eines unmittelbaren Grundrechtsverhältnisses zwischen Privaten.[3] Differenzierungskriterien der einzelnen Ansätze sind basale Unterscheidungen der analytischen Rechtstheorie: zwischen welchen Akteuren besteht ein unmittelbares grundrechtliches Anspruch-Pflichten-Verhältnis, auf wessen Hand-

---

[1] Vgl. oben Kap. 2, B.III.1. für eine analytisch präzise Beschreibung sowie Kap. 3, A.VIII.2.

[2] Vgl. oben Kap. 3, A.VI.3. und VIII.2.

[3] Vgl. oben Kap. 2, A.I.

lung *h* ist hierbei abzustellen? Daraus ergeben sich vier Horizontalwirkungstypen: *Anwendung*skonstruktionen ist gemeinsam, dass die Private A mit dem Privaten B in einem unmittelbaren grundrechtlichen Anspruch-Pflichten-Verhältnis steht. Es bedarf dabei keines (fingierten) staatlichen Verhaltens als Medium der Horizontalwirkung. *Verantwortung*skonstruktionen sehen die staatlichen Gerichte in der Pflicht, im Rahmen eines gerichtlichen Privatrechtsstreits den grundrechtlichen Gewährleistungsgehalt der privaten Streitparteien A und B nicht unverhältnismäßig einzuschränken, wenn sie über das einfachrechtliche Anspruch-Pflichten-Verhältnis A-B entscheiden. Im Falle der *Zurechnung*skonstruktionen tritt der Staat durch Zurechnung des privaten Verhaltens zum Staat in das private Anspruch-Pflichten-Verhältnis ein und ermöglicht dadurch, etwaige Grundrechtsverletzungen gegenüber dem Staat zu rügen. *Ablehnung*skonstruktionen verwehren den Privaten jedenfalls, sich in einem Privatrechtsstreit vor staatlichen Gerichten auf ihre Grundrechte zu berufen.[4]

In deutscher Literatur und Rechtsprechungspraxis sind die staatsgerichteten Verantwortungskonstruktionen herrschend. Das BVerfG und in seiner Folge inzwischen auch BAG und BGH wollen die staatliche grundrechtliche Verantwortung im Wege einer gerichtlichen Pflicht zur Auslegung des einfachen Rechts anhand der Grundrechte realisieren, die A und B jeweils gegen den Staat haben.[5] Nach der in der deutschen Lehre inzwischen überwiegenden, wesentlich von *Claus-Wilhelm Canaris* angestoßenen Auffassung ist stattdessen auf die Entscheidung der gerichtlichen Vorinstanz abzustellen und zu fragen, ob diese ein grundrechtliches Eingriffsverbot und/oder eine grundrechtliche Schutzpflicht verletzt.[6] Gemeinsam ist diesen Ansätzen, dass Horizontalwirkung nur staatlich mediatisiert möglich sein soll, indem den Gerichten die Verantwortung auferlegt wird, die Grundrechte beider Prozessparteien nicht unverhältnismäßig zu beeinträchtigen.

Die tatsächliche Anwendungspraxis offenbart die regelmäßige Ergebnisäquivalenz der verschiedenen Horizontalwirkungstypen und -konstruktionen.[7] Diese grundsätzliche Ergebnisäquivalenz zeigt zunächst, dass die unmittelbare Geltung der Grundrechte zwischen Privaten keineswegs in Unfreiheit führt und Grundrechte in Pflichten mutiert. Die Ergebnisse, die sich mit staatsgerichteten Konstruktionen erzeugen lassen, sind ebenso im Wege der zweistufigen Anwendung möglich.[8] Auf der anderen Seite ist die zweistufige

---

[4] Vgl. oben Kap. 2, B.I.–III.

[5] Vgl. oben Kap. 3, B.I.

[6] Vgl. oben Kap. 3, B.II.

[7] Vgl. oben Kap. 6, zusammenfassend E.I.

[8] Vgl. überdies oben Kap. 7, B.II. und C. zur Dogmatik der zweistufigen Anwendung. Allerdings gibt es bestimmte Konstellationen, in denen eine Verantwortungskonstruktion anwendungspraktisch vorzugswürdig erscheint, auch wenn sich das Ergebnis auch mittels der zweistufigen Anwendung abbilden lässt. Vgl. zu derartigen mehrpoligen Grundrechtsbeziehungen oben Kap. 6, D.III.3. zusammenfassend E.I.

Anwendung jedoch in der Lage, Grundrechtsschutz in Horizontalwirkungskonstellationen zu bieten, die staatlich mediatisierte Konstruktionen nicht zu erfassen vermögen. Denn staatliche Vermittlung setzt staatliche Involvierung voraus. Fehlt es an einem staatlichen Gerichtsverfahren, fehlt es somit auch an Grundrechtsschutz: wo kein Richter, da kein (Grundrechts-)Kläger. Nur wenn und solange ein Gerichtsverfahren anhängig ist, besteht Grundrechtswirkung – wenn auch keine unmittelbare Grundrechtsgeltung – im Rechtsverhältnis A-B. Zwar lässt sich auch in Verfahren vor privaten Schiedsgerichten oder vor ausländischen Gerichten mit einigem Argumentationsaufwand die staatliche Mediatisierung der Wirkung deutscher Grundrechte begründen. Spätestens aber in Konstellationen, in denen es selten bis nie zu einem Prozess – vor welchem Spruchkörper auch immer – kommt, versagen die staatsgerichteten Konstruktionen. Ein wichtiger Beispielsfall ist die private Regulierung öffentlich zugänglicher digitaler Kommunikationsräume durch Internet-Intermediäre wie Twitter oder Facebook.[9]

Ein unmittelbares Grundrechtsverhältnis zwischen Privaten führt überdies keineswegs ins *dogmatische* Chaos.[10] Es bedeutet entgegen der Polemik in der Literatur gerade keine staatsgleiche Grundrechtsbindung. Denn Private sind, anders als der Staat, nicht nur grundrechtsverpflichtet, sondern auch grundrechtsberechtigt. Ihr Handeln bedarf, anders als dasjenige des Staates, keiner spezifischen Legitimation – die Legitimation ihres Handelns gründet bereits in der Tatsache, dass es grundrechtlich bewehrtes Verhalten darstellt. Ihr Grundrechtsverhältnis ist ein reflexives, das von wechselseitigen Anspruch-Pflichten-Relationen geprägt ist. Ein grundrechtlicher Anspruch A-B ergibt sich somit nicht bereits daraus, dass z. B. A Trägerin der Meinungsfreiheit ist. Denn B ist zugleich z. B. Träger des Rechts auf freie unternehmerische Betätigung aus Art. 12 Abs. 1 GG.[11] Ein grundrechtlicher Anspruch A-B besteht folglich erst und nur dann, wenn dies der Ausgleich ihrer widerstreitenden Grundrechtspositionen ergibt. Beide Private müssen unverhältnismäßige Beeinträchtigungen der/des Anderen unterlassen. Aber hinsichtlich beider besteht die grundsätzliche Vermutung, dass ihr Verhalten zulässig ist, weil beide gleichermaßen zu freiem Handeln legitimiert sind. In der Praxis wird dies regelmäßig im Ergebnis bedeuten, dass keine der beiden Seiten einen grundrechtlichen Anspruch gegen die/den Andere/n auf ein bestimmtes Verhalten hat.[12] Dies gilt sowohl

[9] Vgl. oben Kap. 6, C.I.2.b). Siehe dort auch zur einzigen Alternative, welche die Entscheidungen über Veröffentlichung und Löschung von Posts auf sozialen Medien ausschließlich dem Staat überantwortete. Dies wäre indes mit erheblichen Freiheitseinbußen verbunden und bedeutete somit ein deutlich verringertes Maß personaler Autonomie als die Anwendungskonstruktionen. Siehe dazu auch oben Kap. 6, E.II.

[10] Vgl. dazu oben Kap. 3, E.I.1. und 2. sowie Kap. 7, C.

[11] Vgl. oben Kap. 6, B.III.1.

[12] Vgl. zu alledem oben Kap. 3, E.I.1. und 2. sowie Kap. 7, C.

für (die meisten) Freiheits- als auch für Gleichheitsrechte.[13] Der Ausgleich der widerstreitenden Grundrechtspositionen ist im Wege des Verhältnismäßigkeitsgrundsatzes möglich, wenn man diesen entsprechend dem reflexiven Grundrechtsverhältnis zweier Grundrechtsträger adaptiert.[14] Einen legitimen Zweck müssen beide nicht nachweisen, wenn sie ihre Grundrechte ausüben. Ebenso erübrigt sich eine Prüfung der Erforderlichkeit, da im Falle reflexiver Grundrechtspositionen die Frage nach dem relativ mildesten Mittel gleichbedeutend mit der Angemessenheitsprüfung ist. Deshalb erschöpft sich die Verhältnismäßigkeitsprüfung im Horizontalverhältnis A-B in der Prüfung der Geeignetheit und der Verhältnismäßigkeit im engeren Sinne.[15]

Bilanzierend betrachtet offenbart sich die zweistufige Anwendung den herrschenden Verantwortungsmodellen dogmatisch nicht nur als ebenbürtig, sondern sogar als überlegen. Wie gezeigt, lässt sie sich analytisch-dogmatisch konsistent und kohärent entwickeln. Das lässt sich von Verantwortungskonstruktionen indes nicht in gleicher Weise behaupten. Nur zwei Beispiele:[16] Die „Ausstrahlungswirkung" nach dem Auslegungsansatz des BVerfG soll anstelle einer Grundrechtsgeltung, eine „mittelbare Drittwirkung" zwischen Privaten herbeiführen[17] – eine aus dogmatischer Sicht enigmatische Konstruktion. Nach den Figuren der normalen Grundrechtsfunktionen soll das Abstellen auf einen staatlichen Eingriff bzw. eine staatliche Schutzpflicht gegenüber dem Ansatz des BVerfG größere dogmatische Präzision versprechen. Letztlich stehen diese Ansätze aber vor der gleichen Herausforderung, das einfache Recht anhand der Grundrechte auslegen zu müssen, wofür sie indes keine brauchbare Dogmatik anbieten können.[18]

Die Diskursanalyse der verschiedenen Horizontalwirkungskonstruktionen und -typen[19] hat allerdings offengelegt, dass die Problematik der Wirkung der Grundrechte zwischen Privaten erheblich tiefer reicht als Anwendungspraxis und Dogmatik. Sie hat dabei drei zentrale *Tiefenstrukturelemente der Horizontalwirkung* zutage gefördert.[20] Erstens entpuppen sich inter- und intra-institutionelle Dynamiken als wichtige Faktoren für die Wahl einer Horizontalwirkungskonstruktion: Welche Auswirkungen hat es im Vergleich zu anderen Konstruktionen für das Verhältnis von BVerfG und Fachgerichten? Lässt es sich mit verfassungsrechtlichem Gewaltenteilungs- und Demokratieprinzip in Einklang bringen?[21]

---

[13] Vgl. oben Kap. 7, B.I. und II.

[14] Vgl. dazu oben Kap. 7, C.

[15] Vgl. ebenda.

[16] Vgl. dazu ausführlich oben Kap. 3, E.I.1.–5.

[17] So nun wieder wortwörtlich BVerfGE 148, 267 (280) [2018] – Stadionverbot. Siehe dazu auch oben Kap. 4, C.II.

[18] Vgl. dazu oben Kap. 3, E.I.4.

[19] Vgl. oben Kap. 3.

[20] Vgl. oben Kap. 3, E.II.

[21] Vgl. oben Kap. 3, E.II.1. und Kap. 5, zusammenfassend D.

Jenseits der harten normativen Grenzen des Staatsorganisationsrechts stellt sich zweitens demokratietheoretisch die Frage, wie gut (oder schlecht) eine bestimmte Horizontalwirkungskonstruktion dazu beiträgt, politische Autonomie zu fördern: Je nachdem, ob und wie Grundrechte zwischen Privaten gelten, wird der Spielraum der politischen Gemeinschaft eingeschränkt, im Wege des demokratischen Prozesses die inviduellen Privatrechtsverhältnisse zu beeinflussen.[22] Eng verknüpft ist damit drittens die individuell-personale Selbstbestimmung der einzelnen Grundrechtsträgerin: Wie viel Raum bleibt ihr für die Realisierung ihrer Autonomie im Verhältnis zur politischen Gemeinschaft und im Verhältnis zu anderen Einzelnen, die ebenfalls selbstbestimmt handeln wollen? Welcher Ansatz fördert, welcher Ansatz konterkariert ihre personale Autonomie?[23]

Aus *staatsorganisationsrechtlicher* Sicht erweist sich keine der Horizontalwirkungkonstruktionen – mit Ausnahme einer strikten Ablehnung jeglicher Grundrechtswirkung zwischen Privaten – als mit dem Grundgesetz unvereinbar.[24] Somit ergibt sich ein zwingender Ausschluss auch der zweistufigen Anwendung weder aus Art. 1 Abs. 3 GG noch aus dem Gewaltenteilungs-, Demokratie- oder Rechtsstaatsprinzip. Durch verfassungskonforme Auslegung des einfachen Rechts auf der ersten Stufe orientiert die zweistufige Anwendung die unmittelbare Grundrechtsgeltung grundsätzlich an der Entscheidung des Gesetzgebers. Lediglich Ablehnungsansätze, die Grundrechtswirkung nicht einmal durch Gesetzgebung erlauben wollen, sind unter dem Grundgesetz verfassungsrechtlich nicht darstellbar, wie sich sowohl aus Art. 1 Abs. 3 als auch aus Art. 93 Abs. 1 Nr. 4a und Art. 100 Abs. 1 Satz 1 GG ergibt.[25]

Als *demokratietheoretisch* vorzugswürdig erweisen sich nicht staatsgerichtete Konstruktionen, sondern ebenfalls die unmittelbare Geltung in der Iteration der zweistufigen Anwendung. Diese verringert die demokratietheoretische Problematik unmittelbarer Grundrechtsverhältnisse zwischen Privaten zunächst dadurch, dass sie sich grundsätzlich an der gesetzgeberischen Entscheidung orientiert: Soweit möglich, ist das einfache Recht verfassungskonform auszulegen.[26] Darüber hinaus fokussiert sie in denjenigen Fällen, in denen sie ausnahmsweise eine richterliche Rechtsfortbildung *praeter* oder auch *contra legem* vornimmt, das spezifische Grundrechtsverhältnis A-B und somit nur deren *inter partes*-Beziehung. Das so entstandene Richterrecht kreiert eine konkret-individuelle Rechtsnorm nur für das spezifische Grundrechtsverhältnis der Privaten A und des Privaten B.[27]

---

[22] Vgl. oben Kap. 3, E.II.3. und Kap. 6, zusammenfassend E.III.
[23] Vgl. oben Kap. 3, E.II.2. und Kap. 6, zusammenfassend E.II.
[24] Vgl. oben Kap. 5, zusammenfassend D.
[25] Vgl. oben Kap. 5, zusammenfassend D.
[26] Vgl. dazu oben Kap. 2, B.III.1. und Kap. 3, A.VIII.2.
[27] Vgl. oben Kap. 6, B.I.3.c) und zusammenfassend E.III.

Dagegen laufen Gerichte in erheblich größerem Maße Gefahr, faktisch abstrakt-generell wirkende Rechtsnormen zu kreieren, wenn sie die Verantwortung wahrnehmen sollen, anlässlich einer Entscheidung über das Privatrechtsverhältnis A-B die Grundrechte beider Seiten zu realisieren. Denn die Verantwortungsansätze konstruieren Grundrechtswirkung als gerichtlich realisierte staatliche Verantwortungspflicht, die z. B. einen Anspruch der A gegen den Staat bedeutet, ihre Grundrechte bei der Entscheidung über das Rechtsverhältnis A-B zu beachten. Dieser normhierarchisch über dem einfachen Recht stehende Grundrechtsanspruch verlangt nach Erfüllung. Diese Erfüllung ist nach den Verantwortungskonstruktionen primäre Aufgabe der Gerichte. Insoweit tendieren sie nicht nur zu Rechtsfortbildung *praeter*, sondern auch *contra legem*, obwohl die richterliche Gesetzesbindung dies eigentlich untersagt.[28] Die „Herrenreiter"/„Soraya"-Judikatur ist nur das prominenteste unter einer ganzen Reihe derartiger Beispiele aus der Rechtsprechung.[29]

Vor allem bedeutet aber die Konstruktion über eine staatliche grundrechtliche Verantwortungspflicht, dass in jeder Horizontalwirkungskonstellation der grundrechtliche Anspruchsgegner stets derselbe ist: der Staat. Insoweit liegt es nahe – und die Rechtsprechungspraxis bestätigt dies ebenfalls – dass die Gerichte, nicht zuletzt aufgrund des staatlichen Gleichbehandungsgrundsatzes aus Art. 3 Abs. 1 GG, verallgemeinern und faktisch einen neuen abstrakt-generell wirkenden Rechtssatz anhand der Grundrechte schaffen, z. B. dass immaterieller Schadenersatz bei Persönlichkeitsrechtsverletzungen auch *contra* § 253 BGB a. F. verlangt werden konnte.[30] Dahingegen spricht viel dafür, dass Gerichte die Rechtsfortbildung im Falle eines unmittelbaren Grundrechtsverhältnisses A-B in ihrem normativen Gehalt auf dieses spezifische Grundrechtsverhältnis beschränken. Denn was der Ausgleich in der spezifischen Sachverhalts- und Grundrechtskonstellation A-B ergeben hat, sagt noch nichts darüber aus, wie der Ausgleich C-D, E-F etc. im Einzelfall zu gestalten ist.[31] Eine Fallgruppenbildung ist hier indes nicht ausgeschlossen und vermag, die verringerte Rechtssicherheit, die aus der zweistufigen Anwendung folgen könnte, auf ein vertretbares Maß einzudämmen. Von der Rechtsprechung ist dabei ein genaues *distinguishing* gefordert, welches anstelle von abstrakter Maßstabsbildung die Grundrechts- und Sachverhaltskonstellation kontextualisiert und mit derjenigen früherer Entscheidungen präzise vergleicht.[32]

Hinsichtlich des dritten und letzten Tiefenstrukturelements der Horizontalwirkung ist es ein zentraler Einwand von Vertretern der vorherrschenden staatsgerichteten Ansätze gegen die unmittelbare Grundrechtsgeltung zwischen

---

[28] Vgl. oben Kap. 6, B.I.3.c) und zusammenfassend E.III.
[29] Vgl. oben Kap. 6, C.II., B.I.3.a) und c) sowie E.III. und auch bereits Kap. 4, C.I.
[30] Vgl. oben Kap. 6, B.I.3.c), C.II. und D.III.1.
[31] Vgl. zu alledem oben Kap. 6, B.I.3.c) und E.III.
[32] Vgl. oben Kap. 6, E.III. und Kap. 7, D.I.

Privaten, dass diese in Unfreiheit führe, also autonomiehindernd sei. Es hat sich gezeigt, dass dies nicht nur unzutreffend ist, sondern dass vielmehr die zweistufige Anwendung aus der Sicht *personaler Autonomie* gegenüber Ansätzen vorzuziehen ist, die Horizontalwirkung staatlich mediatisieren wollen. Eine dahingehende Bewertung der einzelnen Horizontalwirkungskonstruktionen setzt eine philosophisch fundierte Konzeption personaler Autonomie voraus. Diese kristallisiere ich in den Autonomiebedingungen der Authentizität und Kontrolle, also der Fähigkeit, hinsichtlich bestimmter Handlungen Herr seiner selbst (Authentizität) und Autor seines Tuns (Kontrolle) zu sein.[33] Unter diesen Prämissen erweisen sich staatsgerichtete Ansätze als autonomiehindernd und eine unmittelbare Grundrechtsgeltung zwischen Privaten als autonomiefördernd. Denn letztere legt durch das unmittelbare Grundrechtsverhältnis der A selbst die Autorenschaft über ihr Handeln gegenüber B in die Hand. Dagegen vermittelt – und kontrolliert damit – nach den staatsgerichteten Konstruktionen der Staat, ob sich A im Rechtsverhältnis zu B auf Grundrechte berufen kann. Freiheitliche Selbstbestimmung ist dabei nur durch staatlich mediatisierte Fremdbestimmung zu haben. Dies führt die ursprüngliche Intention der staatsgerichteten Ansätze, die (Privat-)Autonomie und somit Staatsfreiheit zu fördern, *ad absurdum*: Intendierte Staatsferne resultiert in praktizierte Staatsnähe.[34]

Die Autonomiebedingungen der Authentizität und Kontrolle haben sich überdies nicht nur als philosophisch fundierter, sondern auch als dogmatisch präziser erwiesen als die in Literatur und Judikatur bemühten generellen Verweise auf „Selbst-/Fremdbestimmung“ bzw. „strukturelle Unter-/Überlegenheit“.[35] Letztere sind wenig aussagekräftig, da sie entweder nur postulieren, was sie feststellen wollen („Selbst-/Fremdbestimmung“) oder lediglich eine Problembeschreibung darstellen („strukturelle Unter-/Überlegenheit“), die als solche aber ebenfalls noch nichts über die personale Autonomie von A und B aussagt. Die Kriterien hinsichtlich selbstbestimmter Willensbildung (Authentizität) und Willensausübung (Kontrolle) ermöglichen stattdessen eine erheblich differenziertere Abgrenzung widerstreitender grundrechtlich bewehrter Autonomiesphären Privater.[36] Ihre Bedeutung entfaltet sich insbesondere in den Konstellationen des „generösen Gesetzgebers“[37], in denen die diversen Horizontalwirkungskonstruktionen ergebnisäquivalent sind. Die Beispiele des Bürgschafts- und des Handelsvertreterbeschlusses illustrieren das Differenzierungspotential der hier entwickelten Autonomiekriterien für die Horizontalwirkungsdogmatik.[38] Wo das BVerfG jeweils in beiden Fällen pauschal eine Fremdbestimmung der

[33] Vgl. oben Kap. 6, A.I.1.b) und c).
[34] Siehe dazu zusammenfassend oben Kap. 6, E.II.
[35] Vgl. oben Kap. 6, E.I.
[36] Vgl. oben Kap. 6, B.I.2.b) und E.I.
[37] Vgl. zum Begriff oben Kap. 6, B.I.2.
[38] Vgl. oben Kap. 6, B.I.2.a). Für weitere Beispiele vgl. ausführlich oben Kap. 6, B.–D.

Bürgin/des Handelsvertreters bejahte, lässt sich nach den Kriterien von Authentizität und Kontrolle differenzieren: Die finanziell mittellose Tochter, die für ihren Vater i.H.v. 100.000 DM bürgte, war sowohl in ihrer Willensbildung beim Abschluss des Bürgschaftsvertrages als auch – mangels realer Handlungsoptionen in der Zukunft aufgrund der enormen finanziellen Belastung durch die Bürgschaft – hinsichtlich ihrer Willensausübung massiv beeinträchtigt. Der Handelsvertreter blieb hingegen auch nach Abschluss des Handelsvertretervertrages Herr seiner selbst und Autor seines Tuns: Er hatte beim Vertragsschluss eine ganze Reihe von Alternativen und die vertragliche Sanktion war unmittelbare Folge seines unzulässigen Tätigwerdens bei einem Konkurrenzunternehmen, obwohl ihm der Unternehmer den Handelsvertretervertrag gerade deshalb angeboten hatte, um seine Konkurrenztätigkeit zu verhindern.[39]

Jüngste Entwicklungen in der Judikatur sowohl des EuGH („Egenberger")[40] als auch des BVerfG („Stadionverbot")[41] legen nahe, dass sich die Rechtsprechung nach und nach davon verabschiedet, die Grundrechtsgeltung zwischen Privaten zu perhorreszieren. Wie ich in dieser Arbeit zu zeigen versucht habe, gibt es dafür aus praktischer, dogmatischer und theoretischer Perspektive gute Gründe. Für das deutsche Recht wird dies voraussichtlich zu einer Bedeutungsverschiebung vom BVerfG hin zu den Fachgerichten führen.[42] Die Grundrechte werden zur fachgerichtlichen Normalität. Wie sich herausgestellt hat, führt dies nicht zu ungezügelter richterlicher Kreation gesetzesgleich wirkender Rechtsnormen. Vielmehr verspricht es gerade im Gegensatz zu den gegenwärtig vorherrschenden Verantwortungsansätzen eine Refokussierung auf den konkreten Einzelfall. Dass ein präzise argumentierter und am konkreten Sachverhalt orientierter Ausgleich widerstreitender Grundrechtspositionen schwerpunktmäßig fachrichterlich stattfindet, sollte als Gewinn für die Rechtspraxis gesehen werden. Denn dort befindet sich die privatrechtliche Expertise, dort ist eine Entscheidung über einen Privatrechtsstreit in aller Regel richtig aufgehoben.

Letztlich jedoch geht es bei der Horizontalwirkung der Grundrechte vor allem um Selbstbestimmung – um individuell-personale und um kollektiv-politische. Die Geltung der Grundrechte unmittelbar zwischen Privaten, nicht ihre staatliche Mediatisierung, ermöglicht am besten das autonome Zusammenleben Einzelner in der pluralistischen, parlamentarischen und freiheitlichen Demokratie des Grundgesetzes.

---

[39] Vgl. oben Kap. 6, B.I.2.b).

[40] EuGH, Urt. v. 17.4.2018, Rs. C-414/16 – „Egenberger"; EuGH, Urt. v. 11.9.2018 – „IR", Rs. 68/17; EuGH, Urt. v. 6.11.2018, verb. Rs. C-569/16 und C-570/16 – „Bauer und Broßonn".

[41] BVerfGE 148, 267 [2018] – Stadionverbot. Siehe dazu aber auch oben Kap. 4, C.II.

[42] Vgl. dazu oben Kap. 7, D.II. Siehe auch bereits oben Kap. 3, A.VIII.1. und B.I.6.a).

Literaturverzeichnis

Achterberg, Norbert, Probleme der Funktionenlehre, 1970.
Aleinikoff, T. Alexander, Constitutional Law in the Age of Balancing, Yale Law Journal 1986–1987, Bd. 96, 943.
Alexy, Robert, Theorie der juristischen Argumentation – Die Theorie des rationalen Diskurses als Theorie der juristischen Begründung, 1978.
Ders., Zum Begriff des Rechtsprinzips, in: Krawietz, Werner/Opałek, Kazimierz/Peczenik, Aleksander/Schramm, Alfred (Hrsg.), Argumentation und Hermeneutik in der Jurisprudenz, Rechtstheorie Beiheft 1, 1979, 59.
Ders., Theorie der Grundrechte, 1986.
Ders., Zur Kritik des Rechtspositivismus, in: Dreier, Ralf (Hrsg.), Rechtspositivismus und Wertbezug des Rechts, ARSP Beiheift 37, 1990, 9.
Ders., Verfassungsrecht und einfaches Recht – Verfassungsgerichtsbarkeit und Fachgerichtsbarkeit, in: VVDStRL 2002, Bd. 61, 1.
Ders., On Balancing and Subsumption – A Structural Comparison, Ratio Juris 2003, Bd. 16, 443.
Ders., Die Gewichtsformel, in: Jickeli, Joachim/Kreutz, Peter/Reuter, Dieter (Hrsg.), Gedächtnisschrift für Jürgen Sonnenschein, 2003, 771.
Ders., Balancing, constitutional review, and representation, International Journal of Constitutional Law 2005, Bd. 3, 572.
Ders., Grundrechte, Demokratie und Repräsentation, Der Staat 2015, Bd. 54, 201.
Appel, Ivo, Das Verwaltungsrecht zwischen klassischem dogmatischen Verständnis und steuerungswissenschaftlichem Anspruch, VVDStRL 2008, Bd. 67, 226.
v. Arnauld, Andreas, Rechtssicherheit – Perspektivische Annäherungen an eine *idée directrice* des Rechts, 2006.
Arnold, Stefan, Vertrag und Verteilung, 2014.
Auer, Marietta, Der privatrechtliche Diskurs der Moderne, 2014.
Augsberg, Ino, Die Lesbarkeit des Rechts – Texttheoretische Lektionen für eine postmoderne juristische Methodologie, 2009.
Ders./Viellechner, Lars, Die Drittwirkung der Grundrechte als Aufbauproblem, JuS 2008, 406.
Bachmann, Gregor, Private Ordnung – Grundlagen ziviler Regelsetzung, 2006.
Bachof, Otto, Redebeitrag, VVDStRL 1954, Bd. 13, 154, 187.
Badura, Peter, Staat, Recht und Verfassung in der Integrationslehre – Zum Tode von Rudolf Smend, Der Staat, 1977, 305.
Ders., Arbeit als Beruf (Art. 12 Abs. 1 GG), in: Hanau, Peter (Hrsg.), Festschrift für Wilhelm Herschel zum 85. Geburtstag, 1982, 21.
Ders., Die parlamentarische Demokratie, in: Isensee, Josef/Kirchhof, Paul (Hrsg.), Handbuch des Staatsrechts, 3. Aufl. 2004, Bd. II, § 25, S. 497.

Ders., Privatautonome Selbstbestimmung im Schatten grundrechtlicher Schutzpflichten des Staates, in: Bauer, Hartmut/Czybulka, Detelf/Kahl, Wolfgang/Voßkuhle, Andreas (Hrsg.), Wirtschaft im offenen Verfassungsstaat – Festschrift für Reiner Schmidt zum 70. Geburtstag, 2006, 333.

Bäumelin, Richard, Das Grundrecht der Gewissensfreiheit, VVDStRL 1970, Bd. 28, 3.

Baer, Susanne, Vermutungen zu Kernbereichen der Regierung und Befugnissen des Parlaments, Der Staat 2001, Bd. 40, 525.

Dies., „Ende der Privatautonomie" oder grundrechtlich fundierte Rechtsetzung? Die deutsche Debatte um das Antidiskriminierungsrecht, Zeitschrift für Rechtspolitik 2002, 290.

Baldus, Manfred, Die Einheit der Rechtsordnung – Bedeutungen einer juristischen Formel in Rechtstheorie, Zivil- und Staatsrechtswissenschaft des 19. und 20. Jahrhunderts, 1995.

Ders., Frühe Machtkämpfe – Ein Versuch über die historischen Gründe der Autorität des Bundesverfassungsgerichts, in: Henne, Thomas/Riedlinger, Arne (Hrsg.), Das Lüth-Urteil aus (rechts-)historischer Sicht – Die Konflikte um Veit Harlan und die Grundrechtsjudikatur des Bundesverfassungsgerichts, 2005, 237.

Ders., Kämpfe um die Menschenwürde – Die Debatten seit 1949, 2016.

Balkin, Jack M., Free Speech in the Algorithmic Society: Big Data, Private Governance, and New School Speech Regulation, University of California Davis Law Review 2018, Bd. 51, 1149.

Barak, Aharon, Proportionality – Constitutional Rights and Their Limitations, 2012.

Ders., Constitutional Rights and Private Law, in: Sapir, Gideon/Barak-Erez, Daphne/Barak, Aharon (Hrsg.), Israeli Constitutional Law in the Making, 2013, 379.

Barak-Erez, Daphne/Gilead, Israel, Human Rights in Private Law – The Israeli Case, in: Oliver, Dawn/Fedtke, Jörg (Hrsg.) Human Rights and the Private Sphere – A Comparative Study, 2006, 252.

Barczak, Tristan, Richterrecht – Vervollkommnung des Rechtsstaats oder Verkehrung in einen Richterstaat?, Ad Legendum 2016, 101.

Ders., Konstitutionalisierung der Privatrechtsordnung, in: Scheffczyk, Fabian/Wolter, Kathleen (Hrsg.), Linien der Rechtsprechung des Bundesverfassungsgerichts – erörtert von den wissenschaftlichen Mitarbeiterinnen und Mitarbeitern, Bd. 4, 91.

Barnert, Thomas, Die formelle Vertragsethik des BGB im Spannungsverhältnis zum Sonderprivatrecht und zur judikativen Kompensation der Vertragsdisparität, 1999.

Becker, Christian, Was bleibt? – Recht und Postmoderne, 2014.

Becker, Michael, Der unfaire Vertrag – Verfassungsrechtlicher Rahmen in privatrechtlicher Ausfüllung, 2003.

Bender, Michael, Die Befugnis des Bundesverfassungsgerichts zur Prüfung gerichtlicher Entscheidungen – Zur Bedeutung der Grundrechte für die Rechtsanwendung, 1989.

Benz, Arthur/Dose, Nicolai, Governance – Modebegriff oder nützliches sozialwissenschaftliches Konzept?, in: Dies. (Hrsg.), Governance – Regieren in komplexen Regelsystemen, 2. Aufl. 2010, 13.

Bergmann, Andreas, Die Rechtsfolgen des ungerechten Vertrages – Die Grundlegung einer Lehre der materiellen Vertragsgerechtigkeit, 2014.

Berkemann, Jörg, Das Bundesverfassungsgericht und „seine" Fachgerichtsbarkeiten – Auf der Suche nach Funktion und Methodik, Deutsches Verwaltungsblatt 1996, 1028.

Berlin, Isaiah, Two Concepts of Liberty, in: *Ders.*, Four Essays on Liberty, 1. Aufl. 1969, 118.

v. Bernstorff, Jochen, Proportionality without Balancing: Why Judicial *ad hoc*-balancing is unnecessary and potentially detrimental to the realization of individual and collective self-determination, in: Lazarus, Liora/McCrudden, Christopher/Bowles, Nigel (Hrsg.), Reasoning Rights – Comparative Judicial Engagement, 2014, 63.

Berofsky, Bernard, Die Befreiungstheorie der Autonomie: Objektivität, in: Betzler, Monika (Hrsg.), Autonomie der Person, 2013, 171.

Bethge, Herbert, Zur Problematik von Grundrechtskollisionen, 1977.

Bettermann, Karl August, Die verfassungskonforme Auslegung – Grenzen und Gefahren, 1986.

Betzler, Monika (Hrsg.), Autonomie der Person, 2013.

Dies., Einleitung: Begriff, Konzeptionen und Kontexte der Autonomie, in: Dies. (Hrsg.), Autonomie der Person, 2013, 7.

Bickel, Alexander, The Least Dangerous Branch, 2. Aufl. 1986.

Bickenbach, Christian, Die Einschätzungsprärogative des Gesetzgebers – Analyse einer Argumentationsfigur in der (Grundrechts-)Rechtsprechung des Bundesverfassungsgerichts, 2014.

Bieder, Marcus, Das ungeschriebene Verhältnismäßigkeitsprinzip als Schranke privater Rechtsausübung, 2007.

Binchy, William, *Meskell*, The Constitution and Tort Law, Dublin University Law Journal 2011, Bd. 33, 339.

Birkemeyer, Claas, Die unmittelbare Drittwirkung der Grundfreiheiten – Zugleich Anmerkung zum Urteil des EuGH v. 17.7.2008, Rs. C-94/07 (Raccanelli), Europarecht 2010, Bd. 45, 662.

Bittner, Claudia, Recht als interpretative Praxis. Zu Ronald Dworkins allgemeiner Theorie des Rechts, 1988.

Black, Charles L., The Supreme Court 1966 Term – Foreword: „State Action," Equal Protection, and California's Proposition 14, Harvard Law Review 1967, Bd. 81, 69.

Black-Branch, Jonathan L., Parliamentary Supremacy or Political Expediency?: The Constitutional Position of the Human Rights Act under British Law, Statute Law Review 2002, Bd. 23, 59.

Blanke, Hermann-Josef, Vertrauensschutz im deutschen und europäischen Verwaltungsrecht, 2000.

Bleckmann, Albert, Vom Sinn und Zweck des Demokratieprinzips – Ein Beitrag zur teleologischen Auslegung des Staatsorganisationsrechts, 1998.

Bohmann, Ulf/Rosa, Hartmut, Das Gute und das Rechte – Die kommunitaristischen Demokratietheorien, in: Lembcke, Oliver W./Ritzi, Claudia/Schaal, Gary S. (Hrsg.), Zeitgenössische Demokratietheorie, Bd. 1: Normative Demokratietheorien, 2012, 127.

Bosch, Friedrich/Habscheid, Walther, Vertragspflicht und Gewissenskonflikt, Juristen-Zeitung 1954, 213.

Böckenförde, Ernst-Wolfgang, Die verfassungstheoretische Unterscheidung von Staat und Gesellschaft als Bedingung der individuellen Freiheit, 1973.

Ders., Verfassungsfragen der Richterwahl – Dargestellt anhand der Gesetzesentwürfe zur Einführung der Richterwahl in Nordrhein-Westfalen, 1. Aufl. 1974.

Ders., Zur Kritik der Wertbegründung des Rechts, in: Dreier, Ralf (Hrsg.), Rechtspositivismus und Wertbezug des Rechts, ARSP Beiheift 37, 1990, 33.

Ders., Die Bedeutung der Unterscheidung von Staat und Gesellschaft im demokratischen Sozialstaat der Gegenwart, in: *Ders.*, Recht, Staat, Freiheit, 1991, S. 209.

Ders., Grundrechte als Grundsatznormen, in: *Ders.*, Staat, Verfassung, Demokratie – Studien zur Verfassungstheorie und zum Verfassungsrecht, 1991, S. 159.

Ders., Demokratie als Verfassungsprinzip, in: Isensee, Josef/Kirchhof, Paul (Hrsg.), Handbuch des Staatsrechts, 3. Aufl. 2004, Bd. II, § 24, S. 429.

Ders./Enders, Christoph, Freiheit und Recht, Freiheit und Staat, in: *Böckenförde, Ernst-Wolfgang*, Recht, Staat, Freiheit, 1991, S. 42.

du Bois, François, Human Rights and English Contract Law: Parallel Worlds?, University of Leicester School of Law Research Paper No. 16–31.

Brassloff, Stephan, Die Rechtssicherheit – Eine Studie aus dem Gebiete der allgemeinen Rechtslehre, 1928.

Britz, Gabriele, Diskriminierungsschutz und Privatautonomie, VVDStRL 2005, Bd. 64, 355.

Dies., Freie Entfaltung durch Selbstdarstellung – Eine Rekonstruktion des allgemeinen Persönlichkeitsrechts aus Art. 2 I GG, 2007.

Dies., Der allgemeine Gleichheitssatz in der Rechtsprechung des BVerfG – Anforderungen an die Rechtfertigung von Ungleichbehandlungen durch Gesetz, Neue Juristische Wochenschrift 2014, 346.

Brooks, Richard R. W./Rose, Carol M., Saving the Neighborhood – Racially Restrictive Covenants, Law, and Social Norms, 2013.

Brüggemeier, Gert, Constitutionalisation of Private Law: The German Perspective, in: Barkhuysen, Tom/Lindenbergh, Siewert (Hrsg.), Constitutionalization of Private Law, 2006, 59.

Ders./Colombi Chiacchi, Aurelia/Comandé, Giovanni, Introduction, in: Dies. (Hrsg.), Fundamental Rights and Private Law in the European Union, Volume I: A Comparative Overview, 2010, 1.

Brugger, Winfried, Grundrechte und Verfassungsgerichtsbarkeit in den Vereinigten Staaten von Amerika, 1987.

Ders., Demokratie, Freiheit, Gleichheit – Studien zum Verfassungsrecht der USA, 2002.

Bruns, Alexander, Zivilrichterliche Rechtsschöpfung und Gewaltenteilung, JuristenZeitung 2014, 162.

Bryde, Brun-Otto, Verfassungsentwicklung – Stabilität und Dynamik im Verfassungsrecht der Bundesrepublik Deutschland, 1982.

Buchstein, Hubertus/Schmalz-Bruns, Rainer, Gerechtigkeit als Demokratie – Zur Politischen Philosophie von Michael Walzer, Politische Vierteljahresschrift 1992, Jg. 33, Heft 3, 375.

Buchwald, Delf, Der Begriff der rationalen juristischen Begründung – Zur Theorie der juridischen Vernunft, 1990.

Bullinger, Martin, Öffentliches Recht und Privatrecht, 1968.

Bumke, Christian, Der Grundrechtsvorbehalt – Untersuchungen über die Begrenzung und Ausgestaltung der Grundrechte, 1998.

Ders., Relative Rechtswidrigkeit – Systembildung und Binnendifferenzierung im Öffentlichen Recht, 2004.

Ders., Verfassungsrechtliche Grenzen fachrichterlicher Rechtserzeugung, in: Ders. (Hrsg.), Richterrecht zwischen Gesetzesrecht und Rechtsgestaltung, 2009, 33.

Ders., Die Pflicht zur konsistenten Gesetzgebung, Der Staat 2010, Bd. 49, 77.

Ders., Privatautonomie – Grundelement privatrechtlicher Ordnungsbildung im demokratischen Verfassungsstaat, in: Ders./Röthel, Anne (Hrsg.), Autonomie im Recht, 2017, 69.

Ders., Die Entwicklung der Grundrechtsdogmatik in der deutschen Staatsrechtslehre unter dem Grundgesetz, Archiv des öffentlichen Rechts 2019, Bd. 144, 1.

Burmeister, Joachim, Die Verfassungsorientierung der Gesetzesauslegung – verfassungskonforme Auslegung oder vertikale Normendurchdringung?, 1966.

Busche, Jan, Privatautonomie und Kontrahierungszwang, 1999.

Bydlinski, Franz, Bemerkungen über Grundrechte und Privatrecht, Österreichische Zeitschrift für öffentliches Recht 1962/1963, Bd. 12, 423.

Ders., Privatautonomie und objektive Grundlagen des verpflichtenden Rechtsgeschäfts, 1967.

Ders., Hauptpositionen zum Richterrecht, JuristenZeitung 1985, 149.

Ders., Juristische Methodenlehre und Rechtsbegriff, 2. Aufl. 1991.

O'Callaghan, Patrick, Reversing *Ubi Remedium Ibi Jus* in the Common Law: The Right to Privacy, European Review of Private Law 2007, Bd. 5, 659.

Calliess, Christian, Die Leistungsfähigkeit des Untermaßverbots als Kontrollmaßstab grundrechtlicher Schutzpflichten, in: Grote, Rainer/Härtel, Ines/Hain, Karl E./Schmidt, Thorsten I./Schmitz, Thomas/Schuppert, Gunnar Folke/Winterhoff, Christian (Hrsg.), Die Ordnung der Freiheit – Festschrift für Christian Starck zum siebzigsten Geburtstag, 2007, 201.

Ders./Ruffert, Matthias (Hrsg.), EUV/AEUV – Kommentar, 5. Aufl. 2016.

Campiche, Edouard, Die verfassungskonforme Auslegung – Stellung in der Auslegungslehre und Abgrenzung zur Normenkontrolle, 1978.

Canaris, Claus-Wilhelm, Systemdenken und Systembegriff in der Jurisprudenz – entwickelt am Beispiel des deutschen Privatrechts, 2. Aufl. 1983.

Ders., Grundrechte und Privatrecht, Archiv für die civilistische Praxis 1984, Bd. 184, 201.

Ders., Grundrechtswirkungen und Verhältnismäßigkeitsprinzip in der richterlichen Anwendung und Fortbildung des Privatrechts, Juristische Schulung 1989, 161.

Ders., Die Bedeutung der iustitia distributiva im deutschen Vertragsrecht, 1997.

Ders., Grundrechte und Privatrecht, 1999.

Ders., Wandlungen des Schuldvertragsrechts – Tendenzen zur „Materialisierung", Archiv für die civilistische Praxis 2000, Bd. 200, 273.

Ders., Die verfassungskonforme Auslegung und Rechtsfortbildung im System der juristischen Methodenlehre, in: Honsell, Heinrich/Zäch, Roger/Hasenböhler, Franz/Harrer, Friedrich/Rhinow, René (Hrsg.), Privatrecht und Methode – Festschrift für Ernst A. Kramer, 2004, 141.

Cappelletti, Mauro, Some Thoughts on Judicial Law-Making, in: Graveson, Ronald H./Kreuzer, Karl F./Tunc, André/Zweigert, Konrad (Hrsg.), Festschrift für Imre Zajtay, 1982, 97.

Ders./Adams, John Clarke, Judicial Review of Legislation: European Antecedents and Adaptations, Harvard Law Review 1965–1966, Bd. 79, 1207.

Ders./Ritterspach, Theodor, Die gerichtliche Kontrolle der Verfassungsmäßigkeit der Gesetze in rechtsvergleichender Betrachtung, Jahrbuch des öffentlichen Rechts n. F. 1971, Bd. 20, 65.

Carré de Malberg, Raymond, La loi, expression de la volonté générale, 1931.

Ders., Confrontation de la théorie de la formation du droit par degrés avec les idées et les institutions consacrés par le droit positif français relativement à sa formation, 1933.

O'Cinneide, Colm, Taking Horizontal Effect Seriously: Private Law, Constitutional Rights and the European Convention on Human Rights, Hibernian Law Journal 2003, Bd. 4, 77.

Ders., Ireleand – Irish Constitutional Law and Direct Horizontal Effect – A Successful Experiment?, in: Oliver, Dawn/Fedtke, Jörg (Hrsg.), Human Rights and the Private Sphere – A Comparative Study, 2006, 213.

Cheadle, Halton, Third Party Effect in the South African Constitution, in: Sajó, Andras/Uitz, Renata (Hrsg.) The Constitution in Private Relations – Expanding Constitutionalism, 2005, 55.

Chemerinsky, Erwin, Rethinking State Action, Northwestern University Law Review 1985, Bd. 80, 503.

Cheneval, Francis, Demokratietheorien – zur Einführung, 2015.

Chomsky, Noam, Aspects of the Theory of Syntax, 1. Aufl. 1965.

Ders., Remarks on Nominalization, in: *Ders.*, Studies on Semantics in Generative Grammar, 1975, 11.

Ders., Deep Structure, Surface Structure and Semantic Interpretation, in: *Ders.*, Studies on Semantics in Generative Grammar, 1975, 62.

Christensen, Ralph/Fischer-Lescano, Andreas, Das Ganze des Rechts – Vom hierarchischen zum reflexiven Verständnis deutscher und europäischer Grundrechte, 2007.

Christman, John, Autonomie und die Vorgeschichte der Person, in: Betzler, Monika (Hrsg.), Autonomie der Person, 2013, 109.

Ders./J.Anderson, Introduction, in: Dies. (Hrsg.), Autonomy and the Challenges to Liberalism – New Essays, 2005, 1.

Chryssogonos, Kostas, Verfassungsgerichtsbarkeit und Gesetzgebung – Zur Methode der Verfassungsinterpretation bei der Normenkontrolle, 1987.

Clapham, Andrew, Human Rights in the Private Sphere, 1993.

Classen, Claus Dieter, Die Drittwirkung der Grundrechte in der Rechtsprechung des Bundesverfassungsgerichts, Archiv des öffentlichen Rechts 1997, Bd. 122, 65.

Ders., Gesetzesvorbehalt und Dritte Gewalt – Zur demokratischen Legitimation der Rechtsprechung, JuristenZeitung 2003, 696.

Ders., Demokratische Legitimation im offenen Rechtsstaat – Zur Beeinflussung des Demokratieprinzips durch Rechtsstaatlichkeit und internationale Offenheit, 2009.

Ders., Das kirchliche Arbeitsrecht unter europäischem Druck? Anmerkungen zu den Urteilen des EuGH (jeweils GK) vom 17.04.2018 in der Rs. C-414/16 (Egenberger) und vom 11.09.2018 in der Rs. C-68/17 (IR), Europarecht 2018, Bd. 53, 752.

Coing, Helmut, Die obersten Grundsätze des Rechts – Ein Versuch zur Neubegründung des Naturrechts, 1947.

Ders., Das Grundrecht der Menschenwürde, der strafrechtliche Schutz der Menschlichkeit und das Persönlichkeitsrecht des bürgerlichen Rechts, Süddeutsche JuristenZeitung 1947, 641.

Ders., Grundzüge der Rechtsphilosophie, 1950.

Ders., Anmerkung zu BGH, Urt. v. 26.6.1952, JuristenZeitung 1952, 689.

Collins, Hugh, On the (In)compatibility of Human Rights Discourse and Private Law, in: Micklitz, Hans-W. (Hrsg.), Constitutionalization of European Private Law, 2014, 26.

Comandé, Giovanni, Comparative Remarks, in: Brüggemeier, Gert/Colombi Ciacchi, Aurelia/Comandé, Giovanni (Hrsg.), Fundamental Rights and Private Law in the European Union, Vol. I: A Comparative Overview, 2010, 698.

Cornils, Matthias, Die Ausgestaltung der Grundrechte – Untersuchungen zur Grundrechtsbindung des Ausgestaltungsgesetzgebers, 2005.

Craig, Paul, The legal effect of Directives: policy, rules and exceptions, European Law Review 2009, Bd. 34, 349.

Crawford, James, State Responsibility – The General Part, 2013.

Currie, David P., Positive und negative Grundrechte, Archiv des öffentlichen Rechts, 1986, Bd. 111, 230.

Dann, Philipp, Verfassungsgerichtliche Kontrolle gesetzgeberischer Rationalität, Der Staat 2010, 630.

Depenheuer, Otto, Vertragsfreiheit und grundrechtliche Schutzpflichten. Grund, Grenzen und Konsequenzen staatlicher Eingriffe in die Privatautonomie, Thüringer Verwaltungsblätter 1996, 270.

Derleder, Peter, Die uneingelöste Grundrechtsbindung des Privatrechts, in: Jestaedt, Matthias/Lepsius, Oliver (Hrsg.), Verhältnismäßigkeit – Zur Tragfähigkeit eines verfassungsrechtlichen Schlüsselkonzeptes, 2015, 234.

Dicey, Albert Venn, Introduction to the Study of the Law of the Constitution, 8. Aufl. 1931.

Diederichsen, Uwe, Das Bundesverfassungsgericht als oberstes Zivilgericht – ein Lehrstück der juristischen Methodenlehre, Archiv für die civilistische Praxis 1998, Bd. 198, 171.

Dietlein, Johannes, Die Lehre von den grundrechtlichen Schutzpflichten, 1992.

Dreier, Horst, Rechtslehre, Staatssoziologie und Demokratietheorie bei Hans Kelsen, 1986.

Ders., Dimensionen der Grundrechte, 1993.

Ders. (Hrsg.), Grundgesetz – Kommentar, Bd. 3, 3. Aufl. 2013.

Drexl, Josef, Die wirtschaftliche Selbstbestimmung des Verbrauchers – Eine Studie zum Privat- und Wirtschaftsrecht unter Berücksichtigung gemeinschaftlicher Bezüge, 1998.

Dröge, Cordula, Positive Verpflichtungen der Staaten in der Europäischen Menschenrechtskonvention, 2003.

Droege, Michael, Der religionsverfassungsrechtliche Tendenzschutz im Arbeitsrecht, in: Klinkhammer, Gritt/Frick, Tobias (Hrsg.), Religionen und Recht, Marburg 2002, 203.

Ders., Grundrechtswirkung im öffentlichen Raum, Zeitschrift für das Recht der Non Profit Organisationen 2018, 241.

Dürig, Günter, Die Menschenauffassung des Grundgesetzes, JR 1952, 259.

Ders., Freizügigkeit, in: Neumann, Franz L./Nipperdey, Hans Carl/Scheuner, Ulrich (Hrsg.), Die Grundrechte – Handbuch der Theorie und Praxis der Grundrechte, Band 2, 1. Aufl. 1954, 507.

Ders., Grundrechte und Zivilrechtsprechung, in: Maunz, Theodor (Hrsg.), Vom Bonner Grundgesetz zur gesamtdeutschen Verfassung – Festschrift zum 75. Geburtstag von Hans Nawiasky, 1956, 157.

Ders., Zum „Lüth-Urteil" des Bundesverfassungsgerichts vom 15.1.1958, DÖV 1958, 194.

Düwel, Martin, Kontrollbefugnisse des Bundesverfassungsgerichts bei Verfassungsbeschwerden gegen gerichtliche Entscheidungen – Zu einem Kooperationsverhältnis von Fach- und Verfassungsgerichtsbarkeit, 2000.

Duxbury, Neil, The Nature and Authority of Precedent, 2008.

Dworkin, Gerald, The Concept of Autonomy, Grazer Philosophische Studien 1981, Bd. 12, 203.

Ders., The Theory and Practice of Autonomy, 1988.

Dworkin, Ronald, Taking Rights Seriously, 1977.

Ders., The Forum of Principle, New York University Law Review 1981, Bd. 56, 469.

Ders., A Matter of Principle, 1985.

Ders., Law's Empire, 1986.

Ders., Freedom's Law: The Moral Reading of the American Constitution, 1996.
Ders., Justice for Hedgehogs, 2011.
Eckhold-Schmidt, Fridel, Legitimation durch Begründung – Eine erkenntniskritische Analyse der Drittwirkungs-Kontroverse, 1974.
Eckmann, Horst, Rechtspositivismus und sprachanalytische Philosophie. Der Begriff des Rechts in der Rechtsphilosophie H. L. A. Harts, 1969.
Ehmke, Horst, Wirtschaft und Verfassung – Die Verfassungsrechtsprechung des Supreme Court zur Wirtschaftsregulierung, 1961.
Ders., Prinzipien der Verfassungsinterpretation, VVDStRL 1963, Bd. 20, 53.
Eifert, Martin, Das Verwaltungsrecht zwischen klassischem dogmatischen Verständnis und steuerungswissenschaftlichem Anspruch, VVDStRL 2008, Bd. 67, 286.
Elster, Jon, Sour Grapes – Studies in the Subversion of Rationality, 1983.
Ders., „Sour Grapes" – Utilitarialism and the Genesis of Wants, in: Christman, John (Hrsg.), The Inner Citadel – Essays on Individual Autonomy, 1989, 170.
Ely, John Hart, Democracy and Distrust, 1980.
Emde, Ernst Thomas, Die demokratische Legitimation der funktionalen Selbstverwaltung: eine verfassungsrechtliche Studie anhand der Kammern, der Sozialversicherungsträger und der Bundesanstalt für Arbeit, 1991.
Engisch, Karl, Die Einheit der Rechtsordnung, 1935.
Ders., Logische Studien zur Gesetzesanwendung, 2. Aufl. 1960.
Enneccerus, Ludwig/Nipperdey, Hans Carl, Allgemeiner Teil des Bürgerlichen Rechts, 1. Halbband: Allgemeine Lehren, Personen, Rechtsobjekte, 15. Aufl. 1959.
Epping, Volker/Hillgruber, Christian (Hrsg.), Grundgesetz – Kommentar, 2. Aufl. 2013.
Esser, Josef, Grundsatz und Norm in der richterlichen Fortbildung des Privatrechts, 1. Aufl. 1956.
Ders., Vorverständnis und Methodenwahl in der Rechtsfindung – Rationalitätsgarantien der richterlichen Entscheidungspraxis, 1970.
Etzioni, Amitai, Die Entdeckung des Gemeinwesens – Ansprüche, Verantwortlichkeiten und das Programm des Kommunitarismus, 1995.
Di Fabio, Udo, Gewaltenteilung, in: Isensee, Josef/Kirchhof, Paul (Hrsg.), Handbuch des Staatsrechts, 3. Aufl. 2004, Bd. II, § 27, S. 613.
Ders., Grundrechte als Argument – Drittwirkungslehre und Wertordnungsidee, in: Herdegen, Matthias/Klein, Hans H./Papier, Hans-Jürgen/Scholz, Rupert (Hrsg.), Staatsrecht und Politik, Festschrift für Roman Herzog zum 75. Geburtstag, 2009, 35.
Fabisch, Dieter, Die unmittelbare Drittwirkung der Grundrechte im Arbeitsrecht, 2010.
Favoreu, Louis, Le principe de constitutionnalité, essai de définition d'après la jurisprudence du Conseil constitutionnel, in: Waline, Marcel (Hrsg.), Recueil d'études en hommage à Charles Eisenmann, 1975, 33.
Ders. et al., Droit Constitutionnel, 19. Aufl. 2017.
Feldman, David, Civil Liberties and Human Rights in England and Wales, 1993.
Fikentscher, Wolfgang, Methoden des Rechts, 1977, Bd. IV.
Finkenauer, Thomas, Zur Renaissance der *laesio enormis* beim Kaufvertrag, in: Aderhold, Lutz/Grunewald, Barbara/Klingberg, Dietgard/Paefgen, Walter G. (Hrsg.), Festschrift für Harm Peter Westermann zum 70. Geburtstag, 2008, 183.
Fischer, Robert, Die Weiterbildung des Rechts durch die Rechtsprechung, 1971.
Flume, Wener, Rechtsgeschäft und Privatautonomie, in: v. Caemmerer, Ernst/Friesenhahn, Ernst/Lange, Richard (Hrsg.), Hundert Jahre deutsches Rechtsleben – Festschrift zum hundertjährigen Bestehen des Deutschen Juristentages, 1960, Bd. 1, 135.

Ders., Richter und Recht, in: *Ders.*, Gesammelte Schriften (hrsgg. von Jakobs, Horst H./ Knobbe-Keuk, Brigitte/Picker, Eduard/Wilhelm, Jan), 1988, 3.

Ders., Allgemeiner Teil des Bürgerlichen Rechts, Bd. 2 – Das Rechtsgeschäft, 4. Aufl. 1992.

Foljanty, Lena, Recht oder Gesetz – Juristische Identität und Autorität in den Naturrechtsdebatten der Nachkriegszeit, 2013.

Forde, Michael/Leonard, David, Constitutional Law of Ireland, 3. Aufl. 2013.

Forsthoff, Ernst, Die Umbildung des Verfassungsgesetzes, in: Barion, Hans/Forsthoff, Ernst/Weber, Werner (Hrsg.), Festschrift für Carl Schmitt zum 70. Geburtstag, 1959, 35.

Foucault, Michel, Die Geburt der Biopolitik – Geschichte der Gouvernementalität II, 2004 (Suhrkamp, übers. v. Jürgen Schröder).

Frankfurt, Harry G., Willensfreiheit und der Begriff der Person, in: Betzler, Monika (Hrsg.), Autonomie der Person, 2013, 37.

Frantziou, Eleni, Further Developments in the Right to Be Forgotten: The European Court of Justice's Judgment in Case C-131/12, Google Spain, SL, Google Inc v Agencia Espanola de Proteccion de Datos, Human Rights Law Review, Bd. 14, 2014, 761.

Franzius, Claudio, Die Neue Verwaltungsrechtswissenschaft – eine vorläufige Bilanz, Jahrbuch des öffentlichen Rechts n.F. 2017, Bd. 65, 441.

Fremuth, Michael Lysander, Das letzte Amen ist noch nicht gesprochen – Zum kirchlichen Selbstbestimmungs- und Arbeitsrecht im grund- und menschenrechtlichen Mehrebenensystem, Europäische Zeitschrift für Wirtschaftsrecht 2018, 723.

Frerichs, Sabine, Judicial Governance in der europäischen Rechtsgemeinschaft – Integration durch Recht jenseits des Staates, 2008.

Friauf, Karl Heinrich/Höfling, Wolfram (Hrsg.), Berliner Kommentar zum Grundgesetz.

Gadamer, Hans-Georg, Wahrheit und Methode, 1. Aufl. 1960.

Gaïa, Patrick/Ghevontian, Richard/Mélin-Soucramanien, Ferdinand/Oliva, Eric/Roux, André, Les grandes décisions du Conseil constitutionnel, 18. Aufl. 2016.

Gajdosova, Jana/Zehetner, Judith, England, in: Brüggemeier, Gert/Colombi Ciacchi, Aurelia/Comandé, Giovanni (Hrsg.), Fundamental Rights and Private Law in the European Union, Vol. I: A Comparative Overview, 2010, 119.

Gamillscheg, Franz, Grundrechte im Arbeitsrecht, Archiv für die cilivistische Praxis 1964, Bd. 164, 385.

Gardbaum, Stephen, The "Horizontal Effect" of Constitutional Rights, Michigan Law Review 2003, Bd. 102, 387.

Ders., The New Commonwealth Model of Constitutionalism: Theory and Practice, 2013.

Garlicki, Lech, Relations between Private Actors and the European Convention on Human Rights, in: Sajó, Andras/Uitz, Renata (Hrsg.) The Constitution in Private Relations – Expanding Constitutionalism, 2005, 129.

Gellermann, Martin, Grundrechte im einfachgesetzlichen Gewand – Untersuchung zur normativen Ausgestaltung der Freiheitsrechte, 2000.

Giegerich, Thomas, Privatwirkung der Grundrechte in den USA, 1992.

v. Gierke, Otto, Deutsches Privatrecht, Bd. 1 – Allgemeiner Teil und Personenrecht, 1895.

v. Gneist, Rudolf, Der Rechtsstaat und die Verwaltungsgerichte in Deutschland, 1. Aufl. 1872.

Göldner, Detlef, Verfassungsprinzip und Privatrechtsnorm in der verfassungskonformen Auslegung und Rechtsfortbildung – Verfassungskonkretisierung als Methoden- und Kompetenzproblem, 1969.

Goerlich, Helmut, Wertordnung und Grundgesetz, 1973.

Gordley, James, Equality in Exchange, California Law Review 1981, Bd. 69, 1587.
Grabenwarter, Christoph/Pabel, Katharina, Europäische Menschenrechtskonvention, 6. Aufl. 2016.
Grabitz, Eberhard, Freiheit und Verfassungsrecht, 1976.
Ders./Hilf, Meinhard/Nettesheim, Martin (Hrsg.), Das Recht der Europäischen Union – Kommentar, 65. Ergänzungslieferung August 2018.
Grimm, Dieter, Die Grundrechte im Entstehungszusammenhang der bürgerlichen Gesellschaft, in: *Ders.*, Die Zukunft der Verfassung I, 1991, 67.
Ders., Rückkehr zum liberalen Grundrechtsverständnis?, in: *Ders.*, Die Zukunft der Verfassung I, 1991, 221.
Ders., Verfassung und Privatrecht im 19. Jahrhundert, 2017.
v. d. Groeben, Hans/Schwarze, Jürgen/Hatje, Armin (Hrsg.), Europäisches Unionsrecht, 7. Auflage, 2015.
Groß, Thomas, Die asymmetrische Funktionenordnung der demokratischen Verfassung – Zur Dekonstruktion des Gewaltenteilungsgrundsatzes, Der Staat 2016, Bd. 55, 489.
Grünberger, Michael, Personale Gleichheit – Der Grundsatz der Gleichbehandlung im Zivilrecht, 2013.
Grundmann, Stefan, Privatrecht und Regulierung, in: Auer, Marietta/Grigoleit, Hans Christoph/Hager, Johannes/Herresthal, Carsten/Hey, Felix/Koller, Ingo/Langenbucher, Katja/Neuner, Jörg/Petersen, Jens/Riehm, Thomas/Singer, Reinhard (Hrsg.), Privatrechtsdogmatik im 21. Jahrhundert: Festschrift für Claus-Wilhelm Canaris zum 80. Geburtstag, 2017, S. 907.
Grzeszick, Bernd, Rationalitätsanforderungen an die parlamentarische Rechtsetzung im demokratischen Staat, VVDStRL 2012, Bd. 71, 49.
Gsell, Beate/Krüger, Wolfgang/Lorenz, Stephan/Reymann, Christoph (Hrsg.), BeckOGK BGB, Stand 1.10.2018.
Günther, Frieder, Denken vom Staat her – Die bundesdeutsche Staatsrechtslehre zwischen Dezision und Integration 1949–1970, 2004.
Guest, Stephen, Ronald Dworkin – Jurists: Profiles in Legal Theory, 1992.
Ders., How to Criticize Ronald Dworkin's Theory of Law, Analysis 2009, Bd. 69, 352.
Guggenberger, Nikolas, Das Netzwerkdurchsetzungsgesetz in der Anwendung, Neue Juristische Wochenschrift 2017, 2577.
Guinier, Lani, Tyranny of the Majority – Fundamental Fairness in Representative Democracy, 1994.
Gusy, Christoph, Der Vorrang des Gesetzes, Juristische Schulung 1983, 189.
Ders., Parlamentarischer Gesetzgeber und Bundesverfassungsgericht, 1985.
Ders., Demokratische Repräsentation, Zeitschrift für Politik 1989, Bd. 36, 264.
Ders., Richterrecht und Grundgesetz, Die Öffentliche Verwaltung 1992, 461.
Ders., Grundrechtsbindungen Privater, in: Masing, Johannes/Jestaed, Matthias/Capitant, David/Le Divellec, Armel (Hrsg.), Strukturfragen des Grundrechtsschutzes in Europa, 2015, 93.
Habermas, Jürgen, Theorie des kommunikativen Handelns, 1981, 2 Bd.
Ders., Faktizität und Geltung, 1992.
Ders., Strukturwandel der Öffentlichkeit – Untersuchungen zu einer Kategorie der bürgerlichen Gesellschaft, 6. Aufl. 1999 (Suhrkamp-Ausgabe; erstmals erschienen bei Luchterhand, 1962).
Hager, Johannes, Grundrechte und Privatrecht, JuristenZeitung 1994, Bd. 49, 373.

Hailbronner, Michaela, Traditions and Transformations – The Rise of German Constitutionalism, 2015.
Hale, Robert L., Coercion and Distribution in a Supposedly Non-Coercive State, Political Science Quarterly 1923, Bd. 38, 470.
Haltern, Ulrich, Verfassungsgerichtsbarkeit, Demokratie und Mißtrauen – Das Bundesverfassungsgericht in einer Verfassungstheorie zwischen Populismus und Progressivismus, 1998.
Hamilton, Alexander, The Judiciary Department, The Federalist Papers, No. 78, 1788.
Hanau, Hans, Der Grundsatz der Verhältnismäßigkeit als Schranke privater Gestaltungsmacht, 2004.
Hart, Herbert Lionel Adolphus, Positivism and the Separation of Law and Morals, Harvard Law Review 1957–1958, Bd. 71, 593.
Ders., The Concept of Law, 3. Aufl. 2012.
Hartmann, Nicolai, Ethik, 3. Aufl. 1949.
Hatschek, Julius, Englische Verfassungsgeschichte, 1913.
Haus, Michael, Die politische Philosophie Michael Walzers, 2000.
Ders., Kommunitarismus – Einführung und Analyse, 2003.
Ders., Komplexe Gleichheit – Wie egalitär ist Walzers Gerechtigkeitstheorie?, in: Knoll, Manuel/Spieker, Michael (Hrsg.), Michael Walzer. Sphären der Gerechtigkeit – Ein kooperativer Kommentar, 2014, 27.
Heck, Philipp, Gesetzesauslegung und Interessenjurisprudenz, Archiv für die civilistische Praxis 1914, Bd. 112, 1.
Ders., Begriffsbildung und Interessenjurisprudenz, 1932.
Hegel, Georg Wilhelm Friedrich, Grundlinien der Philosophie des Rechts, Werke, Bd. 7, 1. Aufl. 1821 (Nachdruck 1986).
Heinold, Alexander, Die Prinzipientheorie bei Ronald Dworkin und Robert Alexy, 2011.
Heller, Hermann, Der Begriff des Gesetzes in der Reichsverfassung, VVDStRL 1928, Bd. 4, 98.
Ders., Die Souveränität – Ein Beitrag zur Theorie des Staats- und Völkerrechts, in: *Ders.*, Gesammelte Schriften, Bd. 2 – Recht, Staat, Macht, 1992, 31.
Hellgardt, Alexander, Regulierung im Privatrecht, 2016.
Ders., Wer hat Angst vor der unmittelbaren Drittwirkung? Die Konsequenzen der Stadionverbot-Entscheidung des BVerfG für die deutsche Grundrechtsdogmatik, Juristen-Zeitung 2018, 901.
Henkin, Louis, Shelley v. Kraemer: Notes for a Revised Opinion, University of Pennsylvania Law Review 1962, Bd. 110, 473.
Ders., Infallibility under Law: Constitutional Balancing, Columbia Law Review 1978, Bd. 78, 1022.
Henne, Thomas, Von 0 auf Lüth in 6 ½ Jahren, in: Ders./Riedlinger, Arne (Hrsg.), Das Lüth-Urteil aus (rechts-)historischer Sicht – Die Konflikte um Veit Harlan und die Grundrechtsjudikatur des Bundesverfassungsgerichts, 2005, 197.
Ders./Riedlinger, Arne (Hrsg.), Das Lüth-Urteil aus (rechts-)historischer Sicht – Die Konflikte um Veit Harlan und die Grundrechtsjudikatur des Bundesverfassungsgerichts, 2005.
Hensel, Albert, Die Rangordnung der Rechtsquellen, insbesondere das Verhältnis von Reichs- und Landesgesetzgebung, in: Anschütz, Gerhard/Thoma, Richard (Hrsg.), Handbuch des Deutschen Staatsrechts, Bd. 2, 1932, 313.

Hermes, Georg, Das Grundrecht auf Schutz von Leben und Gesundheit – Schutzpflicht und Schutzanspruch aus Art. 2 Abs. 2 Satz 1 GG, 1987.
Ders., Grundrechtsschutz durch Privatrecht auf neuer Grundlage? Das BVerfG zu Schutzpflicht und mittelbarer Drittwirkung der Berufsfreiheit, Neue Juristische Wochenschrift 1990, 1764.
Ders., Verfassungsrecht und einfaches Recht – Verfassungsgerichtsbarkeit und Fachgerichtsbarkeit, VVDStRL 2002, Bd. 61, 119.
Herrfahrdt, Heinrich, Redebeitrag, VVDStRL 1954, Bd. 13, 154, 186.
Herrmann, Christoph/Perfumi, Chiara, France, in: Brüggemeier, Gert/Colombi Ciacchi, Aurelia/Comandé, Giovanni (Hrsg.), Fundamental Rights and Private Law in the European Union, Vol. I: A Comparative Overview, 2010, 190.
Herzog, Roman, Allgemeine Staatslehre, 1971.
Ders., Das Bundesverfassungsgericht und die Anwendung einfachen Gesetzesrechts, 1991.
Ders./Scholz, Rupert/Herdegen, Matthias/Klein, Hans H. (Hrsg.), Maunz/Dürig, Grundgesetz – Kommentar.
Hesse, Konrad, Verfassungsrecht und Privatrecht, 1988.
Ders., Das Selbstbestimmungsrecht der Kirchen und Religionsgemeinschaften, in: Listl, Josef/Pirson, Dietrich (Hrsg.), Handbuch des Staatskirchenrechts der Bundesrepublik Deutschland, Band 1, 2. Aufl. 1994, 521.
Ders., Grundzüge des Verfassungsrechts der Bundesrepublik Deutschland, 20. Aufl. 1995.
Heun, Werner, Das Mehrheitsprinzip in der Demokratie. Grundlagen – Struktur – Begrenzungen, 1983.
Ders., Staatshaushalt und Staatsleitung: Das Haushaltsrecht im parlamentarischen Regierungssystem des Grundgesetzes, 1989.
Ders., Funktionell-rechtliche Schranken der Verfassungsgerichtsbarkeit, 1992.
Ders., Verfassungsrecht und einfaches Recht – Verfassungsgerichtsbarkeit und Fachgerichtsbarkeit, in: VVDStRL 2002, Bd. 61, 80.
Ders., Verfassung und Verfassungsgerichtsbarkeit im Vergleich, 2014, 255.
Hiebert, Janet L., Parliamentary Bills of Rights: An Alternative Model?, Modern Law Review 2006, Bd. 69, 7.
Hillgruber, Christian, Richterliche Rechtsfortbildung als Verfassungsproblem, Juristen-Zeitung 1996, 118.
Ders., Grundrechtsschranken, in: Isensee, Josef/Kirchhof, Paul (Hrsg.), Handbuch des Staatsrechts, Bd. IX, 3. Aufl. 2011, § 201.
v. Hippel, Ernst, Das Problem der rechtsgeschäftlichen Privatautonomie – Beiträge zu einem Natürlichen System des privaten Verkehrsrechts und zur Erforschung der Rechtstheorie des 19. Jahrhunderts, 1936.
Hirschl, Ran, Towards Juristocracy – The Origins and Consequences of the New Constitutionalism, 2004.
Ders., Comparative Matters – The Renaissance of Comparative Constitutional Law, 2014.
Hobbes, Thomas, Leviathan oder Stoff, Form und Gewalt eines kirchlichen und bürgerlichen Staates, 1984 (Deutsche Ausgabe Suhrkamp; englische Originalausgabe von 1651).
Hobsbawm, Eric, The Age of Capital: 1848 – 1875, 1. Aufl. 1979.
Ders., On the Edge of the New Century, 2001.
Höfling, Wolfram, Offene Grundrechtsinterpretation – Grundrechtsauslegung zwischen amtlichem Interpretationsmonopol und privater Konkretisierungskompetenz, 1987.
Ders., Vertragsfreiheit – Eine grundrechtsdogmatische Studie, 1991.

Hönn, Günther, Kompensation gestörter Vertragsfreiheit, 1982.
Höpfner, Clemens, Die systemkonforme Auslegung, 2008.
Hoerster, Nobert, Zur Verteidigung der rechtspositivistischen Trennungsthese, in: Dreier, Ralf (Hrsg.), Rechtspositivismus und Wertbezug des Rechts, ARSP Beiheift 37, 1990, 27.
Hoffmann, Birgit, Das Verhältnis von Gesetz und Recht – Eine verfassungsrechtliche und verfassungstheoretische Untersuchung zu Art. 20 Abs. 3 GG, 2003.
Hoffmann-Riem, Wolfgang, Verhaltenssteuerung durch Algorithmen – Eine Herausforderung für das Recht, Archiv des öffentlichen Rechts 2017, Bd. 142, 1.
Ders./Schmidt-Aßmann, Eberhard/Schuppert, Gunnar Folke (Hrsg.), Reform des allgemeinen Verwaltungsrechts, 1993.
Hohfeld, Wesley Newcomb, Some Fundamental Legal Conceptions as Applied in Judicial Reasoning, Yale Law Journal 1913–1914, Bd. 23, 16.
Holdgaard, Raas/Elkan, Daniela/Schaldemose, Gustav Krohn, From Cooperation to Collision: The ECJ's Ajos Ruling and the Danish Supreme Court's Refusal to Comply, Common Market Law Review, Bd. 55, 2018, 17.
Hollerbach, Alexander, Auflösung der rechtsstaatlichen Verfassung? Zu Ernst Forsthoffs Abhandlung „Die Umbildung des Verfassungsgesetzes" in der Festschrift für Carl Schmitt, Archiv des öffentlichen Rechts 1960, Bd. 85, 241.
Hollstein, Thorsten, Die Verfassung als „Allgemeiner Teil" – Privatrechtsmethode und Privatrechtskonzeption bei Hans Carl Nipperdey (1895–1968), 2007.
Holoubek, Michael, Grundrechtliche Gewährleistungspflichten, 1997.
Holznagel, Bernd, Das Compliance-System des Entwurfs des Netzwerkdurchsetzungsgesetzes, Zeitschrift für Urheber- und Medienrecht 2017, 615.
Honneth, Axel, Das Recht der Freiheit – Grundriß einer demokratischen Sittlichkeit, 2011.
Horn, Hans-Detlef, Gewaltenteilige Demokratie, demokratische Gewaltenteilung, Archiv des öffentlichen Rechts 2002, Bd. 127, 427.
Horowitz, Harold W., The Misleading Search for "State Action" Under the Fourteenth Amendment, Southern California Law Review 1957, Bd. 30, 208.
Huber, Peter M., Auslegung und Anwendung der Charta der Grundrechte, Neue Juristische Wochenschrift 2011, 2385.
Ders./Voßkuhle, Andreas (Hrsg.), v. Mangoldt/Klein/Starck, Grundgesetz – Kommentar, Bd. 1, 7. Aufl. 2018.
Hunt, Alan (Hrsg.), Reading Dworkin Critically, 1992.
Ipsen, Jörn, Richterrecht und Verfassung, 1975.
Ders., Verfassungsprivatrecht?, JuristenZeitung 2014, 157.
Ders., Staatsrecht II – Grundrechte, 19. Aufl. 2016.
Isensee, Josef, Grundrechte und Demokratie – Die polare Legitimation im grundgesetzlichen Gemeinwesen, 1981.
Ders., Das Grundrecht auf Sicherheit – Zu den Schutzpflichten des freiheitlichen Verfassungsstaates, 1983.
Ders., Vertragsfreiheit im Griff der Grundrechte – Inhaltskontrolle von Verträgen am Maßstab der Verfassung, in: Hübner, Ulrich/Ebke, Werner F. (Hrsg.), Festschrift für Bernhard Großfeld zum 65. Geburtstag, 1999, 485.
Ders., Das Grundrecht als Abwehrrecht und als staatliche Schutzpflicht, in: Ders./Kirchhof, Paul (Hrsg.), Handbuch des Staatsrechts, Bd. IX, 3. Aufl. 2011, § 191.

Jaeckel, Liv, Schutzpflichten im deutschen und europäischen Recht – Eine Untersuchung der deutschen Grundrechte, der Menschenrechte und Grundfreiheiten der EMRK sowie der Grundrechte und Grundfreiheiten der Europäischen Gemeinschaft, 2001.

Jann, Werner, Nunmehr alles Governance, oder was? – Über die Bedeutung von Verwaltung, Institutionen und Institutionentheorie, in: Voßkuhle, Andreas/Bumke, Christian/Meinel, Florian (Hrsg.), Verabschiedung und Wiederentdeckung des Staates im Spannungsfeld der Disziplinen, Der Staat – Beiheft 21, 2013, 93.

Jarass, Hans D., Die Widerspruchsfreiheit der Rechtsordnung als verfassungsrechtliche Vorgabe – Zugleich ein Beitrag zum Verhältnis von Sachgesetzgeber und Abgabengesetzgeber, Archiv des öffentlichen Rechts 2001, Bd. 126, 588.

Ders., Die Konstitutionalisierung des Rechts, insb. Durch Grundrechte, in: Wittreck, Fabian (Hrsg.), 60 Jahre Grundgesetz – Verfassung mit Zukunft!?, 2010, 47.

Ders., EU-Grundrechte und Privatrecht, in: Heiderhoff, Bettina/Lohsse, Sebastian/Schulze, Reiner (Hrsg.), EU-Grundrechte und Privatrecht – EU Fundamental Rights and Private Law, 2016.

Jestaedt, Matthias, Demokratieprinzip und Kondominialverwaltung – Entscheidungsteilhabe Privater an der öffentlichen Verwaltung auf dem Prüfstand des Verfassungsprinzips Demokratie, 1993.

Ders., Grundrechtsentfaltung im Gesetz – Studien zur Interdependenz von Grundrechtsdogmatik und Rechtsgewinnungstheorie, 1999.

Ders., Verfassungsrecht und einfaches Recht – Verfassungsgerichtsbarkeit und Fachgerichtsbarkeit, Deutsches Verwaltungsblatt 2001, 1309.

Ders., Diskriminierungsschutz und Privatautonomie, VVDStRL 2005, Bd. 64, 298.

Ders., Die Verfassung hinter der Verfassung – Eine Standortbestimmung der Verfassungstheorie, 2009.

Ders., Richterliche Rechtsetzung statt richterlicher Rechtsfortbildung – Methodologische Betrachtungen zum sog. Richterrecht, in: Bumke, Christian (Hrsg.), Richterrecht zwischen Gesetzesrecht und Rechtsgestaltung, 2009, 49.

Ders., Phänomen Bundesverfassungsgericht – Was das Gericht zu dem macht, was es ist, in: *Ders./Lepsius, Oliver/Möllers, Christoph/Schönberger, Christoph*, Das entgrenzte Gericht – Eine kritische Bilanz nach sechzig Jahren BVerfG, 2011, 77.

Ders./Lepsius, Oliver/Möllers, Christoph/Schönberger, Christoph, Das entgrenzte Gericht – Eine kritische Bilanz nach sechzig Jahren BVerfG, 2011.

Kähler, Lorenz, Raum für Maßlosigkeit – Zu den Grenzen des Verhältnismäßigkeitsgrundsatzes im Privatrecht, in: Jestaedt, Matthias/Lepsius, Oliver (Hrsg.), Verhältnismäßigkeit, 2015, 210.

Kahl, Wolfgang, Hochschulräte – Demokratieprinzip – Selbstverwaltung. Unter besonderer Berücksichtigung des Aufsichtsratsmodells in Baden-Württemberg, Archiv des öffentlichen Rechts 2005, Bd. 130, 225.

Ders./Waldhoff, Chrisitan/Walter, Christian (Hrsg.), Bonner Kommentar zum Grundgesetz.

Kallscheuer, Otto, Nachwort: Michael Walzers kommunitaristischer Liberalismus oder die Kraft der inneren Oppostion, in: *Walzer, Michael*, Kritik und Gemeinsinn – Drei Wege der Gesellschaftskritik, 1990, 126.

Kalven, Harry Jr., The Concept of the Public Forum: Cox v. Lousiana, The Supreme Court Review 1965, Bd. 6, 1.

Kamanabrou, Sudabeh, Anmerkung zu BVerfG, Beschluss v. 6.6.2018 – A BvL 7/14, 1 BvR 1375/14, JuristenZeitung 2018, 886.

Kant, Immanel, Grundlegung zur Metaphysik der Sitten, in: Gesammelte Schriften, Ausgabe der Preussischen Akademie der Wissenschaften (AA), Bd. 4.

Ders., Die Metaphysik der Sitten, Werkausgabe in sechs Bänden (hrsgg. v. *W. Weischedel*, Bd. IV, S. 303.

Ders., Kritik der Reinen Vernunft, 1. Aufl. 1781 (Nachdruck 1956).

Kauper, Paul G., Civil Liberties and the Constitution, 1962.

Kavanagh, Aileen, Constitutional Review under the UK Human Rights Act, 2009.

Kay, Richard S., The State Action Doctrine, the Public-Private Distinction, and the Independence of Constitutional Law, Constitutional Comment 1993, Bd. 10, 329.

Kelsen, Hans, Hauptprobleme der Staatsrechtslehre, Neudruck der 2. Auflage (1923), 1960.

Ders., Allgemeine Staatslehre, 1925.

Ders., Vom Wesen und Wert der Demokratie, 2. Aufl. 1929.

Ders., Wesen und Entwicklung der Staatsgerichtsbarkeit, VVDStRL 1929, Bd. 5, 30.

Ders., Wer soll Hüter der Verfassung sein?, 1931.

Ders., Reine Rechtslehre, 1. Aufl. 1934.

Ders., Foundations of Democracy, Ethics 1955, Bd. 66, 1.

Ders., Reine Rechtslehre, 2. Aufl. 1960.

Ders., Wesen und Entwicklung der Staatsgerichtsbarkeit, in: van Ooyen, Robert Chr. (Hrsg.), *Kelsen, Hans*: Wer soll Hüter der Verfassung sein? – Abhandlungen zur Theorie der Verfassungsgerichtsbarkeit in der pluralistischen, parlamentarischen Demokratie, 2008, 1.

Ders., Wer soll Hüter der Verfassung sein?, in: van Ooyen, Robert Chr. (Hrsg.), *Kelsen, Hans*: Wer soll Hüter der Verfassung sein? – Abhandlungen zur Theorie der Verfassungsgerichtsbarkeit in der pluralistischen, parlamentarischen Demokratie, 2008, 58.

Ders., Die philosophischen Grundlagen der Naturrechtslehre und des Rechtspositivismus, in: Klecatsky, Hans Richard/Marcic, René/Schambeck, Herbert (Hrsg.), Die Wiener rechtstheoretische Schule, 2010, Bd. 1, 231.

Ders., Recht und Moral, in: Klecatsky, Hans Richard/Marcic, René/Schambeck, Herbert (Hrsg.), Die Wiener rechtstheoretische Schule, 2010, Bd. 1, 651.

Kennedy, Duncan, The Hermeneutics of Suspicion in Contemporary American Legal Thought, Law Critique 2014, Bd. 25, 91.

Kersting, Wolfgang, Vom Vertragsstaat zur Tugendrepublik. Die politische Philosophie Jean-Jacques Rousseaus, in: Ders. (Hrsg.), Die Republik der Tugend. Jean-Jacques Rosseaus Staatsverständnis, 2003, 11.

Ders., Gesellschaftsvertrag, Volkssouveränität und „volonté générale". Das systematische Zentrum der politischen Philosophie Jean-Jacques Rousseaus, in: Ders. (Hrsg.), Die Republik der Tugend. Jean-Jacques Rosseaus Staatsverständnis, 2003, 79.

Ders., Der liberale Liberalismus – Notwendige Abgrenzungen, 2006.

Kipp, Heinrich, Naturrecht und moderner Staat, 1950.

Kirchhof, Ferdinand, Private Rechtsetzung, 1987.

Kirchhof, Paul, Der Auftrag des Grundgesetzes an die rechtsprechende Gewalt, in: Richterliche Rechtsfortbildung – Erscheinungsformen, Auftrag und Grenzen: Festschrift der Juristischen Fakultät zur 600-Jahr-Feier der Ruprecht-Karls-Universität Heidelberg, 1986, 11.

Ders., Die Kirchen und Religionsgemeinschaften als Körperschaften des öffentlichen Rechts, in: Listl, Josef/Pirson, Dietrich (Hrsg.), Handbuch des Staatskirchenrechts der Bundesrepublik Deutschland, Band 1, 2. Aufl. 1994, 651.

Kischel, Uwe, Rechtsvergleichung, 2015.
Klement, Jan Henrik, Verantwortung – Funktion und Legitimation eines Begriffs im Öffentlichen Recht, 2006.
Kley, Andreas, Kontexte der Demokratie: Herrschaftsausübung in Arbeitsteilung, VVDStRL 2018, Bd. 77, 125.
Kley, Max Dietrich, Der Bundesfinanzhof, die „Einheit der Rechtsordnung" und die Schatten der Vergangenheit, 1981.
Kloepfer, Michael, Der Vorbehalt des Gesetzes im Wandel, JuristenZeitung 1984, 685.
Kluth, Winfried, Funktionale Selbstverwaltung: Verfassungsrechtlicher Status – verfassungsrechtlicher Schutz, 1997.
Koch, Elisabeth, Vertragsgerechtigkeit – Rechtshistorische Betrachtungen, in: Bengel, Manfred/Limmer, Peter/Reimann, Wolfgang und die Deutsche Notarrechtliche Vereinigung (Hrsg.), Festschrift für Rainer Kanzleiter zum 70. Geburtstag, 2010, 237.
Koch, Thorsten, Der Grundrechtsschutz des Drittbetroffenen – Zur Rekonstruktion der Grundrechte als Abwehrrechte, 2000.
König, Carsten, Vertragliche Gestaltung der Meinungsfreiheit in sozialen Netzwerken, Archiv für die civlistische Praxis 2019, Bd. 219, 611.
Korstock, Ulf, Arbeitsrechtliche Streitigkeiten – Individualarbeitsrecht, in: Reichold, Hermann/Korstock, Ulf (Hrsg.), Das Arbeits- und Tarifrecht der katholischen Kirche – Praxishandbuch für Kirche und Caritas, 2014, S. 61.
Kramer, Ernst A., Juristische Methodenlehre, 4. Aufl. 2013.
Krey, Volker, Zur Problematik richterlicher Rechtsfortbildung contra legem, JuristenZeitung 1978, 465.
Kriele, Martin, Das demokratische Prinzip im Grundgesetz, VVDStRL 1971, Bd. 29, 46,.
Ders., Theorie der Rechtsgewinnung, 2. Aufl. 1976.
Krings, Günter, Grund und Grenzen grundrechtlicher Schutzansprüche – Die subjektivrechtliche Rekonstruktion der grundrechtlichen Schutzpflichten und ihre Auswirkung auf die verfassungsrechtliche Fundierung des Verbrauchervertragsrechts, 2003.
Ders., Die subjektiv-rechtliche Rekonstruktion der Schutzpflichten aus dem grundrechtlichen Freiheitsbegriff, in: Sachs, Michael/Siekmann, Helmut (Hrsg.), Der grundrechtsgeprägte Verfassungsstaat – Festschrift für Klaus Stern zum 80. Geburtstag, 2012, 425.
Krüger, Hildegard, Grenzen der Zumutbarkeit aus Gewissensgründen im Arbeitsrecht, Recht der Arbeit 1954, 365.
Krüper, Julian, Kategoriale Unterscheidung von Öffentlichem Recht und Privatrecht?, VVDStRL 2020, Bd. 79, 43.
Kuhlbrodt, Dietrich, Veit Harlan und sein Film „Jud Süß", in: Henne, Thomas/Riedlinger, Arne (Hrsg.), Das Lüth-Urteil aus (rechts-)historischer Sicht – Die Konflikte um Veit Harlan und die Grundrechtsjudikatur des Bundesverfassungsgerichts, 2005, 65.
Kulick, Andreas, „Drittwirkung" als verfassungskonforme Auslegung – Zur neuen Rechtsprechung des BVerfG, Neue Juristische Wochenschrift 2016, 2236.
Kumm, Mattias, Who is Afraid of the Total Constitution? Constitutional Rights as Principles and the Constitutionalization of Private Law, German Law Journal 2006, Bd. 7, 341.
Ders., Institutionalising Socratic Contestation: The Rationalist Human Rights Paradigm, Legitimate Authority and the Point of Judicial Review, European Journal of Legal Studies 2007, Bd. 1, 153.

Ders., Alexy's Theory of Constitutional Rights and the Problem of Judicial Review, in: Klatt, Matthias (Hrsg.), Institutionalized Reason: The Jurisprudence of Robert Alexy, 2012, 201.
Kunig, Philip, Das Rechtsstaatsprinzip – Überlegungen zu seiner Bedeutung für das Verfassungsrecht der Bundesrepublik Deutschland, 1986.
Ders., Verfassungsrecht und einfaches Recht – Verfassungsgerichtsbarkeit und Fachgerichtsbarkeit, VVDStRL 2002, 35.
Laband, Paul, Das Staatsrecht des Deutschen Reiches, Bd. 2, 5. Aufl. 1911.
Ladeur, Karl-Heinz, Kritik der Abwägung in der Grundrechtsdogmatik, 2004.
Ders., Die Drittwirkung der Grundrechte im Privatrecht – „Verfassungsprivatrecht" als Kollisionsrecht, in: Callies, Gralf-Peter/Fischer-Lescano, Andreas/Wielsch, Dan/Zumbansen, Peer (Hrsg.), Soziologische Jurisprudenz. Festschrift für Gunther Teubner zum 65. Geburtstag, 2009, 543.
Lang, Andrej, Netzwerkdurchsetzungsgesetz und Meinungsfreiheit – Zur Regulierung privater Internet-Intermediäre bei der Bekämpfung von Hassrede, Archiv des öffentlichen Rechts 2018, Bd. 143, 220.
Lange, Friederike Valerie, Grundrechtsbindung des Gesetzgebers – eine rechtsvergleichende Studie zu Deutschland, Frankreich und den USA, 2010.
Larenz, Karl, Methodenlehre der Rechtswissenschaft, 1. Aufl. 1960.
Ders., Methodenlehre der Rechtswissenschaft, 6. Aufl. 1991.
Ders./Canaris, Claus-Wilhelm, Methodenlehre der Rechtswissenschaft, 3. Aufl. 1995.
Lassahn, Philipp, Rechtsprechung und Parlamentsgesetz – Überlegungen zu Anliegen und Reichweite eines allgemeinen Vorbehalts des Gesetzes, 2017.
Latzel, Clemens, Die Anwendungsbereiche des Unionsrechts, Europäische Zeitschrift für Wirtschaftsrecht 2015, 658.
Laufke, Franz, Vertragsfreiheit und Grundgesetz, in: Nipperdey, Hans Carl (Hrsg.), Das deutsche Privatrecht in der Mitte des 20. Jahrhunderts – Festschrift für Heinrich Lehmann zum 80. Geburtstag, Bd. I, 1956, 145.
Lavrysen, Laurens, Human Rights in a Positive State – Rethinking the Relationship between Positive and Negative Obligations under the European Convention on Human Rights, 2016.
Leczykiewicz, Dorota, Horizontal Application of the Charter of Fundamental Rights, European Law Review 2013, 479.
Legrand, Pierre, European Legal Systems are not Converging, International and Comparative Law Quarterly 1996, Bd. 55, 52.
Leigh, Ian, Horizontal Rights, the Human Rights Act and Privacy: Lessons From the Commonwealth, International and Comparative Law Quarterly 1999, Bd. 48, 57.
Ders./Masterman, Roger, Making Rights Real – The Human Rights Act in its First Decade, 2008.
Lehner, Roman, Zivilrechtlicher Diskriminierungsschutz und Grundrechte, 2013.
Leisner, Walter, Grundrechte und Privatrecht, 1960.
Lembcke, Oliver W., Hüter der Verfassung, 2007.
Ders./Ritzi, Claudia/Schaal, Gary S. (Hrsg.), Zeitgenössische Demokratietheorie – Band 1: Normative Demokratietheorien, 2012.
Ders./Ritzi, Claudia/Schaal, Gary S. (Hrsg.), Zeitgenössische Demokratietheorie – Band 2: Empirische Demokratietheorien, 2016.
Lengauer, Alina, Drittwirkung von Grundfreiheiten – Ein Beitrag zu dem Konzept des Normadressaten im Gemeinschaftsrecht, 2011.

Lepsius, Oliver, Anmerkung zu BVerfG, Urt. v. 9.12.2008, 2 BvL 1/07, JuristenZeitung 2009, 260.
Ders., Die maßstabsetzende Gewalt, in: *Jestaedt, Matthias/Lepsius, Oliver/Möllers, Christoph/Schönberger, Christoph*, Das entgrenzte Gericht – Eine kritische Bilanz nach sechzig Jahren BVerfG, 2011, 159.
Ders., Rechtswissenschaft in der Demokratie, Der Staat 2013, Bd. 52, 157.
Lerche, Peter, Übermaß und Verfassungsrecht – Zur Bindung des Gesetzgebers an die Grundsätze der Verhältnismäßigkeit und der Erforderlichkeit, 1961.
Ders., Koalitionsfreiheit und Richterrecht, Neue Juristische Wochenschrift 1987, 2465.
Ders., Gewaltenteilung – deutsche Sicht, in: Isensee, Josef (Hrsg.), Gewaltenteilung heute – Symposium aus Anlaß der Vollendung des 65. Lebensjahres von Fritz Ossenbühl, 2000, 75.
Lessard, Hester, The Idea of the "Private": A Discussion of State Action Doctrine and Separate Sphere Ideology, Dalhousie Law Journal 1986, Bd. 10, 107.
Letsas, George, The ECHR as a living instrument: its meaning and legitimacy, in: Føllesdal, Andreas/Peters, Birgit/Ulfstein, Geir (Hrsg.), Constituting Europe – The European Court of Human Rights in a national, European and global context, 2013, 106.
Lieber, Tobias, Diskursive Vernunft und formelle Gleichheit: Zu Demokratie, Gewaltenteilung und Rechtsanwendung in der Rechtstheorie von Jürgen Habermas, 2007.
Liebert, Frank, Vom Karrierestreben zum „Nötigungsnotstand". „Jud Süß", Veit Harlan und die deutsche Nachkriegsgesellschaft (1945–50), in: Henne, Thomas/Riedlinger, Arne (Hrsg.), Das Lüth-Urteil aus (rechts-)historischer Sicht – Die Konflikte um Veit Harlan und die Grundrechtsjudikatur des Bundesverfassungsgerichts, 2005, 111.
Lienbacher, Georg, Rationalitätsanforderungen an die parlamentarische Rechtsetzung im demokratischen Staat, VVDStRL 2012, Bd. 71, 7.
Limbach, Jutta, Vorrang der Verfassung oder Souveränität des Parlaments?, 2000.
Lincoln, Abraham, The Gettysburg Address, A Speech on the Occasion of the Dedication of the National Cemetery in Gettysburg, Pennsylvania November 19, 1863.
Lindner, Josef Franz, Theorie der Grundrechtsdogmatik, 2005.
Ders., Einheit der Rechtswissenschaft als Aufgabe, JuristenZeitung 2016, 697.
Löwisch, Stephan, Die horizontale Direktwirkung der Europäischen Grundfreiheiten – Zur Frage der unmittelbaren Verpflichtung Privater durch die Grundfreiheiten des EG-Vertrages, 2009.
Loick, Daniel, Jurisdismus – Konturen einer kritischen Theorie des Rechts, 2017.
Loughlin, Martin, The Nature of Public Law, in: Mac Amlaigh, Cormack/Michelon, Claudio/Walker, Neil (Hrsg.), After Public Law, 2013, 11.
Lucy, William, Private and Public: Some Banalities About a Platitude, in: Mac Amlaigh, Cormack/Michelon, Claudio/Walker, Neil (Hrsg.), After Public Law, 2013, 56.
Lübbe-Wolff, Gertrude, Die Grundrechte als Eingriffsabwehrrechte, 1988.
Luhmann, Niklas, Grundrechte als Institution – Ein Beitrag zur politischen Soziologie, 1. Aufl. 1965.
Ders., Rechtssoziologie, 2. Aufl. 1983.
Ders., Das Recht der Gesellschaft, 6. Aufl. 2013.
MacCallum, Gerald C., Negative and Positive Freedom, The Philosophical Review 1967, Bd. 76, 312.
Mak, Chantal, Fundamental Rights in European Contract Law – A Comparison of the Impact of Fundamental Rights on Contractual Relationships in Germany, the Netherlands, Italy and England, 2008.

Mallmann, Werner, Menschenwürde und „gute Sitten", JuristenZeitung 1951, 27.
Mancini, Federico/Keeling, David, From CILFIT to ERT: The Constitutional Challenge Facing the European Court, Yearbook of European Law 1991, Bd. 11, 1.
Mangold, Anna Katharina/Payandeh, Mehrdad, Diskriminierungsschutz und unternehmerische Freiheit im Unionsrecht. Anmerkungen zu den Urteilen des EuGH v. 14.3. 2017 in den Rs. C-157/15 (Achbita) und C-188/15 (Bougnaoui), Europarecht 2017, 700.
Manigk, Alfred, Die Privatautonomie im Aufbau der Rechtsquellen, 1935.
Marsch, Nikolaus/Vilain, Yoan/Wendel, Mattias (Hrsg.), Französisches und Deutsches Verfassungsrecht, 2015.
Massing, Peter, Demokratie-Theorien: von der Antike bis zur Gegenwart – Texte und Interpretationen, 2. Aufl. 2003.
Maulin, Éric, La théorie de l'État de Carré de Malberg, 2003.
Maunz, Theodor/Dürig, Günter (Hrsg.), Grundgesetz – Kommentar, 1958.
Maunz, Theodor/Schmidt-Bleibtreu, Bruno/Klein, Franz/Bethge, Herbert (Hrsg.), Bundesverfassungsgerichtsgesetz – Kommentar.
Maurin, Lucien, Contrat et droits fondamentaux, 2013.
Maus, Ingeborg, Zur Aufklärung der Demokratietheorie – Rechts- und demokratietheoretische Überlegungen im Anschluß an Kant, 1994.
Dies., Über Volkssouveränität – Elemente einer Demokratietheorie, 2011.
May, Artur, Die Revision in den zivil- und verwaltungsgerichtlichen Verfahren, 1995.
Mayntz, Renate, Politische Steuerung und gesellschaftliche Steuerungsprobleme – Anmerkungen zu einem theoretischen Paradigma, in: Ellwein, Thomas/Hesse, Joachim Jens/Mayntz, Renate/Scharpf, Fritz W. (Hrsg.), Jahrbuch zur Staats- und Verwaltungswissenschaft 1987, Bd. 1, 89.
Dies., Governancetheorie: Erkenntnisinteresse und offene Fragen, in: Grande, Edgar/May, Stefan (Hrsg.), Perspektiven der Governance-Forschung, 2009, 9.
Dies., Governance im modernen Staat, in: Benz, Arthur/Dose, Nicolai (Hrsg.), Governance – Regieren in komplexen Regelsystemen, 2. Aufl. 2010, 37.
Medicus, Dieter, Der Grundsatz der Verhältnismäßigkeit im Privatrecht, Archiv für die civilistische Praxis 1992, Bd. 192, 35.
Mehde, Veit, Neues Steuerungsmodell und Demokratieprinzip, 2000.
Ders., Regeln und Prinzipien im Recht der Staats- und Verwaltungsorganisation, Die Verwaltung 2001, Bd. 34, 93.
Meier-Hayoz, Arthur, Strategische und taktische Aspekte der Fortbildung des Rechts – Zur Frage nach den Grenzen richterlicher Rechtssetzung, JuristenZeitung 1981, 417.
Mélin-Soucramanien, Ferdinand/Pactet, Pierre, Droit constitutionnel, 34. Aufl. 2015.
Menke, Christoph, Kritik der Rechte, 2015.
Menzel, Jörg, Vergangenheitsbewältigung in der frühen Judikatur des Bundesverfassungsgerichts: Beamten- und Gestapo-Urteil, in: Henne, Thomas/Riedlinger, Arne (Hrsg.), Das Lüth-Urteil aus (rechts-)historischer Sicht – Die Konflikte um Veit Harlan und die Grundrechtsjudikatur des Bundesverfassungsgerichts, 2005, 225.
Merten, Detlef, Grundrechtliche Schutzpflichten und Untermaßverbot, in: Stern, Klaus/Grupp, Klaus (Hrsg.), Gedächtnisschrift für Joachim Burmeister, 2005, 227.
Mestmäcker, Ernst-Joachim, Über die normative Kraft privatrechtlicher Verträge, JuristenZeitung 1964, 441.
Meyer, Georg/Anschütz, Gerhard, Lehrbuch des Deutschen Staatsrechts, 7. Aufl. 1919.
Meyer-Cording, Ulrich, Die Rechtsnormen, 1971.

Meyer-Ladewig, Jens/Nettesheim, Martin/von Raumer, Stefan (Hrsg.), EMRK-Handkommentar, 4. Aufl. 2017.

Meyers, Diana Tietjens, Self, Society and Personal Choice, 1989.

Dies., Personale Autonomie ohne Transzendenz, in: Betzler, Monika (Hrsg.), Autonomie der Person, 2013, 149.

Michael, Lothar, Das Verhältnismäßigkeitsprinzip als Schlüssel(bund)konzept, in: Jestaedt, Matthias/Lepsius, Oliver (Hrsg.), Verhältnismäßigkeit, 2015, 42.

Michaels, Ralf, The Functional Method of Comparative Law, in: Reimann, Mathias/Zimmermann, Reinhard (Hrsg.), The Oxford Handbook of Comparative Law, 2006, 339.

Ders./Jansen, Nils, Private Law Beyond the State? – Europeanization, Globalization, Privatization, in: Dies. (Hrsg.), Beyond the State – Rethinking Private Law, 2008, 69.

Michelman, Frank I., Law's Republic, Yale Law Journal 1987–1988, Bd. 97, 1493.

Ders., The Bill of Rights, the Common Law, and the Freedom-Friendly State, University of Miami Law Review 2003, Bd. 58, 401.

Ders., The protective function of the state in the United States and Europe: the constitutional question, in: Nolte, Georg (Hrsg.), European and US Constitutionalism, 2005, 156.

Michl, Fabian, Die Bedeutung der Grundrechte im Privatrecht, Jura 2017, 1062.

Ders., Situativ staatsgleiche Grundrechtsbindung privater Akteure – Zugleich Besprechung von BVerfG, Beschluss vom 11.4.2018 – 1 BvR 3080/09, JuristenZeitung 2018, 910.

Mill, John Stuart, On Liberty, 2. Aufl. 1860.

Möllers, Christoph, Braucht das öffentliche Recht einen neuen Methoden- und Richtungsstreit?, Verwaltungsarchiv 1999, Bd. 90, 187.

Ders., Staat als Argument, 2000.

Ders., Gewaltengliederung – Legitimation und Dogmatik um nationalen und internationalen Rechtsvergleich, 2005.

Ders., Dogmatik der grundgesetzlichen Gewaltengliederung, Archiv des öffentlichen Rechts 2007, Bd. 132, 493.

Ders., Die drei Gewalten, 2008.

Ders., Legalität, Legitimität und Legitimation des BVerfG, in: *Jestaedt, Matthias/Lepsius, Oliver/Möllers, Christoph/Schönberger, Christoph*, Das entgrenzte Gericht – Eine kritische Bilanz nach sechzig Jahren BVerfG, 2011, 281.

Moench, Christoph, Verfassungswidriges Gesetz und Normenkontrolle, 1977.

v. Mohl, Robert, Die Polizeiwissenschaft nach den Grundsätzen des Rechtsstaates, 3 Bd., 1. Aufl. 1832–1834.

Ders., Ueber die rechtliche Bedeutung verfassungswidriger Gesetze, in: *Ders.*, Staatsrecht, Völkerrecht und Politik, Bd. 1, 1860, 66.

Molfessis, Nicolas, Le conseil constitutionnel et le droit privé, 1997.

Montesquieu, Charles-Louis de Secondat, Baron de La Brède et de, De l'esprit de lois, Bd. I, 1777 (édition Garnier).

Mowbray, Alastair R., The Development of Positive Obligations under the European Convention on Human Rights by the European Court of Human Rights, 2004.

Muckel, Stefan, Wandel des Verhältnisses von Staat und Gesellschaft – Folgen für Grundrechtstheorie und -dogmatik, in: VVDStRL 2020, Bd. 79, 245.

Müller, Friedrich, Die Einheit der Verfassung – Kritik des juristischen Holismus: Elemente einer Verfassungstheorie III, 2. Aufl. 2007.

Ders./Christensen, Ralph, Juristische Methodik, Bd. I – Grundlegung für die Arbeitsmethoden der Rechtspraxis, 10. Aufl. 2009.

Müller-Graff, Peter-Christian, Die horizontale Direktwirkung der Grundfreiheiten, Europarecht 2014, Bd. 49, 3.

v. Münch, Ingo/Kunig, Philip (Hrsg.), Grundgesetz – Kommentar, Bd. 1, 6. Aufl. 2012.

Murswiek, Dietrich, Die staatliche Verantwortung für Risiken der Technik – Verfassungsrechtliche Grundlagen und immissionsschutzrechtliche Ausformung, 1985.

Neuner, Jörg, Die Rechtsfindung contra legem, 1. Aufl. 1992.

Nettesheim, Martin, Demokratisierung der Europäischen Union und Europäisierung der Demokratietheorie – Wechselwirkungen bei der Herausbildung eines europäischen Demokratieprinzips, in: Bauer, Hartmut/Huber, Peter M./Sommermann, Karl-Peter (Hrsg.), Demokratie in Europa, 2005, 143.

Ders., Grundrechtsschutz der Privatheit, VVDStRL 2011, Bd. 70, 7.

Ders., Liberaler Verfassungsstaat und gutes Leben – Über verfassungsrechtliche Grenzen ethisch imprägnierter Gesetzgebung, 2017.

Ders., „Leben in Würde“: Art. 1 Abs. 1 GG als Grundrecht hinter den Grundrechten, JuristenZeitung 2019, 1.

Nipperdey, Hans Carl, Gleicher Lohn der Frau für gleiche Leistung – Ein Beitrag zur Auslegung der Grundrechte, Recht der Arbeit 1950, 121.

Ders., Die Würde des Menschen, in: Neumann, Franz L./Nipperdey, Hans Carl/Scheuner, Ulrich (Hrsg.), Die Grundrechte – Handbuch der Theorie und Praxis der Grundrechte, Bd. 2: Freiheitsrechte in Deutschland, Berlin, 1954, 1.

Ders., Boykott und freie Meinungsäußerung, Deutsches Verwaltungsblatt 1958, 445.

Ders., Grundrechte und Privatrecht, 1961.

Nowak, John E./Rotunda, Ronald D., Principles of Constitutional Law, 3. Aufl. 2007.

Oechsler, Jürgen, Gerechtigkeit im modernen Austauschvertrag – Die theoretischen Grundlagen der Vertragsgerechtigkeit und ihr praktischer Einfluß auf Auslegung, Ergänzung und Inhaltskontrolle des Vertrages, 1997.

Örücü, Esin, Methodology of Comparative Law, in: Smits, Jan M. (Hrsg.), Elgar Encyclopedia of Comparative Law, 2006, 442.

Oeter, Stefan, „Drittwirkung“ der Grundrechte und die Autonomie des Privatrechts – Ein Beitrag zu den funktionell-rechtlichen Dimensionen der Drittwirkungsdebatte, Archiv des öffentlichen Rechts 1994, Bd. 119, 529.

Oldiges, Martin, Neue Aspekte der Grundrechtsgeltung im Privatrecht, in: Wendt, Rudolf/Höfling, Wolfram/Karpen, Ulrich/Oldiges, Martin (Hrsg.), Staat, Wirtschaft, Steuern – Festschrift für Heinrich Friauf zum 65. Geburtstag, 281.

van Ooyen, Robert Chr. (Hrsg.), *Kelsen, Hans*: Wer soll Hüter der Verfassung sein? – Abhandlungen zur Theorie der Verfassungsgerichtsbarkeit in der pluralistischen, parlamentarischen Demokratie, 2008.

Oppermann, Thomas/Classen, Claus Dieter/Nettesheim, Martin, Europarecht, 8. Auflage, 2018.

Oshana, Mariana A. L., Autonomy and Self-Identity, in: Christman, John/Anderson, Joel (Hrsg.), Autonomy and the Challenges to Liberalism – New Essays, 2005, 77.

Dies., Personale Autonomie und das soziale Umfeld, in: Betzler, Monika (Hrsg.), Autonomie der Person, 2013, 196.

Papier, Hans-Jürgen, „Spezifisches Verfassungsrecht“ und „einfaches Recht“ als Argumentationsformel des Bundesverfassungsgerichts, in: Starck, Christian (Hrsg.), Bundesverfassungsgericht und Grundgesetz – Festgabe aus Anlaß des 25jährigen Bestehens des Bundesverfassungsgerichts, 1976, 432.

Ders., Drittwirkung der Grundrechte, in: Merten, Detlef/Papier, Hans-Jürgen (Hrsg.), Handbuch der Grundrechte, Bd. I, 2004, § 55, S. 1331.
Patterson, Dennis M., Law and Truth, 1996.
Payandeh, Mehrdad, Judikative Rechtserzeugung – Theorie, Dogmatik und Methodik der Wirkungen von Präjudizien, 2017.
Perner, Stefan, Grundfreiheiten, Grundrechte-Charta und Privatrecht, 2013.
Pétermann, Nathanaël Olivier, Les obligations positives de l'Etat dans la jurisprudence de la Cour européenne des droits de l'homme – Théorie générale, incidences législatives et mise en œvre en droit suisse, 2014.
Peters, Hans, Die freie Entfaltung der Persönlichkeit als Verfassungsziel, in: Constantopoulos, Demetrios S./Wehberg, Hans (Hrsg.), Gegenwartsprobleme des internationalen Rechtes und der Rechtsphilosophie – Festschrift für Rudolf Laun zu seinem 70. Geburtstag, 1953, 669.
Petersen, Niels, Verhältnismäßigkeit als Rationalitätskontrolle – Eine rechtsempirische Studie verfassungsrechtlicher Rechtsprechung zu den Freiheitsgrundrechten, 2014.
Picker, Eduard, Richterrecht und Rechtsdogmatik – Alternativen der Rechtsgewinnung – Teil 1, JuristenZeitung 1988, 1.
Ders., Richterrecht und Rechtsdogmatik – Alternativen der Rechtsgewinnung – Teil 2, JuristenZeitung 1988, 62.
Ders., Antidiskriminierungsgesetz – Der Anfang vom Ende der Privatautonomie?, JuristenZeitung 2002, 880.
Ders., Die Privatrechtsgesellschaft und ihr Privatrecht: Zur wachsenden Freiheitsbedrohung im Recht und durch Recht, in: Riesenhuber, Karl (Hrsg.), Privatrechtsgesellschaft: Entwicklung, Stand und Verfassung des Privatrechts, 2007, 207.
Pieroth, Bodo/Schlink, Bernhard/Kingreen, Thorsten/Poscher, Ralf, Grundrechte. Staatsrecht II, 34. Aufl. 2018.
Pierre, Jon/Peters, B. Guy, Governance, Politics and the State, 2000.
Pietzcker, Jost, Drittwirkung – Schutzpflicht – Eingriff, in: Maurer, Hartmut/Häberle, Peter/Schmitt Glaeser, Walter/Graf Vitzthum, Wolfgang (Hrsg.), Das akzeptierte Grundgesetz – Festschrift für Günter Dürig zum 70. Geburtstag, 1990, 345.
Pippin, Robert B., Hegel's Practical Philosophy – Rational Agency as Ethical Life, 2008.
Plettenberg, Ina, Vater, Vater, Mutter, Kind – Ein Plädoyer für die rechtliche Mehrvaterschaft, 2016.
Podlech, Adalbert, Wertungen und Werte im Recht, Archiv des öffentlichen Rechts, Bd. 95, 1970, 185.
Poscher, Ralf, Grundrechte als Abwehrrechte – Reflexive Regelung rechtlich geordneter Freiheit, 2003.
Post, Robert C., Between Governance and Management: The History and Theory of the Public Forum, UCLA Law Review 1986–1987, Bd. 34, 1713.
Preußler, Lukas, Question prioritaire de constitutionnalité – Perspektiven konkreter Normenkontrolle in Frankreich, 2015.
Pünder, Hermann, Wahlrecht und Parlamentsrecht als Gelingensbedingungen repräsentativer Demokratie, VVDStRL 2012, Bd. 72, 190.
Pulido, Carlos Bernal, The Rationality of Balancing, ARSP 2006, Bd. 92, 195.
Radbruch, Gustav, Rechtsphilosophie, 2. Aufl. 1932.
Raiser, Ludwig, Vertragsfreiheit heute, JuristenZeitung 1958, 1.

Ders., Vertragsfreiheit und Vertragsfunktion, in: v. Caemmerer, Ernst/Friesenhahn, Ernst/Lange, Richard (Hrsg.), Hundert Jahre deutsches Rechtsleben – Festschrift zum hundertjährigen Bestehen des Deutschen Juristentages, 1960, Bd. 1, 101.

Raiser, Thomas, Richterrecht heute – Rechtssoziologische und rechtspolitische Bemerkungen zur richterlichen Rechtsbildung im Zivilrecht, in: Achterberg, Norbert (Hrsg.), Rechtsprechungslehre, 1986, 627.

Raphael, Tom, The Problem of Horizontal Effect, European Human Rights Law Review 2000, Bd. 6, 493.

Rasmussen, Hjalte, The European Court's *Acte Claire* Strategy in CILFIT, European Law Review 1984, Bd. 9, 242.

Raue, Benjamin, Meinungsfreiheit in sozialen Netzwerken – Ansprüche von Nutzern sozialer Netzwerke gegen die Löschung ihrer Beiträge, JuristenZeitung 2018, 961.

Rave, Klaus, Die Entwicklung des irischen Verfassungsrechts, 1982.

Rawls, John, A Theory of Justice, 1971.

Ders., Gerechtigkeit als Fairneß: politisch und nicht metaphysisch, in: Honneth, Axel (Hrsg.), Kommunitarismus – Eine Debatte über die moralischen Grundlagen moderner Gesellschaften, 1993, 36.

Ders., Political Liberalism, 1993.

Raynaud, Julien, Les atteintes aux droits fondamentaux dans les actes juridiques privés, 2003.

Raz, Joseph, The Morality of Freedom, 1986.

Reichold, Hermann, Von der „Sozialautonomie" zurück zur Privatautonomie – Möglichkeiten und Grenzen einer Privatrechtsgesellschaft heute, Jahrbuch Junger Zivilrechtswissenschaftler 1992, Bd. 3, 63.

Ders., Sozialgerechtigkeit versus Vertragsgerechtigkeit – arbeitsrechtliche Erfahrungen mit Diskriminierungsregeln, JuristenZeitung 2004, 384.

Remmert, Barbara, Verfassungs- und verwaltungsrechtsgeschichtliche Grundlagen des Übermaßverbotes, 1995.

Dies., Grundfreiheiten und Privatrechtsordnung, Jura 2003, 13.

Rennert, Klaus, Legitimation und Legitimität des Richters, JuristenZeitung 2015, 529.

Rensmann, Thilo, Wertordnung und Verfassung – Das Grundgesetz im Kontext grenzüberschreitender Konstitutionalisierung, 2007.

Repgen, Tilman, Die soziale Aufgabe des Privatrechts – Eine Grundfrage in Wissenschaft und Kodifikation am Ende des 19. Jahrhunderts, 2001.

Reuß, Philipp M., Theorie eines Elternschaftsrechts, 2018.

Richter, Emanuel, Inklusion von Freien und Gleichen – Zur republikanischen Demokratietheorie, in: Lembcke, Oliver W./Ritzi, Claudia/Schaal, Gary S. (Hrsg.), Zeitgenössische Demokratietheorie, Bd. 1: Normative Demokratietheorien, 2012, 157.

Rieble, Volker, Richterliche Gesetzesbindung und BVerfG, Neue Juristische Wochenschrift 2011, 819.

Riedlinger, Arne, Vom Boykottaufruf zur Verfassungsbeschwerde. Erich Lüth und die Kontroverse um Harlans Nachkriegsfilme (1950–58), in: Henne, Thomas/Riedlinger, Arne (Hrsg.), Das Lüth-Urteil aus (rechts-)historischer Sicht – Die Konflikte um Veit Harlan und die Grundrechtsjudikatur des Bundesverfassungsgerichts, 2005, 147.

Rimmelspacher, Bruno, in: Rauscher, Thomas/Krüper, Wolfgang (Hrsg.), Münchener Kommentar zur Zivilprozessordnung mit Gerichtsverfassungsgesetz und Nebengesetzen, 2013, Bd. 2, vor § 511.

Robbers, Gerhard, Sicherheit als Menschenrecht – Aspekte der Geschichte, Begründung und Wirkung einer Grundrechtsfunktion, 1987.
Rödl, Florian, Privatrecht und Gesellschaftsverfassung – zur logischen Rolle der Grundrechte im Privatrecht, in: Hauer, Matti/Rudkowski, Lena/Gooren, Paul/Lahr, Melanie/Oestreich, Jana/Renner, Moritz/Schmidt, Sabine/Schreiber, Alexander (Hrsg.), Macht im Zivilrecht, 2013, 375.
Ders., Gerechtigkeit unter freien Gleichen – Eine normative Rekonstruktion von Delikt, Eigentum und Vertrag, 2015.
Rössler, Beate, Der Wert des Privaten, 2001.
Dies., Autonomie – Ein Versuch über das gelungene Leben, 2017.
Rorty, Richard, Contingency, Irony, and Solidarity, 1989.
Rosenberg, Leo/Schwab, Karl-Heinz/Gottwald, Peter, Zivilprozessrecht, 18. Auflage 2018.
Rousseau, Jean-Jacques, Vom Gesellschaftsvertrag oder Die Grundsätze des Staatsrechtes, 1762 (übersetzt und herausgegeben von Hans Brockard, 1986).
Rüfner, Wolfgang, Grundrechtsadressaten, in: Isensee, Josef/Kirchhof, Paul (Hrsg.), Handbuch des Staatsrechts, 3. Aufl. 2011, Bd. IX, § 197, S. 793.
Rümelin, Max, Die Rechtssicherheit, 1924.
Rüthers, Bernd, Rechtsordnung und Wertordnung – Zur Ethik und Ideologie im Recht, 1986.
Ders., Methodenrealismus in Jurisprudenz und Justiz, JuristenZeitung 2006, 53.
Ders., Die heimliche Revolution vom Rechtsstaat zum Richterstaat – Verfassung und Methoden. Ein Essay, 1. Aufl. 2014.
Ders./Fischer, Christian/Birk, Axel, Rechtstheorie mit juristischer Methodenlehre, 9. Aufl. 2016.
Ruff, Edith, Jean Louis de Lolme und sein Werk über die Verfassung Englands, 1934.
Ruffert, Matthias, Vorrang der Verfassung und Eigenständigkeit des Privatrechts, 2001.
Ders., Die Rechtsprechung des Bundesverfassungsgerichts zum Privatrecht, JuristenZeitung 2009, 389.
Sachs, Michael, Grundrechtliche Schutzpflichten und wirtschaftliche Beziehungen Privater, in: Bauer, Hartmut/Czybulka, Detelf/Kahl, Wolfgang/Voßkuhle, Andreas (Hrsg.), Wirtschaft im offenen Verfassungsstaat – Festschrift für Reiner Schmidt zum 70. Geburtstag, 2006, 385.
Ders. (Hrsg.), Grundgesetz – Kommentar, 8. Aufl. 2018.
Säcker, Franz Jürgen/Rixecker, Roland/Oetker, Hartmut/Limperg, Bettina (Hrsg.), Münchener Kommentar zum Bürgerlichen Gesetzbuch, Bd. 6, 7. Aufl. 2017.
Dies. (Hrsg.), Münchener Kommentar zum Bürgerlichen Gesetzbuch, Bd. 1, 8. Aufl. 2018.
Samuel, Geoffrey, An Introduction to Comparative Law Theory and Method, 2014.
Sandel, Michael, Liberalism and the Limits of Justice, 1. Aufl. 1982.
Ders., Die verfahrensrechtliche Republik und das ungebundene Selbst, in: Honneth, Axel (Hrsg.), Kommunitarismus – Eine Debatte über die moralischen Grundlagen moderner Gesellschaften, 1993, 18.
Ders., Democracy's Discontent – America in Search for a Public Philosophy, 1996.
Saurer, Johannes, Die Globalisierung des Verhältnismäßigkeitsgrundsatzes, Der Staat 2012, Bd. 51, 3.
Ders., Die Hart-Dworkin-Debatte als Grundlagenkontroverse der angloamerikanischen Rechtsphilosophie, ARSP 2012, 214.

v. Savigny, Eike, Sprachspiele und Lebensformen: Woher kommt die Bedeutung?, in: Ders. (Hrsg.), Ludwig Wittgenstein – Philosophische Untersuchungen, 1998.
v. Savigny, Friedrich Carl, Vom Beruf unsrer Zeit für Gesetzgebung und Rechtswissenschaft, 1814.
Ders., Recension: N.Th. v. Gönner, Über Gesetzgebung und Rechtswissenschaft in unserer Zeit, Zeitschrift für geschichtliche Rechtswissenschaft 1815, Bd. 1, 373.
Saxer, Shelley Ross, *Shelley v. Kraemer*'s Fiftieth Anniversary: "A Time for Keeping; a Time for Throwing away"?, University of Kansas Law Review 1998, Bd. 47, 61.
Dies., Judicial State Action: *Shelley v. Kraemer*, State Action, and Judicial Takings, Widener Law Journal 2012, Bd. 21, 847.
Schachtschneider, Karl Albrecht, Prinzipien des Rechtsstaats, 2006.
Scharlau, Maria, Schutz vor Versammlungen auf privatem Grund – EMRK versus Grundgesetz, 2018.
Scharpf, Fritz W., Demokratietheorie zwischen Utopie und Anpassung, 1970.
Scheler, Max, Der Formalismus in der Ethik und die materiale Wertethik, 4. Aufl. 1954.
v. Scheliha, Henrike, Familiäre Autonomie und autonome Familie – Die Selbstbestimmung bei der rechtlichen Eltern-Kind-Zuordnung im deutsch-französischen Vergleich, 2019.
Scherzberg, Arno, Grundrechtsschutz und „Eingriffsintensität" – Das Ausmaß individueller Grundrechtsbetroffenheit als materiellrechtliche und kompetenzielle Determinante der verfassungsgerichtlichen Kontrolle der Fachgerichtsbarkeit im Rahmen der Urteilsverfassungsbeschwerde, 1989.
Scheuner, Ulrich, Die nationale Revolution – Eine staatsrechtliche Untersuchung, Archiv des öffentlichen Rechts 1934, Bd. 64, 166.
Ders., Verantwortung und Kontrolle in der demokratischen Verfassungsordnung, in: *Ders.*, Staatstheorie und Staatsrecht – Gesammelte Schriften, 1978, S. 293.
Schick, Rupert/Kahlenberg, Friedrich P., Der Parlamentarische Rat 1948–1949 – Akten und Protokolle, hrsgg. vom Deutschen Bundestag und vom Bundesarchiv, Bd. 5/I – Ausschuß für Grundsatzfragen (*Pikart/Werner* (Bearb.)), 1993.
Schlaich, Klaus, Die Verfassungsgerichtsbarkeit im Gefüge der Staatsfunktionen, VVDStRL 1981, Bd. 39, 99.
Ders./Korioth, Stefan, Das Bundesverfassungsgericht – Stellung, Verfahren, Entscheidungen, 10. Aufl. 2015.
Schlink, Bernhard, Abwägung im Verfassungsrecht, 1976.
Ders., Freiheit durch Eingriffsabwehr – Rekonstruktion der klassischen Grundrechtsfunktion, EuGRZ 1984, 457.
Ders., Der Grundsatz der Verhältnismäßigkeit, in: Badura, Peter/Dreier, Horst (Hrsg.), Festschrift 50 Jahre Bundesverfassungsgericht, 2001, Bd. 2, 445.
Schmahl, Stefanie/Jung, Florian, Horizontale Drittwirkung der Warenverkehrsfreiheit? Überlegungen im Anschluss an EuGH, Urt. v. 12.7.2012 – C-171/11, EuZW 2012, 797 – DVGW, Neue Zeitschrift für Verwaltungsrecht 2013, 607.
Schmidt, Christian Hermann, Vorrang der Verfassung und konstitutionelle Monarchie, 2000.
Schmidt, Karsten, in: Ders. (Hrsg.), Vielfalt des Rechts – Einheit der Rechtsordnung?, 1994, 9.
Schmidt, Manfred G., Demokratietheorie – Eine Einführung, 5. Aufl. 2010.
Schmidt, Reiner, Der verfassungsrechtliche Hintergrund der Privatrechtsproblematik, in: Auer, Marietta/Grigoleit, Hans Christoph/Hager, Johannes/Herresthal, Carsten/Hey,

Felix/Koller, Ingo/Langenbucher, Katja/Neuner, Jörg/Petersen, Jens/Riehm, Thomas/Singer, Reinhard (Hrsg.), Privatrechtsdogmatik im 21. Jahrhundert: Festschrift für Claus-Wilhelm Canaris zum 80. Geburtstag, 2017, S. 131.

Schmidt-Aßmann, Eberhard, Der Rechtsstaat, in: Isensee, Josef/Kirchhof, Paul (Hrsg.), Handbuch des Staatsrechts, 3. Aufl. 2004, Bd. II, § 24, S. 541.

Schmidt-Rimpler, Walter, Grundfragen einer Erneuerung des Vertragsrechts, Archiv für die civilistische Praxis 1941, Bd. 147, 130.

Ders., Zum Vertragsproblem, in: Baur, Fritz/Esser, Josef/Kübler, Friedrich/Steindorff, Ernst (Hrsg.), Funktionswandel der Privatrechtsinstitutionen – Festschrift für Ludwig Raiser zum 70. Geburtstag, 1974, 3.

Schmitt, Carl, Die geistesgeschichtliche Lage des heutigen Parlamentarismus, 10. Aufl. 2017 (1. Aufl. 1923).

Ders., Verfassungslehre, 4. Aufl. 1954 (unveränderte Auflage der Originalausgabe von 1928).

Ders., Der Hüter der Verfassung, 1931.

Ders., Inhalt und Bedeutung des zweiten Hauptteils der Reichsverfassung, in: Anschütz, Gerhard/Thoma, Richard (Hrsg.), Handbuch des Deutschen Staatsrechts, Bd. 2, 1932, 572.

Ders., Politische Theologie, 2. Aufl. 1934.

Ders., Die Tyrannei der Werte, in: Säkularisation und Utopie – Ebracher Studien. Ernst Forsthoff zum 65. Geburtstag, 1967, 37.

Schmolke, Klaus Ulrich, Grenzen der Selbstbindung im Privatrecht – Rechtspaternalismus und Verhaltensökonomik im Familien-, Gesellschafts- und Verbraucherrecht, 2014.

Schneewind, Jerome B., The Invention of Autonomy, 1988.

Schönberger, Christoph, Verfassungsvergleichung heute: Der schwierige Abschied vom ptolemäischen Weltbild, Verfassung und Recht in Übersee 2010, Bd. 11, 6.

Ders., Der Vorrang der Verfassung, in: Appel, Ivo/Hermes, Georg/Schönberger, Christoph (Hrsg.), Öffentliches Recht im offenen Staat – Festschrift für Rainer Wahl zum 70. Geburtstag, 2011, 385.

Ders., Richterliche Rechtsfindung und Auslegung gerichtlicher Entscheidungen, VVDStRL 2012, Bd. 71, 296.

Ders., Identitäterä: Verfassungsidentität zwischen Widerstandsformel und Musealisierung des Grundgesetzes, Jahrbuch des öffentlichen Rechts der Gegenwart 2015, Bd. 63, 41.

Schönberger, Sophie, Wandel des Verhältnisses von Staat und Gesellschaft – Folgen für Grundrechtstheorie und -dogmatik, in: VVDStRL 2020, Bd. 79, 291.

Schröder, Jan, „Richterrecht" und Rechtsbegriff im frühen 20. Jahrhundert, in: Berger, Klaus Peter/Borges, Georg/Herrmann, Harald/Schlüter, Andreas/Wackerbarth, Ulrich (Hrsg.), Zivil- und Wirtschaftsrecht im europäischen und globalen Kontext, Festschrift für Norbert Horn zum 70. Geburtstag, 2006, 1255.

Schröder, Meinhard, Private statt administrative Durchsetzung des öffentlichen Rechts?, Die Verwaltung 2017, 309.

Schütze, Marc, Subjektive Rechte und personale Identität – Die Anwendung subjektiver Rechte bei Immanuel Kant, Carl Schmitt, Hans Kelsen und Hermann Heller, 2004.

Schulze-Fielitz, Helmuth, Theorie und Praxis parlamentarischer Gesetzgebung – besonders des 9. Deutschen Bundestages (1980–1983), 1988.

Schumann, Ekkehard, Verfassungs- und Menschenrechtsbeschwerde gegen richterliche Entscheidungen, 1963.

Schuppert, Gunnar Folke, Funktionell-rechtliche Grenzen der Verfassungsinterpretation, 1980.

Ders./Bumke, Christian, Die Konstitutionalisierung der Rechtsordnung: Überlegungen zum Verhältnis von verfassungsrechtlicher Ausstrahlungswirkung und Eigenständigkeit des „einfachen“ Rechts, 2000.

Schwabe, Jürgen, Die sogenannte Drittwirkung der Grundrechte, 1971.

Ders., Probleme der Grundrechtsdogmatik, 1977.

Ders., Grundrechte und Privatrecht, Archiv für die civilistische Praxis 1985, Bd. 185, 1.

Schwarz, Kyrill-Alexander, Vertrauensschutz als Verfassungsprinzip – Eine Analyse des nationalen Rechts, des Gemeinschaftsrechts und der Beziehungen zwischen beiden Rechtskreisen, 2002.

Seedorf, Sebastian, Die Wirkung der Grundrechte im Privatrecht in Südafrika, 2005.

Seidman, Louis Michael, The State Action Paradox, Constitutional Comment 1993, Bd. 10, 379.

Seiler, Christian, Der einheitliche Parlamentsvorbehalt, 2000.

Ders., Auslegung als Normkonkretisierung, 2000.

Ders., Der souveräne Verfassungsstaat zwischen demokratischer Rückbindung und überstaatlicher Einbindung, 2005.

Sennekamp, Christoph, Alle Staatsgewalt geht vom Volke aus! – Demokratieprinzip und Selbstverwaltung der Justiz, Neue Zeitschrift für Verwaltungsrecht 2010, 213.

Simon, Jürgen, Das allgemeine Persönlichkeitsrecht und seine gewerblichen Erscheinungsformen, 1981.

Singer, Joseph William, The Legal Rights Debate in Analytical Jurisprudence from Bentham to Hohfeld, Wisconsin Law Review 1982, 975.

Singer, Reinhard, Selbstbestimmung und Verkehrsschutz im Recht der Willenserklärungen, 1995.

Skouris, Vasilios, Teilnichtigkeit von Gesetzen, 1973.

Smend, Rudolf, Verfassung und Verfassungsrecht, 1928.

Sobota, Katharina, Das Prinzip Rechtsstaat – Verfassungs- und verwaltungsrechtliche Aspekte, 1997.

Somek, Alexander, Kategoriale Unterscheidung von Öffentlichem Recht und Privatrecht?, VVDStRL 2020, Bd. 79, 7.

Sommer, Andreas Urs, Werte. Warum man sie braucht, obwohl es sie nicht gibt, 2016.

Sommeregger, Georg, The Horizontalization of Equality: The German Attempt to Promote Non-Discrimination in the Private Sphere *via* Legislation, in: Sajó, Andras/Uitz, Renata (Hrsg.), The Constitution in Private Relations – Expanding Constitutionalism, 2005, 33.

Stahl, Friedrich Julius, Die Philosphie des Rechts nach geschichtlicher Anscht, 3 Bde., 1. Aufl. 1830–1837.

Stahl, Sandra, Schutzpflichten im Völkerrecht – Ansatz einer Dogmatik, 2012.

Starck, Christian, Die Bindung des Richters an Gesetz und Verfassung, VVDStRL 1976, Bd. 34, 43.

Ders., Die Grundrechte des Grundgesetzes – Zugleich ein Beitrag zu den Grenzen der Verfassungsauslegung, JuS 1981, 237.

Ders., Verfassungsgerichtsbarkeit und Fachgerichte, JuristenZeitung 1996, 1033.

Ders., Wie kommen die Grundrechte ins Privatrecht und wie wirken sie dort?, in: Bruns, Alexander/Kern, Christoph A./Münch, Joachim/Piekenbrock, Andreas/Stadler, Astrid/

Tsikrikas, Dimitrios (Hrsg.), Festschrift für Rolf Stürner zum 70. Geburtstag, 2013, 1. Teilband – Deutsches Recht, 61.
Starke, Max Fabian, EU-Grundrechte und Vertragsrecht, 2016.
Stein, Sarah Katharina, Drittwirkung im Unionsrecht – Die Begründung einer Horizontalwirkung allein durch Vorrang und unmittelbare Anwendbarkeit, 2016.
Steinbach, Armin, Religion und Neutralität im privaten Arbeitsverhältnis, Der Staat 2017, Bd. 56, 621.
Steinwedel, Ulrich, „Spezifisches Verfassungsrecht“ und „einfaches Recht“ – Der Prüfungsumfang des Bundesverfassungsgerichts bei Verfassungsbeschwerden gegen Gerichtsentscheidungen, 1976.
Stern, Klaus, Das Staatsrecht der Bundesrepublik Deutschland, Bd. I, 2. Aufl. 1984.
Ders., Das Staatsrecht der Bundesrepublik Deutschland, Bd. III/1, 1988.
Ders., Die Schutzpflichtenfunktion der Grundrechte: Eine juristische Entdeckung, Die Öffentliche Verwaltung 2010, 241.
Störring, Lars Peter, Das Untermaßverbot in der Diskussion – Untersuchung einer umstrittenen Rechtsfigur, 2009.
Stolleis, Michael, Geschichte des öffentlichen Rechts in Deutschland – Dritter Band: Staats- und Verwaltungsrechtswissenschaft in Republik und Diktatur 1914–1945, 1999.
Ders., Geschichte des öffentlichen Rechts in Deutschland – Vierter Band: Staats- und Verwaltungsrechtswissenschaft in West und Ost 1945–1990, 2012.
Stone Sweet, Alec, Governing with Judges – Constitutional Politics in Europe, 2000.
Strauss, David A., State Action after the Civil Rights Era, Constitutional Comment 1993, Bd. 10, 409.
Stürner, Michael, Der Grundsatz der Verhältnismäßigkeit im Schuldvertragsrecht, 2010.
Suhr, Dieter, Entfaltung der Menschen durch die Menschen – Zur Grundrechtsdogmatik der Persönlichkeitsentfaltung, der Ausübungsgemeinschaften und des Eigentums, 1976.
Ders., Gleiche Freiheit – Allgemeine Grundlagen und Reziprozitätsdefizite in der Geldwirtschaft, 1. Aufl. 1988.
Sunstein, Cass, Beyond the Republican Revival, Yale Law Journal 1988, Bd. 97, 1539.
Ders., The Partial Constitution, 1993.
Ders., State Action is Always Present, Chicago Journal of International Law 2002, Bd. 3, 465.
Ders., Why Nudge? The Politics of Libertarian Paternalism – The Storrs Lectures, 2014.
Szczekalla, Peter, Die sogenannten grundrechtlichen Schutzpflichten im deutschen und europäischen Recht – Inhalt und Reichweite einer „gemeineuropäischen Grundrechtsfunktion“, 2002.
Tamanaha, Brian Z., On the Rule of Law – History, Politics, Theory, 2004.
Tamir, Michal, Human Rights in Private Law: Hybridization of Balancing Tests, in: Sapir, Gideon/Barak-Erez, Daphne/Barak, Aharon (Hrsg.), Israeli Constitutional Law in the Making, 2013, 401.
Taylor, Charles, Negative Freiheit? Zur Kritik des neuzeitlichen Individualismus, 1. Aufl. 1988.
Ders., Die Politik der Anerkennung, in: Ders. (Hrsg.), Multikulturalismus und die Politik der Anerkennung, 1993, 11.
Thaler, Michael/Sunstein, Cass, Nudge – Improving Decisions About Health, Wealth, and Happiness, 2008.
Thiele, Alexander, Verlustdemokratie – Die drei Verlustebenen der Demokratie, 2016.

Thoma, Richard, Funktionen der Staatsgewalt – Grundbegriffe und Grundsätze, in: Anschütz, Gerhard/Thoma, Richard (Hrsg.), Handbuch des Deutschen Staatsrechts, Bd. 2, 1932, 108.

Tischbirek, Alexander, Die Verhältnismäßigkeitsprüfung – Methodenmigration zwischen öffentlichem Recht und Privatrecht, 2017.

Treiber, Hubert, Genese und ursprüngliche Intention einer steuerungswissenschaftlich konzipierten Wissenschaft vom Verwaltungsrecht, Jahrbuch des öffentlichen Rechts n.F. 2017, Bd. 65, 423.

Tribe, Laurence H., Constitutional Choices, 1985.

Tridimas, Takis, Knocking on Heaven's Door: Fragmentation, Efficiency and Defiance in the Preliminary Reference Procedure, Common Market Law Review 2003, Bd. 40, 9.

Triepel, Heinrich, Wesen und Entwicklung der Staatsgerichtsbarkeit, VVDStRL 1929, Bd. 5, 2.

Troper, Michel, Who Needs a Third Party Effect Doctrine? – The Case of France, in: Sajó, Andras/Uitz, Renata (Hrsg.), The Constitution in Private Relations – Expanding Constitutionalism, 2005, 115.

Tschentscher, Axel, Demokratische Legitimation der Dritten Gewalt, 2006.

Tugendhat, Ernst, Selbstbewusstsein und Selbstbestimmung – Sprachanalytische Interpretationen, 1979.

Turner, Christian, State Action Problems, Florida Law Review 2013, Bd. 65, 281.

Uerpmann, Robert, Das öffentliche Interesse – Seine Bedeutung als Tatbestandsmerkmal und als dogmatischer Begriff, 1999.

Unruh, Peter, Zur Dogmatik der grundrechtlichen Schutzpflichten, 1996.

Ders., Religionsverfassungsrecht, 4. Aufl. 2018.

Unseld, Christopher, Zur Bedeutung der Horizontalwirkung von EU-Grundrechten, 2018.

Vermeule, Adrian, Judging under Uncertainty – An Institutional Theory of Legal Interpretation, 2006.

Vogel, Klaus, Rechtssicherheit und Rückwirkung zwischen Vernunftrecht und Verfassungsrecht, JuristenZeitung 1988, 833.

Vollersen, Niklas Uwe, Begriff und System des deutschen Abstammungsrechts, 2012.

Vose, Clement E., Caucasians Only – The Supreme Court, the NAACP, and the Restrictive Covenant Cases, 1959.

Voßkuhle, Andreas, Theorie und Praxis der verfassungskonformen Auslegung von Gesetzen durch Fachgerichte, Archiv des öffentlichen Rechts 2000, Bd. 125, 1.

Ders., Neue Verwaltungsrechtswissenschaft, in: Hoffmann-Riem/Schmidt-Aßmann/Voßkuhle (Hrsg.), Grundlagen des Verwaltungsrechts. Bd. I: Methoden, Maßstäbe, Aufgaben, Organisation, 2006.

Ders., Zur Einwirkung der Verfassung auf das Zivilrecht, in: Bruns, Alexander/Kern, Christoph A./Münch, Joachim/Piekenbrock, Andreas/Stadler, Astrid/Tsikrikas, Dimitrios (Hrsg.), Festschrift für Rolf Stürner zum 70. Geburtstag, 2013, 1. Teilband – Deutsches Recht, 79.

Ders./Sydow, Gernot, Die demokratische Legitimation des Richters, JuristenZeitung 2002, 673.

Veröffentlichungen der Vereinigung der Deutschen Staatsrechtslehrer, Repräsentative Demokratie in der Krise?, Referate und Diskussionen auf der Tagung der Vereinigung der Deutschen Staatsrechtslehrer in Kiel vom 3. bis 6. Oktober 2012, VVDStRL 2013, Bd. 72.

Wahl, Rainer, Der Vorrang der Verfassung, Der Staat 1981, Bd. 20, 485.
Ders., Konstitutionalisierung – Leitbegriff oder Allerweltsbegriff?, in: Eberle, Carl-Eugen/Ibler, Martin/Lorenz, Dieter (Hrsg.), Der Wandel des Staates vor den Herausforderungen der Gegenwart: Festschrift für Winfried Brohm zum 70. Geburtstag, 2002, 191.
Ders., Die objektiv-rechtliche Dimension der Grundrechte im internationalen Vergleich, in: Merten, Detlef/Papier, Hans-Jürgen (Hrsg.), Handbuch der Grundrechte, Bd. I, 2004, § 19.
Waldron, Jeremy, Law and Disagreement, 1999.
Ders., Moral Autonomy and Personal Autonomy, in: Christman, John/Anderson, Joel (Hrsg.), Autonomy and the Challenges to Liberalism – New Essays, 2005, 307.
Ders., The Core of the Case Against Judicial Review, Yale Law Journal 2005–2006, Bd. 115, 1346.
Walkila, Sonya, Horizontal Effect of Fundamental Rights in EU, 2016.
Wallkamm, Andreas, Generalklauseln – Normen im Spannungsfeld von Flexibilität und Rechtsstaatswidrigkeit, Rechtstheorie 2008, Bd. 39, 507.
van der Walt, Johan, The Horizontal Effect Revolution and the Question of Sovereignty, 2014.
Walter, Maja Katharina, Verfassungsprozessuale Umbrüche. Eine rechtsvergleichende Untersuchung zur französischen Question prioritaire de constitutionnalité, 2015.
Walzer, Michael, Philosophy and Democracy, Political Theory 1981, Bd. 9, Heft 3, 379.
Ders., Spheres of Justice – A Defence of Pluralism and Equality, 1983.
Ders., Interpretation and Social Criticism, in: McMurrin, Sterling M. (Hrsg.), The Tanner Lectures on Human Values, Bd. VIII, 1988, 1.
Ders., Constitutional Rights and the Shape of Civil Society, in: Calvert, Robert E. (Hrsg.), The Constitution of the People – Reflections on Citizens and Civil Society, 1991, 113.
Ders., Die kommunitaristische Kritik am Liberalismus, in: Honneth, Axel (Hrsg.), Kommunitarismus – Eine Debatte über die moralischen Grundlagen moderner Gesellschaften, 1993, 157.
Ders., in: Gutmann, Amy (Hrsg.), Charles Taylor: Multiculturalism – Examining the Politics of Recognition, 1994, 99.
Ders., Liberalismus und die Kunst der Trennung, in: *Ders.*, Zivile Gesellschaft und amerikanische Demokratie, 1996.
Wank, Rolf, Grenzen richterlicher Rechtsfortbildung, 1978.
Ders., Die Auslegung von Gesetzen, 6. Aufl. 2015.
Wapler, Friederike, Werte und das Recht – Individualistische und kollektivistische Deutungen des Wertbegriffs im Neukantianismus, 2008.
Weber, Florian, Selbstbestimmung durch Teilhabe – Theorie der partizipativen Demokratie, in: Lembcke, Oliver W./Ritzi, Claudia/Schaal, Gary S. (Hrsg.), Zeitgenössische Demokratietheorie, Bd. 1: Normative Demokratietheorien, 2012, 223.
Weber, Werner, Redebeitrag, VVDStRL 1954, Bd. 13, 154, 171.
Weber-Dürler, Beatrice, Vertrauensschutz im öffentlichen Recht, 1983.
Weiler, Joseph H. H., The Transformation of Europe, Yale Law Journal 1991, Bd. 100, 2403.
Weinrib, Ernest, Law as a Kantian Idea of Reason, Columbia Law Review 1987, Bd. 87, 472.
Ders., Private Law and Public Right, University of Toronto Law Journal 2011, Bd. 61, 191.
Ders., The Idea of Private Law, 2012.
Ders., Corrective Justice, 2012.

Weller, Marc-Philippe, Die Vertragstreue: Vertragsbindung – Naturalerfüllungsgrundsatz – Leistungstreue, 2009.
Westermann, Harry, Wesen und Grenzen der richterlichen Streitentscheidung im Zivilrecht, 1955.
Westermann, Harm Peter, Sonderprivatrechtliche Sozialmodelle und das allgemeine Privatrecht, Archiv für die civilistische Praxis 1978, Bd. 178, 150.
Wieacker, Franz, Privatrechtsgeschichte der Neuzeit, 1. Aufl. 1952.
Ders., Vertragsbruch aus Gewissensnot, JuristenZeitung 1954, 466.
Ders., Gesetz und Richterkunst – Zum Problem der außergesetzlichen Rechtsordnung, 1958.
Wiegand, Marc André, Demokratie und Republik – Historizität und Normativität zweier Grundbegriffe des Verfassungsstaates, 2017.
Wimmers, Jörg/Heymann, Britta, Zum Referentenentwurf eines Netzwerkdurchsetzungsgesetzes (NetzDG) – eine kritische Stellungnahme, AfP – Zeitschrift für das gesamte Medienrecht, 2017, 93.
Wintrich, Josef M., Zur Problematik der Grundrechte, 1957.
Wischmeyer, Thomas, Die Kosten der Freiheit – Grundrechtsschutz und Haushaltsautonomie, 2015.
Ders., Nationale Identität und Verfassungsidentität. Schutzgehalte, Instrumente, Perspektiven, Archiv des öffentlichen Rechts 2015, Bd. 140, 415.
Wittgenstein, Ludwig, Philosophische Untersuchungen, in: *Ders.*, Schriften, 1960.
Wittreck, Fabian, Die Verwaltung der Dritten Gewalt, 2006.
Wolf, Manfred, Rechtsgeschäftliche Entscheidungsfreiheit und vertraglicher Interessenausgleich, 1970.
Xenos, Dimitris, The Positive Obligations of the State under the European Convention of Human Rights, 2012.
Young, Alison L., Mapping horizontal effect, in: Hoffman, David (Hrsg.), The Impact of the UK Human Rights Act on Private Law, 2011, 16.
Zöllner, Wolfgang, Regelungsspielräume im Schuldvertragsrecht – Bemerkungen zur Grundrechtsanwendung im Privatrecht und zu den sogenannten Ungleichgewichtslagen, Archiv für die civilistische Praxis 1996, Bd. 196, 1.
Zweigert, Konrad/Kötz, Hein, Einführung in die Rechtsvergleichung, 3. Aufl. 1996.

Personen- und Sachregister

Jus Publicum

Beiträge zum Öffentlichen Recht

Die Schriftenreihe *Jus Publicum. Beiträge zum öffentlichen Recht* (JusPubl) soll den öffentlichrechtlichen Habilitationsschriften, aber auch Monographien der Ordinarien, eine ansprechende Heimstatt geben. Die Reihe deckt die „klassischen" Felder des öffentlichen Rechts ab, insbesondere also das Verfassungsrecht (einschließlich Grundrechtstheorie, Methodenlehre und Allgemeiner Staatslehre) und das Verwaltungsrecht. Das schließt fächerübergreifende, aber auch fachgebietsübergreifende Themenstellungen nicht aus, solange der Schwerpunkt der Arbeit im Öffentlichen Recht zu finden ist. Kaum eine Arbeit beschränkt sich auf das deutsche Recht, denn die Fragestellungen sind oft vom Europarecht beeinflusst und auch der rechtsvergleichende Blick in fremde Rechtsordnungen gewinnt zunehmend an Bedeutung; dies gilt auch für das Völkerrecht. Die anspruchsvolle und auch äußerlich ansprechende Reihe bietet mehr als nur einen zufälligen Ausschnitt gegenwärtiger Forschung im öffentlichen Recht: Sie spiegelt auch den Standard dessen wider, was (öffentlichrechtliche) Rechtswissenschaft gegenwärtig in Deutschland bedeutet und ist deshalb schon in kurzer Zeit im In- und Ausland zu einem Begriff geworden.

ISSN: 0941-0503
Zitiervorschlag: JusPubl

Alle lieferbaren Bände finden Sie unter *www.mohrsiebeck.com/juspubl*

Mohr Siebeck
www.mohrsiebeck.com